일러두기

1. 표제어의 표기는 '한글 [프랑스어]'를 기본으로 한다. 이때 한글 표기는 공식적 혹은 대중적으로 통용되는 것을 선정하여 기재한다. 단, 영어와 표기가 다를 경우, 영어 표제어가 필요할 경우엔 '한글 [프랑스어 / 영어]'로 표기한다.
    [예] 독수리 [Aigle / Eagle], 불가사의한 출산 [Accouchements Prodigieux / Prodigious Births]

2. 표제어 안의 괄호는 인물의 성, 별칭, 추가 설명 등을 표기한다.
    [예] 수도원장 아담 [Adam(L'Abbé)], 쟈네뜨 다바디 [Abadie(Jeannette d')]

3. 표제어가 둘 이상일 경우 쉼표(,)로 구분한다. 한글 표기에서는 '또는'을 사용한다.
    [예] 아브라카스 또는 아브락사스 [Abracax, Abraxas]

4. 본문 내의 인물, 지역의 병기는 영어를 기본으로 한다. 단, 프랑스 인물, 프랑스 지역이라면 프랑스어로 표기한다.

5. 인용 문헌의 제목이 라틴어일 경우 라틴어로 병기한다.

6. 인용 문헌의 표기는 겹낫표(『 』)를 사용한다. 인용 신문의 표기는 겹괄호(《 》)를 사용한다.

7. 역주는 해당 단어, 문구에 *, **, *** 등으로 표기한다.

8. 인용 문헌을 기재할시 'Lib.'는 '권'으로, 'Cap.'과 'Ch.'는 '장'으로, 'T.'는 '권' 혹은 '호'로, 'P.'는 '페이지'로, 'Dis.'는 '논설'로 'Ext.'는 '추가본'으로 번역 표기한다.

9. 인용 문헌의 표제는 원본 서적에 실린 것과 같이 생략형으로 표기, 번역하기도 한다.

10. 표제 삽화는 해당 내용 중간 혹은 하단에 삽입한다.

슈프랑거 Bartholomeus Spranger 작품 속 마녀 집회의 전경

DICTIONNAIRE
INFERNAL

지옥사전
PART I

영, 악마, 마법사, 지옥과의 교류, 점술, 사악한 저주, 카발라 및 기타 오컬트학, 경이, 사기, 다양한 미신 및 예언, 강신술의 실체 그리고 일반적으로 통용되는 경이롭고, 놀랍고, 신비하고 초자연적인 잘못된 믿음에 얽매여있는 존재, 인물, 책, 사건과 사물들

A - E

J. Collin de Plancy

저자. 자크 콜랭 드 플랑시 **역자.** 장비안

1863

서문

어떤 면에서 모두 접착되어 있는, 이『지옥사전』에 기록된 방대한 정보의 집합은 착란과 착오의 원인 혹은 씨앗으로 이루어진 하나의 팬더모니움과 같다. 그러나 이 요소들은 언제나 기상천외함 속에서도 빛을 잃지 않는 확실한 안내자가 교회라는 단일한 진실을 향해 나아간다.『지옥사전』에 앞서 이와 유사한 방대한 정보를 다룬 다른 작품들, 분야별로 무수히 쏟아져나온 저서들은 예외 없이 소화되지 않은 괴상한 착상의 덩어리, 불완전한 편집물, 끝없는 무질서 담론을 담고 있다. 즉 '악서'라는 단어가 가지는 모든 의미 그 자체인 경우가 부지기수이다. 그렇기에 변질되고 왜곡된 믿음의 불가사의한 미궁을 조금이라도 이해하고 싶은 이들, 사람들이 찾아 헤매지만 읽힌 적은 거의 없는 희귀서들을 수집하느라 큰 비용을 쓰는 이들, 또 수년을 연구에 쏟는 이들은 결국 신앙심마저 위태롭게 만든다. 그러나『지옥사전』 신판은 이 모든 비용과 고통 그리고 위험으로부터 독자를 구원할 것이다.

『지옥사전』 신판이라고 특정하는 것은 이유가 있다. 작가는 1818년, 1825년에 걸쳐 출간된 두 권의 구판에서, 대중적 오류 혹은 불가사의와 같은 속임수 부대에 맞서는 도중 자신 역시 치명적인 탈선을 저지르게 되었다. 그는 외딴곳에서 진실을 탐구하고 있었다. 늘 한결같이 진실이 머무르는 교회를 찾고 의지하는 대신, 오만하며 권위 없는 철학의 번득임에 눈이 멀었던 것이다. 해당 철학들의 천한 가르침은 경박한 정신을 만들고 계속해서 잘못된 길로 안내했다. 너무 긴 시간 동안 이에 빠져있던 작가는 1841년 특별한 행운을 통해 빛이 보이지 않던 대초원에서 빠져나오게 되었다. 그리고 언제나 확실하고 유일한 불멸의 교리 속에서 빛을 되찾게 되었다. 작가는 자신의 작업을 완전히 개작하였다. 또 종교에 대한 묵시적 반란인 미신, 광신, 오컬트 학문과 행위가 신앙의 변절, 이교, 교회 분리, 비규칙적인 궤도 등으로 인해 생긴 결과라는 것을 인정하게 되었다.

올바른 의도를 가지고 역사를 연구하는 사람은 교회가 지속적으로 미신과 지옥의 음흉함에 맞서 싸워왔다는 사실을 알 수 있을 것이다. 교회는 단 한 번도 잘못된 믿음, 광기의 폭정, 비밀학 연구자들의 위태로운 행위에 빛을 비추길 멈춘 적이 없다.

일부 증언만을 언급하자면, 성 아우구스티누스St. Augustine는 미신이 인류의 치욕이라고 말했다. 오리게네스Origen는 미신을 백과사전파Encyclopaedists보다 더 맹렬하고 무게 있게 규탄했다. 교황 레오 10세Leo X는 예언과 다른 미신적 행위에 넘어간 사람들을 불명예스럽다고 기록했다. 카르타고Carthage의 네 번째 공의회에선 이런 신봉자들을 집회에서 제명했다. 1590년 툴루즈Toulouse에서 진행된 지방 공의회에선 고해 신부와 설교자에게 무지가 종교로 끌어들인 미신 행위들을 뿌리 뽑길 명했다. 트렌트Trent 공의회에선 주교들에게 신도들이 죄를 범하게 만드는 여러 그릇된 신앙들을 금할 것을 공식적으로 명했다.

이같은 증언은 천 개도 읊을 수 있다. 여기서는 반론에 대한 두려움 없이, 이처럼 위험하고 고약한 탈선을 일소하는데 필요한 방법과 은총은 교회만이 지녔다는 사실을 덧붙이며 마무리하겠다.

철학을 다루는 아우성들 가운데 충분히 주목받지 못한 사실이 하나 있다. 그것은 바로 미신에서 벗어난 삶을 사는 인간만이 교회의 충직한 자식이라는 것이다. 오직 이들만이 진실을 소유한

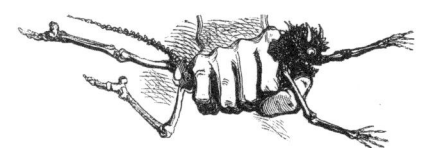

다. 반면, 학자들은 모두 이 말을 반론하려는 듯 보인다. 학자들 중 미신을 광적으로 신봉하는 이들은 강하게 신앙을 부정한다. 하지만 신에게서 멀어지는 자의 정신은 길을 잃는 법이다. 이들은 밝혀진 교리를 거부하고 망령을 믿으며 숫자 13을 두려워한다. 이들은 금요일에 대한 편견을 지니며, 꿈의 의미를 연구하고, 카드점을 치는 여성들을 찾아가며, 숫자의 조합에서 미래를 알아보려하고, 홍조를 두려워한다. 이 책에는 생명의 묘약을 찾던 우리 시대의 어느 학자, 세상의 요소들이 카발라Kabbalah 원소로 채워져 있다고 믿던 저명한 수학자, 신을 믿는지는 모르겠으나 악마를 부르기 위해 주술서에 기록된 의식을 행하던 철학자 등이 등장한다.

이 책은 인간 정신의 진화 속 가장 기이한 면들을 재현한다. 영, 소악마, 요정, 정령, 악마, 유령, 마법사와 그들의 저주, 주술자의 현혹, 악마와 마법사의 분류법과 역할, 미신의 전통, 초자연적 사건, 민간 전승 등이 그것이다. 『지옥사전』은 보헤미안의 수상술부터 커피 찌꺼기나 게임용 카드로 앞날을 예견하는 기술까지, 다양한 점술을 다룬다. 또 이들의 명확한 정의를 통해 미래로 향하는 무수한 환상의 문을 열어준다. 점성술, 연금술, 카발라, 골상학, 자력과 같은 단어는 2절판 책 여러 장에 걸쳐 길고 진중한 설명으로 정리하였다. 끝으로 교령술, 교령 원탁, 최면술의 발전 역시 이 책에서 찾아볼 수 있다. 지난 45년간 작가는 수천 권의 책을 탐구하며 이 인내심 요하는 작업물을 확장해나갔다. 그가 시도하기 전엔 아무도 이 다양한 지식을 한 권 책에 담는다는 일을 꿈조차 꾸지 못했다. 누구도 이 작업의 실용성을 부정하진 못할 것이다.

미신과 그릇된 믿음은 언제나 어둡고 변질되고 왜곡된 진실에 기인한다. 이를 밝힌다는 것은 곧 맞서 싸움을 의미한다. 이들의 집결은 결국 분출로 이어지며 추한 근본이 드러나게 될 것이다. 따라서 이 책은 신앙의 숭고한 불가사의에 닿길 거부하며, 가장 조잡한 사기 행각을 믿고 추락하는 가엾은 지성들에게 광명을 찾아줄 것이다. 본인의 약점은 알아채지 못한 채 월등하다 믿는 이들은 기만에 복종한다. 이 책은 이러한 기만에 혼돈을 주기 위한 무기이며, 우리 진실의 동인들 손에 쥐어질 것이다.

이러한 이점 외에도, 『지옥사전』은 흥미로움을 중시하는 현시대 독자들의 취향을 만족시키고자 했다. 이 독특한 주제를 통해 엉뚱함, 기이함, 예측 불능, 열망의 감정들을 느낄 수 있을 것이다.

이 여섯 번째 판의 작가는 엄청난 공을 들여 책을 다시 정리했으며, 800개 단어를 추가했다. 그리고 편집자는 550점의 판화를 수록했다. 이 중에는 악마의 초상화 72점이 포함되어 있다. 첨부된 M. L. 브르통M. L. Breton의 그림들은 바이어Weyer를 비롯한 가장 흥미로운 악마학자들의 자료에 기반한 것이다.

1863년, 편집자 앙리 플론Henri Plon

마녀들의 춤

A

아론 [Aaron] 마누엘 1세 콤네노스 황제 Manuel I Komnenos 시절 당시, 동로마제국에서 활동했던 마법사. 마법서 『솔로몬의 열쇠Key of Solomon』의 소유자라고도 알려져 있다. 책을 통해 악마 군단을 영솔하고 강신술까지 행했다고 전해진다. 혀가 잘려 나가고 눈알이 뽑히기도 했지만, 광신에 찬 그에겐 합당한 대가였다. 당시의 대중은 아론을 약탈자 취급했다. 그의 집에서 발견된 혐오스러운 것 중엔 심장에 못이 박히고 쇠사슬로 발이 묶인 송장도 있었다. (니케타스Nicetas, 『연대기Annales』, 4권)

아바돈 [Abaddon] 파괴자. 제7계급 악마의 수장. 『요한계시록Apocalypse』에서 멸살을 담당하는 천사의 이름이기도 하다.

쟈네뜨 다바디 [Abadie(Jeannette d')] 프랑스 남서부 가스코뉴Gascogne 지방의 시부르Ciboure 마을 출신인 처녀. 드 랑크르Pierre de Lancre의 저서 『악마의 변화론Tableau de l'inconstance des démons』에는 다음과 같이 기록되어 있다. 1609년 9월 13일 일요일 미사 중 쟈네뜨 다바디가 잠에 들자 기회를 노린 악마가 그녀를 마녀 집회에 데려갔다. 보통 일요일과 종교 재판 때엔 악마들의 심기가 불편해 집회를 벌이지 않지만, 그날은 예외였다. 그녀는 야누스Janus처럼 두 얼굴을 가진 집회 주최자와 호사스러운 옷을 입고 공경을 받는 두꺼비 등 많은 이를 만났다. 또한 마녀들의 방탕한 행각에 가담하게 되었다. 이외에 다른 범죄를 저지르지는 않은 그녀는 집회에 온 것과 동일한 수단으로 집에 돌려보내졌다. 정신을 차린 그녀는 치밀한 악마가 마녀 집회에 데려가기 전 목에서 떼어냈던 작은 성유물을 발견했다. 쟈네뜨 다바디는 신실한 사제에게 이 모험에 대해 털어놓았다. 이를 들은 사제는 그녀가 어떤 위험에 처했었는지 충고했지만, 소용 없는 일이었다. 그녀는 이후 집회에 돌아가 거리낌 없이 사탄과 사탄 주종자들이 시키는 모든 일을 행했는데 정작 자신은 시키는 대로 했기 때문에 책임이 없다고 생각했다. **참조.** 마녀의 집회Sabbat, 발코인Balcoin, 늑대인간Loups-Garous.

아발람 [Abalam] 대중에게 거의 알려지지 않은 지옥의 왕자. 파이몬의 수하. **참조**. 파이몬Paymon.

아바노 [Abano] 참조. 피에트로 다바노 Pierre d'Apone.

아바리스 [Abaris] 그리스 신 아폴로Apollo의 대사제. 아폴로는 아바리스에게 황금 화살을 주었는데, 그는 이 화살을 타고 새처럼 고속으로 하늘을 날 수 있었다. 그리스인들이 그를 곡예비행사라고 불렀던 이유도 이 때문이다. 풍문에는 피타고라스Pythagoras가 스승이었던 그의 화살을 탐내 훔쳤다고 한다. 아바리스는 미래를 예견할뿐더러 폭풍우를 잠재우고 흑사병을 퇴치할 수 있었다고 전해진다. 또 마법으로 마시거나 먹지 않고도 생명을 유지할 수 있었다고. 그는 주피터 Jupiter 손자 펠롭스Pelops의 뼈로 여신 미네르바Minerva를 본뜬 팔라듐을 만든 후, 트로이인들에게 천상의 물건인 양 판매한 이력이 있다. 팔라듐을 소유한 도시는 난공불락의 힘을 지닌다는 속신이 있었다.

압딜(아브라함) [Abdeel(Abraham)] 쇠뇌발트Schoenewald(보샹Beauchamp)로 더 잘 알려져 있다. 브란덴부르크 변경백령Mark Brandenburg에 위치한 코스트신Kostrzyn 지역의 교역자. 그가 탄Than에서 1572년 출간한 『봉인된 말씀의 서Livre de la parole cachetée』에는 적그리스도의 실재와 출현 시기를 예측하는 계산법이 기록되어 있다. 이 계산법은 『다니엘서Book of Daniel』 또는 『요한계시록Apocalypse』의 구절을 무작위로 선택한 뒤, 각 알파벳에 수치를 부여하는 방식이다. 예를 들어 A는 1, B는 2, C는 3을 대입하는 것. 그렇게 압딜이 지목한 적그리스도는 교황 레오 10세Leo X였다. 그는 같은 방식을 적용해 적그리스도를 밝혀낼 세 명의 천사로 후스Huss, 루터Luther 그리고 잘 알려지지 않은 노아Noah라는 천사를 지목했다.

압델 아지즈 [Abd-el-Azys] 10세기 아랍의 점성가. 유럽에선 알카비티우스Alchabitius 라는 이름으로 더 고명하다. 세비야의 존John of Seville(히스팔렌시스Hispalensis)을 통해 그의 저서 『판별점성학 개론Treatise of Judicial Astrology』이 라틴어로 번역되었다. 이 책의 판본 중 가장 인기 있었던 것은 『알카비티우스 해석본 Alchabitius, cum commento』(1503년, 베네치아, 4절판, 140페이지)이다.

바빌론의 압디아스 [Abdias de Babylone] 성 베드로St. Peter가 마법사 시몬Simon에게 맞서는 놀라운 대결 이야기를 집필했다고 알려져 있다. 압디아스의 책은 율리우스 아프리카누스Julius Africanus를 통해 『사도의 대결 이야기Historia Certaminis Apostlici』(1566년, 8절판)라는 제목으로 번역되었다.

아벨라르 [Abeilard] 생전에 저술한 신학서보다 삶의 비극으로 더 유소문한 인물. 성 버나드St. Bernard는 그가 저질렀던 위험한 실수들을 견책했다. 아벨라르는 1142년에 사망했다. 20년 후, 한때 그의 아내였던 엘로이즈 Héloïse는 같은 묘에 안장되었다. 이때 아벨라르의 차가운 유골이 순식간에 뜨거워지고 그녀를 맞이하기 위해 두 팔을 뻗었다는 풍설이 있다. 하지만 이에 대한 본거는 없다. 두 사람의 유골은 파라클레Paraclet 수도원 내 세련된 고딕 양식의 묘에 안장되었다가, 1799년 페르라셰즈Père-Lachaise 공동묘지로 이장되었다.

벌 [Abeilles / Bees] 몇몇 악마학자는 마녀가 붙들리기 전 여왕벌을 먹으면 강장제 역할을 해, 고문에도 자백을 피할 수 있다고 주장했다(1). 하지만 이는 근거 없는 낭설인 것으로 드러났다.

프랑스 서부 브르타뉴Bretagne 일부 지역에선 벌들이 주인의 기쁨과 고통에 민감하게 반응하며, 벌들에게 가정사를 알려주지 않으면 잘 성장하지 못한다고 믿었다. 해당 지역 사람들은 초상이 날 경우 흑색 천을, 혼사나 경사가 있는 경우(2) 적색 천을 벌통에 매어두는 풍습이 있었다.

시르카시아인이 거주하는 지역엔 기독교, 이슬람교 그리고 우상숭배를 믿는 사람들이 한데 섞여 있었는데 성모 마리아Maria를 메리에메Merieme* 또는 멜리사Melissa*라고 부르며 숭배하였다. 그들은 마리아를 벌들의 수호 성녀처럼 생각했다. 모든 곤충을 몰살시키려 던 천둥이 치던 날, 그녀가 여왕벌 한 마리를 소매 속에 숨겨 벌들을 구했다고 믿었다. 만약 시르카시아인이 양봉으로 벌어들이는 수익을 듣게 된다면 이러한 은혜를 얼마나 감사해하는지 짐작할 수 있을 것이다.

솔리누스Gaius Julius Solinus는 아일랜드에선 벌들이 살 수 없다고 말했다. 아일랜드로 데려간 벌들은 곧바로 폐사하며, 이곳 흙을 다른 지역 벌집 근처에 뿌리면 죽음의 기운을 느낀 벌들이 집을 버리고 떠난다는 것이다. 이시도르Isidorus Hispalensis의 『어원학Etymologiae』 에서도 이와 같은 내용을 찾아볼 수 있다. '르브룅Lebrun 사제는 『미신관행 비평사Histoire critique des pratiques superstitieuses』에 이처럼 기록하였다. 아일랜드 땅의 유해 근원을 조사할 필요가 있을까? 그럴 필요 없다. 이는 꾸며낸 민담에 불과하기 때문이다. 아일랜드에는 많은 벌이 살고 있다.'

(1) 요한 바이어Johann Weyer, 『악마의 환상De Præstigiis Dæmonum』, 4권, 7장. / (2) 자크 캠브리Cambry, 『피니스테르 여행Voyage dans le Finistère』, 2호, 16페이지. / * Merieme는 히브리어에 어원을 둔 이름으로 '기르는 자' 를 의미하고, 그리스어에서 Mel은 벌을 의미한다.

아벨 [Abel] 아담Adam의 아들. 회교도 의 사들에 따르면 아벨의 키는 48피트에 달했다고 한다. 이는 시리아 다마스쿠스Damascus 에 위치한 55피트 구릉을 아벨의 무덤이라 부른 데서 기원한 것으로 추정된다.

랍비들은 아벨과 얽힌 많은 이야기를 남겼다. 그들의 말에 따르면 아벨은 판별점성 술에 관한 책을 발견했고 바위 속에 봉인하였다고 한다. 대홍수 이후, 헤르메스 트리스메기스투스Hermes Trismegistus는 이 책을 발견해 별자리를 활용한 부적 제작법을 익히게 되었다. 이 책의 제목은 『행성과 만물의 원기에 관한 책Liber de Virtutibus Planetarum et de Omnibus Rerum Mundanarum Virtutibus』이다. **참조.** 『본질의 근본De Essentiis Essentiarum』 파트 4, 2장, 이 소책자는 성 토마스 아퀴나스Thomas Aquinas가 쓴 것으로 잘못 알려졌었다. **참조.** 『구약성경의 전설Légendes de l'Ancien Testament』.

아벨 드 라 뤼 [Abel de la Rue] 파괴자로 불리기도 했다. 구두 수선공이자 사악한 악당이었던 그는 1582년 프랑스 쿨로미에Coulommiers에서 체포되었다. 그 후 마법과 주술을 사용하고 강도, 살인을 한 혐의로 화형에 처해졌다. 그가 부린 마법 중에는 신혼 초야에 남자를 불능으로 만드는 술수도 있었다. **참조.** 불능 저주Ligatures.

아벤 에즈라 [Aben-Ezra] 참조. 마차 할라 Macha-Halla.

아벤 라겔 [Aben-Ragel] 아랍 점성가. 5세기 초반 스페인 남부 코르도바Cordoba에서 태어났다. 그는 별을 연구한 뒤 점성에 관한 책을 저술하였다. 아벤 라겔이 저술한 이 희귀 서적은 1485년 이탈리아 베네치아Venice에서 라틴어로 번역되었다. 번역서의 제호는 『별의 운명 혹은 판별에 관하여De Judiciis seu Fatis Stellarum』이다. 그의 예견은 매우 정확한 것으로 알려져 있다.

아비고르 [Abigor] 상위 계층 악마이자 지옥의 대공. 자그마치 60개 군단이 아비고르의 명령에 따라 움직인다[1]. 창, 깃발 또는 왕홀을 손에 지닌 모습으로 등장한다. 아비고르는 전쟁에 관한 기밀에 능숙히 답하며 미래를 내다본다. 또 지휘관에게 병정의 믿음을 얻는 법을 교수한다.

(1) 요한 바이어Johann Weyer, 『악마의 유사군주제Pseudomonarchia Dæmonum』 등.

무저갱 [Abîme / Abyss] 프랑스어로 Abysme이라고도 한다. 성서에서 지옥 혹은 창조 전 암흑 혼돈을 지칭하는 단어.

가증 [Abominations] 참조. 마녀의 집회Sabbat.

아부 리한 [Abou-Ryhan] 아랍 점성가. 모하메드 벤 아메드Mohammed-Ben-Ahmed라고도 불린다. 미래를 예견하는 능력이 있었으며 판별점성학 입문서를 남겼다. 330년에 사망했다.

짖는 자들 [Aboyeurs / Barkers] 프랑스 서부 브르타뉴Bretagne를 비롯한 일부 지역에선 설명 불가능한 광기가 포착된 적이 있다. 이는 특정 사람들이 개처럼 짖어대는 일이었다. 그중 몇몇은 서로 짖는 소리를 통해 의사소통을 했다. 또 다른 이들은 계속해서 짖을 뿐 대화는 하지 못했다. 샹퓌용Champouillon 박사는 이 끔찍한 현상의 원인을 심한 충격의 여파로 설명하려 했다. 1853년에는 징병검사에 참석한 어린 훈련병이 '짖는 문제' 사유로 면제를 요구하기도 했다. 훈련병은 연안 항해선 선원으로 근무하는 동안 돌풍에 휩싸여 바다에 빠진 일이 있었다. 극심한 공포로 기진맥진해진 그는 일주일간 호흡곤란으로 말조차 할 수 없었다. 다시 말을 할 수 있게 되었을 때, 격한 울부짖음이 문장 중간 중간에 터져 나왔고 곧 발작적 짖음만이 몇 초씩 이어졌다. 이러한 훈련병의 발작 현상은 참작되어 복무 부적합 판정을 받았다.

브르타뉴 지방 몇몇 가문에서는 이런 끔찍한 장애를 가진 아이들이 태어났다. 순진한 사람들은 그들이 저주에 걸렸을 것이라 여겼고 이 비참한 불행을 설명할 다른 방법은 없었다.

또 다른 남성은 임종을 앞둔 3일간 인간의 언어를 잊은 채 오직 짖는 소리만을 냈다고 전해진다. 그에겐 1793년 신성모독을 목적으로 반려견을 감실에 가둔 이력이 있었다.

알 수 없는 원인으로 벙어리가 된 부모에게서 자녀까지 벙어리로 태어난 가정도 있었다. 이 집의 형제자매는 발음이 불명료한 소리만 낼 수 있었는데, 목숨이 오가는 긴급한 순간에도 마찬가지였다.

아브라카다브라 [Abracadabra] 이 유명한 주문은 주로 페르시아나 시리아에서 질병 치료 마법을 걸거나 열을 내릴 때 사용했다. 그림과 같이 역삼각형 모양으로 주문을 새긴 부적을 목에 거는 것만으로도 효력을 발휘한다.

```
A B R A C A D A B R A
 A B R A C A D A B R
  A B R A C A D A B
   A B R A C A D A
    A B R A C A D
     A B R A C A
      A B R A C
       A B R A
        A B R
         A B
          A
```

아브라카스 또는 아브락사스 [Abracax, Abraxas] 아시아 신통계보학과 연관된 신의 이름. 아브라카다브라 주문이 여기에서 유래되었다. 아브락사스는 부적에서 수탉의 머리, 용의 발을 달고 있으며 채찍을 들고 있다. 반면 악마학자들은 왕의 얼굴을 하고 발에는 뱀이 달려있다고 주장했다. 2세기에 존재한 이단 바실리데스파에선Basilidians 그를 최고의 신으로 여겼다.

아브락사스 이름에 들어간 일곱 개 그리스 문자는 숫자 365를 의미한다. 일 년은 365일로 이루어져 있고 그는 이에 대응하는 365개 천계를 지배하기 위해 여러 정령을 거느린다. 또 각 천계에 365개의 미덕을 부여한다. 즉 하루에 하나의 미덕이 있는 셈. 바실리데스주의자들은 아브락사스가 땅으로 내려보낸 자비로운 영혼이 예수 그리스도Jesus Christ라고 믿고 있으며 영도자의 교리를 무시한다.

아브라함 [Abraham] 성서에 등장하는 이 신성한 총대주교의 이야기를 모르는 사람은 없다. 『구약성경의 전설Légendes de l'Ancien Testament』에는 랍비와 이슬람교도가 전하는 아브라함의 기이한 이야기들이 담겨있다.

동양인들은 아브라함을 박학한 점성가이자 경이로운 일들을 행한 비범한 인물로 여긴다. 수이다스Suidas와 이시도르Isidorus Hispalensis는 그가 알파벳을 발명했다고 주장했지만, 알파벳은 아담에 의해 발명되었다. **참조.** 카드모스Cadmus.

요셉Joseph이 형제들로 인해 팔려 가기 전 읽고 공부했다고 알려진 책, 『꿈의 해석On the Explanation of Dreams』. 랍비들은 이 책의 저자를 아브라함이라고 믿는다. 아브라함은 형성Jetzirah 혹은 창조Creation라는 표제의 책을 썼다는 풍설까지 있다. 하지만 몇몇 이는 책의 실제 저자가 랍비 아키바Akiba라고 주장한다. **참조.** 아키바Akiba. 아랍인들은 세계의 기원을 다루는 이 신비한 책을 셰피르Sepher라고 부른다. 해당 주제와 관련해 모두 반박한 신학자, 보시우스Gerardus Vossius는 이 책이 성경 정경에 포함되지 않은 것에 의아해했다. 포스텔Guillaume Postel은 마법과 점성술이 포함된 이 책을 라틴어로 번역, 1552년 파리에서 출간하였다. 1562년 이탈리아 만토바Mantova에서는 5개 해설집과 함께 발행하였으며, 다시 1642년 네덜란드 암스테르담Amsterdam에서 간행하였다. 로시 박사Rossi는 책과 관련해 다음과 같이 말했다. "유명하고 유구한 이 책은 카발라Kabbalah를 다룬다. 일부 사람들은 해당 책이 『탈무드Talmud』에서 언급되는 만큼 『탈무드』보다 먼저 쓰였다고 주장한다." 책의 저자는 아브라함이라고 알려져 있지만, 아직도 몇몇 이들은 아담이 직접 적었다고 믿고 있다.

아브라헬 [Abrahel] 서큐버스Succubus(여성 몽마). 니콜라 레미Nicolas Remy의 『마귀숭배Démonolâtrie』 속 일화에 등장한다. 일화는 다음과 같다. 1581년 벨기에 림뷔르흐Limburg 지방 달헴Dalhem 마을에서 피에론Pierron이라는 음흉한 양치기가 옆집 젊은 여성에게 흑심을 품은 일이 있었다. 양치기는 이미 결혼하였기에 아내와 아들이 있었다. 하루는 그가 옆집 여자를 염두에 두며 부정한 생각을 하는데 갑자기 그녀가 앞에 모습을 드러냈다. 하지만 사실 그녀는 변장한 악마였다. 양치기는 변장한 악마에게 마음을 고백하고 모든 것을 바치겠노라 맹세했다. 양치기가 여자로 변한 악마의 말에 무엇이

든 수긍하자, 고약한 악마 아브라헬은 아들의 희생을 요구했다. 그는 악마에게 받은 사과를 아들에게 먹였고 베어 물자마자 아들은 사망하였다. 그리고 이 끔찍한 모습에 아내는 절망했고 양치기는 달아났다. 이후 아내는 악마 아브라헬을 찾아갔다. 악마는 양치기가 무릎을 꿇고 용서를 구하며, 신이 아닌 자신을 섬기는 의식을 치르겠다고 약속하면 아이를 살려줄 것이라고 말했다. 양치기가 무릎을 꿇고 악마를 숭배하자 아이는 다시 눈을 떴다. 또 주무르며 몸을 데워주었더니 이내 걷고 말하기 시작했다. 아이는 예전처럼 돌아왔지만, 더 야위고 해쓱했으며 눈에는 총기가 없고 움직임은 굼떴다. 일 년 뒤, 아이를 조종하는 악마가 요란한 소리를 내며 아이를 포기하자, 아이는 그만 바닥에 나뒹굴었다….

니콜라 레미는 이 엉성한 미완성 이야기를 다음과 같이 끝맺었다. '아이의 몸에는 참을

수 없는 역한 악취가 났다. 그렇기에 아이의 몸에 갈고리를 걸어 집에서 끌어낸 후 들판에 묻어야 했다.' 이어지는 다음 이야기엔 서큐버스나 양치기에 대한 언급이 없다.

압살롬 [Absalon / Absalom] 압살롬의 머리카락과 관련해선 상반된 이야기들이 전해진다. 르 펠레티에Jean le Pelletier는 노아의 방주 크기를 다룬 글에서 그가 이발할 때마다 30온스나 되는 머리카락이 잘려 나갔다고 저술했다.

금식 [Abstinence] 대사제 아바리스Abaris는 식사를 전혀 하지 않았다. 뭇사람들은 숙련된 마법사들 역시 먹거나 마시지 않고 생활할 수 있다 믿었다. 굳이 여러 성자의 놀라운 금식담을 언급하지 않더라도 금식 상태로 32개월(1754년 11월 6일부터 1757년 6월 25일까지)을 생존한 예가 있다. 이는 에노Hainaut의 아내인 마리 펠레 드 라발Marie Pelet de Laval이다. 그녀는 그 어떤 음식물도 섭취하지 않았다. 프랑스 루앙Rouen 근근 오리발Orival 지역의 앤 아를리Anne Harley는 26년간 소량의 우유만 먹고 살았는데 그마저도 섭취 직후에 토하곤 했다. 이 외에도 금식과 관련한 많은 사례가 있다.

동양에서 귀신들은 냄새나는 연기만 섭취하며 아무것도 배설하지 않는다고 여겼다.

아분디아 [Abundia] 자애로운 요정. 독일 튀링겐Thüringen주에서 수호자로 숭배받았다. 그녀는 집집이 방문해 다른 요정과 주민이 차려놓은 요리를 먹지만 정작 음식이 줄어들지는 않는다. 요정들은 외양간을 고쳐준 뒤 가축의 가죽 위에 노란 흔적을 남기고 떠난다. 이 노란 흔적은 밀랍과 유사하다.

아카트리엘 [Acatriel] 선한 악마로 분류되는 세 왕자 중 하나. 유대 카발라Kabbalah에서는 두 종류의 악마가 있다는 것을 용인했다.

아카 로렌시아 [Acca-Laurentia] 루파Lupa라고도 불렸다. 고대 로마에서 암컷 늑대는 영웅 로물루스Romulus를 보육한 신화와 무수한 풍습들 때문에 신성시되었다.

사고 [Accidents] 과거엔 평범하지 않지만, 자연적으로 발생하는 사고들을 모두 마법 때문이라고 여겼다. 1841년 한 신문에는 다음과 같은 기사가 실렸다. '아델 메르시에Adèle Mercier(프랑스 생 질Saint-Gilles 인근 거주)는 며칠 전 들판에서 뽕나무 잎을 따고 있었다. 그때 커다란 벌레 하나가 목 하부를 물었는데 직전에 부패한 짐승 사체를 빨아먹은 것으로 보였다. 상처에 사체 독, 병을 유발하는 체액이 들어가자 그녀는 참을 수 없는 고통을 느꼈다. 메르시에는 집으로 돌아가 침대에 누웠다. 벌레에 물린 자리는 순식간에 부풀어 올랐고 오한을 동반한 고열이 함께 찾아왔다. 주민들은 상처를 불로 지지고 중화를 시도하며 간병했지만, 결국 그녀는 가장 끔찍한 고통 속에서 죽음을 맞이할 수밖에 없었다.'

《론 일간지Journal du Rhône》에선 1841년 일어난 다음 사건을 게재했다. '지난 월요일, 부르공Bourgon 인근의 젊은 농부가 버찌를 따 먹기 위해 나무에 올라갔다. 나무는 애벌레가 잎을 다 갉아 먹은 후였다. 그가 버찌로 식욕을 달랜 지 20분쯤 되었을 경, 목에 심한 염증이 생겨났다. 그는 숨을 쉴 수 없다며, 고통스럽게 소리치고 길을 뛰어 내려왔다. 그리고 30분 후 사망했다. 이 시기 애벌레는 맨눈으로 구분이 어려운 독성 물질을 나뭇잎에 남기는데, 그것이 버찌에 묻었던 것으로 추정된다. 그렇기에 세척하지 않은 과일을 먹는 것은 위험하다.'

출산 [Accouchements / Birth] 그리스 마법사들은 출산을 하루나 한 주 혹은 그 이상까지 지연시킬 수 있었다. 그들은 다리를 교차하고 손가락을 꼰 자세로 산통을 느끼는 여성의 방문 앞에 서 있었다.

불가사의한 출산 [Accouchements Prodigieux / Prodigious Births] 토르케마다Torquemada는 자신의 저서 『6일 창조Hexameron』에서 일곱 명의 아이를 한 번에 출산한 여성, 메디나 델 캄포Medina del Campo의 일화를 기록했다. 스페인 살라망카Barrio de Salamanca의 또 다른 여성은 아홉 명의 아이를 한 번에 낳기도 했다. 피코 델라 미란돌라Giovanni Pico della Mirandola는 단 두 번의 출산으로 스무 명의 자녀를 분만한 여성이 존재한다고 말했다. 그 여성은 아홉 명, 열한 명의 아이들을 차례로 해산했다고. **참조.** 일멘트루드Irmentrude, 트라제니Trazegnies, 상상Imagination. 토르케마다는 이외에도 한 번에 일흔 명을 출산한 이탈리아 여성 이야기와, 대 알베르투스Albert le Grand가 언급했던 백오십 명을 한 번에 출산한 여성 이야기를 기록했다. 백오십 명의 아이들은 새끼손가락 만한 크기로 태어났지만, 멀쩡한 모습이었고 모두 하나의 막 안에 들어 있었다[1].

(1) 이 이야기들이 진짜라면 기적이나 다름없다. 네덜란드에선 더 기이한 사건이 발생한 이력이 있는데 이를 불가사의한 징벌이라 부른다. 『대신덕 이야기Légendes des Vertus Théologales』: 루스두이넨Loosduinen의 요리를 참조할 것.

아샴 [Acham] 목요일에 불러낼 수 있는 악마. **참조.** 액막이Conjuration.

아카모스 [Achamoth] 여성의 모습을 한 정령, 천사. 혹은 아이온*. 발렌티누스파Valentinians의 우둔한 교리에서 여호와의 어머니로 다뤄진다.

* 그노시스파가 주장한 영구불변의 힘.

아산 듀오라이 [Acharai-Rioho / Arsan Duolai] 야쿠트족Yakuts 지옥의 수장. **참조.** 망타르Mang-Taar.

아케론 [Achéron] 쓴맛이 나는 고통의 강. 이교에서는 지옥의 강 중 하나라고 말한다. 중세에는 괴물을 지칭하는 말로 사용되었다. 그리스 신화에서 아케론은 목마른 거인족 티탄Titan에게 마실 것을 주는 인간이었다. 로마 최고신 주피터Jupiter는 그를 벌하기 위해 강으로 바꿔 지옥에 던져버렸다.

아케루시아 [Achérusie / Acherusia] 이집트 헬리오폴리스Heliopolis 인근의 늪지대. 장례를 승인받은 망자들은 작은 배를 타고 이 늪을 건넌다. 아케루시아 주변에는 인근 묘지에 묻힌 망자들의 그림자가 떠돌아다닌다. 일부 지리학자는 이곳을 늪이 아닌 호수라 부른다.

아슈과야 제락 [Achguaya-Xerac] **참조.** 과요타Guayotta.

아슈메 [Achmet] 9세기 아랍 예언가. 동방 학설에 따라 쓴 책, 『꿈의 해석On the Explanation of Dreams』의 저자이다. 해당 도서의 원본은 소실되었지만, 리고Nicolas Rigault가 아르테미도루스Artemidorus의 『해몽Oneirocritica』 (1603년, 파리, 4절판)을 출간 후 그리스어와 라틴어로 번역해 발행하였다.

아콩스(자크) [Aconce(Jacques)] 이탈리아 트렌토Trento 가톨릭 교구의 변절한 사제. 방탕한 유혹에 빠져 1557년에 개신교로 개종하였다. 엘리자베스 여왕Queen Elizabeth이 그의 숙식을 도와주었다. 아콩스는 자신의 저서 『사탄의 술책Stratagematum Satanae Libri』[1]을 여왕에게 헌정하며 그녀를 디바 엘리자베스라 불렀다. 이 책을 언급하는 이유는 순전히 제목 때문이다. 이 책에는 악마에 관한 것이 아닌 저급하고 가증스러운 천주교를 향한 독설만이 적혀있다.

(1) 『사역에서 마주하는 사탄 술책에 대하여』, 『미신에 대하여』, 『오류』, 『이교 증오』, 『사술』, 『종파 분립』 등 자주 재판되었으며 여러 언어로 번역됨. 1565년, 바젤, 8권.

아달베르트 [Adalbert] 8세기 갈리아Gaul에서 논란을 일으켰던 이단자. 일부 사람들은 이적을 행하는 자로 또 다른 일부는 위대한 카발리스트로 보았다. 그는 강력한 부적이라며 자기 손톱 조각과 머리카락을 나눠주기도 했다. 아달베르트는 세상 끝에서 온 천사에게 경이롭고 신성한 성유물과 부적을 받았다고 주장했다. 그리고 오직 그만을 위한 제단이 마련돼 있었으며, 그들에게 숭배받았다고 덧붙였다. 그는 미래를 예견하고 생각을 읽으며 죄인의 눈만 봐도 고해 내용을 알 수 있다고 말했다. 또 뻔뻔스럽게도 예수 그리스도가 성 미카엘St. Michael에게 전했다는 편지를 자랑하기도 했다. 발루즈Étienne Baluze는 프랑크 제국 왕의 법령집 부록에서 이 편지를 공개했다. 내용은 다음과 같다. '주님의 이름으로 우리 주 예수 그리스도의 편지를 공개한다. 이 편지가 예루살렘Jerusalem에 나타났을 때 대천사 성 미카엘에 의해 발견되었고 사제 요한John을 통해 읽히고 필사됐다. 요한은 예레미야Jeremiah의 다른 사제인 탈라시우스Talasius에게 이 편지를 전하였다. 탈라시우스는 편지를 아라비아반도의 사제 레오반Leoban에게 보냈다. 레오반은 베트사미스Betsamie의 사제 마카리오스Macarius에게 편지를 전달했고, 마카리오스는 대천사 미카엘의 산으로 편지를 돌려보냈다. 그리고 어느 한 천사의 도움을 받아 편지는 로마에 위치한 성 베드로St. Peter 무덤에 닿았다. 성 베드로 무덤에는 천국의 열쇠가 보관되어 있다. 로마에서는 12명의 사제가 3일간 금식 기도를 밤낮으로 올렸다.' 그리고 아달베르트는 제자들에게 다음과 같이 시작하는 기도를 가르쳤다.

'전능하신 주님이자 우리 예수 주 그리스도의 아버지, 권좌에 앉으신 알파이자 오메가시여. 케루빔Cherubim(지품천사)과 세라핌Seraphim(치품천사), 천사 우리엘Uriel, 라구엘Raguel, 카뷔엘Cabuel, 미카엘Michel, 이니아스Inias, 타부아스Tabuas, 시미엘Simiel과 사바옷Sabaoth을 앞세워 말하니….'

과연 재간이 있던 인물이었다. 아달베르트 회고록에는 어머니가 그를 출산할 때 송아지를 낳는 느낌을 받았다는 이야기가 실려있다. 출생부터 천사의 은혜를 입었다는 것이다. 그의 괴상한 언동은 감옥 안에서 사망하며 막을 내렸다.

아담 [Adam] 최초의 인간. 아담은 사탄의 꾐으로 타락했고 이는 기독교 교리가 되었다.

동방에선 아담을 1리유'에 달하는 막대한 체구의 거인, 마법사, 카발리스트로 보았다. 반면 랍비들은 그를 연금술사이자 문필가로 보았다. 그들은 아담의 유언이 존재했다고 믿었다. 이슬람교도들은 신이 아담에게 지시한 십계를 분실한 것에 심히 아쉬워했다[1].

(1)『구약성경의 전설Légendes de l'Ancien Testament』속 아담의 신화, 선아담인류Preadamites를 참조할 것. / * 과거의 거리 단위. 1리유는 약 4km 정도이다.

수도원장 아담 [Adam(L'Abbé)] 한때 대중들은 만물 속에서 악마를 보았다. 그리고 그들은 악마를 물질적인 존재로만 인식하려는 경향이 있었다. 선한 성품을 지닌 하이스터바흐의 케사리우스Caesarius von Heisterbach는 악마가 만물의 근원이라는 놀라운 이야기를 저서에 기록했다. 악마는 끝없이 다양한 형태로 우리 앞에 등장한다.

성당 기사가 사라진 시기의 프랑스에선 악마의 출현이 더욱 극심했다. 파리 교구에 속한 보드세르네Vaux-de-Cernay 수도원의 수도원장 아담은 악마가 늘 자신을 노린다는 생각에 사로잡혀 있었다. 그리고 결국엔 모든 것이 악마로 보이는 지경까지 이르렀다. 그 중엔 악마라 상상하지 못할 정도의 것들도 있었다. 하루는 순진한 하인 한 명과 함께 소작지를 방문 후 돌아오는 길이었다. 아담은 과거 여행 중 악마에게 괴롭힘 당했던 경험담을 이야기했다. 당시 악마는 흰 안개 같은 나무의 모습을 하고 아담에게 다가왔었다. 그의 친구 중 하나가 물었다. "이상한 일이네. 말을 타고 이동하다가 생긴 환영은 아니었나?" 아담은 대답했다. "아닐세. 사탄이었네. 내 말은 겁에 질렸었어. 나무는 잽싸게 우리 뒤로 사라졌고 안개와 유황 냄새만을 남겼지." 아담은 계속해서 중얼거렸다. "악마는 다시 흑기사의 모습으로 나타나 우리 쪽을 향했네. 기사는 숨 막히는 목소리로 물러서라고 말했지. 나는 왜 우릴 공격하느냐 물었어. 그는 다시 내게 관심이 없다는 듯 사라졌지. 그가 세 번째로 모습을 드러냈을 때는 덩치가 크고 가난한 남자의 꼴을 하고 있었는데 유난히 목이 길고 가늘었네. 두 눈을 감았다가 뜨니 악마는 작은 수도사 두건 아래에서 원형 방패의 모습을 하고 나를 위협하고 있었네." 그의 친구가 말을 끊었다. "하지만 평범한 여행객들일지도 모르지 않은가?" 아담이 대답했다. "그게 악마라는 것을 알아보지 못하겠는가? 돼지, 당나귀, 시골길을 달리는 이륜마차, 그리고 나를 들이박은 손수레까지! 그런데도 나는 다치지 않았네." 수많은 악마의 습격이 있었지만, 다행히도 그의 유람은 큰 피해 없이 막을 내렸다(1). **참조.** 환각Hallucination.

(1)로베르 가갱Robert Gaguin, 『빌립보Philipp』.

아다만티우스 [Adamantius] 유대인 의사. 콘스턴스Constance가 통치하던 콘스탄티노플Constantinople에서 기독교로 개종했다. 그는 외모와 관상으로 사람을 판단하는 기술 저서 두 권을 콘스턴스에게 헌정했다. 이 책은 무수한 모순과 황당한 견해들로 채워져 있다. 또 요한 게오르크 프리드리히 프란츠J.-G.-F. Franzii의 『고대의 관상학자Scriptores Physiognomoniœ Veterescura』(1780년, 알텐부르크, 8절판, 그리스어와 라틴어)와 같은 일부 총서와 함께 출간되기도 했다.

아담파 [Adamiens, Adamites] 2세기에 활동한 바실리데스주의Basilidians 이단. 그들은 나체로 생활했고 여성들의 잡거를 선언했다. 알렉산드리아의 클레멘스Clement of Alexandria는 아담파가 마법을 사용했을 것이라고 짐작했다. 이는 그들이 자라투스트라Zarathustra의 숨겨진 책들을 가지고 있다고 과시했기 때문이다.

아델그레이프(장 알베르) [Adelgreiff(Jean-Albert)] 독일인 신부의 서자. 아버지에게서 라틴어, 그리스어, 히브리어를 비롯한 여러 언어를 배웠다. 어느 날 미쳐버린 그는 자신이 환영을 본다고 믿었으며 일곱 천사에게 지상의 신으로 임명받았다고 말했다. 덧붙여 쇠채찍으로 군주들을 벌하라는 임무까지 받았다고 주장했다. 아델그레이프는 다음과 같은 교회령을 공포하기도 했다. '장 알베르 아델그레이프Jean Albrecht Aclelgreif, 키히 슈말크히트만니스Kihi Schmalkhitmandis, 최고의 군주이자 신관, 하늘의 왕, 산 자와 사자의 심판자, 주님이자 아버지, 군주 중의 군주이자 왕 중의 왕인 예수가 마지막 날에 임하리라.' 그는 독특한 기행으로 많은 문제를 일으켰는데 따르는 지지자도 있었다. 기행을 일삼던 아델그레이프는 이단이자 교란자로 지목되어 1636년 10월 11일 마법사들과 함께 쾨니히스베르크Königsberg*에서 화형에 처해졌다. 그는 평소에 사후 3일 뒤 부활할 것이라 예언했지만, 아직 확인된 바 없다.

* 현재 러시아의 칼리닌그라드Kaliningrad 지역.

아델린 또는 에델린 [Adeline, Edeline] 참조. 에델린Edeline.

아델리트 [Adelites] 스페인의 예언가들. 새가 나는 모습과 노래하는 소리로 미래의 길흉을 내다볼 수 있다고 주장했다.

아델룽(요한 크리스토프) [Adelung(Jean-Christophe)] 독일의 문학가. 1806년 독일 드레스덴Dresden에서 사망했다. 『인간 광기의 역사History of Human Insanity』 혹은 『가장 저명한 강신술사, 연금술사, 예언가 등의 일대기 A Biography of the Most Famous Necromancers, Alchemists, Soothsayers, etc』(1785년~1789년, 라이프치히, 7편)라는 표제의 서적을 저술했다.

아데프트 [Adeptes] 현자의 돌 또는 생명의 묘약을 찾은 연금술사에게 주어지는 칭호. 세계에는 총 열한 명의 아데프트(연금술 대가)가 존재한다. 만약 새로운 현자가 연금술의 비밀을 발견하면 기존 열한 명 중 한 명이 기본 원소의 세계로 이동하고 자리가 교체된다. 이런 식으로 교체를 할 수밖에 없는 이유는 다들 묘약을 통해 영생을 얻었기 때문이다.

아데스 또는 하데스 [Adès, Hadès] 지옥의 왕. 과거 몇몇 시인들은 지옥 자체를 묘사하는데 그의 이름을 사용했다.

알 바르자크 [Adhab-Algab / Al-Barzakh] 이슬람교의 연옥. 악인들은 암흑 천사인 문카르Munkar와 나키르Nakir에 의해 고통받는다.

구마 주문 [Adjuration] 신의 이름을 빌려 악마에게 무언가를 말하게 하거나 어떤 행동을 시키는 주문.

아도니스 [Adonis] 작열의 악마. 악마학자들은 화재를 일으킨다고 주장한다[1]. 학자들은 아도니스가 히브리족의 악마 타무즈Thamuz와 동일한 존재라고 본다.

(1) 요한 바이어Johann Weyer, 『악마의 환상De Præstigiis Dæmonum』, 1권.

두꺼비 숭배 [Adoration du Crapaud / Toad Worship] 마녀들의 흉측한 집회에서 악마만 숭배하는 것이 아니다. 참석한 지원자 중 특정 시험을 통과한 마녀에겐 두꺼비가 주어지며 숭배하라는 명령이 내려진다. 마녀는 존경의 표시로 두꺼비에게 입을 맞춘다. 참조. 마녀의 집회Sabbat.

아드라멜렉 [Adramelech] 지옥의 대법관. 악마왕 전담 의상 관리인. 고등 악마 평의회의 회장. 아이들을 불태우고 제물로 바치는 고대도시 아시리아Assyria의 스발와임Sepharvaim에서 숭배받았다. 랍비들은 그가 수컷 노새나 공작새의 모습으로 등장한다고 주장한다.

아드라노스 [Adranos] 시칠리아Sicilia의 우상. 시칠리아의 아드라노Adrano라는 도시명이 여기서 유래되었다. 아드라노스는 사원에서 신성한 개 천여 마리를 길렀다. 이 개들은 취객을 집까지 데려가는 임무를 수행했다.

아드라멜렉

하드리아누스 [Adrien / Hadrian] 로마 제국의 속주 모이시아Moesia에서 보조군단을 지휘하였다. 도미티아누스Domitian 황제 재위가 끝날 무렵 하드리아누스는 한 예언가를 찾았다(그는 예언과 판별점성학을 믿었다). 예언가는 언젠가 하드리아누스가 로마 제국을 차지할 것이라 말했다. 사실 그는 이 예언을 다른 예언가에게도 들은 일이 있었다. 하드리아누스의 스승이었던 트라야누스Trajan는 그를 입양했고 결국 군주의 자리에 올랐다.

풍설에 의하면 하드리아누스는 스코틀랜드에 악마의 장벽을 건설했다고 한다.

점성학을 맹신했던 풀고스Fulgose는 점성학의 신뢰도를 높이기 위해 다음과 같은 이야기를 전했다. '점성술에 능한 군주 하드리아누스는 매년 새해 첫날, 한 해 동안 일어날 일을 예측하고 기록했다. 하지만 그가 세상을 떠나던 해엔 그의 기일이 있는 달까지만 예언을 기록했다. 자기 죽음을 알아챈 그가 그 이후 내용은 적지 않은 것이다.' 하지만 사망 후 세상에 드러난 하드리아누스의 책은 단순한 일기장이었던 것으로 밝혀졌다.

기상점 [Aéromancie / Aeromancy] 날씨 변화와 기상현상을 이용해 미래를 예견하는 기술. 이 점술에 따르면 혜성은 위인의 죽음을 의미한다. 기상점에서 발견되는 놀라운 징조들은 괴현상점Teratoscopy으로 분류될 수 있다.

프랑수아 드 라 토르 블랑카François de la Torre-Blanca는 기상점이 '공기 중에 유령을 나타나게 만드는 기술'이라고 설명했다. 또 마법의 등불 속 들여다보듯 악마의 도움을 받아 구름 속에서 미래를 읽는 것이라고 덧붙였다. 그는 천둥과 번개를 통한 예견은 점술로, 하늘과 행성을 통한 예견은 점성술로 분류할 수 있다고 말했다.

취석 [Aétite] 독수리석이라고도 불리는 암석의 한 종류. 독수리 둥지에서 발견된다는 설이 있다. 이름은 그리스어에서 유래되었다. 마티올리Pietro Andre Gregorio Mattioli는 다음과 같이 말한다. 독수리들은 인도까지 비행해 취석을 가져오는데 새끼의 부화를 더 순탄하게 만들어주기 때문이라고. 임산부 무릎 뒤에 취석을 붙이면 쉽게 출산한다는 속설도 여기에서 비롯되었다. 반면 가슴 위에 돌을 얹으면 출산을 늦출 수 있다. 디오스코리데스Dioscorides의 말에 의하면 취석을 활용해 도둑을 검거할 수 있다. 비록 적은 양이더라도, 취석 가루를 넣고 빵을 만들면 용의자는 한 입도 삼킬 수 없기 때문이다. 현대의 그리스인들은 아직도 이 미신을 믿으며 신비한 용어를 덧붙여 활용한다. **참조.** 보리빵점Alphitomancie.

에볼리(세자르) [Ævoli(César)] 『인간을 유혹해 비밀을 캐내는 악마의 능력과 신성에 관한 소책자Opuscula de Divinis Attributis et de Modo et Potestate quam Dæmones Habent Intelligendi et Passiones Animi Excitandi』(1589년, 베네치아, 4절판)라는 주목 받지 못한 책의 저자 혹은 수집가.

아가베르트 [Agaberte] 토르케마다Torquemada는 다음과 같이 말했다. "그 누구도 거인 바그노스트Vagnoste의 딸, 아가베르트에 대해 언급하지 않는다. 그녀는 북쪽 나라에 사는 유능한 마법사였다. 아가베르트는 다양한 마법을 부렸는데 원래 모습의 그녀를 만나보기란 거의 불가능했다. 하루는 주름이 가득한 키 작은 노파로, 다른 날엔 병들고 힘없는 불쌍한 여성으로, 또 어느 날엔 머리가 구름에 닿는 장신의 모습으로 변신하였다. 원하는 모습으로 쉽게 변신할 수 있었기에 작가들은 '알려지지 않은 우르간드Urgande''라고도 불렀다. 그녀는 순식간에 태양, 달, 별을 어둠에 가두거나, 산을 평평하게 만들거나, 강을 바싹 말릴 수 있었다. 또 악마들을 손쉽게 얽매거나 지배할 수 있었다[1]."

(1) 토르케마다Torquemada, 『6일 창조Hexameron』, 프랑스 투렌Touraine에서 가브리엘 샤퓌Gabriel Chappuis가 『여섯째 날Sixième Journée』이라는 표제로 번역함. / * 중세 시대에 존재했던 착한 요정.

아가레스 [Agarès] 악마. **참조.** 아구아레스Aguarés.

마노 [Agate] 과거 민간에서 존재하지 않는 엉뚱한 효력들을 부여했던 보석. 그 효력을 살펴보면 심장을 튼튼하게 하거나, 흑사병으로부터 보호하거나, 전갈과 살무사에 물린 상처를 낫게 하는 것 등이 있다.

아가티온 [Agathion] 정오에만 모습을 드러내는 친숙한 악마. 인간 또는 짐승의 형상을 하고 있다. 부적, 물병 또는 마법 반지 속에 가둘 수 있다[1].

(1) 르 루아예Pierre Le Loyer, 『귀신 논설과 역사Disc. et Hist. des spectres』, 3권, 5장.

아가토데몬 [Agathodémon] 이집트인의 숭배를 받았으며 착한 악마로도 불린다. 뱀의 형상을 하고 있지만 사람의 얼굴이 붙어 있다. 아르카디아Arcadia에 거주하는 그리스인들은 이 이름을 로마 최고 신인 주피터Jupiter를 부를 때 사용했다. 과거 뭇사람들은 숭배하는 날개 달린 용(혹은 뱀)을 아가토데모네스Agathodæmones 또는 선한 게니이Genii*라 칭했다.

* 사람, 장소, 사물에 깃든 영적 존재.

아그라 [Agla] Athah Gabor Leolam, Adonaï의 약자. 랍비들은 이 단어에 악마를 무찌르는 힘이 있다고 믿었다. 뜻은 '주여, 당신은 강하고 영원하다.'이다. 이 주문은 주로 유대인, 카발리스트 그리고 일부 이교 기독교도들이 악마와 싸우는 데 사용했다. 16세기[1] 당시 흔하게 활용되었으며 교황 레오 3세Leo III의 『개요서Enchiridio』 및 다양한 마법서에 등장하였다. **참조.** 카발라Cabale.

(1) 르 루아예Pierre Le Loyer, 『귀신 논설과 역사Disc. et Hist. des spectres』, 8권, 6장.

아그라오포티스 [Aglaophotis] 아라비아 반도 대리석 채석장에서 서식하는 식물. 마법사들이 악마를 소환하는 데 사용했다. 마법사들은 악마를 원하는 만큼 속박하기 위해 아난시타이드Anancithide와 시로카이트Syrrochite*등 다른 재료를 사용하기도 했다. 참조. 바아라스Baaras.

* 물을 사용하는 점술에 활용하는 보석들.

아그난 또는 아그니안 [Agnan, Agnian] 허깨비와 악행으로 아메리카인들을 괴롭히는 악마. 주로 브라질과 투피남바족Tupinamba 거주지에 출현한다. 아그난은 어떤 모습으로도 나타날 수 있기 때문에 만나고 싶은 마음만 있다면 언제라도 마주칠 수 있다.

아고바르 [Agobard] 9세기 프랑스 리옹Lyon의 대주교. 여러 재판과 미신에 반대하는 글을 저술했다. 당대의 사람들은 마법사들이 태풍을 일으키고 우박과 악천후를 조종한다고 믿었다. 주교 역시 마법사들이 신의 절대적 힘을 빼앗아 인간들과 나눠 가지려 한다고 생각했다. 아고바르는 이러한 주장들로 자신의 교구를 교화시켰다. 이는 교회가 미신을 상대하며 지속해서 싸워왔음을 잘 보여주는 예이다. 교회는 마법사와 마법의 존재를 믿었지만, 절대 그것이 전능하다고 생각하지 않았다.

아그라페나 쉬간스카이아 [Agraféna-Shiganskaia] 시베리아 북동부 지방에서 흔하게 발견되는 질병 중 하나. 주로 여성이 걸리며 극도로 신경이 예민해지는 증상을 보인다. 시베리아에서 미략Mirak이라고 불리는 이 병은 온갖 채식의 절대적 결핍으로 인해 발생한다. 하지만 미신에서는 수 세기 전 사망한 마법사, 아그라페나 쉬간스카이아가 흡혈귀처럼 공포를 조장하며 질병을 살포한다고 전해진다. 브란겔Wrangel은 시베리아 북동부 탐험기에 가끔 미략에 걸린 남성을 볼 수 있었다고 기록했지만, 이는 아주 드문 경우다.

아그리파(앙리 코르네이) [Agrippa(Henri-Corneille)] 에라스무스Erasmus와 동시대에 살았던 의사이자 철학가. 아그리파는 당대 학문이 깊었던 인물 중 하나로 트리스메기투스Trismegistus라고 불렸다. 1486년 쾰른Köln에서 태어나 파란만장했던 삶 끝에 그르노블 리시버 제네럴Grenoble Receiver General의 집에서 1535년 사망했다. 그가 프랑스 리옹Lyon 또는 병원에서 사망했다는 이야기가 있지만 사실이 아니다. 온갖 저명한 인사들과 알고 지냈으며 모든 왕이 아그리파를 찾았다고 한다. 주로 정치 협상에 관한 임무를 맡았지만, 여행 또한 무수히 많이 하였다. 테벳Thevet은 저서 『유명 인사의 삶Vies des hommes illustres』에서 이 여행의 이유를 '아그리파는 도처에서 마법을 부리는 강박을 보였고, 이로 인해 사람들이 그를 알아보고 쫓아냈다'라고 기록했다.

아그리파는 철학 연구 도중 엉뚱하게도 최면술이나 심령술과 같은 마법에 입문하게 되었고, 신플라톤학파Neo-Platonism의 요술에 빠졌다. 그는 스스로 '알렉산드리아학파의 후계자(1)'라고 주장했다. 악마학자들도 인정했듯, 아그리파는 실제로 마법을 행했다(혹은 행하는 척을 했다). 또 연금술을 연구했지만, 가난속에서 사망한 것으로 보아 대단한 성과를 내진 못한 것으로 추측된다. 그는 미래로 갈 수 있는 능력이 있다고 주장했다. 부르봉Bourbon 왕가 총사령관에게 프랑수아 1세Francis I와의 싸움에서 이길 것이라 단언했다는 일화도 전해지는데, 사부아의 루이즈Louise de Savoie* 주치의였던 그로서는 그리 보기 좋은 행동은 아니었다. 중세 오컬트 학계에서 초자연적 기술을 연구하기도 했다.

아그리파는 저서 『오컬트 철학Philosophie Occulte』으로 인해 핍박을 받았다. 책 속에는 교묘한 술책에도 불구하고 요술을 부린 명백한 흔적이 남아있다. 하지만 신비학을 다루는 가련한 존재들 사이에서는 명성을 떨쳤다. 여러 한심한 마법 소논문 중엔 그의 이름을 내세운 것들도 있다. 소문에 의하면 아그리파는 루이 14세Louis le Grand가 통치하던 시기까지 살아있었다고 한다. 지나치게 미화되었을 수 있는 그의 이야기들은 『지옥의 전설Légendes Infernales』에서 확인할 수 있다.

(1) 구그노 데 무소Gougenol des Mousseaux, 『19세기 마법La magie au dixneuvième siècle』, 210페이지. / * 사부아의 루이즈는 프랑수아 1세의 어머니이다.

아구아파 [Aguapa] 그림자에 독이 있다고 전해지는 동인도 나무. 그늘에서 옷을 입고 잠들면 온몸이 붓고, 나체로 잠들면 속절없이 사망한다. 주민들은 이를 악마의 심술궂은 수작이라고 여겼다. **참조.** 보혼 후파스 Bohon-Hupas.

아구아레스 [Aguarès] 지옥 동쪽을 지배하는 대공. 악어에 올라탄 귀족의 모습으로 나타나는데 주먹 위에는 새매가 앉아있다. 아구아레스는 탈주병들의 복귀를 돕고 적들에게 혼란을 준다. 또 품위를 높여주고 모든 언어를 교육하며 영혼들을 춤추게 한다. 악마들의 수장인 아구아레스는 역품천사에 속하기도 했었다. 31개의 군단을 거느리고 있다.

피에르 다게르 [Aguerre(Pierre d')] 앙리 4세Henry IV가 통치하던 시절, 프랑스 바스 피레네Basses-Pyrénées 지방의 페이드라부르Pays de Labour[(1)]에선 73세를 맞은 어느 한 고약한 노인의 마법 재판이 열렸다. 그의 이름은 피에르 다게르였다. 피에르 다게르는 음독 마법을 이용해 많은 저주를 내렸다. 그를 체포할 당시 손녀, 종손녀였던 마리 다게르Marie d'Aguerre와 잔 다게르Jeanne d'Aguerre, 다른 여아들 그리고 그들을 마녀 집회로 이끈 여러 마녀까지 함께 체포되었다. 잔 다게르는 체포 시 난장판 속에서 파렴치한 언행을 했으며 숫염소 모습을 한 악마를 보았다고 말했다. 마리 다게르는 마녀 집회에서 가장 사랑받은 악마는 레오나드Leonard였다고 진술했다. 그녀는 군중 한 가운데 놓인 거대 항아리에서 레오나드가 숫염소 형상을 하고 등장하는 것을 보았다고 증언했다. 그녀는 깜짝 놀라 레오나드를 올려보았는데 집회가 끝나가자 다시 항아리로 돌아갔다고 덧붙였다.

두 명의 다른 증인은 피에르 다게르가 집회를 주도하는 모습을 목격했다고 주장했다. 악마는 그에게 금빛 막대를 주었고 그는 마치 연대장처럼 군중들과 물건들을 정렬시켰다. 이어 집회가 끝날 땐 악마에게 지휘봉[2]을 반납하는 모습까지 보였다고 한다. 결국 이 방탕한 노인은 마법사로 확인되어 사형에 처해졌다. **참조.** 숫염소Bouc, 마녀의 집회Sabbat.

(1) 가스코뉴Gascogne에서 한때 라푸르듐Lapurdum이라고도 불림. / (2) 드 랑크르Pierre de Lancre, 『변론Tableau de l'inconstance』등, 2권, 논설 4.

독수리 [Aigle / Eagle] 독수리는 예로부터 늘 점술에 이용되어 왔다. 발레리우스 막시무스Valerius Maximus는 독수리의 선견이 데요타루스왕Dejotarus의 목숨을 구했다고 기록했다. 데요타루스는 새들의 조언을 듣기 전엔 무엇도 행동에 옮기지 않았다. 새들이 보여주는 징조를 알아챘던 왕은 시야에 들어온 독수리가 침전으로 향하는 걸음을 돌리라고 했을 때, 이를 따랐다. 그리고 그 건물은 밤사이 무너져 주저앉았다. 학자들은 독수리의 골이 기이한 능력을 지녔다고 말한다. 말린 독수리 골을 가루 내 독당근즙에 적셔서 뭉근하게 끓여 마시면 엄청난 분노에 휩싸이게 된다. 음용한 사람은 머리를 모두 쥐어뜯고 소화가 다 되는 동안 열상을 입는다. 이 독특한 레시피가 담긴 책에선 이 현상의 원인을 다음과 같이 기록한다. '독수리 골의 뜨거운 열기가 기이한 환상을 보게 만든다. 그러다 증기가 빠져나갈 구멍들을 막고 머리 속을 연기로 가득 채운다.' 과연 아주 기발하고 명확한 설명이라고 할 수 있겠다.

연금술에서는 발견된 여러 가지 조합 이름에 독수리가 붙기도 한다. 수은을 농축해 보편적인 치료제를 만드는 조합에는 '천상의 독수리', 녹청과 염화암모니아로 사프란을 만드는 조합은 '비너스Venus의 독수리', 유독한 이극광Cadmia 코발트 조합은 '검은 독수리'라고 불린다. 이때 일부 연금술사들은 코발트를 '현자의 수은' 재료로 보기도 한다.

바늘 [Aiguilles / Needles] 일부 지역에서는 바늘을 이용해 점을 본다. 방법은 다음과 같다. 새 바늘 25개를 그릇 안에 놓고 물을 붓는다. 이때 서로 겹치는 바늘의 수는 곧 적의 수를 의미한다.

일반 바느질용 바늘이 점을 칠 때 효과가 더 좋은 편이다. 콘마누스Kornmannus는 다음과 같이 기술했다.[1] '마법사나 주술사가 수의를 기운 바늘을 사용한다면 신혼부부를 이어주는 일이 가능해진다. 하지만 남용을 막기 위해 이러한 술책이 알려져서는 안 될 것이다….'

(1) 『기적의 죽음De Mirac. Mortuor』, 파트 5, 22장.

밧줄 [Aiguillette / Lanyard] '밧줄 묶기'는 미신을 믿는 무지한 연인들의 상상력을 자극하는 주술로 알려져 있다. 이 주술은 연인 사이에 불화를 유발하고 남성을 불능으로 만든다. 보통 마법사인 척하거나 실제로 마법사인 악한에 의해 시전된다. **참조.** 불능 저주Ligatures.

자석 [Aimant, Magnes / Magnet] 자성 또는 자력을 지닌 물질. 뭇사람들은 자석에 대해 몇 가지 그릇된 정보들을 가지고 있다. 브라운Brown 박사[1]의 말에 따르면 일부 자석은 철만 끌어당기는 것이 아니라 살가죽도 끌어당긴다고 한다. 이 자석은 자성이 희미하며 점토로 이루어져 있다. 또 자력이 약한 자기선이 박혀 있는데 적철석이나 그리스 렘노스Lemnos의 토양처럼 입술에 잘 들러붙는다. 의사들은 이 돌을 취석과 함께 사용하면 유산을 막는다고 오인했다.

솔리누스Gaius Julius Solinus, 플리니우스Pliny, 플루타르코스Plutarch, 피에트로 안드레아 마티올리Pietro Andrea Gregorio Mattioli 등이 주장했을지라도, 마늘이 자력을 파괴한다는 견해는 틀렸다. 이는 실험을 통해 입증되었다. 붉게 달군 금속선을 마늘즙에 넣고 식히면 본성을 잃는다는 말이 있지만, 마늘 안에 쑤셔넣은 자석 조각은 여지없이 자력을 유지했다. 심지어 녹이 슬 때까지 내버려 두었음에도 멀쩡히 자력을 유지했다. 다이아몬드가 자석의 힘을 방해한다는 주장 또한 같은 결론을 내려야 할 것 같다. 이것의 실험 방법은 다음과 같다. (집에 다이아몬드가 있다면) 다이아몬드를 자석과 바늘 사이에 놓기만 하면 된다. 그러면 자석은 보석 위를 올라타서라도 자력을 행사하려 들 것이다. 물론 앞서 말한 작가들이 다이아몬드가 아닌 것을 다이아몬드라 믿고 있었을 수도 있겠다.

브라운 박사의 주장은 여기서 그치지 않았

다. 그의 말에 따르면 랍비들은 인간의 시체를 하나의 자석이라고 여겼다. 그렇기에 선박에 시체를 눕히면 머리가 북쪽을 향할 때까지 물 위를 뱅뱅 돈다고 믿었다. 프랑수아 뤼뷔François Rubus는 상당히 고지식한 사람이었음에도 설명 불가능한 사실들을 실재한다며 수용했다. 그는 모든 초자연적 현상을 악마의 현혹이라고 주장했다[2]. 사실 곤경에서 벗어나고자 할 때, 악마만큼 편한 핑계도 없다.

많은 사람들은 아라비아반도 메디나Medina에 위치한 무함마드Muhammad 묘 안의 유해가 떠 있다고 믿는다. 위아래로 정갈하게 배치된 두 개의 자석 사이에 유해가 있다는 것이다. 하지만 사원의 기석들 위에 묘가 있다는 점만 제외하면, 그의 묘도 다른 무덤처럼 평범한 돌무덤일 뿐이다. 이는 모하메드 교도들이 일부러 지어낸 것이라는 기록이 있다. 묘지가 먼 곳에 있다는 점, 많은 시간이 흘렀다는 점을 이용해 사실처럼 포장하고 예시까지 들어 신빙성을 더한 것이다. 플리니우스는 건축가 디노카레스Dinochares가 자철석을 사용해 알렉산드리아Alexandria 아르시노에Arsinoe 사원 궁륭을 설계했다고 주장했다. 이는 여왕의 동상을 공중에 매달기 위함이었다고. 하지만 건축가는 완공 전에 사망했으며 그의 계획은 수포로 돌아갔다. 루핀Rufin은 세라피스Serapis 신전에 자철석의 자력으로 떠 있는 쇠수레가 있었다고 말했다. 이는 자철석을 옮기기가 무섭게 바닥으로 떨어져 산산조각 났다고 한다. 비드Bede는 영웅 벨레로폰Bellerophon이 쇠로 된 말을 탔으며 두 개의 자철석을 이용해 떠났다고 말했다.

자기를 띈 무기로 다친 상처는 회복이 어려우며 위험하다고 믿는 이들도 있다. 아마 자석의 특성 때문일 것이다. 하지만 실험 결과, 자석이 든 수술 도구로 절개한 상처는 어떤 문제도 일으키지 않았다. 자석을 독으로 분류하는 작가들도 같은 부류에 속한다. 스페인 총독 수석 의사인 가르시아스 데 우에르타Garcias de Huerta의 기록에 따르면 실론Ceylon*의 왕들은 자석의 기운을 받기 위해 자철석 그릇에 식사를 했다고 한다.

자석의 효험을 주장했던 아에티우스Flavius Aëtius는 어느 통풍 환자에게 잠깐 자철석을 쥘 것을 권유했다. 그러자 환자는 더 이상 고통을 느끼지 않았고 완화되었다고 말했다. 작가 마르켈루스 엠피리쿠스Marcellus Empiricus는 자석이 두통을 치료한다고 말했다. 이들이 주장하는 놀라운 효능들은 자석의 능력을 불합리하게 확장한 것이다. 이는 모든 이들이 동의하는 바일 것이다. 다만 자성체의 신비스러운 인력을 본 인간은 몸속의 고통 또한 끌어낼 수 있다고 믿는다. 이런 개념에서 비롯된 것이 마법 자석이다.

이 외에 부성애와 부부애를 견고하게 하는 마법에도 자석이 사용되었다고 한다. 바실리데스주의자Basilidians들은 자석으로 악마를 쫓는 부적을 만들었다. 이처럼 자석에 얽힌 이야기는 셀 수 없이 많다. 디오스코리데스Dioscorides는 자석이 도둑들의 유용한 도구로 활용되었다고 기록했다. 집을 털고자 할 때, 집 안 모서리 네 곳에 불을 붙이고 자석 조각을 던지면 기분 나쁜 연기가 피어올라 사람들을 밖으로 쫓는다는 것이다. 이 엉터리 같은 속신은 디오스코리데스가 작고한 지 무려 천년이 흐른 지금에도『대 알베르투스의 경이로운 비밀들Les Admirables secrets d'Albert le Grand』을 편찬한 작가들에 의해 계속 퍼져나가는 중이다.

한편 로랑 구아시우스Laurent Guasius의 자석만큼 대단한 도구는 찾을 수 없을 것이다. 카르다노Cardan는 무기를 그의 자석에 문지르면 상처를 내도 통증이 생기지 않는다고 주장했다.

마지막으로 어떤 진지한 작가가 한 소리인지는 모르겠지만, 자석을 소금에 발효시키면 빨판상어로 변신한다는 이야기가 있다. 이 물고기는 우물 속 깊은 곳에 들어가 황금을 찾는다고. 이 비법을 주장한 사람은 실험으로 이를 반박할 수 없다는 것을 알고 있었다[3]. 증명된 사실만을 믿어야 하는 이유가 여기에 있다.

(1)『대중적 오류에 관한 수상록Essai sur les erreurs populaires』등, 2권, 3장. / (2)『요한계시록Apocalypse』에서 언급된 보석들에 관한 논설. / (3)브라운, 이전에 언급한 곳에서. / *스리랑카의 옛 명칭.

아이마르 [Aimar] 참조. 점술 지팡이Baguette Divinatoire.

소환 [Ajournement / Summoning] 과거

민간에서는 억압에 시달리다가 사망하면, 죽는 순간 신의 판결을 받는다고 믿었다. 이땐 언제나 이승과 유사한 체제가 만들어지며 가해자를 신의 법정에 소환할 수 있다. 사실 '언제나'라는 표현은 경솔한 표현이다. 이 의견을 뒷받침하는 예가 많지 않기 때문이다. 카스틸 페르디난드 4세Castile Ferdinand IV는 억울한 판결을 받았던 두 명의 신사에게 소환당해 30일 만에 죽음을 맞이했다. 에네아스 실비우스Eneas Sylvius의 말에 따르면 프랑스 브르타뉴Bretagne의 공작인 프랑수아 1세Francis I가 자기 남동생을 암살했고(1450년), 죽은 남동생은 그를 신 앞에 소환했다고 한다. 결국 공작은 심판에서 지정한 날에 죽음을 맞이했다.[1]

필자는 여기서 성당 기사단 그랜드 마스터가 교황과 왕을 신 앞에 소환한 건에 대해서는 언급하지 않도록 하겠다. 이 이야기는 그랜드 마스터의 고문 이후 한참 뒤 지어낸 것이기 때문이다. 참조. 성당 기사Templiers.

(1) 『실생활 속 여성들의 이야기Légendes des femmes dans la vie réelle』에서 알라코스Alarcos 백작 아내의 선고유예를, 『신학 및 추기경 미덕에 관한 전설Légendes des vertus théologales et cardinales』에서 선고유예의 전설을 참조할 것.

아크바바 [Akbaba] 시체를 뜯어 먹으며 천년을 사는 독수리. 튀르키예 미신에 등장한다.

아크민 [Akhmin] 고대 이집트 테바이드Thebaid의 도시. 위대한 마법사들의 거주지로 유명했다.[1] 폴 루카스Paul Lucas는 두 번째 여행[2] 중 겪은 아크민의 기이한 뱀에 대해 다음과 같이 말했다. "회교도들은 그 뱀을 천사처럼 숭배하지만, 기독교인들은 악마 아스모데우스Asmodée라고 믿었다." 참조. 하리디Haridi.

(1) 데르벨로D'herbelot, 『동양 총서Bibliothèque Orientale』. / (2) 5권, 2호, 83페이지.

아키바 [Akiba] 1세기의 랍비이자 바르 코크바Bar Cokébas*의 전신[1]. 평범한 목자였던 그는 사랑하는 여자를 얻고 싶은 마음에 유명한 학자로 거듭난다. 유대인들은 그가 초급 정령에게 교육받고 악령을 퇴치하는 방법을 알았다고 말한다. 또 명성을 얻었던 시기엔 팔십 명의 제자를 두었다고 이야기한다. 아브라함 혹은 아담과 함께 『형성의 서Jetzirah』를 집필했다고 믿는 사람들도 있다.

(1) 『구약성경의 전설Légendes de l'Ancien Testament』의 바르코크바 전설을 참조할 것. / * 하드리아누스Hadrian 황제 때 로마에 대항해 반란을 일으킨 유대인 지도자.

아쿠안 [Akouan] 거대 악마. 페르시아 전통에 따르면 오랫동안 루스탐Roustam과 싸웠다고 한다. 하지만 큰 덩치에도 불구하고 결국 루스탐 손에 죽었다. 페르시아 전통에 등장하는 루스탐은 프랑스의 롤랜드Roland와 견줄 수 있는 인물이다.

알랭 드 리슬(인술렌시스) [Alain de l'Isle (Insulensis)] 12세기 성베르나르드회 수도사이자 프랑스 오세르Auxerre의 주교. 『멀린 예언 해설Explanationes in Prophetias Merlini Angli』(1608년, 프랑크푸르트, 8절판)의 작가. 혹은 저자로 추정되는 인물. 1170년 당시, 앞에서 언급한 예언으로 큰 파문이 일어나자 이 해석본을 제작하였다.

같은 세기에 살았던 또 다른 알랭Alain(혹은 알라누스Alanus)은 『현자의 돌에 대해Dicta de Lapide Philosophico』(1600년, 레이던, 8절판)라는 연금술 관련 서적을 남겼다.

알라릭 [Alaric] 고트족Goths의 왕이자 이탈리아 최초 왕국의 초대왕(앞서 4개의 왕국이 있었지만 유지된 왕국은 없었다). 올림피오도루스Olympiodorus가 남긴 유명한 이야기에 따르면 그가 시칠리아Sicilia를 정복하려 할 때 어느 신비로운 동상 하나가 막아섰다고 한다. 그 동상은 한쪽 발로는 불꽃을 다른 발로는 물을 뿜었다. 이에 알라릭은 코센차Cosenza로

후퇴하였고 며칠 뒤 돌연 사망했다(410년).

알라리(프랑수아) [Alary(François)] 프랑스 루앙Rouen의 몽상가. 1609년 루이 14세Louis le Grand의 탄생을 축하하기 위해 출간되었던『장미십자회 기사이자 파라켈수스의 조카였던 봄바스트 백작의 예언La Prophétie du comte Bombaste, chevalier de la Rose-Croix, neveu de Paracelse』을 1701년 루앙에서 다시 출판했다.

알라스토르 [Alastor] 가혹한 악마. 지옥 군주의 판결을 시행하는 최고 집행인. 그리스 율법의 여신인 네메시스Nemesis와 유사하다. 조로아스터Zoroaster는 그를 사형 집행인이라고 불렀다. 또 오리게네스Origen는 알라스토르가 아자젤Azazel같은 존재라고 설명했다. 일부 사람들은 그를 멸살 천사로 오해하기도 했다. 고대인들은 악한 영적 존재를 알라스토레스Alastores라고 불렀다. 플루타르코스Plutarch 말에 따르면 로마 황제 아우구스투스Augustus를 증오한 키케로Cicero는 왕자의 집 근처에서 목숨을 끊을 계획이 있었다. 그리하면 그의 알라스토르가 될 수 있다고 생각했기 때문이다.

대 알베르투스 [Albert le Grand] 튜턴Teutonic의 알베르, 쾰른Köln의 알베르, 레젠스부르크Regensburg의 알베르, 알베르투스 그로투스Albertus Grotus 등 많은 이름으로 불렸다. 본명은 알베르 드 그루트Albert de Groot이다. 학자이자 성 도미니크회Dominican Order의 독실한 신자였던 그는 악마학자들의 실수로 마법사에 분류된 이력이 있다. 그는 전 인류를 통틀어 가장 기이한 사람이었다. 알베르투스는 1205년 독일 라우잉엔Lauingen의 도나우강Donau 인근 지역, 슈바벤Swabia에서 태어났다. 어릴 적 그의 성격은 매우 거칠었지만, 성모 마리아Maria를 영접하며 많은 것이 달라졌다. 알베르투스는 성모 마리아를 원만히 숭배했고 마리아는 그가 마음의 눈을 뜰 수 있도록 도왔다. 그는 그렇게 13세기 가장 위대한 의사로 성장해 훗날 성 토마스 아퀴나스Thomas Aquinas의 스승까지 되었다. 하지만 나이가 든 그는 다시 별 볼 일 없는 사람이 되어 버렸다. 여기서 그의 재능과 기술은 그저 찰나의 기적 같은 선물이었음을 알 수 있다. 그 시절 작가들은 알베르투스 본래의 조잡스러운 생각들을 확인한 뒤 '철학자로 바뀐 당나귀가 다시 당나귀로 돌아갔다'라고 기록했다[1].

대 알베르투스는 레겐스부르크의 주교를 지내며 쾰른에서 87세 나이로 경건히 숨을 거두었다. 그의 저서들이 출간된 건 1651년의 일이었다. 책은 총 21권이며 2절판으로 출간되었다. 그의 책을 들여다보면 박식했던 한 기독교인에 대한 존경이 싹튼다. 책에는 그가 마법을 부렸다는 증거가 어디에도 없다. 그는 오히려 이렇게 말한다. '공중에 도사리며 미래의 비밀을 캐내려는 모든 악마 이야기는 대개 비상식적이거나 협잡한 것들이다[2].' 그가 저술한 신비로운 책에서 그의 역할은 대포와 권총 발명에 참여했다는 것뿐이라 말하는 이도 있다. 적어도 마튜 드 루나Martthieu de Luna는 그렇게 말했다.

마이어Mayer는 그가 성 도미니크 제자들로부터 현자의 돌에 관한 비밀을 얻었고, 그 비밀을 성 토마스 아퀴나스에게 알려주었다고 말한다. 알베르투스는 자연적으로 뱀이 새겨진 돌을 가지고 있었다. 이 돌은 특별한 효력이 있었는데 뱀이 지나는 길목에 두면 온갖 뱀을 끌어들였다. 그는 30년간 이 돌과 금속, 천체를 활용해 모든 마법을 사용하고 점성술을 익혔다. 돌은 말솜씨 좋은 인형처럼 그에게 계시를 알려주고 모든 질문에 답해 주었다. 그 돌은 '대 알베르투스의 인조인간'이라고도 불렸다. 이 자동 인형은 성 토마스 아퀴나스에 의해 파손되었다. 성 토마스 아퀴나스는 그것이 악마의 작품이나 수하라고 생각하여 몽둥이로 내려친 것이다. 물론 이 모든 것은 허구일 수 있다. 베르길리우스Publius Vergilius Maro, 교황 실베스테르 2세Sylvester II, 로저 베이컨Roger Bacon에게도 자동 인형이 있었지만, 보캉송Jacques de Vaucanson이 순수한 기계일 뿐이라는 사실을 입증했기 때문이다.

알베르투스의 가장 유명한 마법은 쾰른에서 벌어졌다. 한 겨울 수도원에선 네덜란드 백작이자 로마왕인 윌리엄 2세William II를 위한 연회가 열렸다. 연회장은 감탄스러울 정도로 아름다운 봄꽃들로 꾸며져 있었는데, 식사가 끝나기 무섭게 모두 시들어버렸다. 이는 아직 온실이 도입되지 않았던 시기이기 때문이다. 이때 어질고 교양있는 한 신자가 꽃들을 되살렸다. 알베르투스가 스스로 마법이라 불렀던 것들은 결국 이로운 백마법일 뿐이었다.

마지막으로 대 알베르투스의 '대'는 영광스러운 업적을 기리기 위한 것이 아닌, 원래의 성이었던 그루트를 번역하다 생긴 오해라고 할 수 있다. 그는 『대 알베르투스의 경이로운 비밀들Les Admirables secrets d'Albert le Grand』(18, 24, 12절판)이라는 책을 저술했으며 식물, 보석, 동물의 효능을 기록하였다. 더불어 미출간된 오래된 원고에서 발췌, 번역한 것들에는 흑사병, 악성 열병, 독극물, 감염 등의 예방법과 관상학 등이 기록되어 있었다. 양식이 없는 이 책에는 모든 내용이 뒤죽박죽 섞여 있다. 심지어 대변에 관련된 내용도 다음과 같이 기록되어 있다. '하찮고 경멸스러운 것이라고 해도 정해진 대로(비료로) 사용한다면⋯.' 저자는 마치 기도문을 읊듯 책을 시작한다. 그리고 철학자의 왕이 지녔던 사상을 제시한다. 그의 사상에 따르면 하늘에서 내리는 계시와 그 아래 있는 인간 사이엔 깊은 공감이 있다고 한다. 그렇기에 인간이 세상에서 가장 위대한 존재라는 것이다.

지극히 외설적인 책의 1부는 아이들의 탄생이 행성에 미치는 영향, 여자 머리카락의 놀라운 효력, 괴물, 출산 시 아이 성별을 아는 법, 나이 든 여성 눈에 생기는 독과 눈곱 등을 다룬다. 이 조잡한 망상은 장황하고 터무니없으며 불결하다. 2부에서는 돌, 짐승의 효능, 세상과 행성, 별들의 경이로움을 다룬다. 3부는 짐승의 배설물에 관한 훌륭한 논문, 소변에 관한 뛰어난 발상, 빈대, 낡은 신발과 부패물, 쇠를 무르게 만드는 법, 금속을 다루는 법, 주석을 도금하는 법, 부엌세간을 청소하는 법이 담겨있다. 4부에는 관상학 논문과 학자들의 주석, 행복하거나 불행한 날들의 관찰, 열병 예방법, 설사약과 찜질약 만드는 법 등을 기록했다. 그 외 기상천외한 이야기는 서적에서 만나볼 수 있다. 이 책을 탐독한 독자라면 지각없는 촌사람들이 매년 『대 알베르투스의 경이로운 비밀들』을 수천 권씩 구매한다는 사실에 경악을 금치 못할 것이다.

『작은 알베르투스의 견고한 보물Little Albert's Solid Treasure』(베링고스Beringos 수사의 계승자인 아그리파Agrippa를 통해 출간, 카발리스틱 6516년, 리옹, 18절판) 또는 신비스러운 마법의 놀라운 비밀은 라틴어 원제인 'Alberti Parvi Lucii Liber de Mirabilibus Naturœarcanis'를 그대로 번역한 것이다. 책에는 신비한 그림과 부적을 만드는 법이 담겨있다. 알베르투스는 직접 쓰지 않은 이 말도 안 되는 책에서 낯선 모습을 보인다. 이 책은 첫 번째 책보다 더 엉터리며, 더 위험하다. 그나마 촌사람들이 기대한 바와 다르게 악마를 소환하는 방법은 담기지 않았다. 책에는 불능 저주를 내리고 푸는 법, 묘약의 여러 가지 성분, 꿈속에서 결혼 상대를 알아보는 법, 춤추게 만드는 비밀, 비둘기 수를 늘리는 법, 게임에서 이기는 법, 썩은 포도주를 되돌리는 법, 카발라Kabbalah 부적을 만드는 법, 보물을 찾는 법, 영광의 손을 사용하는 법, 불타는 물과 그리스의 불, 여행자의 양말 대님과 지팡이, 투명 반지, 동정의 가루, 가짜 금을 비롯한 여러 질병의 치료약 그리고 양 떼 보호장비를 만드는 법이 담겨있다.

(1) 『성모 마리아의 전설Légendes de la Sainte Vierge』 속 어린 학생의 목격 부분을 참조할 것. / *(2)* 『잠과 활력De Somn, et Vig』, 3권, 소책자 1, 8장.

알베르 달비 [Albert d'Alby] 『완벽한 신

탁Oracle Parfait』의 저자. **참조**. 카드점Cartomancie, 마지막 부분.

알베르 드 생 자크 [Albert de Saint-Jacques] 17세기 수도자.『죽은 자의 경험으로 산 자에게 빛을Lumière aux vivants par l'expérience des morts』혹은『우리 시대에 다양하게 출현하는 연옥 속 영혼Diverses apparitions des ames du purgatoire en notre siècle』(1675년, 리옹, 8절판)이라는 책을 펴냈다.

알비파 [Albigeois / Albigensians] 부정하기로 유명한 마니교Manichaeism로부터 비롯되어 탄생했다. 프랑스 랑그독Languedoc에서는 이단이 기승을 부렸고 그 중심에는 알비파가 있었다. 그들에겐 두 가지 신조가 있었다. 하나는 신이 직접 루시퍼Lucifer와 그의 큰아들을 만들어냈다는 것, 다른 하나는 신의 자식인 루시퍼가 반란을 일으켰다는 것이다. 루시퍼는 반란 당시 천사 중 일부를 끌어들였다. 그는 공모자들과 함께 하늘에서 추방되었고 그러던 중 우리가 지금 사는 이 세계를 손수 만들었다. 하지만 루시퍼가 지배하는 세상은 엉망이었다. 신은 질서를 바로잡기 위해 두 번째 자식인 예수 그리스도Jesus Christ를 세상에 내려보내게 되었다.

이 독특한 교의는 이단에 따라 다르게 소개되었다. 거의 대다수 이단은 육신의 부활, 지옥과 연옥의 존재를 부정한다. 그들의 사상에 따르면 우리 영혼은 육신에 깃든 악마일 뿐이며 지은 죄로 인해 갇혀있다는 것이다. 알비파는 12세기 후반부터 소름 끼칠 정도로 불어났다. 그들은 신부와 수도자를 죽이고 십자가를 불태우고 교회를 파괴했다. 그들의 추악한 극단화로 인해 훈계와 전도는 부질없는 일이 되어버렸고 결국 영웅인 시몽 드 몽포르Simon de Montfort의 십자군이 필요하게 되었다. 이 십자군 성전에 관한 이야기는 터무니없는 거짓말과 왜곡들로 날조되기도 하였다.[(1)] 만일 이 전쟁에서 알비파가 승리했다면 유럽은 가장 끔찍한 야만인들의 손에 넘어갔을 것이다. 알다시피 유럽의 수호자들은 무질서를 꽤나 애호하는 철학자들이 전부니 말이다.

(1)『십자군의 전설Légendes des Croisades』중 알비파와 맞선 십자군을 참조할 것.

알비제리우스 [Albigerius] 악마학자들의 주장에 따르면 악마에 들린 이의 영혼은 먼 여행을 떠나 일종의 황홀경에 빠지며, 돌아와서 그 비밀을 털어놓는다고 한다. 르 루아예 Pierre Le Loyer는 코리반트Korybantes들이 이런 현상으로 예언을 하는 것이 사실이라고 밝혔다. 더불어 이를 통해 몽유병을 설명할 수도 있을 것이다. 성 아우구스티누스St. Augustine는 알비제리우스라는 카르타고Carthago 사람에 대해 이야기했다. 그는 이러한 현상을 이용해 집 밖에서 벌어지는 모든 일을 알 수 있었다고 한다. 가장 이상했던 건 그가 황홀경 상태일 때 머릿속 가장 은밀한 곳에서 다른 존재가 꿈꾸던 내용을 알아낼 수 있었다는 것이다.

성 아우구스티누스는 또 다른 광인에 대해서도 언급한 일이 있다. 이 사람은 악령에 사로잡히는 동안 황홀경은 겪지 않고 고열에 시달렸으며 온전히 깨어있었다. 그러면서 몸을 벗어나 행한 모든 일들을 하나하나 이야기한 것이다. 그를 치료하러 온 신부가 24km 떨어진 곳까지 도착했을 때, 악마는 병자의 입을 빌려 방에 있는 사람들에게 해당 신부가 몇 시경 어디에 있고 무엇을 하는지 밝혔다고 한다. 칼리오스트로Cagliostro도 똑같은 일을 겪었다고 말했다. 이는 놀라운 경험담들이다. 아리스토텔레스Aristoteles는 불멸의 영혼은 육신 없이도 여행하는 것이 가능하다고 보았다[1].

(1) 르 루아예, 『귀신 논설과 역사Disc. et Hist. des spectres』, 4권. / * 여신 키벨레Cybele의 사제.

알비노 [Albinos] 포르투갈인이 유난히 하얀 흑인 아이들을 지칭하며 사용한 명칭. 학자들은 이 현상의 원인을 연구했지만, 성과가 없었다. 흑인들은 악마는 하얀 피부를 가졌다고 생각했다. 그렇기에 알비노로 태어난 아이들을 악마의 자식이라 여기고 괴물 취급하였다. 알비노는 유령처럼 하얗다. 그들의 눈빛은 낮에 약하고 생기없지만, 달빛에는 반짝인다. 흑인들은 알비노를 낮엔 쉽게 해치울 수 있지만 밤이 되면 강해져 복수를 한다고 여겼다. 반면 콩고 로앙고 왕국Loango에선 시골의 악마라고 여겨져 나름의 존경을 받았다. 보시우스Gerardus Vossius는 기니Guinea에 이주한 알비노 집단이 있었다고 말한다. 하지만 그 불운한 존재들은 아이를 가질 수 없었다고. 도대체 그 집단은 어떻게 살아남을 수 있었을까?

선조들도 알비노를 알고 있었다. 플리니우스Pliny는 이렇게 말했다. '알바니아Albania에는 흰 머리칼과 자고새의 눈을 가지고 태어나 밤에만 볼 수 있는 사람들이 있다.' 그는 그들이 어떤 민족인지 혹은 특정 질병에 걸린 사람들인지에 대해 언급하지 않았다. 또한 이렇게 덧붙였다. '동물 중에도 알비노가 있다. 박물학자들은 하얀색을 띤 까마귀, 티티새, 두더지를 발견했다. 그들의 눈은 빨갛고 피부는 희고 몸은 약했다[1].'

(1) 『오류와 편견Des erreurs et des préjugés』 등, 1권, 479페이지.

알보락 [Alborak] 참조. 보락Borak.

알부마자르 [Albumazar] 이란 호라산Khorasan에서 태어난 9세기 점성가. 점성술 서적 『기천년Thousands of Year』의 저자로 잘 알려져 있다. 그는 해당 저서에서 7개 행성이 양자리에 맞춰 회합 되지 않았다면 세계가 탄생할 수 없었을 것이라 확언했다. 또 오늘날 (1862년) 51개로 불어난 행성들이 물고기자리에 맞춰 회합하는 때 세계가 멸망할 것이라고 보았다. 이 책은 『점성술 꽃에 대한 소책자Tractatus Florum Astrologiœ』(1488년, 아우크스부르크, 4절판)라는 제목의 라틴어 번역서로 출간되었다. 카시리Casiri의 『에스코리알 도서관의 아랍-스페인어 사본Bibliotheca Arabico-Hispana Escurialensis』(1권, 351페이지)에서 그의 저서 목록을 확인할 수 있다.

알뷔네 [Albunée] 유명한 무녀. 이탈리아 티볼리Tivoli에는 알뷔네 사원의 흔적이 아직도 있다. **참조**. 무녀Sibylles.

알카비티우스 [Alchabitius] 참조. 압델 아지즈Abd-el-Azys.

연금술 [Alchimie / Alchemy] 금속을 변형시키는 특별한 기술. '현자의 돌' 제조를 목적으로 한다. **참조**. 현자의 돌Pierre Philosophale, 고비노Gobineau.

알킨두스 [Alchindus] 11세기 아랍 의사. 마법 주문과 숫자의 조합을 치료제로 활용했다. 요한 바이어Johann Weyer[1]는 그를 마법사로 분류했지만, 델리오Martin Delrio[2]는 미신을 맹신하는 작가 중 한 명이라고 말했다. 악마학자들은 저서 『마법술 이론Theory of the Magical Arts』 때문에 그가 악마의 심부름꾼이라고 생각했다. 하지만 이는 악마학자들이 표제만 보고 책은 펼쳐보지도 않았기 때문이다. 피코 델라 미란돌라Giovanni Pico della Mirandola는 허가받은 정상적인 마법을 사용한 사람이 딱 세 명뿐이라고 말했는데, 이는 다름 아닌 알킨두스, 로저 베이컨Roger Bacon, 기욤 드 파리Guillaume de Paris였다. 알킨두스는 단지 무지의 시대를 살았던 의사일 뿐이다. 알킨두스라는 이름은 그의 아랍 이름 알켄디Alcendi를 라틴어화한 것으로 몇몇 이들은 야곱Jacob이라고 부르기도 한다. 또 이슬람교도라는 이야기도 있다. 그는 비상식적인 내용을 저술했다는 이유로 비난받았다. 일례로 '우리가 꾸는 꿈은 정령들의 연극으로 그들이 꿈속에 찾아와 여러 신비로운 것들을 보여준다는 것'이 있다. 어떻게 보면 그리 멍청하기만 한 생각은 아닐 수도 있다.

(1) 『악마의 환상De Præstigiis Dæmonum』, 2권, 3장. / *(2)* 『마법 연구Disquisit. Magicœ』, 1권, 3장.

알코란 [Alcoran] 참조. 코란Koran.

호반새 [Alcyon / Halcyon] 바다 근처에 사는 사람들 사이엔 오래된 민담 하나가 존재한다. 이는 호반새 혹은 물총새가 자연 풍향계 역할을 한다는 것이다. 부리가 묶인 이 새는 바람이 부는 방향을 가슴을 틀어 알려준다. 바람 근원지를 향해 수평선 한 지점을 가슴으로 가리킨다고. 사람들이 이러한 사실을 믿게 된 것은 관찰 도중 새가 바람을 분석하는 듯한 행태를 보였기 때문이다. 호반새는 동짓날이 되면 물 위에 자신의 둥지를 만드는데 이때 바람의 방향을 짐작한다. 이러한 신중한 행동은 과연 특별한 징조를 의미할까? 아니면 자기 종을 보호하고자 하는 자연의 본능 같은 것일까? 브라운은Thomas Brown 다음과 같이 말했다. '제1원인이 신의 명령이라면, 자연은 우리가 알 수 없는 방법으로 신의 명령을 행할 것이다.'

예로부터 사람들은 호반새를 상자 속에 보관하였다. 이렇게 하면 모직 옷을 벌레로부터 보호할 수 있기 때문이다. 또 이를 침실 천장에 매달아두곤 했다. 브라운은 다음과 같이 말했다. '호반새 부리를 묶었을 때부터, 우리는 선조들이 하던 등을 묶는 방식을 따르지 않은 것이다. 등이 묶인 호반새는 부리로 바람을 가리킬 수 있다.' 키커Kirker 역시 바다제비를 설명하며 동일한 부분을 언급했다. 호반새를 키우는 동안 깃털이 마치 살아있듯 새로 자라난다 믿는 사람들도 있었다. 이런 주장을 한 사람들의 대표로는 대 알베르투스Albert le Grand가 있다. 그는 보람없이 여러 실험을 했다고 전해진다[1].

호반새는 바람을 예견하고 벌레를 잡는 것 외에 주인을 부자로 만들어주는 능력이 있다. 또 가족들을 하나로 모아주며, 호반새 깃털을 활용해 꾸민 여성에게 미를 부여하는 능력이 있다. 타타르족Tartars과 오스탸크족Ostyaks은 이 새를 숭배하다시피 했다. 그들은 새의 깃털을 큰 물병에 넣고 떠오르는 것을 건져 좋아하는 사람에게 가져다 대었다. 이렇게 하면 사랑을 얻을 수 있다고 믿었기 때문이다. 그렇기에 그들은 호반새 깃털을 부지런히 찾아다녔다. 만약 오스탸크족이 운 좋게 호반새를 손에 넣었다면 그는 부리, 다리, 가죽을 돈주머니 속에 보관할 것이다. 이 보물 같은 부적들이 모든 불행으로부터 지켜줄 것이라 믿었기 때문이다[2]. 참조. 지옥에 떨어진 영혼Ame Damnée.

(1) 브라운Thomas Brown, 『대중적 오류Erreurs populaires』, 3권, 10장. / *(2)* 살그Salgues, 『오류와 편견Des erreurs et des préjugés』, 3호, 374페이지.

알돈 [Aldon] 참조. 그란손Granson.

알렉토리안 스톤 [Alectorienne / Alectorian] 참조. 수탉Coq.

수탉점 [Alectryomancie, Alectromancie / Alectryomancy, Alectromancy] 선조들이 선호했던 수탉을 이용한 점술. 방식은 다음과 같다. 모래 위에 원을 그린 뒤 24개 면적으로 나눈다. 나눠진 각 구역에는 알파벳을 새긴다. 이후 각 글자에 보리 혹은 밀을 올려놓는다. 이제 원 한가운데 점술에 사용할 수탉을 내려놓고 어느 글자의 곡물을 먹는지 지켜본다. 닭이 먹은 글자를 순서대로 조합하면 단어가 생성되는데 이는 알고자 했던 문제의 답을 의미한다. 일례로 이암블리코스Iamblichus와 같은 예언가는 발렌스Valens 황제 후임자를 알기 위해 수탉을 동원했다. 수탉은 'Théod'라는 단어를 만들어내는데, 자초지종을 들은 발렌스 황제는 이 점술을 행한 여럿의 목숨을 거두었다. 만약 역사가 조나라스Joannes Zonaras의 말이 믿을 수 있는 것이라면 발렌스 황제는 이뿐 아니라 점술 속 알파벳으로 시작하는 주요 인사들까지 모두 척결했다. 하지만 이러한 노력에도 불구하고 그의 왕홀은 결국 테오도시우스 대제Theodosius the Great에게 넘어가고 말았다. 아마 예언은 이러한 사건이 벌어진 이후 만들어진 이야기로 짐작된다[1].

암미아누스 마르켈리누스Ammianus Marcellinus는 다른 이야기를 들려준다. 그에 따르면 발렌스 황제 아래에서 마법을 부리던 사람 중에는 재능이 특출난 이와 철학자들이 다수 포함돼 있었다고 한다. 황제의 운명을 알기 위해 그들은 밤마다 집회 장소로 모여들었고 월계수 뿌리, 잔가지로 만든 지지대 위에서 지독한 주술을 부렸다. 주술의 방식은 다음과 같다. 먼저 그들은 지지대 위에 다양한 금속으로 만들어진 대야를 올리고 알파벳들을 동일한 거리에 배치한다. 이후 조예가 깊은 사제가 민머리 위 베일을 뒤집어쓴 모습으로 등장한다. 그리고 한 손에 마편초를 들고 몸을 떨며 끔찍한 기도를 올리는 것이다. 기도를 올리는 중, 갑자기 사제는 동작을 멈추고 줄에 매달린 반지를 든 채 서있는다. 그리고 마법 주문을 외우기 무섭게 지지대가 흔들리며 반지가 알파벳들에 부딪힌다. 이렇게 모인 글자는 테이블 위에서 재조합되어 만인을 놀라게 할 영웅시로 다시 태어나는 것. 이 점술은 반지점点Dactylomancie에 해당한다.

전말을 전해 들은 발렌스는 자신의 운명을 두고 지옥과 내통하는 것이 마음에 들지 않았다. 그리고 결국 주술에 참여했던 간부들과 철학자들을 모두 처벌했다. 여기서 끝이 아니라 그는 로마의 모든 철학자와 마법사를 추방하기에 이른다. 이때 많은 사람이 죽었고 벌을 받은 철학자들은 천민과 노인이 행하는 마법에 질려 더 이상 사용하지 않았다. 그런데도 간단한 술책이나 하급 주술은 계속해서 명맥을 이어갔다. 참조. 수탉Coq, 결혼Mariage 등.

(1) 장 밥티스트 드 준퀴에르Jean-Baptiste de Junquières는 그의 시 제4편 '떠버리 암탉Caquet-Bonbec', '이모의 암탉'에서 해당 점술을 영적인 것으로 사용하였다.

알레스(알렉산더) [Alès(Alexandre)] 멜란히톤Melanchthon의 친구. 1500년 에든버러Edinburgh에서 출생했다. 알레스는 어린 시절 높은 산에 올랐다가 발을 헛디뎌 벼랑 아래로 굴러떨어진 일이 있었다. 하지만 그 순간 알 수 없는 힘으로 옮겨졌고 좌상이나 상처 없이 멀쩡히 일어났다. 일부 사람들은 이 기적을 목에 차고 있던 부적 때문이라고 말했다. 그 시절 아이들은 목에 부적을 차고 다니는 관습이 있었다. 정작 미신을 믿지 않았던 그는 이 기적이 신앙과 부모님의 기도 덕분이라고 여겼다.

알레산드로 알레산드리 [Alessandro Alessandri] 라틴어로는 Alexander ab Alexandro로 표기한다. 이탈리아 나폴리Napoli 법률가로 1523년 사망했다. 그는 신비로운 것들을 기록한 희귀 잡서를 출간했다. 그의 저서에는 당시 이탈리아에서 떠도는 초자연적인 일들, 입증된 꿈, 직접 목격한 환영과 귀신에 관한 이야기들이 담겨있다. 그 뒤로도 그는 저서 『찬란한 날들Genialium Dierum』에서 온갖 초자연적인 사건을 다뤘다. 참조. 빙의Possessions, 요괴Spectres, 『정령과 악마의 전설Légendes des esprits et des démons』.

밀가루점 [Aleuromancie] 밀가루를 이용한 점술. 밀가루 더미에 둥글게 만 쪽지들을 올린 뒤 아무렇게나 아홉 번을 섞는다. 구경꾼들은 이를 한 덩이씩 나눠 받아 적힌 글에 따라 작문한다. 이교도들 사이에서는 그리스 신 아폴로Apollo가 해당 점술을 지배한다고 믿었다. 일부 지역에서는 밀가루가 아닌 톱밥을 이용하기도 했다.

알렉산더 대왕 [Alexandre le Grand] 마케도니아Macedonia의 왕. 동방에선 그를 이스켄더Iskender라고 부르며 불가사의한 전설의 인물로 여긴다.

악마학자들은 아리스토텔레스Aristoteles가 그에게 마법을 가르쳤다고 말한다. 카발리스트들은 그가 물질의 기본요소에 관한 책을 썼다고 믿었다. 랍비들은 그가 어떤 꿈을 꾼 다음 예루살렘Jerusalem에 입성하니 유대인을 학대할 수 없게 되었다고 주장했다.

다양한 영향 때문인지 부적에 새겨진 알렉산더 대왕은 효과 좋은 액막이 도구 역할을 한다. 발레리아누스Valerian 제국 당시, 제국을 찬탈했던 마크리아누스Macrianus일가 남성들은 항상 알렉산더 형상을 지니고 다녔다. 반면 여성들은 그의 모습을 활용한 머리 장식, 팔찌, 반지를 착용했다. 트레벨리우스 폴리오 Trebellius Pollio는 알렉산더 대왕을 금은에 새기면 인생의 고난 속에서 도움을 얻으리라 보았다…. 고대 시리아 왕국의 안티오카Antioch 민족 또한 이 미신을 믿었는데, 요하네스 크리소스토무스John Chrysostom는 이러한 미신을 근절하기 위해 애썼다.[1]

(1) 『구약성경의 전설Légendes de l'Ancien Testament』 속 알렉산더 대왕을 참조할 것.

파플라고니아의 알렉산더 [Alexandre de Paphlagonie]

티아나의 아폴로니오스 Apollonius of Tyana에 버금가는 사기꾼이자 약장수. 2세기 파플라고니아Paphlagonia*에 위치한 아보노테이쿠스Abonoteichus의 한 마을에서 태어났다. 가난했던 부모는 그에게 어떠한 교육의 기회도 마련해주지 못했다. 결국 그는 살아남기 위해 선천적으로 타고난 몇 가지 것들을 이용하게 된다. 깨끗한 피부, 활력있는 눈동자, 맑은 음성과 큰 키가 그것이다. 그는 수염과 머리카락이 많지 않았음에도 우아하고 부드러운 분위기를 풍겼다. 알렉산더는 어린 시절 한 마법사와 가깝게 지냈다. 마법사는 사랑과 증오를 일으키거나, 보물을 발견하거나, 재산을 물려받거나, 적을 사라지게 하는 등의 효과를 지닌 마법약을 제조해 판매했다. 그 남자는 알렉산더가 꾀바른 아이라는 것을 한눈에 알아보았다. 그리고 그의 영업 비밀들을 하나둘 가르치기 시작했다. 그 늙은 요술사가 죽자, 알렉산더는 코코나스Cocconas라는 질이 좋지 않은 사람과 어울리게 되었다. 두 사람은 여러 나라를 유람하며 다양한 속임수 기술을 익혔다. 이 여행에서 알렉산더와 코코나스는 나이가 지긋한 어느 부잣집 마나님을 만나게 된다. 이 여성은 그만 수상한 비밀에 매료되어 사비를 들여 그들의 여행을 도왔다. 덕분에 둘은 비티니아Bithynia**에서 마케도니아Macedonia까지 여행할 수 있었다. 마케도니아에 도착한 그들은 그곳 주민들이 기르는 거대한 뱀을 목격했다. 주민들과 뱀의 사이가 어찌나 가까웠던지 뱀은 아이들과 함께 놀면서도 해치는 일이 없었다. 알렉산더와 코코나스는 가장 아름다운 뱀을 구입해 연극을 꾸미기로 마음먹었다. 그렇게 그들은 무지한 사람들이 모여 사는 아보노테이쿠스로 다시 돌아갔다. 둘은 무너진 아폴로Apollo 신전에 얇은 구리판을 가지고 몰래 들어갔다. 그리고 그리스 의술의 신인 아스클레피오스Asclepius와 그의 부친이 곧 마을을 찾을 것이며 정착할 것이라고 판에 적었다.

이 글귀를 발견한 마을 사람들은 두 신을 맞이하기 위해 서둘러 신전을 세울 터를 파기 시작했다. 하지만 그사이 코코나스는 독사에게 물려 생을 달리했다. 알렉산더는 코코나스의 배역을 맡아 행동했다. 긴 머리칼을 늘어뜨리고 흰 줄무늬가 있는 자줏빛 로브를 입은 채 인근 지역들을 돌아다니며 예언자라 칭한 것이다. 이때 손에는 영웅 페르세우스Perseus가 쓸 법한 낫이 들려있었다. 그는 자신이 포달레이리오스Podalirius***의 아들이며, 아버지는 자신의 어머니를 비밀리에 아내로 삼았다는 내용의 신탁을 전했다. 그리고 자신은 어머니의 재능을 물려받은 것이라고 사람들을 속였다. 또 흑해 해변 아우소니아Ausonia에 해방자가 나타날 것이라는 한 무녀의 예언을 퍼뜨리기도 했다.

그렇게 충분히 선전한 그는 다시 아보노테이쿠스로 향했고 신처럼 환대받았다. 이때 그는 풀뿌리를 씹어 거품을 문 것처럼 보였는데, 사람들은 그 모습을 신들린 모습으로 해석하곤 했다. 그는 교묘하게 인간의 머리 모형을 만든 다음, 실을 달아서 입을 개폐할 수 있도록 조작했다. 또 마케도니아에서 공수해 온 (그때까지 용케 숨겨둔) 순한 뱀도 함께 더해 위대한 기적을 준비했다. 한밤중 알렉산더는 신전을 짓기 위해 땅을 파놓은 곳을 찾아갔다. 그리고 갓 태어난 새끼 뱀을 거위알 속에 넣고 근처 샘에 두었다. 다음 날 아침 그는 잔뜩 흥분한 모습을 하고 광장으로 향했다. 손에는 낫을 들고 목에는 금빛 스카프를 두른 모습이었다. 알렉산더는 높은 제단에 올라 마을에 신이 강림해 축복을 내렸다고 외쳤다. 그 말을 듣고 달려온 시민들은 기도를 시작했다. 사기꾼은 기세를 더해 페니키아어 단어 몇 개를 읊었는데 사람들은 이를 듣고 더욱 놀라 펄쩍펄쩍 뛰었다. 이후 그는 거위알을 숨겨둔 장소로 달려갔다. 그리고 물속으로 뛰어들며 아폴로Apollo와 아스클레피오스를 칭송하는 노래를 부르기 시작했다. 알렉산더는 아스클레피오스에게 모습을 드러내길 요청하며 샘의 물을 퍼 올렸고 수수께끼 같은 알을 하나 꺼내 들었다. 손에 알을 쥔 채, 그는 이렇게 외쳤다. "백성들이여, 여기 그대들의 신이 있다!" 모든 군중은 기쁨의 환호를 질렀고 그는 알을 깨 새끼 뱀이 자신의 손가락 사이를 이리저리 옮겨 다니도록 두었다.

모든 군중은 기쁨에 겨워 신에게 건강과 부 그리고 명예를 간청하였다. 계획이 성공하자 대담해진 알렉산더는 지금 갓 태어난 모습의 신이 내일이면 원래 크기를 되찾을 것이라고 선언했다.

예언가 복장 그대로 침대에 누운 그는 가슴 위에 마케도니아에서 데려온 뱀을 올려놓았다. 그리고 뱀이 목을 감고 긴 꼬리를 늘어뜨리도록 두었다. 그는 뱀의 머리를 겨드랑이 아래로 감추고 미리 준비해둔 머리 모형을 그 자리에 두었다. 그리고 그가 있는 곳엔 은은한 조명을 두었다. 사람들은 앞문으로 들어와 뒷문으로 나갔고 뒤에서부터 밀려드는 인파 때문에 오래 머무를 수 없었다. 이 연극은 몇 날 며칠이나 계속되었다. 새로운 사람들이 오면 알렉산더는 다시 연극을 준비했다. 그렇게 구리와 은으로 신의 모습이 만들어진 것이다.

알렉산더는 사람들의 마음이 동한 것을 확인하고 신탁을 내릴 터이니 봉인된 쪽지를 올리라 일렀다. 그는 갓 지은 신전 성소에 처박힌 채 쪽지를 올린 사람들을 불러 모았다. 그리고 그들에게 다시 쪽지를 돌려주었다. 이때 쪽지는 처음 그대로인 봉인된 상태로 주인에게 돌아갔다. 하지만 그 속에는 신의 답장이 적혀있었다. 쪽지를 읽는 누구도 봉인이 뜯어진 적 있다고 생각지 못할 교묘한 재주였다. 첩자와 비밀 정보원들은 예언가 흉내를 내는 알렉산더에게 습득한 정보들을 알려주었고 군중의 질문에 답하도록 도왔다. 게다가 신탁의 조심스러운 관습에 따라 언제나 막연하고 애매모호하게 답을 달았다. 사람들은 신탁을 전하는 이와 신을 위해 선물을 들고 찾아왔다.

알렉산더는 다른 기만행위로 사람들의 존경을 사고 싶었다. 그는 아스클레피오스가 백성의 질문에 '신의 입으로 직접' 답할 것이라 선언했다. 이 사기극을 위해 그는 두루미의 동맥을 구해 한쪽에는 가짜 용 머리를, 반대편에는 옆방에 은신한 사람의 입을 연결했다. 이 과정에서 그는 자석의 힘을 조금 이용했으리라 추정된다. 알렉산더는 답을 전할 때 평범한 문장 또는 시로 전달했다. 또 너무도 모호한 태도로 불운 또는 성공만을 반복해서 예고했다. 한번은 게르만족과 전쟁 중이던 마르쿠스 아우렐리우스Marcus Aurelius가 신탁을 요청한 일이 있었다. 아우렐리우스는 174년에 알렉산더를 로마로 불러 불멸을 안겨주는 존재라 추앙하기도 했다. 신탁에는 도나우Donau 강에 살아있는 사자 두 마리를 던지면 경이로운 승리와 더불어 평화가 깃들 것이라는 답변이 있었다. 그는 신탁을 그대로 이행했다. 하지만 예상 밖으로 두 마리 사자는 강을 헤엄쳐 건넜고 야만인의 군대는 사자를 죽인 뒤 돌격해 황제를 패주 시켰다. 예언가는 승리를 점쳤지만, 누구의 승리인지 굳이 밝히지 않았던 셈이다.

또 한번은 저명한 이가 아들의 개인 교사로 누가 좋을지 물어본 일이 있었다. 예언가는 '피타고라스Pythagoras와 호메로스Homeros.'라고 답했다. 그리고 아이는 얼마 지나지 않아 사망했다. 아이의 아버지는 "신탁이 이 불쌍한 아이에게 오래전 작고한 둘을 언급함으로써 죽음을 알리려 한 것이다."라고 말했다. 만약 아이가 계속해서 살아 있었다면 피타고라스와 호메로스의 업적을 통해 교육받았을 것이기에, 이 또한 신탁이 미래를 예견한 셈이 된다.

예언가는 가끔 정보원들로부터 필요한 모든 정보를 얻었다고 생각해 쪽지를 열어보지도 않을 때가 있었다. 그리고 그럴 때면 드물게 실수가 생기기도 했다. 호메로스의 고향이 어디냐는 질문에 옆구리 통증 처방을 답변으로 내놓은 일까지 있었다. 마르쿠스 아우렐리우스가 그를 숭배한 이후, 이 사기꾼의 정체가 폭로되는 일은 일어나지 않았다. 알렉산더는 자신이 150세가 되면 아스클레피오스처럼 벼락에 맞아 죽을 것이라고 예언했다. 하지만 그는 다리에 생긴 궤양으로 70세에 사망했다. 죽음 이후에는 반신처럼 여겨져 동상이 세워졌고 사람들의 제물은 끊이질 않았다.

* 오늘날 튀르키예에 해당하는 아나톨리아Anatolia의 고대 부족. / ** 소아시아 북서부 지역의 옛 이름. / *** 아스클레피오스의 아들.

트랄레스의 알렉산더 [Alexandre de Tralles]

소아시아 트랄레스Tralles 출신의 6세기 의사. 박식한 학자였다고 알려져 있다. 다만 저서를 살펴보면 그가 매우 어리숙했다는 것을 알 수 있다. 그는 환자들에게 부적과 주문을 권장했다. 그가 행하던 의술[1]에는 특정 돌이나 반지를 몸에 지니는 것도 포함되어 있었다. 그 반지는 영웅 헤라클레스Heracles가 네메아Nemea 숲에서 사자의 목을 조르는 모습이 새겨져 있는 것이다. 알렉산더는 그것이 복통에 큰 효과가 있다고 믿었다. 더불어 부적과 주문으로 통풍, 요로결석, 고열을 낫게 할 수 있다고 주장했다. 적어도 그가 이를 치료하는 다른 의학 지식이 없다는 것을 스스로 입증한 것이다.

(1) 10권, 1장.

알렉산더 3세 [Alexandre III]

스코틀랜드의 왕. 프랑스 드뢰Dreux 영주의 딸 욜레트Yolette와 1285년에 혼인했다. 성대한 결혼식 날 밤, 무도회가 종료될 무렵 하객들 사이로 베일을 쓴 그림자가 등장했다.

이는 비쩍 마른 영혼이었다. 영혼은 춤을 추기 시작했고 하객들은 이를 보고 겁에 질렸다. 파티는 멈췄다. 이 장면을 본 사람들은 영혼의 출현이 다음 왕의 죽음을 예고한 것이라고 주장했다. 같은 해 사냥을 떠났던 알렉산더는 잘못 길든 말 위에 오르다가 안장에서 떨어져 사망했다[1].

(1) 헥토르 보에스Hector Boece, 『스코틀랜드 연대기Annalibus Scot』에서.

알렉산데르 6세 [Alexandre VI]

1492년 교황직에 오른 고위 성직자. 그를 적대시한 어느 참사원[1]의 허술한 비방 글로 심판을 받았다. 일부 어리석은 작가들은 알렉산데르 6세가 악마 하나를 부렸다고 주장한다. 그들의 말에 따르면 악마는 교황군 총사령관인 체사레 보르자Cesare Borgia를 다음 주인으로 섬겼다고 한다.

(1) 조리Jorry 사제의 이야기를 참조할 것.

알파데 [Alfader]

스칸디나비아 신학에서 매우 중요하게 여기는 신. 천지 창조 이전 존재하던 거인들의 왕이었다. 선한 영혼은 시믈Simle 또는 윈골프Wingolff라 불리는 장소에서 그와 함께 지낸다. 악한 영혼은 죽음의 여왕 헬라Hela의 손을 거쳐 '낮은 구름이 뜨는 아홉 번째 세상' 인 니플하임Niflheim으로 보내진다. 고대 북유럽 시집 『에다Edda』에선 그를 니카르Nikar(거만한 자), 스비드렐Svidrer(몰살자), 스비더Svider(방화자), 오스케Oske(죽음을 결정하는 자) 등으로 불렀다. 북유럽 주신인 오딘Odin을 알파데라고 부르는 경우도 있다.

알파르 [Alfares]

스칸디나비아의 영적 존

재. 선한 것은 리오Lios 또는 광명, 악한 것은 독Docks 또는 칠흑이라 불렸다.

알프리다리 [Alfridarie] 점성술 관련 기술의 일종. 여러 행성에 생명의 영향력을 일련적으로 행사한다. 해당 기술을 지닌 이들은 몇 년을 주기로 번갈아가며 행성을 지배한다. 참조. 행성Planètes.

알프 [Alfs] 북방과 영국에 거주하는 꼬마악마. 참조. 엘프Elfes.

알골 [Algol] 아랍의 점성술가들은 악마를 해당 이름으로 불렀다.

알리오룸나스 [Aliorumnas] 고트족Goths 왕인 펠리머Felimer로부터 추방당한 마녀들을 일컫는 말. 이들은 사막에서 악마와 혼인했으며 훈족Huns, 아바르인Avars, 헝가리인Hungarians의 어머니가 되었다.

텔리유의 알리스 [Alice de Télieux] 리옹Lyon의 성 피에르Saint Pierre 수도원의 수녀. 16세기 초, 수도원 개혁이 시급했던 시기를 노려 수도원에서 달아났다. 그녀는 타락한 삶을 살다 회개 속에서 비참히 죽었다. 그녀는 사망 후 망령이 되었다. 이 이야기는 프랑수아 1세Francis I의 부속 사제인 아드리앙 드 몽탈람베르Adrien de Montalembert에 의해 전해졌다[1].

(1) 『예부터 리옹 성 피에르 수도원에 나타나는 영혼의 신비한 이야기La merveilleuse histoire de l'esprit qui depuis naguère s'est apparu au monastère des religieuses de Saint-Pierre de Lyon, etc.』(프랑수아 1세의 부속 사제인 아드리앙 드 몽탈람베르 출간, 1528년, 파리, 8절판, 고딕풍), 『다른 세계의 전설Légendes de l'autre monde』에서 해당 전설의 요약을 참조할 것.

알칼랄라이 [Alkalalaï] 캄차달족Kamchadals이 내지르는 환희의 비명. 빗자루 축제가 열리면 세 명의 신을 기리기 위해 세 번 합창한다. 이때 아버지 신은 필리아 추 치Filiat-Chout-Chi, 아들 신은 투이타Touita, 손주 신은 가에치Gaetch이다. 빗자루 축제는 주민들이 더러운 오두막집을 자작나무로 쓸어내는 행사이다.

알리에트 [Alliette] 참조. 에틸라Etteilla.

알란 카르덱 [Allan-Kardec] 참조. 카르덱Kardec.

할렐루야 [Alleluia / Hallelujah] 신에게 보내는 찬사를 뜻하는 히브리어. 많은 지역에선 지금까지도 사순절 기간 동안 할렐루야를 합창했을 때 성모 마리아Maria가 눈물을 흘렸다는 이야기가 전해져 내려온다[1].

프랑스 샤르트르Chartres에는 독특한 민담이 있다. 과거 할렐루야를 부르지 않던 시절, 할렐루야는 팽이의 모습을 하고 나타났다. 합창대의 한 아이가 교회 한가운데로 달려와 팽이채를 휘둘러 팽이를 제의실에 가두었는데 이를 '매 맞은 팽이' 라고 불렀다.

부활절 무렵 피우는 별 모양의 작은 흰 꽃을 할렐루야 클로버라고 부른다. 이 식물은 사랑의 묘약이다.

(1) 티에르Jean-Baptiste Thiers, 『미신 모음집Traité des superstitions』.

알릭스 [Allix] 옛 법원 판사들의 무지와 경솔함이 녹아있는 일화가 있다. 알릭스는 19세기 중반 프랑스 엑상프로방스Aix-en-Provence에 살던 수학자이자 기계공이자 음악가였다. 그는 비밀 장치가 숨겨진 '기타 치는 해골' 을 만든 적이 있다. 보네Jacques Bonnet는 자신의 저서 『음악사Histoire de la Musique』 82페이지에 이 불운한 학자의 비극적인 이야기를 기록하고 있다. 그는 제작한 해골의 목에 자기 기타와 같은 소리를 내는 기타를 매달았다. 그리고 해골 손가락을 기타 손잡이 위에 올려 두었다. 조용하고 고요한 시각, 창문과 대문이 모두 열려 있을 때 알릭스는 자신의 침실 한구석에 앉아 기타를 쳤다. 그리고 놀랍게도 해골은 그 연주를 따라 하기 시작했다. 사실 해골의 기타는 아이올리아 하프* 방식으로 작동하는 것이었다. 즉 기계장치로 움직이는 해골의 손가락은 기타 소리와 아무 연관이 없었다(여기서 그의 주장에 동의하는 바는 아니나 페티스Fétis(1)를 언급하지 않을 수 없다. 그의 기록에 따르면 프랑스 발명가 보캉송Jacques de Vaucanson의 음악 기계는 아이올리아 하프와 다른 방식으로 작동하였다고 한다). 어찌되었든, 그 기묘했던 연주는 미신을 맹신하는 엑상프로방스 주민들 사이로 오해 짙은 소문을 퍼트리기에 충분했다. 알릭스는 마법을 부렸다는 혐의로 법원에서 재판을 받았다. 알릭스는 투르넬 법정Chambre de la Tournelle에서 장치의 놀라운 기능은 기계적인 구조 문제를 해결한 결과이며 그 이상도 이하도 아니라고 해명했다. 법원은 알릭스를 광장에서 목매단 뒤 마법 해골과 함께 불태우라는 명령을 내렸다. 사형은 1664년에 집행되었다.

(1)『음악가 전기Biographie Universelle des Musiciens』. / * 바람으로 작동하는 현악기.

연감 [Almanach] 선조들은 1년간 달이 이동하는 경로를 작은 정사각형 나무 조각에 새긴 뒤 Al-Mon-Agt(모든 달의 관찰)라 불렀다. 이것이 Almanach(연감)의 어원이 되었다는 설이 있다.

아랍인들은 회상록을 의미하는 단어 Al-Manack에서 비롯되었다고 생각한다.

중국인들은 가장 오래된 연감 제작 역사를 가지고 있다. 우리에게 12개 별자리가 있다면 그들에게는 28개의 별자리가 있었다. 이때 중국 연감은 예언과 비밀로 가득 찬 마태오 라엔스버그Matthieu Laensberg 연감(1)과 비슷했다.

베일Bayle은 시시한 우연이 겹쳐 소인배의 마음을 혹혹하고 점성술에 신빙성이 더해지는 일화를 소개한다. 기욤 마르셀Guillaume Marcel은 리지외Lisieux 학교 수사학 교사로 가시옹Gassion 장군에 대한 찬사를 라틴어로 기록했다. 하지만 가시옹 장군은 랑스Lens의 진지에서 보병군 총에 맞아 사망하고 만다. 그는 이후 죽은 장군에 대한 찬사를 교내에서 암송할 예정이었다. 하지만 가시옹 장군이 개혁종교로 개종한 사실이 밝혀지자 가톨릭 학교에선 그의 추도사가 울려 퍼질 수 없게 되었다. 학장은 의회를 소집해 다수결로 해당 결정이 정당하다는 사실을 밝혔다. 그렇게 마르셀은 자신이 쓴 라틴어 찬사를 낭독할 수 없게 된 것이다. 이를 통해 점성술을 신봉하는 사람들은 드디어 자신들이 옳았다는 사실을 입증할 수 있게 되었다! 다름 아닌 피에르 라리베이Pierre Larrivey의 연감에서 이와 같은 해인 1648년을 대상으로 한 예언에 굵은 대문자로 이렇게 적혀있기 때문이다. '라틴어가 졌다!'

(1)마태오 라엔스버그 연감은 1636년 처음 등장했다. 하지만 그전에도 비슷한 종류의 연감이 존재했다. 피셔Fischer는 1804년 독일 마인츠Mainz에서 1457년을 기준으로 인쇄된 연감을 발견했다. 연도로 보면 초기 인쇄술이 발명된 시기에 해당한다.

악마의 연감 [Almanach du Diable / Devil's Almanac] 1737년부터 1738년까지의 매우 흥미로운 예언을 담고 있다(지옥에서 출간, 24절판). 얀센주의자Jansenists를 대상으로 한 이 우스갯소리를 담은 책자는 프랑스 디종Dijon의 비현실적이고 생각 없는 철물업자가 제작하였다. 그는 유명한 이로 저자를 조작하였는데, 당사자를 애석하게 만들 그 이름은 케스넬Quesnel이었다. 지나치게 대담한 일부 예언으로 인해 연감은 점점 금기시되다가 끝내 사라졌다. 이 글에서 명시하는 이유도 오로지 제목 때문이다. 얀센파 교도들은 예수회를 상대로 두껍고 터무니없는 비방의 글을 써내려갔지만, 이 역시 훗날 금기시되었다. 그 책의 이름은 『신의 연감Almanach de Dieu』(1738년, 24절판)으로 저자는 카레 드 몽즈롱Carré de Montgeron이다.

알모가넨스 [Almoganenses] 새의 비행과 노래, 야생동물과의 조우 등을 통해 앞날을 예견하는 정체불명의 사람들을 스페인에서 일컫는 말. 로렌초 발라Laurent Valla는 다음과 같이 말했다. "그들은 이러한 기술을 다루는 책들을 소중히 보관했다. 그 책들에는 예견을 위한 모든 규칙이 담겨 있었다. 예언가는 두 종류로 나뉘었다. 지도자 혹은 마스터의 무리와 제자 혹은 지망생의 무리가 바로 그것이다." 알모가넨스들은 길 잃은 짐바리 짐승이나 말들이 어디로 지나갔는지 알아낼 수 있었다. 또 한 명 혹은 여러 명이 선택한 길을 짚어낼 수 있었다. 이 기술은 도둑을 쫓는 데 매우 유용하게 쓰였다. 하지만 알모가넨스를 기록한 작가들은 이 쓸모 있는 예언가들이 어느 지역, 어느 시대에 살았는지에 대한 어떠한 일말의 언급도 하지 않았다.

알무체피 [Almuchefi] 환상의 거울. **참조**. 베이컨Bacon.

알물루스(솔로몬) [Almulus(Salomon)] 히브리어로 해몽에 관한 책(1642년, 암스테르담, 8절판)을 펴낸 작가.

알로세르 [Alocer] 강력한 악마이자 지옥의 대공. 거대한 말을 탄 기사의 모습으로 나타난다. 그 광경은 마치 사자를 연상시킨다. 알로세르는 불에 타는 듯한 안색과 이글거리는 눈을 가졌다. 그는 근엄한 태도로 말을 하며 점성술과 인문학의 비밀을 알려준다. 36개 군단의 지배자이기도 하다.

알로그리쿠스 [Alogricus] 참조. 알루이Alruy.

소금점 [Alomancie / Alomancy] 소금을 이용하는 점술법. 방법은 잘 알려져 있지 않다. 해당 점술에서는 소금통이 엎어지는 것을 흉조로 해석한다.

알로페시 [Alopécie / Alopecy] 해를 입히고 싶은 사람에게 시전하는 주문. 일부 저자들은 알로페시를 불능 주문으로 기록했다. **참조**. 불능 저주Ligatures.

알로로스 [Aloros] 칼데아인Chaldeans들이 최초의 왕에게 붙여준 이름. 전통에 따르면 신이 직접 알로로스에게 왕홀을 건네주었다고 한다.

종달새 [Alouette / Lark] 참조. 카쏘Casso.

알프 [Alp] 독일에서 악몽을 일컫는 단어.

알프스 [Alpes / Alps] 알프스, 피레네Pyrénées를 포함한 프랑스 모든 산은 마법의 주된 온상지였다. **참조**. 마법사Sorciers.

보리빵점 [Alphitomancie / Alphitomancy] 보리빵을 이용한 점술. 이 권위 있는 점술은 아주 오래된 역사를 가지고 있다. 선조들은 범인을 찾아 자백받기 위해 피의자들에게 빡빡한 보리빵 한 덩이씩을 먹게 했다. 만약 별다른 고통 없이 빵을 삼킨다면 결백한 것이지만, 소화불량을 겪는다면 범인으로 지목되었다.[(1)] 신명재판의 시련에서 흔히 말하는 '제가 당신을 배신한다면, 이 빵이 목을 죄어도 괜찮습니다!'라는 표현 역시 이러한 관습으로부터 나온 것이다.

학자들의 말에 따르면, 이 점술의 확실한 효과는 한 인간의 마음속에 감추고 있는 것을 알아내는 데 있다. 방법은 이러하다. 효모는 사용하지 않은 순수한 보릿가루를 우유와 소금만을 이용해 반죽한다. 이후 뻑뻑한 빵을 기름칠한 종이로 감싸 재 속에서 굽는다. 마지막으로 마편초 잎을 빵 표면에 문지른 뒤 의심이 가는 이에게 먹인다. 심증이 맞는 다면 그는 빵을 소화하지 못할 것이다.

라비니움Lavinium 인근의 신성한 숲에서 또 다른 보리빵점을 이용했다. 이곳 사제들은 동굴 속에서 뱀을 길렀다(용을 길렀다는 주장도 있다). 그리고 어느날엔 여아들이 눈가리개를 하고 꿀과 보릿가루로 만든 케이크를 든 채 동굴로 향한다. 델리오Martin Delrio는 다음과 같이 말했다. "악마가 그들을 옳은 길로 안내했다. 뱀이 먹지 않은 케이크를 만든 여자아이는 떳떳하지 않았다."

(1) 델리오Martin Delrio, 『마법 연구Disquisitiones Magicae』, 4권, 2장, 문제 7.

알폰소 10세 [Alphonse X / Alfonso X]

카스티야Castile와 레온Leon의 왕. 천문학자이자 철학자로 1284년에 사망했다. 그는 『알폰소 천문도Alfonsine Tables』라는 책을 저술했다. 책에는 '신이 세상을 창조할 당시 나를 불러 조언을 구했다면 제대로 된 조언을 해줄 수 있었을 것이다'라는 글이 적혀있다. 이 괴짜 왕은 점성술을 믿었다.

자식들의 미래를 점쳐본 그는 둘째 아이가 첫째 아이보다 더 행복하고 왕좌를 물려받을 것이라는 사실을 알아냈다. 하지만 창조주에게 조언할 정도의 현명함을 겸비한 그의 점괘와 다르게, 첫째 아이는 동생을 죽인 뒤 아버지를 좁은 감옥에 가두고 왕좌를 차지했다. 이는 그의 점성술이 알려준 적 없는 것들이었다.

알피엘 [Alpiel]

『탈무드Talmud』에 등장하는 과수를 관리하는 천사 혹은 악마.

알리나치 [Alrinach]

서양의 악마. 악마학자들은 그가 태풍, 지진, 비, 우박 등을 움직인다고 주장한다. 배를 전복시키는 것도 보통 그의 짓이다. 아리나치는 여성복을 입은 여성의 모습을 하고 있다.

알루네스 [Alrunes]

서큐버스Succubus(여성몽마) 혹은 훈족Huns의 어머니. 어떤 모습이든 변신이 가능하지만 성별을 바꿀 순 없다. 스칸디나비아에서는 만드라고라라는 맹목적 숭배의 대상을 두고 알루네스라고 부르기도 했다. 참조. 만드라고라Mandragores.

알루이(다윗) [Alruy(David)]

유대인 사기꾼. 1199년 자신이 다윗의 후손이라고 주장했다. 또 유대인들을 예루살렘Jerusalem으로 이끌 구세주라고 스스로 찬양했다. 페르시아 왕은 그를 감옥에 가두었다. 하지만 투델라의 벤자민Benjamin of Tudela 말에 따르면 자신을 보이지 않게 만들어 탈출했다고 한다. 그 뒤로는 주로 바닷가에 출몰하였다. 알루이는 어깨에 두르는 숄을 바다 위에 늘어뜨린 뒤 가볍게 위를 밟고 지나가곤 했는데, 배를 보내 잡을 시간조차 없었다고 한다. 그로 인해 그는 위대한 마법사라는 평판을 얻게 되었다. 하지만 튀르키예 왕자이자 페르시아 왕의 신하인 셰이크 알라딘Sheikh Aladin은 거금을 들여 알루이의 의붓아버지를 매수했다. 까다롭지 않게 매수된 의붓아버지 덕분에 메시아라 주장하던 남자는 침대에서 칼에 찔린 채 발견되었다. 르 루아예Pierre Le Loyer는 다음과 같이 말했다. "그와 같은 자들의 끝은 항상 이런 식이다. 유대인 마법사는 다른 마법사들보다 더 나은 게 없다. 탈무드 연구 학자들은 그들이 악마에게 복종했다고 보았다. 유대인들의 탈무드를 따르자면 현인, 지도자, 학자들은 지옥과 천국의 영들에게 굴복하는 것이 당연하며 신마저도 막을 수 없다는 식이다.(이 얼마나 모욕적인가!)[1]" 이 마법사는 여전히 알로그리쿠스Alogricus라는 이름으로 오래된 이야기에 등장한다. 그는 인도의 알려지지 않은 섬에 매장되었다[2].

(1)르 루아예, 『귀신 논설Discours des spectres』, 4권, 4장. / (2)익명 작성자의 《알루의 이야기》와 『구약성경의 전설Légendes de l'Ancien Testament』 참조.

알탄가투푼 [Altangatufun] 칼미크족Kalmyk의 우상. 뱀의 몸통과 머리, 도마뱀의 네 다리를 가졌다. 그를 숭배하는 이는 전투에서 상처 없이 돌아왔다. 어느 한 원수는 이를 시험하고자 알탄가투푼의 형상을 책에 묶어 매단 뒤, 최고의 궁수들에게 맞춰보라고 명령했다. 당시 모든 화살이 책을 비껴갔는데, 우상을 떼자 다시 책을 조준할 수 있었다. 코사크족Cossack 사이에서 전해지는 전설이다.

밀가루점 [Alveromancie] 참조. 밀가루점 Aleuromancie.

아마데우스 [Amadeus] 계시를 통해 아담Adam의 찬송가 두 곡을 발견한 예언가. 한 곡은 이브Eve가 탄생했을 때 기쁜 마음으로 만든 것이고, 다른 곡은 타락 이후 이브와의 슬픈 대화를 담았다[1].

(1)이 두 찬송가는 『파브리시우스의 구약성경 사본 Codex Pseudepigrapha Veteris Testamenti de Fabricius』을 통해 인쇄되었다.

아마이몬 [Amaimon] 참조. 아모이몬Amoymon.

아말라릭 [Amalaric] 프랑크족Franks의 왕 킬데베르트Childebert의 여형제인 클로틸드Clotilde 공주와 결혼한 스페인 왕. 독실했던 여왕 클로틸드는 아리우스파Arianism 이단 교리에 빠진 남편의 광신에 동조하지 않았다. 이에 아말라릭은 여러 시도 끝에 왕비의 눈을 파버렸다. 클로틸드는 자기 형제에게 그녀의 피로 적셔진 손수건을 보냈으며, 킬데베르트는 군대를 소집해 아말라릭을 공격했다.

하지만 인간의 심판보다 신의 심판이 먼저였다. 아말라릭이 프랑크족들 앞으로 걸어가던 중, 보이지 않는 손이 쏜 화살에 맞아 죽게 된 것이다. 전해지는 이야기에 따르면 그 죽음은 악마의 짓이라고 한다. 하지만 화살은 밑쪽(지옥)에서 쏘아진 게 아니었다[1].

(1)람베르티니 드 크루존Lambertini de Cruz-Houen, 『스페인 왕가 극장Theatrum Regium Hispanicum』, 510연보.

아말라리(마들렌느) [Amalarie(Madeleine)] 마녀 집회에 드나들던 마녀. 11번의 살인을 했다. 16세기 말, 프랑스 라트리무이La Trimouille 남작령에서 75세 나이로 사망했다[1].

(1)리키우스Rikius, 『논설: 마법, 독살, 우상숭배의 개요. 푸아투 몽모리용의 왕좌에서 판결받은 범죄 소송 인용 Disc. sommaire des sortilèges, vénéfices, idolâtries, tirés des procès criminels jugés au siége royal de Montmorillon, en Poitou』, 1599년, 푸아투, 29페이지.

아마네 [Amane] 아마도 태양을 의미하는 인물. 파시교Parsis 이단의 신. 파시교에서는 영원의 불과 함께 그를 숭배했다.

장 다망 [Amant(Jean d')] 의사이자 독살범. 13세기 당시 사람들은 그가 마법을 부릴 줄 안다는 이유로 프레쥐스Frejus 주교에게 고발했다. 다망은 의학보단 경험에 의존하는 의술을 행했다. 또 수명을 늘리거나 줄일 수 있다고 주장했다. 그가 훗날 어떻게 되었는지는 알려진 바가 없다.

아마란트 [Amarante] 불멸을 상징하는 꽃. 마법사들은 아마란트 화관을 쓰면 막대한 부와 신임, 영예를 얻을 수 있게 된다고 믿었다.

아마제로트 [Amazeroth] 레지널드 스콧

Reginald Scott은 요한 바이어Johann Weyer와 마찬가지로 지옥의 권력자들을 조사했다. 아마제로트의 직위는 대공이며 60개 군단을 거느린다.

아마시스 [Amasis] 헤로도토스Herodotus는 이집트의 왕 아마시스가 생식 불능 마법에 걸렸었으며, 그 주문을 깨기 위해 성대한 주술이 필요했다고 말한다. **참조**. 불능 저주 Ligatures.

아마조네스 [Amazones] 여전사 집단. 스트라본Strabo은 그들의 이야기가 가상이라고 주장했다. 프랑수아 드 토르 블랑카François de Torre-Blanca는 아마조네스를 마녀들이라고 보았는데⁽¹⁾, 그건 더 경솔한 가정이었다. 아마조네스 여성들은 활을 더 잘 쏘기 위해 오른쪽 유방을 제거했다. 메네스트리에Menestrier 신부는 아마조네스가 에베소의 다이아나Diana of Ephesus에게 떼낸 유방을 바쳤다고 믿었다. 그 때문에 그녀의 몸이 많은 유방으로 치장되어 있다는 것이다. 남자가 없는 이 민족은 카파도키아Cappadocia와 테르메강Terme River기슭에 살았다고 전해진다. 현대인들은 마라뇬강Marañón River 기슭의 무장한 여자들을 보고 아마조네스 후손을 찾았다고 생각하기도 했다. 그 뒤로는 마라뇬강을 아마조네스강이라고 명명했다. 선교사들은 필리핀에, 장 드 테브노Jean de Thévenot는 사메그렐로Samegrelo에 비슷한 집단이 있다고 주장했다. 하지만 여성들로만 이루어진 민족은 6개월 이상 유지되지 않는다. 이같이 신비한 국가는 상상력을 자극하기 위한 허구의 이야기일 뿐이다. 최근 소아시아를 여행한 텍시에Texier의 여행기엔 흥미로운 이야기가 등장한다. 그는 돌로 쌓은 성벽을 발견했는데 거주민의 중요한 역사가 새겨져 있었다. 그림은 총 60점으로 일부는 벽을 다 메울 정도의 큰 규모였다. 그곳에는 두 명의 왕이 서로 대담하는 모습도 포함되어 있었다.

그중 투박하고 수염이 달린 인물은 파플라고니아Paphlagonia의 왕이었고, 수염이 나지 않은 인물은 페르시아의 왕이었다. 페르시아의 왕은 사자에 올라탄 아시아인 행렬에 둘러싸여 있는 모습이었다. 하지만 이 그림과 가설을 박식한 서머나Smyrna[*]고고학자들과 검토한 결과, 아마조네스와 이웃인 화이트 시리안White Syrian사이에 이뤄진 연간 행사라는 사실을 알게 되었다. 지리학자들은 화이트 시리안의 이웃 도시가 갈라티아Galatia의 수도 타비아Tavia가 아니고 테미스퀴라Themiscyra^{**}일 것이라고 주장했다.

(1)『마법 공격에 관한 편지Epist. Delict. Sive de Magia』, 1권, 8장. / * 소아시아 서안에 있는 항구 도시. / ** 신화에 등장하는 아마조네스의 수도.

암브로시우스 또는 암브로이스[Ambrosius, Ambroise] 영국의 왕. **참조**. 멀린Merlin.

암두스키아스 [Amduscias] 지옥의 대공. 일각수의 모습을 하고 있지만, 부름을 받으면 인간의 형태를 하고 나타난다. 명령을 받으면 공연을 열기도 하는데 보이진 않고 나팔과 악기 소리만 들린다. 이때 나무들은 그의 목소리에 따라 몸을 기울인다. 암두시아스는 29개 군단을 거느린다.

영혼 [Ame / Soul] 모든 민족은 영혼의 불멸성을 인정했다. 가장 야만적인 유목민들일지라도, 그들은 짐승처럼 굴지 않는다. 짐승은 오직 지상에서만 묶여있고 인간은 더욱 고귀한 위치를 바라본다. 벌레는 자연 속에서 자신의 자리를 찾았건만 인간은 아직 찾지 못하였다.

우리는 신의 계시 없이도 의식, 회한, 미지의 미래를 엿보려는 욕망, 인간에게만 존재하는 영혼의 믿음 등을 통해 의심을 걷고 깨달음을 얻을 수 있다. 물질주의자들은 두 눈으로만 판단하려 들며 보이지 않는 영혼의 존재를 부정한다. 그들은 꿈도 바람도 볼 수 없고 빛이나 전기를 이해하지도 못한다. 하지만 세상은 그들이 부정할 수 없는 것들로 가득 차 있다.

우리는 예로부터 영혼이라고 불리는, 빛이자 신의 숨결이 무엇인지 알아내기 위해 늘 애써왔다. 누군가는 영혼을 의식이라고 말하고 누군가는 정신이라고 말한다. 또 다른 누군가는 그것이 다른 생에 대한 희망, 가슴 속 펄떡이는 그런 희망이라고 말한다. 히브리 출신의 레오Leo는 영혼이란 감정과 자발적 운동, 이 두 개의 힘을 가진 뇌라고 말했다. 영혼을 불꽃에 비교한 사람도 있다. 디카이아루쿠스Dicaearchus는 영혼이란 네 가지 원소의 균형이자 정합이라고 주장했다.

몇몇은 더 멀리 나아가 영혼의 모습을 확인하고자 했다. 어느 학자는 한 유령의 이야기를 들은 뒤, 영혼이 반질반질한 원구형 유리 꽃병을 닮았고 모든 면에 눈이 달려있다고 주장했다.(1)

영혼을 두고 인간의 형상을 한 가볍고 투명한 연기라고 말한 사람도 있었다. 『탈무드Talmud』에 등장하는 한 의사는 외진 오두막집에서 아들 그리고 몇몇 친구와 함께 살고 있었다. 그는 어느 날 친구의 영혼이 빠져나오는 모습을 목격했다. 친구의 얼굴은 점점 어두워지고 있었다. 의사는 그의 친구가 곧 죽을 것이라는 걸 직감하곤 온 힘을 다해 기도를 올렸다. 그러자 영혼이 다시 몸속으로 들어갔다. 이 이야기를 두고 르 루아예Pierre Le Loyer는 다음과 같이 말했다(2). "이 이야기가 랍비들의 헛소리나 쓸데없는 말과 다르다고 생각하지 않는다."

반면 유대인들은 네덜란드 출신 훈빅Hoornbeeck의 주장을 믿었다. 그의 기록에 따르면 영혼은 모두 동시에 만들어졌다고 한다. 이때 남자 영혼과 여자 영혼은 짝을 이루어 생성되었다. 만약 태초에 짝을 이루었던 영혼을 찾아내 결혼하면 행복하고 원활하며 평화로운 결혼 생활을 할 수 있다. 다만 그 반대의 경우엔 불행한 결혼 생활을 하게 된다. 만약 그렇다면 우린 두 번째 결혼을 통해 태초에 짝을 이루었던 영혼을 다시 찾으려 노력해야 한다. 하지만 이런 만남이 성공할 확률은 극히 낮다고.

마찬가지로 영혼에 관한 글을 쓴 유대인 필론Philo Judaeus은 악한 천사와 선한 천사가 있는 것처럼 악한 영혼과 선한 영혼이 존재한다고 보았다. 그리고 지상으로 내려온 영혼들은 인간의 몸에 들어와 자신의 본성을 표출하게 된다는 것이다. 모든 이단과 철학자의 종교 개혁, 교회가 가르치지 않는 것에 뿌리를 둔 교리들 역시 이와 비슷한 엉터리 주장을 펼쳤다.

이슬람교도들은 땅에 묻히는 그날까지 영혼이 육신 속에 머무른다고 말한다. 이교도도 사후 비루한 육신에서 분리된 영혼이 더 섬세하고 민첩하며 거대하고 웅장한 모습을 가지게 된다고 믿는다. 이때 영혼으로부터 빛이 새어 나오는데 이는 별에서 나오는 빛과 같은 종류의 것이다. 더불어 영혼은 생전 좋아했던 것들에 대한 애정을 계속 간직하며 무덤 근처에 모습을 드러내기도 한다. 파트로클로스Patroclus의 영혼이 영웅 아킬레스Achilles 앞에 나타났을 때, 생전의 음성, 신장, 눈빛, 입던 옷을 그대로 간직하고 있었지만 만질 수는 없었다고 한다.

오리게네스Origenes는 이러한 착상들에 신뢰할만한 근거가 있다고 보았다. 그는 영혼에겐 일종의 미묘한 점착력이 존재한다고 생각했다. '나사로Lazarus와 악한 부자의 복음' 이야기를 보면 형체가 있는 두 영혼은 서로 인식하고 말을 걸기도 한다. 복음에서 악한 부자는 목을 축이고 싶으니 물 한 방울을 달라고 말하기도 한다*. 오리게네스와 동일한 의견을 가졌던 성 이레나에우스St. Irenaeus 또한 영혼은 죽음 뒤 생전의 일을 기억한다고 주장했다.

로마 황제 티투스Titus는 예루살렘Jerusalem 안토니아Antonia 타워 돌격에 앞서 사기를 북돋기 위해 다음과 같은 연설을 한 일이 있다. "전쟁에서 죽은 이는 별에 닿으며 고결한 공간으로 초대받아 천사가 된다. 하지만 자신의 침대에서 죽은 이는 아무리 정의롭게 살았더라도 어두운 땅속에 묻혀 잊히게 될 것이다.(3)"

시암Siam**에서는 죽은 뒤 영혼이 어디든 갈 수 있다고 주장하는 이단과 이를 맹신하는 이들이 있었다. 주장에 따르면 생전에 선했던 인간들은 경이로운 새 힘을 얻어 악인을 공격한다는 것이다. 플라톤Plato은 『법률Laws』 9편에서 잔인하게 살해당한 영혼은 분노에 차 사후세계를 배회한다고 기록했다. 이 영혼은 살인자의 영혼을 쫓는다. 이런 종류의 믿음은 어디서든 자주 생겨났다.

과거엔 모든 영혼이 죽음 뒤 돌아올 수 있지만, 익사자 영혼만큼은 돌아올 수 없다고 생각했다. 세르비우스Servius는 영혼이 곧 불씨이기 때문에 물속에서 꺼진다고 설명했다. 마치 물질적인 것이 영적인 것을 파괴할 수 있기라도 한 듯 말이다.

우리는 죽음이 영혼과 육신의 분리라는 것을 알고 있다. 영혼이 이승의 업적에 따라 더 좋은 곳 혹은 나쁜 곳으로 가게 된다는 이야기도 시대, 민족을 막론하고 전해온 견해이다. 과거에는 저승의 뱃사공 카론Charon이 영혼들을 저승으로 인도한다고 생각했다. 이

는 프랑스 브르타뉴Bretagne에도 비슷한 전설이 있다. 브르타뉴에서는 영국과 아이슬란드 사이에 위치한 어느 섬이 영혼의 안식처라고 믿었다. 트제트제스John Tzetzes는 인근의 뱃사공과 낚시꾼들이 영혼을 인도하는 잡일을 맡았다고 기록했다. 그래서 그들은 따로 조세를 내지 않았다. 이 과정을 살펴보면 다음과 같다. 자정이 되면 누군가 뱃사공과 낚시꾼 집의 현관문을 두드린다. 이에 문을 열어보면 밖엔 아무도 없다. 이후 그들은 강까지 걸어간다. 강엔 텅 빈 선박들이 놓여있다. 하지만 실제로는 영혼들이 배에 타고 있다. 낚시꾼들은 그들을 황천의 섬까지 실어나르지만, 배는 여전히 빈 것

처럼 보인다. 이때 새로운 영혼들을 맞이하는 오래된 영혼들의 축하 소리가 들린다. 영혼들은 생전의 이름으로 불리는데 오래된 영혼 중 부모를 알아보는 경우도 있다. 처음에는 매우 놀라던 낚시꾼들은 이러한 경이로운 일에 곧 익숙해졌다. 어찌 보면 밀수의 수단으로 악용될 수 있었던 영혼의 운반은 기독교의 진정한 빛이 드리워진 후 사라지게 되었다.

온갖 편년사 이야기들을 실재한 것으로 수용한다면, 무리를 지어 다니는 영혼들의 이야기 또한 살펴보아야 한다. 11세기 나르니Narni 지역에는 끝이 보이지 않는 사람들의 행렬이 이어졌다. 그들은 흰옷을 입고 동쪽으로부터 이동 중이었는데 아침부터 오후 3시까지 행군하였다. 게다가 밤이 되면 인파는 눈에 띄게 줄어들었다. 깜짝 놀란 시민들은 적군일 가능성을 염두에 두며 성벽에 매달려 지켜보았다. 그때 과감했던 시민 하나가 도시에서 나왔다. 그리고 의문의 행렬 가운데 아는 남자 한 명을 알아보게 되었다. 그는 남자의 이름을 부른 뒤, 이 무수한 순례자들의 등장이 무엇을 의미하는지 물었다. 흰옷을 입은 남자는 이렇게 답했다. "우리는 모두 속죄하지 못한 영혼들입니다. 아직 충분히 순결해지지 못해 성지를 돌며 고해하고 있습니다. 우리는 성 마르탱St. Martin의 묘지에서 돌아오는 길이며 이제 노트르담 드 파르페Notre Dame de Farfe를 향해 가고 있습니다(4)."

나르니 시민은 목격한 장면이 충격적인 나머지 1년간 앓아누웠다고 전해진다. 나르니 도시 전체가 대낮에 일어난 이 행진의 목격자였다.

영혼과 관련하여 독일에서도 잘 알려진 이야기가 있다. 독일인들은 악마에게 영혼을 팔 수 있다고 믿었다. 악마와 계약하는 사람은 영혼을 걸게 되는데 이후 그림자를 잃어버리게 된다. 한번은 어느 학생이 이루어질 수 없는 한 여성과 결혼하기 위해 악마와 계약을 맺은 일이 있었다. 학생은 결국 악마의 도움을 받아 혼인에 성공했다. 하지만 결혼식 당일, 햇살이 부부 위로 비치는 순간 청년에게 그림자가 없다는 사실이 밝혀지게 되었다. 결국 그의 계획은 수포가 되었다.

일반적으로 영혼을 파는 무지한 이들은 조

건을 내걸고 계약 이후 일정 기간만 사는 것에 동의한다. 이때, 정확한 기간을 정하지 않으면 성격 급한 악마가 다음과 같은 꾀를 부릴지도 모른다.

세 명의 술꾼이 선술집에 앉아 영혼의 불멸성과 지옥의 고통에 대해 떠들고 있었다. 그중 한 술꾼은 죄다 어리석은 소리라며 일행들의 말을 비웃었다. 그때 어떤 엄숙한 차림을 한 장신의 사내가 무엇이 그리 재밌는지 물어왔다. 술꾼 하나는 자신의 하찮은 영혼을 팔 준비가 되었다고 말했다. 그는 좋은 값을 제시하는 사람에게 팔 것이며 그 돈으로 술이나 더 마시겠다고 덧붙였다.

새로 온 이는 이렇게 되물었다. "내게 얼마에 팔고 싶소?" 그렇게 그들은 흥정 없이 영혼의 가격을 체결했다. 구매자는 값을 지불했고 술꾼들은 계속해서 술을 마셨다. 거기까지는 모두가 행복했다. 하지만 밤이 찾아오자, 구매자는 이렇게 말하는 것이었다. "각자 집으로 돌아갈 시간이오. 미안하지만 이제 내 소유의 것은 챙겨가도록 해야겠소." 구매자는 벌벌 떠는, 영혼을 판 남자를 잡아챘다. 그리고 그가 그리 일찍 가게 될 줄 몰랐던 곳으로 끌고 가버렸다. 이후 마을에서 다시는 누구도 그의 소식을 듣지 못했다.[5] **참조.** 죽음Mort.

(1) 공트랑Gontran을 참조할 것. 그는 영혼이 족제비의 모습을 닮았다고 말했다. / (2) 르 루아에, 『귀신 논설과 역사Disc. et Hist. des spectres』, 4권, 1장. / (3) 요세푸스 Flavius Josephus, 『사기의 전쟁De Bello Jud』, 6권, 1장(칼메D. Calmet, 『환영 개론Traité des Apparitions』, 16장, 첫 번째 파트에서 언급됨). / (4) 사자를 위한 배려De Cura Pro Mortuis』(칼메D. Calmet, 16장, 첫 번째 파트에서 언급됨). / (5) 제네바Geneva의 한 신문을 통해 1862년 발표되었

다. 제목은 이러했다. '직감과 감정적인 현상을 주로 다루며 특히 기도, 꿈, 신과의 합일, 황홀감, 환영, 자기장의 통찰력, 동물의 본능, 식탁과 연필의 현상 등을 설명하는 영혼의 일간지'. / * 악한 부자는 음부의 불 속에서 나사로를 안고 있는 아브라함Abraham을 바라본다. 그리고 손가락 끝에 물을 찍어 본인의 혀에 가져다 달라며 요청한다. / ** 태국의 옛 이름.

지옥에 떨어진 영혼 [Ame Damnée / Damed Soul] 콘스탄티노플Constantinople에서 호반새를 지칭하는 이름. 이 호반새는 철새로 해당 국가에서 흔히 발견된다. 독특한 점은 비행 속도가 매우 빠른데도 비행 시 소리가 나지 않는다. 그리고 휴식을 취하는 모습, 먹이를 사냥하는 모습, 먹는 모습 등을 보이는 법이 없다. 등은 흑색, 배는 백색을 띠고 있다. 보스포루스 해협Bosphorus을 온종일 떠도는데 지대를 잠깐 벗어나더라도 금세 다시 돌아온다.

짐승의 영혼 [Ame des Bêtes / Souls of Beasts] 한 예수회 신부는 짐승 영혼에 관한 지극히 영적인 책에서 일부 창의적인 철학자들의 독특한 견해를 제시했다. 그들의 견해에 따르면 동물들은 가장 죄를 적게 범한 악마들을 통해 조종받으며, 이는 속죄의 과정이라고 한다. **참조.** 알비파Albigeois.

세계의 영혼 [Ame du Monde / Soul of the World] "끝없는 변화, 수많은 경이로움의 발산으로 우리를 빠져들게 만드는 힘. 그것이 세계의 영혼이다." 알렉산드리아학파 Alexandria School의 위대한 후계자 코르넬리우스 아그리파Cornelius Agrippa는 위와 같이 말했다. '세계의 영혼'은 자연이 낳은 모든 것과 예술이 가공한 모든 것을 풍요롭게 만든다! 이 풍요로움은 영혼의 초자연적 특징을 불어넣는 것으로 이루어진다. 영혼을 넣어 풍요롭게 만들어진 것들은 과학적 방식을 사용해 개개의 힘을 발산하는 능력을 갖추게 된다. 이 힘이 심신에 작용하는 걸 확인하려면 단지 그 물체를 지니기만 하면 된다. 몸에 물체를 지니는 즉시 질병 혹은 건강, 용기 혹은 두려움, 슬픔 혹은 기쁨이 찾아온다. 또 우리는 은혜롭거나 사랑스러운 것이 될 수도, 증오, 공포와 가증의 존재가 될 수도 있다[1]. 기

사 구그노 데 무소Gougenot des Mousseaux는 다음과 같이 저술했다. '따라서 우리가 여기서 옮겨적은 내용(2). 즉 만물의, 또 영기의 거대한 힘인 세계의 영혼은 우리 손을 거쳐 부적, 자기학 주문 또는 마법 행위를 지닌 것들로 거듭난다! 자, 어떤 또 다른 것들이 우리에게 자신의 특질을 생생히 보여주는가?'

(1)코넬리우스 아그리파『오컬트 철학De Philosophia Occulta』, 65, 239페이지 등. / (2)『19세기 마법La magie au dixneuvième siècle』, 210, 211페이지.

아메논 [Amenon] 칼데아Chaldea 사람들은 이 영웅이 자신들의 왕이었다고 전한다. 그들의 전설에 따르면 이 왕은 무려 12사레Sare 동안 통치했다고 한다. 이 조예 깊은 사람들이 하는 소릴 그대로 믿기 전에, 12사레가 3,006년이라는 것을 고려해본다면 통치 기간치고 조금 긴 편이라 생각할 수도 있겠다.

자수정 [Améthyste / Amethyst] 짙은 보라색 보석. 한때 유대인 대사제의 9번째 가슴 장식으로 사용되었다. 과거엔 자수정이 취기를 이기게 해준다는 속설도 있었다.

석면 [Amiante / Asbestos] 불연소성의 돌. 플리니우스Pliny와 악마학자들은 석면이 마법 주문을 막는데 놀라운 효과가 있다고 말했다(1).

(1)드 랑크르Pierre de Lancre, 『변화De l'inconsiance』 등, 4권, 논설 3.

아밀카르 [Amilcar] 카르타고Carthago의 장군. 그는 시라쿠사Syracuse를 포위하는 도중 어떤 꿈을 꿨다. 꿈에선 다음 날 저녁 시라쿠사에서 만찬이 있을 것이라는 확신에 찬 목소리가 들려왔다. 아밀카르는 이 예언을 믿었다. 그는 시라쿠사를 탈취한 후 저녁 식사를 즐길 생각으로 아침이 밝자마자 도시를 향해 돌격했다. 하지만 곧 포위당했고 정복자가 아닌 포로가 되어 저녁밥을 먹게 되었다. 꿈만 놓고 본다면 잘못된 것은 없었다(1).

헤로도토스Herodotus는 겔론*Gelon에게 패배한 아밀카르가 전투 후반 무렵 사라졌다고 기록했다. 그리고 다신 볼 수 없었다고 덧붙였다. 반면 카르타고인들은 그를 신으로 모시며 제물을 바쳤다고 전해진다.

(1)발레리우스 막시무스Valerius Maximus. / * 시라쿠사의 폭군.

암몬 [Ammon] 참조. 주피터 암몬Jupiter-Ammon.

양막점 [Amniomancie / Amniomancy] 출산 시 아기 머리를 덮던 양막 조각을 활용한 점술. 그리스 의사들이 양막을 Amnios(암니오스)라고 부른 데서 어원을 찾을 수 있다. 산파들은 신생아의 양막을 보고 운명을 점친다. 양막이 홍색일 경우 행복한 운명, 납빛일 경우 불행한 운명이라고 보았다. **참조.** 양막Coiffe.

아몬 [Amon, Aamon] 거대하고 강력한 지옥의 후작. 늑대 형상에 뱀의 꼬리를 달고 있다. 또 불을 토해낸다. 사람의 형상을 할 땐 몸은 인간, 머리는 부엉이의 모습이다. 이 때 부리 사이로 얇은 송곳니가 다 드러나곤 한다. 악마 귀족 중 가장 건장하다. 그는 과거와 미래를 알며 사이가 틀어진 우정을 언제든 회복시킬 수 있다. 아몬은 40개 군단을 거느린다.

이집트인들은 아몬에게서 최고신의 모습을 보았다. 이집트인들은 그를 인간과 닮은 청색 피부의 모습으로 그려냈다.

사랑 [Amour / Love] 사랑에 얽힌 천진한 미신의 예로는 '곱슬머리 남자'가 있다. 바로 곱슬머리를 가진 남자는 사랑 받는다는 것이다. 프랑스 브르타뉴Bretagne 지방 로스코프Roscoff 마을 여성들은 예배 후 상트 유니옹

 Sainte-Union 예배당에서 먼지를 쓸어냈다. 그러고선 남편이나 약혼자가 돌아오는 쪽을 향해 빗자루질을 했다. 이 무해한 마법을 통해 그녀들은 연인의 사랑을 더 단단하게 만들 수 있었다[1]. 터무니없게도 어느 국가에선 일부 단어를 X표로 배열해 목에 두르면 사랑이 이루어진다고 믿었다. **참조.** 사랑의 묘약Philtres. 롬부스Rhombus.

간혹 사랑에 눈먼 이는 악마에게 자신을 바쳐 행복을 얻고자 한다. 한 수종은 주인의 딸을 아내로 맞이하게 해달라고 악마에게 빌었고, 역사상 가장 불운한 인간이 되었다[2].

일부 끔찍한 사랑은 악마의 소행이라 여겨진다. 일례로는 자신이 만든 동상과 사랑에 빠진 피그말리온Pygmalion이 있다. 마찬가지로 프락시텔레스Praxiteles가 조각한 비너스Venus상에 이성을 잃은 젊은 청년 이야기, 무관심한 행운의 여신상 때문에 절망하며 동상 발아래서 자살한 아테네인 이야기도 있다. 이러한 행위는 두말할 것 없는, 그저 가엾은 광기일 뿐이다.

(1) 자크 캠브리Cambry, 『피니스테르 여행Voyage dans le Finistère』, 1호. / *(2)* 『지옥의 전설Légendes Infernales』에서 카이사레아Caesarea의 협약을 살펴볼 것.

아모이몬 또는 아마이몬 [Amoymon, Amaimon]

지옥의 4대 왕 중 하나. 동쪽을 다스린다. 아침 9시부터 정오까지, 오후 3시부터 6시까지 소환이 가능하다. 아스모데우스Asmodée가 그의 보좌관이자 통치하는 국가들의 첫 번째 귀족으로 알려져 있다[1].

(1) 요한 바이어Johann Weyer, 『악마의 유사군주제Pseudomonarchia Dæmonum』.

암피아라우스 [Amphiaraüs]

고대 예언가. 자신이 테베Thebes*전투에서 사망하는 것을 본 후 전쟁에 참여하지 않기 위해 행적을 감췄다. 결국 발각돼 전쟁터로 보내졌는데 실제로 그곳에서 목숨을 잃었다. 하지만 부활하였고 그리스 아티카Attica에 그를 위한 사원이 세워졌다. 사원 근처엔 신성한 샘이 있었다. 암피아라우스는 지옥에서 돌아오는 길에 이 샘을 지나다 미끄러졌다.

그는 병자들 꿈에 등장해 치료와 처방을 해주었다. 이는 오늘날 자기성 몽유병Magnetic Somnambulism을 행하는 자들과 유사하다. 암피아라우스는 같은 방법으로 돈을 받고 신탁을 내렸다. 신탁을 구하는 사람은 제물을 바친 후 양가죽 위에서 잠들며 꿈을 꿨다. 이때 꿨던 꿈은 대체로 사건 발생 후 뒤늦게 해석하는 경우가 많았다. 그는 운문으로 예언을 기록했지만, 현재 남겨진 바는 없다. 그는 불점을 발명했다. **참조.** 불점Pyromancie.

* 고대 그리스의 도시.

암필로코스 [Amphiloque / Amphilochus]

사후 로마Rome의 속주 실리시아Cilicia에 신탁을 내린 예언가.

암피온 [Amphion]

파우사니아스Pausanias와 요한 바이어Johann Weyer 및 많은 이들은 암피온을 유능한 마법사 중 하나로 꼽았다. 그가 테베Thebes 장벽을 자신의 리라lyra 연주로 재건했기 때문이다.

쌍두뱀 [Amphisbène / Amphisbaena]

양 끝 쪽에 머리가 달린 뱀. 둘 다 물 수 있다. 브라운Thomas Brown 박사는 플리니우스Pliny의 오류를 다음과 같이 반박 기록했다[1]. '양 끝에 머리가 하나씩 달린 뱀이 일부 존재한다는 사실을 부정하진 않는다. 알드로반디Aldrovandi (압도브란드Abdovrand)의 기록에서도 같은 형태의 도마뱀을 찾아볼 수 있다. 또한 카시앙 뒤 푸이Cassien du Puy가 파베르Faber에게 보여준 그림을 보면 도마뱀이 아닌 쌍두뱀일 가능성도 없지 않다. 다만 이는 한 번에 다수의 새끼를 낳는 동물, 특히 뱀에게 종종 일어나는 일이다. 붙어있던 알들이 여러 경로를 통해 합쳐진 뒤 부화하는 것이라고 볼 수 있다. 이는 모든 생명이 자신과 닮은 것을 낳는다는, 일반적 자연법칙에 반하는 끔찍하고 변칙적인 탄생이다. 그리하여 확실한 증거가 있기 전까진 쌍두뱀을 하나의 종으로 인정하지 않을 것이다.'

(1) 『대중적 오류에 관한 수상록Essai sur les erreurs populaires』, 3권, 15장.

암리타 [Amrita] 인도 신화에 등장하는 불로불사 음료. 암리타 제조법을 익히기 전인 일만 년간, 인도의 신들은 불멸의 존재가 아니었다.

아메샤 스펜타 [Amschaspands / Amesh Spenta] 페르시아의 1계급 천사. 6명이며 수장인 오르므즈드Ormusd(오르마즈드 Ormouzd)가 함께 한다. 이들은 7개 행성을 다스린다.

부적(아뮬렛) [Amulette / Amulet] 예방 도구. 혹은 지니거나 목에 두르는 미신적 치료법을 지칭하는 말. 일부 질병 또는 위험으로부터 보호해준다. 기상천외한 그림(고대 이집트의 신성갑충 조각석), 양피지, 구리, 주석, 은 조각, 특정 글자 혹은 상형문자를 새긴 보석 등이 부적에 속한다.

이 미신이라는 것은 삶에 대한 지나친 애착 그리고 정신적 미숙함에서 발현된 것이다. 그렇기에 삶에 해를 입히는 모든 공포에 기반을 두고 있다. 기독교 역시도 신앙심 깊은 신도들을 제외하곤 미신의 뿌리를 뽑지 못했다(1). 교회가 처음 등장한 순간부터, 주교들과 공의회에서는 이러한 이교적 관습을 금지해왔다. 만물의 지배자라 여겨졌던 많은 신령. 교회에서는 부적이 이 신령들을 향한 우상숭배의 잔재라고 주장했다. 티에르 사제Jean-Baptiste Thiers(2)는 관련한 신부들의 많은 이야기와 여러 공의회 법규에 대해 기록하였다.

부적의 사용을 처벌하는 법도 있었다. 콘스탄티우스Constantius 황제는 치료를 위한 부적과 주문의 사용을 허용했다. 하지만 이 법은 암미아누스 마르켈리누스Ammianus Marcellinus에 의해 철회되었다. 그리고 이후엔 처벌이 지나치게 강화되었다. 발렌티니아누스Valentinian는 주문으로 열을 내리려 한 나이 든 여성을 사형에 처했다. 심지어 복통을 치료하고자, 대리석 조각을 만지며 7글자 주문을 외운 젊은 남성을 참수형에 처하기도 했다.

하지만 길 잃은 영혼들은 늘 갈급한 법이다. 언제나 그들의 수는 더 많았고 곧 법을 피해 갈 방법을 찾았다. 이렇게 생겨난 것이 성서 구절을 적은 종잇조각이었다. 법원은 이 관습엔 조금 덜 엄격히 굴었다. 또 남용하더라도 사제들의 재량에 맡겼다.

그리스인들은 병에 걸리면 몸의 불편한 곳을 삼각형 종이에 적어 방문에 걸었다. 그들은 이 부적에 강한 믿음이 있었다.

몇몇 이들은 『요한복음서The Gospel According to John』 앞부분을 적은 부적이 벼락으로부터 보호해준다고 믿었다. 독특한 점은 튀르키예인들도 이 부적을 맹신했다는 것이다. 단, 이는 피에르 르 루아예Pierre Le Loyer의 말이 맞다는 가정하에 믿어야 할 것이다.

또 다른 문제는 성유물, 십자가, 그림, 기도를 통한 축성 혹은 아뉴스데이Agnus Dei(하느님의 어린 양)가 내린 물건 등을 지니는 것이 미신에 해당하는지이다. 과연 개신교인들이 말하는 것처럼 부적으로 취급해야 하는 것일까. 만약 해당 물건에 사고, 갑작스러운 죽음, 과오로 인한 죽음 등을 막아줄 신비로운 능력이 있다고 생각한다면, 그건 미신이다. 부적이 가진 힘의 기원은 신이 아니다. 그렇기에 이러한 물건을 부적처럼 여기는 것은 옳지 않다. 신학자들은 이를 두고 '헛된 순응'이라고 부르는데, 신이 내려준 적 없는 힘을 성스러운 물건에 부여하는 것을 말한다. 제대로 된 교육을 받은 기독교인이라면 이런 행동은 떠올리지도 않을 것이다. 성인들의 도움을 받을 유일한 방법은 중보와 기도라는 것을 알고 있기 때문이다. 교회가 성인들을 모시고 또 그들을 위해 기도하는 것이, 유용하고 권할 만한 행위라고 결정하게 된 것도 그러한 이유에서다. 따라서 성인들의 초상이나 성유물을 몸에 지니는 것은, 곧 그들을 위해 기도하며 존경을 표한다는 의미가 된다. 누군가의 초상화나 물건을 간직하는 것이 애정과 존경의 의미인 것과 같다. 따라서 우리가 성인에게 보이는 사랑과 존경으로 인해, 성인이 우리를 위해 기도할 것이라는 믿음은 헛된 순응도 지나친 맹신도 아니다. 십자가와 아뉴스데이도 마찬가지다(3).

티라에우스Thyraeus(4)의 말에 따르면, 1568년 줄리어스Juliers 공작령에서 오랑예Orange 왕자가 스페인 포로를 사형에 처한 일이 있었다. 군인들은 포로를 나무에 묶고 소총으로 죽이려 애써보았지만, 그 어떤 총알도 포로의 몸을 맞히지 못했다. 그는 포로의 옷을 벗겨

방탄 갑옷을 입었는지 확인했고 고리 모양의 부적을 발견했다. 부적을 뺏기가 무섭게, 포로는 바로 첫 번째 총알에 맞아 사망했다.

돈 우르시노Don Ursino의 오래된 연대기에 선 매우 어릴 적 어머니가 산티아고 데 콤포스텔라Santiago de Compostela로 그를 보낸 이야기가 적혀있다. 그를 보냈을 때, 어머니는 목에 부적을 달아주었다고 한다. 이 부적은 아버지가 무어Moors 출신의 기사로부터 빼앗은 것인데, 흉포한 짐승의 분노를 누그러뜨리는 효험이 있었다. 어린 그가 숲을 이동할 때, 갑자기 곰이 나타나 유모로부터 그를 빼앗아 자신의 동굴로 데려갔다. 하지만 곰은 왕자를 해치기는커녕 정성을 다해 보살폈다. 그렇게 야생의 곰 유모 덕분에 돈 우르시노*라는 이름으로 유명해졌으며, 아버지로부터 인정받게 되었다. 그의 아버지는 나바르Navarre 왕국의 왕위를 계승 받았다고 알려진 인물이다.

아프리카인들 역시 부적이 지닌 힘을 맹신했다. 바스 브르타뉴Basse-Bretagne 주민들은 그들에게 악마를 퇴치하는 힘이 있다고 믿었다. 프랑스 서쪽에 위치한 피니스테르Finistere에서는 아이가 세례를 받을 때 목에 검은 빵 조각을 두르게 하였다. 이는 혹시 모를 늙은 마녀들의 주문과 저주를 피해 가기 위함이었다(5). **참조.** 알레스Alés.

(1) 베지에Nicolas Sylvestre Bergier, 『신학 사전Dictionnaire théologique』. / *(2)* 『미신 모음집Traité des superstitions』, 5권, 1장. / *(3)* 베지에, 『신학 사전』. / *(4)* 『악마De Dœmoniac』, 파트 3, 45장. / *(5)* 토머스 캠벨Thomas Campbell은 알제Algier를 다음과 같이 묘사하고 있다. '알제리Algeria에는 자신을 의사라고 칭하는 무어인과 유대인, 그리고 산파라고 칭하는 여성들이 거주하고 있다. 하지만 의사와 외과의라고 말하는 이들은 해부학을 들어본 적도 없으며, 이름도 모르는 약물을 닥치는 대로 사용했다. 하다못해 수술 중 란세트Lancet 하나도 제대로 다루지 못했다. 산통 혹은 신산통이 있는 환자, 가슴막염 환자에겐 빨갛게 달군 쇠를 통증 부위에 가져다 대는 치료법을 사용했다. 환자는 치료를 당장 중단하게 만들기 위해서라도, 몸이 치유되었다고 비명을 질러대야 했다. 수술 시 절개는 면도칼을 이용했고 지혈에는 송진을 사용했다! 아베르네티Abernethy 박사는 갑상선종 강의에서 이 병을 어떻게 낫게 하는지 자신은 알지 못하며, 최선의 처방은 휘파람을 부는 것일지도 모른다고 말했다. 어쩌면 알제리인들이 마법사들로부터 얻은 부적이야말로 가장 무고한 치료법일지도 모른다.' / * 우르시노Ursino는 곰을 의미한다.

아미 [Amy] 지옥 왕국의 귀족이자 장관. 지옥에서는 불길에 휩싸여 있지만, 지상에서는 인간의 모습을 한다. 주로 점성술과 인문학의 비밀들을 알려준다. 인간들에게 좋은 하인을 선물해주며, 친해진 이들에겐 악마가 숨긴 보물들을 찾아주기도 한다. 아미는 총 36개 군단의 사령관이다. 그리고 그를 따르는 이들은 주로 타락한 천사와 왕국의 권력자들이다. 그는 자신이 약 20만 년 후에 승천하여 7번째 왕좌에 오를 것이라고 보았다. 요한 바이어Johann Weyer는 이를 두고 '기대하긴 어렵다'고 말했다.

아미로(모세) [Amyraut(Moïse)] 개신교 신학자. 1596년 프랑스 서부의 앙주Anjou에서 태어나 1664년 사망했다. 지금은 찾는 사람이 거의 없는『꿈 개론Traité des Songes』이라는 책을 썼다.

재세례파 [Anabaptistes / Anabaptists] 루터교에서 파생된 이단. 명칭에서 확인할 수 있듯, 교도들에게 다시 세례를 받게 했다*. **참조.** 레이던의 존Jean de Leyde, 뮌처Muncer.

* 재세례파는 유아 세례를 인정하지 않았다.

애너그램 또는 어구전철 [Anagramme / Anagram] 단어나 문장의 철자를 바꿈으로써 숨겨진 의미와 예언을 찾을 수 있다고 믿는 이들이 있다. 이들은 특히 15세기와 16세기에 주로 활동하였다. 가장 흥미로운 일화는 앙리 3세Henry III 살해 사건과 관련된 것이다. 누군가가 Frère dit Jacques Clément(수도사는 자크 클레망이라고 말했다)라는 문장의 철자를 뒤섞어 C'est l'enfer qui M'a Crée(나를 만든 건 지옥이다)라는 문장을 만들어냈다*. 또 다른 일화도 있다. 프루스트Proust와 도를레앙D'Orléans이라는 이름을 가진 수도사 둘은 서로의 이름으로 철자 바꾸기에 도전했다. 프루스트는 동료의 이름 속에서 L'Asne d'or(황금 당나귀)라는 철자를, 도를레앙은 동료의 이름 속에서 Pur Sot(순수한 멍청이)라는 철자를 발견했다.

오베르뉴Auvergne 북부 출신인 앙드레 퓌종André Pujon은 리옹Lyon을 거쳐 파리Paris로 향하던 중이었다. 그는 꿈속에서 자신의 이름 철자를 바꾸면 Pendu à Riom(리옴에서 목 매달린)이라는 의미가 된다는 것을 알게 되었다. 다음날 그는 여인숙 주인과 다툼을 벌인 끝에 주인을 살해하였다. 그리고 8일 뒤 리옴 광장에서 교수형에 처해졌다. 사실 이건 오래된 이야기를 각색한 것이다. 드 랑크르Pierre de Lancre[1]의 이야기 속, 목 매달린 자의 이름은 장 드 프루옴Jean de Pruom으로 앙드레 퀴종과 똑같은 알파벳을 가지고 있다.

장 밥티스트 루소J.-B. Rousseau는 변변치 않은 구두 수선공인 아버지를 인정하기 싫었다. 그는 베르니에트Verniettes라는 성을 사용했는데, 이 성의 철자를 뒤섞으면 Tu le Renies(너는 그를 부인한다)라는 문장이 등장한다. 시인 피에르 드 롱사르Pierre de Ronsard의 이름으로는 Rose de Pindare(핀다로스의 장미)라는 철자를 만들 수 있다. 같은 방법으로 Monde(세상)라는 단어는 Démon(악마)이라는 단어로 조합이 가능하다. 프랑스 지명 중 하나인 Amiens(아미앵)은 En Amis(친구들끼리)로 바꿀 수 있다. Révolution Française(프랑스 혁명)는 Un Corse te Finira(코르시카인이 널 끝장낼 것)로 조합 가능하다. 그리고 사람들은 티에르A. Thiers[**], 오딜롱 바로Odilion Barrot[***], 샹볼Chambolle[****], 이 세 명의 이름을 조합해 Trois Aliboron de la Chambre(방 안의 얼간이 셋)라는 단어를 만들어냈다.

영국의 왕, 찰스 2세Charles II의 큰 총애를 받았던 연맹은 카발Cabal이라고 불렸다. 이 연맹에 포함된 이는 클리포드Clifford, 애슐리Ashley, 버킹엄Buckingham, 알링턴Arlington, 로더데일Lauderdale인데 각각 첫 글자인 C, A, B, A, L을 따서 만든 단어인 것이다[*****].

몇몇 이들은 Louis Quatorzième, Roi de France et de Navarre(루이 14세, 프랑스와 나바르의 왕)를 두고 Va, Dieu Confondra l'armée qui Osera Te Résister….(가라, 감히 너에게 대적하는 군대를 신이 혼란스럽게 할 것이다….)라는 예언을 담고 있다고 믿었다.

가끔 애너그램이 놀라운 의미를 내포할 때가 있다. 빌라도Pilate가 신인(신과 같은 이)에게 물었다. "Quid Est Veritas?(진실이란 무엇인가?)" 그리고 그는 답을 기다리지 않고 벌떡 일어났다. 결국 답은 질문 속에 있었다. Est Vir qui Adest(당신 앞의 사람이 그것이다).

카발리스트들은 카발라Kabbalah의 세 번째 파트를 두고 철자 바꾸기를 시도했다. 그들은 글자 또는 단어의 순서를 바꾸며 숨겨진 혹은 신비로운 의미를 찾았다. **참조**. 이름점 Onomancie.

(1)『완전히 입증된 마법에 대한 의심과 불신Incrédulité et mécréance du sortilège pleinement convaincue』, 논설 5. / * 앙리 3세는 자크 클레망의 단검에 찔려 사망하였다. / ** 프랑스 전 대통령. / *** 프랑스 전 총리. / **** 프랑스 전 정치인이자 기자. / ***** Cabal에는 '음모에 연루된 도당'이라는 의미도 있다.

아나멜렉 또는 아나말렉 [Anamelech, Anamalech]

어둠의 악마이자 나쁜 소식을 전하는 자. 아시리아Assyria의 도시 스발와임Sepharvaim에서 숭배받았다. 그는 메추라기 형상으로 등장한다. 몇몇 이는 이 이름의 의미가 '좋은 왕'이라고 주장한다. 학자들은 아나멜렉은 달을, 아드라멜렉Adramelech은 해를 의미한다고 말한다. 게스너Gessner가 지은, 아벨의 죽음Abel을 노래하는 시에 등장한다

아난시타이드 [Anancitide / Anancithide]

참조. 아그라오포티스Aglaophotis.

장 다나니아 또는 장 다나니 [Anania, Anagni(Jean d')]

15세기 법률가. 4권으로 구성된 『악마의 본성De Natura Dæmonum』[1]과 『마법과 저주De Magia et Maleficiis』[2]를 저술했다. 그의 저서들은 많이 알려지지 못했다. 장 다나니아는 1458년 이탈리아에서 사망했다.

(1)『악마의 본성』, 1562년, 나폴리, 12절판, 4권. / (2)『마법과 저주』, 1669년, 리옹, 4절판.

아나니삽타 [Ananisapta]

카발리스트들은 이 단어로 부적을 만들었다. 흰 양피지에 적으면 질병을 예방해주는 효험이 있기 때문이다. 그들은 이 단어가 다음과 같은 기도문 이니셜로 만든 것이라 여겼다. Antidotum Nazarni Auferat Necem Intoxicationis, Sanctificet Alimenta Poculaque Trinitas Alma(살인적인 맹독을 제거하고, 내 음식을 신성하게 하고, 거룩하신 성부, 성자, 성령으

로 목을 축이게 하는 나사렛의 해독제시여).

아난시 [Anansié] 굉장한 힘을 지닌 거대 거미의 이름. 프랑스 코트도르Côte d'or의 주민들은 이 거미가 인간의 창조주라고 믿었다. **참조.** 거미Araignée.

아나라젤 [Anarazel / Anarasel] 지하에 숨겨진 보물을 지키는 악마. 인간들이 보물을 훔치는 것을 막기 위해 이리저리 보물을 옮긴다. 아나라젤은 동료 가지엘Gaziel, 페코르Fecor와 함께 집을 흔들거나, 폭풍우를 일으키거나, 자정에 종을 울리거나, 귀신을 나타나게 하거나, 한밤중 공포를 불러일으키는 일을 한다.

저주(아나테마) [Anathème / Anathema] 그리스어에서 유래한 Anathème(아나템)이라는 단어는 '진술된', '고발당한', '희생된'이라는 의미를 가진다. 고대 이교 문명에서는 바다 정령 님프Nymph의 제단에 올리는 낚시꾼 그물, 라이스Laïs가 비너스Venus에게 바친 거울, 술잔, 옷, 악기 등 여러 봉헌물을 아나템이라고 지칭했다. 하지만 이후엔 죄인의 머리나 유해와 같이 불쾌감을 주는 물건을 가리킬 때 이 단어를 사용했다. 이 외에도 지옥의 신에게 바쳐진 희생자를 가리키는 말로도 쓰였다. 유대인들은 아나템을 대개 부정적 의미로 사용했다. 기독교에서는 (종교적)저주 혹은 저주 받은 자를 가리킨다. 또 '파문'의 의미로도 사용된다. 파문을 당한 자는 신자들로부터 배척된다.

파문의 영향을 증명하는 예시는 수없이 많다. 살펴보면 파문당한 자 중엔 윤택한 삶을 지낸 경우가 거의 없다. 이를 어떻게 설명할 수 있을까? **참조.** 파문Excommunication.

마법사와 예언가는 도둑과 사악한 주문을 찾기 위해 일종의 저주를 사용한다. 그들이 믿는 미신의 내용은 다음과 같다. 단, 마법서에서 발췌한 것이기에 빈축을 살 수 있다는 점을 사전에 밝힌다. 투명한 물속에 용의자 수만큼 작은 돌을 담근다. 그리고 물을 끓인다. 이후 돌을 도둑이나 마녀가 드나드는 문 아래에 묻는다. 이때, 주석으로 된 얇은 판 위에 다음과 같은 구절을 옮겨 적는다. 'Christus Vincit, Christus Regnat, Christus Imperat(그리스도께서 승리하시고, 그리스도께서 통치하시고, 그리스도께서 명령하노라).' 돌에는 의심이 가는 이들의 이름을 하나씩 새겨둔다. 동이 틀 무렵이 되면 문턱 아래에 묻어둔 것을 다시 꺼낸다. 이때 뜨겁게 달아오른 돌이 있다면 거기에 적힌 자가 범인일 가능성이 높다. 하지만 악마의 교활함을 감안한다면, 여기서 그쳐서는 안 된다. 회개하는 마음으로 『시편Psalm』 일곱 편을 모두 낭독하며 성인들의 이름을 읊어야 한다. 그런 뒤 도둑 혹은 마녀를 향해 구마 주문을 외운다. 다음으로는 그의 이름을 원 안에 적고 이름 위에 삼각형 모양의 청동 못을 박는다. 이때 손잡이가 실편백 나무로 만들어진 망치를 사용한다. 그 상태로 정해진 주문을 다시 외우면 도둑이 비명을 지르며 자백할 것이다.

만일 대상자가 마녀이고 그녀가 행한 저주를 되돌려주고 싶다면 다음과 같은 방법을 사용한다. 토요일 아침 동트기 전, 한 살 된 개암나무 가지를 들고 다음의 구절을 외운다. "올해 자란 가지인 너를 잘라내겠다. 내가 너를 해하는 것처럼, 해하고자 하는 그자의 이름으로!" 마지막으로 나뭇가지를 잘라 식탁 위에 올려놓는다. 그리고 다음 문장으로 끝나는 기도문[1]을 세 번 반복해서 외운다. "마법사 또는 마녀가 저주받는 동안 우리는 무사하길!"

(1)신의 말씀과 십자성호에 다음과 같이 덧붙인다. 드

록Droch, 미록Mirroch, 에세나로스Esenaroth, 베스바로크
Bethbaroch, 아스마로스Assmaaroth….

아나톨리우스 [Anatolius] 플라톤학파Pla-
tonism의 철학가. 『연민과 적의On Sympathies and
Antipathies』의 저자이다. 파브리시우스Fabricius
는 이 책의 발췌본 일부를 자신의 그리스 도
서관에 보관하였다.

아낙실라스 [Anaxilas] 아우구스투스Augu-
stus 시대에 살았던 피타고라스학파Pythagorean
School 철학가. 엉터리 물리 실험으로 인해 마
법사라는 오해를 샀고, 아우구스투스에 의해
추방당했다. 아낙실라스는 '지옥의 횃불'을
발명했다. 이 발명품은 빛이 없는 장소에서
유황을 태워 주변을 밝혔다. 당시 불빛 근처
에 있던 사람들은 모두 끔찍하게 못생겨 보였
다고 한다.

앙덴 [Andaine] 라즈네스Rasnes 성의 군주
와 결혼한 요정 혹은 여왕. 성의 부속된 숲에
서 시종과 함께 사냥을 즐겼다[1].

*(1)『정령과 악마의 전설Légendes des esprits et des
démons』에서 해당 전설 부분을 참조할 것.*

**앤더슨(알렉산더) [Anderson(Alexan-
dre)]** 참조. 흡혈귀Vampires의 마지막 부분.

안드라드 [Andrade] 853년에 신의 계시
를 받은 의사. 주목할 만한 계시는 아니었다.
뒤센Duchesne은 이 내용을 프랑스 사학자 컬
렉션에 추가했다[1].

*(1)계시록에서 발췌, 안드라드 의사, 835년, 2권,
뒤센.*

안드라스 [Andras] 지옥의 대 후작. 천사
의 몸과 맹금류의 얼굴을 가졌다. 검은 늑대
를 탄 채, 손에는 뾰족한 검을 들고 다닌다.
또한 총애하는 이들에게 적, 주인, 하인을 죽
이는 방법을 일러준다. 불화가 생기고 싸움
이 일어나는 것도 안드라스 때문이다. 총 30
개 군단을 거느린다.

안드레(토비) [André(Tobie)] 『타락한 천
사들의 힘에 관하여On the Power of Bad Angels』라
는 책을 썼다. 현재는 구하기 어려우며 찾는
사람이 많지 않다[1]. 17세기에 출간되었다.

(1)토비 안드레, 『악한 천사의 힘을 몸에서 발현하

는 원리학Exercitationes Philosophicæ de Angelorum Malorum
Potentia in Corpora』, 1691년, 암스테르담, 12절판.

안드라스

**안드레(요하네스 발렌티누스) [Andreæ
(Jean-Valentin) / Johannes Valentinus
Andreae]** 루터교도. 1596년 뷔르템베르크
Wurtternberg의 한 공작령에서 출생. 1654년 사
망했다. 그의 첫 작품에 등장하는 막연한 지
식, 부정확한 활동 그리고 애매한 암시는 마
치 장미십자회의 설립자처럼 보이게 만들었
다. 여러 독일 작가는 그가 최소한 이 비밀
조직 개편에 개입했을 것이라고 보았다. 그
는 그 뒤로 프리메이슨단Freemason에 가입했
다. 이 단체는 여전히 안드레를 추모하고 있
다. 안드레는 백 여편에 가까운 저서를 남겼
다. 저서는 주로 비밀조직의 필요성을 설교하
는 『크리스티아노폴리탄 공화국Christianopolitan
Republic』, 『바벨탑Tower of Babel』, 『판결의 혼돈
Chaos of the Judgments』 그리고 장미십자회의 동포
애를 담은 『기독교 사회의 이념Idea of a Christian
Societ』, 『세상의 전반적 개혁General Reform of the
Worlds』, 『크리스티안 로젠크로이츠의 화학적
혼인Christian Rosenkreutz' Chemical Wedding』 등이 있
다. 그리고 그가 행한 경이로운 일들은 최근
에 요술을 그린 칼리오스트로Cagliostro*의 그림
에서 대단하게 묘사된다.

*이탈리아의 사기꾼이자 여행가.

안드리아그 [Andriague] 전설의 동물. 날

개 달린 말 혹은 그리핀(그리폰)의 일종이다. 주로 기사도 소설에서 마법사나 주인공이 타고 등장한다. 동화에서도 만나볼 수 있다.

안드로알푸스 [Androalphus] 강력한 악마이자 지옥 왕국의 후작. 공작새 모습을 하고 낮은 목소리를 낸다. 그가 인간의 형상을 하고 나타났다면 억지로 기하학 강의를 시킬 수도 있다. 천문학자이기도 하며 궤변 부리는 법을 교수할 때도 있다. 인간을 새로 변신시킬 수 있기에 그와 교류하는 자는 법망으로부터 달아날 수 있다. 그는 30개 군단을 거느린다[1].

(1) 요한 바이어Johann Weyer, 『악마의 유사군주제Pseudomonarchia Dœmonum』 등.

안드로지나 [Androgina] 보댕Jean Bodin과 드 랑크르Pierre de Lancre의 말에 따르면[1], 1536년 이탈리아 피에몬테Piedmont 카잘레몽페라토Casale Monferrato엔 안드로지나라는 마녀가 활동했다고 한다. 이 마녀가 드나드는 집엔 사람이 죽어 나갔다고. 체포당한 안드로지나는 법정에서 다른 마녀 40명과 함께 저주를 행했다고 자백했다. 저주는 문고리에 향유를 바르는 방식으로 이루어졌는데, 문고리를 만지는 사람은 며칠 내로 사망했다. 드 랑크르는 다음과 같이 덧붙였다. '1563년 똑같은 일이 제네바Geneva에서도 벌어졌다. 도시에 흑사병이 창궐해 7년간 이어진 것이다. 비슷한 사건으로 인해 클라우디우스 마르켈루스Claudius Marcellus와 발레리우스 플라쿠스Valerius Flaccus가 통치한 로마에선 170여 명의 마녀가 사형에 처해졌다. 다만 마법의 존재가 제대로 알려지지 않았을 때였기에, 단순한 독살로 판결이 났다…'.

(1) 『빙의망상Démonomanie』, 4권, 4장. 『악마의 변화론Tableau de l'inconstance des démons』 등, 2권, 논설 4.

안드로이드 [Androïdes / Androids] 사람의 모습을 한 자동 기계. **참조.** 대 알베르투스Albert le Grand.

당나귀 [Ane / Ass] 이집트인들은 악신 티폰Typhon에게 바치는 케이크 위에 당나귀 그림을 그렸다. 로마인들은 당나귀를 마주치는 것이 나쁜 징조라고 생각했다. 반면 아랍에선 당나귀를 숭배의 대상으로 여겼다.

일부 민족은 이 어리숙한 짐승에게 알 수 없는 신비한 힘이 있다고 생각했다. 이에 당나귀 머리를 점술에 이용하기도 했다. **참조.** 당나귀 머리점Képhalonomancie.

당나귀 축제*까지 언급할 필요는 없지만, '벳바게Bethphage의 암탕나귀' 때문에 당나귀 등의 검은 십자가 무늬와 얽힌 민간신앙이 생겨나기도 했다**. 이는 제법 독특한 사례라고 할 수 있다.

인도 남부 마두라이Madurai에서 가장 높은 카스트인 카바라바둑Cavaravaduk에 속한 원주민들은 스스로 당나귀의 후손이라고 주장했다. 이 카스트는 당나귀를 형제처럼 여겼다. 누구라도 당나귀를 혹사하거나 이유 없이 때리고 모욕하는 경우, 당나귀의 편을 들어주었다. 괴롭힌 사람을 법정에 세우거나 벌금을 물리기도 하였다. 비가 내릴 때면 보통 마부가 아닌 당나귀에게 덮개를 씌워주었다[1].

당나귀에 관한 우화도 있다. 로마 최고신 주피터Jupiter가 제국을 손에 넣었을 당시, 인간들은 그에게 영원한 봄을 달라고 요청했다. 주피터는 이를 허락했고 실레노스Silenus의 당나귀를 시켜 지상으로 선물을 보냈다. 여정 도중 갈증을 느낀 당나귀는 샘에 다가섰다. 샘을 지키던 뱀은 물을 마시는 것을 허락할 테니 당나귀 등에 얹힌 보물을 달라고 하였다. 가엾은 짐승은 그렇게 조금의 물과 하늘이 내려준 선물을 바꿔버렸다. 이날 이후 늙은 뱀들은 가죽을 벗으며 영원히 젊어질 수 있게 되었다.

하지만 교활한 당나귀도 있다. 카이로Cairo에서 2km 정도 떨어진 큰 촌락엔 한 거리 공연가가 살고 있었다. 그가 기르던 당나귀는 너무도 똑똑했는데, 주변 농민들이 변장한 악마라고 생각할 정도였다. 공연가는 거리에서 이 당나귀에게 춤을 시켰다. 그리고서 "술탄Sultan이 아름다운 건물 건설을 위해 카이로의 모든 당나귀를 모으고 있다지! 석회, 모르타르, 돌을 나르게 시킬 것이라는군."이라고 당나귀에게 말했다. 당나귀는 이 말을 듣고 다리를 뻣뻣하게 편 채 넘어져, 눈을 감고 죽은 척을 했다. 공연가는 당나귀가 죽은 것을 불평하며, 새 당나귀를 살 수 있도록 돈을 달라고 구경꾼들에게 구걸했다.

그렇게 동전 몇 푼을 거둔 뒤 공연가는 이렇게 말했다. "아! 이놈이 죽은 게 아니구나. 주인이 밥을 주지 못할 것을 알아 죽은 척을 한 것이구나. 일어나라 이놈아!". 하지만 당나귀는 이 말을 듣고도 꼼짝하지 않았다. 공연가는 이번엔 "술탄이 내일 모든 백성에게 웅장한 광경을 구경하라며 카이로 밖으로 나가라 일렀구나. 귀족 가문 여자들만 당나귀 탈 것을 명령했다."라고 말했다.

그 말을 들은 당나귀는 몸을 일으켜 머리와 귀를 흔들며 기쁨을 표시했다. 주인은 이번엔 다음과 같이 말했다. "이 지역 총독이 아내를 태울 당나귀를 빌려달라고 했지. 아마 집까지 거리가 멀어 꽤 많이 걸어야 할걸?"

이 말을 들은 당나귀는 귀를 내리곤 다리를 절뚝거리기 시작했다[2].

악마학자들은 이 신비한 당나귀들이 악마이거나 아풀레이우스Apuleius처럼 '당나귀로 변한 사람'일 것이라고 주장했다. 『자연의 거울Speculum Naturœ』의 저자는 로마 인근 작은 여인숙을 운영한 두 여성의 일화를 소개하고 있다. 두 여성은 숙박객들을 돼지, 닭, 양과 같은 가축으로 바꿔 시장에 팔려는 계획이 있었다. 그리고 두 여성 중 한 명은 여인숙을 찾은 어느 희극 배우를 당나귀로 만들었다. 희극배우는 당나귀로 변하고도 원래의 재능을 잃지 않았다. 여성은 인근 축제에 그를 데려가 많은 돈을 벌 수 있었다. 이후 이웃이 이 당나귀를 매우 고가에 사 갔다. 당나귀를 건네주며, 여성은 당나귀가 물에 들어가지 않도록 주의할 것을 일렀다. 새 주인은 한동안 그 충고를 열심히 따랐다. 하지만 고삐를 푸는 방법을 알게 된 당나귀는 호수에 몸을 던졌고, 마부가 보는 앞에서 원래의 모습을 되찾았다. 결국 두 마녀는 법의 심판을 받게 되었다.

랍비들은 발람Balaam***의 암탕나귀에게 많은 의존을 했다. 그들은 신이 6번째 날, 마지막에 만든 동물이 당나귀라고 말했다. 아브라함Abraham은 이삭Isaac을 제물로 바치는데 사용할 나무를 당나귀에게 지게 했다. 당나귀는 모세Mose의 아내와 아들을 태우고 사막을 건너기도 했다. 랍비들은 이 암탕나귀를 잘 먹인 뒤 구세주가 나타나는 날까지 비밀 공간에 숨겨뒀을 것이라고 확신했다. 구세주는 당나귀를 타고 온 땅을 다스릴 것이기 때문이다. **참조.** 보락Borak.

(1) 생 푸아Germain-François Poullain de Saint-Foix, 『파리 수상록Essai sur Paris』, 2권. / *(2)* 레오 아프리카누스Leon Africanus, 『아프리카의 설명Description of Africa』, 파트 8, 드 루아예Pierre Le Loyer 인용. / * 성 요셉Saint Joseph이 마리아Maria와 예수Jesus Christ를 데리고 이집트로 피신한 것을 기리는 중세 축제. / ** 예수는 벳바게의 나귀를 타고 예루살렘Jerusalem으로 입성하였다. 실제로 당나귀 등에는 검은 십자가 무늬가 있다. / *** 메소포타미아의 예언가.

앙가다 [Angada] 원숭이들의 왕. 라마Rama(힌두교의 신 비슈누Vishnu의 일곱 번째 화신)가 나찰의 왕, 라바나Rāvana를 공격할 때 도움을 주었다.

앙갓 [Angat] 마다가스카르Madagascar에 사는 잔인하고 유혈을 즐기는 악마. 뱀의 모습을 하고 있다.

안제리에리 [Angelieri] 17세기 시칠리아인Sicilian. 생전 출간한 두 권의 지리멸렬한 종이 묶음[1]으로 이름을 알렸다. 애초에 '마법의 빛' 또는 '천국과 지상, 지옥 등에 속한 모든 것의 기원, 질서와 통치'라는 제목으로 총 스물네 권의 책을 집필할 예정이었다고 한다. 몽기토르Antonio Mongitore는 자신의 저서 『시칠리아 총서Bibliotheca Sicula』 제1권에서 이를 언급하고 있다.

(1) 『존재와 작용에 관한 모든 질서와 통치, 학문의, 천국의, 지상의, 지옥의 근본적 광명Lux Magica

Academica, Cœlestium, Terrestrium et Infernorum Origo, Ordo et Subordinatio Cunctorum, Quoad Esse, Fieri et Operari』, 1686년, 베네치아, 24책으로 분할, 파트 1. 『리비오 베타니라는 이름으로Sous le Mom de Livio Betani』, 1687년, 베네치아, 파트 2, 두 종 모두 4절판.

안젤리카 [Angélique / Angelica] 현혹 마법을 막는다고 알려진 식물. 저주를 예방하기 위해 어린아이들 목에 둘렀다.

앙게르보드 또는 앙구르보드 [Angerbode, Angurbode] 스칸디나비아Scandinavia 신화에 등장하는 거대한 체구의 여성. 로키Loki와 결혼하여 세 괴물을 낳았다. 세 괴물은 이리 펜리르Fenrir, 뱀 요르문간드Jörmungandr 그리고 여성 악마 헬Hel로 지하 세계를 지킨다.

천사 [Anges / Angels] 성 아우구스티누스St. Augustine는 천사들이 천지창조 기간인 6일 이내에 만들어졌다고 보았다. 그 이전까지는 어떤 피조물도 존재하지 않았기 때문이다. 그렇다고 천지창조 이후에 탄생했다고 볼 수도 없다. 이는 천체들이 생길 때 천사들이 큰 소리로 찬양했다고 성경에 기록되어 있기 때문이다*. 어쩌면 창조주가 "빛이 있으라!"라고 한 순간에 만들어졌을지도 모른다. 히포 레기우스Hippo Regius의 주교였던 성 아우구스티누스는 이 말씀이 항상 보이는 세상과 보이지 않는 세상, 즉 모두의 창조를 지칭한다고 말했다.

천사의 수는 얼마나 많을까? 다니엘Daniel은 하나님을 섬기는 천사만 십억 명이며, 자신이 본 천사의 수는 백억에 달한다고 말했다**. 디오니시우스 아레오파기타Dionysius the Areopagite는 우월한 영들로 이루어진 축복받은 군대의 수는 셀 수 없다고 말했다. 성 토마스 아퀴나스Thomas Aquinas는 신은 자기의 업적이 완벽하길 바란다고 주장했다. 그렇기에 완벽한 것이 있다면 그것은 무한히 증식할 것이며, 결국 완벽한 비물질이 물질보다 월등히 많아질 것이라고 보았다.

디오니시우스 아레오파기타는 천사에게 날개를 달아준 건 곧 신학이라고 주장했다. 천사의 날쌘 모습을 강조하기 위함이라는 것이다. 테르툴리아누스Tertullian는 천사들이 순식간에 어디로든 날아갈 수 있다고 말했다. 대 알베르투스Albert le Grand는 천사들의 이동 방식에 몇 가지 오류가 있음을 지적했다. '사람들은 천사들이 생각으로 이동한다고 믿지만, 이는 틀렸다. 콘스탄티노플Constantinople, 콜카타Calcutta, 광저우Guangzhou를 떠올린다고 해서 내 생각은 동양으로 건너가지 않는다. 그것들은 그저 머릿속에 담긴 채 보고 싶은 장면들을 떠올린다. 그렇기에 천사들이 생각에 따라 이동한다면, 생각이 있는 바로 그 제자리에 머물러야 하는 것이다.' 알베르투스는 다른 말도 덧붙였다. '또 몇몇 이들은 천사를 지배하는 힘으로 움직인다고 생각한다. 하지만 이는 성서의 가르침에 반한 이단으로 이어지는 생각이다. 어떤 세력을 지휘하고, 자극하고, 공간 밖으로 이동시키는 것은 자발적 움직임과 다르다. 성서는 수없이 많은 곳에서 천상의 존재들이 스스로 이동한다고 기록한다. 또 다른 이들은 천사들이 한 번에 여러 곳에 존재하고, 원하는 곳 어디서든 실재할 수 있다고 말한다. 그리고 이를 통해 이동한다고 주장한다. 하지만 이 역시 이단에 해당하는 견해다. 모든 곳에 있을 수 있는 존재는 움직일 필요가 없다. 게다가 모든 곳에 있을 수 있는, 거대하고 무한하며 우월한 존재는 결국 신을 지칭하는 것이다⁽¹⁾….'

유대인들은(사두개인Sadducees을 제외하고) 천사의 존재를 인정하고 또 숭배했다. 그들은 천사에게서 영적이고, 영리한 면모를 보았다.

그리고 성녀 마리아를 제외한 모든 피조물 가운데 가장 위엄있는 존재로 보았다.

유대인들이 흩어진 이후, 랍비들은 모든 것을 바꾸어 기록했다. 그들의 기록에 따르면 천사들은 이튿날에 만들어져 신의 소환에 응했다고 한다. 신이 인간을 창조하고자 할 때 천사들은 반대하는 의견을 냈다. 그래서 신은 반대를 피해 몰래 아담Adam을 만들었다. 아담에게 너무 많은 권력을 준 것이 못마땅했던 천사들은 반발했다. 하지만 신은 자신의 업적을 옹호하며, 하늘과 마찬가지로 땅에도 자신을 칭송할 존재가 필요하다고 말했다. 이윽고 신이 천사들에게 피조물의 모든 이름을 아느냐고 물었을 때 천사들은 답하지 못했다. 하지만 갑자기 나타난 아담은 주저 없이 모든 이름을 읊어 천사들을 당황케 했다.

일부 악마들은 성서에서 흑암의 천사, 타락의 천사 또는 악한 천사 등으로 기록되었다. 이브Eve를 유혹하기 위해 변했던 모습 때문에, 그들의 수장은 거대한 용 혹은 오래된 뱀이라고 불렸다.

조로아스터Zoroaster는 무수히 많은 천사 또는 중개하는 영의 존재를 설파했다. 이들에겐 신의 섭리에 따른 중보 능력뿐 아니라, 이단의 신에 맞먹는 절대적인 힘이 있다고 주장했다(2). 이는 성 바울St. Paul이 비난한 하위 신을 향한 종교의식에 해당한다(3).

이슬람교도들은 모든 사람에겐 두 명의 수호천사가 있으며 하나는 선행을, 다른 하나는 악행을 기록한다고 믿었다. 다만 이 천사들은 너그러웠기에 악행을 저질러도 바로 기록하지 않았다. 하루가 지난 후, 전날의 행동을 회개하기까지 기다려주는 것이다. 페르시아에선 각 인간에게 다섯 명의 수호천사를 부여했다. 첫 번째 천사는 오른쪽에서 선행을 기록하고, 두 번째 천사는 왼쪽에서 악행을 기록한다. 세 번째 천사는 앞에 서서 길을 안내하고, 네 번째 천사는 배후에서 악마들로부터 몸을 지켜준다. 그리고 마지막 천사는 이마 앞쪽에 머무르는데, 선지자가 있는 높은 곳까지 영이 닿도록 도왔다. 한 사람에게 부여된 수호천사가 160명이나 된다고 믿는 나라도 있다. 결국 이는 지역에 따라 천차만별인 것이다.

시암Siam*** 국민들은 천사를 일곱 계급으로 나누었다. 그리고 그들이 각각 행성, 도시, 사람을 지킨다고 여겼다. 그들은 재채기를 하면 사악한 천사들이 잘못을 기록한다고 믿었다.

신학자들은 총 세 계급으로 나뉘진 아홉 개의 천사 집단이 존재한다고 보았다. 세라핌Seraphim(치품천사), 케루빔Cherubim(지품천사), 트로니Thrones(좌품천사), 도미니온스Dominations(주품천사), 프린치파루스Principalities(권품천사), 바츄즈Virtures(역품천사), 파워즈Powers(능품천사), 대천사, 천사가 그것이다.

천사들은 신의 뜻에 따라 유대인들을 지켜주었다. 그렇기에 오늘날 현대인들 또한 같은 기적을 바라고 있다. 무함마드 2세 Muhammad II가 콘스탄티노플Constantinople을 점령한 날, 그리스 교회분리론자들은 어느 수도자의 예언을 믿었다. 예언의 내용은 검을 든 천사가 튀르키예인들을 저지한다는 것이었다. 또 성벽 앞에서 진격을 멈추게 하며 페르시아 국경까지 되돌려 보낸다고 말했다. 그들은 예언대로 튀르키예인들이 도시로 진입하지 못할 것이라고 생각했다. 적들이 돌파구를 뚫고 들어왔을 때까지도 시민과 군대는 실낱같은 희망을 품고 있었다. 그들은 성지인 아야 소피아Hagia Sophia로 몸을 숨겼다.

결국 천사는 나타나지 않았고 도시는 약탈당했다.

카르다노Cardan는 밀라노Milan에 있을 당시 갑작스러운 소리와 함께 도시 위를 떠다닌 천사를 목격했다. 천사는 긴 검을 들고 날개를 늘어뜨린 채 구름 사이를 비행했다. 카르다노는 이천여 명의 군중과 함께 그 모습을 지켜보았다. 사람들은 이것이 죽음의 천사라고 생각해 비명을 질러댔다. 하지만 어느 성직자가 구름 속에 나타난 것이 천사가 아닌, 성 고타드St. Gothard 수도원 종탑의 대리석 조각임을 지적했다. 군중들은 모두 경악을 금치 못했다.

(1)수도원장 라샤Lachat, 『티부데 수도원장의 영에 관한 서적 해석Analyse du livre de M. l'abbé Thiboudet sur les esprits』. / (2)베지에Nicolas Sylvestre Bergier, 『신학 사전 Dictionnaire théologique』. / (3)『골로새서Colossians』, 2장 18절. / *『욥기Book of Job』 38장엔 세상이 만들어질 때 하나님의 아들, 즉 천사들이 기뻐 소리를 질렀다는 내용이 등장한다. / **『다니엘서Book of Daniel』 7장에는 천천만만의 천사들이 하나님 앞에 도열한다. / *** 태국의 옛 이름.

앙주베일러 공작 [Angeweiller] 요정과 결혼한 공작. 공작은 작은 존재인 요정과 인연을 맺었다. **참조.** 요정Fées(1).

(1)『정령과 악마의 전설Légendes des esprits et des démons』에서 앙주베일러의 요정을 참조할 것.

안가쿡 [Anguekkok / Angakkuq] 그린란드의 마법사. 그린란드인들은 걱정이 있을 때마다 안가쿡을 찾았다. 또 바다표범이 많이 보이지 않는다면 안가쿡에게 비범한 어느 여성을 찾아달라고 간청하기도 했다. 전설에 따르면, 이 비범한 여성은 디스코섬Disco을 원래 있던 바알Baal 강으로부터 옮겨 현재 자리에 두었다고 한다. 옮긴 거리는 약 400 킬로미터이다. 그녀는 바닷가 커다란 집에서 바다표범들의 보호를 받으며 살고 있다. 여성의 등불은 생선 기름으로 채워져 있고 그 안엔 바닷새들이 헤엄친다. 심연의 주민들은 그녀의 광채에 끌려 하염없이 주위를 맴돌아야

했다. 안가쿡은 그녀의 머리를 잡아 머리 장식을 벗겨내는데, 그렇게 하면 뿜어내던 광채가 차단되었다.

그린란드인들은 질병에 걸렸을 때도 안가쿡을 찾아갔다. 안가쿡은 심신의 질병을 모두 치유하는 의사였다(1). **참조.** 토르가석 Torngarsuk.

(1)그라Graah대장의 그린란드 원정.

뱀장어 [Anguille / Eel] 비밀 마법서들 속엔 뱀장어의 놀라운 효능이 기록되어 있다. 만약 뱀장어가 물 밖에서 죽었다면, 독수리 피가 섞인 진한 식초에 절여 퇴비 밑에 둔다. 이렇게 하면 '부활하고 이전과 같이 살아날 것이다(1).' 라고 마법서에 기록되어 있다.

마법서 저자들은 온기 있는 뱀장어 심장을 섭취하면 잠시 미래를 보고 예언할 수 있다고 기록했다.

이집트인들은 뱀장어를 매우 좋아했다. 하지만 성직자들만 먹을 수 있는 생선이었다.

지난 세기엔 밀가루나 양고기즙으로 뱀장어를 만드는 방법을 많이 이야기했다. 하지만 이는 오늘날 '깜짝 장난Prank'에 가까운 농담에 불과하다.

스코틀랜드 머레이Murray 지방 엘진Elgin의 수석 사제이자 수전노인 맘즈베리의 윌리엄 William of Malmesbury은 마법을 통해 뱀장어로 변했다가 마틀로트Matelote*로 요리되었다(2).

(1)『대 알베르투스의 경이로운 비밀들Les Admirables secrets d'Albert le Grand』, 2권, 3장. / (2)살그Salgues, 『오류와 편견Des erreurs et des préjugés』에서 언급함. / * 뱀장어가

들어간 스튜 요리.

동물 [Animaux / Animals] 동물은 오래된 신화에서 중요한 역할을 했다. 고대 이교 문명에선 동물에게 공포 혹은 감사의 의미를 부여했다. 또 동물과 관련한 윤회설을 믿기도 하였다. 각 신에게는 제물로 바치는 동물이 따로 있었다.

과거의 철학자들은 동물에 관한 독특한 견해를 가지고 있었다. 오리게네스Origen에게 제대로 패배한 켈수스Celsus는 동물이 인간보다 더 이성적이고, 현명하고, 정숙하고, 신과 더 친밀한 사이라고 주장했다(이는 본인과 비교해 내린 결론일 수 있다). 몇몇 이들은 이런 견해 속에서, 동물과 얽힌 이집트 종교의식의 기원을 찾기도 했다. 하지만 다른 신화학자들은 이런 동물이 존경의 대상이 된 것은 혼란스러운 이집트 신들에게 자신들의 가죽을 빌려주고 변장을 시켰기 때문이라고 본다. **참조.** 짐승의 영혼Ame des Bêtes.

닭, 고양이, 두꺼비, 숫염소, 늑대, 개와 같은 동물들은 마녀의 집회에 참석해서인지, 아니면 존재 자체에서 상징하는 징조 때문인지, 또는 마법사나 악마가 그들의 모습을 흉내 내서인진 몰라도, 마법이 언급될 때 함께 빈번히 등장한다. 자세한 내용은 각 키워드에서 다루도록 하겠다.

무함마드Muhammad의 천국에 받아들여진 10마리의 동물은 요나Jonas의 고래, 솔로몬Solomon의 개미, 이스마엘Ishmael의 숫양, 아브라함Abraham의 송아지, 발람Balaam의 암탕나귀, 예언가 살레Saleh의 암컷 낙타, 모세Mose의 소, 수면자 7인Seven Sleepers의 개, 스바Sheba의 여왕인 발키스Balkis의 뻐꾸기 그리고 무함마드Muhammad의 암노새가 있다. **참조.** 보락Borak.

지금은 거의 잊혔지만 한때 많은 이들이 착각했던 믿음을 언급하자면, 육지의 모든 종이 바닷속에도 존재한다는 것이다. 브라운Thomas Brown박사는 이러한 믿음이 근거 없는 견해임을 증명했다. '육지에서 굴을 찾는 것이 어려운 만큼, 물고기의 자연사에서 표범, 낙타, 두더지를 만나는 것 역시 어려울 것이다. 예를 들어 코끼리와 바다코끼리는 같은 이름을 쓰지만, 전혀 닮지 않았다. 프랑스에서 바닷말이라고 불리는 동물은 말이 아닌 독수리이며, 바다소는 큰 가오리의 일종이다. 마지막으로 바다개*는 육지의 개가 아니다. 심지어 '큰 개'라고도 불리는 시리우스 별자리와 비교해 봐도 닮은 모습을 찾긴 어렵다[1].'

이곳에서 인간이 동물에게 저지른 온갖 이상한 짓을 나열하기엔 부적절할 뿐 아니라 페이지 수가 모자랄 것이기에 자제하도록 하겠다. **참조.** 짐승Bêtes.

(1) 브라운Thomas Brown, 『대중적 오류Erreurs populaires』, 3권, 24장. / * 몹시 거친 비늘을 가진 물고기의 일종으로 과거에 소목장이들이 광을 낼 때 껍데기를 사용했다는 말이 있다.

아니란 [Aniran] 결혼을 관장하는 이슬람의 정령.

앙조랑 [Anjorrand] 참조. 드니Denis.

앙카 [Anka] 참조. 시무르그Simorgue.

아나베르크 [Annaberge] 광산을 지키는 악마 중 가장 지독하다. 언젠가 독일 코로나 로사크Corona Rosacea 은광에서 광부 여럿을 죽인 일이 있다.

아나베르크는 금 뿔을 단 숫염소나 말의 모습으로 나타나 광부들에게 맹렬하게 덤벼든다. 이때 코로 화염과 역병균을 내뿜는다. 오늘날 화학자들은 이 끔찍한 아나베르크를 갱내 가연성 가스로 생기는 화염 폭발 정도로 생각할 것이다. 이후 험프리 데이비Humphrey Davy가 만든 안전 램프*는 코로나 로사크 광부들에게 소중한 부적처럼 여겨졌다[1].

(1) 계간 논평, 《유명한 미신에 관한 수상록Essai sur les superstitions populaires》. / * 이 램프는 메탄가스와 불이 반응해 갱내 폭발이 일어나는 것을 방지했다.

아나브리 [Annabry] 지옥의 일곱 왕자 중 하나. 파우스트Faust 앞에 모습을 드러낸 적이 있다. 흑색 털과 백색 털이 있고, 4온*의 긴 귀가 달린 개의 모습을 하고 있다[1]. **참조.** 파우스트Faust.

(1) 프랑수아 위고François Victor Hugo, 『영국의 파우스트Le Faust Anglais』. / * 1온은 약 120센티미터이다.

스코틀랜드인 앤 [Anne L'écossaise / Ann the Scot] 참조. 옥손Auxonne.

반지 [Anneau / Ring] 예로부터 마법 혹은 부적의 힘을 지닌 반지는 다수 존재했다. 마법사들은 마법을 부릴 수 있는 반짝이는 반지들을 만들곤 했다. 참조. 엘르아살Éléazar. 이러한 믿음은 고대 이교 문명 사이에 널리 퍼져있었다. 그렇기에 성직자들은 부적이라고 믿을 수 없을 정도의 단출한 반지가 아니면 착용하지도 못했다.[(1)]

기독교인 중에서도 마법 반지를 사용하는 사람들이 있었다. 그리고 결혼반지를 두고도 많은 미신이 존재한다. 약지라고도 불리는 네 번째 손가락에는 심장과 바로 연결되는 신경이 있다고 믿었다. 그렇기에 결혼반지는 약지에 착용하길 권장했다. 한 오래된 마법서엔 성직자 앞에서 신랑이 예비 신부에게 반지를 끼워주는 순간이 중요하다고 기록되어 있다. 만약 신랑이 약지 두 번째 마디 앞에서 반지 끼우길 멈춘다면 그 여성이 집안의 주인이 된다는 것이다. 반면 반지를 끝까지 밀어 넣으면 신랑은 가정의 우두머리이자 군주가 된다고 한다. 이 믿음은 여전히 유효해서, 반지를 끼울 때 손가락을 살짝 구부려 두 번째 마디에 닿기 전 멈추게 하는 풍습이 생겼다.

같은 미신을 맹신하는 영국 여성들은 결혼반지가 가진 특성 때문에 이를 중요하게 생각한다. 이러한 반지 중 하나를 잠옷 모자 속에 넣고 베개 아래 두면, 미래의 남편을 꿈속에서 볼 수 있다고.

동양에서도 마법 반지를 믿었으며, 이를 동경의 대상으로 삼기도 했다. 동양 전설에는 신비로운 반지와 관련된 이야기들이 많다. 그중에서 가장 경이로운 것은 솔로몬Solomon의 반지이다. 그는 반지 하나로 세상을 지배했다. 미지의 솔로몬 무덤에서 용들의 수호를 받는 이 반지는 위대한 신의 이름이 새겨져 있다. 이 반지를 차지하는 자는 세상을 손에 넣을 것이며 모든 정령을 지배할 수 있다. 참조. 사카르Sakhar. 이 신비로운 부적을 가지지 못한 자들은 마법사들에게서 신비한 효력이 있는 반지를 대신 구매하였다.

심히 지독한 헨리 8세Henry VIII는 금반지를 찬양하며, 그것이 경련을 낮게 하는 효험이 있다고 믿었다.[(2)] 마법사들은 여러 효력을 가진 마법 반지를 만들었다. 그중 여행자의 반지는 (그 마법이 입증된 것은 아니지만) 파리에서 오를레앙까지 하루 만에 왕복을 가능하게 해준다. 심지어 착용자는 전혀 피곤을 느끼지 않는다.

(1)『아울루스 겔리우스Aulus Gellius』, 10권, 25장. / (2) 미숑Maximilien Mission, 『이탈리아 여행Voyage d'Italie』, 3권, 16페이지 난외 부분에서.

투명 반지 [Anneau d'invisibilité / Ring of Invisibility] 투명 반지의 비밀은 아직 잊히지 않았다. 카발리스트들은 기게스Gyges를 리디아Lydia 왕좌에 앉힌 이 반지의 제작법을 기록해 두었다. 반지 제작은 봄철 수요일에 행한다. 이땐 수성이 달, 목성, 금성 그리고 태양처럼 알맞은 행성들과 회합하는 날이어야 한다. 먼저 정화한 수은을 사용해 중지에 편히 들어가는 크기로 반지를 제작한다. 반지의 홈에는 후투티 둥지의 작은 돌을 끼워 넣는다. 그리고 다음의 문장을 새긴다. 'Jésus Passant + au Milieu d'ux + S'en Alla (예수께서 그들 가운데로 지나서 가시니라)'[(1)]. 그런 다음, 반지를 고정된 수은 판에 올려 수성의 향이 배도록 한다*. 이제 반지를 수성과 같은 색인 호박단으로 감싸고, 돌을 빼냈던 후투티 둥지에 둔 뒤 9일을 기다린다. 9일 뒤엔 앞서 소개한 방식으로 다시 향을 입힌다. 마지막으로 같은 수은으로 제작한 작은 보석함에 반지를 보관하고 필요시 꺼내 사용한다. 사용 방법은 다음과 같다. 반지를 손가락에 끼운 뒤, 돌이 있는 곳을 손의 바깥으로 향하게 한다. 이렇게 하면 타인의 눈에 보이지 않게 된다. 다시 사람들 앞에 나타나고 싶을 때는 돌의 방향을 손 안쪽으로 돌린 뒤 주먹을 쥔다.

포르피리오스Porphyry, 이암블리코스Iamblichus, 피에트로 다바노Pietro d'Abano, 아그리파Agrippa 혹은 그들이 쓴 마법서는 다음 방식으로 만든 반지도 동일 효력을 지닌다고 주장한다. 하이에나 정수리 털을 땋아 만든 반지를 후투티 둥지에 9일 동안 둔다. 다음은 수성의 주관 아래 만든 향이 반지에 배도록 한다. 착용 방법은 동일하나, 모습을 드러내고 싶을 때는 반지를 손가락에서 완전히 빼야 한다.

만약 카발리스트의 반지 마법으로부터 대비하고 싶다면, 정제와 정화를 거친 납으로 보호 반지를 만들 수도 있다. 한 번밖에 임신을 하지 않은 어린 족제비의 눈알을 반지 홈에 끼우고, 다음의 문장을 새긴다. 'Apparuit Dominus Simoni(주님께서 시몬 앞에 나타나시니)' 반지는 토성과 수성이 대립하는 토요일에 제작해야 한다. 만든 반지는 시체를 감쌌던 수의 조각으로 포장해 9일간 방치한다. 그리고 토성의 향을 세 번 입힌 뒤 사용한다.

이런 반지를 상상해낸 사람들은 비양립성 법칙에 근거를 두어, 상반된 재료를 사용했다. 후투티와 하이에나만큼 부조화한 것이 없고, 토성은 늘 수성을 기준으로 역행한다. 그리고 별자리에서 조금의 징조라도 발견되면 무조건 불길하고 나쁜 의미라고 여기는 것이다[2] (지금 천문학이라는 '학문'을 이야기하는 것이 맞다).

다른 행성들의 영향을 이용해 다른 반지를 만드는 것도 가능하다. 이때, 마법의 힘을 지닌 보석과 식물을 이용해 효험을 더한다. 르 루아예Pierre Le Loyer는 다음처럼 말했다. "채취한 식물, 별자리와 마법 같은 것들 사이엔 꼭 악마가 끼어들기 마련이다. 단순히 조잡한 속임수를 쓰는 악마가 아니라면 말이다. 천체의 시기를 보는 것은 곧 돌과 풀, 별을 관장하는 악마의 시간을 보는 것일 뿐이다." 이러한 미신에 연루한 자들은 성인도, 진실한 사람도 아니다.

(1)『누가복음Luke』, 4장 30절. / (2)작은 알베르투스 Little Albert. / * 수은과 수성은 모두 영어로 Mercury이다.

안네베르크 [Anneberg]

광산의 악마. 하루는 지키던 은광에서 근무 중인 일꾼 열둘을 날숨에 모두 죽였다. 못되고 복수심이 강한 끔찍한 악마이며 주로 독일에서 나타난다. 거대한 목과 무시무시한 눈을 가진 말의 모습이라고도 한다[1]. 아나베르크Annaberge와 같은 악마이다.

(1)요한 바이어Johann Weyer, 『악마의 환상De Præstigiis Dæmonum』, 1권, 22장.

한 해 [Année / Year]

새해가 밝을 때마다 일부 민족은 다소 독특한 의식을 치러왔다. 페르시아에선 한 젊은 청년이 왕자에게 제물을 바치며, 신을 대신해 새해를 선물했다고 전해진다. 프랑스에선 새해 선물을 주고받는다.

갈리아인Gauls들은 '새해의 겨우살이'라고 불리는 떡갈나무 겨우살이로 행사를 치렀다. 행사는 다음과 같이 진행되었다. 신관들은 주민을 데리고 숲으로 갔다. 그리고 가장 아름다운 떡갈나무 아래에 삼각형 제단을 놓았다. 그 후 나무 몸통과 제일 두꺼운 가지 두 개에 가장 강하다고 믿는 신들의 이름을 새겼다. 그 신들의 이름은 토우타티스Toutatis, 에수스Esus, 타라니스Taranis, 벨레누스Belenus였다. 새긴 후에는 신관 중 흰 튜닉을 입은 이가 금도끼로 겨우살이를 잘랐다. 다른 두 신관은 손수건으로 겨우살이를 감싼 뒤 땅에 닿는 일이 없도록 지켰다. 마지막으로 겨우살이를 담근 물을 나눠주며 주민들의 병이 낫기를 기원했다. 이 물은 마법을 막는 데에도 효과가 있었다고 한다[1].

(1)생 푸아Germain-François Poullain de Saint-Foix, 『파리 수상록Essai sur Paris』, 2권.

플라톤 해 [Année Platonique / Platonic Year]

모든 것이 원상태로 돌아가는 최후의 시간을 일컫는 말. 1만 6천 년 뒤라고 하는 사람이 있는가 하면, 3만 6천 년 뒤라고 주장하는 사람도 있다[1]. 플라톤 해 이후 온 세상이 새로 태어나고, 영혼들은 자기 몸을 찾아 이전과 비슷하게 살아간다고 믿는 사람들도 있었다. 이와 관련하여 다음과 같은 이야기가 전해진다.

프랑스 동북부 샬롱 쉬르 마르느Châlons-sur-Marne의 한 여인숙에 여장을 풀고 떠드는 독일인들이 있었다. 그들의 이야기 주제는 모든 것이 원상태로 돌아간다는 '그 해'였다. 그들은 이 혁신만큼 진실한 것은 없다며 여인숙 주인을 설득하고 싶어 했다. "지금으로부터 1만 6천 년 후에도, 우리는 같은 시각이 방에 앉아 술을 마시고 있을 걸세."

독일인들은 주인에게 주머니 사정이 좋지 않으니 방세를 1만 6천년 뒤인 그때 갚겠다고 사정했다.

시골뜨기 주인은 좋다고 허락하면서 이렇게 덧붙였다. "다만 당신들은 이미 1만 6천 년 전, 똑같은 날 똑같은 시에 이곳에서 술을 마셨었고 돈을 낸 적이 없을 테니 과거의 비용을 먼저 치르게. 그러면 지금 마신 건 외상으로 해주겠네."

(1) 마지막엔 천국의 육신만 제자리에 머무른다고 주장하는 사람들도 있다. 세르비우스가Maurus Servius Honoratus 보관한 키케로Cicero의 저서 『호르텐시우스 Hortensius』에선 플라톤 해를 12,954년이라고 언급한다.

액년 [Année Climatérique / Climacteric Year] 황제 아우구스투스Augustus는 조카 가이우스Caius에게 자신의 63번째 생일 축하를 촉구했다. 63번째 해는 가장 넘기기 어렵다는 액년이기 때문이었다. 불합리함이 증명되었음에도, 이처럼 많은 이들은 액년을 두려워한다. 하지만 무수한 기록을 살펴보자. 63세에 사망하는 사람이 그 전에 사망하는 사람보다 적다는 것을 알 수 있다. 그럼에도 편견은 그리 쉽게 사라지지 않는다. 숫자를 두고 벌이는 피타고라스Pythagoras의 별난 망상에 따르면, 인간의 체질은 7년마다 완전한 변화를 거친다고 한다. 몇몇 이들은 이 변화가 곧 완벽한 쇄신을 의미한다고 여긴다. 또 변화의 주기가 7년이 아닌, 9년이라고 믿는 자들도 있다. 이들은 액년 또한 9년을 주기로 찾아온다고 생각한다. 그리고 49세와 81세가 가장 중요한 나이라고 말한다. 하지만 이 가운데 가장 치명적인 액년은 7과 9를 곱하면 산출되는 63세이다. 한 노르망디 인은 이렇게 외쳤다. "친척 하나가 또 49세에 교수형을 당했어. 그런데도 액년을 조심할 필요가 없다고?"

살그Salgues는 다음과 같이 말했다. "액년의 7년 주기를 너무 심각하게 받아들여서는 안 된다. 이는 신체의 성장으로 인한 결과이기 때문이다. 일반적으로 치아는 7세에 빠지고 사춘기는 14세에 시작되며 21세에는 성장이 멈춘다." 물론 완벽하게 옳은 소견은 아니다.

아닌간 [Anninga / Aningan] 그린란드에서 달을 지칭하는 단어. 태초에 아닌간은 여자 형제 말리나Malina와 들판을 뛰놀던 소년이었다. 하루는 달리던 말리나가 갑자기 뒤를 돌아 아닌간의 얼굴에 검은 칠을 했다. 그렇게 아닌간과 거리를 둔 말리나는 황급히 하늘로 날아오른 뒤 태양이 되었다. 그리고 그녀를 계속 쫓던 아닌간은 달이 되었다고 한다.

비테르보의 아니우스(지오바니 나니) [Annius de Viterbe(Jean Nanni)] 성직자이자 학자. 1432년 비테르보Viterbo에서 태어났다. 그는 『아니우스의 유물들D'Antiquities d'Annius』이라는 표제의 베로수스Berosus, 파비우스 픽토르Quintus Fabius Pictor, 카토Cato the Elder, 아르킬로코스Archilochus, 마네토Manetho 등의 수사본 컬렉션을 펴냈다.

아니우스는 이 외에도 『튀르키예 제국 개론Tractatus de Imperio Turcorum』, 『미리 보는 튀르키예인과 사라센인에 대한 기독교인의 승리De futuris Christianorum Triumphis in Turcos et Saracenos』라는 책을 펴냈다. 그는 두 저서에서 종말을 설명한다. 책엔 무함마드Muhammad가 예수 그리스도Jesus Christ의 적이며 기독교인이 유대인과 회교도들을 굴복시키는 날, 종말이 찾아올 것이라고 기록되어 있다.

아노키아투라 [Anocchiatura] 코르시카 Corsica 도민들의 토속신앙. 원하는 바와 반대 결과를 내는 현혹을 말한다.

주로 시각이나 언어에서 발생한다. 코르시카 도민들은 아이들이 축사에 현혹될 것을 염려해, 건승을 빌 때 일부러 욕설을 했다. 또 염원하던 소원은 끔찍한 표현들로 감추곤 했다고[1].

(1) 프로스페르 메리메Prosper Mérimée, 『콜롱바Colomba』.

안피엘 [Anpiel] 새들을 관장하는 천사 중 하나. 랍비들은 모든 새들이 하나 혹은 여러 천사의 보호 아래 탄생한다고 믿었다.

파르마의 안셀무스 [Anselme de Parme] 파르마Parma 출생의 점성가. 1440년에 사망했다. 『점술의 체계Astrological Institutions』라는 책을 썼지만 출간되진 않았다. 요한 바이어Johann Weyer[1]와 일부 악마학자들은 그를 마법사로 분류한다. 상처를 치료하는 협잡꾼들의 마법 주문 또한 그가 발명했다고 전해진다. 이러한 협잡꾼들은 안셀미스트Anselmist라고 불렸다. 이들은 경외심을 불러일으키기 위해 '파르마의 안셀무스'가 아닌 '캔터베리의 성 안셀무스Anselm of Canterbury"로부터 기술을 전수받았다 떠들고 다녔다. **참조.** 성 안셀무스의 기술Art de Saint Anselme.

*(1) 『사과의 서Libro Apologetico』에서. / * 중세 철학자이자 신학자. 스콜라 철학의 두 번째 시조라고도 불린다.*

안수페로망 [Ansuperomain] 프랑스 생장드뤼즈Saint-Jean-de-Luz 인근의 마법사. 앙리 4세Henry IV 통치 당시 드 랑크르Pierre de Lancre가 수집한 정보에 따르면[1], 마녀 집회에서 숫염소 형상의 악마를 타고 피리를 부는 장면이 종종 목격되었다고 한다. 그의 피리 소리에 따라 마녀들은 춤을 추었다.

(1) 『악마의 변화론Tableau de l'inconstance des démons』 등, 3권, 논설 4.

안타이오스 [Anthæus] 보게Boguet가 말했듯, 항상 늑대인간을 배출해온 가문들은 존재한다. 에반테스Evanthes와 플리니우스Pliny의 저서에는 다음과 같은 기록이 있다. 아르카디아Arcadia에 거주하는 안타이오스족은 제비뽑기를 통해 한 남성을 선정한다. 그리고 그를 연못으로 데려간다. 남성은 옷을 벗어 떡갈나무에 건 뒤, 수영으로 연못을 건넌다. 그리고 이후 사막으로 도망쳐 늑대로 변해 9년간 다른 늑대들과 생활한다. 그 시간 동안 절대 다른 인간과 접촉해선 안 된다. 이를 어기면 9년의 과정을 다시 시작해야 한다. 약속된 기간을 채우면 연못에서 헤엄을 쳐 집으로 돌아갈 수 있다. 이때 늑대로 변한 기간엔 단 한 살도 나이를 먹지 않는다. 남성이 늑대 모습으로 보낸 날은 인간의 생에 포함되지 않기 때문이다[1].

(1) 『귀신 논설Discours des spectres』, 4권, 15장.

안탐탑 [Antamtapp] 인도의 지옥. 광견과 사나운 벌레들로 가득하다. 이곳에선 가시나무 위에 누운 채, 쇠부리를 가진 까마귀의 공격을 받는다. 바라문교에서는 이 형벌이 영원히 반복된다고 보았다.

적그리스도 [Antechrist / Antichrist] 적그리스도는 예수 그리스도Jesus Christ의 적인 반종교적이며 잔인한 폭군을 의미한다. 이 폭군은 종말이 가까워지는 세상을 다스릴 것이다. 또 그가 선민들을 박해하는 행위는, 그들이 견뎌야 할 가장 끔찍한 최후 시련이 될 것이다. 예수 그리스도는 때가 가까워질 때 메시아를 흉내내는 적그리스도가 현혹의 예언을 할 것이라고 말했다.

르 루아예Pierre Le Loyer는 지하세계 악마들이 적그리스도를 위한 보물을 감추고 있다고 기록했다. 또 보물들을 이용해 인간들을 유혹할 수 있다고 덧붙였다. 그는 적그리스도의 박해 방식은 폭력이 아닌 타락에 기인한다고 언급했다. 게다가 인간을 타락시킬 방법은 넘쳐나기 때문에 무척 위험한 존재라는 점도 강조했다. 적그리스도가 흉내 내는 기적으로 인해 그를 신의 원숭이라고 부르는 사람도 있었다.

보게Boguet의 말에 따르면 적그리스도 신도들의 암호는 '나는 세례를 거부한다.'이다.

가장 기괴한 점은 개신교를 믿는 몇몇 이들이 교황을 향해 적그리스도라고 지칭했다는 것이다. 이는 수사관의 주의를 돌리기 위해 도둑이 '도둑 잡아라!'라고 소리를 지르는 꼴이다[1]. **참조.** 압딜Abdeel.

볼테르Voltaire와 백과사전파Encyclopaedists를 적그리스도의 선구라고 보았던 피아르드Fiard

수도원장은 대중의 조롱을 받았다. 하지만 그를 조롱하던 자들이 헛다리를 짚었을 가능성도 있다.

(1) 『신약성경의 전설Légendes du Nouveau Testament』 중 적그리스도 부분을 참조할 것.

안테세르 [Antesser] 악마. 참조. 블로쿨라Blokula.

내장점 [Anthropomancie / Anthropomancy] 배가 갈린 사람의 창자를 조사하는 점술 방법. 이 끔찍한 풍습은 아주 오래전에 행해졌다. 헤로도토스Herodotos는 이 점술을 행한 메넬라오스Menelaus에 대해 언급하였다. 역풍으로 인해 이집트에 발이 묶인 메넬라오스는 야만적인 호기심에 두 어린아이를 제물로 바쳤다. 그리고 아이들의 창자를 살피며 본인의 운명을 해석해보았다고 한다. 엘라가발루스Elagabalus 황제 역시 이 점술을 사용했다. 배교자 율리아누스Julian the Apostate는 이 점술을 부리기 위해 많은 아이를 마법과 야밤 희생제에 동원했다. 그는 마지막 여행지였던 메소포타미아의 카라Carra에서 달의 사원을 찾았다. 그리고 배교자 동지들과 비밀스럽게 어떤 일을 치른 뒤, 사원의 문을 밀폐하였다. 또 감시원을 세워 자신이 돌아올 때까지 자리를 떠나지 못하도록 지시했다. 페르시아와의 전투 도중 율리아누스는 사망하였고, 그의 후계자인 요비아누스Jovian가 달의 사원을 찾게 되었다. 그리고 그곳엔 팔을 펼친 채 머리카락으로 매달린 여자가 있었다. 그녀는 배가 갈라져 있고 간이 뜯긴 상태였다.

식인종 [Anthropophages] 『에녹서The Books of Enoch』에 기록된 바에 의하면, 최초의 식인종은 여성과 천사의 거래로 탄생한 거인이라고 한다. 마크 폴Marc Paul은 당대의 타타르Tartary 지역에서, 마법사들이 범죄자 살을 먹는 것이 허락되었다고 기록했다. 마법사들은 종종 늑대인간으로 분류되어 자주 식인종 취급을 당했다. 그리고 많은 저술가들은 기독교인만이 유일하게 식인종이 아니라는 놀라운 사실을 기록했다.

생 앙티드 [Antide] 프랑스 동부 브장송Besançon의 주교. 그와 얽힌 유명한 이야기가 하나 있다. 어느 날 주교는 시골에서 매우 마르고 못생긴 악마와 마주쳤다. 악마는 로마 교회를 엉망으로 만들었다며 자랑스럽게 떠벌렸다. 생 앙티드는 악마를 불러 네발로 기도록 만든 다음, 등에 올라타고 로마까지 갔다. 그리고 악마가 그토록 자랑스럽게 여겼던 교회의 피해를 복구하였다. 그는 로마에 갈 때와 동일한 마차를 타고 다시 돌아왔다고 한다.

안티오코스 [Antiochus] 7세기 초에 살았던 스바Seba의 수도사. 그가 쓴 190편의 복음서 해설 『성서 법전Pandects of the Holy Scriptures』 (84장, 불면증 편)에선 환영과 꿈에 관해 다룬다.(1)

(1) 『교부문집Bibliotheca Patrum』, 12호를 참조할 것. 루그두넨시스Lugdunensis에디션.

혐오 [Antipathie / Antipathy] 점성가들은 특정 인물, 물건에 생기는 혐오가 별 때문이라고 말한다. 같은 별의 상을 타고 난 사람끼린 끌리고자 하는 열망이 있으며, 이유 없이 좋아하게 된다. 반면 정반대의 상을 타고 났다면 영문도 모르게 서로를 증오하게 되기도 한다. 그렇다면 위인들이 극히 평범한 것에게 혐오를 느낀 이유는 무엇으로 설명할 수 있을까? 이러한 예시는 무수히 많다. 라 모트 르 바이에르La Mothe le Vayer는 모든 악기의 소리를 견딜 수 없었지만, 천둥소리는 즐겁게 감상했다. 카이사르Caesar는 닭 울음소리를 들을 때마다 몸에 소름이 돋았다. 대법관 베이컨Francis Bacon은 월식이 있는 날엔 정신을 잃었다. 마리 드 메디시스Marie de Médicis는 모든 꽃을 좋아했지만, 장미만큼은 그림조차도 보지 못했다. 추기경 앙리 드 카르돈Henry de Cardonne 역시 장미를 혐오했다. 그는 장미향을 맡으면 실신했다. 세자르 페부스 알브레Cesar Phoebus d'Albret 원수는 새끼 멧돼지나 젖먹이 돼지가 상에 오르면 기절해버렸다. 앙리 3세Henri III는 고양이와 한방에 머무르지 못했다. 앙리 드 숌베르Henri de Schomberg에게도 같은 약점이 있었다. 폴란드 왕 라디슬라우스Ladislas는 사과를 보면 벌벌 떨며 피했다. 스칼리제르Joseph Justus Scalige는 물냉이를 보면 몸서리를 쳤다. 에라스무스Erasmus는 생선 냄새를 맡으면 열이 올랐다. 튀코 브라헤Tycho Brahe는 산토끼, 여우를 마주치면 정신을 잃고 쓰러졌다. 에페르농 공작Duc d'Épernon은 어린 산토끼를 보면 정신을 잃었다. 카르다노Cardan는 달걀을 질색했다. 루도비코 아리오스토Ludovico Ariosto는 목욕을, 크라수스Crassus의 아들은 빵을, 스칼리제르Julius Caesar Scaliger는 교회금 소리를 혐오했다.

다양한 혐오의 원인은 주로 어린 시절 경험한 '최초 감정'에 원인이 있다. 그림과 조각을 좋아하던 한 여성은 책 속에서 이것들을 볼 때마다 기절했다. 이는 그녀의 어린 시절 서재에서의 경험과 관련이 있다. 그녀가 책을 뒤적거릴 때 아버지는 이를 빼앗고, 무시무시한 목소리로 책 속의 악마가 목을 조를 것이라고 말했기 때문이다…. 일부 부모의 이런 터무니없는 위협은 되돌릴 수 없는 치명적인 결과를 낳기도 하는 법이다.

플리니우스Pliny는 늑대와 말 사이에도 비슷한 반감이 존재한다고 주장했다. 늑대가 지나간 길을 말이 지나면 다리에 걷기 어려울 정도의 마비가 온다는 것이다. 아메리카America 대륙의 어느 말은 호랑이 체취가 묻은 숲의 보행을 완강히 거부했다고 한다. 개들 역시 늑대의 냄새를 잘 맡으며 절대 어울리는 일이 없다. 어느 정도는 첫눈에 느껴지는 호감 혹은 반감을 믿는 것이 현명할 수도 있다. 인간에겐 직감이라는 것이 존재하며, 부족한 부분들은 이성을 통해 적절히 극복해 왔기 때문이다.

대척지 [Antipodes] 지구가 평면이라고 믿었던 때엔 대척지*를 전설 속 장소로만 여겼다. 버질Virgil 신부가 대척지의 존재를 주장했고, 이 때문에 교황 자카리아Zachary가 신부를 파문시켰다는 항설이 있다. 하지만 사실이 아니며 실제로는 이와 반대이다. 버질 신부는 성좌로부터 인정받아 잘츠부르크Salzburg의 주교직을 맡기도 했다. 교황 자카리아는 이미 대척지의 존재를 알고 있었을 수도 있다. 이전부터 오리게네스Origen, 교황 성 클레멘스St. Clement 외 많은 이들이 대척지를 언급했기 때문이다. 성 바실리우스St. Basil, 니사의 성 그레고리St. Gregory of Nyssa, 성 아나타시오St. Athanasius 등 많은 성직자는 지구가 둥글다는 사실을 알고 있었다. 존 필로포누스John Philoponus가 7세기에 쓴 『세상의 탄생On the Creation of the World』에도 이를 뒷받침하는 근거가 기록되어 있다.

교육을 받고도 시야를 넓히지 못한 다수의 사람들은 이 세계가 거대한 쟁반에 불과하다고 생각한다. 그리고 맞은편에 머리를 아래로 향하고 우리와 발을 맞댄 사람들이 있다고 믿는다. 그들을 설득하기란 쉬운 일이 아닐 것이다.[(1)]

오래된 신화에서 이 단어는 전설 속 리비아인들을 지칭했다. 그들은 앞뒤가 돌아간 발과 8개의 발가락을 가졌는데, 바람과 같은 속도로 달릴 수 있었다고 한다.

(1) 살그Salgues, 『오류와 편견Des erreurs et des préjugés』, 2권, 72페이지. / * 대척지란 지구상 180도 반대 방향에 있는 지점을 말한다. 여기서는 오세아니아 인근을 가리킨다.

앙티테 [Antithées] 고대 이교도들이 막돼먹은 영혼을 지칭할 때 사용한 단어. 하위 계급 악마들을 의미하기도 한다. 마법사들이 신을 소환하려 하면 앙티테가 대신 나타나 농간을 부렸다.

성 안토니우스 [Antoine / Anthony] 악마의 유혹을 버틴 인물로 유명하다. 안토니우스가 겪은 일화에 흥미로운 요소를 덧붙이려는 노력이 많았으나, 단 하나도 성공하지 못했다. 그가 사탄을 길들인 후 돼지로 변신시켰다는 이야기를 넘어설 순 없기 때문이다. 돼지로 만든 이유는 곁에 두기 가장 좋은 모습이라서다. 참조. 도깨비불Ardents.

조우점 [Apantomancie / Apantomancy] 갑자기 조우한 대상에게 의미를 부여하는 점술. 염소, 독수리 등을 마주쳤을 때 해석하는 점술이 이에 속한다.

아팍티언 [Aparctiens] 옛이야기 속에 등장한 놀라운 북방 민족. 몸이 크리스털처럼 투명하다. 또 발은 스케이트화처럼 좁고 날이 서있다. 때문에 얼어붙은 호수 위를 환상적으로 미끄러져 이동할 수 있다. 그들의 긴 수염은 턱이 아니라 코끝에서 자란다. 또 혀는 없지만, 의치를 리듬감 있게 부딪혀 의사를 표현한다. 늦은 밤에만 외출하며, 땀을 모아 얼리는 방식으로 자녀를 만들어 낸다. 그들은 흰 곰을 신으로 모신다[1].

(1) 루키아노스Lucian, 『진실한 이야기A True Story』의 부록.

아피스 [Apis] 혹은 하피Hapi. 이집트인들이 숭배하던 검은 소로, 이마에 백색 정방형 무늬가 있었다. 이 소는 외양간이자 사원인 곳에서 25년을 왕처럼 떠받들어졌다. 그 후엔 물에 빠뜨려 죽었고 대체할 새 소를 찾았다. 이집트인들은 아피스가 사자의 신인 오시리스Osiris를 상징한다고 믿었다.

요한계시록 [Apocalypse] 창세기부터 시작하는 성서. 이 성서의 무시무시한 끝맺음은 많은 이들에게 혼란을 야기했다. 불가사의 가득한 현세 속에서, 모든 것을 어떻게든 해석하고자 하는 강박은 잘못된 길로 빠지게 만든다. 머리 일곱 달린 짐승과 여러 적 그리스도를 찾아낸 지금에도, 우리는 요한계시록을 조금도 해석하지 못한다. 뉴턴Isaac Newton 역시 다른 이들과 마찬가지로 요한계시록 해석에 실패했다. 요한계시록을 무슨 순수시 읽듯 읽었던 사람들은 자신의 광기 속에서 해석을 찾았다. 하지만 우리는 신이 이 종말론의 베일을 걷는 날을 기다려야 한다.

지금까지 종말론을 제기한 사람은 성 베드로St. Peter, 성 바울St. Paul, 성 토마스St. Thomas, 성 스테파노St. Stephen, 에즈라Esdras, 모세Moses, 엘리야Elijah, 아브라함Abraham, 마리아Maria, 노아의 아내Noah's Wife 그리고 아담Adam이 있다. 포르피리오스Porphyry는 조로아스터Zoroaster의 종말론을 언급하기도 했다.

아폴리나리스 [Apollinaire / Apollinaris] 아폴로Apollo에게 봉헌했던 식물이기에 고대 이교도 사이에서 다음과 같이 이름 지어졌다. 기독교인들은 동명의 위대한 성인이 있다는 이유로 해당 이름을 그대로 유지했다.

로이터스하우젠의 아폴로니아 [Apollonie de Leuttershausen] 종교 개혁 시대를 살았던 여성. 브란덴부르크 변경백령Mark Brandenburg의 한스 가이셀브레히트Hans Geisselbrecht와 결혼하였다. 그녀의 이야기는 식스투스 아그리콜라Sixtus Agricola와 조지 위트너Georges Wittner (잉골슈타트Ingolstadt, 1584년)를 통해 출간되었다. 괴레스Johann Joseph Görres 역시 신비를 다룬 저서 4편에서 그녀 이야기를 요약해 다루었다. 한스 가이셀브레히트는 술과 악담, 아내 학대로 평생을 보낸 망나니였다. 어느 아침, 이웃들은 가여운 아폴로니아를 찾아와 밤새 그녀 집에서 벌어진 소동에 대해 따졌다. 남편의 학대도 모자라 이웃의 비난까지 들어야 했던 그녀는 분노에 차 다음과 같이 외쳤다. "신이 이 폭력적인 남자를 데려갈 것이 아니라면, 차라리 악마라도 도와주십시오!" 그날 저녁, 소 떼가 집으로 돌아오자 그녀는 젖을 짜기 위해 밖으로 나갔다. 그때 머리 위로 까마귀를 닮은 새 두 마리가 날아갔다. 당시 독일에는 까마귀가 없었는데도 말이다. 그리고 키 큰 어느 남성이 다가와 말했다. "아! 가여운 인간이여. 모든 것을 뜯어먹는 끔찍한 남편을 가진 그대와 처지를 불쌍히 여기노라. 그대가 내 것이 된다고 하면, 당장이라도 아름다운 곳에 데려가 마음껏 마시게, 먹게, 노래하게, 춤추게 해 줄 것이다. 그리고 완전히 다른 삶을 누리도록 해 줄 터이다. 저 위 세상은 신부들이 말하는 것과는 사뭇 다르다. 나는 그대에게 완전히 다른 세상을 보여줄 것이다." 아폴로니아는 고민 없이 손을 뻗은 뒤 그와 함께 하고 싶다고 말했다. 그렇게 악마는 여자를 손에 넣었다. 그리고 잠시 뒤, 이웃들은 비명을 지를 수밖에 없었다. 그녀가 외양간 옆 깊은 개천에 몸을 던진 것이다. 사람들이 그녀를 다시 집으로 끌고 왔을 때, 그녀는 소리를 질러댔다. "내버려 두세요! 당신들 눈엔 내가 얻은 달콤한 인생이 보이지 않나요? 마시고, 먹고, 노래하고, 춤추기만 하면 되었는데…"[1] 그녀는 구마 의식을 통해 치유되었다고 하나, 이후 이야기는 알려지지 않았다.

(1) 괴레스, 『신성하고 자연스럽고 악마와 같은 신비La mystique divine, naturelle et diaboliqu』, 샤를 생트 포이Charles Sainte-Foi가 독어판을 번역함.

티아나의 아폴로니오스 [Apollonius de Tyane] 카파도키아Cappadocia 티아나Tyana 출신의 피타고라스학파Pythagorean School 철학자.

예수 그리스도의 탄생 이후 얼마 지나지 않아 출생했다. 많은 고대 이교도들처럼 그 역시 요술을 부리는 협잡꾼 중 하나였다. 그는 군중을 놀라게 할 신비한 기술을 배우고 싶어 마법사와 광대 사이를 기웃거리곤 했다. 셉티미우스 세베루스Septimius Severus의 아내였던 여제 율리아Julia(문란한 풍속의 공주님이라 불렸고 복음의 적폐이기도 했다)는 기독교도들의 적 필로스트라투스Philostratus에게 아폴로니오스를 예수와 비견할 영웅으로 만들어달라고 간청했다. 이때 아폴로니오스는 사망한지 한 세기가 지난 상태였으며, 대중들에겐 잊힌 인물이었다. 필로스트라투스는 자료를 모아 그의 전기를 저술했다. 락탄티우스Lacrantius는 아폴로니오스의 전기가 아풀레이우스Apuleius의 소설『황금 당나귀Golden Ass』에 견줄만하다고 말했다. 아폴로니오스는 파우스트Faust와 같은 마법사였기에, 그의 이야기엔 이런저런 상상력이 더해졌다. 결국 허구가 되어버린 전기는 비즈네Vigenere를 통해 프랑스어로 번역되었다(4절판).[(1)]

에우세비오Eusebius 교황은 티아나의 아폴로니오스를 두고 요술쟁이에 불과하다고 말했다. 또 르 루아예Pierre Le Loyer는 마법사 시몬Simon이 그에게 흑마법을 가르쳤을 것이라고 언급했다. 암미아누스 마르켈리누스Ammianus Marcellinus는 그가 소크라테스Socrates, 누마Numa Pompilius 그 외 많은 이들처럼 사역마를 달고 다녔다고 주장했다. 아폴로니오스의 최후에 관해서는 알려진 바가 거의 없다. 필로스트라투스의 저서에 의하면 히에로클레스Hierocles는 도미티아누스Domitian 황제의 관심을 얻고, 입궐하기 위해 이 요술쟁이를 찬양하며 하늘로 승천했다고 말했다. 그보다 현명했던 일부 작가들은 일찌감치 악마가 데려갔다고 기록했다. 평범한 철학자들은 이 이야기들에 속아 넘어갔다. 아폴로니오스 이야기를 활용해 기회로 삼은 것은 히에로클레스뿐만이 아니었다. 아우렐리아누스Aurelian가 카파도키아 티아나를 파괴하고 손에 넣을 것이라고 선언했지만, 그러지 않았던 것은 아폴로니오스 유령이 중재했기 때문이라는 믿거나 말거나 하는 이야기도 전해진다.

아폴로니오스가 12세기에 산 채로 발견되었다고 믿는 사람들도 있었다. **참조**. 아르테피우스Artephius.

(1)『지옥의 전설Légendes Infernales』속 해당 인물을 참조할 것.

아포마자르 [Apomazar] 인도, 페르시아, 이집트 교리에 등장하는 인물.『꿈의 의미와 귀결On the Meanings and Events of Dreams』(1580년, 파리, 8절판)의 저자이다. 이 책은 대중들 기억에서 잊히긴 했지만, 나름 진귀한 잡탕서이다.

아바노 [Apone / Abano] 참조. 피에트로 다바노Pierre d'Apone.

유령 [Apparitions] 유령이 무엇인지 정확히 단정할 순 없다. 돔 칼메Dom Calmet는 꿈에서 누군가가 나타난다면 그것이 곧 유령이라고 말했다. 또 "대체로 인상적인 것은 상상인 경우가 많다. 다만 해석이 존재할 경우에 초자연적 현상이 된다."라고 덧붙였다.

더욱 정확히 표현하자면, 유령은 자연법칙에 반하는 사람 또는 물체의 출현을 일컫는다. 죽은 사람, 천사, 악마 등의 출현이 이에 해당한다. 유령을 완전히 부정하는 것은 경솔한 태도다. 스피노자Baruch Spinoza는 유물론을 주장하면서도 유령과 기적을 인정하였다.

과거에 일어난 일이 다시 반복된다는 것 역시 이치에 맞는 말은 아니다. 유물론 체제 안에서도 오래전에 일어난 후 반복되지 않는 일들이 무수히 있다. 오늘날 수많은 사건 가운데 과거엔 짐작 못했던 일들이 있는 것처럼 말이다.

우리는 성서에 기록된 유령을 인정하고 믿어야 할 필요가 있다. 물론 이와 비슷한 이야기들을 무조건 믿어야 한다는 소리는 아니다. 실제든 정신적인 것이든, 세상에는 놀라운 유령들이 존재한다. 알렉산드리아의 마카리오스Macarius of Alexandria와 얽힌 다음 이야기를 살펴보자. 한 남자가 보증금을 아내 모르게 숨긴 뒤 돌연사한 일이 있었다. 그리고 이후 돈의 주인이 찾아왔고 수도원 사람들은 몹시 난처해졌다. 전설에 따르면, 이때 성 마카리오스가 기도를 올리자 망자가 아내 앞에 나타났다고 한다. 망자는 문제의 돈이 침대 발밑에 묻혀있다고 말했고, 이는 사실이었다. 사람들은 이런 종류의 유령에는 거부감을 느끼지 않는다. 신의 뜻이 함께하고 이치에 맞는 상황이기 때문이다. 신은 터무니없는 유령의 존재를 용납하지 않는다. 그러한 것들은 대체로 불량스러운 희롱에 불과하다. 고대 강신술 시초가 된 망령의 출현들은 이러한 경우에 해당한다. **참조.** 강신술 Nécromancie.

이 책에서는 헛되거나 의심스러운 유령들만을 다루도록 할 것인데, 그 수는 가히 엄청나다. 과거엔 자신의 저술에 대해 한 치 의심 없던 자들이 있었다. 이들은 오로지 의심만 하는 자들에 비해 덜 어리석고 덜 동물적인 편이었다. 그들은 유령이 단지 누군가를 부르는 소리일 뿐이라고 주장했다. 그러나 조건이 맞는다면 모습을 드러내기도 한다고. 카발리스트들은 혼자 있는 인간 앞에 나타나는 유령을 좋지 않은 징조로 여겼다. 반면 두 명의 인간에게 나타나는 유령은 불길하지 않다고 하였다. 그리고 세 명의 인간 앞에선 유령이 거의 출몰하지 않는다.

양심의 가책 때문에 가짜 유령을 보기도 한다. 살인마들은 피해자의 유령으로부터 괴롭힘당하거나 쫓긴다고 믿는다. 1726년 런던에선 한 여성이 남편을 살해한 용의자로 지목되었다. 그녀는 범죄를 부인했다. 하지만 그녀 앞에서 죽은 남편의 옷을 흔들자, 가공할 상상력을 발휘한 그녀가 발아래 몸을 던졌다. 그리고 남편이 보인다고 고했다. 물론 이보다 더 설명하기 어려운 일들도 있다.

인간이라는 유약한 존재를 유혹하는 악마들은 영을 통해 놀라운 이야기들을 만든다. 파리에서 화형에 처한 마녀들은 법정에서 다음과 같이 말했다고 한다. "악마가 인간에게 오기 위해 하늘을 가로지를 때는, 적당한 바람이 불고 보름달이 떠 있는 밤이어야 한다." 악마는 그냥 모습을 드러내는 법이 없으며 반드시 특이한 결점을 보인다. 이는 너무 까맣거나, 너무 창백하거나, 너무 붉거나, 너무 크거나, 너무 작거나, 엉덩이에 꼬리가 달리거나, 머리에 뿔이 달려있을 수 있다. 그것도 아니면 그냥 이상하게 생긴 경우도 있다. 악마는 마법사 시몬Simon을 비롯한 많은 사람에게 개의 모습을 하고 나타났다. 하지만 피타고라스Pythagoras 앞에선 강의 모습으로, 아폴로니오스Apollonius 앞에선 느릅나무의 모습으로 나타났다.

장 보댕Jean Bodin의 말에 따르면 (정오의 악마를 제외하면) 악마와 유령은 낮이 아닌 한밤에 찾아온다. 그리고 금요일에서 토요일로 넘어가는 밤사이에 등장할 가능성이 높다. 이는 다수의 증언을 통해 증명된 사실이다.

이암블리코스Iamblichus는 유령이 본질과 유사한 모습을 한다고 주장했다. 천국에 있는 이들은 위안을 주는 모습을, 대천사들은 무시무시한 모습을, 천사들은 대천사보단 덜 준엄한 모습을 그리고 악마들은 불쾌한 모습을 지녔다고. 이런 다양함 속에서 외형만 보고 유령의 원래 존재를 알아채는 일은 매우 어렵다. 이때 드 랑크르Pierre de Lancre는 아주 쉬운 방법을 제안했다. '우리는 악마의 영혼을 구분할 수 있다. 보통 영혼은 수염이 달린 남성, 노인, 아이, 여성의 모습으로 등장한다.

그리고 옷차림과 표정이 예사롭지 않다. 이들은 악마일 수도, 성인의 영혼일 수도, 지옥에 떨어진 영혼일 수도 있다. 만약 성인의 영혼이지만 반복해서 나타난다면, 기회를 놓친 악마가 반복적으로 유혹을 시도하는 것이다. 영혼은 한 번 만족한다면 다시는 나타나지 않기 때문이다. 혹은 감사 인사를 위해 딱 한 번 더 모습을 드러내기도 한다. 지옥에서 온 영혼이라면 더더욱 악마임을 의심해야 한다. 지옥에서는 영혼이 멋대로 돌아다니지 못하게 하기 때문이다.' 자, 이제 유령을 구분해야 하는 일이 생긴다면 피에르 드 랑크르의 쉬운 지침을 따르면 된다.[1]

드 랑크르는 덧붙여서 개 혹은 추한 모습으로 나타나는 것들은 모두 악마라고 주장했다. 하지만 악마는 교활하기 때문에, 천사의 모습으로도 등장할 수 있다. 그렇기 때문에 유령의 모습을 믿어서는 안 된다. **참조.** 환상Visions, 요괴Spectres, 귀신Fantômes, 환각Hallucinations, 영Esprits, 루틴Lutins, 흡혈귀Vampires, 망령Revenants, 꿈Songes, 경이로운 부대Armées Prodigieuse 등.

1843년 4월, 프랑스 라 로셸La Rochelle 지역 한 일간지에 다음과 같은 기사가 실렸다. '언제부터인가 사람들은 매일 밤 푸른 불빛으로 나타나는 원령들에게 관심을 가졌다. 그리고 결국 새 덫을 사용해 이를 잡기에 이르렀다. 알고 보니 이 원령은 유쾌한 다섯 농부가 나무에 올라가 던진 야광 공이었다. 그들은 야광 공에 실을 묶어 원하는 대로 조종해 사람들을 유혹했다. 그러다가 누군가 따라오면 공을 감췄고 반대쪽으로 다시 던져 시선을 분산시켰다. 이는 몇 초 동안 쭉 진행하기도 했지만, 여러 곳에서 시작해 동시에 등장하는 것처럼 보이게 만들기도 했다. 이 요술은 믿음이 없는 자들을 제대로 농락했다. 하지만 어떤 냉철한 주민 하나가 울타리 뒤에 숨어 관찰하였고 비밀을 밝혀내는 데 성공했다. 그는 헌병대를 찾았다. 그리고 다섯 사기꾼은 새 연극을 시작하려는 찰나에 붙잡혔다. 그들이 이런 일을 벌인 이유는 중요하지 않다. 그보다 흥미로운 사실은, 어느 과학위원회가 이 사기꾼들이 만든 기상 현상에 대해 보고서를 준비하고 있다는 것이다.'

하지만 위와 같은 사기극 때문에 유령을 부정해서는 안 된다. 이 책에서 소개하는 다양한 이야기 중엔 반론의 여지가 없는 것들도 존재하기 때문이다.

(1) 『악마의 변론』Tableau de l'inconstance des démons』, 5권, 논설 2.

아프사라스 [Apsaras] 인도 신화에 등장하는 요정.

아풀레이우스 [Apulée / Apuleius] 아프리카 출신의 플라톤학파Platonism 철학자. 『황금 당나귀Golden Ass』의 저자로도 유명하다. 그는 네르바 안토니누스 왕조Nerva Antonine Dynasty가 통치하던 2세기에 활동했다. 대중들은 아풀레이우스가 상상도 못 할 놀라운 일들을 했을 것이라 믿고 있다. 그는 이교도의 비밀을 섭렵하고 유람을 하는 데에 전 재산을 탕진했다. 그리고 외모, 지성, 영성을 내세워 카르타고Carthago의 부유한 어느 미망인과 혼인을 하게 되었다. 미망인은 푸덴틸라Pudentilla라는 이름의 50세 여성이었다. 아풀레이우스의 탕진, 나이 차 있는 부유한 여성과의 결혼은 마법과 미약을 사용했다는 의심을 불러일으키기에 충분했다. 항간에는 생선 살, 굴, 가재로 미약을 만들었다는 소문도 돌았다. 해당 결혼이 마음에 들지 않았던 푸덴틸라의 부모는 아풀레이우스가 마법사라고 몰아붙였고 결국 법정에 세웠다. 그리고 마법에 대한 편견이 어느 때보다 심했던 시대였음에도, 아풀레이우스는 재판에서 승리했다.

보게Boguet를 비롯한 여러 악마학자는 아풀레이우스가 일부 순례자들처럼 당나귀로 변신이 가능했다고 주장했다. 이 과정에서 그는 변신 마법의 가능성을 알기 위해 라리스Larisse 마녀들의 도움을 받았다고 한다(1). 어느 마녀는 그에게 시연해 주겠다며 당나귀로 변신을 시켰다. 그리고 당나귀로 변한 그를 팔아치운 후 다시 돈을 주고 구입했다. 이후 아풀레이우스는 대단한 마법사가 되었는데, 필요에 의해 말, 당나귀, 새 등으로 변신할 수 있었다. 또 칼에 상처를 입지 않았으며, 수호신의 가호 하에 투명 인간이 될 수 있었다. 드 랑크르Pierre de Lancre는 아풀레이우스가 당나귀 변신술사임을 감추기 위해 『황금 당나귀』라는 책을 저술했다고 주장했다.

타이유피에Taillepied는 이 모든 것이 아풀레이우스의 착각에 불과하다고 말했다. 이는 생전에 그가 당나귀 모습을 한 수호신을 보았기 때문일 것이라 주장했다(2). 어쩌면 진짜 당나귀 머리를 가진 인간은 드 랑크르와 보게일지로 모르겠다. 아풀레이우스의 생에 경이로운 이야기를 첨부하고자 하는 이들은 이상한 주장을 하기도 했다. 그가 일할 땐 부인 푸덴틸라가 양초를 들고 옆에 서 있었다는 것이다. 이는 아풀레이우스의 매혹 마법 때문이라고. 혹 어떤 이들은 그의 작업실에 수호신이 가득 차 있었다고 말했다. 푸덴틸라가 되었든 악마가 되었든 누군가는 아풀레이우스의 환심을 사려 한 것이 분명하다.

아풀레이우스는 『황금 당나귀』 외에, 소크라테스의 악마를 다룬 『소크라테스의 신론De Deo Socrati』이라는 작은 논문을 집필하기도 했다. 훗날 아우구스티누스St. Augustine는 이 논문에 대해 논박한 바 있다. 이 책은 『소크라테스의 다이모니온De l'esprit Familier de Socrate』이라는 이름으로 1698년 파리에서 번역되었다(12절판, 해설포함).

(1) 드 랑크르Pierre de Lancre, 『악마의 변화L'inconstance des démons』 등, 4권, 1장. / (2) 유령의 환영『De l'apparition des Esprits』, 15장.

아켈라르 [Aquelare] 혹은 숫염소의 숲.

바스크Basque 지방에서 '마녀 집회가 열리는 고원'을 지칭하는 말이다.

아퀴엘 [Aquiel]

일요일에 불러낼 수 있는 악마. **참조**. 액막이Conjuration.

마르도셰 다캥 [Aquin(Mardochée d')]

프랑스 카르팡트라Carpentras의 랍비. 1650년에 사망했다. 기독교로 개종하면서 필리프Philippe로 개명했다. 『히브리 카발라 나무의 해석l'Interprétation de l'arbre de la cabale des Hébreux』(연대 미상, 파리, 8절판)의 저자이기도 하다.

아라술라 [Arachula]

시베리아 인근 중국인들은 아라술라를 하늘의 악령이자 달의 대적으로 여겼다. **참조**. 달Lune.

아리엘 [Arael / Ariel]

탈무드의 랍비 사이에서 새의 왕족이자 지도자로 여겨지는 영혼. 안피엘Anpiel과 함께 언급된다.

거미 [Araignées / Spiders]

선조들은 깃발, 신의 조각상에 쳐진 거미줄을 불길한 징조로 여겼다. 현대에선 거미줄을 치거나 기는 거미를 보면 수입이 생긴다고 믿는다. 몇몇 사람들은 아침에 거미를 보면 돈이 생기고, 저녁에 보면 새로운 소식이 있을 것으로 생각한다. 여타의 사람들은 자명한 진리로 통하는 다음의 속담을 믿는다. '아침에 본 거미는 슬픈 일을, 정오에 본 거미는 이익을, 저녁에 본 거미는 희망을 의미한다.' 살그Salgues는 이처럼 말했다(1). "만일 거미를 보는 것이 부를 의미한다면, 세상에 가난할 사람이 있을까?"

일부에선 발견한 거미를 잡아 죽이면 좋은 일이 생긴다고 믿었다. 이 이야기를 그대로 믿었던 T씨의 이야기를 살펴보자. 1790년 T씨는 상트페테르부르크St. Petersburg에서 '아바코와 모이나Abaco and Moina' 라는 비극 공연을 앞두고 있었다. 공연 전날 밤, 잠을 청하던 그는 침대 옆에서 거미 한 마리를 발견했다. 그리고 이를 잡으면 행운이 올 거라는 생각에 크게 기뻐했다. 거미를 잡기 위해 실내화를 집어 든 순간 기쁨도 잠시, 거미는 모습을 감추었다. 이후 무려 2시간이나 거미를 찾으려 애썼지만 소용없는 짓이었다. 헛된 씨름 끝에 그는 침대에 다시 누웠고 좌절했다. "행운이 가까이 있었는데 놓쳐버리다니! 아, 나의 가엾은 작품이여!" 다음 날 그는 불안감에 공연을 취소하려 했다. 하지만 다행스럽게도 친구 하나가 T씨의 마음을 돌렸다. 연극은 큰 성공을 거두었고, 작가는 거미를 죽인다고 행운이 오는 게 아니라는 것을 깨달았다[2].

복권 추첨에도 거미가 동원되었다. 여성들은 한밤에 90개 번호를 적은 쪽지와 거미를 통 속에 넣어두었다. 밤새 통 안을 돌아다닌 거미는 몇몇 숫자를 뒤집어놓았는데, 다음 날 아침에 당첨 숫자로 호명되었다….

거미줄엔 특별한 효험이 있다. 상처에 거미줄을 올리면 지혈 및 염증 예방이 된다는 속설이 있다. 『대 알베르투스의 경이로운 비밀들Les Admirables secrets d'Albert le Grand』에선 천에 싼 빵은 거미를 관자놀이에 올리면 격일열을 치료한다고 기록되어 있다. 이를 보니 거미줄의 효능들을 믿어도 되는지 의문이다.

랄랑드Lalande가 먹어도 된다는 걸 밝혀내기 전까진 거미는 독으로 취급되었다. 프랑스 르망Le Mans의 한 성직자는 봉헌 직후 성배에 거미가 떨어지자 주저하지 않고 삼켜버렸다. 군중들은 그가 퉁퉁 부어오르겠다고 생각했지만 그런 일은 일어나지 않았다.

물론 거미와 연관된 흉악한 이야기도 있다. 그러나 이런 흉악한 거미를 길들인 펠리송Paul Pellisson과 같은 사례도 있음을 기억하도록 하자*. 타란툴라도 거미에 속한다. 독일 작센Saxony의 한 장성은 마을을 지나는 동안 폐가에서 묵어가기로 했다. 그 폐가는 과거 여인숙이었으며 여행객을 질식시키는 유령이 출몰한다는 곳이었다. 장성은 하인에게 반씩 시간을 나누어 보초를 서자고 말하며 교대해줄 것을 약속했다. 그리고 새벽 2시가 되었지만 무엇도 나타나지 않았다. 하인은 점점 눈꺼풀이 무거워졌고 교대를 위해 주인을 불러 깨웠다. 하지만 장성은 대답이 없었다. 그가 잠들었다고 생각한 하인은 흔들어 깨웠고 여전히 미동도 없었다. 하인은 겁에 질려 불을 비추며 이불을 걷어보았다. 장성은 피를 철철 흘리고 있었다. 그 위에는 거대한 거미가 왼쪽 가슴을 빨아먹는 중이었다. 난생처음 보는 이 괴물을 물리치기 위해 하

인은 부집게를 들고 덤벼들었다. 그리고 거미를 잡아 불 속에 던져버렸다. 장성의 상처가 치료되는 데엔 한참의 시간이 필요했다. 이후로는 여인숙에 유령이 출몰한다는 이야기가 들리지 않았다. 이 이야기는 사실이라고 증명하기 어렵지만, 여러 책에서 다뤄진다.

거미에 대한 공포와 경멸로부터 위안이 될 만한 전설도 있다. 코트도르Côte d'Or 사람들은 아난시Anansie라는 거대 거미가 인간을 창조했다고 믿었다. 그들은 아름다운 거미를 강력한 힘을 지닌 신이라고 믿었다.

(1) 『오류와 편견Des erreurs et des préjugés』, 1권, 510페이지. / *(2)* 문인 협회, 『연극 연보 또는 연극 사전Annales dramatiques, ou Dictionnaire des théâtres』, 1호, 아바코Abaco를 참조할 것. / * 펠리송은 감옥 안에서 피리를 불 때마다 거미가 먹이를 가져오도록 길들였다.

나무 [Arbres / Trees] 고대에는 신에게 나무를 바치기도 했다. 일례로는 명계의 신 플루토Pluto에게 바치던 실편백이 있다. 그뿐만 아니라 야생 배나무, 찔레나무, 무화과나무, 마편초, 고사리 등 여러 나무와 식물이 지옥의 정령들에게 바쳐졌다.

나무들이 말을 하던 시절도 있었다. 과거 신성한 숲에 들어가면 구슬프게 우는 나무의 소리를 들을 수 있었다고 한다. 고대 성역인 도도나의 신탁은 말을 하는 떡갈나무들이 전달했다. **참조.** 도도나Dodone.

영국 숲에는 신음을 내는 나무가 자생했다. 주민들은 그 나무가 마법에 걸렸다고 믿었다. 땅 주인은 신비한 나무를 보러 온 호기심 가득한 사람들 덕에 많은 돈을 벌게 되었다. 하루는 누군가가 땅 주인에게 나무를 베어 볼 것을 제안하였다. 땅 주인은 개인적인 욕심을 떠나 도끼질 하는 사람이 죽임을 당할까 무섭다며 거절했다. 하지만 죽음이 두렵지 않은 한 남자가 결국 나무를 베었다. 나무 속엔 땅속 깊이 연결된 관이 있었다. 관을 통해 누군가 신음을 내던 것이다.

무지개 [Arc-En-Ciel / Rainbow] 주석가들은 『창세기Genesis』 9장을 통해 대홍수 이전엔 무지개가 존재하지 않았다고 주장한다. 어디서 시작된 소리인지 모르겠으나[1], 종말

전 40년 동안은 무지개를 더 이상 볼 수 없다고 한다. 왜냐하면 우주 대화재가 시작되기 전, 가뭄이 대기현상을 모두 연소하기 때문이다. 이는 종말론 신봉자들 사이에서 여전히 유효한 의견이다.

무지개의 원리는 자연에서 찾을 수 있다. 신이 무지개를 언약의 표징으로 삼았기에 대홍수 전에 없었다고 말하는 것은 세례 의식이 생기기 전엔 물이 없었다고 주장하는 것과 다르지 않다. 무엇보다, 신은 『창세기』 9장에서 언약의 의미로 무지개가 아닌 화살을 놓았다고 말한다*. 어떻게 구약성경의 다음 구절을 무지개로 이해할 수 있을까? "내가 내 활을 구름 속에 두었나니"

스칸디나비아인Scandinavians들은 무지개를 발할라Valhalla**와 지옥을 잇는 다리라고 생각했다. 프랑스 북동부 알자스Alsace 지역 아이들은 무지개가 뜰 때마다 황금 접시가 떨어진다고 믿었다. 이때 일요일에 태어난 아이만이 접시를 찾을 수 있다고 한다.

(1)브라운Thomas Brown, 『대중적 오류Erreurs populaires』, 7권, 5장. /* 해당 성경 구절은 히브리 원문에 무지개가 아닌 '활'로 기록되어 있다. /** 스칸디나비아 신화에서 위대한 전사들이 가는 이상향.

맥각중독 [Ardents(Mal des) / Ergotism]

11세기, 12세기에 발생한 원인 불명의 질병. 당시엔 신체 내부에서 불이 붙어 감염된 사람을 집어삼킨다고 생각했다. 이 병이 신의 분노 때문이라고 생각했던 이들은 성화라고 불렀고, 몇몇은 지옥불이라고 부르기도 했다. 별들이 병에 영향을 미친다고 생각한 사람들은 이를 경이로운 불이라고 불렀다. 라모트 생 디디에La Mothe Saint Didier 성지에서 조슬랭Josselin 백작이 가져온 '성 안토니우스St. Anthony의 성유물'이 해당 병자들을 치유한 후엔 '성 안토니우스의 불'로 불렸다.

12세기 파리Paris와 아라스Arras에 맥각중독이 창궐한 일이 있었다. 이때 맥각중독은 화상 통증을 동반한 한센병처럼 여겨졌으며 콜레라보다도 더 끔찍하게 취급되었다. 파리에서는 생 주느비에브St. Geneviève의 성유물이 이를 치료했다. 아라스에선 성모 마리아Maria[1]가 가져온 기적의 촛농 방울을 물에 희석해 치료했다. 파리에서는 생 주느비에브 유물의 기적으로 맥각중독이 종식된 것을 기리며 생 주느비에브 데 아당트St. Genevieue des Ardents교회를 그녀에게 헌정했다.

(1)『성모 마리아의 전설Légendes de la Sainte Vierge』을 참조할 것.

도깨비불 [Ardents]

주로 가을밤 연못이나 습지 인근에서 목격되는 불덩어리. 땅에 닿을 듯 말 듯 떠다닌다. 가끔 자리를 옮겨 다니기도 해서 이를 도깨비로 여기는 사람들도 있었다. 이를 목격한 사람들은 대체로 현혹되어 길을 잃는다. 르 루아예Pierre Le Loyer는 자신도 모르게 도깨비불을 따라가게 된다면, 그 불은 악마라고 주장했다.[1]

루이 13세Louis XIII 통치 시절, 마르세유Marseille에선 한 망령의 소문이 도시를 들썩이게 했다. 바로 알레스Alais에서 온 백작 부부가 목격한 유령이었다. 이 유령은 불타는 형상으로 매일 밤 방안을 돌아다녔다. 또 누구도 이 유령을 쫓아내지 못했다. 젊은 백작 부인은 저택과 도시를 떠나 밤에 잠을 잘 수 있는 곳으로 가자고 백작에게 사정했다. 하지만 마르세유가 마음에 들었던 백작은 유령을 몰아내기 위한 모든 방법을 동원해보기로 했다. 그렇게 그들은 가생디Gassendi를 집으로 불렀다. 가생디는 밤마다 배회하는 불귀신이 부부가 내쉬는 입김에 불붙는 것이라고 결론 지었다…. 조사에 동원된 다른 학자들이 내린 결론도 크게 다르지 않았다. 그러던 중, 결국 비밀이 밝혀졌다. 침대 밑에 숨은 시녀가 발광물질을 띄우면 공포로 인해 그것이 유령으로 보인 것. 하지만 사건의 전말은 그게 전부가 아니었다. 이 일은 마르세유가 싫었던 백작 부인이 남편을 설득하기 위해 직접 계획한 것이었다….

(1)『귀신 논설Discours des spectres』, 1권, 7장.

아샤 바히슈타 [Ardibêhecht / Asa Vahista]

아메샤 스펜타Amesh Spenta 중 하나. 불을 지배한다.

보아예 다르장 [Argens(Boyer d')]

1704년 액상프로방스Aix-en-Provence에서 출생한 후작. 저서 『카발라 문자 혹은 두 카발리스트, 다양한 초급정령, 제후 아스타로스 경 사이에 주고받은 철학적, 역사적, 비판적 서신Lettres cabalistiques, ou Correspondance philosophique, historique et critique entre deux cabalistes, divers esprits élémentaires et le seigneur Astaroth』에는 노옴Gnomes(땅의 요정), 실프Sylphs(공기의 요정), 운디네Undine(물의 요정), 샐러맨더Salamander(불도마뱀) 등에 관한 온갖 신기한 내용들이 담겨있다. 가장 훌륭한 판본은 1769년 출간된 책(12절판, 총 7권)이다. 이 악령 같은 책은 철학 만능주의에 물들어있는데, 훗날 저자 역시 이를 철회한 바 있다.

돈 [Argent / Money] 악마가 주는 돈은 가짜 화폐일 가능성이 높다. 델리오Martin Delrio는 악마에게 금이 가득 찬 주머니를 받은 한 남성을 언급했다. 이 남성이 다음 날 주머니를 열었을 땐 석탄과 퇴비뿐이었다고 한다.

신원미상의 남성이 어느 마을에서 15세쯤 된 평범한 소년을 마주치게 되었다. 남성은 앞날이 창창한 소년에게 부자가 되고 싶은지를 물었다. 소년이 그렇다고 대답하자 남성은 접힌 종이 한 장을 건넸다. 그리고 종이 안에서 원하는 만큼 금을 꺼낼 수 있다고 말했다. 다만 절대 접힌 종이를 펴면 안 된다고 강조했다. 또 이 호기심을 자제한다면 금을 전달하는 존재를 알게 될 것이라는 말도 덧붙였다. 소년은 집으로 돌아가 이 신비한 보물을 흔들어보았다. 그러자 동전 몇 닢이 떨어졌다…. 종이를 열어보고 싶은 충동을 억누르지 못한 소년은 결국 접힌 종이를 열어보았다. 그리고 그 안에서 고양이 앞발톱, 곰의 뒷발톱, 두꺼비의 다리 등 온갖 끔찍한 것들을 발견하게 되었다. 소년은 종이를 불 속에 집어 던졌다. 하지만 30분이 지나도록 종이엔 불이 옮겨붙지 않았다. 게다가 소년이 꺼냈던 동전들은 이미 사라지고 없었다. 소년은 그렇게 모든 것이 악마의 소행이었음을 알아차렸다.

고리대금업으로 부자가 된 어느 수전노는 죽음이 코앞에 다가왔음을 직감했다. 그는 마지막으로 자기 돈을 보기 위해 금화 주머니를 가져다 달라고 부인에게 애원했다. 그리고 주머니를 소중히 끌어안으며 함께 묻어달라고 부탁했다. 돈을 두고 떠난다 생각하면 가슴이 찢어지는 듯했기 때문이다. 결국 그는 어떤 약속도 얻어내지 못한 채 자신의 금화를 쳐다보며 눈을 감았다. 그가 숨을 거둔 뒤, 꽉 부여잡은 주머니를 빼앗는 데는 많은 힘을 들여야 했다. 이때 임종을 지켜보던 가족들은 깜짝 놀랄 수밖에 없었다. 주머니에 든 것은 금화는커녕 두 마리 두꺼비가 전부였기 때문이다. 악마가 나타나 고리대금업자의 영혼을 거둬가며 그의 금도 같이 가져갔던 것이다. 도저히 둘을 떼어놓을 수 없었기 때문에….

다른 이야기도 있다. 20상팀Centime*이 전 재산이었던 한 남자는 길거리에서 포도주를 팔기 시작했다. 그는 더 돈을 벌고 싶은 욕심에 포도주 병에 술보다 물을 더 넣어 팔았다. 얼마 후 이 부정한 방법을 통해, 그는 100리브르Livre**나 되는 돈을 모으게 되었다. 그는 돈을 가죽 주머니에 보관한 뒤, 친구 한 명과 위조를 위한 포도주를 구매하러 나섰다. 강 근처를 지날 때, 그는 물건 구매를 위해 가죽 주머니에서 20상팀을 꺼냈다. 왼손에는 주머니를 오른손에는 동전을 든 상태였다. 갑자기 먹이를 찾던 새가 날아와 주머니를 낚아채었고 이를 강물에 던져버렸다. 순식간에 전 재산을 잃어버린 가여운 남자는 친구에게 말했다. "신은 공평해. 내가 이 짓을 시작할 당시 손에 20상팀뿐이었는데 말이지. 내 몫을 돌려주고 부당하게 취한 것은 모두 가져가 버리셨군."

1606년 9월 프랑슈 콩테Franche-Comte에서 있었던 일이다. 어느 마을에서 말쑥한 이방인이 농부에게 18두카토Ducaton***에 암말을 구입했다. 이방인은 수중에 12두카토 밖에 없어서 가지고 있던 금줄을 담보로 맡겼다. 그리고 돌아오는 길에 나머지를 갚을 것이라 약속했다. 농부는 이 모든 내용을 종이에 적었다. 하지만 다음날 금줄은 온데간데없이 사라졌고 두카토 은화는 12개의 납덩이로 변해있었다.[1]

어느 어리석은 관습을 소개하며 이 이야기를 줄이겠다. 일부 도시인들은 성촉절 미사 동안 달걀, 밀가루, 물로 도넛을 만든다. 그리고 미사 후 지니고 다니면 한 해 동안 돈이 바닥날 일 없다고 믿는다[2]. 이뿐만이 아니다. 뻐꾸기 울음소리를 처음 들은 날 이를 지니면 일 년 내내, 초승달을 처음 본 날 지니면 한 달 내내 돈 걱정이 없을 것이라는 속신도 있다.

(1) 보게Boguet, 『마법사 논설Discours des sorciers』. / (2) 티에르A. Thiers, 『미신 모음집Traité des superstitions』. / * 프랑스 화폐 단위. 1상팀은 1프랑의 100분의 1이다. / ** 프랑스 옛 화폐 단위. / *** 프랑스 옛 화폐 단위. 1두카토는 약 5~6프랑 정도이다.

음용 은 [Argent Potable / Drinkable Silver] 만일 당신이 연금술에 정통하였다면 그리고 이 만병통치약을 가지고 싶다면 다음과 같은 방법을 참고하자. 우선 하늘색 유황을 유리 단지에 담고 그 위에 양질의 주정을 붓는다. 그리고 24시간 동안 탕에 담가둔다. 이젠 주정이 증류 과정에서 끌어모은 유황의 일부를 덜어낸다. 그 위로 무기 황산염으로부터 추출한, 수은이 함유된 백유를 유황의 세 배가량 추가한다. 단지를 잘 닫은 뒤, 이번엔 수증기가 올라오는 물속에서 유황이 액체가 될 때까지 담가둔다. 이후 양질의 주정을 같은 양으로 추가한 뒤, 다시 15일간 담가둔다. 마지막으로 만들어진 결과물을 증류기에 넣고 미지근한 탕을 이용해 알코올을 날려 보낸다. 이렇게 하면 액체 상태의 음용 은 혹은 유황 은이 남게 된다. 음용 은은 다시 고체 형태로 돌아갈 수 없다. 이 백색 영약은 모든 병을 치료할 수 있는 기적의 능력을 가지고 있다. 수종을 녹이고 모든 신체적 장애를 낫게 한다[1].

(1) 『철학과 연금술에서의 화학 개론Traité de chimie philosoph. et hermétique』, 168페이지.

아르구쥬 [Argouges] 참조. 요정Fées의 마지막 부분.

아리그노트 [Arignote] 루키아노스Lucian가 들려주는 이야기에 따르면 코린트Corinth 크라나우스Cranaus의 지구에는 유령이 출몰하는 집이 있었다고 한다. 이곳은 누구도 거주할 엄두를 내지 못했다. 하지만 아리그노트는 이집트 마법서 여러 권을 들고 그 집에 들어가 밤을 보내게 되었다. 그는 정원에 앉아 침착하게 가져간 책을 읽었다. 그리고 잠시 후 유령이 나타났다. 유령은 아리그노트를 겁주기 위해 처음엔 개의 모습으로 변하더니 그다음엔 황소 그 후엔 사자의 모습으로 변했다. 하지만 아리그노트는 되려 마법서 속 주술을 행하며 유령을 정원 구석으로 몰아버렸다. 다음 날 유령이 처박힌 곳을 파니 어느 유골이 발견되었다. 찾아낸 유골은 새롭게 매장해 장례를 치러주었고 다시는 아무것도 나오지 않았다고 한다. 이 이야기는 사실 루키아노스가 플리니우스Pliny 저서에 있는 '아테노도로스Athenodorus의 모험'을 가져다 쓴 것이다. 여기에 독자를 즐겁게 하기 위해 살을 덧붙인 것뿐이다.

아리만 [Arimane / Angra Mainyu] 고대 페르시아에서 지옥의 왕자로 여겼던 존재. 암흑 속에서 태어난 악의 기원이자 검은 악마이다[1]. 그는 선의 왕자인 오르마즈드Ormouzd(오로마즈Oromaze)의 원수이기도 하다. 다만 오르마즈드가 영생을 누린다면 아리만은 언젠가 소멸하고 말 존재이다.

(1) 플루타르코스Plutarch, 『이시스와 오시리스에 관하여On Isis and Osiris』.

아리마스피 [Arimaspes / Arimaspi] 스키티아Scythia에 살던 놀라운 부족. 외눈박이 사람들로 용을 잡는 데 평생을 바쳤다고 한다.

아리옥 [Arioch] 일부 악마학자들은 아리옥을 복수의 악마로 분류한다. 알라스토르Alastor와는 다르다. 아리옥은 고용주의 특정 복수에만 개입한다.

아리올리스트 [Arioliste / Ariolists] 고대의 예언가들. 제단Ab Aris을 이용했기 때문에 아리오라티오Ariolatio라고도 불렸다. 도지스Antoine Louis Daugis의 말에 따르면 제단을 통해 악마들에게 조언을 구했다고 한다(1). 제단이 흔들리거나 기이한 현상이 나타나면 악마의 계시를 해석하고 예언했다.

(1)『마법 개론Traité sur la Magie』 등, 66페이지.

아리스타이오스 [Aristée / Aristaeus] 크로이소스Croesus 시대에 프로콘네수스Proconnesus 섬에 살던 사기꾼. 자신의 영혼을 언제든 꺼냈다 넣었다 할 수 있다고 주장했다. 일부 사람들은 그의 영혼이 아내와 자녀들이 보는 앞에서 사슴의 형상으로 이탈되었다고 전한다. 바이어Johann Weyer는 그의 영혼이 까마귀의 형상을 하고 있었다고 기록했다(1). 헤로도토스Herodotus는 자신의 네 번째 저서에서 관련 내용을 다루고 있다. 이를 살펴보면 다음과 같다. 아리스타이오스가 어느 직공의 가게에 들어가는 도중 갑작스럽게 죽음을 맞이하게 되었다. 이를 본 직공은 서둘러 그의 부모에게 알렸다. 그리고 장례를 치러 주기 위해 다시 그가 죽은 장소로 돌아왔다. 하지만 그의 육신은 사라지고 없었다. 이에 마을 사람들은 큰 충격에 빠지게 되었다. 그때 마을을 방문한 여행객 여럿이 크로토네Crotone로 가는 도중 아리스타이오스를 마주쳤다고 전해주었다(2). 그가 일종의 흡혈귀라고 믿는 사람들도 있다. 헤로도토스는 그로부터 7년 후, 아리스타이오스가 다시 프로콘네수스에 나타났지만, 시 한 편을 짓고 다시 죽어버렸다고 덧붙였다.

르 루아예Pierre Le Loyer는 그를 탈혼의 마법사로 보았다(3). 또 한 전문가의 말을 인용해 이 흡혈귀가 두 번째로 사라진 시각, 시칠리아로 순간 이동하였다고 주장했다. 그리고 선생 노릇을 하며 살았다고 한다.

아리스타이오스는 그로부터 340년 뒤 메타폰툼Metaponto에 다시 모습을 드러냈다. 그리고 헤로도토스 시대에 있었을 법한 기념물들을 그곳에 세웠다. 그가 행한 무수한 기적들로 인해 시칠리아인들은 아리스타이오스를 모시는 사원을 지었다. 또 반신반인처럼 숭배하였다.

(1)『악마의 환상De Præstigiis Dæmonum』, 1권, 14장. / (2) 플루타르코스Plutarch, 『로물루스의 생애In Romulus' Life』. / (3)『귀신 논설Discours des spectres』, 4권, 24장.

아리스토데모스 [Aristodème / Aristodemus] 메시니아Messenia의 왕. 참조. 오피온Ophioneus, 개울음소리점Ololygmancie.

쥐방울덩굴속 [Aristolochie / Aristolochia] 메밀짚. 피스톨로시아Pistolochia라고 불렸던 식물. 아풀레이우스Apuleius는 이 식물을 사용한 훈증 요법으로 밧줄 묶기 저주Aiguillette를 풀 수 있다고 말했다. 참조. 불능 저주Ligatures.

아리스토메네스 [Aristomène / Aristomenes] 메시니아Messenia의 장군. 꾀바른 책략가. 적군인 아테네인들에게 잡힐 때마다 솜씨 좋게 탈출에 성공했다. 아테네인들은 탈출 능력을 훔치기 위해 그를 죽였다. 그리고 아리스토메네스의 배를 갈라보니 심장이 털로 뒤덮여 있었다(1).

(1)『발레리우스 막시무스Valerius Maximus』, 1권, 8장, 추가본 45.

아리스토텔레스 [Aristote / Aristoteles] 아베로에스Averroes가 인간 완벽의 정점이라고 불렀던 인물. 그의 철학은 큰 존경을 받았으며, 그의 이름은 여전히 찬란하게 빛난다. 하지만 그의 견해를 두고 분쟁하거나, 따르지 않는다고 투옥하는 것은 옳지 않은 일이었다. 심지어 후대엔 그의 견해를 따르는 자를 감옥에 가두기도 했다. 이러한 분쟁을 초래한 것은 결국 이단자들뿐이었다.

드 랑크르Pierre de Lancre는 아리스토텔레스의 주술 사용을 주장하고 싶었던 것 같다(1). 그렇다고 저서에 아리스토텔레스를 미신 신봉자처럼 기록한 것은 아니다. 프로코피우스Procopius를 비롯한 일부 사람들은 다음과 같은 옛 설을 믿는다. 에우리푸스Euripus 해협의 간만을 파악하지 못한 아리스토텔레스는 매우 절망스러워했다. 그리고 고약한 농담을 내지르며 해협에 몸을 내던졌다는 것이다. "내가 너를 파악하지 못한다면, 나를 가져도 좋다.[2]" 지금에 와서 이 옛 설을 믿는 사람은 없다.

이 책 『지옥사전』과 연관이 있는 아리스토텔레스 작품에는 다음과 같은 것들이 있다. 1) 『꿈을 이용한 점술에 관하여Of Divination by Dreams』, 2) 『잠과 깨어있음에 관하여Of Sleep and of Waking』. 이 논문들은 그의 논문집에 포함되었다. 에베소의 미카엘Michael of Ephesus이 쓴 논평, 『꿈을 이용한 점술에 관하여』[3]나 데미스티우스Themistius가 환언한 아리스토텔레스의 논문들[4]을 참조해도 좋다.

(1)『타락천사의 변화론Tableau de l'inconstance des mauvais anges』 등, 6권, 논설 2. / *(2)*원문: Si Quidam Ego non Capo te, tu Capisse Me. / *(3)*에베소의 미카엘, 『꿈에 관한 아리스토텔레스의 주석, 즉 꿈을 이용한 점술에 관한 주석Annotationes in Aristotelem de Somno, id est, de Divinatione per Somnum』, 1527년, 베네치아, 8절판. / *(4)*『데미스티우스의 의역: 아리스토텔레스의 기억과 회상, 악몽, 꿈을 통한 점에 대하여Themistii Paraphrasis in Aristotelem de Memoria et Reminiscentia, de Insomnios, de Divinatione per Somnum』, 라틴어, 에르몰라오 바바로 Hermolao Barbaro 역, 1530년, 바젤, 8절판.

숫자점 [Arithmancie, Arithmomancie / Arithmancy] 숫자를 이용한 점술. 그리스인들은 두 전사 이름의 철자 수와 가치를 평가한 후, 더 높은 가치를 가진 이가 승리할 것이라고 점쳤다. 일부 예언가들이 헥토르Hector가 아킬레스Achilles를 상대로 패배할 것이라고 점친 것도 숫자점 덕분이라고.

칼데아인Chaldeans들 역시 숫자점을 사용했다. 그들은 알파벳을 삼등분해 7개씩 분류하였다. 그리고 각각에 7개 행성을 부여해 미래를 예견했다. 플라톤학파Platonism와 피타고라스학파Pythagorean School 역시 이 점술에 큰 믿음을 가지고 있었다. 유대인의 카발라Kabbalah 일부도 이 숫자점에 포함되어 있다[1].

*(1)*드 랑크르Pierre de Lancre, 『완전히 입증된 마법에 대한 의심과 불신Incrédulité et mécreance du sortilège pleinement convaincue』, 논설 5.

아리우스 [Arius] 예수 그리스도의 신성함을 부정한 유명한 이단자. 그는 다음과 같은 죽음을 맞이했다고 전해진다. 비잔티움Byzantium의 주교였던 성 알렉산더St. Alexander는 주일을 하루 앞두고 신에게 열의를 다해 기도했다. 그는 추종자들이 아리우스를 둘러업고 교회 문턱을 넘을 것을 알았다. 그렇기에 그 소동을 막아달라고 기도한 것이다. 만약 아리우스가 교회에 입성한다면 이단을 달고 올 것이 분명하며, 이는 매우 두려운 일이었다. 주일 당일 사람들이 아리우스를 기다리고 있던 그때, 술에 취한 아리우스는 의식을 치르지 못할 정도로 불편함을 느꼈다. 그는 결국 은밀한 한 장소로 이동했다. 그곳에서 아리우스는 복부 한 가운데가 파열되고 창자가 파먹힌 채, 불명예스럽고 불행한 죽음을 맞이하게 되었다. 어떤 이들은 그가 악마의 공격을 받았을 것이라고 주장한다. 만약 그렇다면 악마는 더 높은 존재의 명령을 받아 수행했다고 봐야 할 것이다. 그러지 않고서 자기 벗을 그런 식으로 죽일 리 없기 때문이다.

아르망빌 [Armanville] 1746년 어느 날, 아미앵Amiens의 아르망빌에 살던 한 여성은 침대에서 누군가에게 폭행당했다. 그녀의 시종은 이를 악마의 짓이라고 고했다. 시종은 집 안에 있는 종이 저절로 울렸고, 자정엔 곳간을 쓰는 소리가 들렸다고 증언했다. 또 폭행한 악마들은 마치 군부대처럼 북을 들고 이동했다고 덧붙였다. 겁에 질린 여성은 아미앵을 떠나 파리Paris로 돌아갔다. 이는 다름 아닌 시종이 원하던 일이었다. 다신 이런 일이 목격된 일 없었기에, 이 사건은 누군가의 짓궂은 장난이었음을 알 수 있다.

경이로운 부대 [Armées Prodigieuses / Fabulous Armies] 티투스Titus의 예루살렘Jerusalem 공방전 및 다양한 사건에선 유령 부대가 하늘에서 강림했다고 전해진다. 이는 불가사의한 현상으로 결코 좋은 징조가 아니었다.

플루타르코스Plutarch는 『테미스토클레스의 일생Life of Themistocles』에서 경이로운 부대를 언급했다. 살라미나Salamine 전투 중 에기나섬 Aegina에서 기묘한 부대의 부대원들이 그리스 갤리선을 향해 손을 뻗었다는 것이다. 플루타르코스는 이들이 전투 전에 소환한 아이아키다이Aeacidae 가문이었다고 주장했다.

사람들은 무리별로 행동하는 망령이나 악마군을 만날 때도 있다. **참조.** 레츠Retz 등.

1123년 보름스Worms 백작령 내에서 며칠간 수많은 군인이 목격되었다. 이들은 말을 타거나 걸으며 해당 지역을 요란하게 오갔다. 또 매일 9시경 산 중턱에 모여 만남을 가졌다. 인근에 살던 주민들은 군인들에게 접근해 많은 부대원의 정체와 목적을 알아내기 위해 애썼다. 군인 혹은 유령 중 하나가 이렇게 답했다. "우리는 당신들이 생각하는 그런 존재가 아닙니다. 진짜 유령도 진짜 군인도 아니죠. 단지 마지막 전투 때 이곳에서 목숨을 잃었던 영혼들입니다. 눈에 보이는 이 무기와 말들은 우리의 죄악을 상징하는 형벌 도구입니다. 또 그대들 눈엔 보이지 않겠지만, 우린 사실 불타고 있습니다." 그들 중엔 최근 몇 년 내에 사망한 엔리코Enrico 백작과 다수의 귀족이 포함되어 있었다. 그들은 온정과 기도를 통해서만 부대에서 해방될 수 있다고 고백했다[1]. **참조.** 유령Apparitions, 현상Phénomènes, 환상Visions, 북극광Aurore Boréale 등.

(1)「우르스페르크 연대기Ursperg Chronicle」.

아르미드 [Armide / Armida]

타소Torquato Tasso의 아르미드 이야기는 제1차 십자군 연대기에 기록되었으며, 피에르 드 랑크르Pierre de Lancre가 인용한 민간전승에 바탕을 두고 있다[1]. 다마스쿠스Damascus의 왕 아빌란Arbilan의 여식은 삼촌이자 대마법사인 히드라오트Hidraote의 손에 길러졌다. 그리고 이를 통해 위대한 마녀로 거듭나게 되었다. 또 유독 그녀에게 자애로웠던 조물주 덕분에 동양 절세 미녀들을 능가하는 매력을 지니기도 했다. 교황 우르바노 2세Urban II는 고드프루아 드 부용Godefroy de Bouillon의 지휘하에 강력한 기독교 군대를 소집했다. 히드라오트는 그녀를 이 군대에 대항할 위협적인 적대자로 선정했다. 드 랑크르는 다음과 같이 기록하고 있다. "그녀는 몇몇 십자군 수장에게 마법을 걸었다." 하지만 아르미드는 기독교인의 희망을 꺾을 수 없었다. 그녀는 예루살렘Jerusalem 공방전에서 포탄에 맞아 사망했다[2].

(1)「타락천사의 변화론Tableau de l'inconstance des mauvais anges」, 1권. / (2)「십자군 전쟁의 전설Legendes de Croisades」을 참조할 것.

어깨점 [Armomancie / Armomancy]

어깨를 이용한 점술[1]. 이 점술에 따르면 넓은 어깨를 가진 사람이 좁은 어깨를 가진 사람보다 더 강하다.

(1)라틴어 단어 아르무스Armus는 어깨를 의미한다. 선조들은 이 점술을 주로 동물들에게 활용했다. 어깨점을 통해 신에게 적합한 제물이 될지를 판단한 것이다.

아르노(안젤리크) [Arnauld(Angélique)]

뒤포세M. Dufossé가 포르로얄Port-Royal에 관한 회고록을 쓴 후인 1685년, 그는 한 편지에서 이렇게 기록하고 있다. '부당하게 자리를 차지한 마리 도로시 페르드로Marie-Dorothée Perderaux 수녀가 죽기 전, 파리Paris 포르로얄 수녀원장이었던 마리 안젤리크 아르노Marie Angélique Arnauld의 환영이 출현했다.' 뒤포세는 다음과 같은 내용을 덧붙이기도 했다. '포르로얄의 두 수녀가 밤새 성체를 지키는데, 난데없이 전 수도원장이었던 안젤리크 수녀가 매장된 자리에서 벌떡 일어났다. 그리고선 손에 수도원장 지팡이를 쥔 채 성가대석을 지나갔다. 그녀는 저녁 예배 시 사용하는 수도원장 지정석에 가서 앉았다.

자리에 앉은 채, 그녀는 그곳에 있는 한 수녀를 불러 도로시 수녀를 찾아오라고 지시했다. 이윽고 도로시 수녀가 나타났고, 둘은 얼마간 이야기를 주고받았다. 이 대화 내용을 들은 이는 아무도 없었다. 그리고 얼마 후 안젤리크 수녀는 사라졌다.

성체를 지키던 두 수녀는 도로시 수녀에게 목격한 장면을 일러주었다. 도로시 수녀는 안젤리크 수녀가 신 앞에 자신을 소환한 것임을 알았다. 이에 도로시 수녀는 자신이 곧 죽을 것이라고 말했고 2주인가 3주 후에 사망했다.'

브레시아의 아놀드 [Arnauld de Bresse]

12세기 수도사이자 아벨라르Abeilard의 제자. 난폭한 야심가이며 이단의 수장이기도 했다. 그는 예배 제물보다 선행이 더 중요하다는 엉터리 소리를 했다. 하지만 예배 제물은 선행에 반하는 것이 아니라, 오히려 선행을 명하는 것이다. 다른 모든 개혁가처럼 아놀드는 수도사의 옷을 벗어 던졌다. 그는 대란을 일으키고 악행을 저지른 죄로 1155년 로마에서 잡혀 화형에 처해졌다.

위 드 브라이 셀브Hues de Braye-Selves가 저술하고 레옹 뒤실레Leon Dussillet가 현대에 맞게 다듬은 연대기,『저주Le Maléfice』를 살펴보면 그는 끔찍한 존재로 묘사된다. 기록에서 아놀드는 쫓기고 저주당하고 궁지에 몰린다. 그러다 결국 부르고뉴의 시빌Sibylle de Bourgogne에게 붙는다. 시빌은 십자군에서 보여준 열의와 잔인함으로 '황금 다리의 여인'이라는 별칭과 명성을 얻은 여성이었다. 이러한 시빌에겐 죽이고 싶은 한 젊은 여성이 있었다. 아놀드는 이 여성을 살해하는 저주를 시전했다. 그러던 중 뺨에 있던 상처에서 아홉 방울의 피가 솟아 튀었다. 그는 공허한 비명을 질렀다. "벌써?!" 아놀드가 이어서 말했다. "주인님, 잘 세어보셔야 합니다. 여태껏 저만 기한을 잊고 있었던 것 같으니까요." 그의 창백한 안색에 겁먹은 시빌이 물었다. "어떤 기한을 말하는 건가? 누구 때문에 이 피가 흐르는 것이지? 난 이 끔찍한 상처가 있는지 알지도 못했어. 꼭 불타는 인두로 지진 것 같은데." 더 혼란스럽고 창백한 얼굴을 한 아놀드가 답했다. "불타는 인두가 맞습니다. 그리고 이 상처는 절대 사라지지 않지요." 그는 무릎을 꿇었다. 그리고 그의 팔다리는 거대한 공포로 떨리기 시작했다[1]. 그는 악마가 곧 도착할 것이라고 예견했다. 저주는 완성되었고, 결국 젊은 여성은 목숨을 잃었다. 이 악행 뒤에 그는 로마로 향했는데 여행의 목적은 알려지지 않았다. 아놀드는 화형대 위에서 죽음을 맞이했다.

(1)인용된 책의 제3장을 참조할 것.

아르날두스 드 빌라노바 [Arnauld de Villeneuve / Arnaldus de Villanova] 의사이자 연금술사이자 점성가. 이름이 비슷한 브레시아의 아놀드Arnauld de Bresse와 혼동하지 않도록 주의하자. 그는 몽펠리에Montpellier 인근에서 출생했으며 1314년 난파 사고로 사망했다.

아스날두스 드 빌라노바는 화학 분야에서 많은 발견과 함께 업적을 남겼다. 하지만 실상은 현자의 돌을 찾고 황금을 제조할 생각만 하는 사람이었다. 이 와중에 그는 황산, 염산, 질산을 발견했다. 그리고 최초로 술과 과실주Ratafia를 만들기도 했다. 또 테레빈유를 알리고 증류를 규격화하기도 했다. 아스날두스 드 빌라노바는 방대한 의학 지식과 점성술 망상을 바탕으로 1335년에 종말이 닥칠 것이라고 예견했다.

아르날두스 드 빌라노바는 마법사라는 비난을 받기도 했다. 프랑수아 페냐François Pegna는 그의 연금술 지식은 악마로부터 얻은 것이라고 주장했다. 마리아나Mariana[1]는 그가 호박 속에 약물을 넣어 인간을 만들려 했다며 비난했다. 하지만 델리오Martin Delrio는 아르날두스 드 빌라노바의 편을 들어주었다. 그가 마법사였다면 교황 클레멘스 5세Clement V가 주치의로 선택했을 리 없다는 것이다. 스페인 타라고나Tarragona 종교재판에선 아르날두스 드 빌라노바의 저서를 모두 불태웠다. 이유는 책에 이단 정서가 배어있기 때문이라고. 그가 죽은 지 3년 뒤에 일어난 일이었다.

아르날두스 드 빌라노바가 저술했다는 해몽서[2]를 찾는 사람들이 있다. 혹은 그가 연금술, 마법에 관한 무수한 책을 썼다고 믿는 이들도 있다. 물론 그와 아무런 관련이 없음에도 말이다.『물리적 불능 저주De Physicis Ligaturis』라는 책은 그중 하나로 아랍어 서적을 번역한 것이다. 이 외에도 그는 『12황궁의 부적De Sigillis Duodecim Signorum』,『세 명의 사기꾼 Trois Imposteurs』이라는 어처구니없고 비루한 책들의 저자로 몰리기도 했다.

(1)『스페인 사건의 역사Rerum Hispanar』, 14권, 9장. / (2)『아르날두스 드 빌라노바가 기술한 해몽 및 다니엘의 꿈에 관한 서적Arnaldi de Villanova Libellus de Somniorum Interpretatione et Somnia Danielis』, 4절판, 매우 희귀한 구판.

아르노(폴) [Arnold(Paul)] 흡혈귀. 참조. 폴Paul.

아르누 [Arnoux]『다른 세계의 경이로운 일들Des Merveilles de l'autre monde』(1630년, 루앙, 12절판)의 저자. 이 책은 기괴한 취향을 바탕으로 쓰여졌다. 환영, 망령과 얽힌 빈약한 상상력에 혼란을 주기 위해 제작되었다.

아르누피스 [Arnuphis] 이집트 출신의 마법사. 일부 이교도 작가들의 사리사욕 담긴 기록엔, 그의 일화가 실려있다. 마르쿠스 아우렐리우스Marcus Aurelius와 그의 군대가 행진할 당시, 콰디족Quadi이 출구를 막아 병사들이 목말라 죽게 될 위험에 처하게 되었다. 이때 아르누피스는 마법으로 기적의 비를 내리게 하였고, 로마병의 갈증을 풀어주었다. 반면 같은 시각, 콰디족 머리 위로는 우박이 떨어졌다. 또 천둥이 심하게 내리쳐 항복할 수밖에 없었다고 한다. 몇몇 사람들은 이 기적을 마르쿠스 아우렐리우스의 부질없는 기도 덕분이라고 여겼다. 그리고 기독교 작가들은 만장일치로, 로마군 안에 있던 기독교 병사들의 기도 덕이라고 저술했다.

아르누스 [Arnus] 첩자 노릇을 하다가 헤라클레스Hercules에게 살해당한 예언가. 아폴로Apollo는 평상시 계시를 내리던 아르누스의 복수를 위해 헤라클레이다이Heracleidae* 주둔지에 흑사병이 돌게 하였다. 그들은 재앙을 잠재우기 위해 망자의 혼을 기리는 시합을 열어야만 했다.

* 헤라클레스의 후손들.

아롯 [Arot] 참조. 마롯Marot.

아르팍사트 [Arphaxat] 페르시아의 마법사. 바빌론의 압디아스Abdias of Babylon⁽¹⁾ 말에 따르면, 성 시몬Saint Simon과 성 유다Saint Jude의 순교가 이뤄진 시간에 벼락을 맞아 사망했다고 한다. 프랑스 루덩Loudun에선 동명의 악마가 출현한 일이 있다.

(1) 『사도 투쟁Certaminis Apostolici』, 6권.

성 안셀무스의 기술 [Art de Saint Anselme / St. Anselme's Art] 안셀미스트Anselmist라는 이름을 사용하던 사기꾼들의 치유법. 주문을 외며 상처에 사용하는 천을 만지작거리는 게 전부였다. 이들은 대외적인 이미지를 위해 캔터베리의 성 안셀무스Anselm of Canterbury*로부터 비밀 기술을 전수받았다고 주장했다. 하지만 델리오Martin Delrio는 그들의 진정한 수장이 파르마의 안셀무스Anselme de Parme임을 못 박았다. 참조. 파르마의 안셀무스.

* 중세 철학자이자 신학자. 스콜라 철학의 두 번째 시조라고도 불린다.

성 바울의 기술 [Art de Saint Paul / St. Paul's Art] 몽상가들의 미래 예견 능력. 그들은 세 번째 천국을 여행하던 성 바울에게서 이를 배웠다고 말했다. 이 사기꾼들은 뻔뻔스럽게도 성 바울의 후계자라고 주장하며 다녔다.

영의 기술 [Art des Esprits / Spirit's Art] 유령을 소환해 강제로 비밀을 알아내는 재간. 천사의 기술이라고도 불린다. 일부 사람들은 자신의 수호천사로부터 궁금한 모든 것을 듣는 기술이라고 주장했다. 이 미신적 기술을 행하는 방법에는 두 가지가 있다. 하나는 무의식에 빠진 채로 충고를 듣는 것이고, 다른 하나는 천사를 소환해 만남을 갖는 것이다. 이때 소환된 천사는 선한 천사가 아닐 가능성이 높다. 참조. 소환Évocations.

아스 노토리아 [Art Notoire / Ars Notoria] 일종의 계시를 통해 작성된 백과사전. 이 마법서엔 아스 노토리아 법칙에 따라 14일 내에 모든 지식을 얻게 해준다고 기록되어 있다. 이 책의 저자는 성령이 성 예로니모Saint Jerome를 통해 기술할 내용을 일러주었다고 말하는 뻔뻔함을 보인다. 또 솔로몬Solomon이 만물의 지식을 얻을 수 있었던 것은 이 위대한 책을 하룻밤 사이에 읽었기 때문이라고 주장한다. 그러나 솔로몬이 성 예로니모의 수사본을 읽는 기적이 실제로 일어났다면, 이스라엘의 어떤 아이에게라도 받아써놓도록 지시했을 것이다. 하지만 이런 책을 저술한 사람에겐 해당 사실쯤은 씨알도 먹히지 않는다.

질 부르댕Gilles Bourdin은 16세기에 동명의 표제로 음침한 마법서를 펴냈다. 하지만 원본이 사라진 이상, 제대로된 복제본일 리는 만무하다.

델리오Martin Delrio는 그 시대에 『아스 노토리아』를 읽고 행하던 지도자들에 대해 언급했다. 그들은 제자에게 고해성사, 금식, 기도, 묵상을 지시했다. 그리고 무릎을 꿇은 채 『아스 노토리아』의 낭독을 듣게 했다. 또 솔로몬, 예언가들, 사도들처럼 지혜로워질 수 있다고 설득했다. 실제로 그 말을 믿는 자들도 있었다.

이 책은 교황 비오 5세Pius V에 의해 금서로 지정되었다. 저자는 『아스 노토리아』에 자신의 환상과 종교 요소를 뒤섞어 기록했다. 책에는 『아스 노토리아』의 지식을 전수받기 앞서 7주 동안 매일 『참회의 일곱 시편Penitential Psalms』을 암송해야 한다고 적혀있다. 또 매일 아침 해가 뜰 때마다 '임하소서 성령이여Veni Creator'를 부를 것을 권장한다. 더불어 첫 초승달이 뜨는 날 훈련을 시작해야 한다고[1]. 에라스무스Erasmus는 토론회에서 이 책의 어느 무엇도 이해하지 못했다고 말했다. 더불어 책에는 용, 사자, 표범, 원, 삼각형, 히브리어, 그리스어, 라틴어 문자가 그려져 있는데, 이걸 보고 뭔가 배운 사람을 단 한 명도 만나지 못했다고 덧붙였다.

학자들은 진정한 『아스 노토리아』는 아직 쓰인 적이 없다고 말한다. 그들은 준비된 지망자에게 정령이 길을 밝혀줄 것이라고 주장한다. (그런데 어떤 정령을 말하는 것일까?) 작은 금판자나 흰 양피지에 솔로몬의 비밀 이름을 적고 베개 밑에 두면, 자는 동안 정령이 나타나 마법서 내용을 속삭여준다는 것이다. 반면 이미 솔로몬이 적은 『아스 노토리아』가 세상 어딘가 존재한다고 믿는 학자들도 있다. 믿거나 말거나.

(1) 프란시스코 토레블랑카Francisco Torreblanca, 『악마의 공개적 혹은 숨겨진 소환이 개입된 범죄의 패턴, 마법서의 방어 포함, 3권 외Epitomes Delictorum in Quibus Aperta, vel Oculta Inuocatio Dæmonis Interuenit, Libri III, etc. Including the 'Defensa de Los lLibros de Magia'』, 14장.

사제술 [Art Sacerdotal / Sacerdotal Art]

일부 연금술사 주장에 따르면, 이집트인들이 연금술을 지칭하던 말이라고 한다. 이 비밀스러운 기술은 상형문자로 기록되어 사제들 간에만 전수되었다. 전수에 앞서 그들은 일련의 긴 시험을 통과해야 했다. 더불어 이 기술을 행하는 자는 사형에 처했다고 한다.

뱀의 기술 [Arts du Serpent / Arts of the Snake]
주로 마법 기술에 붙는 명칭.

아르테미도루스 [Artêmidore / Artemidorus of Ephesius]
안토니누스 피우스Antoninus Pius 통치 시기에 살던 에베소인Ephesian. 『해몽Oneïrocriticon』이라는 논문의 저자이다. 초판은 베네치아Venice에서 출간되었다(1518년, 8절판, 그리스어). 몇몇 이들은 리고Nicolas Rigault의 라틴어 번역본[1]을 비롯한 일부 프랑스어 번역본[2]을 구하고 있다.

(1)『에베소 아르테미도루스의 해몽, 또는 꿈의 해석에 대해Artemidori Ephesii Oneirocritica, seu de Somniorum Interpretatione』, 1603년, 파리, 4절판, 그리스어에서 라틴어로 번역, 리고의 주석과 함께. / (2) 아르테미도루스의 『해몽』, 오귀스탱 니푸스Augustin Nyphus의 『예언들Des Divinations』(1600년, 루앙, 16절판, 1604년 확장판 발행), 샤를 퐁텐Charles Fontaine을 통해 그리스어에서 번역된 '아르테미도루스가 꿈에 관해 쓴 5권의 서적 요약본', 같은 주제를 다루는 발레리우스 막시무스Valerius Maximus의 집록(1555년, 리옹, 8절판, 라틴어 번역본).

아르테피우스 [Artéphius]
12세기 헤르메스주의 철학자. 연금술사들은 아르테피우스가 현자의 돌의 비밀을 통해 천 년이 넘게 살았다고 주장한다. 프랑수아 픽François Pic의 기록에선 다음과 같은 내용을 찾아볼 수 있다. 일부 학자들은 1세기에 살았던 티아나의 아폴로니오스Apollonius of Tyana와 아르테피우스를 동일 인물로 믿었다. 그들은 심지어 아폴로니우스가 12세기에 사망했고 아르테피우스라는 이름을 사용했다고 믿었다.

아르테피우스는 여러 기묘하고 흥미로운 책을 저술하였다. 책들은 다음과 같다.

1) 『수명 연장술De vita Propaganda』, 서문엔 그가 1,025세 때 이 책을 펴냈다고 고백한다.
2) 『최고 지혜의 열쇠Clavis Maioris Sapientiae』[1].
3) 행성의 특성, 새소리의 의미, 과거와 미래의 일 그리고 현자의 돌[2]에 관한 책.

카르다노Cardan는 저서, 『다양한 것들의 연구Variété des Choses』 16번째 책에서 이 서적들을 언급했다. 그는 다음 서적들을 유쾌한 누군가가 연금술 신봉자들의 고지식함을 비웃기 위해 재미로 쓴 책이라고 말했다.

(1)『화학극Theatrum Chemicum』에 포함, 1614년, 프랑크푸르트, 8절판 또는 1699년, 스트라스부르, 12절판. / (2)라틴어 표제는 다음과 같다. De Characteribus Planetarum, Cantu et Motibus Avium, Rerum Prœteritarum et Futurarum, Lapideque Philosophico. 아르테피우스의 현자의 돌에 관한 책은 P. 아르노P. Arnauld에 의해 프랑스어로 번역되었다. 또 1612년, 1659년, 1682년 시네지우스Sinésius와 플라멜Flamel 저서와 함께 편찬되었다(파리, 4절판). 아르테피우스는 『거울들의 거울Miroir des Miroirs』과 『비밀서Liber Secretus』를 저

술하기도 했다.

아르테미시아[Arthémia / Artemisia] 황제 디오클레티아누스Diocletian의 딸. 고대 이교도 구마 의식에 저항하는 악마에게 빙의되었다. 그런 악마도 로마 교회의 부사제 성 치리아코St. Cyriacus에겐 결국 백기를 들었다.

가끔 악마에게 홀리는 행위나 교회 구마 의식을 조롱하는 정신 나간 사람들이 있다. 정작 그들부터 퇴마가 필요할지도 모른다.

아서왕 [Arthus, Artus] 브르타뉴Bretagne의 왕. 원탁과 관련한 전설로 잘 알려져 있다. 그의 삶 역시 사람들이 만들어낸 이야기들로 꾸며졌다. 피에르 드 랑크르Pierre de Lancre(1)의 주장에 따르면 그는 아발론Avalon에서만 선잠을 청했다고 한다. 아서왕은 밤이면 브르타뉴 숲으로 돌아가 개와 말, 조마사를 대동해 큰 소리를 내며 사냥에 나섰다. 하지만 사실 왕과 동행한 것들은 변장한 악마와 망령들이었다고. 퐁텐블로Fontainebleau숲에서 왕실 수렵부장이 앙리 4세Henry IV 앞에 나타났을 때, 어떤 이들은 아서왕의 사냥 일행이 아닐까 생각하기도 했다.

피니스테르Finistere 위엘고아Huelgoat 인근에선 아서왕의 거대한 성과 얽힌 기묘한 이야기가 전해져 내려온다. 하나는 이 거대한 성의 잔해로 화강암 바위들이 남아있다는 것이다. 그곳엔 악마들이 도깨비불 모습으로 비행하며 숨겨진 보물을 지키고 있다고 한다. 또 이들은 메아리를 이용해 울부짖는 소리가 사방으로 퍼지도록 한다(2). 흰꼬리수리, 말똥가리, 까마귀는 이 폐허를 지키는 음산한 주인들이다. 때때로 옛 아발론 저택에선 아서의 영혼이 마법에 걸린 가신들과 함께 출몰하기도 한다. **참조**. 멀린Merlin.

영국에서는 아서왕이 마법에 걸려 까마귀로 변해버렸다고 믿고 있다. 그들은 영웅이자 왕이었을지도 모르는 까마귀들을 늘 귀하게 다뤘다고 한다.

(1)『악몽의 변화론Tableau de l'inconstance des Mauvais Songes』, 4권, 논설 3. / (2) 자크 캠브리Cambry, 『피니스테르 여행Voyage dans le Finistère』, 1호, 277페이지.

아룬델(토마스) [Arundel (Thomas)] 14세기 아룬델은 존 위클리프John Wycliffe 지지자들과 대립했다. 샤세뇽Chassaignon은 저서, 『신의 위대하고 강력한 심판Grands et redoutables jugements de dieu』(이 책은 막강한 베른Bern 영주의 인쇄공인 장 르프루Jean Lepreux를 통해, 1581년 모르주Morges에서 인쇄되었다)에서 아룬델이 혹독한 죽음을 맞이했다고 전한다. '위클리프 지지자들 입에 성스러운 단어가 오르지 못하도록 막고자 했던' 그는 혀가 부풀어 말도 할 수 없는 상태로 사망했다는 것이다. 저자는 아룬델이 위클리프처럼 악마에게 목이 졸려 죽은 것인지 알아낼 엄두를 내지는 못했다.

하루스펙스 [Aruspices / Haruspex] 내장점Haruspicy을 치던 이교도 예언가들. 제물의 내장을 조사해 미래를 예견했다. 일종의 사제직인 하루스펙스가 되기 위해선 좋은 가문의 출신이어야 했다. 그들은 1) 살아있는 제물을 간단하게 살펴보거나 2) 배가 갈린 제물의 내장을 살펴보거나 3) 사체를 태울 때의 불꽃을 이용해 점을 쳤다. 간혹 제물을 끌고 오는데 불가피한 폭력이 동원되는 상황이 있었다. 혹은 제물이 제단에서 도망가는 경우도 있었다. 이런 일들은 모두 나쁜 징조로 여겼다. 바싹 마른 심장, 비대하거나 이중막에 둘러싸인 간은 거대한 불행을 의미했다. 또 심장이나 간이 없는 것도 재앙의 징조였다. 카이사르Caesar가 살해당한 날, 제물로 바쳐진 두 마리 소에선 심장이 나오지 않았다. 몇몇 이들은 하루스펙스들이 마법으로 심장을 숨긴 것이라고 믿었다.

재단의 불길이 힘차게 타오르지 않고 투명하거나 깨끗하지 않을 경우 흉조로 해석되었다. 이외에도 짐승의 꼬리가 타오르는 와중에 휘어진다면, 하는 일에 어려움을 겪게 될 것이라고 보았다. **참조**. 간점Hépatoscopie.

아르젤 [Arzels] 참조. 말Cheval.

아사핀 [Asaphins] 칼데아Chaldea의 예언가 혹은 마법사. 꿈을 해석하고 점성술을 행했다. 그들은 아사프Asaph라는 우상을 숭배했다.

아스카로스 [Ascaroth] 첩자와 밀고자를 지키는 악마. 생소한 이 악마의 이름은 악마학자들이 붙였다. 아스카로스는 네르갈Nergal

이라는 악마에게 종속돼있다.

악마의 고행 [Ascèse Diabolique / Diabolical Asceticism] 기독교의 고행이 영혼을 하나님에게 인도하는 것이라면, 악마의 고행은 영혼을 끌어내려 악마의 품으로 처박는다.

아식 파샤 [Ascik-Pacha / Asiq Pasha] 비밀스러운 음모를 꾸미고, 출산을 돕고, 주술을 행하는 법과 깨는 방법을 교수하는 튀르키예 악마.

아스클레타리온 [Asclétarion] 도미티아누스Domitian 황제에게 꺼림칙한 예견을 들려준 점성가. 황제는 그를 소환해 다음과 같이 말했다. "내가 죽을 날을 안다고 하니, 네가 죽을 날도 알겠구나." 점성가는 답했다. "네, 저는 개에게 뜯어 먹힙니다." 황제는 그의 점성이 헛소리라는 걸 증명하고자, 그 자리에서 점성가를 죽인 뒤 불태울 것을 명했다. 하지만 집행 중 갑자기 거대한 뇌우가 들이닥쳐 불을 꺼버렸다. 놀란 집행자들은 모두 달아났다. 그리고 개들이 찾아와 조각난 사체를 먹어 치웠다. 수에토니우스Suetonius와 디오 카시우스Cassius Dio 역시 이 기이한 사건을 언급하였다.

아셀러스 [Aselle / Asellus] 아이슬란드인들은 쥐며느리의 일종인 아셀러스라는 벌레를 숭배했다. 그들은 이 벌레를 입에 물고 있거나 난소를 말려 혀에 댔다. 이렇게 하면 원하는 것을 모두 가질 수 있다고 믿었기 때문이다. 그들은 이 말린 난소를 '소원의 돌'이라고 불렀다.

아사 신족 [Ases / Aesir] 스칸디나비아의 신족. 총 30명으로 구성되어 있다. 그중 12명의 신은 오딘Odin을 모셨고, 18명의 여신은 프리그Frigg를 모셨다.

아스가르드 [Asgard] 아사 신족, 즉 스칸디나비아의 신들이 살던 도시. 최고신 오딘Odin은 모든 생명체와 모든 사건을 볼 수 있는 이 화려한 도시에서 살고 있다.

아슈몰(엘리아스) [Ashmole(Élie) / Elias Ashmole] 1617년 출생한 영국 고고학자이자 연금술사. 일부 유용한 저서와 옥스포드Oxford의 아슈몰린 미술관Ashmolean Museum을 남겼다. 아슈몰은 1652년 런던에서 『영국 화학극Theatrum Chemicum Britannicum』(4절판)이라는 책을 펴냈다. 이 책은 영국 철학자들이 기록한 불가사의에 관한 영문 시를 다수 포함하고 있다. 그로부터 6년 뒤, 그는 『행복의 길The Way to Bliss』(1658년, 4절판)이라는 책을 펴냈다. 이 서적은 아슈몰이 직접 저술한 책은 아니지만 서문을 추가했다. 책엔 현자의 돌에 관한 내용이 담겨있다. **참조.** 현자의 돌 Pierre Philosophale.

보호 [Asile / Asylum] 범죄자에게 주어졌던 교회의 보호권은 마법사를 예외로 두었다. 물론 보호를 요구한 마법사도 없었다.

아시마 [Asima] 인간이 악행을 저지를 때 웃음을 터뜨리는 악마. 납달리족Naphtali이 사마리아Samaria로 이주하기 전, 에마스Emath에 살았을 적에 그를 숭배했다.

아스크 [Aske / Ask] 스칸디나비아의 종교 전통에서 말하는 최초의 인간.

아스모데우스 [Asmodée / Asmodeus] 파괴의 악마. 일부 랍비들은 사마엘Samael이라고 부른다. 노름판의 총감으로 낭비와 실수의 씨를 뿌리고 다닌다. 랍비들은 그가 솔로몬Solomon을 폐위시켰다고 말한다. 하지만 결국 솔로몬이 그를 사슬로 묶어 강제로 예루살렘Jerusalem의 사원을 짓게 했다고. 같은 랍비들이 언급하는 『토비트서Tobit』엔 어린 사라Sara 몸속에 있던 그를 생선 담즙 연기로 내쫓은 일화가 기록되어 있다. 이후 천사 라파엘Raphael은 그를 이집트 변방에 가두었다. 폴 루카스Paul Lucas는 여행 중에 아스모데우스를 마주친 적이 있다고 언급했다. 그리고 이 얘기를 들은 사람들은 그를 비웃었다. 『이집트의 편지Courrier de l'Egypte』를 읽어보면 이집트인들이 아직도 아스모데우스 뱀을 숭배하는 걸 알 수 있다. 게다가 리아나Ryanneh 사막엔 이를 위한 사원이 있다고 한다. 이 뱀은 스스로 몸을 자른 다음 순식간에 사라질 수 있다. **참조.** 하리디Haridi.

아스모데우스가 이브Eve를 유혹한 고대의 뱀이라고 말하는 이들도 있다. 구약성경의 칼데아 주해에서 볼 수 있듯, 유대인들은 그를 아스모다이Asmodai라 부르며 악마의 왕으로 생각했다. 바이어Johann Weyer의 말에 따르면, 그는 지옥에서 큰 권력을 지닌 왕으로 세 개의 머리가 달려있다고 한다. 아스모데우스의 첫 번째 머리는 황소를, 두 번째 머리는 인간을, 세 번째 머리는 숫양을 닮았다. 또 뱀의 꼬리와 거위의 발을 지녔다. 그는 입에서 불을 뿜으며 깃발과 창을 들고 있는데 용을 타고 이동한다. 아스모데우스는 지옥 서열에 따라 아모이몬Amoymon 왕에게는 복종한다[1].

아스모데우스를 구마할 땐 꿋꿋하게 선 채로 그의 이름을 불러야 한다. 그는 반짝이는 반지를 주고, 투명해지는 법과 기하학, 산수, 점성술과 기계학을 알려준다. 또 보물에 정통하기에 강제로 그에게 보물을 찾게 만들 수도 있다. 아스모데우스는 72개 군단을 거느린다. 때로는 샴돈Chammadai(Shamdon) 혹은 시도나이Sydonai라고 불리기도 한다. 아스모데우스는 마들렌 바방Madeleine Bavent에 빙의된 적이 있다.

르 사주Alain-René Lesage는 자신의 소설 『절름발이 악마Le Diable Boiteux』에서 아스모데우스를 주인공으로 차용하였다.

(1) 요한 바이어Johann Weyer, 『악마의 환상De Præstigiis Dæmonum』.

아스문두스와 아수이투스 [Asmund et Asweith / Asmundus and Asuitus] 긴밀한 우정을 나누던 덴마크의 두 전우. 그들은 생사 앞에서 서로 버리지 않을 것을 서약했다. 아수이투스가 먼저 죽자 아스문두스는 서약에 따라 벗과 벗이 키우던 개, 말을 커다란 동굴에 묻었다. 그리고 일 년 치 식량을 챙겨 아수이투스가 묻힌 동굴에 스스로 갇혔다. 그러던 중 악마는 망자의 몸에 들어가 아수이투스를 일으켜 세웠다(이 악마는 생전에 두 사람이 섬긴 존재로 추정된다). 그리고 충직한 아스문두스에게 열상을 입히고 얼굴에 흉한 상처를 남겼다. 또 한쪽 귀를 뜯어 버리기까지 했다. 하지만 악마는 분노한 이유조차 알려주지 않았다. 아스문두스는 무려 한 세기 동안 투쟁했고 결국 참을성을 잃어 망자의 머리를 잘라버렸다. 그리고 그제야 이것이 악마나 흡혈귀의 소행임을 알게 되었다. 그 사이 스웨덴 왕 에릭Errick은 담으로 입구가 막힌 동굴 앞을 지나게 되었다. 그는 웅성거리는 소리 듣고 정령들이 동굴 안에서 보물을 지킨다고 생각했다. 결국 동굴 벽을 부쉈고, 에릭은 안의 광경에 깜짝 놀라게 되었다. 지독한 냄새와 함께 피투성이의 창백한 아스문두스가 있었기 때문이다. 아스문두스는 자신의 이야기를 털어놓은 뒤 스스로 목숨을 끊었다. 왕은 그의 몸에 말뚝을 박은 후 그와 벗의 시체를 고루 불태웠다[1]. 이 때는 흡혈귀라는 존재가 세상에 알려져 있을 때였다. 다만 흡혈귀를 뜻하는 뱀파이어Vampire라는 명칭은 부여되진 않았었다. **참조.**

구울Ghole.

(1)『삭소 그라마티쿠스의 덴마크인 사적Saxonis Grammatici Historiæ Danicæ』, 5권.

아스무그 [Asmoug] 아리만Arimane의 명을 받아 페르시아에서 갈등, 재판, 싸움을 일으키던 악마 중 하나.

아수르스 또는 아수라스 [Asoors, Asouras] 여행자를 함정에 빠뜨리는 악귀. 인도인들은 이 악귀를 아수르스(아수라스)라고 부른다.

아스팜 [Aspame] 드 랑크르Pierre de Lancre는 다음과 같이 기술했다. '수룹바벨Zerubbabel은 아스팜을 열렬히 사랑했다. 아스팜은 스룹바벨을 노예 대하듯 뺨을 때렸다. 또 왕관을 빼앗아 머리 장식으로 사용하는 등 불미스러운 일들을 저질렀다. 그녀는 스룹바벨을 마음대로 웃고 울게 하였다. 이때 묘약과 현혹 마법을 사용했다(1).' 간혹 매력적인 여성들은 현혹 마법이나 묘약 없이 과도한 행동과 바보 짓을 하게 만들 수 있다.

(1)『완전히 입증된 마법에 대한 의심과 불신Incrédulité et mécréance du sortilège pleinement convaincue』 등.

마리 다스필쿠에타 [Aspilcuetta(Marie d')] 앙리 4세Henry IV 시절, 프랑스 라부르Lapurdi 앙다이Hendaye에 거주하던 마녀.

19세에 체포되었으며 마녀 집회에 따라간 적이 있다고 고백했다. 그곳에서 그녀는 악마의 커다란 꼬리 아래에 입을 맞췄다. 그녀는 그것이 마치 숫염소의 주둥이를 닮았다고 말했다(1).

(1)『완전히 입증된 마법에 대한 의심과 불신Incrédulité et mécréance du sortilège pleinement convaincue』 논설 5.

방패점 [Aspidomancie / Aspidomancy] 인도에서 일부 여행자들이 행하던 잘 알려지지 않은 점술. 드 랑크르Pierre de Lancre(1)는 예언가 혹은 마법사가 원을 그린 후 방패를 깔고 앉으며 점술이 시작된다고 말했다. 그리고 주문을 속삭이면 점술가는 흉측한 모습으로 변한다고 덧붙였다. 이때 점술가는 황홀경에 빠지게 되며 악마의 계시에 따라 질문에 답하게 된다.

(1)드 랑크르,『타락 천사의 변화론Tableau de l'inconstance des mauvais anges』, 2권, 논설 1.

이스라필 [Asrafil / Israfil] 이슬람의 천사. 최후 심판을 위해 나팔을 부는 끔찍한 천사이다. 그가 나팔을 불면 모든 망자가 깨어난다. 종종 아즈라엘Azrael과 혼동될 때도 있다.

아사푀티다 [Assa-Fœtida] 네덜란드인들은 이 식물을 악마의 똥Duivelsdrek이라고 불렀다.

암살 [Assassinat / Assassination] 이 범죄는 악마의 짓일 때도 있다.

아사신 [Assassins] 이스마일파Ismailis 이단. 대마를 이용해 사람들을 취하게 만들고 살인을 세뇌했다. 이들의 수장은 쉬크Sheik(교주) 또는 '산의 노인'이라고 불렸다. 아사신은 십자군 전쟁에서 유명했다. **참조.** 터기Thuggisme.

애시턴(윌리엄) [Assheton(Guillaume) / William Assheton] 영국의 신학자. 1711년 사망했다. 1691년 『유령의 가능성The Possibility of Apparitions』이라는 잘 알려지지 않은 소책자를 펴냈다.

아스타로스 [Astaroth] 지옥의 막강한 대공. 끔찍하게 못생긴 천사의 모습으로 지옥의 용을 타고 나타난다. 그는 왼손에 독사를 들고 있다. 일부 마법사들은 아스타로스가 서방을 다스리고 영주들과 친분이 있으며, 수요일에 소환되는 악마라고 말한다. 그는 시돈인Sidonians과 블레셋인Philistines들의 숭배를 받았다. 또 지옥 보물고를 지키는 관리인이기도 하다. 바이어Johann Weyer의 주장에 따르면, 그는 과거와 미래를 모두 알고 있다고 한다. 그렇기에 천지창조는 물론 천사들의 과오와 타락에 관한 은밀한 내용들도 쉽게 답해준다. 그리고 자신이 부당하게 형벌을 받았다고 주장한다. 그는 열성을 다해 인문학을 가르치며 40개의 군단을 거느린다.

아스타로스를 소환하게 되면, 풍기는 끔찍한 냄새 때문에 일정 거리를 유지해야 한다. 그의 콧구멍 아래 마법 은반지가 걸려있는 것도 악마의 악취를 막기 위함이다[1]. 아스타로스는 여러 인간을 홀렸다고 전해진다. 영국 전설에 따르면 파우스트Faust를 방문한 7명의 지옥 왕자 중 하나가 그였다고 한다. 그는 뱀의 형상으로 나타났다. 이야기에 따르면 아스타로스의 모습은 다음과 같다. '벽돌 색을 한 꼬리, 심하게 짧은 노란 발, 허옇고 누런 배, 적갈색의 목, 고슴도치를 닮은 곡선의 털을 지녔다. 그는 한 번에 손가락 하나 길이만큼 이동했다[2].'

(1) 요한 바이어, 『악마의 유사군주제Pseudomonarchia Dæmonum』. / (2) 프랑수아 위고François Victor Hugo, 『영국의 파우스트Le Faust Anglais』.

아스타르테 [Astarté] 아스타로스Astaroth의 여성형. 암송아지의 머리를 한 것으로 묘사된다.

아스티아게스 [Astiages / Astyages] 메디아Medes 제국의 왕. 키루스Cyrus가 아시아를 정복했을 당시, 할아버지인 아스티아게스는 어느 꿈을 꾸게 되었다. 꿈속에선 딸인 만다네Mandane의 한쪽 가슴에 포도나무가 자라났다. 그리고 이윽고 포도나무 잎은 온 아시아 전역을 뒤덮었다. 이는 만다네의 아들인 키루스의 권세를 예견한 꿈이었다.

아스티에 [Astier] 도피네Dauphine의 예언가 중 한 명. **참조.** 예언가Prophètes.

주사위점 [Astragalomancie / Astragalomancy] 주사위를 이용한 점술. 1부터 6까지 새겨진 평범한 주사위를 두 개 준비한다. 주사위는 한 번에 하나씩, 혹은 두 개를 한 번에 던질 수 있다. 1부터 12까지를 주사위에 적는 방식도 있다. 해결해야 하는 문제가 있거나 미래가 궁금하다면 먼저 쪽지에 질문을 적는다. 그리고 그 쪽지를 노간주나무 연기에 쐬게 한다. 이후 종이를 거꾸로 뒤집어 식탁 위에 올리고 주사위를 던진다. 주사위 숫자에 대응하는 각 글자를 나열하면 답을 얻을 수 있다. 1은 A를, 2는 E를, 3은 I 또는 Y를, 4는 O를, 5는 U를, 6은 B나 P나 V를, 7은 C나 K나 Q를, 8은 D 혹은 T를, 9는 F나 S나 X나 Z를, 10은 G 또는 J를, 11은 L이나

M이나 N을, 12는 R을 의미한다. 얻은 답이 모호하다고 해서 당황할 필요는 없다. 주사위가 변덕을 부리는 것이니까. 전혀 읽을 수 없는 답이 나온다면 다른 점술을 시도해보길 권장한다. H가 빠진 것은 필요 없는 글자이기 때문이다. 운명의 법칙은 맞춤법을 고려하지 않아도 된다. 즉, F를 PH로 읽거나 X를 CH로 읽는 것도 가능하다는 말이다.

선조들은 알파벳이 새겨진 작은 뼈나 주사위를 던져 운명을 맡기곤 했다. 아카이아Achaea에서 받았던 헤라클라스Heracles의 신탁도 같은 점술을 이용한 것이다. 항아리에 글자를 담은 뒤 복권 번호를 추첨하듯 뽑아 읽었다.

천체 [Astres / Celestial Bodies] 최초의 우상숭배는 천체에 대한 숭배에서 시작되었다. 길 잃은 백성들이 별과 사랑에 빠졌던 시절, 모세Mose는 히브리 민족에게 다음처럼 일러주었다. '하늘을 향하여 눈을 들어 해와 달과 별들, 하늘 위의 모든 천체 곧 너희의 하나님 여호와께서 천하 만민을 위하여 배정하신 것을 보고 미혹하여 그것에 경배하며 섬기지 말라.' (『신명기Deuteronomy』, 4장)

하나님의 계시를 믿지 않는 자들은 어떻게 모세가 주변 모든 현자 중 가장 총명했는지 설명할 수 있어야 할 것이다.[1]

무함마드Muhammad는 『코란Koran』에서 별들이 하늘의 파수병이라고 말했다. 또 악마의 접근을 막아 신의 비밀이 누설되지 못하게 막는다고도 덧붙였다.

반면 하나의 천체가 곧 천사 한 명의 집이라고 믿는 이단도 있었다. 아랍인들은 무함마드가 나타나기 전까지 별들을 숭배했다. 옛날 사람들은 별들이 살아 움직인다고 믿었다. 이집트인들은 별들이 비행체를 타고 하늘을 항해한다고 믿었다. 그들은 태양이 쪽배를 타고 매일 밤 서쪽에서 동쪽으로 돌아간다고 생각했던 것이다.

일부 과학자들은 별이 하늘의 눈이라고 생각했다. 그리고 하늘이 눈물을 흘릴 때 보석이 떨어진다고 믿었다. 별(행성)마다 편애하는 보석이 존재한다고 믿게 된 것도 이 때문이다.

(1) 베지에Nicolas Sylvestre Bergier, 『신학 사전Dictionnaire théologique』 속 '천체'를 참조할 것.

아스트롤라베 [Astrolabe] 별을 관찰하고 점을 보기 위해 사용하던 기구. 혼천의와 유사한 형태를 지녔다. 점성가는 점성을 보길 원하는 사람의 생일, 시간, 장소를 알아내어 당시의 천체 위치를 바탕으로 천상도를 재현했다.

과거에는 아스트롤라베를 이용해 도둑을 잡는 이들이 존재했다. 그들은 다음과 같이 말하곤 했다. "하늘은 과거, 현재와 미래를 보여주는 책과 같다. 천체의 모든 상황을 재현하는 도구가 이렇게 있는데, 세상 일어나는 일들을 읽지 못할 건 또 무엇이란 말인가?[1]"

(1) 르브룅Lebrun, 『미신관행 비평사Histoire critique des pratiques superstitieuses』, 1호, 220페이지.

점성술 [Astrologie / Astrology] 천체의 외관, 위치, 영향을 이용해 점을 치고, 운명을 알아보고, 앞날을 예언하는 기술. 인물 또는 사물을 판별하기에 판별점성학이라고도 불린다. 이러한 점성술은 칼데아Chaldea에서 생겨나 이집트, 그리스, 이탈리아로 뻗어나갔다. 일부 고서 수집가는 점성술을 처음 만든 것이 노아Noah의 아들 함Cham이라고 주장한다. 경찰서장을 지낸 니콜라 드 라 마르Nicolas de La Mare는 저서 『경찰 개론Traité de Police』(7부, 1장)에서 함이 악마로부터 점성술을 배웠다는 견해를 부정하지 않았다.

디오게네스 라에르티오스Diogenes Laertius는 이집트인들이 지구의 구체 형태와 월식의 원인을 알고 있었다고 주장했다. 그들은 높은 수준의 점성술을 행했으나, 기존의 점법 외에 멋대로 만든 규칙을 추가했다. 헤로도토스Herodotus의 말에 따르면 이집트인들은 매달, 매일을 어떤 신에게 봉헌해야하는지 교육했다고 한다. 또 출생 시 중천에 뜬 별에 따라 운을 점치며 어떤 일이 생기고 어떤 배우자를 얻고 어떻게 사망할지를 예견했다고 한다.

바빌론Babylon의 왕자 벨루스Belus는 자신의 어리숙한 아이들에게 이렇게 말했다. "천상의 장부에서 너희와 너희 자식들이 겪게 될 일까지 읽었도다." 폼페이우스Pompey, 카이사르Caesar, 크라수스Crassus는 점성술을 믿었다. 플리니우스Pliny는 점성술을 훌륭한 기술처럼 말했다. 점성술은 지금까지도 페르시아와 아시아에 많은 영향을 끼치고 있다. 타베르니에Tavernier는 이스파한Ispahan 견문기에 다음과 같이 저술했다. "이곳은 점성가의 의견이 곧 모든 것이다. 점성가의 한마디는 왕의 말보다 강력하며, 두려움까지 자아낸다. 왕은 언제나 네 명의 점성가를 대동하며 끊임없이 조언을 구한다. 점성가들은 왕의 산책 시간, 왕궁 귀가 시간, 화장실 방문 시간, 왕가 예복의 착용 유무, 왕홀을 건네는 시기 등을 알려준다. 왕궁 내 점성가들의 입지는 대단하다. 샤 사피Shah Safi왕은 수년 전부터 지병에 시달려왔지만, 점성술의 덕을 보지 못했다. 의사들은 왕의 상태가 악화된 것이 점성가들의 탓이라고 떠들겼다. 점성가들이 왕좌에 오르는 시기를 잘못 조언하여 병이 생겼다는 것이다. 점성가들은 자신들의 실수를 인정했다. 그리고 의사들과 합심해 하늘을 읽고 가장 호적한 시기를 찾아낸 후, 대관식을 다시 진행했다. 샤 사피왕은 이에 크게 만족하였다. 하지만 안타깝게도 그는 며칠 뒤 사망했다."

중국에서도 마찬가지였다. 황제는 탄생천궁도를 들여보기 전엔 무엇도 실행에 옮기지 않았다.

점성술에 대한 경외심은 일본인들도 깊었다. 그들은 점성가에게 건물 수명에 대한 조언을 듣기 전까지 절대 건축물을 짓지 않았다. 그리고 별의 응답에 따라, 새집 주민의 행복을 위해 헌신하거나 죽음을 택하는 이들도 있었다.[1]

히포크라테스Hippocrates, 베르길리우스Publius Vergilius Maro, 호라티우스Quintus Horatius Flaccus, 티베리우스Tiberius Caesar Augustus를 비롯한 대부분의 선조들은 점성술을 믿었다. 심지어 중세시대 사람들은 거의 점성술에 중독되어 있었다. 루이 13세Louis XIII와 루이 14세Louis XIV는 별을 이용해 점을 쳤다. 또 부알로Nicolas Boileau-Despréaux는 아무리 과감한 작가라도 천체가 시인으로 만들어주지 않는다면 파르나소스Parnassus*에 닿을 수 없다고 말했다.

점성술은 7개 행성과 황도 12궁 별자리만을 다룬다. 하지만 오늘날엔 이보다 9배나 많은 행성이 존재한다. 그런데도 점성가들은 가장 오래된 7개 행성만을 다루는 것이다. 점성가들의 말에 따르면 모든 생물의 팔과 다리는 천체의 지배를 받는다고 한다. 7개 행성은 곧 태양, 달, 금성, 목성, 화성, 수성, 토성을 가리킨다. 그리고 태양은 머리를, 달은 오른팔을, 금성은 왼팔을, 목성은 위를, 화성은 성기를, 수성은 오른발을 토성은 왼발을 지배한다. 이때, 화성이 머리를, 금성이 오른팔을, 목성이 왼팔을, 태양이 위를, 달이 성기를, 수성이 오른발을, 토성이 왼발을 관리한다는 주장도 있다.

이번엔 별자리가 관장하는 부위를 살펴보자. 양자리는 머리를, 황소자리는 목을, 쌍둥이자리는 팔과 어깨를, 게자리는 가슴과 심장을, 사자자리는 위를, 처녀자리는 배를, 천칭자리는 신장과 엉덩이를, 전갈자리는 성기를, 궁수자리는 허벅지를, 염소자리는 무릎을, 물병자리는 다리를, 물고기자리는 발을 통제한다.

제국과 도시들 역시 별자리의 영향을 받아 탄생했다. 독일의 16세기 점성가들은 양자리는 프랑크푸르트Frankfurt, 황소자리는 뷔르츠부르크Wurzburg, 쌍둥이자리는 뉘른베르크Nuremberg, 게자리는 마그데부르크Magdeburg, 사자자리는 울름Ulm, 처녀자리는 하이델베르크Heidelberg, 천칭자리는 빈Vienna, 전갈자리는 뮌헨Munich, 궁수자리는 슈투트가르트Stuttgart, 염소자리는 아우크스부르크Augsburg, 물병자리는 잉골슈타트Ingolstadt, 물고기자리는 레겐스부르크Regensburg의 탄생에 영향을 미쳤다고 보았다.

헤르메스Hermes는 각각의 행성이 머리에 있는 7개 구멍을 관장한다고 보았다.

토성과 목성은 두 귀를, 화성과 금성은 콧구멍을, 태양과 달은 두 눈을, 수성은 입을 관리한다. 유다 레온 아브라바넬Judah Leon Abravanel은 이를 인정하고 저서『사랑에 관한 철학Philosophie d'Amour』에서 (샹파뉴Champagne의 뒤 파르크Du Parc경에 의해 프랑스어로 번역됨) 다음처럼 기술했다. '태양은 오른쪽 눈, 달은 왼쪽 눈에 영향을 미친다. 이 두 행성은 하늘의 눈이기 때문이다. 목성은 왼쪽 귀를, 토성은 오른쪽 귀를 지배하고, 화성은 오른쪽 콧구멍을, 금성은 왼쪽 콧구멍을 지배한다. 마지막으로 대화에 관여하는 수성은 입을 지배한다.'

이 외에도 토성은 생명, 변화, 건조물 그리고 과학에 관여한다. 목성은 명예, 염원, 부와 옷의 청결함에, 화성은 전쟁, 감옥, 결혼 그리고 증오에, 태양은 희망, 행복, 이익 그리고 유산에, 금성은 우정과 사랑에, 수성은 질병, 손해, 빚, 상업 그리고 근심에, 달은 상처, 꿈 그리고 좀도둑에 관여한다. 이는『대 알베르투스의 경이로운 비밀들Les Admirables secrets d'Albert le Grand』에 기록된 바이다.

이처럼 인간사를 관장하는 행성들은 점술 위치에 자리할 때마다 동일한 영향을 끼친다. 목성은 12년마다 같은 자리로 돌아오고 동일한 명예를 안겨준다. 금성은 8년 만에 원래의 자리로 돌아와 똑같이 사랑을 안겨준다. 다만 그 대상이 달라질 순 있다.

행성들은 각각 영향을 끼치는 요일이 있다. 태양은 일요일에, 달은 월요일에, 화성은 화요일에, 수성은 수요일에, 목성은 목요일에, 금성은 금요일에, 토성은 토요일에 영향을 끼친다. 이것이 전부가 아니다. 태양은 황색, 달은 백색, 금성은 녹색, 화성은 적색, 목성은 청색, 토성은 흑색, 수성은 혼합색을 갖는다. 태양은 금을, 달은 은을, 금성은 주석을, 화성은 철을, 목성은 청동을, 토성은 납을, 수성은 수은을 관리한다.

태양은 자비와 호의에, 토성은 슬픔과 우울 그리고 냉정에, 목성은 온화함과 인자함에, 화성은 정열에, 금성은 온정에, 수성은 변화에, 달은 쓸쓸함에 관여한다.

양자리, 사자자리, 궁수자리는 뜨겁고 건조하고 불타오른다. 황소자리, 처녀자리, 염소자리는 무겁고 차가우며 건조하다. 쌍둥이자리, 천칭자리, 물병자리는 가볍고 따뜻하고 습하다. 게자리, 전갈자리, 물고기자리는 습하고 차가우며 부드럽다.

아이가 태어났을 때 천문을 통해 미래를 점치고 싶은가? 그렇다면 천문 관측기구인 아스트롤라베를 통해 어떤 별자리와 행성이 하늘을 관장하는지 확인해야 한다. 그리고 그것들의 힘, 특성, 역할을 바탕으로 끼치는 영향들을 도출한다. 만약 같은 성질의 세 별자리가 하늘에서 만난다면 다음처럼 해석될 수 있다. 예를 들어 양자리, 사자자리, 궁수자리는 삼분위각을 만들며 하늘을 세 개로 나눈다. 이때 세 별자리는 가상의 경계를 그려낸다. 이는 좋은, 긍정적인 징조이다.

양자리와 쌍둥이자리 혹은 황소자리와 게자리처럼 하늘을 여섯 개로 나누는 별자리끼리 만나면 '육분위각'이 만들어진다. 이는 불길한 징조를 의미한다.

양자리와 게자리, 황소자리와 사자자리, 쌍둥이자리와 처녀자리처럼 하늘을 네 개로 나누는 별자리끼리 만나면 '사분위각'이 완성된다. 이는 나쁜 징조를 의미한다.

출생 시 하늘의 정 반대편에 위치한 양자리와 천칭자리, 황소자리와 전갈자리, 쌍둥이자리와 궁수자리가 만나면 이는 '충'을 만들며 행실이 나쁘고 불건전한 아이가 태어났음을 의미한다.

별들이 '합'을 이루었다는 것은 두 개의 행성이 똑같은 별자리나 궁에서 만났음을, '충'을 이루었다는 것은 정 반대되는 곳에 놓여있음을 뜻한다.

황도대의 각 별자리는 태양의 집이라고 불리는 '궁'을 가진다. 원의 각도가 360°이기 때문에 12개 궁들은 각각 30°씩 가진다. 점성가들은 원 또는 사각 모양 그림을 열두 개로 나눈 후, 각 궁에 번호를 붙여 부른다.

첫 번째 궁은 양자리의 궁으로 점성술 용어에서 '동쪽 각'이라고 불린다. 이 별자리아래 태어난 이는 장수를 하기에 생명의 궁으로 여겨진다.

두 번째 궁은 황소자리의 궁으로 '낮은 문'이라고 불린다. 이는 부와 재물 축적의 궁이다.

세 번째 궁은 쌍둥이자리의 궁으로, '형제의 집'이라고 불린다. 이는 유산과 좋은 사유지의 궁이다.

네 번째 궁은 게자리의 궁으로, '하늘의 끝', '땅의 각', '부모의 집' 등으로 불린다. 이는 보물과 유산의 궁이다.

다섯 번째 궁은 사자자리의 궁으로, '아이들의 집'으로 불린다. 이는 상속과 기증의 궁이다.

여섯 번째 궁은 처녀자리의 궁으로, '화성의 사랑'이라고 불린다. 이는 슬픔, 이면과 질병의 궁이다.

일곱 번째 궁은 천칭자리의 궁으로, '서쪽 각'이라고 불린다. 이는 결혼과 신혼의 궁이다.

여덟 번째 궁은 전갈자리의 궁으로 '높은 문'이라고 불린다. 이는 공포, 근심과 죽음의 궁이다.

아홉 번째 궁은 궁수자리의 궁으로, '태양의 사랑'이라고 불린다. 이는 신앙심, 종교, 여행과 철학의 궁이다.

열 번째 궁은 염소자리의 궁으로, '하늘의 중심'이라고 불린다. 이는 짐, 존엄성과 왕관의 궁이다.

열한 번째 궁은 물병자리의 궁으로, '목성의 사랑'이라고 불린다. 이는 친구, 선행과 재산의 궁이다.

열두 번째 궁은 물고기자리의 궁으로, '토성의 사랑'이라고 불린다. 가장 나쁘고 불길하다. 중독, 불운과 질투, 화와 변사의 궁이다.

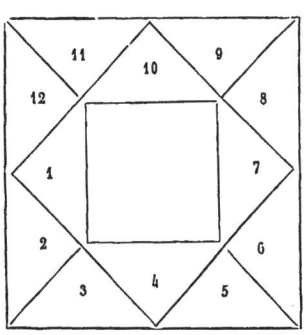

양자리와 전갈자리는 화성의 보살핌을 받는 별자리다. 황소자리와 천칭자리는 금성으로부터, 쌍둥이자리와 처녀자리는 수성으로부터, 궁수자리와 물고기자리는 목성으로부터, 염소자리와 물병자리는 토성으로부터, 사자자리는 태양으로부터, 게자리는 달로부터 극진한 사랑을 받는다.

행성과 별자리의 만남은 각별히 신경을 써야 한다. 만일 출생 시 화성과 양자리가 만난다면 용기와 긍지 그리고 장수를 뜻한다. 화성과 황소자리가 만난다면 부와 용기를 얻는다. 한 마디로 화성은 만나는 별자리 운세를 극대화하고 가치와 힘을 더한다. 토성은 고통과 불행 그리고 질병을 가져온다. 즉 나쁜 운세는 확대하고 좋은 운세는 망가뜨린다. 이와 반대로 금성은 좋은 운세를 확대하고 나쁜 운세는 축소한다. 수성은 결합에 따라 운세를 확대하거나 축소한다. 부적합한 별자리인 물고기자리와 만나면 운세가 약화되고, 적합한 염소자리와 만나면 보다 나아진다. 달은 행복한 별자리를 만나면 우울을, 불길한 별자리를 만나면 슬픔과 광기를 더한다. 부와 명예를 내려주는 목성은 좋은 운세를 확대하고 나쁜 운세는 일부 날려 보낸다. 상승점의 태양은 군주의 은총을 하사한다. 이때 운세에 끼치는 영향은 목성과 유사하다. 하지만 하강점의 태양은 그 반대의 의미를 지닌다.

쌍둥이자리, 천칭자리와 처녀자리는 뛰어난 아름다움을 부여한다. 전갈자리, 염소자리와 물고기자리는 일반적인 아름다움을 부여한다. 그 외의 별자리는 어느 정도의 누추함을 부여한다. 처녀자리, 천칭자리, 물병자리와 쌍둥이자리는 아름다운 목소리를 부여한다. 게자리, 전갈자리, 물고기자리는 불쾌한 목소리를 부여한다. 다른 별자리는 목소리에 영향을 미치지 않는다.

점술을 행할 당시 행성 및 별자리들이 동쪽에 자리한다면 '생명이 시작될 때' 혹은 '어떤 일을 시작할 때' 영향을 받는다. 행성과 별자리가 하늘 높이 자리한다면 삶의 중반부, 서쪽에 자리한다면 삶의 후반부에 영향을 받는다.

보다 분명한 점괘를 얻기 위해선 출생 시

간, 사건 발생 시기를 정확하게 아는 것이 필요하다. 이를 정확하게 알지 못하는 이들을 위한 것도 있다. 탄생 별자리에 따른 기성 별점이다. 참조. 별점 Horoscopes.

이는 점성술의 원리를 짧게 설명한 것이다. 한때 칭송받고 보편적으로 통용되던 이 기술은 명성이 많이 사그라들었다. 점성가들은 지구가 너무 빨리 돌기에 별의 위치가 순식간에 바뀐다는 것을 인정했다. 따라서 점성술을 행하려면, 산파들이 주의 깊고 정확하게 출생 시간을 확인해야 한다. 그리고 태어난 아이는 자신의 별을 마치 자산처럼 간직하고 기억해야 할 필요가 있다. 바클레이 Barclai는 다음과 같이 말했다. "하지만 산모가 처한 위험으로 인해 이는 꿈도 꾸지 못한다. 게다가 이러한 미신을 맹신하는 사람이 없기도 하다! 만약 아이가 세상에 나오는 시간이 한참 걸렸다면, 혹은 머리가 나왔으나 나머지 몸이 아직 나오지 않았다면, 어떤 순간의 별을 보고 불길하거나 길하다고 판단해야 할까? 아이가 머리만 나왔을 때? 아니면 온전히 출산이 되었을 때?"

(1) 카스틸혼 M. L. Castilhon, 『오류와 미신에 관한 수상록 Essai sur les erreurs et les superstitions』, 5장. / * 그리스 신화에 등장하는 파르나소스산은 신들이 거하는 곳이다. 이곳은 시인, 예술가들이 모여 사는 근원적 장소를 상징한다.

점성가 [Astrologues / Astrologers] 여기 점성가에 관한 몇 가지 이야기가 있다. 어느 하인이 주인의 물건을 훔쳐 달아났다. 주인은 사람을 시켜 도둑을 쫓았지만 잡지 못했고, 결국 점성가를 찾아갔다. 찾아간 점성가는 과거사를 알아맞히는데 특출난 재능이 있었다. 그는 도둑이 태어났을 때 달과 수성의 합이 맞았기에 하늘의 가호를 받는다고 말했다. 그래서 계속 쫓는 것은 쓸모없는 짓이라고 일러주었다. 점성가가 이 점괘를 읊는 동안 다른 하인들이 도둑을 잡아 왔다. 수성의 가호에도 불구하고 말이다.

점성가들은 어쩌다 맞춘 한두 개 예언은 크게 떠벌리면서, 천 번의 헛짚음은 쉽게 잊어버린다. 어느 점성가는 시인 아이스킬로스 Aeschylus가 집에 깔려 죽는다고 예언했다. 아이킬로스는 이 운명을 피하고자 들판 한가운데서 살았다. 하지만 거북이를 들고 날던 독수리가 머리 위로 거북이를 떨어뜨리는 바람에 사망하게 되었다. 눈을 가리더라도 백 발의 화살 중 한 발 정도는 명중하는 법이다. 매일 유럽에서 수천 명의 점성가가 새로운 예언을 한다면, 일부는 우연히 맞을 수도 있는 것이다. 드물게라도 점성가가 맞는 예언을 하면 사람들은 계속 맹신하게 된다. 수백만 번의 거짓된 점괘에도 불구하고 말이다.

황제 프리드리히 1세 Frederic Barbarossa는 갓 습격한 비첸차 Vicenza를 떠나기 전 가장 유명한 점성가를 소환했다. 그리고 다음 날 아침 어느 문으로 나가게 될지 맞혀보라고 말했다. 약삭빠른 점성가는 자신이 잘하는 잔꾀를 부렸다. 그는 프리드리히 1세에게 쪽지를 건네주며 문밖을 나선 후 열어보라고 말했다. 그날 밤 황제는 몇 미터나 되는 벽을 부수도록 한 후 그 구멍으로 나왔다. 그리고 쪽지를 열자 깜짝 놀라지 않을 수 없었다. 쪽지에는 다음과 같이 적혀있었다. '황제는 새로운 문으로 나올 것이다.' 그렇게 점성술과 점성가는 무한한 존경을 얻게 되었다.

말 때문에 죽을 운명을 타고난 한 남자는 동물만 보면 질겁하며 피했다. 하루는 길을 걷는 중 남자의 머리 위로 간판이 떨어졌다. 그는 바로 즉사했다. 떨어진 것은 여인숙 간판이었는데 검은 말 그림이 그려져 있었다고 한다.

다른 이야기도 있다. 순진한 부자였던 리옹Lyon의 한 부르주아는 점괘에서 알려준 수명이 닿는 날까지 최선을 다해 전 재산을 탕진했다. 하지만 점성가가 정해준 날에도 그는 버젓이 살아있었다. 하는 수 없이 동냥을 하게 된 그는 이렇게 말했다고 전해진다. "자신의 운명보다 더 오래 살아남은 남자를 가엽게 여겨주십시오."

한 여성은 점성가를 찾은 후 자신이 지닌 슬픔을 맞춰보라고 말했다. 그녀의 생년월일시를 들은 점성가는 운세를 알려주며 이런저런 쓸모없는 말들을 떠벌렸다. 여성은 그에게 15상팀Centime*을 주었다. 점성가는 다음과 같이 말했다. "당신의 점괘를 보니 부자가 될 수 없군요." 여자는 답했다. "맞아요." 다시 천문도를 살피던 점성가가 말했다. "혹시 뭔가 잃어버린 것은 없나요?" 여자가 답했다. "있지요. 방금 당신에게 쓴 아까운 돈을 잃었답니다."

무굴 제국Great Mogul 황제 샤 자한Shah Jahan에겐 네 아들이 있었다. 그리고 아들 중 하나인 다라Darah는 점성술을 맹신했다. 어느 날 한 점성가는 그가 왕위를 계승할 것이라며 목숨을 걸고 장담했다. 다라는 이 말을 믿었다. 사람들은 굳이 목숨을 걸고 불확실한 일을 장담하는 점성가를 놀랍게 생각했다. 점성가는 말했다. "결국 둘 중 하나입니다. 다라가 왕위를 차지하면 나는 돈방석에 앉을 것이고, 왕위에 오르지 못하면 다라는 죽임을 당할 것입니다. 그러니 복수를 두려워할 필요가 없겠지요."

칼리프 발리드Caliph Valid 통치 시절, 아랍의 헤기아지Heggiage 장군이 병상에 있자 어느 점성가가 그의 죽음을 예견하였다. 헤기아지는 다음과 같이 답했다. "나는 당신의 능력을 완전히 신뢰하오. 그렇기에 저승에 갈 때 당신을 데려가야겠소. 저승에 도착하면 그대를 부려 먹어야 하니 먼저 가 있는 게 좋겠소." 결국 그는 별들이 알려준 운명의 날이 오기도 전에 목이 잘렸다.

마찬가지로 점술을 믿었던 마누엘Manuel 황제는 별의 안내에 따라 함대를 띄웠다. 하지만 놀라운 성과는커녕 함대는 패배하고 불태워지고 침몰당하였다. 영국의 왕 헨리 7세Henry VII는 한 점성가에게 어디서 성탄절을 보내게 될지 맞혀보라고 했다. 점성가는 알지 못한다고 답했다. 왕은 다음과 같이 말했다. "내가 그대보다 점술 실력이 출중한 모양이다. 그대가 런던탑에서 성탄절을 맞이하는 모습이 눈앞에 그려지니 말이다." 그렇게 점성가는 형편없는 판단력으로 인해 감옥에 갇혔다.

한 점성가는 밀라노Milan 공작 잔 갈레아초 스포르차Gian Galeazzo Sforza의 얼굴을 보곤 다음처럼 말했다. "공작님, 얼굴에 죽음이 드리웠으니 하던 일을 모두 중단하십시오." 공작이 물었다. "네가 그걸 어찌 아느냐?" 점성가가 답했다. "별들의 조예를 통해 알지요." 공작이 다시 물었다. "그렇다면 너는 얼마나 오래 사느냐?" 점성가는 이에 답했다. "제 행성은 저에게 장수할 운명을 주었습니다만…" 답을 들은 공작은 말했다. "오, 저런! 행성들이 하는 소리를 믿어선 안 된다는 걸 알게 해주겠다." 점성가는 그 자리에서 교수형에 처해졌다.

* 프랑스 화폐 단위. 1상팀은 1프랑의 100분의 1이다.

점성학 [Astronomancie / Astronomancy] 별을 통해서 점을 보는 학문. 점성술Astrologie과 동의어이다.

아스틸루스 [Astyle / Astylus] 켄타우로스Centaur 이야기에 등장하는 유명한 예언가. 플루타르코스Plutarch 이야기에선 아스티필루스Astyphilus라는 다른 예언자가 등장한다.

아스위하드 [Asuman / Astwihad] 동방박사들이 죽음의 천사라고 여겼던 존재.

아수이투스 [Asweith / Asuitus] 참조. 아스문두스Asmund.

아테 [Até] 디스코르디아Discordia의 딸. 그리스 신화에서 해로운 신으로 등장한다.

아테나고라스 [Athénagore / Athenagoras] 플라톤학파Platonism의 철학자. 2세기에 기독교로 개종하였다. 그는 『망자 환생에 관한 논문Treatise on the Resurrection of the Dead』을 저술했다. 이 논문은 1574년 파리Paris에서 생트 포이Sainte-Foy의 신부 고사르Gaussart를 통해 번역 출간되었다(그리스어에서 프랑스어로). 그리고 1577년 보르도Bordeaux에서 다시 뒤페리에Duferrier를 통해 8절판으로 재출간되었다.

아테나이스 [Athénaïs] 에리트라이Erythrae의 무녀. 알렉산더Alexander 시대에 활동하였다.

아테노도로스 [Athénodore / Athenodorus] 아우구스투스Augustus 시절 스토아학파Stoic 철학자. 당시 아테네Athens엔 아무도 살지 않는 아름다운 저택이 한 채 있었다. 그리고 그곳엔 밤마다 유령이 출몰했다. 아테네에 도착한 아테노도로스는 일말의 우려도 없이 그 저택을 매입했다.

첫날 밤, 그가 글을 쓰는 와중에 어디선가 쇠사슬 소리가 들려왔다. 아테노도로스는 소리를 듣고 고개를 들었다. 그러자 끔찍한 몰골의 노인 하나가 쇠사슬에 묶인 채 천천히 다가오는 것이 보였다. 하지만 그는 계속해서 글을 써 내려갔다. 유령은 그를 보더니 다가오라는 손짓을 했다. 이를 본 아테노도로스는 손을 들어 기다리라는 신호를 주었다. 그리고 또다시 글을 썼다. 이번엔 유령이 계속 쇠사슬을 달그락거리며 그의 신경을 긁었다. 결국 피로감을 느낀 아테노도로스는 유령을 따라 걷기로 했다. 유령은 정원의 한쪽 구석으로 가더니 갑자기 사라져버렸다. 깜짝 놀란 아테노도로스는 유령이 사라진 곳에 잔디를 한 줌 뽑아 표시해두었다. 그렇게 그는 침실로 돌아왔고, 다음날 관헌에 이를 알렸다. 사람들은 유령이 사라졌다고 했던 자리를 파보았다. 그리고 그곳엔 쇠사슬에 묶인 유골이 있었다. 이후 고인의 장례를 치러주었고 저택은 다시 평화를 되찾았다.[1] **참조.** 아욜라와 아리그노트Ayola et Arignote.

(1) 소 플리니우스Pliny the Younger, 7권, 서간 27.

아티니우스 [Atinius] 티투스 리비우스Titus Livius Patavinus는 다음의 이야기를 언급했다. 큰 경기가 열린 어느 아침, 로마의 한 시민이 서커스장에 노예 한 명을 끌고 와 채찍질하고 있었다. 그리고 다른 로마 시민들은 이를 즐겁게 관람했다. 이윽고 채찍질이 끝나자 경기의 막이 올랐다. 그로부터 며칠 후, 아티니우스라[1]는 한 시민의 꿈에 카피톨리누스Capitolinus 신전의 주피터Jupiter가 나타났다. 그리고 최근 경기에서 보인 무도가 마음에 들지 않는다고 말했다. 주피터는 이를 집정관들에게 고하고 다른 무용가를 데려와 다시 축제를 벌일 것을 명했다. 잠에서 깬 아티니우스는 이 꿈을 말하면 비웃음을 사게 될 것이 뻔했기에 아무런 조치를 취하지 않았다. 하지만 그다음 날 건강했던 아들이 갑작스러운 죽음을 맞이하게 되었다. 그리고 다음 날 밤 주피터가 다시 꿈에 나타나 신의 명령을 거역한 게 사실인지 물었다. 그리고 다시 명령을 거역했다간 더 끔찍한 일을 겪게 될 것이라고 덧붙였다. 그런데도 아티니우스는 집정관을 보러 갈 용기를 내지 못했다. 그리고 이번엔 갑작스러운 마비로 아티니우스의 수족을 움직이지 못하게 되었다. 그는 의자에 탄 채 원로원으로 이동했고 그간 일어난 일을 모두 알렸다. 놀랍게도 이야기를 마치기 무섭게, 그는 다시 일어나 건강을 회복했다. 모든 상황이 기적과도 같았다. 곧 사람들은 주피터 마음에 들지 않았던 무용가가 매를 맞은 노예라는 사실을 깨달았다. 이후 가여운 노예를 채찍질했던 주인은 벌을 받게 되었다. 그리고 로마인들은 이전보다 더 성대한 축제를 열었다. -로마력 265년.

(1) 플루타르코스Plutarch는 그를 티투스 라티누스Titus Latinus라고 불렀다.

아트레 [Atré] 앵글로색슨족Anglo-Saxons의 신 또는 악마. 오직 악행만을 저지른다.

아트로포스 [Atropos] 운명의 세 여신 중 한 명. 운명의 실을 끊는 역할을 한다. 헤시오도스Hesiodos는 그녀를 아주 잔인한 신으로 묘사한다. 검은 옷을 입은 노파의 모습을 지녔다.

아틸라 [Attila] '신의 재앙*'이라는 별칭으로 불렸다. 투루아Troyes의 주교, 성 루퍼스 St. Lupus는 아틸라의 샹파뉴Champagne 파괴를 저지했다. 로마 침략을 위해 전진하던 중, 아틸라는 꿈속에서 환영을 보게 되었다. 꿈엔 어느 연로한 남성이 사제복을 입고 칼집이 없는 칼을 들며 나타났다. 그는 교황 성 루퍼스의 간청을 듣지 않으면 죽음을 면치 못할 것이라고 위협했다. 다음 날, 교황은 그에게 로마를 침략하지 않을 것을 요청했고, 그는 그러겠노라 대답하며 진격을 멈추었다. 폴 다이아크르Paul Diacre는 저서 『롬바르디아의 역사Historia Langobardorum』 15권에서 아틸라에 관한 이야기를 기록했다. 그리고 통설에 따르면 아틸라 꿈에 나타난 것은 사도의 우두머리인 성 베드로St. Peter라고 주장했다. 반면 아틸라가 악마의 자식이라는 설도 있다.

* 당시 야만적 침략을 일삼던 훈족을 지칭하는 말이기도 했다.

접촉 [Attouchement / Touching] 플리니우스Pliny의 말에 따르면, 피로스Pyrrhus는 오른쪽 엄지발가락으로 비장 통증이 있는 환자를 만졌다고 한다. 그리고 이렇게 하면 환자들의 통증이 사라졌다고 덧붙였다. 하드리아누스Hadrian는 수종 환자를 검지손가락 끝으로 만졌다. 그러면 복부에선 고인 물이 빠져나왔다. 많은 마법사, 주술사들 역시 접촉으로 사람을 치료하는 기적적인 방법을 알고 있었다. 참조. 주문Charmes, 연주창Écrouelles 등.

나탄 도비네 [Aubigné(Nathan d')] 라틴어 이름은 알비누스Albineus로, 그 유명한 위그노 도비네Huguenot d'Aubigné의 아들이다. 그는 연금술을 신봉하였고 '화학 총서 Bibliothèque Chimique'라는 논설집을 출판하였다. 주로 현자의 돌을 믿는 이들이 그의 책을 찾았다.(1)

(1) 『나타니스 알비누스가 선정 및 개선한 화학총서 Bibliotheca Chimica Contracta ex Delectu et Amendatione Nathanis Albinei』, 1654년, 1673년, 제네바, 8절판.

오브리(장) [Aubrey(Jean)] 알베리우스 Alberius라고도 불렸다. 영국의 고고학자로 1700년에 사망했다. 1696년엔 『다음 주제들의 논총: 날짜와 장소의 운명성, 예언, 꿈, 유령, 불가사의A Mixture of the Following Subjects: Inevitability of Days, Inevitability of Places, Omens, Dreams, Apparitions, Wonders』라는 책을 펴냈다. 이 책은 1721년에 내용을 추가해 재판되었다.

오브리(니콜) [Aubry(Nicole)] 베르방 Vervins에 살던 어린아이. 그녀가 악마에게 붙들렸던 사건은 13세기 당시 큰 파문을 낳았다. 16살이었던 오브리는 아버지 묘에 기도를 올리러 가던 중, 부친의 유령을 만나게 되었다. 이 유령은 오브리에게 자신의 명복을 위해 몇 차례나 악마를 찬양해야 하는지 일러주었다. 그녀는 충실한 마음으로 시킨 모든 것을 했지만, 이후에도 유령은 매일 찾아왔다. 그리고 결국 유령은 자신의 정체가 악마임을 드러냈다. 악마가 오브리에게 붙어 여러 장소를 다니는 동안 많은 사람이 이 모습을 목격했다. 그리고 곧 악마의 소행임을 알게 되었다. 랑Laon의 주교는 오브리를 두고 3달이나 악마를 쫓는 의식을 치렀지만, 모두 소용없었다. 이 의식을 치르는 동안 열 명 이상의 남자들은 오브리를 붙들고 있었다. 하지만 그녀는 관중들이 보는 가운데 남성들의 제압을 모두 떼어냈다. 공중인들은 이 사건을 조서에 기록하였다. 그로부터 2세기 후, 파리Paris의 부사제 묘에서도 다시 구마 의식이 행해졌다. 이에 관한 기록은 모든 신뢰성 있는 양식과 보증을 거쳐 작성되었다. 인체과학은 이 끔찍한 현상들을 설명하지 못하고 허우적대기만 했다. 니콜 오브리는 어린 나이임에도 열댓 명 장정을 무력화하고 여러 언어를 구사할 수 있었다. 또 세상에 알려지지 않은 신밀한 비밀들을 아는 것은 물론, 한참 떨어진 곳에서 벌어지는 일을 보는 능력까지 있었다.

초기 구마 의식은 베르방에서 시작되었다. 놀란 주교는 니콜 오브리를 랑으로 불러들여 직접 의식을 치렀다. 당시 대성당엔 만 명에서 만 이천 명 정도의 관중들이 모여들었다고 한다. 니콜 오브리 몸엔 한 명이 아닌 여러 명의 악마가 들어있었다. 그리고 이때, 신의 허락하에 악마 군단이 들어앉은 것을 확신하게 되었다. 그곳에선 너무 기이한 장면들이 펼쳐졌기에 파리 의회와 대학은 랑에 사람을 파견하였다. 게다가 교황의 대사까지 의식에 참석하게 되었다. 그 모습을 본 악마들은 더욱 거만해져 구마 의식을 행하는 자들은 물론 주교도 모욕하였다. 하지만 이 와중에도 악마들은 니콜 오브리를 감옥에 수감시키자고 주장하던 개신교 신자들은 신경 쓰지 않았다. 또 니콜 오브리를 독살하자고 주장하던 개신교 의사가 있었지만 다른 개신교 신자들이 이를 받아들이지 않았다. 악마들은 자신도 모르는 새에 종교 개혁파를 지독히 풍자하며 괴롭혔고, 이는 무수한 칼뱅주의자Calvinist들의 개종을 초래하게 되었다. 이러한 예로 역사에 한 획을 그은 플로리몽 드 레몽Florimond de Remond을 들 수 있다. 이후 결국 악마들은 싸움에서 졌고 소녀는 그들에게서 풀려났다. 이 악마들은 총 29마리였는데 황소의 모습을 한 벨제부스Belzébuth, 양의 모습을 한 발타조Baltazo, 돼지의 모습을 한 아스타로스Astaroth가 선두에 있었다. 나머지는 암양처럼 살찐 고양이의 형상을 하고 있었다. 니콜 오브리 일화는 소르본Sorbonne 대학을 통해 프랑스어, 라틴어, 스페인어, 이탈리아어 그리고 독일어로 번역되었다. 그녀의 이야기는 너무도 큰 반향을 불러일으켰고 샤를 9세Charles IX는 직접 오브리를 만나고자 했다. 그리고 1506년 8월 27일 둘의 만남이 이뤄졌다.

이 이야기는 수없이 변질되었다. 또 루덩Loudun의 일화를 비롯해 여러 이야기가 꾸며지기도 했다. 그렇기에 인제 와서 정확한 내용을 확인하는 것은 어려운 일이다. 괴레스Johann Joseph Görres는 저서 『신비주의Mystique』 제4권에서 동일 이야기를 꽤 정성껏 다루었다.

오둠라 [Audumla] 신성한 섬광이 스칸디나비아 얼음 일부를 녹였고, 그곳에서 암송아지 오둠라가 태어났다. 오둠라는 같은 시각에 태어난 이미르Imir에게 자신의 젖을 먹였다. 오둠라가 얼음을 핥자 그곳에서 보르Bor (부리Buri)가 튀어나왔다. (스칸디나비아 전설)

오제로 다르모르 [Augerot d'Armore] 마법사. **참조.** 초로피크Chorropique.

점복관 [Augures] 로마 시대엔 점복관을 신의 대변인으로 여겼다. 그렇기에 사람들은 거사를 앞두고 늘 그들을 찾았다. 점복관들은 새들의 비행, 지저귐, 식사를 보며 일의 성공 여부를 점쳤다. 또 신성한 닭의 식욕과 제물의 내장을 확인해 행정관을 뽑거나 전투를 진행했다. 한니발Hannibal은 프루시아스Prusias 왕에게 로마인과 전투할 것을 독촉했다. 하지만 왕은 제물의 점괘가 이를 반대한다며 변명을 대고 따르지 않았다. 한니발은 이렇게 말했다. "노련한 장군의 견식보다 양의 의견이 낫다는 말인가 보오."

점복관들은 천둥과 번개, 일식과 월식, 혜성의 출현을 통해서도 미래를 예견했다. 하지만 학자들은 그들의 점술 의식에 속아 넘어갈 정도로 순진하지 않았다. 키케로Cicero는 두 점복관이 어떻게 웃음을 터트리지 않고 서로를 쳐다볼 수 있는지 이해하기 어렵다고 말했다.

몇몇 이들은 점술을 믿지 않았지만, 대중이 이를 믿기 때문에 불상사를 당하기도 했다. 카르타고인Carthaginian과의 전투를 앞둔 클라우디우스 풀처Claudius Pulcher는 신성한 닭이 모이를 먹지 않는다고 하자 다음과 같이 말했다. "그럼 바다에 던져버려라. 모이가 먹기 싫다면 물이라도 마시겠지." 이 불경한 소리에 군대는 격분했고, 결국 클라우디우스는 전투에서 패했다[1].

순진한 사람들에게 새는 미래를 예견하는 선물 같은 존재이다. 올빼미 울음소리는 죽음을, 나이팅게일의 노랫소리는 기쁨을 예견한다. 뻐꾸기는 재물 소식을 가져온다. 단, 뻐꾸기 울음소리를 처음 들을 때 동전을 지니고 있어야 한다.

카르다노Cardan는 작은 까마귀가 눈앞을 날면 불행한 앞날을 예고하는 것이라고 말했다. 까마귀가 오른쪽으로 날면 현재의 불행을 의미한다. 반면 왼쪽으로 날면, 주의한다면 피할 수 있는 불행을 의미한다. 까마귀가 머리 위로 날면 죽음을 뜻한다. 날때는 까마귀가 우는지 확인해야한다. 만약 까마귀가 조용히 난다면 아무런 예시도 하지 않는 것이기 때문이다….

점술은 칼데아인에서 그리스인에게, 이

후 로마인에게까지 전파되었다. 유대인들은 『레위기Leviticus』 22장에서 점술을 금지하고 있다.

가스파르 퍼서 Gaspard Peucer는 점복관들이 다섯 가지 요소를 통해 점을 쳤다고 주장했다. 이는 1) 하늘 2) 새 3) 두발짐승 4) 네발짐승 5) 집 안이나 집 밖에서 인간에게 발생하는 사건이다.

반면 마지올리 Maggioli가 저서 『혹염의 날 Scorching Days』 부록 두 번째 컬로퀴엄에서 입증한 바와 같이, 고대 점술서는 황도대 12궁 수에 따라 12개 주요 요소로 점술을 다룬다. 이는 1) 집안에 야생동물 또는 가축이 들어온 일 2) 도로나 길에서 동물을 마주친 일 3) 벼락이 떨어진 일 4) 쥐가 헌 신을 먹거나, 여우가 닭을 목 졸라 죽이거나, 늑대가 암양을 물고간 일 5) 집 안에 이상한 소리가 들려왔는데, 꼬마 악마의 짓이라고 추측되는 일 6) 까마귀, 부엉이의 울음소리가 들리거나, 길 위로 새가 떨어진 일 7) 집에 난 구멍으로 고양이 또는 다른 동물이 들어온 일(악마의 침입으로 생각했다) 8) 저절로 꺼지는 횃불(악마의 장난으로 생각했다) 9) 불꽃이 탁탁 튄 일(선조들은 대장장이의 신인 불카누스Vulcan가 화덕에서 말을 건네는 것이라고 생각했다) 10) 불꽃이 이상하게 일렁인 일 11) 불꽃이 번쩍 솟아오른 일(가정의 수호신인 라레스

Lares가 장난을 친다고 상상했다) 12) 갑자기 찾아온 슬픔(어떤 징조로 보았다) 등이다.

꽤 시적인 이 미신들의 일부는 아직도 남아있다.

현대 그리스인들은 애도가들의 울음으로 점을 치기도 했다. 또 그들은 공복에 당나귀 소리를 들으면 그날 반드시 말에서 떨어진다고 여겼다. 물론 그러려면 반드시 말을 타야 하겠지만 말이다. **참조**. 새점Ornithomancie, 독수리Aigle, 까마귀Corneille, 부엉이Hibou, 하루스펙스Aruspices 등.

(1) 리비아Livia는 임신했을 당시, 직접 달걀을 품어 부화시키면 병아리 성별로 아이의 성별을 알 수 있다고 생각했다. 그리고 실제로 수컷 병아리가 태어난 뒤 남자아이가 태어났다. 점복관들은 점술의 신빙성을 의심하는 이들에게 과시할 이 기회를 놓치지 않으려 했다. 하지만 정작 증명된 것은 인간의 체온이 달걀을 부화시키기에 충분히 따뜻하다는 것이 다였다.

황제 아우구스투스 [Auguste / Augustus]

르 루아예Pierre Le Loyer는 일부 고대 로마 작가의 말을 인용해 다음과 같이 기록했다. '아우구스투스 황제 모친은 그를 임신했을 때, 자기 내장이 하늘로 날아오르는 꿈을 꾸었다. 이 꿈은 아들이 미래에 누릴 권세를 예견한 것이다.' 일부 악마학자들은 아우구스투스가 악마의 자식이라고 주장했다. 악마학자들의 주장을 틈타 카발리스트들은 그 악마가 샐러맨더Salamander(불도마뱀)라고 덧붙였다.

아우구스투스는 미신을 믿었다. 수에토니우스Suetonius(1)는 아우구스투스가 늘 바다표범 가죽을 지니고 다녔다고 기록했다. 당시 바다표범 가죽이 벼락으로부터 지켜준다는 미신이 있었기 때문이다. 또 아우구스투스는 악티움Actium 곶에서 튀어 오르는 물고기를 보면 전투에서 승리할 것이라고 생각했다. 수에토니우스는 아우구스투스가 길에서 나귀꾼을 만난 일화를 추가로 기록했다. 아우구스투스는 나귀꾼을 마주쳤을 때 나귀의 이름을 물었다. 그리고 '민중의 승리자'인 니콜라스Nicolas라는 대답을 듣고, 승리를 확신했다. 그는 바로 나귀꾼과 나귀, 튀어오르는 물고기 동상을 만들었다. 그리고 카피톨리노 언덕Colle Capitolino에 세우도록 하였다.

아우구스투스는 생전에 자신을 신이라 칭

하며 신전을 세우고 신관을 두었다(2).

(1) 『아우구스투스 황제에 관하여On Augustus』, 90장. / (2) 『구약성경의 전설Légendes de l'Ancien Testament』에서 아우구스투스 황제의 여러 일화를 찾아볼 수 있음.

성 아우구스티누스 [Augustin(Saint)]

히포 레기우스Hippo Regius의 주교이자 가장 저명한 신부이다. 자크 드 바라스크Jacques de Varasc는 이 위대한 성인의 흥미로운 일화를 이야기 했다.

신부가 사색에 빠져있던 어느 날, 그의 앞으로 두꺼운 책 한 권을 짊어진 악마가 지나갔다. 그는 악마를 불러세워 무슨 책을 들고 가는 것인지 물었다. 악마는 답했다. "모든 인간의 과오를 기록한 책입니다. 인간들이 어떤 죄를 지었는지 언제 어디서든 알기 쉽게 기록해두곤 하지요." 히포 레기우스의 주교가 말했다. "어디 보고 싶구나. 내가 개종한 뒤로 어떤 죄를 지었느냐?" 악마는 책을 펼쳐 성 아우구스티누스 항목을 찾았다. 그의 이름 아래엔 다음과 같은 짧은 글이 적혀있었다. '모월 모일, 저녁 기도 드리는 것을 잊었다.' 성직자는 악마에게 잠깐 기다리라 이르곤 자리에서 일어났다. 그는 교회로 들어가 기도를 올린 뒤 악마에게 돌아왔다. 그리고 악마에게 다시 자신의 죄를 읽어보라고 하였다. 하지만 책에는 더 이상 아까의 기록이 남아있지 않았다. 악마는 외쳤다. "아! 저를 속이셨군요. 하지만 두 번은 속아 넘어가지 않을 것입니다." 말을 끝마친 악마는 상한 기분을 안고 자리를 떴다.

성 아우구스티누스는 아풀레이우스Apuleius의 『소크라테스의 신론De Deo Socrati』을 반박했다. 그는 적그리스도에 관한 논문과 『신국De Civitate Dei』의 여러 장에서 이 책, 『지옥사전』에서 다루는 경이로운 일들을 서술하고 있다.

적선 [Aumône / Alms]

영국에선 여행 중 동냥하는 늙은 여성 앞을 지날 땐 반드시 적선을 해야 한다고 여겼다. 이렇게 하지 않으면 도중에 길을 잃기 때문이다. 특히 그 여성과 얼굴을 마주했다면 말이다(1). 이러한 풍습은 반박할 용기가 없기 때문에 그냥 넘어가도록 하겠다.

(1) 필딩Fielding, 『톰 존스Tom Jones』, 14권, 2장.

오쁘띠(피에르) [Aupetit(Pierre)]

프랑스 리무쟁Limousin 샬뤼Chalus 인근, 파이아스Paias 교구 소속인 포사스Fosses 마을의 마법사이자 신부. 1598년 5월 25일 50세의 나이로 사형에 처해졌다. 그는 민사 재판에 응하지 않아 보르도Bordeaux 의회로 넘겨졌다. 그리고 의회에서는 교회 판사 재판에 응하지 않는 그에게 평신도 판사를 배치하라는 명령을 내렸다. 이에 리모주Limoges의 주교는 종교재판소 소속 판사를 파견했다. 또 보좌관과 페라Peyrat의원을 오쁘띠 심문회에 함께 참여시켰다. 심문회에서는 그가 멘드라스Mendras의 악마 숭배 집회에 참여했는지, 그곳 의식에 사용하는 양초 공급자인 앙투안 뒤몽 드 생 로랑Antoine Dumons de Saint-Laurent을 만났는지, 그리고 양초를 켜기 위한 부싯돌을 직접 들고 있었는지 등을 물었다. 오쁘띠는 모든 질문에 그런 적이 없다고 대답했다. 그리고 악마에 관해서라면 신께 제발 그 존재를 거둬달라고 기도했을 뿐이라고 덧붙였다. 하지만 그건 마법사들이 한결같이 늘어놓는 변명에 불과했다. 이 외에도 판사는 그가 기름을 사용하지 않았는지, 집회 후에 어떤 서적에 기록된 "티랑, 티랑, 라마시앙, 라마시앙Tiran, Tiran, Ramassien, Ramassien, 약속된 집회를 위해 원과 눈 아래의 검은 얼룩을 내놓아라!"라는 돼지 떼 소환 마법을 배우진 않았는지 물었다. 그는 도통 영문을 모르겠다고 답했다. 판사는 그런 그에게 계속해서 사람들에게 훼방을 놓은 일이 있는지, 포로로 잡혔을 때 투명 인간이 되는 방법을 아는지 등을 물었다. 그는 알지 못하노라 답했다. 다시 판사는 병든 자들을 낫게 하기 위해 미사를 올리는 법을 아는지 물었다. 그는 주님과 성 코스마스St. Cosmas의 다섯 상처를 간신히 댈 수 있을 뿐이라고 고했다.

진실을 밝히기 위해, 당시 풍습에 따라 그에게 협박이 가해졌다. 그는 결국 집회에 참석한 사실을 인정했다. 오쁘띠는 마법 주술서에서 흑색 털이 백색 털보다 많은 양의 모습을 한 악마에 대해 읽었다고 말했다. 또 이 악마는 다른 이들 엉덩이에 입을 맞추라고 시킨다고 덧붙였다. 게다가 뛰어난 마법사 그라툴레Gratoulet로부터 사람들을 훼방 놓는 법과 피를 멈추게 하는 법을 배웠고, 벨제부스Belzébuth라는 이름의 악마 혹은 수호신이 있었으며, 선물로 그 악마의 새끼손가락을 받았다고 고백했다. 그리고 벨제부스에게 미사를 올렸으며, 벨제부스의 이름을 외치며 바늘 속에 리야르Liard*를 끼워 저주하는 법을 알고 있다고 말했다. 더불어 그는 악마가 마법사들에게 저속한 언어를 사용했으며, 누군가에게 해를 입힐 때 "바쉬, 베쉬, 스텟, 스티, 스투Vach, Vech, Stet, Sty, Stu!"라고 외친다고 말했다. 그는 고문당할 때까지 저속한 욕설이 섞인 터무니없는 고백들을 늘어놓았다[1]. 더 자세히 알고 싶다면, 마녀의 집회Sabbat를 참조할 것.

(1) 드 랑크르Pierre de Lancre, 『타락천사의 변화론 Tableau de l'inconstance des mauvais anges』, 6권, 논설 4. / * 프랑스의 옛 은화.

오리니 [Aurinie] 독일인들이 열을 다해 숭배했던 여사제. 벨레다Veleda 이전의 여사제이다.

북극광 [Aurore Boréale / Northern Lights] 희귀한 밀운의 일종, 투명하고 빛이 나며 한밤중 북극에 출몰한다. 생 푸아Germain-François Poullain de Saint-Foix는 지난 수 세기 동안 북극광에 얽힌 무지와 미신이 얼마나 많이 떠돌았는지 모를 지경이라고 말했다. 북극광이 출현하는 빈도에 따라, 즉 얼마나 극지에 가깝게 자리한 지역인가에 따라 사람들은 그 존재를 다르게 받아들였다. 북극 사람들에게 북극광은 공포의 대상이었다. 그들은 북극광을 보며 평원이 불에 타고 적들이 코앞에 들이닥친다고 생각했다. 하지만 그도 잠시 북극광이 매일같이 나타나자 금세 익숙해져 버렸다. 또 귀신들이 공중에서 다투는 모습이라고 생각하기도 했다. 이러한 믿음은 다른 곳보다 시베리아에서 유독 두드러졌다.

그린란드인들은 북극광을 보며 유령이 하늘에서 고래 머리로 공놀이를 한다고 생각했다. 북극과 유럽 최남단 사이에 자리한 지역에선 북극광을 슬퍼거나 불길한, 또는 끔찍하거나 무시무시한 것으로 여겼다. 유럽인들은 북극광을 보고 불의 군대가 피의 싸움을

벌인다고 믿으며, 몸통에서 떨어져나온 망측한 머리, 불붙은 전차, 창으로 서로를 찌르는 기사의 모습을 떠올렸다. 그리고 피가 비처럼 쏟아진다고도 생각했으며, 전쟁과 재앙의 징조인 총격과 나팔 소리가 들리는 것으로 착각했다.

이런 설화를 굳게 믿었던 선조들이 끔찍한 공포에 휩싸여 망상을 빚어냈다고 한들 놀랄 게 있겠는가? 루이 11세Louis XI의 연대기에 따르면, 1465년 파리Paris 하늘에 북극광이 나타나 도시 전체가 불에 붙은 모습을 자아냈다고 한다. 보초를 서던 군인들은 극심한 공포에 사로잡혔고, 어떤 남자는 결국 미쳐버리고 말았다고. 왕에게 그 사실을 고하자 왕은 말을 타고 성벽을 향해 내달렸다. 적들이 파리의 입구까지 진격했다가 퇴각하며 도시에 불을 질렀다는 소문이 퍼졌다. 모두가 정신없이 모인 뒤에야, 공포의 대상이 고작 자연 현상에 불과하다는 사실을 깨닫게 되었다.

오지티프 [Ausitif] 잘 알려지지 않은 악마. 프랑스 루됭Loudun의 빙의 일화에서 언급된다.

조점술 [Auspices] 새의 비행과 지저귐을 보고 예견하는 점술. **참조**. 점복관Augures, 하루스펙스Aruspices 등.

자동 인형 [Automates / Automatons] 한때는 악마들이 만든 물건으로 여겨졌다. **참조**. 대 알베르투스Albert le Grand, 베이컨Bacon, 주문Enchantements 등.

오톱시 [Autopsie] 귀신과 거래한다고 믿었던 미친 사람들이 겪은 일종의 도취 상태.

타조 [Autruche / Ostrich] 쇠를 포함한 눈에 보이는 모든 것을 삼킨다고 한다. 하지만 소화까지 할 수 있는 것은 아니다. 이는 실험을 통해 잘못된 견해라는 것이 밝혀졌다[1]. 중세 시대에는 수컷 백조와 암컷 낙타 사이에서 타조가 태어난다고 믿었다.

(1) 브라운Thomas Brown의 『대중적 오류Erreurs populaires』 3권 22장을 참조할 것.

자크 도텅 [Autun(Jacques d')] **참조**. 세반Chevanes.

옥손 [Auxonne] 『유명한 동기Causes Celebrates』 열한 번째 권엔 17세기 중반 프랑스 옥손에서 일어난 빙의 이야기가 실려있다. 툴루즈Toulouse의 대주교, 렌Rennes의 주교, 로데즈Rodez의 주교, 샬롱 쉬르 사온Chalons-sur-Saone의 주교, F. 모렐F. Morel, N. 코르네N. Cornet, Ph. 르로이Ph. Leroy, N. 그랑댕N. Grandin을 비롯한 소르본Sorbonne 대학 모든 신학자가 1652년 1월 20일 사건을 증명하는 자료에 서명했다. 종교인과 비종교인을 합쳐 총 18명의 여성이 빙의되었고, 앞서 언급한 이들의 거룩한 서명이 진위를 증명한다. 빙의는 10년에 걸쳐 여러 단계를 통해 이루어졌다. 모든 여성은 독실하고 품행이 건전한 사람들이었기에 일련의 시험에 든 것이라 볼 수 있었다. 증서엔 정결 의식 수녀라고 불린 스코틀랜드인 앤Anne, 옥손 중장의 하녀 드니즈 파리소Denise Parisot, M. 자니니M. Janini 수녀, 생 프랑수아Saint-François의 움베르트Humberte 수녀, 아기예수의 마르게리트Marguerite 수녀, L. 아리베L. Arivey 수녀의 이름이 빙의자로 거론되었다.

이 여성들은 고해를 행할 때까지 경련에 시달렸다. 성체를 본 그녀들은 몸을 떨었고, 신성 모독 언사를 하기도 했다. 당시 그녀들은 몸을 빼앗긴 뒤, 반으로 접히는 기분을 느꼈다고 했다. 그녀들은 교회 기둥에 머리를 부딪히고도 고통을 느끼지 않았다. 이 외에 찌르거나 태우는 고통을 가해도 역시 통증을 느끼지 않았다. 구마 의식을 통해 빙의에서 풀려났을 때, 빙의자 중 한 명은 커다란 두꺼비를 토해냈다. 스코틀랜드인 앤은 둥근 가죽을 둘러싼 천 조각을 토했다. 다른 수녀는 문자가 새겨진 호박단 한 두루마리를 뱉어냈다. 샬롱 쉬르 사온의 주교가 드니즈에게 빙의한 악마에게 창문으로 나가라고 명령하자 순식간에 창문이 깨졌다. 이러한 일은 인간의 힘으론 행할 수 없기에 악마의 작품이라고 볼 수밖에 없었다. 그 누구도 지금까지 서술한 이 사건에 반론을 제기하지 않았다. 물론 실제 이야기는 훨씬 장황하다.

탐욕 [Avarice] 이 야비한 악행은 종종 빙의를 야기한다. 참조. 『피셔와 중대한 과오들의 이야기Fischer et les Légendes des péchés capitaux』.

아베나르 [Avenar] 유대인들에게 메시아가 1414년 혹은 늦어도 1464년에 나타날 것이라고 장담했던 점성술가. 아베나르는 토성, 목성, 전갈자리, 물고기자리를 보증할 수 있는 행성들로 내세웠다. 이에 모든 유대인은 창을 열고 신이 보낸 구세주를 기다렸다. 하지만 전갈이 뒷걸음질을 치고 물고기가 물에 빠져 죽을 때까지도 [1] 메시아는 모습을 드러내지 않았다.

(1) 『오류와 편견Des erreurs et des préjugés』 등, 1권, 90페이지.

미래 [Avenir / Future] 사람들이 그토록 많은 수단을 통해 점을 보는 것은 모두 미래를 알기 위함이다. 거의 모든 점술은 이를 주된 목적으로 한다.

아베른 [Averne] 명계의 신 플루토Pluto에게 바쳐진 베이즈Bayes 인근의 늪. 너무도 역한 냄새를 풍겼기에 지옥의 입구라고 여겨지기도 했다.

아베로에스 [Averroès] 아랍의 의사이자 아랍 민족의 가장 위대한 철학자. 12세기 코르도바Cordoba에서 태어났다. 그는 정의와 미덕, 지혜로 엄청난 명성을 떨쳤다. 이에 모로코 왕은 아베로에스를 모리타니Mauritania 전역의 판사로 임명했다. 그는 아리스토텔레스Aristoteles 저서를 아랍어로 번역했고, 철학과 의학을 다루는 여러 책을 펴냈다. 여러 악마학자는 아베로에스를 마법사로 분류하며 사역마를 붙여주려고 했다. 하지만 아베로에스는 에피쿠로스학파Epicurean였으며 명목상 회교도인이었다. 그리고 악마의 존재를 믿지 않았다[1]. 모로코의 황제는 어느 날 그에게 이슬람교 사원 앞에서 공개적으로 용서를 구하라는 명령을 내렸다. 아베로에스가 무함마드Muhammad의 종교를 두고 돼지들을 위한 것이라고 말했기 때문이다. 그 앞을 지나는 모든 시민은 그의 얼굴에 침을 뱉었다.

(1) '흑마법사들은 사두개인과 함께 악마를 부인한 에피쿠로스학파와 아베로에스를 부정한다.' (토르 블랑카 Torre-Blanca의 『마법 공격』, 2권, 5장)

마법사의 자백 [Aveux des Sorciers / Sorcerers' Confessions] 교회의 적들은 마법사의 자백 내용이 뻔하며, 고문을 통해 얻어낸 것이라고 주장한다. 하지만 그 주장은 정확하지 않다. 암묵적 자백의 수는 무수히 많다. 빙의 또는 계약을 통해 악마와 함께하는 자들은 신부를 마주할 때 몸의 떨림을 멈출 수 없다. 또 미사에 참여할 수 없을뿐더러 신의 것은 무엇이든 견딜 수가 없다. 그리고 교회는 결코 고문을 집행한 적이 없다. 고문들은 모두 민간 세력에 의해 행사되었을 뿐이다.

아비센나 [Avicenne / Avicenna] 저명한 아랍 의사. 11세기 중반에 사망했다. 방대한 분야의 무수한 저서와 모험적 삶을 통해 이름을 알렸다. 어떤 면에서는 아그리파Agrippa와 비교할 수도 있다. 아랍인들은 그가 유령을 다루고 귀신의 도움을 받았다고 믿었다. 현자의 돌을 찾아다녔다는 이유로 아랍 여러 지역에선 그가 아직 살아있다고 믿는다. 장생의 영약과 음용 금 덕분에 막대한 힘을 간직한 채 비밀장소에서 은둔자로 산다고. 아비센나는 몽상가들에게 인기를 끈 여러 연금술 서적을 저술했다. 그가 쓴 동결수과 연금술에 관한 논문은 『황금의 기술Ars Aurifera』(1610년, 바젤) 첫 두 권에 수록되었다. 『화학의 기술Ars Chimica』은 1572년 베른Bern에서 출간되었다. 『화학극Theatrum Chemicum』 및 『원소의 입구Gate of the Element, Porta Elementorum』(1572년, 바젤, 8절판)에 포함된 연금술에 관한 두 권의 소논문 역시 그가 쓴 것으로 전해진다. 터무니없는 방법을 담고 있는 여러 마법서들 역시 아비센나 이름 아래 출간된 것이 있다.

아자파 [Axaphat] 마녀 집회의 호칭 기도*에 등장하는 악마.

* 마녀 집회에서 진행하는 기도로 다양한 악마 이름이 포함되어 있다.

도끼점 [Axinomancie / Axinomancy] 일반 도끼 혹은 나무꾼의 도끼를 사용하는 점술. 이 점술의 기록을 남긴 프랑수아 드 토르 블랑카Francois de Torre-Blanca[1]는 점술가들이 어떻게 도끼로 점을 쳤는지 설명하지 않았다. 그렇기에 고대인과 일부 북쪽 국가에서 주로 사용했던 두 가지 방식만을 언급하도록 하겠다.

1) 보물을 발견하는 방법: 모나지 않은 마노Agate 도끼를 구한다. 그다음 도끼가 붉어질 때까지 불에 달군다. 이후 달궈진 도끼 손잡이가 하늘과 직각을 이루도록 놓는다. 도끼가 그대로 있다면 보물이 그곳에 없음을 의미한다. 만약 도끼가 넘어진다면 매우 빠른 속도로 넘어질 것이다. 이때 같은 곳에 다시 도끼를 세 번 세운다. 도끼가 세 번 같은 방향으로 넘어진다면 그곳에 보물이 있다. 매번 다른 방향으로 넘어진다면 다른 곳을 찾아보길 추천한다.

2) 도둑을 찾는 방법: 도끼를 바닥에 내려놓는다. 이때 금속 부분은 땅, 손잡이 부분은 하늘을 향하도록 한다. 그리고 손잡이가 흔들리고 도끼가 쓰러질 때까지 주변을 동그랗게 돌며 춤춘다. 넘어진 도끼의 손잡이 끝은 도둑이 있는 방향을 가리킨다. 몇몇 이들은 도끼로 도둑을 찾으려면 도끼날을 항아리에 꽂아두어야 한다고 주장한다. 이를 두고 드랑크르Pierre de Lancre는 "항아리에 도끼를 박아 넣다니 터무니없는 소리다. 만약 도끼가 항아리를 산산조각 낸다면 바늘과 실로 기우겠다고 할 사람들이다."라고 말했다(2).

(1) 『마법 공격에 관한 편지Epist. Delict. Sive de Magia』, 1권, 24장. / *(2)* 『의심과 불신Incrédulité et mécréance』, 논설 5.

아임 [Aym] 참조. 하보림Haborym.

아이마르(자크) [Aymar(Jacques)] 1662년 9월 8일 자정에서 새벽 1시 사이, 프랑스 도피네Dauphiné 생베랑Saint-Véran에서 태어난 촌부. 벽돌공이었던 그는 점술 지팡이를 사용하는 재주로 명성을 얻었다. 점성술사들은 그가 탄생일 덕분에 희귀한 재능을 얻게 되었다고 주장한다. 아이마르의 남동생은 2년 후 같은 달에 태어났지만, 지팡이를 전혀 다루지 못했기 때문이다. **참조.** 점술 지팡이 Baguette Divinatoire.

아이몬의 네 아들 [Aymon(Les Quatre Fils)] 샤를마뉴Charlemagne가 통치한 시기에 살았다. 마법 말을 지녔었다고 전해진다. **참조.** 바이야르Bayard.

아이나스 [Aynas] 타타르족Tatars의 신이자 악마인 쿠다이스Coudaïs들의 적이다.

바스크 드 아욜라 [Ayola(Vasques de)] 1570년경, 바스크 드 아욜라라는 청년은 법을 공부하기 위해 친구 둘과 볼로냐Bologne를 찾았다. 그들은 시내에서 숙소를 구하지 못했고 결국 외곽에 있는 버려진 집에 머물게 되었다. 그 집은 꽤 아름다웠는데, 유령이 나타나 머무는 사람을 공포에 빠뜨린다는 소문이 돌았다. 하지만 아욜라와 친구들은 소문을 무시한 채 그 집을 거주지로 정했다.

한 달 후 어느 날, 아욜라는 혼자 방에 깨어 있었고 친구들은 각자 침대에서 잠을 자고 있었다. 이때 아욜라는 멀리서 나는 쇳소리를 들었다. 그 소리는 먼 곳에서 점점 가까워졌는데 마치 집의 계단을 오르는 것 같았다. 그는 신의 가호를 빈 뒤, 방패와 창, 초를 든 채 유령을 기다렸다. 곧 유령은 방문을 열고 모습을 드러냈다. 그것은 사슬에 묶인 뼈만 앙상한 해골이었다. 아욜라는 그에게 무엇을 원하는지 물었다. 유령은 그에게 따라오라는 손짓을 했다. 유령을 따라 계단을 내려가는 동안 아욜라가 든 초의 불이 꺼졌다. 아욜라는 용기를 내 다시 불을 켠 뒤 유령을 따라 걸었다. 유령은 우물이 있는 안뜰을 따라 걸었다. 아욜라는 유령이 자신을 우물에 던져버리지 않을까 두려워 잠시 걸음을 멈추었다. 그러자 유령은 그에게 다시 따라오라는 손짓을 했다. 그렇게 정원까지 들어가자 유령은 사라졌다. 젊은 청년은 잔디를 한 움큼 뽑아 유령이 사라진 자리에 표시를 남겼다. 그리고 동료에게 밤새 일어난 일을 알렸다. 다음 날 아침, 그는 볼로냐의 높은 인물들에게 이 일을 신고했다. 그들은 정원의 표식을 찾아 땅을 파헤쳤다. 땅을 파본 곳엔 쇠사슬에 묶인 해골이 있었다. 이 해골의 확실한 신분은 알 수 없었다. 사람들은 해골에게 적절한 장례를 치러 주었다. 그를 땅에 묻어준 뒤로 집은 평화를 되찾았다. 이는 앙투안 드 토르케마다Antoine de Torquemada가 저서 『6일 창조Hexameron』에서 소개한 일화이다.

아이페로스 [Ayperos] 지옥 제국의 백작. 이페스Ipès와 동일 악마이다. **참조.** 이페스.

아자엘 [Azael] 신을 거역한 천사 중 하나. 랍비들은 그가 사막 어두운 곳, 뾰족한 돌 위에 묶여 최후의 심판을 기다린다고 말한다.

아자리엘 [Azariel] 『탈무드Talmud』 속 랍비들은 지상의 물을 관리하는 천사라고 말한다. 낚시꾼들은 큰 물고기를 잡고자 그를 부르곤 했다.

아자젤 [Azazel] 2계급 악마이자 숫염소의 수호신. 유대인들은 일곱 번째 달 열 번째 날(1)인 대속죄일에, 제비뽑기로 두 마리 숫염소를 선정해 대사제에게 대령했다. 한 마리는 주님을 위한 것이고, 또 다른 하나는 아자젤을 위한 것이었다. 주님을 위한 염소는 제물로 바쳐지며 피는 속죄에 사용되었다. 이후 대사제는 다른 염소의 머리 위에 양손을 올렸다. 그리고 자신과 백성의 죄를 고한 뒤 짐을 실어 사막에 풀어주었다. 백성들은 '속죄양'이라 불리는 이 아자젤의 염소를 풀어주며 자신들의 걱정도 함께 떠나보냈다. 그러고선 조용히 집으로 돌아갔다. 밀턴Milton은 아자젤이 지옥 군대에서 깃발을 드는 자라고 설명했다. 이 외에 이단자 마크Marc가 마법을 부릴 때 그의 이름을 이용하기도 했다.

(1) 유대인들에게 7번째 달은 9월에 해당한다.

아제르 [Azer / Agnideva] 조로아스터교도 사이에서 불의 천사로 불린다. 아제르는 조로아스터Zoroaster 아버지의 이름이기도 하다.

아지엘 [Aziel] 파우스트Faust가 소환한 악마 중 하나.

질소 [Azote / Nitrogen] 질소 산화물의 흡입은 대마초가 뇌에 미치는 것과 같은 현상을 유발한다. 게다가 환각까지 일으킨다.

아주르셰브 [Azourcheb] 고대 페르시아 점성가들 사이에서 언급되는 천사. 모든 천사 중 가장 위대한 존재로 여겨졌다. 호라산Khorasan지역 발흐Balkh엔 아주르셰브의 사원이 있었다.

아즈라엘 또는 아즈라일 [Azraël, Azraïl] 죽음의 천사. 하루는 아즈라엘이 모습을 드러낸 채 솔로몬Solomon의 곁을 지나가고 있었다. 그러던 중 그는 솔로몬 곁에 앉은 남성을 뚫어져라 쳐다봤다. 그 남성은 왜 그리 쳐다보느냐고 물었다. 그리고 솔로몬을 통해 그가 죽음의 천사라는 것을 알게 되었다. "꼭 내게 원한을 품은 것만 같군요. 부디 나를 바람에 태워 인도로 피신시켜주세요." 솔로몬은 즉시 그의 바람을 이루어주었다. 그리고 천사는 솔로몬에게 다음과 같이 말했다. "그 남자를 그렇게 쳐다본 게 놀랄 일은 아니네. 그의 영혼을 찾으러 인도로 가는 길이었는데, 여기 팔레스타인에서 당신 곁에 있는 걸 보게 될 줄 몰랐거든." **참조.** 죽음Mort, 영혼Ame 등. 무함마드Muhammad는 그 누구도 자신의 운명을 피할 수 없다는 것을 설명하기 위해 이 이야기를 인용하곤 했다. 아즈라엘과 아스라필Asrafil은 다른 천사이다.

B

바알 [Baal] 방대한 지옥의 지역들을 지배하는 대공. 일부 악마 광신자들은 그가 지옥 군대를 지휘하는 장군이라고 주장한다. 바알은 가나안Canaan, 카르타고Carthago, 칼데아Chaldea, 바빌로니아Babylonia 그리고 시돈Sidon에서 숭배의 대상이었다. 그리고 이스라엘 민족 또한 그를 우상숭배의 대상으로 삼기도 했다. 게다가 우상숭배 때엔 인간을 제물로 바쳤다. 아르노비우스Arnobius의 저서엔 숭배자들이 바알에게 특정 성별을 부여하지 않는다는 기록이 등장한다. 동방에서 그는 태양으로 섬겨졌다.

바알베리스 [Baalbérith] 2계급 악마. 지옥 연맹의 마스터이자 군주이다. 일부 악마 광신자들은 그를 지옥 기록물의 서기장이자 관리자로 여긴다. 그를 숭배하던 페키니아인Phoenicians들은 바알베리스를 맹세의 증인으로 세우곤 했다. 그와 이름이 유사한 우상 중엔 악마가 많다. 바알Baal은 '신' 또는 '왕'을 의미한다. 바알가드Baalgad가 재산을 주는 악마라면, 바알파라스Baalpharas는 유해한 악마이다. 바알세멘Baalsemen은 하늘을 통치했다고 하지만 이는 사실이 아니다. 악마학자들의 주장에 의하면 바알제폰Baalzephon은 국경의 보초를 서는 악마이다.

바알테인 [Baaltein] 여행가 페넌트Thomas Pennant의 목격담에 의하면 북쪽 지역에선 아직도 바알Baal 혹은 벨Bel을 숭배하는 풍습이 남아있다고 한다. 그는 5월 1일 열리는 바알테인 혹은 벨테인Beltane의 의식을 목격했다. 그곳에선 일부 의식을 진행하며 새들에게 오븐에서 구운 케이크를 나눠주었다. 이는 새들이 양 떼를 지켜주길 바라는 마음에서였다.

바알제폰 [Baalzephon] 지옥 경비대 또는 보초병의 우두머리. 이집트인들은 바알제폰을 숭배하였다. 그리고 그가 노예들을 도망가지 못하게 하는 능력이 있다고 믿었다. 하지만 랍비들의 말에 따르면, 파라오가 바알제폰에게 제사를 지낼 때 히브리족Hebrews이 탈출해 홍해를 지나갔다고 한다. 『구약성경 아람어 번역본Targum』에선 멸살 천사가 다른 신의 동상은 모두 부수지만 바알제폰의 동상은 건드리지 않았다고 기록되어있다.

바아라스 [Baaras] 아랍인들이 황금초라고 불렀던 마법의 식물. 레바논Lebanon 산에서 자란다. 이 식물은 눈이 녹은 뒤인 5월에 모습을 드러낸다. 또 밤엔 작은 횃불처럼 빛을 뿜지만, 낮엔 보이지 않는다. 바아라스의 잎을 손수건으로 감싸두면 사라지는데, 이 때문에 사람들은 마법에 걸린 풀이라고 생각했다. 이 식물은 금속을 금으로 바꾸고, 주문과 마법을 깨뜨리는 등의 능력을 갖추고 있다. 다양한 이야기들을 수긍했던 요세푸스Josephus는 유대 전쟁[1]을 다루며 이 식물에 관해 이야기했다. "만지면 누구든 사망한다. 다만, 같은 식물의 뿌리를 손에 쥐고 있다면 살 수 있다. 사람들은 위험하지 않게 이 식물을 채집하는 법을 알아냈다. 먼저 주변의 흙을 파낸 뒤, 살짝 드러난 뿌리에 개를 묶는다. 끈을 풀기 위해 개가 식물을 파헤쳐 꺼낸 뒤 죽고 나면, 위험 없이 식물을 만질 수 있다. 식물 안에는 악마가 살고 있다. 이 나쁜 영혼은 앞서 소개한 방법 외 다른 방식으로 식물을 취하려는 자들을 죽인다. 더욱 놀라운 것은 바아라스를 가져다 대면 사람 몸에 빙의해 있던 악마들이 달아난다는 것이다."

(1) 7권, 25장. 『엘린, 오브 디 애니멀Elien, of the Animal』, 14권, 27장. 이 책은 아그라오포티스Aglaophotis라는 식물에도 같은 효험이 있다고 설명한다. 참조. 아그라오포티스.

바바일라나스 [Babailanas] 참조. 카탈로노스Catalonos.

바바우 [Babau] 프랑스 남부 지방에서 보모들이 아이들에게 공포를 주기 위해 언급하는 식인귀 또는 유령의 일종. 파리Paris에서는 식인귀 크로크미텐Croquemitaine을 두려워하고, 플랑드르Flandre에서는 풀치넬라Pulcinella*였던 피에르 장 클라에Pier-Jan Claes를 무서워하는 것과 유사하다. 바바우는 채찍질만 하는 것이 아니라 나쁜 어린 아이들을 샐러드로 만들어 먹는다.

* 16세기의 유명한 코미디 캐릭터.

바벨 [Babel] 바벨탑은 대홍수가 발생하고 115년 뒤에 세워졌다. 바그다드Baghdad 인근에선 이 탑의 잔해와 흔적들을 발견할 수 있다. 바벨탑의 건설은 언어의 혼란을 야기했다. 유대인 시인 엠마누엘Emmanuel은 자신의 소네트*에서 '가방Sac'이라는 단어가 대부분의 지역에서 통용된 원인을 설명하고 있다. '바벨탑 건설에 동원된 일꾼은 우리 시대의 일꾼처럼 소지품을 넣는 작은 주머니를 차고 다녔다. 어느 날 신이 그들의 언어를 한데 뒤섞자 모두 겁에 질린 나머지 도망을 치려 애썼다. 그들은 자기 가방을 달라며 오직 가방이라는 단어를 외쳤다. 그리고 이후 생긴 모든 언어는 이 단어를 그대로 유지하게 되었다.'

* 4행시 2연, 3행시 2연으로 구성된 정형시.

바비네 [Babinet] 가장 강력하고 영적인 학자 중 하나. 그렇지만 그 역시 일부 기상천외한 일을 저질렀다. 예를 들어, 바비네는 인간의 발전을 찬미하였지만, 완벽한 인간이 미래에 등장하면 다들 애완견으로 전락할 것이라 주장했다. 우리가 겸손을 지켜야 할 이유다.

바쿠스 [Bacchus] 여기선 오래된 신화 속 미화된 그의 우화를 다루지 않겠다. 이 책에서 바쿠스를 언급하는 것은 악마학자들이 그를 오르페우스Orpheus가 만든 집회의 전 수장으로 지목하기 때문이다. 악마학자들은 바쿠스가 사바시우스Sabasius의 이름으로 집회를 주재했다고 주장한다. 르 루아예Pierre Le Loyer는 다음과 같이 말했다. "바쿠스는 끔찍하고 해로운 악마일 뿐이다. 그의 머리엔 뿔이 달렸고 손엔 투창이 들려있다. 또 춤을 지휘했으며(1) 마법사와 마녀의 신이었다. 그는 새끼염소, 뿔 달린 숫염소이자 산토끼와 사티로스Satyr, 실레노스Sileni의 왕자이기도 했다. 그는 항상 머리에 뿔을 단 채로 마법사와 마녀들의 집회에 모습을 드러낸다. 마녀들은 바쿠스가 집회 밖에서 인간의 얼굴을 하고 있지만 기형적인 발을 가지고 있다고 고백했다. 또 말의 발처럼 단단하고 소의 발처럼 갈라져 있는 뿔을 소유하고 있다고 덧붙였다(2)."

현대의 마녀들은 바쿠스를 레오나르Leonard, 사탄, 숫염소 또는 리구Rigoux라고 부른다.

바쿠스가 집회의 악마라는 주장을 뒷받침하는 증거는 다름 아닌 바카날리아Bacchanalia*에서 발생했던 방탕하고 난잡한 연회의 기억들이다.

(1) 『귀신 논설Discours des spectres』, 7권, 3장. / (2) 『귀신 논설Discours des spectres』, 8권, 5장. / * 고대 로마에서 바쿠스를 기리는 축제.

바시스 [Bacis] 보이오티아Boeotia의 예언자. 예언자 중엔 그의 이름을 사용하는 이들이 있었다(1). 르 루아예Pierre Le Loyer는 '저명하고 탁월한 마법사의 세 표상(2)'이라고 『바시데스Bacides』를 설명하며 아테네인들이 예언 구절들을 신성시했다고 덧붙였다.

(1) 키케로Cicero, 『점술De Divinatione』, 1권, 34장. / (2) 『귀신 논설Discours des spectres』, 7권, 3장. / * 바시스의 이름을 딴 책. 원래는 세 권으로 보이오티아, 아테네Athens, 아르카디아Arcadia에 분산되어 있었다.

베이컨(로저) [Bacon(Roger)] 13세기의 인물. 성 프란치스코Franciscan 수도회의 영국인 수도사. 물리를 연구하고 자연 실험을 하며 마법에 반대하는 글을 썼지만, 마법사 취급을 당했다. 그러나 그가 저술한 책에 독특한 점이 있는 것은 사실이다. 베이컨은 판별점성학을 과학과 동급으로 여겼다. 또 화약과 망원경을 발명하였다. 그는 미술에도 몸담았는데, 방대한 지식과 섬세한 재능은 동시대 모든 예술가를 뛰어넘었다. 베이컨이 이 우월한 재능을 위해 악마와 거래했다고 주장하는 이들도 존재한다.

이 박식한 박사는 점성술과 현자의 돌을 믿었다. 그를 마법사로 분류하지 않았던 델리오Martin Delrio는 그의 미신들을 비난했다. 더불어 프랑수아 픽François Pic은 베이컨이 저술한 여섯 가지 과학책에서 인간이 예언자가 되는 방법을 읽었다고 말했다. 이는 거울을 이용하는 것이라고. 베이컨은 이를 관점의 법칙에 따라 알무체피Almuchefi라고 불렀다. 해당 방법은 연금술로 몸을 단련한 뒤, 좋은 별자리 아래에서 점술을 행하면 된다고 한다.

그러나 바이어Johann Weyer는 베이컨이 악마를 부르는 주문을 행하였다고 주장한다. 다른 학자들 역시 적그리스도가 기적을 보여주기 위해 그의 마법 거울을 사용할 것이라고 믿었다.

몇몇 이들은 베이컨이 대 알베르투스Albert le Grand처럼 자동 인형을 만들었다고도 생각했다. 전해지는 이야기에 따르면, 그가 만든 자동 인형은 청동의 머리를 달고 또박또박 말하며 예언을 전했다고 한다. 영국을 청동 벽으로 둘러싸는 문제를 두고, 베이컨의 자동 인형은 '적절한 시기다'라고 대답했다고.

현대의 학자인 M. E. J. 델레클루즈M. E. J. Delecluze는 베이컨의 소개 글을 펴내며, 그를 천재로 분류했다.

호기심 많은 이들은 로저 베이컨이 쓴 소책자, 『연금술의 거울Speculum Alchimiæ』을 찾는다. 이 책은 1557년 리옹Lyon, 1612년 파리Paris에서 J. 지라르 드 투르나J. Girard de Tournas를 통해 『연금술 거울Miroir d'alchimie』(8절판, 12절판)이라는 표제로 번역, 출간되었다. 같은 역자가 『예술과 자연의 경이로운 힘l'Admirable puissance de l'art et de la nature』(8절판)을 번역했으며 (원제는 De potestate mirabili artis et naturæ이다) 1557년 리옹, 1729년 파리에서 출간하였다.

1626년 사망한 영국 백작 프랜시스 베이컨Francis Bacon과 로저 베이컨을 착각해선 안 된다. 월폴Walpole은 프랜시스 베이컨을 '뉴턴Isaac Newton이 밝히려 했던 진실을 예언하는 자'라고 불렀는데, 이는 좀 무모한 발언이긴 하다.

바코티 [Bacoti] 통킹Tonkin에서 점술가, 마법사를 공통으로 지칭하는 말. 보통 망자의 소식을 듣기 위해 이들을 찾는다. 바코티는 북을 두드리며 소리 높여 망자를 부른다. 그러면 망자는 모습을 숨긴 채 다가와 바코티에게 귓속말로 대답한다. 이러한 대답을 듣는 동안 바코티는 잠자코 있는다. 이들은 대개 좋은 소식을 전달한다. 그러면 복채를 더 후하게 받을 수 있기 때문이다.

바드 [Bad] 페르시아에서 바람과 태풍의 귀신이라고 불리는 정령. 달의 22번째 날을 관장한다.

바둑크 [Baducke] 이 식물의 열매를 우유에 담가 먹으면 감각 기관이 마비된다. 일부 마법사들은 남성의 생식기관을 불능으로 만드는 데 사용했다. 방법은 열매를 우려낸 우유를 마시게 하면 된다.

바둠나 [Badumna] 스칸디나비아 신화에서 숲을 지배하는 요정 혹은 엘프Elf.

바엘 [Baël] 『대마법서Grand Grimoire』에서 언급되는 악마. 지옥의 권력자 중에서도 큰 힘을 지닌 것으로 기록되어 있다.

바이어Johann Weyer는 저명한 저서 『악마의 유사군주제Pseudomonarchia Dœmonum』에 바엘의 이름으로 시작하는 악마 목록을 수록했다. 그는 바엘을 지옥의 첫 번째 왕이라 지칭했다. 바엘은 동부의 국가들을 지배한다. 그는 세 개의 머리를 지녔는데, 두꺼비, 인간, 고양이의 형상을 하고 있다. 또 쉰 목소리를 내고 싸움에 매우 능하다. 바엘은 소환한 이에게 세련됨과 교활함을 선물하고, 필요시 투명하게 변하는 법을 알려준다. 66개 군단의 통솔자이다.(혹시 바알Baal과 같은 악마는 아닐까?)

바에틸루스 [Bætiles / Baetylus] 고대인들이 살아있다 믿으며 신탁을 요구했던 돌*. 일종의 부적으로 여겨졌다. 목성을 삼키려던 토성은 감싸고 있던 돌인 바에틸루스를 먹어 치웠다고 전해진다. 작은 원 모양으로 다듬은 바에틸루스는 목에 걸 수 있었다. 이 돌들은 번개가 내리친 산에서 발견이 되었다.

보통 바에틸루스는 조각 혹은 만드라고라의 형상을 하고 있다. 그리고 개중에는 영국 소녀의 휘파람과 유사한 소리로 신탁을 내리는 경이로운 것들도 있다. 어떤 바에틸루스는 하늘에서 바로 떨어졌다고도 전해진다. 고대국가 프리지아Phrygia의 검은 돌이 바로 이에 해당한다. 스키피오 나시카Scipio Nasica는 이 돌을 위풍당당하게 로마로 가져갔다.

스파르타Sparta의 칼키디안Chalcidian 미네르바Minerva 신전엔 투구 모양의 바에틸루스들이 존재했다. 이 돌들은 나팔을 불면 물 위에 떠 오르고, 아테네인의 이름을 부르면 바로 가라앉았다. 이 돌들은 에우로타스Eurotas 강에서 발견되었다고[1] 전해진다.

(1) 『문예 아카데미 회고록Mémoires de l'Académie des Inscriptions』 제3권. / * 신성한 돌로 종종 운석들이 바에틸루스로 여겨지곤 했다.

바그 [Bag] 페르시아의 우상. 도시 바그다드Baghdad의 명칭은 그의 이름에서 따온 것이다.

바고에 [Bagoé] 몇몇 이들이 에리트라이Erythrae*의 무녀로 믿었던 여자 예언가. 바고에는 신탁을 전한 최초의 여성이다. 그녀는 토스카나Tuscany에서 점술을 행했고, 주로 천둥을 이용해 사건을 예언했다. **참조.** 비고이스Bigoïs.

* 에게해Aegean Sea에 있던 고대 도시.

고리 [Bague / Band] 참조. 반지Anneau.

점술 지팡이 [Baguette Divinatoire / Divining Rod] 개암나무, 오리나무, 너도밤나무, 사과나무로 만드는 양 갈래의 나뭇가지. 금속 물질, 숨겨진 수맥, 보물, 저주와 도둑을 찾는 데 사용한다.

고대엔 일부 마법을 위해 지팡이가 필요하며 이를 강력한 요정 또는 마녀가 사용한다고 믿었다. 메데아Medea, 키르케Circe, 머큐리Mercury, 바쿠스Bacchus, 조로아스터Zoroaster, 피타고라스Pythagoras와 파라오 마법사들은 모세Moses의 지팡이를 흉내내고 싶었기에 늘 지팡이를 지니고 있었다. 로마 건국의 영웅 로물루스Romulus는 예언 막대기를 들고 점을 쳤다. 알란족Alans과 여타의 야만족들은 땅속에 지팡이를 박아 넣으며 신탁을 청했다. 일부 초야의 예언자들은 지팡이로 많은 것들을 알아보기도 했다. 그러나 점술 지팡이가 본격적 반향을 일으킨 것은 17세기 말엽부터이다. 1692년 자크 아이마르Jacques Aymar는 지팡이의 유행을 불러일으켰다. 델리오Martin Delrio[1]에 따르면 훨씬 앞선 시기, 여러 미신 가운데 개암나무를 이용해 도둑을 찾는 경우가 존재했다고 한다. 자크 아이마르는 지팡이로 너무도 다양하고 놀라운 마법을 부렸다. 이에 르브룅Lebrun 사제[2]와 말브랑슈Malebranche 학자[3]는 그를 악마라고 여겼다. 다른 사람들은 그가 행하는 마법이 오컬트 물리 혹은 지하 전력을 활용한 것이라고 생각했다.

점술 지팡이를 운용하는 재능을 가진 이들은 일부에 불과했다. 타고난 재능이 있는지 시험해보는 일은 아주 간단하다. 깨끗하다고 알려진 개암나무에서 양 갈래로 갈라진 나뭇가지 하나를 꺾는다. 그리고 양 끝을 쥔 상태로 찾는 곳이나 관련 흔적 위에 발을 올린다. 만약 가지가 저절로 회전한다면 이는 찾고 있는 것과 얽힌 확실한 단서이다.

자크 아이마르가 등장하기 전까지 지팡이는 연금술에 필요한 금속을 찾는 데 사용되었다. 아이마르는 지팡이를 사용해 온갖 종류의 마법을 부렸다. 또 지하수, 위치가 바뀐 경계석, 저주문과 도둑 그리고 살인자 등을 찾아냈다. 그의 능력은 점점 입소문을 타게 되었고 1672년 리옹Lyon으로 소환되었다. 바로 법관들을 난처하게 했던 사건을 해결하기 위해서였다. 같은 해 7월 5일 저녁 10시경, 술장수 한 명과 그의 아내가 리옹에서 목이 잘려 살해당한 사건이 있었다. 이들은 모든 돈을 강탈당하고 지하 저장고에 묻힌 채 발견되었다. 이 사건은 살인 방법이 너무 교묘했던 나머지, 범죄 용의자를 색출하는 데 어려움을 겪었다. 이때 한 이웃이 아이마르를 불렀다. 재판관과 검사는 그를 지하 저장고로 데려갔다. 장소에 도착한 그는 매우 동요하는 듯한 모습을 보였다. 그의 맥박은 고열에 시달리는 환자처럼 치솟았다. 아이마르는 손에 든 지팡이를 시체가 발견된 장소에 가져갔다. 그러자 지팡이는 빠르게 회전했다. 그는 지팡이 혹은 내적 감각을 통해 안내받으며 살인자들이 지나간 길을 따라 걷기 시작했다. 그리고 대주교관의 정원으로 들어가 론Rhone 다리를 통해 도시를 벗어났다. 계속해서 그는 강의 오른쪽을 따라 걸었다. 이윽고 어느 정원사 집에 도착했고 아이마르는 그곳에 살인자가 몇명이 있었는지 알아맞히기 시작했다. 그의 주장은 확고했다. 3명이었으며 지팡이가 가리키는 식탁에 둘러앉아 술 한 병을 마셨다는 것이다. 이는 9살과 10살짜리 아이가 당시 정황을 자백함으로써 옳은 주장인 것으로 확인되었다. 아이들은 안색이 좋지 않은 남자 셋이 집에 들어와 아이마르가 가리킨 술병의 술을 마셨다고 진술했다. 사람들은 아이마르를 더욱 신뢰하며 그를 따라 살인자들을 쫓았다. 그리고 지팡이가 가리킨 모래 위 흔적을 통해 살인자들이 배를 탔다는 사실이 밝혀졌다. 아이마르는 물을 따라 그들을 쫓으며 흉악범들이 정박했던 모든 장소에 멈추어 섰다. 또 그는 그들이 사용했던 침대, 앉아있던 식탁, 술을 마신 술병 등을 찾아냈다.

그렇게 그는 한참 동안 사람들을 놀라게 했다. 그리고 무리는 드디어 보케르Beaucaire 감옥 앞에 도달했다. 아이마르는 이곳에 범인이 있다고 말했다. 지팡이는 감옥에서 데려온 죄수 가운데 등이 굽은 한 남성을 가리켰다. 이 남성은 축제 중 물건을 훔친 이력이 있는 좀도둑이었다. 아이마르는 남성을 앞서 들렸던 모든 장소에 데려갔다. 놀랍게도 그곳에 있던 모두는 그를 알아보았다.

바뇰Bagnols에 도착한 뒤, 등 굽은 남성은 범죄와 관련해서 자백하였다. 그의 말에 따르면 프로방스Provence 지방 출신의 두 사람이 남성을 하인으로 고용해 범죄에 가담케 했다는 것이었다. 또 남성은 살인에 동참하지 않았으며 두 부르주아는 살인과 절도를 저지른 뒤 6.5 에큐*를 본인에게 주었다고 덧붙였다.

여기서 놀랄만한 점은 아이마르가 용의자로 추정했던 남성, 살인 의심 장소 등에서 구토와 메스꺼움을 참을 수 없었다는 것이다.

등 굽은 남성의 폭로로 아이마르의 발견이 힘을 얻자 일부 사람들은 감탄하며 경탄하였다. 반면 그가 마법사라고 믿는 이들도 있었다. 결국 두 명의 살인자는 찾지 못했고 용의자로 추정되었던 등 굽은 남성은 맞아죽고 말았다.

아이마르 이후 이러한 재능을 지녔던 은둔자들이 속속 모습을 드러냈다. 그 중엔 여성들도 있었는데, 살인이 일어난 장소를 지나면 경련과 구토를 일으켰다. 이러한 구토, 경련의 고통에서 벗어나기 위해선 포도주 한 잔을 마셔야 했다.

아이마르는 큰 파문을 일으켰고 그의 지팡이와 업적에 관한 책이 나오기 시작했다. 그르노블Grenoble의 검사 드바니De Vagny는 『점술 지팡이로 육지에서 45시간, 물속에서 30시간 동안 살인자를 쫓은 석공의 놀라운 이야기Histoire merveilleuse d'un maçon qui, conduit par la baguette divinatoire, a suivi un meurtrier pendant quarante-cinq heures sur la terre, et plus de trente sur l'eau』라는 견문록을 출간하였다. 아이마르라는 시골뜨기는 이렇게 모든 사람의 입에 오르내리게 되었다. 철학자들은 지팡이 점술이 미립자들의 발산이며 그 이상도 이하도 아니라고 생각했다. 반면 이를 두고 사탄의 짓이라고 여기는 이들도 있었다. 르브룅 사제가 후자에 속하며, 말브랑슈도 이 의견에 동감했다.

이 놀라운 일화를 전해 들은 콩데Condé 대공의 아들은 아이마르를 파리Paris로 소환했다. 콩데 아가씨Mademoiselle de Condé**가 두 개의 은촛대를 도둑맞았기 때문이었다. 아이마르는 지팡이를 돌려가며 파리 여러 길을 돌아다녔고 결국 한 금은 세공사 가게 앞에서 걸음을 멈췄다. 세공사는 도둑질을 하지 않았다며 의심받는 것에 큰 모멸감을 느꼈다. 그리고 다음 날 누군가 관저에 촛대값을 두고 사라졌다. 몇몇 사람들은 아이마르가 신용을 얻기 위해 직접 이런 일을 벌였다고 생각했다.

그 뒤로도 아이마르의 탐색은 이어졌고, 지팡이가 돈이 있다고 가리킨 곳에선 돌이 나왔다. 또 아무것도 없는 곳에 돈이 있다고 신호를 보내기도 했다. 이렇게 많은 실패를 거듭한 후 지팡이는 평판을 잃게 되었다. 이외에 지팡이는 회전하며 반응을 보여야 할 자리에서 움직이지 않기도 했다. 당황한 아이마르는 그가 교활한 사기꾼에 불과했음을 고백했다. 또 지팡이엔 아무런 능력이 없으며 이 술수를 통해 돈을 벌고 싶었을 뿐이라고 털어놓았다….

지팡이를 통한 점술이 여전히 성행했을 때의 일이다. 그르노블의 한 젊은 여성은 아이마르의 소문을 듣고 자신에게도 지팡이를 회전시키는 능력이 있다는 것을 확인했다. 하지만 그녀는 이 재능을 악마로부터 받은 것이 아닐까 두려웠기에 르브룅 사제를 찾아갔다. 사제는 그녀에게 지팡이를 든 채 신에게 기도를 올리라고 조언했다. 여성은 지팡이를 쥔 채로 단식기도를 올렸고 지팡이는 다시 회전하지 않았다. 그리고 악마 또는 착각에 의한 일이었다고 결론짓게 되었다.

대중이 점술 지팡이를 악마의 짓이라고 의심하게 된 것은 그 대단한 점술가 아이마르가 사기꾼이었다는 사실이 밝혀진 이후였다. 사람들은 장난같은 테스트로 지팡이의 신용도를 떨어뜨렸다. 샤틀레 드 파리Chatelet de Paris의 검사는 망루의 한 궁수가 살해당했던 골목으로 아이마르를 데려갔다. 하지만

어느 곳에서도 지팡이는 움직이지 않았다. 사실 살인자들은 이미 체포되었고 지나간 길과 숨던 장소는 이미 밝혀진 뒤였다.

아이마르는 이후 아르프가La Harpe로 소환되었다. 그곳은 도둑이 현장에서 검거된 곳이었다. 불성실한 지팡이는 이곳에서 또 한 번 그의 기대를 배신했다.

이러는 와중에도 점술 지팡이는 사라지지 않았다. 오히려 지팡이를 회전시킬 줄 안다는 사람이 점점 늘어났고, 이러한 이야기들은 벨기에까지 퍼졌다. 벨기에 고슬리Gosselies 부근 헤이네Heigne에선 개암나무 지팡이로 숨겨지거나 사라진 물건을 찾는 소년이 있었다. 소년은 2년 미만의 가지로 지팡이를 만들어야 한다고 주장했다. 한 남성은 이러한 소년의 능력을 확인해 보고 싶었다. 그는 인적이 드문 오솔길 어느 도랑에 에큐 한 닢을 숨겼다. 그리고 소년에게 은화를 찾게 되면 에스칼랭화*** 한 닢을 주겠다고 약속했다. 이 이야기를 들은 소년은 Y자로 된 개암나무 가지를 하나 꺾은 뒤 양쪽을 잡고 여러 방향을 더듬으며 이동했다. 곧 좁다란 오솔길에 당도했고 지팡이는 활발히 회전하기 시작했다. 소년이 동전이 숨겨진 곳을 지나쳐가면 지팡이는 회전을 멈추었다. 그러면 활발하게 움직이는 곳으로 걸음을 옮겼다. 마침내 찾고 있던 장소에 닿자 지팡이는 두 배로 빨리 회전하기 시작했다. 점술가 소년은 군중이 지켜보는 가운데 허리를 숙여 풀 속에서 작은 동전 한 닢을 꺼내 들었다. 지켜보던 군중들은 모두 감탄을 금치 못했다.

부르주아는 지팡이를 추가로 실험해보기 위해 분실한 돈이 더 있다며 거짓말을 했다. 하지만 소년이 다시 지팡이를 쥐어도 그것이 회전하는 일은 없었다. 사람들은 이렇게 소년의 재능을 진실로 믿게 되었다. 소년은 다음과 같이 말했다. "완전히 우연히 일어난 일이었어요. 아버지의 소 떼를 지키는 중에 칼을 잃어버렸거든요. 그때 개암나무 가지에 관한 이야기가 떠올랐고 나뭇가지로 회전하는 지팡이를 하나 만들었지요. 그렇게 나뭇가지를 통해 칼을 되찾았고 이후 잃어버린 많은 물건을 찾게 되었어요."

여기까지는 점술 지팡이의 좋은 예시이다.

안타깝게도 더 면밀히 진행했던 다른 지팡이들의 테스트는 번번이 실패로 돌아갔다. 이후 결국 점술 지팡이는 얄팍한 속임수로 판명되었다. 그런데도 100년에 가까운 세월 동안 사람들은 점술 지팡이를 신임했고, 학자들은 100권이나 되는 책을 저술하였다.

살그Salgues[4]는 점술 지팡이에 대해 다음과 같이 기록했다. '점술 지팡이의 효과 없음을 증명하기 위해 근거를 수집하는 것이 필요한 일일까? 도둑과 수맥, 동전과 개암나무 사이에 무슨 연관성이 존재하겠냐는 말이다. 대중들은 끌어당기는 힘, 즉 인력에 의해 지팡이가 회전한다고 주장한다. 도대체 수맥과 동전 혹은 살인자의 육신으로부터 발산되는 것이 무엇이기에, 건강한 남자 손에 들린 개암나무 가지를 비트는 것일까? 게다가 고향에선 수맥과 금속, 살인자와 도둑을 잘 찾던 사람도 어찌 된 일인지 파리에만 오면 무능해진다. 이건 죄다 사기 짓일 뿐이다. 약간의 솜씨만 있다면 누구든 돌릴 수 있는 지팡이가 무슨 마법을 부린다는 것인가. 살짝 벌어진 나뭇가지의 양 끝을 잡고 튀어 오르게 하면 가능한 일이다. 결국 탄성이 예언을 하는 셈이다.'

이와 같음에도 사람들은 도피네Dauphine와 에노Hainaut의 점술 지팡이 힘을 믿었다. 촌부들은 계속해서 지팡이를 사용했고 개중엔 열렬한 신봉자도 있었다. 포메이Johann Heinrich Samuel Formey는 『백과사전The Encyclopedia』에서 이 현상을 자석의 힘이라고 설명하였다. 뮌헨Munich의 교수 리터Ritter는 최근**** 갈바니 전기Galvanism(동물 전기)를 인용해 점술 지팡이의 마법을 설명했다. 하지만 사망 전 자신의 주장을 철회했다.

라 갸흐드La Garde의 수도원장은 최초로 쟈크 아이마르의 마법 이야기를 진정성 있게 저술한 사람이었다. 1692년 몽펠리에Montpellier의 의사 피에르 가르니에Pierre Garnier는 저서 『물리학 논문Dissertation Physique』(1692년, 리옹, 12절판, 필레셰르Flécheres 영주 세브르Sevre에게 보내는 서신 형태로 출간)에서 지팡이에 관여하는 자연적 요인들을 밝히려고 애썼다. 가르니에는 이 자연적 요인들을 살인자 몸에서 방출된 미립자가 사건 현장에 떠다닌다는 것이라고 주장했다. 부스럼 환자와 전염병 환자는 건강한 이들과 다른 감염성 땀을 흘린다. 그는 마찬가지로 흉악범들 역시 특유의 입자를 풍기며 모두가 이를 알아챌 수 있는 것은 아니라고 말했다. 특히 해당 저서 23페이지에서 이를 두고 논쟁이 필요 없는 저명한 이치라며 다음과 같이 기록하였다. '그렇게 미립자들은 지팡이를 쥔 사람 몸에 들어가 그를 휘어잡는다. 그리고 미묘한 형태로 손을 통해 빠져나와 지팡이로 흘러 들어간다. 이렇게 되면 지팡이에서 쉽게 빠져나올 수 없기에 지팡이를 회전시키거나 부러뜨리게 된다. 세상에 이보다 더 신빙성 있는 이야기도 없다….'

메네스트리에Ménestrier 신부는 저서 『점술 지팡이 기운에 관한 성찰록Réflexions sur les indications de la baguette』(1694년, 리옹)에서 유행 중인 지팡이 예언자들의 많은 수에 놀라워했다. '이 재주가 얼마나 널리 퍼지게 되었는가! 마치 한계가 없는 것 같다. 직물의 품질과 가격 차를 판단하거나, 용의자 가운데 무고한 이를 밝혀내거나, 범죄를 특정짓는 데에도 점술 지팡이가 사용된다. 날마다 몰랐던 지팡이의 새로운 위력들이 발견되는 것이다.'

1700년 툴루즈Toulouse에선 지팡이로 망자들의 소식을 전하는 선한 남성이 있었다. 그는 지팡이로 과거와 현재, 미래의 일을 알아냈다. 지팡이는 '네'라고 대답하고 싶을 때는 아래를 향했고 '아니오'라고 대답하고 싶을 때는 위를 향했다. 지팡이에 질문을 할 때는 소리를 내서 묻거나 머릿속으로 생각하면 되었다. 르브룅 사제는 이와 관련해 다음과 같이 기록했다. '만약 많은 답(이라고 쓰고 대다수의 답이라고 읽음)이 헛다리를 짚지 않는다면 그게 바로 마법 같은 일일 것이다[5].'

이 못지않게 감탄할만한 사실은, 지팡이가 해당하는 물건 위에서만 회전한다는 것이다. 이걸 과연 자석의 힘이라고 할 수 있을까? 그때문에 만약 수맥을 찾는다고 하면, 지팡이는 보석이 숨겨진 곳이나 살인 흔적이 있는 곳에서 꼼짝도 하지 않을 것이다.

수맥을 찾기 위해선 지팡이를 물에 적신

리넨 위에 두어야 한다. 만일 지팡이가 회전하면 그것이 가리키는 곳에 물이 있다는 증거가 된다. 지하의 금속을 찾기 위해서는 지팡이 머리 부분에 여러 금속 조각을 연달아 끼워야 한다. 금속들에 닿아있는 지팡이는 땅속에 묻힌 금속 품질을 알려준다.

더는 점술 지팡이의 마법을 믿는 사람들이 없다고 해도, 일부 지방에선 아직도 이 지팡이를 사용하고 있다. 한때는 개암나무 외에 다른 여러 나무를 이용했다. 심지어 고래 갈비뼈까지도 동원된 적이 있다. 나중엔 지팡이가 두 갈래로 갈라져야 한다는 규칙조차도 사라지게 되었다.

여기『대마법서Grand Grimoire』(6) 87페이지엔 점술 지팡이의 비밀과 회전 방법이 소개되어 있다.

수평선에 해가 뜨는 것이 보이면, 왼손에 정결한 야생 개암나무로 제작한 지팡이를 집어 든다. 그리고 오른쪽으로부터 세 번 허공을 가르며 다음과 같이 외친다. "네가 모세와 야곱Jacob의 미덕을 가지고 내가 원하는 모든 것을 알려주도록, 너를 엘로힘Elohim, 무트라통Mutrathon, 아도나이Adonai와 세미포라Sémiphoras의 이름으로 거두노라." 그리고 지팡이를 회전시키기 위해 양 끝을 두 손으로 꽉 쥐고 덧붙여 말한다. "엘로힘, 무트라통, 아도나이와 세미포라의 이름으로, 내게 비밀을 밝히길 명하노라…." (이후 궁금한 것을 묻는다)

점술 지팡이에 관한 이야기는 마르지 않는 샘이나 다름없다.『계간Quaterly Magazine』에서는 다음과 같은 이야기를 담은 일이 있다.

'이제 더는 점술 지팡이를 보물을 찾는 데 사용하지 않는다. 하지만 특정 이가 사용하면 수맥의 위치를 알아낼 수 있다고 한다. 지금으로부터 약 50년 전, 뉴어크Newark 부인은 프로방스Provence 지역의 한 성을 찾았다. 저택에 필요한 샘을 찾고 있던 성주는 개암나무 가지를 사용할 줄 안다는 한 촌부를 불러왔다. 뉴어크 부인은 성주와 촌부의 자신만만함을 몹시 비웃었다. 하지만 호기심을 이기지 못한 채, 그녀만큼이나 냉철한 다른 영국인 여행객 여러 명과 함께 현장을 찾아갔다. 외부인들의 조롱에도 개의치 않던 촌부는 그들을 데리고 다니며 걷기 시작했다. 그리고 갑자기 멈춰서서 땅을 파보라고 지시했다. 놀랍게도 땅을 판 곳에는 물이 솟아나 흐르기 시작했다. 그는 교육받은 적이 없는 시골 사람이었다. 그는 자신의 재능은 물론 지팡이의 힘도 설명할 수 없었다. 다만 자신 말고 다른 이들도 같은 재주를 부릴 수 있다며 겸손한 대답을 하였다. 자리에 있던 영국인들도 지팡이를 사용해보았지만 아무도 성공하지 못했다. 하지만 뉴어크 부인 차례가 되었을 때, 그녀는 촌부처럼 지팡이로 수맥을 가리키는 데 성공해 모두를 놀라게 했다. 뉴어크 부인은 영국으로 돌아간 뒤 사람들 몰래 지팡이를 사용해야 했다. 놀림을 사게 될까 두려웠던 것이다. 1803년 헐튼Hulton 박사가『오자남의 연구Ozanam's Research』를 발표해 지팡이 마법의 불합리함을 논하였을 때(4호, 260페이지), 뉴어크 부인은 X. Y. Z.라는 가명을 사용해 그에게 편지를 보냈다.

그 편지엔 그간 벌어졌던 일들이 기록되어 있었다. 박사는 답장을 보내 새로운 정보를 요구하였고 뉴어크 부인은 이에 답했다. 박사는 그녀를 만나고 싶어 했다. 이에 뉴어크 부인은 런던 울위치Woolwich 지역으로 향했다. 그리고 헐튼 박사 앞에서 그의 여름 별장이 지어질 예정지 속 수맥을 찾아냈다. 헐튼 박사는 수맥을 발견한 이 땅을 울위치 학교에 팔아 수익을 남겼다. 수맥에 근접했을 때 갑자기 흔들리고, 휘어지고, 부러진 지팡이의 모습을 두 눈으로 보니 믿지 않을 수 없었기 때문이다.'

영국에서는 지금도 뉴어크 부인과 똑같은 재주를 가진 사람으로 찰스 H.Charles H. 경과 펜윅Fenwik 양을 거론한다. 그들은 심지어 더 뛰어난 능력을 갖추고 있다고 한다. 이 설명이 불가한 능력은 스페인 투시술사들인 자호리Zahori의 능력과 유사함을 보이기도 한다. 하지만 그들은 개암나무 가지를 사용하지 않았다. **참조**. 블레톤과 파라멜레Bletton et Paramèle.

(1) 『마법 연구Disquisitiones Magicae』, 3권, 섹션 마지막. / (2) 그의 편지들과 저서 『미신관행의 역사Histoire des pratiques superstitieuses』(1693년, 파리, 12절판)에서는 지팡이를 두고 품은 철학자들의 환상을 밝히고 그들의 이론을 깨트린다. / (3) 르브룅 사제에게 보내는 답신 중. 이 분야에 관해 수많은 소논문이 만들어졌다. / (4) 『오류와 편견Des erreurs et des préjugés』 등, 1권, 165페이지. / (5) 『미신관행의 역사』, 2호, 357페이지. / (6) 이 비밀은 서적 『붉은 용The Red Dragon』에도 등장한다, 83페이지. / * 17~18세기에 사용되던 프랑스 은화. / ** 루이스 애들래이드 드 부르봉 콩데Louise-Adélaïde de Bourbon-Condé의 별칭. / *** 네덜란드에서 주조한 16세기 은화. / **** 출판 당시인 1860년대.

마법 지팡이 [Baguette Magique / Magic Wand] 보고 들은 바와 같이 모든 요정과 마녀는 마법을 부리는 마법 지팡이를 소지하고 있다. 보게Boguet는 프랑수아즈 세크레탱Françoise Secrétain과 테벨 파제Thévenne Paget가 지팡이를 가져다 대는 것만으로 가축을 죽일 수 있다고 기록했다. 카르다노Cardan는 가볍게 지팡이로 등을 두드려 아이를 죽인 파리Paris 마녀 일화를 적었다.

마법사들은 마법 지팡이를 이용해 원을 그리고, 주문을 외고, 모든 마법을 행한다. 이때, 마법 지팡이는 그해 자란 개암나무의 가지로 제작한다. 개암나무 가지를 자를 때엔 첫 번째 수요일 밤 11시에서 자정 사이에 특정 주문을 외우며 행한다. 칼은 새것으로 준비해야 하며, 자르면 위쪽을 향해 빼내야 한다. 이후 미신에 따라 주문을 읊으며 지팡이를 축복한다. 굵은 끝부분에는 'Agla †'를, 가운데는 'On †'을, 가는 끝부분에는 'Tetragammaton †'을 새긴다. 그리고 'Conjuro te Cito Mihi Obedire(네가 나에게 복종할 것을 촉구하노라)' 등의 주문을 읊는다.

바하만 [Bahaman] 페르시아인들이 화를 다스리는 정령Genie을 일컫는 말. 바하만은 소, 양을 비롯한 길들일 수 있는 모든 가축을 지배한다.

바히 [Bahi] 집시들은 손을 활용한 점술을 바히라고 불렀다. **참조**. 손Main.

바히르 [Bahir] 가장 오래된 랍비의 책. 북스토르프Buxtorf는 바히르가 고대 카발라Kabbalah의 가장 깊은 비밀을 다룬다고 말했다.

바만 [Bahman] 두 번째 아메샤 스펜타Amschaspands.

바이안 [Baïan] 바이어Johann Weyer와 스무 명의 악마학자들의 의견에 따르면 불가리아의 왕 시메온Simeon의 아들 바이안(바얀Bajan)은 위대한 마법사였다고 한다. 그는 백성을 겁주기 위해 늑대, 표범은 물론 온갖 사나운 동물의 모습으로 변신할 수 있었다. 또 눈에 보이지 않게 만드는 마법도 행할 수 있었다. 하지만 니콜Nynauld이 『늑대인간Lycanthropy』에서 언급한 바와 같이, 이는 강력한 악마의 도움이 없이는 불가능하다.

바이에(장 기욤) [Baïer(Jean-Guillaume)] 알토르프Altorf의 신학 교수. 1729년에 사망했다. 『스티에베의 회답을 포함한 욥기 제40장, 제41장에 따른 베헤모스와 레비아탄, 코끼리와 고래에 관한 논문Dissertatio de Behemoth et de Leviathan, Elephas et Balæna, e Job xl, xli. Respond. G. Steph. Stieber』(1708년, 알토르프, 4절판)을 남겼다. 바이에는 베헤모스와 레비아탄에서 오직 두 마리의 거대한 동물을 보았을 뿐이다.

하품 [Bâillement / Yawn] 스페인 여성들은 하품을 할 때, 엄지로 네 번 성호를 그어 악마가 입 안에 들어오지 못하도록 했다. 이 미신의 기원은 아주 먼 옛날로 거슬러 올라가는데, 당시 사람들은 하품을 위험한 발작이라고 생각했다. 인도인들은 하품할 때 손가락을 부딪쳐 소리를 내 악마를 쫓았다.

바이(피에르) [Bailly(Pierre)] 생리적 역설과 영혼의 불멸성에 관한 대담을 기록한 책, 『페스티온의 꿈Songes de Phestion』(1634년, 파리, 8절판)의 저자. 의사이기도 하다.

발람 [Balaam] 미디안Midian에 살던 일종의 마법사. AM* 2515년에 활발히 활동했다. 사막을 유랑하던 이스라엘 민족이 요단Jordan강을 건널 때, 그들을 두려워하던 모압Moab왕 발락Balak은 발람에게 저주를 내리라고 지시했다. 여러 신들을 섬기던 마법사 발람은 유난히 두려워했던 신인 하나님께 조언을 구했다. 그리고 왕의 제안을 거절하라는 응답을 받았다. 하지만 왕의 후한 선물에 눈이 먼 발람은 결국 발락의 주둔지로 향했다. 이 와중에 주님의 천사는 그가 탄 당나귀를 세우며 대화를 시도했다. 당나귀 때문에 화가 난 발람은 곧 천사를 발견하고 몸을 조아렸다. 그리고 이스라엘의 하나님이 시키는 대로 하겠노라 약속했다. 발람은 몹시 난처한 모습으로 주둔지에 진입했다. 그리고 발락의 신하들이 보는 와중에 이스라엘 민족 앞에 섰다. 그는 저주의 주문을 외지 않았다. 오히려 종교적 열기에 사로잡혀, 하나님의 민족에게 있을 찬란한 앞날을 예언했다. 그리고 구세주의 출현을 예고하기까지 했다. 화가 난 발락은 그를 체포했다. 히브리인Hebrew들은 미디안들을 무찌른 뒤, 포로로 잡은 발람을 죽여버렸다.

* 천지 창조 이래.

발라데바 [Baladéva] 세 번째 라마Rama 혹은 힌두교의 신 비슈누Vishnu의 세 번째 화신.

빗자루 [Balai / Broom] 빗자루는 마녀 집회에 참여하는 마녀들이 이용하는 통상적인 탈것이다. 레미Remi는 빗자루에 얽힌 이야기를 다음과 같이 기록했다. 독일의 어느 구두장인 아내는 우연히 마녀 향유가 담긴 냄비에 빗자루 끝을 담그게 되었다. 그리고 아무 생각 없이 빗자루 손잡이에 걸터앉았다가 마녀 집회가 열리는 브루크Bruck로 이동하게 되었다. 그녀는 이를 기회 삼아 마녀가 되었고 얼마 후 체포당했다.

외에도 빗자루와 얽힌 다른 미신도 존재한다. 브르타뉴Bretagne 레느벤Lesneven에선 행복을 내쫓는다는 이유로 밤에 가정에서 빗자루질을 하지 않는다. 빗자루질을 하면 집안을 배회하는 영혼들이 다치거나 밀려날 수 있기 때문이다. 해당 지역민들은 이 금기를 '망자 청소'라고 부른다. 11월 2일, '망자의 날' 전날엔 집마다 돌아다니는 영혼의 수가 바다, 강가의 모래알 수보다 많다고 한다.

발란 [Balan] 지옥의 강력하고 끔찍한 왕. 황소, 인간, 숫양의 머리를 달고 있으며 뱀의 꼬리와 불을 뿜는 두 눈을 가졌다. 하지만 보통은 나체로 곰을 타며 다닌다고. 그는 뿔이 달려있고 손목엔 새매가 올라가 있다. 발란은 거칠고 쉰 목소리로 과거, 현재, 미래와 얽힌 질문에 답한다. 한때 주천사의 지위에 있었던 이 악마는 오늘날 지옥에서 40개 군단을 거느리고 있다. 또 계략과 술책, 눈에 보이지 않을 수 있는 간단한 방법들을 알려준다.

천칭자리 [Balance / Libra] 황도대의 7번째 별자리. 이 별자리 아래에서 태어난 이들은 일반적으로 공정성을 좋아한다고 한다. 루이 13세Louis XIII도 천칭자리라는 이유로 '공정왕Le Juste'이라는 별명을 얻었다.

페르시아인들은 최후의 날에 하늘보다 더 크고 넓은 저울이 나타날 것이라고 생각했다. 그리고 신이 이 저울을 통해 인간의 업적을 심판할 것이라고 주장했다. 이 저울은 '빛의 접시'와 '어둠의 접시'를 가지고 있다. 좋은 업적이 기록된 책은 별보다 더 빛나는 빛의 접시에 올린다. 나쁜 업적이 기록된 책은 한밤의 폭풍우보다 더 무서운 어둠의 접시에 올린다. 저울대는 어떤 업적이 얼마큼의 차이로 승리했는지 알려준다. 이 시험이 끝나면, 인간은 영원의 불을 가로지르는 다리를 건널 수 있다.

발코인 또는 발콘(마리) [Balcoin, Balcon(Marie)] 라부르Labourd 지역의 마녀. 헨리 6세Henry VI 통치 당시 마녀 집회에 다녔다. 재판 당시 그녀는 야간 집회에서 어린아이의 귀를 먹었다고 고백했다. 아마 화형당했을 것으로 추정된다.

발더 [Balder] 스칸디나비아의 신. 주신인 오딘Odin과 신들의 여왕 프리그Frigg의 자식. 적인 로키Loki는 호드르Hodr를 통해 그의 목숨을 빼앗다. 발더는 신이었음에도 지옥으로 내려가 머물렀다.

고래 [Baleine / Whale] 무함마드Muhammad는 요나Jonah의 고래를 하늘로 올려보냈다*. 플리니우스Pliny와 여러 전설에선 900 로마 피트**의 고래를 언급하는데, 작은 배를 집어삼킬 수도 있었다고 한다.

   * 무함마드의 '아무도 내가 요나보다 낫다고 말할 수 없다'를 참조할 것. 누구도 신의 선지자를 구별하면 안 된다는 은유적 표현이다. / ** 고대 로마의 길이 단위.

발리 [Bali] 인도에서 악마의 왕자이자 지옥 왕 중 하나로 여겨진다. 발리는 비슈누Vishnu와의 싸움 끝에 심연으로 떨어졌고, 일 년에 한 번 악행을 하기 위해 심연 밖으로 나온다. 하지만 이마저도 비슈누가 제한한다고.

인도인들은 장난꾸러기 꼬마 요정에 그의 이름을 붙이기도 했다. 이 요정은 쌀을 나눠주는데 밤새 작은 악마가 나타나 이를 훔쳐 먹는다.

발키스 또는 벨키스 [Balkis, Belkis] 스바Sheba의 여왕, 솔로몬Solomon에게 경의를 표하기도 했다. 『구약성경의 전설Légendes de l'Ancien Testament』에서 그녀의 이야기를 찾을 수 있다.

탄알 [Balles / Bullets] 과거엔 일부 전사들이 탄알에 마법을 건다고 여겼다. 무슨 수를 써도 그들을 맞출 수 없었기 때문이다. 그들을 죽이기 위해서는 탄약통에 은화를 넣어야 했다. 은화에 마법을 거는 것을 불가능하다는 속신이 있기 때문이다.

발사모 [Balsamo] 참조. 칼리오스트로 Cagliostro.

발타조 [Baltazo] 랑Laon의 빙의 사건에 가담한 악마 중 하나. **참조**. 오브리Aubry. 전해지는 이야기에 따르면 한 망나니가 악마인 척 니콜 오브리 집을 찾아 빙의를 풀어주겠다는 핑계로 저녁 식사를 했다고 한다. 하지만 그는 아무 일도 하지 않았다. 식사 동안 그는 포도주만 마셨는데, 이를 두고 르 루아예Pierre Le Loyer는 물이 악마에게 해가 되기 때문이라고 주장했다[1].

(1) 『귀신 논설과 역사Disc. et Hist. des spectres』, 3권, 10장.

발타자르 [Balthazar] 바빌론의 마지막 왕이자 느부갓네살Nebuchadnezzar의 손자. 어느 저녁 그가 난잡한 연회에서 예루살렘Jerusalem의 신성한 화병을 더럽히고 있을 때였다. 웬 손 하나가 나타나 맹렬히 성벽에 '메네Mene, 데겔Tekel, 우바르신Upharsin'이라고 적는 것을 목격하게 되었다. 예언가와 점성가는 이 문자를 해석할 수 없었다. 발타자르는 이를 해석하는 자에게 큰 상을 내리겠노라 공포했다. 이때, 그의 포상을 멸시한 다니엘Daniel이 발타자르를 찾았다. 그리고 적혀진 문장은 그의 시간이 끝났고, 죽음을 앞두게 되었으며, 왕국이 갈라질 것을 의미한다고 일러주었다. 얼마 지나지 않아 그의 말은 사실로 드러났다.

발투스(장 프랑수아) [Baltus(Jean-François)] 예수회 학자. 1743년에 사망했다. 그는 저서 『퐁트넬 신탁에 대한 반박Réponses à l'Histoire des Oracles de Fontenelle』(1709년, 스트라스부르, 8절판)에서 과거의 신탁은 악마의 업적이라고 저술했다. 또 예수 그리스도Jesus Christ가 등장하기 무섭게 모두 그 입을 다물게 되었음을 확고히 주장했다.

바메티 [Bamétrie / Bametie] 암스테르담Amsterdam의 부모 없는 아이들에게 마법을 걸었다는 죄로 1566년 재판을 받은 마녀. **참조**. 보육원Orphelinats.

반얀스 [Banians / Banyans] 인도에서 우상 숭배한 악마로, 무굴Mughal 제국까지 널리 알려졌다. 그들은 창조주의 존재를 인정하면서도, 악마를 숭배하였다. 또 세상을 지배하는 것이 악마라고 여겼다. 반얀스는 끔찍한 외형을 지녔다고 전해진다. 반얀스 종교 성직자는 악마를 숭배하는 자의 이마에 노란 표식을 그린다. 표식이 있다면 악마가 해치지 않는다고 믿었기 때문이다[1].

(1) 『반얀스 종교의 역사Histoire de la Religion des Banians』, 그들의 경전에서 발췌, 영문판 번역, 1667년, 파리, 12절판.

밴시 [Banshée] 아일랜드의 백색 요정. 은발에 흰색 원피스를 입고 있다. 키어니Kearneys, 버터Butters, 키턴Keatins, 트랜트Trants, 라이스Rices와 같은 여러 가문에 속해있다. 밴시는 가족 구성원 중 누군가가 죽음을 맞이하기 전에 창가로 찾아온다. 그리고 창문을 두드리며 울음을 터뜨린다. **참조**. 백색 여인Femmes Blanches.

세례 [Baptême / Baptism] 영국 북부에서는 성공회 세례 시 소녀들보다 소년들이 먼저 세례를 받도록 각별히 신경 썼다. 소녀보다 늦게 세례를 받은 소년은 수염이 나지 않는다고 믿었기 때문이다. 마녀들은 집회에서 고약한 의식을 치르며 두꺼비와 어린아이들에게 세례를 내렸다. 그들은 두꺼비들에게 적색 벨벳 옷을, 아이들에게는 흑색 벨벳 옷을 입혔다. 이 악마적인 행위를 위해 악마는 구덩이에 소변을 보았고, 마녀들은 배설물을 검은 성수채에 받아 아이와 두꺼비 얼굴 위에 뿌렸다. 그리고 왼손으로 거꾸로 성호를 그으며 다음과 같이 외쳤다. "파트리크, 마트리크, 아라곤의 파트리크 이름으로 지금 이 시각 명한다, 발렌티아In Nomine Patrica, Matrica, Araguaco Petrica Sgora, Sgora Valentia". 이 명청하고 불경한 언행은 '악마의 세례'라고 불렸다. 악마나 마녀 집회 대표자는 성별을 불문하고 집회를 찾은 성인에게 재세례를 내렸다. 이 때 유황과 소금, 오줌을 사용했다.

적도제 [Baptême de la Ligne / Line-Crossing Ceremony] 배가 처음으로 적도를 넘어갈 때 지내는 의식. 처음 적도를 넘는 사람들을 대상으로 하는 세례를 말한다. 세례의 성수 살포 정도는 진행자의 자비심으로 결정된다. 이 우스꽝스러운 행위에 가담하는 자들은 변장을 한다. '적도의 성직자'는 악마, 집배원, 가발 장인과 제분업자를 호위 삼아 목재 통에 다가간다. 선원에게 수고비 주는 것을 거부하는 승객은 가발을 쓰고 분칠을 한 다음 성수를 뒤집어쓰게 된다. 혹은 완전히 통에 몸이 담긴다. 적도제의 기원이나 왜 악마가 이 의식에 포함되는지는 알려진 바가 없다.

바라불레 [Baraboulé] 참조. 카샤파Kacher.

바랏 [Barat] 통상적으로 저주로 인해 생기는 병적 무기력증. 반드시 죽음으로 몰고 간다. 브르타뉴Bretagne 풍습에 따르면, 피니스테르Finistère주 스카에Scaer 근처의 생트 캉디드Sainte-Candide 샘물을 마시면 치유된다고 한다. 태어난 지 며칠 된 아이를 이 샘에 담갔을 때 두 다리를 펼치면 아이가 살고, 오므리면 죽는다고 보았다[1].

(1) 자크 캠브리Cambry, 『피니스테르 여행Voyage dans le Finistère』, 3호, 457페이지.

바르바스 [Barbas] 악마. **참조.** 마르바스Marbas.

바르바토스 [Barbatos] 위대하고 강력한 악마. 로빈 후드Robin Hood 형태를 한 지옥의 백작이자 공작이다. 궁수나 사냥꾼의 모습으로 나타나며 숲에서 만날 수 있다. 그의 앞에는 네 명의 왕들이 나팔로 연주한다. 바르바토스는 새, 황소, 개를 비롯한 여러 짐승의 울음소리로 점을 치는 법을 교수한다. 또 마법사들이 묻은 보물을 알고 있으며, 친구 간의 불화를 해결한다. 한때는 역천사나 주천사 계급에 속했으나, 지금은 30개의 지옥 군단을 거느릴 뿐이다. 그는 과거와 미래를 알고 있다[1].

(1) 요한 바이어Johann Weyer, 『악마의 유사군주제Pseudomonarchia Dœmonum』.

수염 [Barbe / Beard] 로마에는 처음 난 수염을 소중하게 간직하는 풍습이 있었다. 황제 네로Nero는 자신의 수염을 보석으로 장식된 황금 상자에 보관했다[1].

(1) 니자르Nisard, 『스타티우스Stace』.

신의 수염 [Barbe-à-Dieu / God's Beard] 티에르Jean-Baptiste Thiers는 자신의 저서 『미신 모음집Traité des superstitions』에서 '신의 수염 기도문'을 다룬다. 이 미신적 기도문은 여전히 인기가 많으며 여러 책에서 찾아볼 수 있다. 기도문의 내용은 이러하다. '죄지은 자들이여, 내게 고하러 오라. 내 심장은 사시나무 잎이 떨리듯 뱃속에서 떨리노라. 마치 로이조니Loisonoi 여성이 임부의 머리카락 세 개를 합친 것보다 더 두껍지도 얇지도 않은 널빤지를 건너듯 말이다. 신의 수염을 아는 자는 널빤지 위를 지나갈 것이다. 신의 수염을 알지 못하는 자는 아이처럼 널빤지 끝에 주저앉아 울부짖으며 고함을 칠 것이다. 신이시여! 애석합니다! 이렇게 끔찍할 수가! 라며.'

푸른 수염 [Barbe Bleue / Bluebeard] 참조. 레츠Retz.

생 미셸의 바바라 [Barbe de Saint-Michel / Barbara of St. Michael] 루비에 Louviers 출신의 수녀. 참조. 루비에.

바르벨로 [Barbeloth / Barbelo] 바르벨리오Barbeliots, 바르보리안Barboriens이라 불렸던 영지주의자들의 말에 따르면, 불멸의 아이온Eon*이 바르벨로라는 처녀 영과 거래하여 예지력, 청렴성, 영생을 얻었다고 한다. 어느 날 유난히 기분이 좋았던 바르벨로는 빛을 태어나게 했고, 영의 도유로 완벽해진 빛은 그리스도Christ라는 이름을 지니게 되었다. 그리스도는 지성을 요구했고 이를 얻었다. 지성, 이성, 청렴성과 그리스도가 만났고, 이성과 지성은 오토젠Autogene을 태어나게 했다. 오토젠은 완벽한 인간인 아다마스Adamas를 만들었고, 완벽한 지성인 그의 아내를 만들었다. 아다마스와 그의 아내는 나무를 만들었다. 최초의 천사는 성령, 지혜 또는 프루닉Prunic을 태어나게 했다. 프루닉은 프로타콘테Protarchonte 또는 최초의 왕자를 만들었는데 그는 무례하고 어리석은 자였다. 프로타콘테와 아로강스Arrogance(오만함)는 악덕과 이를 뒤따르는 모든 것을 만들었다. 바르벨리오들은 이 놀라운 사실을 히브리어로 저술했다. 그리고 그들의 의식은 기상천외한 교리만큼이나 추한 것이었다.[1]

(1) 베지에Nicolas Sylvestre Bergier의 『신학 사전Dictionnaire théologique』에서 단어 '바르벨리오Barbeliots'를 찾아볼 것. / * 영지주의가 주장한 영구불변의 힘.

이발사 [Barbier / Barber] 소 플리니우스 Pliny the Younger[1]에겐 마크Marc라는 해방 노예가 있었다. 약간의 소양을 갖춘 이 노예는 자기 남동생과 한 침대에서 잠을 잤다. 꿈속에서 마크는 침대 머리맡에 앉은 사람을 보게 되었다. 그 사람은 마크의 머리카락을 자르고 있었다. 눈을 떴을 때, 그는 머리가 모두 깎인 채였으며, 머리카락은 방 한가운데 버려져 있었다. 같은 시각, 다른 사람과 기숙사에서 잠을 자던 한 청년에게도 같은 일이 일어났다. 그는 창을 통해 흰옷을 입을 남자 둘이 들어오는 것을 보았다. 남자 둘은 청년이 잠에 드는 동안 그의 머리카락을 잘랐다. 그가 눈을 떴을 때, 머리카락은 바닥에 뿌려져 있었다.

칼메D. Calmet는 다음과 같이 말했다. "만약 도깨비가 아니라면 누구의 짓이란 말인가?[2]" (같은 방을 쓰던 사람일 수는 없을까?)

소악마 중에도 이와 비슷하게 이발사의 역할을 수행하는 것들이 있었다. 독일 민담엔 수염을 깎아주는 망령의 이야기가 등장한다.

(1) 16권, 서한 27. / *(2)* 『환영 개론Dissertation sur les Apparitions』.

바르비에리 [Barbieri] 『죽음과 갈라진 영혼들에 관한 대담Dialogues on Death and on Separated Souls(원제: Dialoghi Délia Morte e Dell'anime Separate)』, 1600년, 볼로냐, 8절판.

수염 악마 [Barbu / Bearded] 현자의 돌에 관한 비밀을 알려주는 악마. 수염 악마라고 불리지만 유명하지 않다. 이름만 보면 바르바토스Barbatos와 동일 악마라는 생각이 들 수도 있다. 하지만 바르바토스는 현자와 아무 연관이 없다. 그렇다고 기계를 다루는 바르바스Barbas와 연관이 있는 것은 더더욱 아니다. 인상적인 수염을 가지고 있어 수염 악마라 불린다는 설도 있다.

바르카바스와 바르코프 [Barcabas et Barcoph] 참조. 바실리데스Basilide.

바레스트(외젠) [Bareste(Eugène)] 『시간의 끝Fin desTemps』 및 매우 영적인 예언서들을 저술했다. 바레스트는 매해 가장 흥미로운 이야기를 담은 가벼운 작업물 『생생하고 실용적인 예언 연감L'Almanach prophétique, pittoresque et utile』의 집필에 몇 년간 참여하기도 했다.

바르코크바 또는 바르코케바스 [Barkokebas, Barchochebas / Bar Kokhba] 사기꾼. 하드리아누스Hadrian 제국 시절 유대인 메시아라며 사람들을 속였다. 노상강도였던 그는 '거짓의 아들'이라는 뜻의 본명 바르코지바Barkoziba를 '별의 아들'이라는 뜻의 바르코크바Bar Kokhba로 바꾸었다. 그리고 발람Balaam이 예언한 별이 자신이라고 주장했다. 그는 비범한 일들을 벌이기도 했는데, 성 예로니모Saint Jerome는 바르코크바가 불붙인 삼 부스러기를 이 사이에 끼우고 불을 내뿜었다고 말했다. 이는 요즘 약장수들이 축제에서 쓰는 기술이기도 하다. 유대인들은 그를 메시아로 인정했다. 그는 왕좌에 올라 군대를 소집하였고 로마를 상대로 제법 긴 전쟁을 이어갔다. 그러나 136년, 유대인 군대는 학살당했고 바르코크바는 사망했다. 랍비들이 전하는 이야기에 따르면 바르코크바의 육신을 하드리아누스 황제에게 가져가려 했을 때, 그의 목 주변에 뱀 한 마리가 나타나 옮기는 자들을 감시하며 죽은 군주에게 존중을 표하게 했다고 한다[1].

(1) 『구약성경의 전설Légendes de l'Ancien Testament』에서 더 자세한 이야기를 확인할 수 있다.

바르노(니콜라) [Barnaud(Nicolas)] 16세기 신교도 의사. 현자의 돌을 찾아다녔다. 연금술에 관한 여러 소책자를 펴냈으며, 『화학극Theatrum Chemicum』 3권에서 이를 찾아볼 수 있다(제츠너Zetzner 편찬, 1659년, 스트라스부르).

바라바스 [Barrabas] 피에르 드 랑크르Pierre de Lancre는 다음과 같이 말했다[1]. "법정에 선 마녀들은 자신을 지배하는 악마를 혐오하는 척하며, 경멸하듯 바라바스 혹은 바라밤Barrabam이라고 부른다."

(1) 『타락천사의 변화론Tableau de l'inconstance des mauvais anges』 등, 1612년, 파리, 6권, 논설 3.

바론 [Barron] 레츠 남작Marshal de Retz이 제물을 바쳤던 악마 중 하나. **참조.** 레츠Retz.

바르쉐(앤) [Barscher(Anne)] 코펜하겐 인근 코게Koge에 살던 여성. 1609년과 그 이후 그녀와 남편 그리고 아이들에게까지 저주가 내려졌다. 그녀는 덴마크어로 자신이 겪은 기이한 고통을 담은 책을 펴냈다. 그리고 권위자들로부터 사실을 검증받았다. 바르쉐의 제법 복잡한 이야기는 『Energumeni Koagienses』(1695년, 립시오Lipsiœ)에서 찾아볼 수 있다.

바르톨루스 [Barthole / Bartholus] 1356년 페루자Perugia에서 사망한 법률가. 그는 판례를 정리하는 작업을 진행했는데, 저서 가운데 당시의 기상천외함이 드러나는 것들도 있다. 바르톨루스는 재판 과정을 설명하는 글에서 성모 마리아Maria와 악마 사이에 벌어진 가상의 소송을 예시로 들었다. 재판을 살펴보면 다음과 같다. 이 가상 재판은 예수 그리스도Jesus Christ가 직접 진행한다[1]. 그리고 사건 당사자들이 재판에 참여하는 것을 가정한다. 재판 참여자인 악마는 인류가 자신의 지배하에 놓이길 요청하며, 아담Adam 시절부터 그가 인간의 지배자였다고 주장한다. 그는 변론에서 오래전 소유물을 빼앗긴 자는 이를 돌려받을 수 있다는 법률을 인용한다. 성모 마리아는 그가 악의를 지닌 점유자이며, 그가 언급한 법의 혜택을 누릴 수 없음을 지적한다. 두 당사자는 14세기 당시 존재하던 모든 종류의 궤변이 다 고갈될 때까지 싸움을 이어가고, 결국 가상 재판 안에서 악마의 주장은 기각된다[2].

(1) 『판관 예수 그리스도 앞에서 진행된 동정녀에 대한 사탄의 재판Processus Satanœ Contra Virginem Coram Judice Jesu』이라는 표제의 독특한 서적은 『법적 절차와 농담Processus Juris Jocoserius』에 포함되어 있다. 1611년, 하나우, 8절판. / (2) 『신약성경의 전설Légendes du Nouveau Testament』에서 이 소송의 요약본을 확인할 수 있다.

바르톨린(토마스) [Bartholin(Thomas)] 1619년 코펜하겐에서 태어났다. 간혹 저서 『찬장의 연고De Unguento Armario』를 구하는 사람들이 있다. '동정의 가루'를 다루는 이 책은 당시 시대상과 저자의 순진함이 묻어난다. 그럼에도 바르톨린의 책에는 독특한 요소, 흥미를 끄는 내용들이 포함되어 있다.

바르톤(엘리자베스) [Barton(Elisabeth)] 켄트Kent의 수녀, 그녀는 1525년 영국에서 발생할 교회 분리를 예견했고 이를 세상에 밝혔다. 헨리 8세Henry VIII 지지자들은 그녀가 악마에게 사로잡혔다고 주장했다. 토마스 모어Thomas More의 비호에도 불구하고 이 독실한 여성은 마녀라는 오명과 함께 1533년 개혁파들의 손에 죽었다. 그리고 개혁파들은 자신들이 빛과 자유를 가져왔다며 자랑했다.

스타킹 [Bas / Stockings] 스타킹을 거꾸로 착용한 사람은 그날 조언을 얻게 된다고 한다. 그 조언이라는 것이 아마 '스타킹을 제대로 신어라' 정도의 말일 테지만.

바스카니 [Bascanie / Bascany] 그리스 마법사들이 사용하던 현혹 마법의 일종. 이 마법에 걸리면 안구에 과도한 경련이 일어나 모든 물건이 반대로 보였다고 한다. 예를 들어 흰 것은 검은 것으로, 둥근 것은 뾰족한 것으로, 추레한 것은 아름다운 것으로 그리고 아름다운 것은 추레하게 보였다고.

바실 [Basile / Basil] 마이클 글라이카스Michael Glykas[1] 말에 따르면, 바실 황제는 마법을 부릴 줄 아는 수도사를 통해 생전에 사랑하던 죽은 아들을 다시 보려 했다고 한다. 그는 실제로 아들을 다시 만났고, 사라질 때까지 꽤 오랫동안 품에 껴안고 있었다. 하지만 이는 아들의 모습을 한 유령에 불과했던 것이다[2].

(1) 『연대기Annales』, 4부. / *(2)* 칼메D. Calmet, 『육신에 돌아온 망령들에 관한 논문Dissertation des Revenants en Corps』, 16장.

바실 발렌타인 [Basile-Valentin / Basil Valentine] 연금술사. 프랑스에 니콜라 플라멜Nicolas Flamel이 있다면 독일에는 바실 발렌타인이 있다. 그의 인생을 두고 지어진 이야기가 너무도 많아 어떤 이들은 존재 자체를 믿지 않는 경우도 있다. 바실은 12세기, 13세기, 14세기는 물론 15세기에도 존재한 듯하다. 게다가 아무런 근거가 없음에도, 에르푸르트Erfurt에서 베네딕토회Benedictine에 속했다는 이야기도 전해진다. 그는 화학 연구를 통해 안티몬Antimon을 발견했다. 안티몬을 먹은 돼지들이 놀랄 만큼 살쪘기에 바실은 일부 수도사들에게 주었고, 이를 먹은 이들은 사망했다. 여기에서 안티몬의 이름이 유래되었다*.

바실 발렌타인이 죽고 한참 후, 에르푸르트 대성당의 기둥 하나가 마치 기적처럼 열렸다고 한다. 그리고 그곳에서 연금술에 관한 책이 쏟아져 나왔다고. 바실의 저서 혹은 이름을 빌린 책들은 독일어로 쓰였으며, 라틴어로 번역된 뒤 다시 프랑스어로 번역되었다. 그의 신봉자들이 찾는 책은 다음과 같다. 『아조트Azoth』[1], 진정한 금속 의학을 다루는 『바실 발렌타인 수사 철학의 열두 가지 비결Les Douze Clefs de la Philosophie de Frère Basile Valentin』[2], 『아조트 번역서』(1660년, 12절판 / 1669년, 8절판), 『화학적 종말L'apocalypse Chimique』[3], 『일곱 가지 금속 틴크제와 의학적 효능의 비밀La révélation des mystères des teintures essentielles des sept métaux et de leurs vertus』(1546년, 파리, 4절판)[4], 『소우주, 세상과 인간 의학의 거대한 비밀Du microcosme, du grand mystère du monde et de la médecine de l'homme』[5], 『무기물과 금속의 자연적, 초자연적 요소에 관한 화학 철학론Traité chimico-philosophique des choses naturelles et surnaturelles des minéraux et des métaux』[6], 『동물성, 식물성 무기질의 준비, 사용과 효능에 관한 염류 연구Haliographie, de la préparation, de l'usage et des vertus de tous les sels minéraux, animaux et végétaux』(바실 발렌타인의 수사본을 앙투안 살민시우스Antoine Salmincius가 편찬)[7] 등. 이 책들은 대부분 실용 화학에 기여를 했다.

(1) 『아조트 혹은 현자의 아우렐리아Azoth, sive Aureliœ Philosophorum』, 1613년, 프랑크푸르트, 4절판, 1660년에 프랑스어로 번역됨. / *(2)* 『실질적인 열두 가지의 비결과 및 부록Practica, una cum Duodecim Clavibus et Appendice』, 1618년, 프랑크푸르트, 4절판. / *(3)* 『화학적 종말Apocalypsis Chimica』, 1624년, 에르푸르트, 8절판. / *(4)* 『기술의 표현Manifestatio Artificiorum』 등, 1624년, 에르푸르트, 4절판, 제목을 기재한 번역본은 J. 이스라엘J. Israël의 것이다. / *(5)* 『소우주와 세상의 신비, 인간 의학에 대하여De Microcosmo, Deque Magno Mundi Mysterio et Medicina Hominis』, 1609년, 마르푸르그, 8절판. / *(6)* 『무기물과 금속의 자연적, 초자연적 요소에 관한 화학 철학론Tractatus Chimico-Philosophicus de Rebus Naturalibus et Præternaturalibus Metallorum et Mineralium』, 1676년, 프랑크푸르트, 8절판. / *(7)* 『동물성, 식물성 무기질의 준비, 사용과 효능에 관한 염류 연구Haliographia, de Præparatione, Usu ac Virtutibus Omnium Salium Miner Alium, Animalium ac Vegetabilium』, 1644년, 볼로냐, 8절판. / * 반대를 뜻하는 '안티Anti'와 수도승을 뜻하는 '모나코스Monachos'가 합쳐진 것이다.

바실리스크 [Basilic / Basilisk] 오래전에 살았던 50센티미터 길이의 크지 않은 뱀. 두 개의 며느리발톱, 닭의 머리와 볏, 날개 그리고 평범한 뱀의 꼬리를 가졌다. 어떤 이들은 바실리스크가 뱀 또는 두꺼비가 품는 달걀에서 태어났다고 믿었다. 보게Boguet는 『마법사 논설Discours des sorciers』 제14장에서 바실리스크를 언급했다. 그는 당나귀와 암말 사이에서 노새가 태어나듯, 두꺼비와 수탉 사이에서 바실리스크가 태어난다고 주장했다.

시골에선 아직도 늙은 수탉이 알을 낳으면 뱀이 태어난다고 믿는 사람들이 있다. 이 불완전한 알은 병든 닭이 낳는 것이다. 즉 굳이 증명할 가치 없는 비상식적인 옛이야기일 뿐이다.

옛 조상들은 지난 경험에 비추어 뱀의 알을 수탉의 알이라고 믿었을 수도 있다. **참조.** 수탉Coq. 어찌 되었든, 바실리스크는 눈빛으로 목숨을 앗아간다고 한다. 마시올Mathiole은 이를 두고 '만일 바실리스크와 눈이 마주친 사람이 모두 죽었다면, 그것이 눈빛으로 사람을 죽였다는 걸 누가 전달하는가?'고 반문했다. 무명의 한 역사가는 알렉산더 대왕Alexander the Great이 아시아 어느 도시 앞에 진지를 구축했을 때 바실리스크 한 마리가 나타났다고 말했다. 그리고 바실리스크는 공격을 예고한 뒤 성벽 어느 구멍에 자리를 잡았다. 이 괴물은 매일 하루에 200명씩 병사를 죽였다. 포대의 지원도 소용없는 그런 공격이었다.

살그Salgues는 이를 두고 다음과 같이 말했다.[(1)] "만일 바실리스크가 사람을 죽일 수 있다면, 잘 닦인 거울을 준비해 똑같이 되갚아 주면 된다. 뱀의 눈에서 뿜어져 나온 독기가 거울에 반사되어 오히려 괴물을 죽일 것이다. 이러한 특성을 알려준 것은 아리스토텔레스Aristoteles이다."

오랫동안 내려온 이런 속신이 있음에도 불구하고, 오늘날 바실리스크라고 불리는 뱀을 바로 앞에서 본 학자들은 거울 장비 없이도 멀쩡히 생존했다. 다만 오늘날 바실리스크라고 이름 붙여진 뱀이 과거의 그것과 같은 종이라고 확신할 순 없다. 멸종되었을 수 있기 때문이다.

중세에는 보석으로 장식한 토속 왕관을 바실리스크에게 씌워 뱀의 왕으로 모셨다.

(1) 『오류와 편견Des erreurs et des préjugés』 등, 1권, 413페이지.

바실리데스 [Basilide / Basilides] 2세기에 살았던 이교도. 피타고라스Pythagoras와 시몬Simon의 원칙을 한데 섞어 이론을 만들었다. 또 기독교 교리와 유대교의 믿음을 합쳤다. 그는 세상이 천사들로 인해 만들어졌다고 주장했다. '신(아브라카스Abracax)이 지성을, 지성이 말씀을, 말씀이 지혜를, 지혜가 두 딸인 힘과 현명함을 낳았다. 그리고 이 딸들은 역천사와 하늘의 왕자들 그리고 천사들을 태어나게 했다. 천사들에게는 365개의 계급이 있었고, 그들은 365개의 천국을 만들었다. 마지막 천국의 천사들은 현세를 만들었고, 제국을 나누어 가졌다. 그중 유대인을 지배하던 강력한 천사들은 놀라운 일을 많이 벌였다. 하지만 다른 국가들도 지배하길 원했기에, 분쟁과 전쟁이 끊이질 않았으며 악이 활개를 쳤다. 이 세상의 재앙을 지켜보던 신 즉 절대적 존재는 첫째 아들이자 최초의 지성인 그리스도Jesus Christ를 내려보내 세상을 구원하도록 했다. 그는 인간의 모습을 하고 사람들이 말하는 기적을 행하였다. 또 수난이 찾아왔을 때 자기 몸에 구레네Cyrene의 시몬이 들어오도록 하고, 그리스도를 대신해 십자가에 못 박히도록 했다. 그동안 그리스도는 시몬의 몸에 들어가 유대인들을 비웃었다고 한다. 그리고 그 사실이 밝혀지지 않은 채 하늘로 돌아갔다.'

바실리데스는 이 기이한 이론 외에 윤회 사상도 교육했다. 그리고 이성과 열정 사이에서 끊임없이 투쟁하는 인간에겐 두 개의 영혼이 있다고 주장했다.

그는 유대의 카발라Kabbalah에도 학식이 있었다. 앞서 소개한바 있는 강력한 부적이자 널리 사용된 '아브라카다브라Abracadabra'를 만든 것도 그였다. 바실리데스는 바르카바스Barcabas와 바르코프Barcoph라는 이름으로 가짜 복음과 예언을 펴내기도 했다. 놀랍게도 그는 신이 곧 태양이라 믿으며, 신이 지구 주변을 365번 회전하는 모습을 열렬히 숭배하였다. **참조.** 아브라카스Abracax와 아카모스Achamoth.

바실리우스 [Basilius] 뼈대 있는 가문 출신의 원로원 의원. 성 그레고리St. Gregory 시대 로마에 거주했다. 바실리우스는 마법사이자 흉악범이었는데 사형을 피하고자 수도자가 되었다. 하지만 동료이자 저명한 가문 출신의 원로원 의원인 프레텍타투스Praetextatus와 함께 화형을 당했다. 드 랑크르Pierre de Lancre 는 다음과 같이 말했다[1]. "이는 곧 마법이 단순히 심약하고, 상스럽고 멍청한 사람들만 하지 않는다는 예시이다."

(1) 드 랑크르, 『악마의 변화론De l'inconstance des démons』 등, 4권, 416페이지.

바산틴(자크) [Bassantin(Jacques)] 스코틀랜드의 점성술사. 로버트 멜빌Robert Melville 경의 형제인 제임스 멜빌James Melville의 회고록이 사실이라면, 1562년 바산틴은 로버트 멜빌에게 영국으로 망명한 마리 스튜어트Mary Stewart 사건 일부를 예언했다고 한다. 그 일을 예언하기 위해선 당시 시대와 사람들에 대한 약간의 지식만 있으면 되었다. 바산틴의 다른 예언 중엔 실제로 일어난 것이 없다. 그의 명작 『천문학 개론Traité d'astronomie』 (혹은 점성술 개론)은 프랑스어와 라틴어로 출간되었다. 사람들이 주로 찾는 것은 1599년 제네바Geneva에서 라틴어로 출간된 판본이다. 편찬자들은 이를 '방대한 양의 학습Ingens et Doctum Volumen' 이라고 부른다. 바산틴의 저서엔 즐거운 관측 일기와 미신적 착상이 한데 섞여 있다[1].

(1) 『스코틀랜드인 자크 바산틴의 천문학Astronomia Jacobi Bassantini Scoti』 등, 1669년, 제네바, 전지 2절판 / 설명서를 포함한 천문 관측기구 주석서, 1617년, 파리, 8절판 / 『산술적인 일반수학, 플라톤의 음악에 대해 Super Mathematica Genethliaca ; Arithmetica ; Musica secundum Platonem ; De Mathesi in Génère』 등.

곡예사 [Bateleurs / Acrobats] 야외에서 마술 공연을 펼치는 자들. 독이 없는 새끼 뱀, 삼부스러기, 지팡이 등을 삼키기도 한다. 한때는 마술사, 배우들과 함께 마법사 취급을 받았다.

바팀 [Bathym] 참조. 마르팀Marthym.

악마의 막대기 [Bâton du Diable / Devil's Stick] 톨렌티노Tolentino의 안코나 행진March of Ancona에선 악마가 사용한 막대기가 있었다고 한다.

곡예사

훌륭한 여행자의 지팡이 [Bâton du Bon Voyageur / Good Traveller's Staff] '만성절* 다음 날, 단단한 딱총나무 가지를 꺾어 아랫부분에 쇠를 씌운다. 그리고 어린 늑대 눈알, 개의 혀와 심장, 녹색 도마뱀 세 마리, 제비 심장 세 개에 질산칼륨을 뿌린 두 종이 사이에 두고 볕에 말려 가루로 만든다. 이후 딱총나무 가지 가운데 심을 빼낸 공간에 넣는다. 지팡이 윗부분 중심엔 성 세례자 요한 축일Saint-Jean-Baptiste Day 전날 채취한 마편초 일곱 장과 후투티 둥지에 있는 여러 색의 돌을 넣는다. 이제 원하는 손잡이를 지팡이 끝에 꽂으면 산적, 광견, 맹수, 독이 있는 짐승, 위험으로부터 당신을 지켜줄 것이다. 또 당신이 머무르는 모든 집에서 친절한 대접을 받게 될 것이다….'

만약 해당 마법을 무시하는 독자가 있다면, 민간에서 지팡이의 신망이 두텁다는 점을 간과하지 말도록 하자. 아직 많은 마을에서 여행자의 지팡이를 구하는 사람들이 있다. 이 지팡이가 있으면 너무 빨리 걷기 때문에 짐 따위로 다리에 무게를 실어야 한다.

* 기독교에서 모든 성자를 기리는 날.

바트라카이트 [Batrachyte / Batrachite] 그리스어 명칭에서 알 수 있듯, 개구리의 몸속에 들어있는 돌. 순진한 사람들의 말에 따르면 독과 저주에 큰 효험이 있다고 한다.

밧쿰 바사 또는 밧쿰 파차 [Batscum-Bassa, Batscum-Pacha] 튀르키예의 악마. 날씨를 좋게 하거나 비를 내리기 위해 동방에서 소환한다. 구운 빵으로 만든 토스트를 좋아하기에 이를 바치면 호의적으로 바뀐다.

유니버설 밤 [Baume Universel / Universal Balm] 연금술사들이 만든 영약Elixir. 최고의 치료제로 모든 병을 낫게 하며, 필요시 죽은 자도 살려낸다.

바방(마들렌) [Bavent(Madeleine)] 루비에Louviers에서 빙의되었던 여성. 다른 길 잃은 여러 영혼처럼 재판에서 증언했다. 그녀는 마녀 집회에서 일어났던 요란한 연회 이야기에 대해 진술했다. **참조.** 루비에Louviers.

백스터 [Baxter] 영국인 작가. 17세기 말 『영계의 불변성The Certainty of the World of Spirits』이라는 책을 펴냈다.

바이야르 [Bayard] 아이몬Aymon의 네 아들이 타고 다녔던 말. 형제 중 한 명이 올라타면 평범한 말의 크기지만, 네 명 모두 올라타면 이에 맞춰 길이가 늘어난다. 이 유명한 짐승에 관해선 놀라운 이야기들이 많이 전해지고 있다. 바이야르는 놀라운 속도로 달릴 수 있었는데 브라반트Brabant주의 소니언Sonian 숲에 발자국을 남겼다. 또 디낭Dinant 근처 바위에도 말발굽 흔적이 남아있다.

바이몬 [Bayemon] 터무니없게도 저자가 교황 호노리우스Honorius로 알려진 마법서에 기록된 서쪽 지옥의 왕. 그를 부르는 기도는 다음과 같다. '오, 서방을 지배하는 강력한 왕 바이몬이여, 신의 이름으로 그대를 부르고 소환한다. 저 높은 분의 이름으로 요청하건대, 이 원 앞에 ○○(파시엘Passiel, 로주스Rosus 등 원하는 영혼의 이름을 부른다)은 모습을 드러내거라. 그대를 따르는 다른 신하들도 나타나 내가 요구하는 바를 들어주도록 하라. 만일 이 요청을 허락하지 않는다면, 신의 불로 만든 검으로 고통을 선물할 것이다. 왕 바이몬이여, 이 명을 받들어라![(1)]'

(1)『교황 호노리우스의 마법서』라고 전해지는 책.

바이엘 [Bayer] 1726년, 콘스탄츠Konstanz 교구의 바이엘은 루테임Rutheim의 주임신부로 오게 되었다. 그는 허름하고 낯빛이 좋지 않은 악취 나는 귀신(혹은 악마)으로 인해 고충을 겪었다. 귀신은 문을 두드리며 집 안까지 들어와 주교인 콘스탄츠 공의 심부름으로 왔다고 말했다. 하지만 이는 사실이 아니었다. 그는 먹을 것을 요구했고, 사람들은 그에게 고기와 빵, 포도주를 대접했다. 그리고선 두 손으로 고기를 뜯고 뼈까지 씹어 삼키며 말했다. "내가 살과 뼈를 먹는 모습을 보시오. 똑같이 해보겠소?"[(1)] 귀신은 포도주가 든 술병을 단숨에 들이켰다. 그리고 한 병을 더 달라고 한 뒤 똑같이 들이마셨다. 이후 그는 인사도 없이 사라졌다. 이때 배웅하던 하인이 이름을 묻자 귀신은 다음처럼 답했다. " 나는 럿싱그Rutsingue에서 온 조지 로랭Georges Raulin이 올시다." 하지만 이 역시 거짓말이었다.

귀신은 종일 마을을 돌아다닌 뒤, 자정이

되면 신부의 집에 찾아와 문을 두드렸다. 그리고 끔찍한 목소리로 이렇게 소리쳤다. "바이엘 씨, 제가 누군지 알려드리죠…."

3년 동안, 그는 매일 같이 오후 4시경 그리고 동이 트기 전 바이엘을 찾아왔다. 귀신은 여러 모습을 하고 나타났는데, 어떤 때는 복슬개의 모습으로, 어떤 때는 사자나 다른 끔찍한 짐승의 모습을 하고 있었다. 남자 또는 여자로 나타나기도 했다. 때론 통 제조공이 술통을 묶을 때 낼 법한 요란스러운 소리를 내고 다니기도 했다. 또 하루는 아주 큰 소리를 내며 집을 뒤엎으려고도 했다. 신부는 증인으로 여러 사람을 초대했지만, 귀신은 온 사방에 참을 수 없는 냄새만 풍길 뿐 자리를 떠나지 않았다. 구마 의식도 치러보았지만 아무 소용이 없는 일이었다. 종려주일에 축복 내린 나뭇가지와 검을 들고 귀신을 두 번 공격한 뒤에야 그는 사라져 나타나지 않았다.

몇몇 이들은 돔 칼메Dom Calmet가 기록한 이 이야기를 두고 소악마가 신부에게 겁을 준 것이라 보았다. 혹은 너무 공포에 질린 나머지 신부가 헛것을 본 것은 아니었을까?

(1) 돔 칼메, 『환영 개론Traité sur les Apparitions』, 2권, 48장.

바이엘(진) [Bayer(Jean)] 개신교 목사. 16세기 아우크스부르크Augsburg에서 태어났다. 『자연광만으로 천사의 존재를 입증할 수 있는가?』[(1)]라는 논문을 저술하였다.

(1) 『자연광만으로 천사의 존재를 입증할 수 있는가?An Angelorum Existenlia a Solo Lumine Naturali Possit Demonstrari』, 1658년, 비텐베르크, 4절판.

바이에른(앤) [Bayerin(Anne)] 잘츠부르크Salzburg에서 악마와 계약을 맺은 하녀. 주인인 대장장이에게 큰 피해를 주었으며 다른 집으로 옮겨 유사하게 소란을 일으켰다. 악의와 저주에 대해 심문을 받을 때, 바이에른은 악마에게 몸을 바치고 악마 집회에도 참여했다며 느긋한 태도로 고백했다. 그녀가 화형을 당했는지는 알려지지 않았다.

바일(프랑수아) [Bayle(François)] 툴루즈Toulouse에서 의학을 가르치던 교수. 1709년에 사망했다. 그의 저서 가운데 여기에선 『빙의되었다고 주장하는 사람들의 상태에 관한 해석Relation de l'état de-quelques personnes prétendues possédées』(1682년, 툴루즈, 12절판, 툴루즈 의회 승인 아래 작성됨)만을 언급하도록 하겠다. 그는 이 책에서 악마 광신자들이 사기꾼이 아니라면 매우 높은 확률로 미쳤거나 병든 사람들이라는 것을 증명하고자 했다.

바진 [Bazine] 퉁리Tungri의 유명한 여왕. 킬데리쿠스 1세Childeric와 혼인해 클로비스Clovis를 낳았다. 오래된 역사가들은 그녀를 재능 있는 마법사로 보았다. 사실 그녀는 퉁리의 왕 비징Bising과 이미 혼인한 몸이었다. 그러던 어느 날 혁명으로 인해 국가로부터 쫓기던 킬데리쿠스 1세가 비징의 궁정으로 피신했을 때, 바진의 눈에 들게 되었다. 킬데리쿠스 1세가 다시 왕위를 되찾자 바진은 모든 것을 버리고 그를 찾아 나섰다. 그리고 킬데리쿠스 1세는 바진을 아내로 맞이했다. 신혼 첫날밤, 바진은 첫날밤을 재밌게 보낼 제안을 했다. 그녀는 킬데리쿠스 1세에게 궁전의 입구로 나가서 눈에 보이는 것을 말해달라고 했다. 바진의 마법 능력을 알고 있던 그는 여사제 같은 그녀에게 열의를 보이며 복종했다. 그리고 문밖으로 나서기 무섭게 안뜰을 돌아다니는 거대한 동물들을 마주할 수 있었다. 다름 아닌 표범과 유니콘 그리고 사자들이었다. 그 광경에 놀란 그는 아내에게 돌아와 자신이 본 것을 고했다. 바진은 마치 신탁을 내리는 듯한 목소리로, 절대 겁먹지 말라고 말한 뒤, 한 번도 아닌 두 번이나 더 남편을 궁 밖으로 내보냈다. 두 번째 외출 당시 그는 곰과 늑대를 보았고, 세 번째에는 서로를 물어뜯는 개와 작은 동물들을 보았다. 그녀는 말했다. "당신이 본 놀라운 장면은 곧 미래의 모습입니다. 우리의 후손들의 모습이지요. 사자와 유니콘은 우리가 낳을 자식들을, 늑대와 곰들은 그들의 자식들인, 먹잇감 앞에서 거침없으며 탐욕스럽게 구는 왕자들을 나타내지요. 그리고 개들은 주인의 속박에도 순종하지 않으며, 군주에게 내직하는, 권력자들의 집착에 자주 희생되는 백성들을 나타냅니다."(1) 이 일족의 왕들을 이토록 제대로 특정 지을 수는 없다. 설령 이것이 지어낸 이야기에 불과하더라도, 제법 잘 지어낸 이야기인 것이다(2).

(1)다른 연대기에 따르면, 사자와 유니콘이 클로비스를 나타내고, 늑대와 곰들이 그의 후손들을 나타낸다고 말한다. 그리고 개들은 마지막 왕들을 가리키는데, 언젠가 강대국과 백성(작은 동물들)로 인해 왕좌를 박탈당한다는 것을 의미한다. / (2)드류 뒤 라디에Dreux du Radier, 『프랑스 여왕의 서판Tablettes des reines de France』.

베알 [Beal / Baal] 참조. 베리스Bérith.

보샹 [Beauchamp] 참조. 압딜Abdeel.

아메데 드 보포르 백작 [Beauffort(Le Comte Amédée de)] 『프랑스의 민간전승 Légendes et traditions populaires de la France』(1840년, 8절판)을 출간했다. 초자연적 요소가 대부분을 차지하는 재미있는 책이다.

장 드 샤틀레 보솔레이 남작 [Beausoleil (Jean du Châtelet, Baron de)] 독일의 점성가이자 연금술사. 자크 아이마르Jacques Aymar보다 먼저 숨겨진 자원과 땅속 보물을 찾아냈다. 그는 마르틴 베르테로Martine Bertereau와 결혼했는데, 그녀 역시 보솔레이와 같은 고압적 성향을 지녔었다. 어쩌면 보솔레이로부터 영향을 받았는지도 모른다. 부부는 신비한 지팡이로 숨겨진 자원을 찾는 일을 최초로 직업으로 삼은 인물이기도 했다. 그들은 광산도 찾아냈는데, 마법 도구를 통해 땅속에 숨겨진 모든 것을 알 수 있었다. 이 도구들은 광물 관측 도구, 금속 갈퀴, 칠각 나침반(일곱 행성과 연관이 있다), 수력 막대 등이었다. 그들은 지팡이 혹은 수력, 금속 막대가 해당 능력을 지배하는 별자리 영향 아래에서 만들어졌다고 주장했다. 사람들은 부부를 마법사라고 생각했는데, 마르틴 베르테로의 금고에서 주술서를 비롯한 마법과 관련된 물건들이 나왔기 때문이었다. 보솔레이 남작은 헝가리에서의 유명세를 잇기 위해 프랑스로 건너왔다. 1641년 리슐리외Richelieu 추기경은 그를 바스티유Bastille 감옥에 가두었다. 그리고 그의 아내 마르틴은 뱅센느Vincennes 감옥에 수감시켰다. 이 외에 그들의 업적에 대해선 더 이상 알려진 것이 없다.

보보이 드 쇼뱅쿠르 [Beauvoys de Chauvincourt] 앙주Anjou 출신의 귀족. 1599년 『낭화증* 논설Discours de la lycanthropie ou de la transmutation des hommes en loups』이라는 제목의 저서를 펴냈다.

* 인간이 늑대로 변할 수 있다는 믿음.

베발 [Bebal] 다소 유명하지 않은 지옥의 왕자. 파이몬의 후계자이다. **참조.** 파이몬Paymon.

베샤르 [Bechard] 마법서 『솔로몬의 열쇠 Key of Solomon』에서 바람과 폭풍을 지배하는 악마로 소개되었다. 두꺼비 스튜와 약제를 이용한 저주로 우박, 천둥, 비를 내릴 수 있다.

베셰 [Bechet] 금요일에 소환하는 악마. **참조.** 액막이Conjuration.

베다르곤 [Bédargon] 유대 카발라Kabbalah에 등장하는 사마엘Samael의 부관 중 하나.

연로한 베드 [Bède(Le Vénérable)] 7세기에 영국 다람Durham 교구에서 태어나 63세에 사망했다. 그는 자신의 사망 시간을 정확히 예견했다. 마지막 숨을 내뱉기 전, 베드는 성 이시도로스St. Isidore의 작품 구절을 읊고자 했다. 유언을 받아적던 어린 수도자는 그가 고통 속에서 말하는 것을 보고 휴식을 취할 것을 간곡히 부탁했다. 하지만 베드는 다음처럼 대답했다. "아닐세. 다른 깃펜을 들어 더 빨리 받아적게." 젊은 수도자가 말했다. " 말씀대로 하였습니다." 이에 베드는 답했다. "진실을 말하였군." 그리고 그는 숨을 거두었다.

죽은 뒤 얼마 지나지 않아, 베드는 가멜Gamele이라는 수도자 앞에 모습을 드러냈다. 그리고선 성 커스버트St. Cuthbert 인근인 다음에 묻히길 원한다고 말했다. 그에게 경애심을 가지고 있던 사람들은 이 부탁을 들어주었다.

베긴 [Béguins] 참조. 디고네Digonnet.

베헤모스 [Béhémoth] 명성과 달리 덩치가 크고 멍청한 악마. 힘의 원천은 허리 부근에 있으며, 진미와 식탐을 지배한다. 일부 악마 광신자들은 그가 지옥에서 포도주 시중을 드는 인물이라고 주장한다. 보댕Bodin[1]은 베헤모스가 히브리 민족을 박해하던 이집트의 파라오에 지나지 않는다고 믿었다. 『욥기Book of Job』에서는 베헤모스를 끔찍한 생물로 그리고 있다. 해설자들은 그를 고래라고 하기도 하고 코끼리 또는 멸종된 다른 종의 괴물이라고 하기도 한다. 위르뱅 그랜디어Urbain Grandier의 재판에선 악마로 등장한다. 드 랑크르Pierre de Lancre의 주장에 따르면 베헤모스는 덩치 큰 짐승의 모습을 할 수 있기에 괴물로 취급받았다고 한다. 또 완벽하게 개, 코끼리, 여우, 늑대로 변신할 수 있었다고 덧붙였다.

악마와 관련하여 절대적 권위자인 바이어Johann Weyer는 베헤모스를 지옥 군주제 구성원에 포함시키지 않았다. 하지만 『악마의 환상Prestiges des Démons』 제1권 21장에선 베헤모스 혹은 코끼리가 거대한 힘을 지닌 사탄일지도 모른다고 기술했다.

끝으로, 『욥기』 40장에서는 베헤모스가 마치 소처럼 건초를 먹는다고 기록되어 있다. 랍비들은 베헤모스를 메시아의 향연을 위한 마법 소로 여겼다. 이 소는 너무 거대했기에 천지 창조 이후 매일 천 개의 거대한 산의 건초를 먹어 치웠다고 한다. 소는 결코 천 개의 산을 떠나는 법이 없었으며, 낮 동안 먹은 풀은 밤 동안 다시 자라 다음 날 새롭게 채워졌다고. 그리고 신은 태초에 베헤모스 암소를 죽였는데, 이런 종의 소가 번식하도록 둘 수 없었기 때문이라고 한다. 유대인들은 이 소가 주요리로 등장할 향연의 기쁨을 기대하며, 자신의 몫인 베헤모스 소 고깃덩이를 걸고 맹세하곤 했다.

(1) 『마법사들의 빙의망상Démonomanie des Sorciers』, 1권, 1장.

베헤리트 [Béherit] 잘 알려지지 않은 악마. 베리스Berith와 동일 악마일 수 있다. **참조.** 베리스. 루덩Loudun 빙의 사건에서 등장한다. 교회 위원의 모자를 벗겨 하늘 높이 치켜들고 창피를 줄 것이라 약속했지만 지키지 않았다.[1]

루덩 빙의 사건을 기록한 칼뱅주의자Calvinist는 로마 가톨릭교회에 흠집을 내고 권위를 떨어뜨리고자 많은 조롱거리를 지어냈다. 그러나 이는 부질 없는 짓이었다.

(1) 『루덩의 악마 이야기Histoire des Diables de Loudun』.

베커(발타자르) [Bekker(Balthasar)] 개혁파 신학 박사이자 암스테르담Amsterdam의 목사. 1634년에 태어났다. 볼테르Voltaire는 다음과 같이 말했다. "이 발타자르 베커라는 자는, 영원한 지옥과 악마의 거대한 적이다. 더 정확히는 자신의 두꺼운 저서 『마법의 세계The Enchanted World』를 통해 많은 반향을 일으켰다." 종교개혁 이후는 마법과 빙의가 유행하고 악마들에게 여유를 선사하던 때였다. 이 때 베커는 악마를 물리쳐야겠다고 마음을 먹게 되었다. 사람들은 베커에게 온갖 방법을 통해 악마를 공격하는 것이 잘못되었다고 설명했다. 그의 끔찍한 외모가 악마와 너무 닮아있다는 것이 그 이유였다. 하지만 무엇도 그를 멈추지 못했다. 베커는 사탄의 힘을 완전히 부정하는 것부터 시작해, 그 존재 자체를 부인하기에 이르렀다. 그는 다음과 같이 말하곤 했다. "만일 악마가 존재한다면, 내가 악마를 상대로 벌이는 이 전쟁에 대해 복수하려 들었을 것이다." 이 끔찍한 외모의 남자는 자신이 중요한 사람이라고 생각했다. 목사들과 그 친구들은 사탄의 편을 들어 베커를 면직시켰다.

베커는 이미 앞서 쓴 저서에서 무신앙적 면모를 드러낸 바 있다. 그가 쓴 교리 문답서 중 하나인 『사순절 요리The Lent Dish』(1)에서, 베커는 지옥의 형벌이 그저 정신적 절망에 그친다고 기록했다. 또 형벌의 기간에도 제한이 있다고 하였다. 이 때문에 그는 예수의 신성을 부정한다는 비판을 받았으며 종교회는 이 교리 문답서의 독서를 금했다. 베커는 1680년 떨어진 혜성을 기점으로 혜성에 관한 연구를 시작했으며, 관련 서적을 출판하기도 했다(1683년, 레이와르던, 8절판, 플람스어). 그는 유성이 불행을 예고한다는 미신이 잘못되었다는 것을 증명하기 위해 맞서 싸웠다. 저서 『마법의 세계』에서도 이러한 내용이 다뤄진다. 이 책은 여러 번 인쇄되었고, 프랑스어로는 『마법의 세계 또는 유령의 본질, 힘, 지배, 행위가 인간의 교류와 은혜가 만들어내는 일체적 감정에 미치는 영향Le monde enchanté, ou examen des communs sentiments touchant les esprits, leur nature, leur pouvoir, leur administration et leurs opérations, et touchant les effets que les hommes sont capables de produire par leur communication et leur vertu』이라는 제목으로 4권에 나눠 편찬되었다(1694년, 암스테르담, 12절판, 소책자 4권, 작가 초상화 포함)(2).

이 책으로 인해 목사직을 잃게 된 작가는 (3) 빙의 현상이나 마법은 존재한 적이 없으며, 악마에 대한 모든 것은 미신에 그치지 않는다는 점을 밝히려 노력했다. 그러나 얼마 후, 베커는 자기 주장을 변호하는 가운데 악마의 존재를 인정했다. 그리고 그가 지옥에 발이 묶여있어 누군가에게 해를 끼칠 수 없는 상태라고 주장했다.

관대한 척 하지만 실제론 그렇지 않은 칼뱅주의자Calvinist라면 이 읽을 수 없을 정도로 장황한 책을 너무 진지하게 파헤치지 않는 것이 좋겠다. 볼테르는 다음과 같이 말했다. "이 책이 금지된 것은 독자들이 시간을 낭비했다는 생각에 화가 났기 때문일 것이다." 참조. 샤셴Chassen.

(1) 그는 네덜란드어로 된 두 권의 교리 문답서를 펴냈다. 『사순절 요리Vaste spize』, 『잘린 빵Geschneden brood』. / *(2)* 베커의 외모가 너무도 흉측한 나머지 모노이La Monnoye는 그에게 이런 풍자시를 바치기도 했다. '그대로 인해 사탄의 속박이 이루어졌네. 그래도 당신은 만족하지 못하는 모양일세. 우리가 악마에 관한 상상조차 품지 못하도록. 베커, 부디 그 초상화를 없애주게.' / *(3)* 암스테르담의 목사들이 악마의 편을 들 동안, 작가의 친구는 『파르나소스산에서 연설하는 악마의 승리The Triumphant Devil, Speaking on Mount Parnassus』라는 책에서 그를 변호했다. 그러나 베커를 파면한 종교회는 판결을 철회하지 않았다. 그리고 그를 대상으로 한 무수한 비방문이 쏟아졌다. 벤자민 비네Benjamin Binet는 저서 『이교도 신들의 역사론, 발타자르 베커의 이론에 관한 비평 포함Traité historique des dieux du paganisme, avec des remarques critiques sur le système de Balthasar Bekker』(1696년, 델프트, 12절판)에서 베커를 공격했다. 이 단행본은 일반적으로 4권으로 된 베커의 저서와 함께 다뤄진다. 해당 서적은 『발타자르 베커 이론의 반론을 위한 이교도 신학의 개요Idée générale de la théologie païenne, servant de réfutation au système de Balthasar Bekker』(1699년, 암스테르담과 뜨헤부)라는 제목으로도 출간되었다. 이 외에 『마법의 세계』를 반박하는 책으로는 『멜키오르 레이데케리에 의해 출간, 후기 베커 단행본에 대한 논문Melchioris Leydekkeri dissertalio de vulgato nuper Bekkeri volumine』(1693년, 8절판, 울트라젝티Ultrajecti』, 『베커 및 다른 광신자들이 반대하는 교리 사용에 관해, 영적인 인간 속 영의 행동과 학술적 묵상, J. 지펠로Brevis meditalio academica de spirituum actionibus in homines spiritualibus, cujus doctrinœ usus contra Bekkerum et alios fanaticos exhibetur aJ. Zipellio』(1701년, 프랑크푸르트, 8절판) 등이 있다.

벨 [Bel] 칼대아Chaldea의 최고신. 바이어 Johann Weyer는 벨이 늙은 악마이며 매우 저음의 목소리를 지녔다고 말했다(1). 벨을 신으로 삼는 민족은 태초 세상이 괴물로 가득 찬 혼돈이었다고 말한다. 그리고 벨은 그 세상의 괴물들을 죽여 세상을 바로잡았다고. 벨은 자신의 하인 중 하나에게 목이 잘리며 자신의 피로 지구를 적셨다. 그곳에선 동물들과 인간들이 태어났다.

(1) 『악마의 환상De Præstigiis Dœmon』, 1권, 5장.

벨람 [Belaam] 아무런 정보가 없는 악마.

1632년 이사카룸Isaacarum, 베헤모스Behemoth와 함께 루덩Loudun 빙의자의 몸에 들어갔으나 강제로 쫓겨났다[1].

(1)『루덩의 악마 이야기Histoire des Diables de Loudun』.

벨바치 또는 벨보그 [Belbach, Belbog] 고대 슬라브족Slavs의 백색 신. 참조. 베엘제붑Belzébuth.

벨레판트 [Belephantes] 칼데아Chaldea의 점성가. 디오도로스Diodorus Siculus의 말에 따르면 벨레판트는 알렉산더 대왕Alexander에게 바빌론Babylon 입성에 대한 예언을 했다고 한다. 예언의 내용은 알렉산더의 바빌론 입성이 끔찍한 결과를 초래하리라는 것이다. 그리고 알다시피 실제로 그 예언대로 되었다.

족제비 [Belette / Weasel] 과거엔 족제비가 입으로 새끼를 낳는다고 믿었다. 이는 족제비가 고양이처럼 입으로 새끼를 물고 다니기 때문이었다. 플루타르코스Plutarch는 테베Thebes의 사람들이 족제비를 숭배했다고 말했다. 또 그리스에선 족제비를 마주치면 안 좋은 일이 생긴다는 속설이 있다고 덧붙였다. 족제비의 화장한 유해를 반죽해 찜질하면, 편두통과 백내장을 치료한다는 설이 있다. 서적『대 알베르투스의 경이로운 비밀들Les Admirables secrets d'Albert le Grand』에선 개가 족제비 심장과 혀를 먹으면 목소리를 잃는다고 주장한다. 알베르투스는 경솔하게도 족제비의 뛰는 심장을 먹으면 미래를 예견할 수 있게 된다고 적었다. 그리고 이는 입증된 사실이며 의심할 나위가 없다는 말도 덧붙였다[1].

(1)『대 알베르투스의 경이로운 비밀들』, 2권.

벨리알 [Bélial] 시돈Sidon에서 숭배받던 악마. 지옥에서 벨리알보다 더 방탕하고, 천박하고, 죄악에 사로잡힌 악마는 없다. 그의 영혼은 추하고 비루하지만, 외모는 매력적이다. 또 우아함과 품위가 가득하다. 벨리알은 소돔Sodom과 여러 도시에서 숭배되었다. 하지만 정작 그를 위한 제단이 세워진 적은 없었다. 드 랑크르Pierre de Lancre는 그의 이름에 '반역' 혹은 '불복종'이라는 의미가 담겨있다고 설명했다. 바이어Johann Weyer는 자신의 사탄 군주제 목록에서 그를 중요하게 다루었다. 벨리알은 지옥의 왕 중 하나로 루시퍼Lucifer 직후에 창조되었다. 벨리엘은 대다수의 천사를 반란에 참여시켰고 그 벌로 하늘에서 쫓겨나게 되었다. 그는 최초로 하늘에서 쫓겨난 존재가 되었다. 벨리알을 소환할 땐 제물을 바치며 진정성 있게 질문에 대답할 것을 요구해야 한다. 신의 이름으로 진실만을 말할 것을 요구하지 않으면, 그는 잽싸게 거짓말로 응수할 것이다. 가끔 벨리알은 불마차에 탄 아름다운 천사의 모습으로 나타나기도 한다. 그리고 온화한 태도로 말한다. 그는 품위와 총애를 얻게 해 주고, 벗들의 우애를 좋게 해주며, 유능한 시종을 선사한다. 또 역천사와 천사 80개 군단을 지배한다. 벨리알은 자신에게 복종하는 자들을 충실하게 돕는다. 만약 이를 행하지 않는다면 쉽게 벌하는 방법이 있다. 솔로몬Solomon이 그랬듯 522,280여 마리 악마로 구성된 벨리알의 군대와 그를 병에 가두면 된다. 이때엔 큰 병이 필요할 것이다.

솔로몬은 매우 강력했으며 기회를 틈타 6,660마리의 악마를 감금한 이력이 있다. 그에게 대적할 수 없는 악마의 수만 해도 6백만이었다. 학자들은 솔로몬이 벨리알을 담은 병을 바빌로니아 근거 거대한 우물 속에 넣고 돌로 덮어버렸다고 전한다. 바빌로니아Babylonia의 사람들은 보물을 숨긴 것이라 착각하여 우물 밑으로 내려갔고 병을 깨뜨리게 되었다. 그리고 그곳에서 벨리알을 포함한 모든 악마가 도망쳐 나오게 되었다. 다시 잡혀갈 것을 두려워하여 벨리알은 비어있던 사원에 자리를 잡고 신탁을 내리기 시작했다. 바빌로니아인들이 그를 숭배하게 된 것도 그런 이유에서라고.

벨리아스 [Bélias] 마녀 집회의 호칭 기도에서 역천사의 왕자로 불린 악마.

벨리츠 [Beliche] 마다가스카르Madagascar의 악마. 벨리츠의 희생제에서 제물의 첫 덩이를 바칠 때 사람들은 입 안에 음식을 넣고 있는다. 그렇게 하면 벨리츠가 해를 끼치지 않을 것이라 믿었기 때문이다.

숫양 [Bélier / Ram] 악마가 숫양으로 변신할 때도 있지만, 저주를 받아 인간이 숫양으로 변하는 경우도 있다. 해밀턴Hamilton이 숫양 이야기를 지어낸 것도 이러한 오래된 민간전승에서 비롯한 것이다.

숫양에게는 마법의 성질이 있다고 전해진다. 앙크르Ancre 장성의 아내 레오노라 갈리가이Leonora Galigai가 마녀라는 혐의를 받은 것도, 저주를 내리는 동안 닭볏과 숫양 고환만을 먹었기 때문이었다.

양자리의 운세에 관한 이야기는 점성술Astrologie과 별점Horoscopes을 참조할 것.

밸랭(알베르) [Belin(Albert)] 1610년 브장송Besançon에서 태어난 베네딕토회Benedictine 수도사. 밸랭은 『부적 개론Traité des Talismans』 또는 『영적 세계의 모습Figures Astrales』을 펴냈다. 이 책에서 그는 경이로운 현상 혹은 힘이 자연적임을 증명했다. 또 이를 만드는 방법과 사용하는 방법을 다뤘다(1671년, 파리, 12절판). 1709의 개정판에는 '정당화된 동정의 가루'를 증명하고 있다. 밸랭은 『현자의 돌을 찾아 떠난 익명 철학자의 여행과 발명Les aventures du philosophe inconnu en la recherche et invention de la pierre philosophale』(1664년, 1674년, 파리, 12절판)을 펴내기도 했다. 4부로 구성된 이 책 중 마지막 책은 현자의 돌을 만드는 방법을 그 누구보다 천진하고 분명하게 밝히고 있다.

벨리눈시아 [Belinuncia] 벨레누스Belenus에게 바치던 식물. 갈리아인Gauls들은 이 식물의 즙을 화살촉에 발라 독을 입히는 데 사용했다. 벨리눈시아는 비를 내리게 하는 능력이 있다고 전해진다. 나라가 가뭄으로 상심에 빠지면 사람들은 성대한 의식과 함께 이 식물을 따러 나선다. 신관의 아내는 미혼의 젊은 여성을 앞세워 신성한 식물을 찾는데, 발견하면 오른손 새끼손가락을 사용해 뿌리를 파낸다. 동료들은 나뭇가지를 자르고 인근 강까지 옮긴다. 그리고 잎과 가지를 강물에 담근 뒤 젊은 미혼 여성의 얼굴을 물에 담가 흔든다. 이후 의식 뒤엔 각자 집으로 돌아간다. 단, 젊은 미혼 여성은 뒷걸음질 쳐서 온 길을 돌아가야 했다.

벨키스 [Belkis] 참조. 발키스Balkis.

벨라돈나 [Belladone / Belladonna] 현기증을 일으키는 식물. 독성이 있으며 마법사들이 사용했다.

벨록(잔) [Belloc(Jeanne)] 라부르Labourd 지역의 마녀. 앙리 4세Henry IV 통치 당시 24세에 체포되었다. 벨록을 심문한 피에르 드 랑크르Pierre de Lancre는 그녀가 1609년 겨울부터 마녀 집회에 참여했다고 말했다. 그녀는 그곳에서 악마에게 인사를 올리고, 악마의 엉덩이에만 입을 맞췄다. 오직 저명한 마법사들이 악마의 얼굴에 키스를 할 수 있었기 때문이다. 그녀는 집회가 일종의 가면무도회와 같았다고 말했다. 본래의 모습으로 돌아다니는 참석자들이 있는가 하면 개, 고양이, 당나귀, 돼지 또는 다른 짐승으로 변신한 경우도 있었다고. 그리고 그들은 알 수 없는 방법을 통해 의지대로 몸집을 줄이거나 키울 수 있었다고 한다…. **참조**. 마녀의 집회Sabbat.

벨몬트 [Belmonte] 프로방스Provence 의회 의원. 그는 발에 난 작은 상처로부터 괴저가 발생했다. 곧 고통이 찾아왔고 벨몬트는 목숨을 잃게 되었다. 칼뱅주의자Calvinist 작가들은 이러한 그의 죽음을 즉각적인 형벌이자 기적이라고 여겼다. 벨몬트가 신교도 마법사들과 개혁한 교란자들을 쫓아냈기 때문이다.[1]

(1) 샤세뇽Chassanion, 『신의 위대하고 강력한 심판Des grands et redoutables jugements de dieu』, 1581년, 모르주, 61페이지.

화살점 [Bélomancie / Belomancy] 화살을 이용한 점술로 방법은 다음과 같다. 알고 싶은 내용의 답을 기록한 여러 화살을 준비한다. 이때, 긍정적인 답변과 부정적인 답변을 적는다. 이후 화살을 섞고 무작위로 뽑아낸다. 사람들은 화살의 점괘가 신의 의지를 대변하는 것으로 여겼다. 화살점은 주로 군대 파견에 앞서 진행되었다. 칼데아인Chaldeans들은 이 점술을 열렬히 신봉했다.

아랍에서는 자루에 담은 세 개의 화살을 통해 미래를 예견했다. 이때, 첫 번째 화살에는 '주님, 제게 명령하여 주십시오.'를, 두 번째 화살에는 '주님, 제게 금하여 주십시오.'를, 마지막 화살에는 아무것도 표기하지 않았다. 그리고 자루에서 나온 첫 번째 화살에 따라 결정을 내렸다. **참조.** 화살Flèches.

벨페고르 [Belphégor] 기발한 발견과 발명의 악마. 주로 젊은 여성의 몸에 빙의하며, 부를 선물한다. 모압인Moabites들은 그를 바알페고르Baalphegor라고 부르며 페고르Phegor 산에서 숭배했다. 랍비들의 말에 따르면 사람들이 변기에 앉아 벨페고르에게 경의를 표했으며, 소화 후 남는 역겨운 배변물들을 바쳤다고 한다. 이는 그와 어울릴법한 이야기이다. 이러한 이유로 일부 학자들은 벨페고르를 방귀의 신으로 여기기도 했다. 또 다른 이들은 풍요와 생산의 신인 프리아포스Priapus라고 믿기도 했다.

바니에Banier가 인용한 셀던Selden의 주장에 따르면, 사제들은 벨페고르에게 인간을 제물로 바치고 그 살을 먹었다고 한다. 바이어Johann Weyer는 그가 언제나 입을 벌리고 있다고 기록하고 있는데 이는 이름과 연관이 있는 듯하다. 르 루아예Pierre Le Loyer는 '페고르Phégor'가 '틈' 또는 '균열'을 의미한다고 말

했다. 그리고 이 의미는 이따금 치러진 동굴 숭배 의식에서 바람구멍으로 제물을 던져준 것에 기인한다고 보았다.

벨트람 [Beltram] 제노바인. 사망한 뒤 영혼으로 나타났으며, 폰트 누오보Ponte-Nuovo의 어느 여성에게 빙의했다. 하지만 여성의 부모는 그를 내쫓았다. 여성이 원래의 상태로 돌아오자 벨트람은 연기처럼 사라졌다.

벨루스 [Bélus] 아시리아Assyria 최초의 왕. 생전 그의 사원에서 숭배를 받았다. 벨루스는 위대한 점성가이기도 했다. 그는 자식들에게 이렇게 말했다. "나는 하늘의 장부에서 너희에게 일어날 모든 일을 보았다. 너희의 운명을 알려주도록 하마." 사후의 그는 신탁을 내렸다. 벨루스와 벨Bel은 동일 인물일 가능성이 있다.

벨제부스 또는 벨제붑 또는 베엘제부스 [Belzébuth, Belzebub, Beelzebuth / Beelzebub] 성서[1]에서 악마의 왕자로 소개된다. 밀턴Milton의 주장에 따르면 벨제부스는 사탄 다음으로 큰 권력을 지녔으며 가장 많은 죄악을 저질렀다. 대다수 악마학자는 그를 지옥 제국의 총통으로 여긴다. 벨제부스의 이름엔 '파리의 왕'이라는 의미가 담겨있다. 하지만 보댕Bodin[2]은 그의 사원에서 파리를 찾아볼 수 없다고 주장했다. 벨제부스는 가나안Canaan에서 가장 존경받는 신이었다. 그들은 가끔 벨제부스를 강력한 군주의 특징을 담은 파리의 모습으로 묘사하곤 했다. 또한 벨제부스는 신탁을 내렸다. 아하시야Ahaziah 왕은 평소 걱정하던 건강 문제로 벨제부스에게 의논을 했다. 그리고 이 때문에 선지자 엘리사Elisha로부터 엄한 질책을 받았다.

벨제부스에겐 수확물을 망치는 파리를 없애주는 능력이 있다고 전해진다.

대다수의 악마 광신자들은 벨제부스를 지옥 제국 군주로 여긴다. 그리고 각자의 상상력에 따라 표현한다. 밀턴은 그가 압도적인 외모를 지녔으며 얼굴에 뛰어난 총명함이 배어있다고 기록했다. 누군가는 탑처럼 키가 크다고 하고, 어떤 이는 인간과 똑같은 키를 지녔다고 주장한다. 이 외에도 뱀의 모습을

하고 있거나 여자의 모습을 하고 있다고 말하기도 한다.

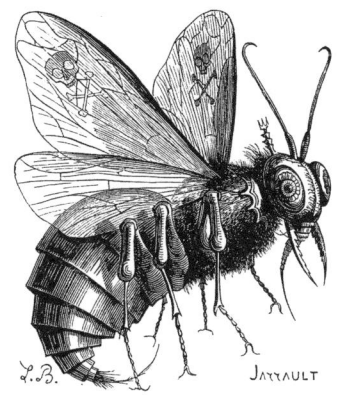

마르켈루스 팔린제니우스Marcellus Palingenius의 저서 『삶의 조디악Zodiaco Vitæ』에선 이 지옥 군주가 매우 큰 키를 지니고 불붙은 띠를 머리에 둘렀으며 거대한 왕좌에 앉아있다고 묘사하고 있다. 또 거대한 가슴과 퉁퉁한 얼굴, 반짝이는 눈과 치켜올린 눈썹을 지닌 위협적인 모습이라고 말한다. 더불어 큰 콧구멍, 머리 위 거대한 두 개의 뿔, 무어인Moor처럼 검은 피부, 박쥐 같은 어깨 위 거대 날개, 두 개의 거대 오리발과 사자 꼬리, 발까지 닿는 긴 털을 지녔다고 한다.

벨제부스가 풍요의 신 프리아포스Priapus라고 믿는 이들이 있었는가 하면, 철학자 포르피리오스Porphyry처럼 바쿠스Bacchus와 혼동하는 이들도 있었다. 몇몇 이들은 벨제부스가 슬라브족Slavs의 벨보그Belbog와 벨바치Belbach(백색 신)라고 주장했다. 이는 시리아인Syrians들이 벨제부스를 그렸던 것처럼, 피로 뒤덮인 벨보그, 벨바치 그림 속에 항상 파리가 들끓었기 때문이다. 이 외에도 벨제부스를 명계의 신 플루토Pluto와 동일한 존재로 여기는 경우도 있다. 하지만 그보다는 바엘Baël이라고 믿는 편이 더 신빙성 있겠다. 바이어Johann Weyer의 기록에 따르면 바엘은 지옥의 황제이다. 벨제부스라는 이름이 그의 지옥 군주 목록에 등장하지 않는 것도 이 때문일지 모른다.

『솔로몬의 열쇠Key of Solomon』에서 벨제부스는 끔찍한 모습으로 묘사된다. 거대한 송아지 또는 숫염소의 형상으로 긴 꼬리를 달고 있다는 것. 그러나 벨제부스는 대체로 몹시 큰 파리의 모습을 한다. 그는 파우스트Faust에게 다음과 같이 모습을 드러낸 이력이 있다. "소로 변신하였는데, 무시무시한 두 귀와 온갖 색이 다 포함된 머리 그리고 용의 꼬리를 지녔다[(3)]." 레츠 남작Marshal de Retz은 그가 표범으로 변신하였을 때 목격했다. 벨제부스는 화가 나면 입으로 불을 뿜고 늑대 울음소리를 낸다고 한다. 가끔은 아스타로스Astaroth가 그의 곁을 지키기도 하는데, 이때 당나귀의 모습을 하고 있다.

(1) 예수 그리스도가 직접 이 이름을 붙였다. (마태복음Matthew 12장 24절, 누가복음Luke 11장 15절) 고대 율법학자들은 주님이 악마의 왕자 벨제부스의 이름으로 악마들을 쫓았다고 비난했다. / *(2)* 『마법사들의 빙의망상 Démonomanie des Sorciers』, 4권, 3장. / *(3)* 프랑수아 위고 François Victor Hugo, 『영국의 파우스트Le Faust Anglais』.

베네딕트(진) [Benedict(Jean)] 16세기 독일인 의사. 『자연적, 초자연적 환상과 현상Iibellas de Visionibus et Revelationibus Naturalibus et Divinis』(1550년, 마인츠Moguntiæ)이라는 책을 펴냈으나 거의 알려지지 않았다.

베네딕투스 8세 [Benoît VIII / Benedict VIII] 1012년 임명된 148번째 교황. 1024년에 사망했다. 르 루아예Pierre Le Loyer와 바이어Johann Weyer[(1)]가 인용한 이력이 있는 플라티나Platina의 글에선 베네딕투스 8세의 이야기가 다음처럼 기록되어 있다. 베네딕투스 8세는 사망하고 얼마 후 흑색 말 위에 올라탄 모습으로 인적 드문 외딴 지역에 거주하는 어느 주교 앞에 모습을 드러낸 적이 있다고 한다. 주교는 그를 보며 어떻게 사망한 이가 말 위에 올라타 있는지를 물었다. 베네딕투스 8세는 자신이 생전에 탐욕이 있어 재산을 모은 죄로 연옥에 갔으나, 온정을 베풀었기에 지옥엔 떨어지지 않았다고 말했다. 그리고 재산을 숨겨둔 곳을 알려주며, 가난한 자들에게 나누어 줄 것을 주교에게 부탁했다. 이 사건 이후 (이야기에 나오는 말을 그대로 인용하자면) 귀신은 자신을 뒤이은 새 교황 앞에도 나타났다. 그리고 클루니Cluny 지역 성 오델로St. Odilo에게 본인의 영혼이 편히 쉴 수 있도록 신께 기도를 부탁하는 서한을 속히 전해달라고 하였다. 성 오델로가 이 부탁을 들어주고 며칠 후, 빛이 나는 한 남성이 백색 옷을 입은 사람들을 거느리고 수도원으로 들어와 성 오델로 앞에 무릎을 꿇었다. 이에 성직자 하나가 고귀한 모습을 하고 수도원장에게 존경을 표하는 그에게 정체를 물었다. 그는 자신이 베네딕투스 8세이며 성 오델로의 기도를 통해 축복의 영광을 누리게 되었다고 답했다.

(1) 르 루아에, 『귀신 논설Discours des spectres』, 6권, 13장. 요한 바이어, 『악마의 환상De Præstigiis Dæmonum』, 1권, 16장.

베네딕투스 9세 [Benoît IX / Benedict IX]

1033년 임명된 150번째 교황. 로마가 분열된 격동의 시간 동안 임기를 보냈다. 그는 참칭 교황들의 극심한 중상모략에 맞서 싸워야 했다. 베네딕투스 9세는 생전에 마법사였으며 적들로 인해 성좌에서 끌어내려졌으나, 마법을 이용해 두 번이나 자리를 되찾았다고 전해진다. 이는 어리석은 이야기다. 이 외에 식견이 뛰어난 그가 미래를 예견하고 솜씨 좋은 마법을 부렸다는 이야기도 있지만, 노데Naude는 이런 믿음을 완전히 박살 냈다.

경이롭고 가공할만한 신의 심판을 기록했던 칼뱅주의자Calvinist 작가는 베네딕투스 9세가 악마에게 목이 졸려 죽었다고 언급했다. 그리고 그의 영혼이 야생동물의 모습을 하고 숲을 떠도는 형벌을 받았으며, 이때 털이 긴 곰의 몸통과 고양이의 꼬리, 당나귀의 머리를 지니게 되었다고 덧붙이기까지 했다. 그를 만난 어느 은둔자가 왜 그런 모습을 하고 있느냐 묻자, 베네딕투스 9세는 다음과 같이 답했다고 한다. "나는 한때 괴물이었네. 당신이 지금 보는 모습은 내 영혼의 생전 모습과 다를 것이 없네." 이는 매우 경이로운 이야기다. 하지만 사실 베네딕투스 9세는 1054년 은거 중 양털로 짠 모포를 덮고 경건하고 성스러운 죽음을 맞이했다. 그 역시 역사로부터 명예를 훼손당한 피해자였던 것이다.

벤소지아 [Bensozia]

12세기, 13세기 일부 교회법 학자들은 마녀 집회와 유사하고 거의 알려진 바 없는 모임에 참석한 당시 여성들을 크게 적대시했다. 사람들은 여성으로 변신한 요정이나 악마가 향락을 추구하는 모든 여성을 한데 모은다고 생각했다. 여성들과 요정 그리고 악마는 날개 달린 가축 위에 올라타 경주를 벌이거나 하늘에서 파티를 즐겼다. 이들의 수장은 요정 벤소지아였는데, 이 요정에겐 맹목적으로 순종하고 절대적으로 복종해야 했다. 이 요정이 다름 아닌 고대 갈리아의Gaul 다이아나Diana였다는 주장도 존재한다. 이런 이유로 벤소지아는 녹티쿨라Nocticula, 헤로디아Herodias 또는 달이라고 불리기도 했다.

쿠즈랑Couserans 교회의 수사본엔 14세기 여성들이 말을 타고 벤소지아의 저녁 경주를 참여했다는 이야기가 있다. 마녀 집회의 마녀들처럼 장부에 이름을 올리면 자신 역시 요정이 되었다고 믿었다는 것이다. 100년 전까지만 해도 푸아투Poitou의 몽모리용Montmorillon에 위치한 어느 오래된 사원 포르티코*에선 두 마리 뱀에게 붙들려 승천하는 여성의 모습을 볼 수 있었다. 이는 아마도 밤마다 경주를 펼치던 마녀 혹은 요정의 모습이었을 것이다.(1)

(1) 돔 마르탱Dom Martin, 『갈리아인의 종교Religion des Gaulois』, 2권, 59페이지와 65페이지. / * 입구에 기둥을 받쳐 올린 현관 지붕.

벤타멜레온 [Benthaméléon]

예루살렘Jerusalem을 되찾은 티투스Titus는 유대인들을 상대로 안식일을 감시할 것, 할례 풍습을 금지할 것, 모든 종류의 고기를 먹을 것 등의 칙령을 발표했다. 아연실색한 유대인들은 존경받는 현명한 랍비 시메온Simeon을 티투스에게 보냈다. 랍비 엘르아살Eleazar과 함께 길을 떠난 시메온은 벤타멜레온이라는 악마를 만나게 되었다. 이 악마는 자신의 존재를 밝히며 그들의 여정에 동참할 것을 요구했다. 악마는 자신이 원래 유대인에게 도움을 주는 존재이며, 티투스의 딸 몸에 들어가 도울 것을 약속했다. 그리고 원하는 즉시 여자의 몸을 벗어날 것이며, 이 마법을 통해 황제에게 승리할 수 있다고 말했다. 두 랍비는 서둘러 그 제안을 승낙했고 벤타멜레온은 약속을 지켰다. 그리고 칙령을 철회하는 데 성공했다.

베랑드 [Berande] 1577년 보몽드로마뉴Beaumont-de-Lomagne 인근 모벡Maubec에서 화형당한 마녀. 처형장으로 가는 도중, 그녀는 한 젊은 여성을 마녀 집회에서 보았다고 지목하였다. 젊은 여성이 사실을 부정하자 베랑드는 이렇게 말했다. "우리가 마지막으로 블록 십자가 앞에서 춤을 췄을 때 독약 단지를 들고 있던 걸 잊었니?…." 이 물음에 대답을 찾지 못했던 여성 역시 마녀로 판정되었다.[1]

(1) 쥘 가리네Jules Garinet, 『프랑스 마법사Histoire de la Magie en France』, 132페이지.

베르비귀에(타임 테르 뇌브의 알렉시 뱅상 샤를 베르비귀에) [Berbiguier(Alexis-Vincent-Charles Berbiguier de Terre-Neuve du Thym)] 카르팡트라Carpentras 출생 작가. 어쩌면 아직 살아있을지 모른다. 1821년 『파르파데' 혹은 모든 악마가 다른 세상에서 온 것은 아니다Les Farfadets, ou tous les démons ne sont pas de l'autre monde』(8절판, 3부작)라는 표제의 저서를 출간했다. 책은 8개의 석판화와 작가 초상화 그리고 '파르파데의 재앙'이라는 문장으로 장식되어있다. 작가는 세계 각처의 모든 황제, 왕, 군주를 향한 헌사로 이야기를 시작한다. '그대들의 힘을 내게 보태어 불행한 국민을 유린하는 악마와 마법사, 파르파데의 힘을 파괴합시다.'

베르비귀에는 자신이 악마에게 23년째 고통받고 있다고 덧붙이며, 파르파데가 인간의 모습으로 변신해 사람들을 화나게 만든다고 말했다. 저서 제2장에서 그는 모든 적의 이름을 부르며 이들이 변장한 악마이자 벨제부스Belzébuth의 수하라고 주장했다. 이 적들을 비열한 자, 불량배라고 불렀지만 사실 그들을 지배하는 악마를 모욕한 것이었다. 그는 다음과 같이 기록했다. '사람들은 나를 미쳤다고 하지만, 그게 사실이라면 내 꼬챙이, 핀, 유황, 소금, 식초 그리고 소의 심장으로 적들이 매일 고통받을 일도 없을 것이다.'

세 권의 책은 일종의 회고록으로, 전권에서 악마의 이야기가 쉼 없이 등장한다. 그리고 파르파데의 위력을 정의한다. 제4장에서 그는 1796년 아비뇽Avignon의 만소트Mansotte라는 어느 마녀에게 점을 보았던 이야기를 들려준다. 마녀는 타로 카드를 사용했다. 베르비귀에는 다음과 같이 기록했다.

'나를 파르파데에게 넘기는 의식을 치른 것이 분명하다. 그곳에는 사탄 여제자인 두 여성이 있었다. 그녀들은 깨끗한 체를 준비해 밀가루를 거른 뒤 그 위를 가위 끝부분으로 집어 고정했다. 체 위에는 흰 종이를 접어 얹어두었다. 망소트와 나는 각자 가위 고리를 양쪽에서 붙들어 체가 공중에 떠 있도록 했다. 체의 다양한 움직임에 따라 나를 소유하고자 하는 존재에게 정보가 될 질문이 던져졌다. 마녀들은 세 개의 항아리를 요청했다. 첫 번째 항아리엔 식탁 위에 던졌던 타로 카드 몇 장, 그중에서도 얼굴이 그려진 카드를 넣었다. 이 카드들은 내가 직접 눈을 가리고 고른 것이었다. 두 번째 항아리엔 소금, 후추와 기름이 들어갔다. 세 번째 항아리엔 월계수 잎을 넣었다. 세 항아리를 덮은 뒤 벽감 속에 넣은 마녀들은 물러나 효과가 나타나길 기다렸다…. 내가 집에 온 건 밤 열 시가 되었을 무렵이었다. 집에 오니 십자형 유리창 세 개가 열려있었는데, 머리 위로 비상한 소리가 들려왔다. 나는 촛불을 켰으나 아무것도 보이지 않았다. 내가 들은 소리는 끔찍한 짐승이 내는 울음소리와 비슷했다. 이 소리는 밤새 계속되었다. 나는 두 마녀가 저주를 준비하는 3일 동안, 다양한 고문에 시달렸다. 마녀들은 술책이 이어지는 동안 계속해서 돈을 받아 갔다.

게다가 마녀들의 내장이 지옥 불에 타는 중이었기에, 물과 음료수, 식료품을 가져다주어야 했다. 그녀들은 다른 색의 리본을 필요로 했고, 받아 간 후 다시 내게 돌려주지 않았다. 마법이 유지되는 8일간, 나는 혹독한 슬픔을 느꼈다. 그중 4일째 되던 날, 그녀들은 고양이로 변신해 내 침대 밑에 들어와 나를 괴롭혔다. 때로는 개의 모습으로 오기도 했다. 그렇기에 고양이 울음 혹은 개 짖는 소리에 고통받아야 했다. 몹시도 긴 8일이었다!'

베르비귀에는 두 마녀를 쫓아준다는 카드 점쟁이를 찾았으나, 새로운 골칫거리만 늘어났을 뿐이었다.

이어지는 장을 살펴보면, 작가는 계속해서 점을 보며 스스로 귀신이 씌었다고 믿었다. 그는 끊임없이 끔찍한 짐승들의 울음소리를 들었다. 또 두려움과 환영에 빠졌다. 재판으로 파리를 찾은 베르비귀에는 카드점을 보는 새로운 마녀를 알게 되었다. 이에 관한 기록을 살펴보자.

'나는 마녀에게 내가 평생 불행할 것인지 물었다. 그녀는 아니라고 답했다. 그리고 원한다면 현재와 미래의 불행을 쫓아줄 것이며, 나 혼자서도 이를 해결할 수 있다고 덧붙였다. 그녀는 출입구가 두 개 있는 상점, 첫 번째 여자 상인에게 동물 지방으로 만든 양초를 구매해야 한다고 말했다. 그리고 어떻게든 그녀가 거스름돈으로 2드니에**를 주도록 만들어야 한다고 했다. 그리고 들어온 문이 아닌 다른 문으로 나와 2드니에를 하늘에 던져버리라고 조언했다. 나는 그녀의 말을 따랐다. 그리고 나는 2드니에가 아닌 2에큐***가 떨어지는 소리를 듣고 매우 놀랐다.

이후 그녀는 내게 양초를 켠 다음 소금을 뿌리고, 종이에 나를 괴롭힌 첫 번째 사람의 이름을 적으라고 시켰다. 그리고 이 종이를 모든 방향에서 찌른 다음 양초에 핀으로 고정해 완전히 불태우라고 지시했다.

마녀가 시키는 모든 것을 한 뒤 공격에 대비해 칼로 무장하자, 벽난로 속에서 끔찍한 소리가 들려왔다. 나는 파리Paris에서 찾아갔던 마법사 모로Moreau의 능력이 닿는 곳에 있다고 생각했다. 나는 밤새 불을 지피고 소금과 유황을 한 줌씩 뿌려 적들의 고통이 계속되도록 하였다….'

베르비귀에는 같은 행위를 9일간 연속으로 실천하였으나 파르파데와 마법사에게서 벗어날 수 없었다.

그의 세 권의 저서엔 이들이 계속 등장한다. 우리는 이 책을 가장 기상천외한 작품들 사이에 나란히 두는 것으로 감상을 대신할 것이다. 작가는 자신이 마법사, 악마들과 교신한다고 믿었다. 그는 사기꾼들이 서툴게 쓴 편지를 루시퍼Lucifer, 로토마고Rothomago 그 외에 서명된 다른 이들이 보낸 것이라고 기록했다. 여기 그가 성실하게 옮겨적은 편지 한 장이 있다.

'베르비귀에씨에게,

혐오의 가중함! 지진, 대홍수, 태풍, 바람, 혜성, 행성, 대양, 밀물, 썰물, 정령, 실프Sylphs(공기의 요정), 판Pan(그리스의 목신), 사티로스Satyr, 숲의 수호신 실바누스Sylvanus, 나무의 요정 드라이어드Dryad 그리고 하마드리아데스Hamadryad!

선과 악의 대정령 위임자, 지옥과 벨제부스의 동맹, 아스타로스Astaroth의 전우, 원죄의 주모자와 황도대Zodiac의 집행자는 극히 겸손하고 참을성 많은 가신 베르비귀에에게 빙의하고, 고통을 주고, 찌르고, 정화하고, 굽고, 독살하고, 주먹질하고, 용해할 권리가 있다. 그가 아주 명예롭고 굳센 마법 사회를 저주했기 때문이다. 위에 상기한 바에 따라 우리는 마법 사회의 병기를 여기에 새긴다.

달 맞은편 태양에서, 고위 지휘관, 전권을 지닌 집행자, 5818일, 밤 105819시, 대 십자 훈장과 마법 사회의 호민관. 동 권력은 그의 친구 코코Coco(베르비귀에가 키우던 다람쥐의 이름)에게 효력이 있음.

테조로크리조니코크리시데스Thésaurochrysonicochrysidès.

각하를 대신하여, 그의 서기관
피리치치−핀치Pirichichi-Pinchi.
1818년 3월 30일.

추신. 8일 이내로 당신을 내 마음대로 조종할 것임. 그 책을 출간한다면 화를 면치 못할 것[1]!

(1) 엉뚱한 것들이 있는 기이한 화랑에서, 1856년 출간, 샹프러리Champfleury는 베르비귀에를 놀랍게 묘사했다. 그는 늙은 베르비귀에가 여전히 파르파데에 대한 생각에 사로잡혀 있는 모습을 보았다. / * 프랑스 민담에 등장하는 장난꾸러기 요정. / ** 옛 프랑스 화폐. / *** 17~18세기에 사용되던 프랑스 은화.

베렝저 [Bérenger] 11세기의 이단자. 맘즈베리의 윌리엄 William of Malmesbury[(1)]의 주장에 따르면 베렝저가 숨을 거둘 당시 오랜 벗인 풀버트 Fulbert가 찾아왔다고 한다. 풀버트는 병자 곁에 악취를 풍기는 끔찍하고 풍채 좋은 악마가 보였기에 뒷걸음치며 침대에 다가갈 수 없었다. 어떤 이는 그가 악마를 쫓아냈다는 이야기가 있는가 하면, 악마가 잘못 개종한 이단자인 그의 목을 졸라 데려갔다는 이야기도 있다.

(1) 『영국의 역사 Historia Anglorum』에서, 굴리엘모 Gullielmo(윌리엄) 1세.

베레시스 [Bérésith] 카발라 Kabbalah 중 하나. 세상이 감추고 있는 불가사의한 힘을 연구한다.

목동 [Bergers / Shepherds] 아직도 많은 마을에선 목동이 악마와 거래하며 저주를 내린다는 믿음이 있다. 그리고 목동에게 인사를 하지 않고 지나치는 일은 위험하다고 여긴다. 목동을 위협하는 여행자는 잘못된 길로 보내지며, 목동은 폭풍우를 일으키고 발아래 구렁을 만들기도 한다고. 이와 얽힌 끔찍한 이야기가 다수 전해진다.

말을 타고 지나던 여행자가 프랑스 르 망 Le Mans 어느 숲 입구 길에서 늙은 목동을 넘어뜨린 일이 있었다. 여행자는 목동을 일으켜주지 않고 가던 길을 떠났다. 목동은 여행자를 향해 잊지 않겠노라고 고함쳤다. 처음에 그 위협에 반응하지 않던 여행자는 목동이 저주를 내리거나, 적어도 길을 잃게 만들 수 있음을 기억해내고 자신의 행동을 후회했다. 이런저런 생각이 머리를 채우는 동안 그는 무언가가 뒤따라오는 것을 느꼈다. 뒤를 돌아본 곳엔 웬 망측한 꼴을 한 나체의 유령이 있었다. 이는 목동이 보낸 유령이 그를 쫓아온 것이 분명했다…. 그는 달리지 못하고 있는 말을 꼬집었다. 유령은 말의 엉덩이 쪽으로 뛰어 올라탔고 긴 두 팔을 여행자 몸에 두르며 절규했다. 여행자의 두려움은 극에 달했다. 여행자는 벗어나기 위해 부질없는 노력을 했으나, 유령은 쉰 목소리로 계속해서 소리를 질러댔다. 겁에 질린 말은 두 사람 모두를 바닥에 내팽개치려 했다. 이때 말의 뒷발질로 유령이 겨우 나가떨어졌고, 여행자는 눈만 살짝 돌려 그 모습을 쳐다보았다. 유령은 더러운 수염과 창백한 안색, 그리고 험상궂은 눈으로 끔찍하게 찌푸린 얼굴을 하고 있었다. 여행자는 가능한 한 빨리 그곳을 벗어났다. 다음 마을에 도착한 그가 겪은 변에 관해 이야기하자, 마을 사람들은 마주쳤던 무서운 유령이 마을에서 몇 시간째 찾고 있던 미치광이였다고 알려주었다[(1)].

목동의 저주는 상당히 곤란한 일련의 상황을 자아내곤 했다. 과거엔 그들이 신비한 가루를 만들어 일부 방목 구역을 오염시켰고, 가축 떼에게 현기증을 유발했던 것으로 밝혀졌다. 한 푸줏간 주인이 목장의 양치기에게 수고비를 주지 않고 양을 사간 일이 있었다. 양치기는 그에게 복수했다. 다리를 건너던 중 푸줏간 주인이 산 양들이 거꾸로 물에 처박히고 만 것이다.

일부 목동들은 가축의 발로 만든 마법 피리를 이용해 양 떼의 건강을 유지하기도 했다. 그리고 이 마법 피리를 주머니에 지니고 다녔다. 어느 날, 인근에 살던 목동이 오랫동안 눈독을 들이던 마법 피리를 훔쳤다. 그는 피리를 가루로 만든 다음, 두더지, 녹색 개구리 그리고 대구의 꼬리와 함께 개미집에 묻으며 다음과 같이 말했다. "저주, 타락, 파멸!" 9일 뒤, 피리를 훔쳤던 목동은 저주한 물건을 꺼내 이웃 양치기의 양 떼가 지나는 장소에 파묻었다. 그러자 이웃 양치기의 양들이 모두 죽어버렸다.

어떤 목동들은 여러 무덤에서 가져온 돌멩이 세 개와 특정 마법 주문을 이용해 적에게 이질이나 옴을 퍼트리거나, 원하는 만큼 가축을 도살했다고 전해진다. 적어도 마을 사람들의 헛소문엔 그러했다. 목동들이 글을 읽을 식견이 없음에도, 사람들은 그들의 지식과 능력을 두려워했다. 일부 촌락에서는 여행자에게 양치기를 욕하거나, 그들 앞을 지나며 시간이나 날씨 따위를 묻지 말 것을 당부하기도 했다. 먹구름을 만나거나, 폭풍우에 휩쓸려 가거나, 큰 위험을 맞닥뜨리거나, 초원에서 길을 잃고 싶지 않다면 말이다.

재밌는 것은 양치기들이 모든 저주에서 하나님 아버지Pater, 천사의 축사Ave 그리고 9일 묵주 기도를 언급한다는 점이다. 그러나 그들에게는 양 떼를 지키기 위한 다른 기도문도 존재했다. **참조.** 양 떼Troupeaux, 호크 Hocque 등.

(1)가브리엘 드 P***Madame Gabrielle de P***, 『유령의 역사Histoire des Fantômes』, 205페이지.

베그만렌 [Bergmaenlen] 도깨비 부류의 난쟁이. 오벨랜드Oberland 농부들을 자주 방문해 심부름하곤 했다.

베리스 [Berith] 지옥의 공작. 크기가 거대하고 무시무시하다. 그에겐 세 개의 이름이 있었는데, 어떤 이들은 베알Beal로, 유대인들은 베리스로, 강신술사들은 볼프리Bolfri로 불렀다. 그는 머리부터 발끝까지 붉은 옷을 입은 젊은 병사의 모습으로 나타난다. 또 적마를 타고 있으며 머리에는 왕관을 썼다. 베리스는 과거와 현재, 미래에 관한 질문에 답한다. 다만 그를 다룰 땐 마법 반지의 힘이 필요하다. 베리스와 이야기를 나눌 땐 그가 거짓말쟁이라는 사실을 잊지 않도록 하자. 그는 모든 금속을 금으로 바꿀 수 있는 재주

가 있다. 이에 어떤 사람들은 베리스를 '연금술의 악마'로 여긴다. 베리스는 품위를 부여하고 맑고 섬세한 목소리로 노래할 수 있도록 도와준다. 그는 26개 군단을 지휘한다. 세 겜인Sichemite의 우상이기도 하였던 그는 종종 산추니아톤Sanchoniaton이 기록한 베루스Beruth 와 동일 존재로 여겨지기도 한다. 그렇기에 학자들은 베리스를 팔라스Pallas 혹은 다이아나Diana라고 주장했다.

『작은 알베르투스의 견고한 보물Little Albert's Solid Treasure』의 저자는 다음과 같은 베리스의 모험 이야기를 기록하며 그가 장난꾸러기 요정 혹은 소악마에 불과하단 것을 독자에게 납득시키려 했다.

"내가 어느 성에 당도했을 때, 6년째 괘종시계를 다스리고 글겅이로 말의 털을 빗겨주는 요정이 있었다. 어느 아침, 그의 조마술을 확인하고 싶었던 나는 그만 깜짝 놀라고 말았다. 말의 엉덩이 위로 글겅이가 혼자 움직이는 것이었다. 마부는 이 장난꾸러기 요정을 부르기 위해서 작고 검은 암탉을 잡아, 커다란 교차로에서 피를 뽑아야 한다고 말했다. 이때 그 피로 종이에 '베리스가 20년 동안 내 일을 대신해준다면, 그에게 상을 내릴 것이다'라고 적는다. 그리고 요정이 괘종시계와 말을 돌보기 시작한 날 바로 암탉을 1피에 깊이에 묻어야 한다고 덧붙였다. 그러면 요정이 가끔 직접 자신에게 가치 있는 것을 찾아내기도 한다고…."

역사학자는 이 소악마가 만드라고라였다

고 믿었다. 카발리스트들은 베리스가 단지 공기의 요정에 불과하다고 생각했다.

* 과거 프랑스의 길이 단위로 1피에는 약 0.3248미터이다.

버클리 [Berkeley] 아일랜드의 학자. 미셸 마손Michel Masson은 버클리가 신의 힘을 부당하게 찬탈해 15피에* 크기의 옥Og**을 닮은 강한 거인을 만들려 했다고 주장했다. 이를 위해 그는 아이 한 명을 감금, 계산된 식단을 섭취시켜 놀라운 크기로 키워냈다. 아이는 활력이 없고 멍청해졌지만, 학자는 이를 신경 쓰지 않았다. 그가 원한 것은 15피에짜리 단순한 거인이었기에. 그리고 언젠가 '옥, 바산Bazan의 왕이 돌아왔다' 라는 소리를 듣고 싶었을 뿐이었다. 하지만 신이 원치 않는, 그런 일은 일어나지 않았다. 희생자는 겨우 그 절반의 키까지만 자란 뒤 15살에 숨을 거두었다.

* 과거 프랑스의 길이 단위로 1피에는 약 0.3248미터이다. / ** 르바임 족속. 바산의 왕이자 거인. 성경에 등장한다.

베르나(베네데토) [Berna(Benedetto)] 보댕Bodin과 여러 악마학자의 기록에 따르면, 베르나라는 마법사는 80세가 되던 때에 어느 악마와 40년간 교류했음을 고백했다고 한다. 그 악마는 헤르미오네Hermione 혹은 헤르멜린Hermeline으로 불렸다. 그는 어딜 가든 아무도 모르게 악마를 대동하고 다녔다. 이는 악마를 볼 수 있는 사람이 없었기 때문에 가능한 일이었다. 다만 사람들은 그를 미치광이로 생각했다(물론 실제로 아니라는 근거도 없다). 베르나는 여러 어린아이의 피를 마셨고, 다수의 끔찍한 죄악을 행했다고 고백했다. 이런 잔혹한 일로 인해 그는 화형에 처해졌다.

따개비 거위 [Bernache, Bernacle / Barnacle Goose] 참조. 검둥오리Macreuses.

베르나르 [Bernard] 카르다노Cardan는 마법이 일종의 심기증에 지나지 않는다고 생각했다. 그리고 그 원인을 마법사로 지목받던 빈곤한 이들이 섭취한 형편 없는 음식 때문이라 믿었다. 카르다노는 자신의 아버지가 베르나르라는 이름의 한 농부를 구해준 적이 있다고 언급했다. 농부는 마법사로 몰려 화형에 처할 처지였는데, 카르다노의 아버지가 그의 일상을 바꿔놓은 것이었다. 아버지는 아침 식사로 신선한 달걀 네 개를 주었고, 저녁 식사로 고기와 포도주를 제공했다. 농부는 음침한 기운을 벗어던지고 더 이상 환영을 보지 않았다. 그리고 덕분에 화형을 면하게 되었다.

베르나르 드 콤 [Bernard de Côme] 15세기의 독실한 종교재판관. 스트리게스Striges*와 마법사에 관한 저서에서 당대에 마법이 널리 퍼져있음을 기록했다. 그는 발도파Waldensian 교도였다.

* 로마신화에 등장하는 맹금류를 닮은 여성 마물.

베르나르(사무엘) [Bernard(Samuel)] 참조. 검은 암탉Poule Noire.

튀링겐의 버나드 [Bernard de Thuringe / Bernard of Thuringia] 10세기 중반 독일에 거주하던 은자. 세상의 종말을 예고하던 그는, 천 년 후 옛 뱀이 해방될 것이라 기록한 『요한계시록Apocalypse』의 구절을 근거로 삼았다. 버나드는 이 뱀이 적그리스도이며 이미 960년이 지났기 때문에 출현이 머지않았다고 주장했다. 그는 성모 영보 대축일*과 성금요일이 맞물릴 때, 세상의 종말이 찾아올 것이라 확신했다. 이 예언은 검증의 기회가 없었다.[1]

(1) 『성상의 전설Légendes des Saintes Images』에서 '노트르담 뒤 퓌 대성당Notre-Dame du Puy의 성가대 아이'를 참조할 것. / * 대천사 가브리엘Gabriel이 성모 마리아Maria에게 예수 그리스도Jesus Christ의 잉태를 전한 날.

버나드 트레비상 [Bernard le Trévisan] 15세기 연금술사. 1406년 파도바Padua에서 태어났다. 몇몇 이들은 버나드가 마법사였다고 믿기도 했다. 그는 연금술을 진지하게 연구했으며, 이를 설명하는 다수의 저서를 남겼다. 버나드의 저서는 연금술사들에게 인기가 있다. 저서에 언급되는 주된 주제는 현자의 돌이다.[1]

(1) 『헤르메스주의 철학De Philosophia Hermetica』, 1567년과 1682년, 스트라스부르, 4권. 1643년, 뉘른베르크. 『역사 교의 소멸에 관한 키메이아스의 소작Opus Hislorico-

dogmatikum Péri Chymeias』, J. F. 피키J.-F. Pici의 세 권의 황금서, 1598년, 우르셀티스Urseltis, 8절판. 『철학자, 화학자의 가장 비밀스러운 작업에 대한 논문, 보노니아의 토마스 답변Tractatus de Secrelissimo Philosophorum Opère Chimico, et Responsio ad Thomam de Bononia』, 1600년, 바젤. 『현자의 돌에 관한 화학 논문Opuscula Chimica de Lapide Philosophorum』, 1567년, 안트베르펜, 프랑스어판. 『버나드의 재순환, 화학 작업, 역사 교의Bernardus Redivivus, vel Opus de Chimia, Historico-dogmaticum』, 1625년, 프랑크푸르트, 프랑스어에서 라틴어로.

베르나디(피에르) [Bernardi(Pierre)] 베르나디는 이탈리아 토스카나Tuscany의 아레이아Areia에서 접근하는 모든 이의 코와 귀를 물어뜯고, 맹수처럼 소리 지르며 인근 지역에 공포를 불러일으켰다. 구마 의식을 치르자, 그는 빙의 되었음을 고백하며 문 아래 감춰진 저주물을 치워야 해방될 수 있다고 말했다. 허나 베르나디의 말이 악마의 거짓말이라고 믿었던 사람들은 이를 직접 치우려 하지 않았다. 그를 돕던 학자 라지올로Raggiolo는 악마를 억제하는 데 성공했고, 악마는 끔찍한 비명을 지르며 베르나디의 몸에서 빠져나왔다. 더불어 교회가 흔들릴 정도의 굉음이 일었다. 이후 베르나르디의 부모가 문 아래를 파보니, 리넨 속에 알 수 없는 문자가 적힌 당나귀 가죽과 아이의 유골, 여자 머리카락이 나왔다. 그들은 그 저주물을 태워버렸고 다시는 빙의되지 않았다.

베른의 수도자들 [Berne(Les Moines de)] 참조. 제처Jetzer.

베르놀드 [Bernold] 참조. 베르톨드Berthold.

베르캥(루이) [Berquin(Louis)] 아르투아Artésien 출신의 귀족이자 프랑수아 1세François I의 조언자. 악풍에 물든 그는 수도자들을 비난하며 루터교Lutheranism로 개종했다. 이에 베르캥의 책은 모두 불태워졌다. 그나마 왕의 보호 덕에 겨우 공개 비난만을 피했을 뿐이었다. 하지만 이마저도 오래가진 못했다. 그는 종교개혁 이후 활개치던 마법사들의 연회에 가담했다. 결국 악마를 숭배하고 가증스러운 행위를 저질렀다는 혐의로 베르캥은 유죄판결을 받게 되었다. 그는 큰 비난을 받았으며 더는 국왕마저도 변호할 수 없게 되었다. 결국 베르캥은 1529년 4월 17월 그레브 광장Place de Grève에서 화형에 처해졌다.

베리드 [Berrid] 참조. 연옥Purgatoire.

베르송 [Berson] 신학 박사. 앙리 3세Henry III의 왕궁에서 설교와 예언을 행했던 인물. 그는 자신이 에녹Enoch이라고 믿었다. 또 엘리야Elijah라고 자칭하던 플랑드르Flandre 출신 신부와 복음 전파를 위해 동방으로 떠나길 원했다. 타이유피에Taillepied는 베르송이 샤토티에리Château-Thierry에서 왕의 형제에게 전한 이 기이한 복음을 들었다고 한다.[1]

(1) 『유령 출몰의 심리학 또는 개론Psychologie ou Traité de l'apparition des Esprit』, 3장.

베르트 [Berthe] 참조. 로버트(왕)Robert(Roi).

베르테로(마르틴) [Berthereau(Martine)] 참조. 장 드 샤틀레 보솔레이 남작Beausoleil.

베르티에(기욤 프랑수아) [Berthier (Guillaume-François)] 저명한 예수회 수도사. 1782년 사망했다. 볼테르Voltaire는 베르티에 수도사의 질병, 죽음과 환영의 상관관계를 다룬 저서를 펴냈다. 그러나 이는 짓궂은 희롱에 불과했다. 베르티에 신부는 그 당시 여전히 살아있었기 때문이다.

베르톨드 [Berthold] 카롤루스 대머리왕Charles the Bald의 죽음 이후, 랭스Reims의 부르주아이자 위중한 병자였던 베르톨드(베르놀드Bernold)는 종부성사*를 받고 어떤 음식도 먹지 않은 채 4일째 병상을 지키던 중이었다. 그의 몸은 너무 약해져 약간의 맥박과 숨만 붙어있었다. 자정쯤 베르톨드는 아내를 불러 속히 고해신부를 불러달라고 말했다. 신부가 마당에 발을 딛기 무섭게, 베르톨드는 다음과 같이 말했다. "의자를 놓게. 신부가 곧 도착하니." 신부가 방에 들어와 기도문을 읊자, 베르톨드는 이에 답하며 긴 황홀경에 빠졌다. 그리고 깨어났을 때, 그의 영혼이 연옥을 방문했으며, 사망한 왕과 여러 인물을 마주했다고 말했다. 베르톨드는 이 이야기를 마친 후 잠이 들었다. 그리고 그로부터 14년을 더 살았다.[1]

(1) 『다른 세계의 전설Légendes de l'autre monde』에서 해

당 이야기를 참조할 것. 이 이야기는 랭스 대주교인 힝크마르Hincmar를 통해 기록된 뒤 르 루아예Pierre Le Loyer를 통해 세상에 알려졌다. 『귀신 논설과 역사Disc. et hist. des spectres』, 6권, 13장. 돔 칼메Dom Calmet, 『환영 개론Traité sur les Apparitions』, 66장. 줄 가리네Jules Garinet, 『프랑스 마법사Histoire de la Magie en France』, 56페이지. / * 죽음이 임박하였을 때 하나님께 영혼을 의탁하는 의식.

베르토메 뒤 리뇽 [Berthomé du Lignon]

샴파냐Champagnat라고도 불린 마법사. 1599년 푸아투Poitou의 몽모리용Montmorillon에서 종교재판을 받았다. 그는 어린 시절 아버지를 따라 마녀 집회에 갔다고 고백했다. 그리고 그곳에서 악마에게 자신의 영혼과 몸을 바쳤다고 말했다. 베르토메는 마지막 성 세례자 요한 축일Saint-Jean-Baptiste Day에 규모가 큰 마녀 집회에서 사람들을 둥글게 도열하고 춤추게 시키는 악마를 보았다. 악마는 검은 숫염소의 형상으로 사람들 가운데 서서 모든 이에게 불이 켜진 양초를 나눠주었다. 그러면 사람들은 초를 들고 악마의 엉덩이에 입을 맞추었다. 악마는 집회마다 그에게 동전 마흔 닢과 저주 가루를 선사했다. 그는 원할 때에 악마를 소환할 수 있었는데, 악마는 그때마다 회오리바람처럼 나타났다. 지난밤에도 그는 악마가 감옥으로 찾아와 구해줄 방법이 없다고 말했으며, 악마가 신에게 기도하거나, 예배에 참여하거나, 부활절을 지내는 것을 막았다고 고백했다. 또 악마가 집회에서 준 가루로 여러 사람과 가축을 죽였다고도 증언했다.(1)

(1) 『마법과 독살에 관한 간단한 논설, 1599년 푸아투 몽모리용의 왕좌에서 진행된 종교 재판에서 발췌Discours sommaire des sortilèges et vénéfices, tiré des procès criminels jugés au siège royal de Mont-morillon, en Poitou, en l'année 1599』, 29페이지.

베르토메 드 라 베두슈 [Berthomée de la Bedouche] 참조. 본볼(마튀랭)Bonnevault(Mathurin).

베루스 [Béruth] 참조. 베리스Bérith.

비고네의 야수 [Bête-Bigourne / Beast of Bigourne] 참조. 늑대인간화Lycanthropie.

짐승 [Bêtes / Beasts]

이 세상의 불가사의한 일들 가운데는 짐승이 등장하는 경우가 많다. 짐승은 오랫동안 예언의 도구로 사용되었다. 마법사들과 악마들은 짐승의 모습을 모방하였으며, 악마나 마녀가 은신하고 있다고 추측되는 고양이와 개는 불태워지기도 했다.

시골에선 여전히 머리가 일곱 개 달린 짐승 이야기로 아이들을 겁주곤 한다. 이 짐승의 흉측함은 각 지역의 상상력에 따라 변화한다. 이 괴물 같은 짐승의 유래는 『요한계시록Apocalypse』의 짐승에서 찾아볼 수 있다. 몇몇 사람들은 일곱 개의 머리는 곧 칠죄종을 의미한다고 주장한다. 세벤느Cevennes의 혼돈 이후, 제보당의 괴수Beast Of Gevaudan는 주민들에게 겁을 주었다. 이 짐승은 해당 지역의 음침한 유설에 불과하다. 이 지역은 알비파Albigenses들의 악행 속에서 무수한 칼뱅주의자Calvinist들을 방출한 곳이다.

기이한 환영을 보는데 익숙한 사람들은 짐승의 유령을 보기도 한다. 한번은 의사가 환자에게 다음과 같이 말했다. "회개하세요. 방금 악마가 당신 문 앞에 있는 것을 보았거든요." 위독한 환자는 물었다. "어떤 모습으로요?" "당나귀의 모습으로요." 환자는 답했다. "본인의 그림자가 두려운 게로군요."

학자들은 영혼이 없다고 여기는 동물도 죽은 뒤 유령으로 돌아올 수 있다고 믿었다. 그리고 이러한 종류의 유령을 언급하기도 했다.

할레Halle 대학 교수인 메이어Meyer는 저서 『환영론Essai sur les Apparitions』(17절)에서 사실 망자와 유령은 짐승의 영혼에 불과하다고 기록했다. 이들은 천국과 지옥 중 어느 곳에도 갈 수 없어 여러 모습으로 현세를 떠돈다는 것이다. 이 이야기에 근거를 들기 위해선 아리스토텔레스학파Peripatetics에서처럼 짐승에게도 영혼이 존재한다고 믿어야 한다. 하지만 이는 쉽지 않은 일이다.

피타고라스학파Pythagoreans들은 더 나아갔다. 이들은 윤회를 통해 인간의 영혼이 짐승의 영혼으로 점차 이동한다고 보았다.

예수회의 부제앙Bougeant 신부는 기지가 넘치는 소책자인 『짐승 언어에 관한 철학적 농간Amusement philosophique sur le langage des bêtes』에서 독특한 이론을 재미로 내세웠다. 책에 따르면 짐승에겐 영혼은 없지만, 정신과 감정이 가득 차 있다고 한다. 또한 가장 약한 죄를 지은 악마들이 짐승의 모습으로 사는 형벌을 받으며 최후의 심판을 기다린다고 쓰여있다. 심판 후엔 다시 지옥의 한 곳으로 돌아갈 수 있다고. 농간에 불과했음에도 사람들은 이를 너무 진지하게 받아들였다. 작가는 큰 비난을 받았고, 공개적으로 그가 제시한 이론을 철회해야 했다. 비록 유흥거리에 지나지 않은 말이었다고 해도 말이다.

같은 예수회에 속한 가스통 드 파르디Gaston de Pardies 신부는 이에 앞서 짐승에게도 일종의 영혼이 존재한다고 적은 바 있다.[1] 사람들은 그의 이론을 비난하지 않았다. 그러나 부제앙 신부의 몇몇 기발한 농간들은 잘못된 생각들로 파생될 수 있다고 보았던 것이다.

(1)그의 저서 『가축 지식의 논설Discours de la connaissance des bêtes』 중에서, 1696년, 파리, 4번째 판.

비트 [Betterave / Beetroot] 채소. 뉴어크Newark 명부엔 올리버가Oliver Street 점토질 우물에서 익사한 청년의 죽음이 기록되어 있다. 그리고 같은 장소에서 수년 전 발생한 한 사건도 함께 기재되어 있다.

'독일인 인부 하나가 우물 인근의 정원에서 일하는 중이었다. 갑작스럽게 그는 비트에서 흰 잎이 자란 것을 보았다. 독일인들은 이것을 불행의 징조로 보았다. 미신을 믿던 일꾼은 몹시 두려워졌다. 집으로 돌아가서 그는 아내에게 이 징조에 관해 이야기하고 뭔가 재앙이 닥칠 듯한 예감이 든다고 털어놓았다. 그녀는 남편을 집 인근 작은 마당 쪽으로 데려가 아침에 발견한 또 다른 비트의 흰 잎을 보여주었다. 끔찍한 불행이 찾아올 것이라고 믿은 두 부부는 슬픔에 잠긴 채 집으로 돌아왔다. 그리고 조용히 저녁 식사를 한 뒤 어두운 상념에 잠겼다.

식사 후, 일꾼은 작업을 하기 위해 돌아갔다. 초저녁, 그곳을 지나던 몇몇 사람들은 물가에서 옷가지를 발견했다. 수영하는 사람은 없었기에 행인들은 불행이 일어났음을 직감했다.

주민들은 우물의 물을 뺀 다음, 가여운 독일인의 시신을 건져냈다. 그는 목욕 중 깊은 구멍에 빠졌고, 수영을 할 줄 몰라 죽은 것으로 추측했다.

여기서 이 이야기의 가장 놀라운 부분이 등장한다. 이 익사자에겐 브루클린Brooklyn에 사는 여형제가 있었다. 운명의 날 오후, 그녀는 갑작스럽게 잠이 들며 일종의 몽유병 같은 증상을 겪었다. 그녀는 자신의 형제가 집어삼키려는 물과 싸우는 모습을 보았다. 또 그가 도움을 요청하는 소리를 들었다. 그녀가 깨어났을 때, 얼굴은 타는 듯 뜨거웠고 큰 공포에 휩싸였다. 그녀는 자신의 꿈을 남편에게 들려주었다. 그리고 형제에게 이 사실을 알려주기 위해 뉴어크로 가겠다고 말했다.

남편은 흥분한 아내를 걱정하며 그녀를 붙들었다. 꿈을 믿고 이유 없이 놀라 달려가는 것이 터무니없게 느껴졌기 때문이었다. 하지만 남편은 결국 그녀를 막지 못했다. 여형제는 뉴어크로 향했고, 불쌍한 익사자의 시체를 집으로 옮긴 바로 그 순간 도착했다. 그녀의 직감은 틀리지 않았던 것이다.'

버터 [Beurre / Butter] 일부 마을에서는 Nolite Fieri[1] 시편을 거꾸로 암송하면 버터의 숙성을 막을 수 있다고 믿었다. 보댕Bodin은 자연적인 비양립성 효과를 활용해, 크림 속에 설탕을 조금만 넣어도 똑같은 결과물을 얻을 수 있다고 덧붙였다. 그리고 그는 발루아Valois의 셸Chelles에 있을 때, 어떤 하녀가 변변찮은 신분의 남자에게 매질하려던 모습을 보았다고 말했다. 그 남자가 앞서 말한 시편을 거꾸로 외며 계속해서 주문을 거는 바람에, 그날 아침 도저히 버터를 만들 수 없었다는 이유에서였다. 남자는 시편을 똑바로 외웠고, 버터는 숙성되었다.[2]

피니스테르Finistère에서는 버터를 이용한 마법이 있다고 전해진다. 이 고장에서는 성 에르베St. Hervé에게 버터를 바치면, 원료인 크림을 만든 소들이 늑대를 겁낼 필요가 없어진다고 한다. 눈이 먼 그 성인이 늑대를 길잡이로 삼을 것이기 때문이라고.[3]

(1)티에르Jean-Baptiste Thiers, 『미신 모음집Traité des superstitions』, 1권. Nolite fieri 시편은 존재하지 않는다. 시편 31장의 한 단락일 뿐이다. / (2)『마법사들의 빙의망상Démonomanie des Sorciers』, 2권, 1장. / (3)자크 캠브리Cambry, 『피니스테르 여행Voyage dans le Finistère』, 1호, 14페이지와 15페이지.

마녀의 버터 [Beurre des Sorcières / Witches' Butter] 악마는 스웨덴 마녀들에게 그들을 따르는 동물과 별개로, '운반자'라고 불리는 고양이를 선물했다. 마녀는 이 고양이를 인근으로 도둑질 보낼 수 있었다. 이 고양이는 몹시 식욕이 강했는데, 배를 불릴 기회가 있으면 절대 놓치지 않았다. 가끔은 너무 많은 음식을 먹어 도둑질 도중 억지로 속을 게워내야 할 때도 있었다. 이러한 고양이의 토사물은 보통 텃밭에서 발견되었는데 황금색을 띠기에 마녀의 버터라고 불렸다[1].

(1) 베커Bekker, 『마법의 세계Le Monde Enchanté』, 4권, 29장.

베벨란트(아드리안) [Beverland(Adrien)] 네덜란드 미델뷔르흐Middelburg의 변호사. 비열하고 상스러운 언행으로 가득 찬 『원죄에 관한 철학적 연구Philosophical Research on Original Sin』[1]의 저자이다. 베벨란트와 같은 신앙을 가진 신교도인들 마저도 그의 저서에 분노하여, 그를 레이던Leiden 감옥에 가둬버렸다. 베벨란트는 감옥을 탈출해 1712년 런던에서 사망했다. 그는 생전에 그를 죽이겠다고 맹세한 이백여 명의 남성들에게 끊임없이 쫓긴다는 망상에 시달렸다[2].

(1) 『테미스 양자의 아드리안 베벨란트 원죄 조각, 엘류테오폴리스의 헤스페리데스 정원에서 아담과 이브, 장남에 의해 인쇄됨Hadriani Beverlandi Peccatum Originale Philologice Elucubratum, a Themidis Alumno, Eleutheropoli in Horto Hesperidum, Typis Adami et Evœ, Terrœ Fil』, 1678년, 8절판. 『원죄에 대한 범죄자 아드리안 베벨란트 저서에 대한 혐오La Justa Detestatio Libeli Sceleratissimi Hadriani Beverlandi de Peccalo Originali』, 1680년, 호린험Gorinchemii, 8절판. 이 가증스러운 저서의 반론. 1734년 12절판으로 출간되었으며, 마찬가지로 경멸을 산 이야기들을 뒤섞은 모작이다. / (2) 가브리엘 피뇨Gabriel Peignot, 『불태워야 할 책들의 사전Dictionnaire des Livres Condamnés au Feu』.

바이라바 [Beyrevra / Bhairavra] 인도의 악마. 공중의 악마로 변한 떠도는 영혼들의 수장.

그에게는 갈고리 모양으로 굽은 큰 손톱이 달려있다. 어느 날 브라흐마Brahma가 자신보다 높은 신인 바이라바를 모독하자, 바이라바는 손톱 하나로 그의 머리 하나를 날려 벌주었다. 이에 모욕당한 브라흐마는 그의 앞에서 사죄했다. 신 에스와라Eswara는 브라흐마에게 머리가 다섯 개에서 네 개로 줄었다고 사람들이 그를 덜 존경하진 않을 것이라며 위로했다.

베주엘 [Bézuel] 참조. 데스퐁텐Desfontaines.

바르게스트 또는 바르기스트 [Bhargheist, Bhar-Geist] 튜턴족Teutons 사이에서 유명한 길 잃은 유령. 영국인들은 그를 아직도 요크셔Yorkshire에서 마주친다고 한다.

비베시아 [Bibésia] 이교도 신화에 나오는 술꾼과 주정뱅이들을 수호하는 여신. 부알로Boileau는 그를 바보처럼 숭배하였다.

악마의 성서 [Bible du Diable / Devil's Bible] 분명 일종의 주술서 혹은 그와 비슷한 계열의 잡탕서일 것이다. 드 랑크르Pierre de Lancre의 말에 따르면, 악마는 자신의 성서와 신성한 공책, 신학과 주창자들이 있음을 마법사들에게 세뇌한다고 한다. 한 위대한 마법사는 파리Paris 의회의 심문대에 서서 톨레도Toledo 마법학과에 73명의 지도자가 있었으며, 참고서로 악마의 성서를 사용했다고 고백했다[1].

(1) 『완전히 입증된 마법에 대한 의심과 불신Incrédulité et mécréance du sortilège pleinement convaincue』, 논설 7. 참조. 오컬트 대학Universités Occultes.

성서점 [Bibliomancie / Bibliomancy] 마법사를 감별하기 위한 점술 또는 일종의 시험. 저울의 한쪽에는 마법사로 의심받는 사람을, 다른 쪽에는 성서를 올려놓는다. 사람이 더 가벼운 경우, 그가 결백하다고 판정하고, 더 무거운 경우 유죄로 판정한다. 하지만 후자가 일어나는 일은 거의 없다. 이러한 무게를 가진 2절판 책은 매우 드물기 때문이다.

성서를 금색 핀으로 열어 가장 먼저 보이는 글자를 징조 삼아 운세, 운명을 읽는 경우도 있었다.

비에트카 [Bietka] 1597년, 폴란드 빌뉴스Wilna*에서 자차리Zachary라는 청년이 비에트카라는 한 소녀와 결혼을 원했다. 자차리의 부모는 두 사람의 결혼을 반대했고, 결국 그는 우울증에 걸려 목을 맸다. 자차리는 죽은 지 얼마 지나지 않아 비에트카 앞에 나타났다. 그리고 약속한 대로 결혼을 하러 왔다고 말했다. 비에트카는 그에게 설득당했고, 증인 없이 망자와 결혼하였다. 하지만 이 기이한 비밀은 그리 오래 유지되지 못했다. 대중들은 곧 비에트카가 유령의 신부임을 알게 되었고 온갖 지역에서 그녀를 보기 위해 찾아왔다. 비에트카는 이 사건을 통해 꽤 많은 돈을 벌게 되었다. 그녀의 남편 즉 자차리가 사람들 앞에 나타나 신탁을 내렸기 때문이었다. 이때, 그는 신탁료를 받는 아내의 동의 하에만 질문에 답을 했다. 그는 잔꾀를 부릴 때도 많았다. 하지만 현재 일어나는 일을 거의 모두 맞출 수 있었고, 미래도 어느 정도 예견할 수 있었다.

그렇게 삼 년이 흘렀을 때, 이탈리아 마법사가 비에트카의 남편에 관한 놀라운 소문을 듣고 폴란드를 찾아왔다. 마법사는 오랫동안 지배했던 한 영을 잃어버린 참이었다. 그는 비에트카의 남편이 망자가 아닌 자신의 악마라는 사실을 알아채고, 반지 속에 가둬 이탈리아로 데려갔다. 마법사는 악마를 계속해서 폴란드에 두었다면 매우 심각한 해악을 끼쳤을 것이라고 단언했다.[(1)]

결국 비에트카는 삼 년 동안 악마와 결혼 생활을 한 셈이었다.

비에트카 사건은 이 초자연적 일화를 완벽히 믿은 한 작가에 의해 기록되었다. 그가 유일하게 놀란 점은 이 악마가 매일 삼시세끼를 챙길 정도로 물질적이었다는 사실이었다. 물론 이야기가 속임수에 불과하다는 비난도 있었다. 망자라고 주장하던 남자가 목을 매던 지점부터 모든 것이 사기였다는 것이다.

(1) 아드리아누스 레겐볼시우스Adrianus Regenvolscius (안제이 벵기에르스키Andrzej Wegierski의 가명), 『슬라브 교회의 역사적 연대기 체계Systema Historico-Chronologicum Ecclesiarum Sclavonicarnm』, 1652년, 위트레흐트, 95페이지. / * 리투아니아의 수도. 한때 폴란드의 지배를 받았다.

비프론 [Bifrons] 괴물의 모습으로 나타나는 악마. 사람의 형상을 하고 있을 땐, 인간에게 점성 능력을 부여하고 행성의 영향을 교육한다. 그는 기하학에 뛰어나며 풀과 보석 그리고 식물의 효험을 알고 있다. 또 비프론은 시체를 원하는 장소로 옮길 수 있으며, 묘 위로 횃불을 밝히기도 한다. 그는 26개 군단을 거느린다.

비프로스트 [Bifrost] 『에다Edda』에 기록된 세 가지 색으로 장식된 다리로 무지개를 의미한다. 이 다리는 이승과 천계를 잇는다. 스칸디나비아 신화에 따르면 무척 견고하며 화로처럼 불에 타오르고 있다고 한다. 그렇지 않으면 악마들이 매일 그곳을 기어오르기 때문이라고. 종말이 찾아오면 악령들은 지옥에서 말을 타고 비프로스트를 건넌다. 그리고 이승으로 넘어온 이후 다리는 산산이 조각난다.
참조. 수르트Surtur.

비고이스 또는 비고티스 [Bigoïs, Bigotis] 토스카나Tuscan의 마녀. 천둥 번개를 통한 예측을 다룬 학문적 저서를 썼다고 전해지지만, 분실되었다. 바고에Bagoe와 동일 인물일 가능성이 크다.

비구른 [Bigourne] 참조. 늑대인간화Lycanthropie.

비리스 [Bilis] 마다카스카르Madagascar 사람들은 7계급 천사를 지칭하는 이 명칭으로 일부 악마를 불렀다.

빌라르(피에르) [Billard(Pierre)] 1653년 멘Maine에서 태어나 1726년 샤르통Charenton에서 사망했다. 『일곱 머리의 짐승Bête à Sept Têtes』(1693년, 12절판)이라는 책을 쓴 유명하지 않은 작가이기도 하다. 예수회에 적대하는 이 두꺼운 책은 몹시 어리석은 내용을 담고 있다. 피에르 빌라르는 『요한계시록Apocalypse』에서 예언한 일곱 머리 짐승이 예수회라고 기록했다.

빌리스 [Billis] 아프리카에서 두려움의 대상으로 여겨지는 마법사들. 빌리스는 벼가 자라고 익는 것을 방해한다. 우울증에 빠진 아프리카인들이 마법사 혹은 빌리스로 거듭난다는 속신이 있다. 악마가 극심한 상실감에 빠진 사람들을 홀려 저주법과 마법 약초 효능을 가르치기 때문이다.

비네(벤자민) [Binet(Benjamin)] 『이교도의 신과 악마에 관한 개론Traité des dieux et des démons du paganisme』(1696년, 델프트, 12절판)이라는 소책자의 저자. 그는 이 책에서 베커Bekker의 이론을 비판했다.

비네(클로드) [Binet(Claude)] 16세기의 변호사. 『열두 무녀의 신탁, 고서 발췌, 장 라벨의 무녀 실물 초상화 포함Oracles des douze sibylles, extraits d'un livre antique, avec les figures des sibylles portraites au vif』(장 도라Jean Dorat를 통해 라틴어에서 프랑스어로 번역, 1586년, 2절판)의 저자로 알려져 있다.

플라미니오 드 비라그 [Biragues(Flaminio de)] 『카르딘 수녀의 지옥l'Enfer de la Mère Cardine』(1585년과 1597년, 파리, 8절판)이라는 가벼운 책의 저자. 지옥 문지기 케르베로스Cerberus와 카르딘의 결혼식 날, 지옥에서 일어난 끔찍한 싸움을 다룬다. 악마학적 관점에서 이는 풍자 문학이다. P. 디도P. Didot는 1793년 해당 책을 100부 더 인쇄했다. 작가는 프랑스 대법관 르네 드 비라그René de Birague의 조카이기도 하다.

비릭(옴베르트) [Birck(Humbert)] 오펜하임Oppenheim의 부르주아. 1620년 사망한 뒤 영혼으로 되돌아왔다. 그는 폴터가이스트*처럼 관심을 받기 위해 자신을 드러냈다. 그리고 자신을 위한 미사를 원했으며 이를 들어준 다음엔 다시 돌아오지 않았다.[1]

(1) 『정령과 악마의 전설Légendes des esprits et des démons』 속 이야기를 참조할 것. / * 이유 없이 소리가 들리고 물건이 떠다니는 괴현상. 악마, 마녀, 죽은 영혼에 의해 발생한다고 여겨졌다.

바이론 [Biron] 1602년 앙리 4세Henry IV가 반역죄로 참수형을 내린 장성. 그는 예언을 믿었다. 재판 도중 바이론은 사형집행인에게 어느 지역에서 왔는지 물었다. 그가 파리Paris에서 왔다고 하자 바이론은 "좋군요."라고 답했다. 그리고 사형집행인이 자신의 이름을 부르기뇽Bourguignon이라고 말하자 그는 이렇게 소리쳤다. "아! 내가 졌구나! 뒤에서 덮치는 부르고뉴Bourgogne의 일격을 피할 수 있다면 왕이 된다는 예언을 들었건만!"

샤보 드 부앵Chabot de Bouin은 이 일화를 1846년의 예언 연감에 유쾌하게 기록했다.

* 부르기뇽은 부르고뉴인이라 의미를 가진다.

비카르(쟈네뜨) [Biscar(Jeannette)] 라부르Labourd의 절름발이 마녀. 드 랑크르Pierre de Lancre의 주장에 따르면 숫염소의 형상을 한 악마가 그녀를 자신의 집회에 데려갔다고 한다. 그녀는 악마에게 감사함을 표하기 위해 공중제비와 땅재주를 선보였다.

비스카얀 [Biscayens / Biscayans] 집시의 일종인 유랑자. 마을을 돌아다니며 점을 쳤다.

비스클라바레 [Bisclavaret] 브르타뉴Bretagne에서 늑대인간을 지칭하던 말. 여우,

늑대의 모습으로 사냥꾼의 말 앞에 나타나 겁을 주곤 했다.

사람들은 이 짐승을 두고 마법사가 변신한 것이라 믿었다. 과거엔 비스클라바레가 등장할 때, 정체 모를 지주 부인이 나타나 사냥꾼에게 다과를 대접한다면 마녀로 의심하며 경계했다. 에두아르 당글몽Édouard d'Anglemont은 비스클라바레를 주제로 시적인 이야기를 썼다.

비티스 [Bithies] 스키타이인Scythians 사이에서 잘 알려진 마녀들. 플리니우스Pliny는 이 마녀들이 매우 위험한 눈빛을 지녔다고 말했다. 또 빤히 쳐다보는 것만으로도 눈앞의 존재를 죽이거나 주문을 걸 수 있다고 덧붙였다. 비티스들은 한쪽 눈에 두 개의 눈동자가 달렸으며, 다른 눈동자엔 말의 형상이 비친다[1].

(1) 플리니우스, 7권, 2장.

비트루 [Bitru] 악마. 참조. 시트리Sytry.

블레즈 드 빌프라쿠리아 [Blaise de Vilfracuria] 최면술이라는 개념이 생기기도 전에 프랑스 로렌Lorraine에서 최면술을 행하던 여성. 레미Remi는 저서 『데모나트리Démonatrie』에서 1689년 그녀가 항의하러 온 어느 남성에게 익힌 사과를 대접한 이야기를 담고 있다. 그가 먹은 첫 번째 사과는 지독히 뜨거웠으며 그의 손에 붙어버렸다. 반대쪽 손으로 사과를 떼려 하자 나머지 손마저 사과에 붙어버렸다. 그는 고통의 비명을 지르며 집을 나섰다. 이웃들은 그에게 사과를 준 여성을 다시 만나보라고 권유했다. 다시 만난 블레즈는 비웃으며 마법의 손놀림을 보였고, 사과가 손에서 떨어져 나왔다. 그녀는 자신의 요술을 소극이라고 불렀다.

블랑(히폴리트) [Blanc(Hippolyte)] 『칼뱅파 신교도의 계시로부터De l'inspiration des Camisards』(1859년, 12절판, 앙리 피온Henry Pion 발행)의 저자. 17세기 말부터 18세기 사이 세벤느Cevennes 신교도들 사이에서 목격된 기이한 현상의 연구를 기록했다. 그의 저서는 이 현상의 이해를 돕는 것을 목적으로 했다. 이 학문적 작업은 명백한 사건을 인용해 앞서 언급한 계시의 악마 광신적 측면을 확증하였다.

흰자(점) [Blanc d'œuf(Divination par le) / Egg Whites] 참조. 달걀점Oomancie.

블랑샤르(엘리자베스) [Blanchard (Élisabeth)] 루덩Loudun의 악마 광신자 중 한 명. 그녀는 아스타로스Astaroth, 벨제부스Belzébuth, 페루Perou, 마루Marou 등 여러 악마에게 빙의 당한 적이 있다고 증언했다. **참조.** 루덩Loudun.

신성모독 [Blasphème / Blasphemy] 신성을 모독하는 상스러운 사람들을 대상으로 종종 불행한 일이 일어난다. 그리고 지나친 분노 뒤에는 갑작스러운 죽음이 뒤따르기도 했다. 그들은 과연 분노에 질식한 것일까? 아니면 뇌출혈이 발생한 것일까? 그것도 아니면 절대적인 힘의 형벌이었을까? 그것도 아니면, 사람들이 말하듯 악마가 목을 조른 게 맞을까? 토르케마다Torquemada는 『6일 창조Hexameron』의 세 번째 날에서, 신성을 모독했다가 벼락에 맞아 사망한 이를 언급했다. 떨어진 벼락이 그의 혀를 잘라낸 것을 발견한 사람들은 대경실색했다. 이게 우연이라면, 아주 기이한 우연이라 할 수 있겠다.

블랭딕 [Blendic] 1582년 수아송Soissons에선 악마 들린 다섯 사람을 대상으로 한 구마 의식이 있었다. 아르투아Artois의 샤를 블랭딕 Charles Blendic은 이 5인의 대답과 경련의 상관관계를 기록했다.

블레톤(바르텔레미) [Bletton(Barthélémy)] 18세기말 수맥을 탐색했던 인물. 파리 Paris에서 점술 지팡이를 사용해 수맥과 금속물을 찾는 기적이 다시 행해지도록 했다. 하지만 그의 명성은 금세 시들었다. **참조**. 점술 지팡이Baguette Divinatoire, 장 드 샤틀레 보솔레이 남작Beausoleil.

블로에마르딘 [Bloemardine] 브뤼셀 Brussels에서 출생한 여성. 14세기 초, 일종의 생시몽주의Saint-Simonianism를 확립하며 브라반트Brabant에서 혼란을 일으켰다. 그녀는 결혼과 풍습을 금기시하고 문란한 제자들에게 자유 영혼의 형제 자매라는 명칭을 붙여주었다. 블로에마르딘은 은으로 만들어진 안락의자를 가지고 있었는데, 신봉자들은 그 의자를 강력한 마력의 부적으로 여겼다[1].

(1) 『실생활 속 여성들의 이야기Légendes des femmes dans la vie réelle』 속 일화를 참조할 것.

블로쿨라 [Blokula] 1670년경, 스웨덴 엘프달렌Elfdalen 지역 모라Mohra 마을에서 마녀와 얽힌 떠들썩한 사건이 일어났다. 여기엔 종교 판사들이 파견되었다. 70명의 마녀가 사형에 처해졌고, 수많은 자들이 체포되었다. 이 사건에는 열다섯 명의 아이들도 포함되어있었다.

마녀들은 밤이면 교차로에 모여 동굴 입구로 악마를 소환했다. 다음과 같이 외치며 말이다. "안테세르Antesser! 이리와 우리를 블로쿨라에 데려다주렴!"

그곳은 마녀 집회가 열리는 알려지지 않은 상스러운 장소였다. 악마 안테세르는 다양한 모습으로 이들 앞에 나타났다. 가장 흔한 형상으로는 회색 레오타드와 파란색 스타킹, 리본 장식을 한 빨간 각하Chausses를 입은 것이었다. 게다가 붉은 수염을 달고 뾰족한 모자까지 착용한 모습이었다. 악마는 사람들을 데리고 하늘을 날아 블로쿨라로 데려갔다. 이때 많은 수의 악마들이 도움을 주었고. 대부분은 염소로 변신하고 있었다. 일부 대담한 마녀들은 빗자루를 타고 행렬을 따랐다. 아이들을 데려온 자들은 염소 엉덩이에 장창을 꽂았다. 아이들은 그 위에 걸터앉은 채로 마녀들을 따라 무사히 여행했다.

견문기를 살펴보면 이들이 블로쿨라에 도착하자마자 파티가 열렸다고 기록되어 있다. 이후 이들은 악마를 섬기겠다는 맹세를 했다. 맹세 방법은 뾰족한 것으로 손가락을 찌른 뒤 계약 또는 협정서에 피로 서명하는 것이었다. 다음은 악마의 이름으로 세례를 내리며 망가진 종을 주었다. 사람들은 이를 물속에 던지며 혐오스러운 말을 했다. "이 망가진 것이 절대 다시 종으로 돌아갈 수 없는 것처럼, 내 영혼도 절대 하늘로 승천할 수 없을 것이다!"

악마의 가장 큰 유혹은 미식이었다. 이 사람들에게 악마는 웅장한 진수성찬을 차려주었다. 여기엔 양배추와 베이컨 수프, 귀리죽, 버터, 우유와 치즈가 준비되었다. 이들은 식사 후 놀이를 하고 싸움을 했다. 악마는 기분이 좋아지면 장대로 이들을 두들겨 때렸다. '그리고는 배를 잡고 웃기 시작했다.' 하프 연주를 할 때도 있었다.

종교재판에서 얻어낸 자백을 통해 마녀들이 악마와 거래하여 태어난 자녀가 실제로는 두꺼비 또는 뱀이었다는 사실을 알 수 있었다. 마녀들은 사건의 전말을 계속해서 이야기했다. 그들은 악마가 가끔 아플 때가 있었으며, 따르는 마법사들에게 흡각을 붙이게 시켰다고 덧붙였다.

마지막으로 악마는 심부름하는 까마귀나 고양이 같은 동물을 선물해주었다. 이 동물들은 원하는 것을 능숙하게 훔쳐 오기 때문에 '운반자'라고 불렸다. 악마는 마법을 이용해 우유를 짜는 방법을 교수했다. 방법은 다음과 같았다. 마법사는 밧줄 달린 칼을 벽에 박고 소의 젖을 당기듯 힘을 주었다. 그러면 머릿속으로 떠올린 가축의 모든 젖이 쏟아졌다. 이 방식을 그대로 적에게 적용하면 밧줄을 당기는 내내 믿을 수 없는 고통에 시달리게 할 수도 있었다. 마음에 들지 않는 자가 있다면 나무칼을 공기 중에 휘두르는 의식으로 목숨을 빼앗을 수도 있었다.

이러한 자백이 이어진 가운데 백여 명의 마법사들이 화형에 처해졌으나, 스웨덴의 마법사가 줄어들진 않았다[1]. 놀라운 것은, 오늘날 스웨덴에서 같은 마법 행위가 재연되고 있다는 것이다. **참조.** 마법Magie.

(1) 베커Bekker, 『마법의 세계Le Monde Enchanté』.

보뱅(니콜라) [Bobin(Nicolas)] 1599년 푸아투Poitou 몽모리용Montmorillon에서 재판을 받았던 마법사. 그는 베르토메 뒤 리뇽Berthome du Lignon과 거의 동일한 자백을 했다. 베르토메와 마찬가지로 마녀 집회에 참여해 신, 세례, 부모를 부정하도록 지시한 악마에게 자신을 바친 것이다. 보뱅은 제물을 바치자 시커먼 인간 형상의 악마가 나타나 목이 다 쉰 노인처럼 말했다고 증언했다. 그 뒤로 그가 악마를 소환할 때면 사람 또는 숫염소의 모습으로 등장했다고. 그리고 그는 바람을 타고 마녀 집회에 참여했으며, 마법 가루의 사용 내역을 집회에서 보고하였다. 그리고 이때 마법 가루를 착실하게 나쁜 짓에 사용했음을 밝혀야 했다. 어깨에는 악마의 표식을 지녀야 했고, 질병을 퍼뜨릴 때도 병을 낫게 할 때도 악마의 이름으로 마법을 행했다. 이는 사람을 죽이거나 여럿을 살릴 때도 마찬가지였다[1]···.

(1) 『마법과 독살에 관한 간단한 논설, 1599년 푸아투 몽모리용 왕좌에서 진행된 범죄 재판에서 발췌Discours sommaire des sortilèges et vénéfices, tirés des procès criminels jugés au siège royal de Montmorillon, en Poitou, en l'année 1599』, *30페이지.*

보부 [Bobou] 대 요정 중 하나. 폭풍우와 함께 오는 가을바람을 다스리고, 라임 나무에 앉아 밤마다 가지를 부러뜨린다. 스코틀랜드에선 부러지거나, 뒤틀리거나, 산산이 조각난 나뭇가지를 보면 "보부의 나뭇가지다."라고 말하며, 함부로 만지지 않는다.

보칼 [Bocal] 앙리 4세Henry IV 당시 라부르Labourd 지방에서 27세 나이로 체포된 마법사. 이 불행한 자는 신부였는데, 시부르Sibour(혹은 시보로Siboro) 교회 첫 미사를 앞둔 세 밤 동안 신부 복장으로 마녀 집회에서 집사(혹은 부 집사) 역할을 하며 시중을 드는 모습이 목격되었다. 왜 교회가 아닌 마녀 집회에서 미사를 보느냐 물으니, 그는 자신이 종교의식을 올바르게 치를 수 있는지 확인하고 싶었다고 답했다. 70여 명이나 되는 증인들은 그가 집회에서 악마에게 미사를 올리는 모습을 보았다고 증언했고, 그는 파면당한 뒤 사형에 처해졌다. 형이 집행될 당시 (그는 겨우 27세였다) 그는 계약을 맺은 악마에게 영혼을 바칠 생각에 잔뜩 긴장했고, 고해신부의 재촉에도 입 밖으로 기도를 꺼내지 못했다. 증인들은 보칼의 어머니, 여자 형제를 비롯한 모든 가족 일원이 마법사라고 증언했다. 그리고 그가 제물을 담은 대야를 나를 때 제물값을 자신의 어머니에게 주었는데, 이는 그의 어머니가 대다수 마녀처럼 보칼이 태어났을 때부터 악마에게 충성을 바쳤기 때문이라고 보았다[1]. 이 불행한 자의 어머니인 미갈레나Migalena는 61세의 나이로 그와 함께 사형에 처해졌다.

(1) 드 랑크르Pierre de Lancre, 『타락천사의 변화론 Tableau de l'inconstance des mauvais anges』, *6권, 420페이지.*

보도(잔) [Bodeau(Jeanne)] 라부르Labourd 지방의 마녀. 피에르 드 랑크르Pierre de Lancre의 기록에 따르면, 그녀는 마녀 집회의 '미사'라 불리는 고약한 의식에서 삼각형 모양의 검은 성체를 들어 올렸다고 한다[1]. 그리고 그 제물을 들어 올릴 때, "검은 까마귀! 검은 까마귀!"라는 구령을 세 번 외쳤다고.

(1) 드 랑크르Pierre de Lancre, 『타라천사의 변화론 Tableau de l'inconstance des mauvais anges』, 6권, 논설 3.

보딜리스 [Bodilis] 캠브리Cambry는 『피니스테르 여행Voyage dans le Finistère』에서 보딜리스의 신비로운 샘에 대해 기록했다. 이 샘은 랑디비지오Landivisiau로부터 3/4리유* 거리에 있다. 주민들은 그 샘이 어린 여성의 잘못을 알려준다고 여겼다. 그러기 위해서는 시험해보고 싶은 여성으로부터 옷깃 핀 역할을 하는 가시를 훔쳐 물 위에 띄워야 한다. 가시가 물 위에 뜨면 문제가 없으나, 가시가 가라앉으면 지탄할 일이 있는 것으로 보았다.

* 과거의 거리 단위. 1리유는 약 4km 정도이다.

보댕(장) [Bodin(Jean)] 앙주Anjou 출신의 법학자이자 악마학자. 1596년 흑사병으로 사망했다. 그의 이름을 알리게 해준 책은 『국가론République』으로 라 아르프La Harpe는 이를 '법의 정신'의 근원이 되었다고 말했다. 저서 『빙의망상Démonomanie』 역시 다뤄질 필요가 있다. 그러나 보댕을 평가하는 것은 쉽지 않은 일이다. 그는 『숭고함이 품은 신비함에 대한 헵타플로메론 담화Colloquium Heptaplomeron de Abditis Rerum Sublimium Arcanis』라는 표제의 저서를 남기기도 했다. 이는 여섯 권으로 된 대담집으로 다른 종교를 가진 일곱 대화자가 각자 믿음을 두고 논쟁하는 내용이다. 이 대화에서 이슬람교인, 유대인, 이신론자는 기독교인보다 논점의 우위를 점한다. 대중들은 보댕을 두고 신교도, 이신론자, 마법사, 유대인, 무신론자라고 말한다. 이 대담이 정말 그로부터 나왔을까? 인쇄본이 없기에 알 수 없다. 우리에겐 남겨진 수사본이 전부이다. 『빙의망상』(4절판)은 파리Paris에서 1501년에 출간되었다. 해당 서적은 『악마와 마법사의 도리깨Fléau des démons et des sorciers』(1616년, 니오르)라는 제목으로 재출간되기도 하였다. 총 네 권으로 이루어져 있으며 쓰인 대부분의 신비한 내용은 이 책 『지옥사전』에서 찾아볼 수 있다.

저자는 마법사를 악마적 방법으로 무언가를 행하는 사람이라고 정의했다. 그는 영혼들이 인간과 협력하고 거래할 수 있다는 사실을 밝혀냈다. 또 좋은 유령과 나쁜 유령을 구분하도록 해주는 기질과 형태를 기록하기도 했다. 이 외에도 악마들이 행하는 점술에 관해서도 이야기했다. 여기엔 합법적 예언과 불법적 예언이 섞여 있다.

저서 2부에서, 보댕은 마법이 무엇인지를 분석했다. 악령을 소환하고, 악마와 계약을 맺고, 마녀 집회에 실려 가고, 악마의 힘을 통해 황홀경 속에서 계시를 보고, 늑대인간으로 변신하는 것이 가능함을 설명했다. 그는 마법사들이 질병, 불임, 우박, 태풍을 일으키고 동물과 인간을 죽일 수 있다는 것을 증명하며 긴 글을 마쳤다.

제2부가 마법사의 악행을 다뤘다면, 제3부에선 주술과 마법 예방법을 다뤘다. 여기에선 마법사들이 다른 마법사의 저주를 치료할 수 있음을 설명했다. 보댕은 저주를 막는 불법적인 방법을 기록했다. 그에겐 마치 무엇도 생소할 게 없다는 듯한 태도로 말이다. 그는 마법사들이 재주를 부려 높은 사람들의 호의, 재산, 품격, 아름다움 그리고 명예를 얻는다고 주장했다.

제4부에선 마법사들을 재판에 세우는 법 그리고 (자백을 받아내는 훌륭한 방법인) 고문을 통해 범죄 행위 증거를 얻어내는 법을 다뤘다. 마지막 장은 매우 긴 분량으로, 마법사들이 받아야 마땅할 벌을 다뤘다. 그 결론은 역시 잔혹한 죽음이다. 그리고 마법사가 너무 많기에, 이를 심판할 판사와 형을 집행할 사형집행자가 부족하다고도 덧붙였다. '열 개의 범죄를 두고도 판사의 형을 받는 이는 단 한 명뿐이며, 보통 그마저도 가난한 자가 받는다. 벗을 두었거나 돈이 있는 자들은 달아난다.'

보댕은 이어서 마법사는 대체로 병이 있거나 정신이 불안정하며, 불에 태워선 안 된다는 바이어Weyer의 주장에 반박하는 글을 실었다. "그(바이어)가 '사형집행자'라고 부르는 판사를 변호하기 위해 답장을 띄운다."

『빙의망상』 작가인 보댕은 이 혐오감으로 인해 그의 머리카락이 곤두설 정도였다고 고백했다. 보댕은 마법사와 그들을 동정하는 자들을 척결하고 바이어의 책을 태워버려야 한다고 선언했다.[1]

(1)『만물의 효율적 원인과 결과가 고찰되는 장 보댕의 보편적인 극장Joannis Bodini Universæ Naturæ Theatrum, in Quo Rerum Omnium Effectrices Causæ et Fines Contemplantur』, 1596년, 루그두눔Lugduni, 8절판. 루신Roussin.

보드리 [Bodry] 참조. 망령Revenants.

보에티우스 [Boëce / Boethius] 6세기의 가장 저명한 로마인 중 하나. 『철학의 위안Consolation of Philosophy』을 펴냈다. 보에티우스는 취미로 수학 도구를 만들어 클로타리우스Chlothar 왕에게 선물하기도 했다. 그는 태양의 모든 각도를 기준으로 해시계를 만들었으며, 바퀴, 추, 태엽 없이 태양과 달과 별들의 운행을 기록하는 물시계를 만들었다. 물시계는 회전하는 주석 공 안에 채워진 일정량의 물을 동력으로 무한정 작동한다. 따라서 이는 영구기관을 의미한다. 테오도릭Theoderic은 부르군트족Burgundians의 왕 군도바드Gundobad에게 이 물시계 중 하나를 선물했다. 군도바드의 국민들은 시계 속 갇힌 어떤 신이 움직임을 기록한다고 믿었다. 아마 보에티우스가 마법을 부린다 비난을 받은 것도 이 때문일 것이다. 이에 보에티우스는 자신의 자동인형을 반증으로 내보였다. 그는 우는 황소, 노래하는 새와 쇳소리를 내는 뱀 등을 만들어냈다. 그러나 델리오Martin Delrio(1)는 기계를 다루는 기술이야말로 타고난 마법이라고 주장했다.

(1)『마법 연구Disquisitiones Magicae』, 40페이지.

뵈메(야코프) [Boehm(Jacob) / Bohme(Jakob)] 1575년 어퍼 루사티아Upper Lusatia에서 태어났다. 구두장이였던 그는 연금술사이자 황홀경자, 베메니스트Behmenists라는 이름의 이단 수장이 된다. 그는 1612년 『오로라Aurora』라는 환상과 몽상에 관한 책을 펴냈다. 뵈메는 연금술 사상을 통해 세상 만물의 체계를 설명하였다. 그리고 결국 신이라는 존재는 증류를 통해 만물을 만드는 일종의 연금술사라고 묘사했다. 이해하기 어려운 이 환상가의 책은 총 50부로 되어있으나, 생 마르탱Saint-Martin이 번역한 『여명의 탄생Aurore Naissante』, 『세 가지 원칙Les Trois Principes』 그리고 『세 개의 삶La Triple Vie』을 제외하곤 프랑스에 잘 알려지지 않았다. 이 몽상가는 신인 동형론자(1)이자 마니교도였다. 뵈메는 세상의 두 번째 원칙으로 하나님의 분노 또는 죄악을 꼽았으며, 이것이 하나님의 코*에서 나온다고 보았다. 몇몇 이들은 그가 저술한 연금술 서적 중 프랑스어로 번역된 『영원의 일시적 거울 혹은 사물들의 특징Miroir Temporel de l'éternité, ou de la Signature des Choses』(1669년, 프랑크푸르트, 8절판)(2)이라는 책을 찾는다. 그의 철학적 교리는 독일에서 아직도 신봉하는 이들이 있다.

(1) 신인동형론자는 신이 인간의 형상을 하고 있다고 믿는 이단이다. / (2) 『야코프 뵈메. 네덜란드 철학자인 그의 다른 저작에서 발생하는 핵심적 기본 사항, 하나님의 계시록에 대한 추가 고려Jacobi Bœhmi, Alias Dictiteutonici Philosophi, Dams Præcipuarum Rerum Quæ in Reliquis Suis Scriptis Occurruntpro Incipientibus Ad ulleriorem Considerationem Revelationis Divinæ Conscripta』(1624년, 1권, 4절판) 역시 참조할 수 있다. / * 성경에서 코는 하나님의 위엄, 능력을 비유하는 말로 쓰인다. 아담에게 생명을 불어넣은 곳도 바로 코이다.

소 [Bœuf / Ox] 모세Mose의 소는 무함마드Muhammad가 자신의 천국에 앉힌 열 마리의 동물 중 하나이다.

마르세유Marseille에서는 다른 도시에서처럼 사육제 당일이 아니라, 그 전날과 성체축일날* 플루트와 팀파니를 이용해 사육제 소를 이동시키는 풍습이 있었다. 일부 학자들은 이러한 풍습에 이교적 태도가 배어 있다고 보았다. 몇몇 이들은 이것이 유대인의 희생양 문화와 연관이 있다고 보았다. 그러나 루피Ruffi는 『마르세유의 역사Histoire de Marseille』에서 자신이 발견한 14세기 어느 행위가 이 풍습의 기원이라며 설명하고 있다. 가난한 이들의 배를 채워주고 싶었던 성체축일 성직자들은 소를 한 마리 구매해 끌고 도시를 찾았다. 이 진수성찬이 가져온 기쁨은 너무 컸기에 매년 진행하는 행사가 되었으며, 이로부터 작은 믿음들이 피어났다. 나이 든 여성들은 아이가 소에게 입을 맞추면 질병으로부터 보호받을 수 있다고 믿었고, 모두 소고기를 얻기 위해 분주히 움직였다. 심지어 오늘날에도 집 현관 계단에 이 소가 배설물을 흘려도 행복하다고 여긴다.

소는 말을 할 수 있는 짐승에 포함된다. 풀고스Fulgose는 카이사르Caesar가 사망할 때, 주인에게 서둘러 밭을 갈라고 재촉한 소의 일화를 언급했다. "사람들이 수확하기도 전에 수확물이 부족하게 될 것입니다."

티투스 리비우스Titus Livius Patavinus와 발레리우스 막시무스Valerius Maximus의 저서엔 2차 포에니 전쟁 동안 소가 광장에서 다음과 같이 외쳤다고 기록되어 있다. "로마여 조심하거라!" 프랑수아 드 토르 블랑카François de Torre-Blanca는 앞서 일화들에서 언급했던 두 소가 악마에게 빙의된 것으로 의심했다[1]. 앙젤 그라브Engelgrave 신부 역시 말을 할 줄 알았던 소의 이야기를 인용한 적이 있다(『복음의 빛 Lux Evangelica』, '일요일Dominicales'의 286페이지). **참조.** 베헤모스Béhémoth.

(1) 『마법 공격에 관한 편지Epist. Delict. Sive de Magia』, 2권, 15장. / * 성체에 대한 신앙심을 고백하는 축일.

보가하 [Bogaha] 실론Ceylon*섬의 나무 신. 먼 곳에서 이 성스러운 섬으로 오기 위해 보가하 나무는 하늘을 날았다고 전해진다. 나무는 부처의 안식처가 되기 위해 땅에 뿌리를 내리고 그늘을 만들어 주었다고. 99명의 왕들은 이 나무 신의 발아래 묻히는 영광을 누렸다. 보가하 나무의 잎은 저주와 마법을 예방하는 훌륭한 도구가 되어주었다. 순례자들을 맞이하기 위해 수많은 오두막집이 나무를 둘러쌓으며, 주민들은 어린 보가하 나무를 온갖 곳에 심은 뒤 그림을 놓고 등을 밝혔다. 보가하 나무는 열매를 맺지 않으며 수목에 제사를 지내는 것 외에 특별한 점은 없다.

* 스리랑카의 옛 명칭.

보고밀파 [Bogarmiles, Bogomiles, Bongomiles / Bogomils] 마니교의 일종. 성상파괴론자들*. 12세기 콘스탄티노플Constantinople에 등장했다. 그들은 신이 아닌 악한 악마가 세상을 만들었다고 말했다.

* 그리스도, 성모, 성인 등을 도상화하여 예배하는 것을 반대하였다.

보가트 [Boggart] 소인족 꼬마 악마. 클루리콘Clurichaun*의 일종. 아일랜드에서 유명하며 사악하다. 『정령과 악마의 전설Légendes des esprits et des démons』 속 이야기를 참조할 것.

* 아일랜드 전설에 등장하는 요정 족. 이 책 『지옥사전』에선 사역마로 소개하고 있다.

보기 [Bogles / Bogies] 스코틀랜드의 소악마. 땅속에서 귀금속을 지킨다는 독일의 요정 코볼트Kobold(혹은 고블린Goblin)의 일종이다.

보글리아 [Boglia] 호주의 원주민들은 우리가 '마법사'라고 지칭하는 마귀 들린 이들을 보글리아라고 불렀다.

보게(앙리) [Boguet(Henri)] 부르고뉴Bourgogne 지역 생클로드Saint-Claude의 대법관으로, 1619년에 사망했다. 그는 고지식함으로 가득 찬 책을 펴냈다. 저서엔 유치한 내용이 자주 등장하며, 과도한 열의를 다해 마법을 반대한다. 17세기 초에 출간된 저서 『마법사 논설Discours des sorciers』은 마법사에 관한 여섯 가지 견해를 비롯해, 종교재판 판사를 위한 지침까지 포함한다[1]. 이 책은 재판 모음집으로, 대부분 판사였던 작가가 직접 참여한 재판을 다룬다. 다섯 명의 악마에게 여덟 살때 빙의되었던 루이즈 마이야Louise Maillât, 루이즈 마이야에게 악마를 보낸 마녀 프랑수아즈 세크레탱Françoise Secrétain, 마법사 그로자크Gros-Jacques와 윌레모즈Willermoz(바이야Bailla라고도 불림), 클로드 가이야르Claude Gaillard, 롤랑드 뒤메르누아Rolande Duvernois 등의 이야기가 실려 있다. 작가는 마녀 집회에서 일어난 혐오스러운 일들을 상세하게 기록한다. 그는 마법사들이 우박을 내릴 수 있다고 주장했으나 이는 사실이 아니다. 반면 마법사들이 가루를 사용해 독살을 한다는 주장은 사실이다. 작가는 마법사들이 마녀 집회로 날아가기 위해 오금에 향유로 기름칠을 하며, 마녀는 입김만으로 원하는 사람을 죽일 수 있다고 말한다. 보게는 마녀가 맞는지 알아내는 방법에는 천 가지 종류가 있다고 주장한다. 일례로는 묵주의 십자가가 깨져있는 것, 재판관 앞에서 눈물을 흘리지 않는 것, 강제로 악마를 포기하도록 하면 바닥에 침을 뱉는 것, 머리를 깎으면 확인할 수 있는 두피 표식이 있는 것, 늑대로 변신하는 능력이 있는 것 등이다. 그는 다른 마법을 행하지 않았을지라도, 마녀 집회에 참석했다는 간단한 의심만 있으면 형에 처해야 한다고 말한다. 또 모든 마법사는 화형에 처하고, 마법을 믿는 것은 범죄로 취급해야 한다고 덧붙인다. 심히 과격한 주장들을 살펴보면 사실 성직자는 엄격한 존재가 아니었음을 깨달을 수 있다. 이 세속 판사들이야말로 과격하고 가치 없는 존재들인 것이다.

이 논설 뒤엔 여섯 가지 견해가 뒤따른다. 내용은 다음과 같다.

1) 예언가들은 마법사, 이단자와 함께 화형에 처해야 한다. 마녀 집회에 참여한 자는 죽어 마땅하다. 그렇기에 가벼운 고발에도 마법을 부렸다고 의심되는 사람을 체포해야 한다. 고발자가 이를 철회해도 말이다. 그리고 온갖 사람의 증언을 받아들여야 한다. 완고한 마법사가 있다면 산채로 불태워야 한다. 자백을 하는 사람에겐 자비를 베풀되 교수형 정도면 만족할 수 있을 것이다.

2) 마법 범죄는 간단한 증거, 추측과 가정만으로도 형을 선고할 수 있다. 이런 부류의 범죄에 정확한 증거는 필요치 않다.

3) 마법 범죄는 신에게 직접적으로 대항하는 것이다. (이는 사실이다. 범죄가 실재했다면, 이는 신에 대한 부정이자 부인인 것이다) 그렇기에 어떤 배려나 참작 없이 벌해야 한다….

4) 이단자와 마찬가지로, 유죄를 선고받은 마법사의 재산은 압수되어야 한다. 마법사들이 신을 부인한다는 점에서, 마법은 이단보다 더 질이 나쁘다. 회개한 이단자의 경우 형을 없애주는 경우도 있으나, 마법사는 절대 용서해선 안 된다….

5) 재판에 선 사람이 악마의 기술인 점술을 행한다면, 마법을 사용한 것으로 판단해야 한다. 신성모독과 저주 역시 증거가 될 수 있다. 끝으로, 대중의 항의로도 재판에 세울 수 있다.

6) 실재하지 않는 것이 보이도록 하고, 뿔이나 종이로 만든 돈을 진짜처럼 보이게 하는 마법사의 현혹 마법은 악마의 소행이다. 그리고 현혹자, 요술꾼과 마법사들은 사형에 처해야 한다.

보게의 책은 마법사 법전으로 끝난다. **참조.** 법전Code.

*(1)*1603년, 파리, 1권, 8절판. 1602년, 1607년, 1608년, 1610년, 리옹. 1606년, 리옹. 보게의 가족들이 모든 저서를 없애려 했기에 모두 희귀본이 되었다.

보군스키 [Bogounskis] 러시아의 악령. 밤이면 고플로Goplo 호수에서 춤추며, 간혹 비슬라Vistula 강에도 출몰한다.

보헤미안 [Bohémiens / Gypsies] 보헤미안에 관한 이야기를 들어보지 않은 사람은 없다. 이 방랑자들은 보헤미안, 비스카얀Biscayans, 이집트인Egyptians 또는 집시Gypsy라고 불리며 14세기 유럽 전역에 퍼져있었다. 이들은 주로 독일, 네덜란드, 벨기에, 프랑스와 이집트를 돌아다니며 점을 쳤으며 그 외 여러 놀라운 비밀들을 다뤘다고 알려져 있다. 플랑드르Flanders인들은 이들에게 종교가 없다고 보았으며, 헤이덴Heyden, 즉 이교도라고 지칭했다. 이 외에도 보헤미안과 관련한 다양한 별칭들이 존재한다.

역사가들은 단순히 이들이 아시리아Assyria, 실리시아Cilicia, 캅카스Caucasus, 누비아Nubia, 아비시니아Abyssinia, 칼데아Chaldea로부터 왔다고 추측했다. 벨론Bellon은 그들의 기원에 대해 확신하진 않았으나, 최소한 이집트인이 아니라는 주장을 지지했다. 카이로Cairo에서 보헤미안을 만났을 때, 이집트인들이 그들을 생소하게 대했기 때문이었다. 그렇기에 보헤미안들이 직접 하는 이야기를 믿는 것이 더 자연스러울 것이다. 그들은 유대인 혈통이었으나 기독교 방랑자의 피가 섞이게 되었다고 주장한다. 우리가 이 신비한 방랑자들에 관해 진실이라고 생각하는 것엔 다음과 같은 것이 있다.

14세기 중반 유럽, 그중에서도 흑사병으로 황폐해진 네덜란드, 독일, 프랑스에선 이유 없이 유대인들이 우물과 샘에 독을 탔다고 믿었다. 이러한 믿음은 대중의 분노가 유대인에게 향하도록 만들었다. 많은 유대인은 도망쳐 숲에 숨어들었다. 이들은 안전을 위해 집결하였으며 넓은 지하 공간을 만들어 지냈다. 여전히 독일에 남아있는 거대한 지하 동굴을 판 것도 이들이라고 볼 수 있다. 독일인들이 그런 공간을 만들 이유가 없기 때문이다.

50년 후, 이 추방자들(혹은 그의 후손들)은 그토록 증오했던 자들이 죽었다고 믿으며, 몇몇은 동굴에서 벗어나기 위해 위험한 시도를 했다. 당시 기독교인들은 이단자 얀 후스Jan Hus가 선동한 종교 전쟁으로 분주했다. 이는 유대인의 도피에 유리한 상황이었다. 첩자들의 보고에 따라 은신하던 유대인들은 역경을 피하고자 빈손으로 동굴을 떠났다. 50년간의 외로운 여정 끝에, 이들은 점술과 손금을 보는 법을 배웠다. 이 기술에는 도구나 기구, 비용이 들지 않았다. 그리고 수상술은 생계유지를 가능하게 해주었다.

이들은 준델Zundel이라는 사람을 우두머리로 세웠다. 혹여 누군가가 독일에 온 이유, 고향, 인적 사항, 종교 등을 물어볼 것을 대비해 이들은 조상이 한때 이집트에 살았다고 대답하는 것으로 합의를 보았다. 이는 정체를 완전히 드러내는 것도 아니었으며 존재를 부인하는 것도 아니었다. 이 대답은 유대인들에게 어느 정도 사실이었기 때문이다. 또 성모 마리아Maria와 그의 아들 예수 그리스도Jesus Christ를 받아들이지 않으려 했기에, 그들을 추방했다고 말하기로 했다. 사람들은 요셉Joseph이 신성한 아이를 이집트로 데려가 헤롯Herod이 찾지 못하도록 했던 일화를 고려해, 이러한 배경을 이해했다. 이는 유대인들 사이에서 50년 전 겪은 박해를 의미하기도 했다. 이들을 이집트인들이라고 부른 것엔 이러한 배경이 있다. 지기스문트Sigismund 황제는 그들에게 통행증을 허락했다.

보헤미안은 히브리어와 가짜 독일어를 섞어 은어(또는 비밀 언어)를 만들고 외국인 어투로 발음했다. 진위를 알 수 없는 학자들은 이들의 언어에서 이집트 방언 일부 표현을 찾아내 독일어를 대조한 뒤 우쭐해했다. 보헤미안은 그렇게 여러 단어를 치환시켰다. 이들은 어린아이를 '시끄러운 것'으로, 외투를 '바람잡이'로, 구두를 '걷는 것'으로, 새를 '나는 것'으로 불렀다. 보헤미안 언어에 남은 무수한 히브리어 단어들만 보아도 그들이 유대인 출신임을 명확히 알 수 있다.

보헤미안은 독특한 풍습을 지녔으며, 규율을 정해 따랐다. 그리고 각 집단은 우두머리를 정한 뒤 복종했다. 만약 한 여성이 결혼하게 되면, 모든 의식이 진행되는 동안 예비 남편 앞에서 옹기를 깨뜨려야 했다. 신부는 깨지며 만들어진 옹기 조각 개수에 해당하는 연수 동안 남편을 존중해야 했다. 이 기간이 끝나면 부부는 헤어지거나 새로운 옹기를 깨트릴 수 있었다. 이 외에 비슷한 부류의 이상한 이야기를 여러 예로 들 수 있다.

보헤미안은 더 이상 냉대받지 않는다는 사실을 깨닫자, 독일인들에게 동정을 구했다. 그들은 짐처럼 느껴지지 않게 하기 위해, 하늘의 특별한 은총으로 보호받는다고 주장했다. 또 벌을 받는 중이며, 보금자리를 제공해준 집에 불이 나지 않는다고 말했다. 보헤미안은 점술을 행하기도 했다. 주로 얼굴, 신체 특징 그리고 손금과 손가락을 관찰하는 것들이었다. 이들은 중환자들을 영국인이 간직해온 치료법으로 낫게 했다. 이 의술의 결과는 뇌졸중 환자를 살리거나 단숨이 죽이는 것이었기에 '영웅적 치료'라고 불렸다.

이 시기엔 유대인을 상대로 한 분노도 가라앉았고, 다시 도시와 마을에서 받아들여졌다. 그러나 계속 방랑자의 삶을 이어가는 집단도 있었다. 이들은 어디서나 미래를 예견하고, 기존 점술에 더 많은 사기 행각을 덧붙여 돈을 벌어들였다. 곧, 유대인이 이 집단의 주축이었음에도 여러 민족이 섞이게 되었고, 종교도 고향도 없는 집단이 만들어졌다. 이들은 네덜란드를 거쳐 프랑스로 이동했다. 그리고 보헤미안이라는 이름을 얻었다. 이 이름은 보헤미아Bohemia에서 유래되었다.

파스키에Pasquier는 그의 연구에서 1427년 보헤미안이 불가사의하게 프랑스 파리 성문에 출현했던 일을 기록하고 있다. 그들의 수는 백이십 명이었다. 우두머리 중 하나는 공작의 칭호를 사용하였으며, 개중엔 백작으로 불리는 이도 있었다. 그리고 열 명의 기사가 그를 에스코트했다. 이들은 이집트 남단에서 왔으며 사라센인Saracens에 의해 추방되었고, 그들의 죄를 고하기 위해 로마 교황을 찾아갔다고 주장했다. 교황은 고해를 위해 칠 년 동안 세상을 떠돌며 그 어떤 침대에서도 잠을 청하지 말 것을 명했다. (식견을 갖춘 사람이라면 이 이야기를 믿지 않을 것이다) 프랑스에선 그들을 파리 인근 라 샤펠La Chapelle에서 지내도록 권유했다. 이때 그들을 보기 위해 무수한 군중이 몰려들었다. 이들은 곱슬머리에 구릿빛 피부를 지녔고 은귀걸이를 착용했다. 보헤미안 여성들이 점술을 행하고 미신적 행위와 악행을 저지르자 파리 주교는 이들을 파문하였다. 그리고 보헤미안과 접촉하는 것을 금지한 뒤 추방했다.

16세기엔 보헤미안이 만연했다. 1560년 오를레앙Orleans 삼부회에선 보헤미안을 추방하고 돌아올 시 노동형에 처할 것이라고 선고했다. 몇몇 고장에서 이들은 이단이라는 이유로 고통받고, 마법의 창시자 함Cham의 후손이라며 추방당했다. 보헤미안은 어디에서든 골칫거리로 여겨졌다. 플랑드르에선 마법에 능숙한 보헤미안에게 동전 한 닢을 주면 가지고 있던 모든 동전이 함께 날아간다고 믿었다. 이는 보헤미안이 사기꾼이었다는 것을 상징하는 이야기이기도 하다. 이 방랑자 집단의 수는 17세기에 와서 줄어들었으나 아직도 드물게 남아있다. 유럽의 새로운 경찰법에 따라, 보헤미안 사회는 해체되었다. 그러나 점술을 행하는 자와 이를 찾는 어리석은 자들은 여전히 이곳저곳에 존재한다. **참조.** 수상술Chiromancie[(1)].

[(1)] 다음은 보헤미안 풍습의 특성으로 인해 생긴 일이다. 리투아니아에는 여러 보헤미안 공동체가 남아있다. 틸싯Tilsitt 인근의 멜랑켄Mehlanken에 살던 어느 보헤미안은 말을 도둑질했다는 이유로 수감되었다. 그는 조사가 끝나기 전에 사망했다. 그가 속해 있던 공동체는 그의 죽음을 알고 도시를 찾았다. 도시에선 시체를 막 매장하려던 참이었다. 보헤미안들은 즉시 시체를 운반하던 자에게 이발사를 불러 고인을 이발하게 해달라고 애원했다. 그러나 바로 이발사를 데려오는 것이 불가능했기에, 묘지로 곧장 이동하게 되었다.
그동안 보헤미안 여성들은 이발사를 찾으러 온 도시를 돌아다녔고 결국 한 명을 찾을 수 있었다. 이발사를 묘지에 데려가자, 관을 열어 이발해도 좋다는 허락이 떨어졌다.
이 의식이 끝나자, 여성들은 매우 행복해했다.

보히넘 [Bohinum] 밤을 상징하는 검은 금속으로 만든 아르메니아Armenia의 우상. 르 루아예Pierre Le Loyer의 말에 따르면 그의 이름은 '황폐'를 의미하는 히브리어 '보후Bohu'에서 나왔다고 한다. 그는 사악한 악마이다.

보미우스(장) [Bohmius(Jean)] 이단적 착상을 담은 『심리학 혹은 유령 개론Psychologie, ou Traité des Esprits』(1632년, 암스테르담)[(1)]의 저자.

[(1)] 『장 보미우스의 심리학, 장 천사의 실질적 적용Joannis Bohmii Psychologia, Cura Vera Applicatione Joannis Angeli』, 1632년, 암스테르담, 24절.

보온 후파스 [Bohon-Hupas] 인도네시아 자카르타Jakarta로부터 30리유* 떨어진 자바Java섬에서 서식하는 독나무. 과거에 범죄자들은 보온 후파스에서 나오는 고무를 채취하러 보내졌다. 이 고무는 효과가 매우 빠르고 강력한 독으로, 위를 비행하던 새들이 사망하여 땅으로 곤두박질할 정도였다. 적어도 민간에서 전해지는 이야기로는 그렇다고. 범죄자들은 형을 선고받으면 사형집행인의 손을 더럽히거나, 앞서 말한 보온 후파스의 고무를 채취해야 했다. 포어섹Foerssech은 자바섬 야생에서 거주하던 어느 말레이시아 신부에게 이 나무에 대해 질문했던 일을 기록했다. 신부는 약 700여 명의 범죄자가 섬을 찾았으나, 살아 돌아간 것은 단 22명에 그쳤다고 답했다. 소돔Sodom과 고모라Gomorra의 죄악에 빠진 민족이 과거 이 나라에 살았던 것은 약 100년 정도였다. 무함마드Muhammad는 그들의 고약한 풍습을 더 지켜볼 수 없었고, 신에게 부탁해 벌하도록 했다. 그렇게 신은 땅속에서 보온 후파스를 끄집어냈고, 나무는 죄지은 자들을 단죄했다. 그리고 그곳을 사람이 영원히 살 수 없는 지역으로 만들었다. 말레이시아인들은 이 나무를 선지자가 분노를 표출할 때 사용하는 도구로 보았다. 그럼에도 나무에 의한 죽음은 늘 명예로운 것으로 여겨진다. 이런 이유로 독을 찾아 떠나는 범죄자들은 보통 가진 것 중 가장 좋은 옷을 입고 떠난다[(1)].

[(1)] 『외국 문학 잡록, 네덜란드인 포어섹의 여행Voyages de M. Foerssech, Hollandais, Mélanges de littérature étrangère』, 1호, 64페이지. / * 과거의 거리 단위. 1리유는 약 4km 정도이다.

목재 [Bois / Wood] 과거의 사람들은 나무토막을 통해 점술을 행하기도 했다. **참조.** 나무토막점Xylomancie.

그들은 숲에 기이한 신들이 산다고 믿었다. 그리고 미신을 믿는 자 중엔 여전히 숲속의 악마들을 두려워하는 자들이 있었다. 캄차달인Kamstchadal들은 숲속 나무엔 심술궂은 악령이 가득 차 있다고 여겼다. 이 악령들은 여행자를 현혹하기 위해 쉴 새 없이 울어대는 갓난아기를 내놓는다. 이에 여행자들은 길을 잃거나 이성을 잃는다. 마지막으로, 마법사들은 주로 숲에서 집회를 가진다. 한때는 '신성한 숲'에서 가짜 신을 숭배하는 의식을 치르기도 했다.

생명의 나무 [Bois de Vie / Tree of Life] 연금술사들이 연금에서 사용하는 완벽한 돌을 부를 때 쓰는 이름. 더욱 명확히는 유니버설 밤Universal Balm 또는 만병통치약인 파나케이아Panacea로 불린다. 모든 질병을 치료하고 이를 소유한 자에게 영속적인 젊음을 선사한다.

유대인들은 율법 두루마리 가장자리를 고정하는 두 나무 막대기를 생명의 나무라고 불렀다. 그들은 이 막대기를 만지면 눈이 밝아지고 건강을 얻을 수 있다고 믿었다. 반면 여성은 이 막대기를 만지는 것이 금기시되었다. 다만 막대를 본다면 순조롭게 출산을 할 수 있었다고 한다.

부아튀오 또는 보아이스튀오(피에르) [Boistuau, Boaistuau(Pierre)] 로네Launay라고도 불렸다. 낭트Nantes 출신인 그는 1566년 파리Paris에서 사망했다. 부아튀오는 두 권의 희귀하고 기묘한 책을 펴냈다. 1) 『신비한 이야기Histoires Prodigieuses』(여러 저자로부터 발췌, 1561년, 8절판). 부아튀오가 쓴 40개 이야기에 테세랑Tesserant이 15개의 다른 이야기를 덧붙였다. 벨포레Belleforet, 오예르Hoyer와 마리옹빌Marionville은 1575년 6부작, 16절판으로 새로운 속간을 인쇄했다. 2) 『비극적인 이야기Histoires Tragiques』(반델Bandel의 이탈리아 작품 발췌, 1568년 및 이후 몇 년, 프랑스어 번역, 7부작, 16절판) 부아튀오는 6부작까지 직접 번역했고, 나머지는 그보다 깜냥이 부족한 벨포레가 번역했다.

보자니(미셸) [Bojani(Michel)] 『꿈 이야기Historia de Somniis』(1587년, 비텐베르크, 8절판)의 저자. 이 책은 제목 외에 알려진 것이 없다.

볼라크레(길) [Bolacré(Gilles)] 투르Tours 교외의 한 주택에 거주하던 노인. 노인은 자신의 저택에 밤잠을 방해하는 유령들이 있다고 주장했다. 사건은 16세기에 일어났다. 그는 저택을 임대했지만, 눈에 보이지 않는 귀신, 마녀 집회, 고블린의 소음으로 휴식을 취할 수가 없다며 임대 계약을 파기하고자 했다. 소송은 투르 상급재판소에서 진행되었고, 결국 계약은 파기되었다. 집주인은 파리 의회에 항소했다. 집주인의 변호사 르네 쇼팽Rene Chopin은 귀신 환영이 노인들이 지어낸 이야기 혹은 아이들의 거짓말에 불과하다고 주장했다. 파리Paris 의회는 그 어떤 판결도 내리지 않고 사건을 투르넬Tournelle 지방법원으로 내려보냈다. 투르넬에서는 기존의 판결을 그대로 유지하였다[1].

(1) 르 루아예, 『귀신 논설Discours des spectres』, 6권, 15장.

볼레건 [Boléguéans] 풀피케Poulpiquets라고도 불린다. 브르타뉴Bretagne에서 코볼트Kobold*와 비슷하게 여겨지는 존재. 『정령과 악마의 전설Légendes des esprits et des démons』에서 자세한 이야기를 찾아볼 수 있다.

* 땅속에서 귀금속을 지킨다는 독일의 요정.

볼프리 [Bolfri] 참조. 베리스Bérith.

볼링브룩 [Bolingbroke] 참조. 글로스터Glocester.

화살점 [Bolomancie] 화살점Bélomancie과 동일어이다. 참조. 화살점.

볼로투 [Bolotoo] 통가Tonga 섬 토착민들이 천국이라 여겼던 상상의 섬. 그들은 족장의 영혼이 그곳에서 이류 신이 된다고 믿었다. 볼로투 나무들은 최상의 열매를 맺고 항상 아름다운 꽃으로 덮여있으며, 채집하기 무섭게 다시 자라난다. 이 신성한 장소는 영생을 누리는 동물로 가득 차 있는데, 신과 선민의 양식을 위해서만 죽일 수 있다. 그리고 한 마리를 죽이면 곧바로 새 짐승이 나타나 이를 대체한다.

봄바스트(필리프) [Bombast(Philippe)] 참조. 파라켈수스Paracelse.

보나(장) [Bona(Jean)] 1674년 사망한 학자이자 독실한 추기경. 1673년 『유령식별론Treatise on the Discerment of Spirits』을 펴냈다. 이 책은 1676년 르로이 드 오뜨퐁텐Leroy de Hautefontaine 수도원장에 의해 번역되었다. 이 책 제20장에서는 특정 환영과 계시의 가장 난해한 부분들을 설명한다[1].

(1) 『요한 추기경의 유령식별론Joannis Cardinalis Bona

De Discretione Spirituum』, 1673년, 파리, 12절판.

보나스 [Bonasses] 참조. 귈레Gullets.

보나티(귀) [Bonati(Gui)] 13세기 피렌체Firenze의 점성가. 미래를 예견하는 능력이 있었으며, 독창적인 삶을 살았다고 전해진다. 로마 군대는 교황 마르티누스 4세Martin IV 치하 당시에 로마냐Romagna의 도시 포를리Forli를 포위했다. 이때 도시는 몽페라Montferrat 백작이 방어하고 있었다. 피신했던 보나티는 도시가 출격 준비를 끝낸 것을 보고, 백작에게 난투 속에서 상처를 입을 것이라 예언했다. 그의 말은 현실이 되었고, 부상에 사용할 붕대를 미리 준비했던 몽페라 백작은 이때부터 점성술을 신봉했다. 보나티는 생을 마감할 무렵 자신이 지닌 능력이 부질없다는 것을 깨닫고, 성 프란치스코회Franciscan에 들어가 속죄한 뒤 1300년에 숨을 거두었다. 보나티의 저서들은 자크 코테루Jacques Cauterus에 의해 수집되어 『천문학서Liber Astronomicus』(1491년, 아우크스부르크, 4절판, 희귀본)라는 표제로 출간되었다.

보고밀파 [Bongomiles] 참조. 보고밀파Bogarmiles.

보니카 [Bonica] 아메리카에 있다는 상상의 섬. 연금술 의사인 데오타투스Deotatus는 보니카에 포도주보다 맛있고 젊음을 주는 샘물이 존재한다고 말했다.

교황 보니파시오 8세 [Boniface VIII] 1294년 12월 24일 임명되었다. 그가 아직 추기경이던 시절, 교황 첼레스티노Celestine의 침대와 가까운 벽을 뚫어 통화관을 이용해 "살고 싶으면 삼중관을 내려놓으라"며 소리를 질렀다는 이야기가 있다. 순진했던 교황 첼레스티노는 이 목소리가 하늘의 것으로 생각해 자신의 지위를 보니파시오에게 물려주게 되었다고. 그러나 이 이야기는 여러 중상모략 중 하나에 지나지 않는다. 첼레스티노가 자리에서 물러난 것은 오직 자신의 영혼을 위한 일이었다. 당시 추기경으로 있던 카제탄Cajetan(보니파시오 8세)은 아무런 일도 벌이지 않았다.(1)

(1)조리Jorry 사제의 『교황 보니파시오 8세 이야기 Histoire du Pape Boniface VIII』 참조할 것.

점 [Bonne Aventure / Fortune] 최초의 황제들이 집권하던 시절 로마에는 점술가와 마법사들이 넘쳐났던 나머지 협회가 설립될 정도였다. 점술에는 수상술Chiromancie, 카드점Cartomancie, 점성술Astrologie, 이마점Métoposcopie, 별점Horoscopes, 두개골점Cranologie 외에 수백 가지 종류가 있다. 해당 키워드들을 참조할 것.

본 [Bonnes] 일부 고장에서는 악의 없는 장난을 치고, 자비를 베푸는 요정을 두고 본이라고 지칭했다. 이들은 아이들을 좋아했으며 요람을 흔들어주는 것을 즐겼다. 자세한 정보는 없으나, 어린아이들을 보는 하녀인 본 당팡Bonnes d'enfants이 이 요정의 이름으로부터 유래했다는 이야기가 있다. 이 요정들은 하본디아Habondia를 여왕으로 둔다.

보네(잔) [Bonnet(Jeanne)] 포레즈 부아시Boissy en Forez의 마녀. 1583년 1월 15일, 악마와 추한 관계를 맺은 사실을 떠벌린 죄로 화형당했다.

모자 악마[Bonnet Pointu, Esprit au Bonnet] 참조. 헥덱킨Hekdeckin.

본볼(피에르) [Bonnevault(Pierre)] 16세기 푸아투Poitou의 마법사. 악마 집회에 참여한 죄로 체포되었다. 그는 부모님을 따라 처음 집회에 참여했으며, 그곳에서 악마에게 충성을 맹세했고, 죽음 뒤에 유골을 거둬가는 것을 허락했다고 고백했다. 하지만 피에르 본볼은 자신의 영혼을 악마에게 넘기고 싶지 않았다. 어느 날, 그는 몽모리용Montmorillon에서 산 귀리 두 포대를 암말 두 마리에 나눠 싣고 오던 중 무기 든 사람들과 마주쳤다. 곡식을 빼앗길까 두려웠던 피에르 본볼은 악마를 소환했다. 악마는 회오리바람처럼 나타나, 그와 두 마리 말을 모두 집까지 옮겨주었다. 그는 악마의 가루로 사람 여럿을 죽인 적이 있다고 고했으며, 사형을 당했다. 참조. 타이트루Tailletroux(그의 아내).

본볼(장) [Bonnevault(Jean)] 피에르 본볼Pierre Bonnevault의 형제. 그 역시 마법을 부린 죄로 재판에 세워졌다. 재판 당시 그는 군중 앞에서 악마를 소환했다. 악마는 그를 땅으로부터 4피에*에서 5피에 정도 높이로 들어 올려 타일 위에 떨어뜨렸다. 그의 발엔 족쇄가 채워져 있었음에도 마치 린넨 주머니가 떨어진 것처럼, 아무 소리도 나지 않았다. 두 궁수가 그를 일으켜 세울 당시, 그의 피부는 파랗다 못해 거뭇하게 변하고 있었다. 장 본볼은 거품을 물며 몹시 괴로워했다. 그에게 이유를 묻자, 그는 악마에게 고통을 사라지게 해달라고 청했으나, 재판장에서 선서했기에 간청을 들어주지 않았다고 설명했다.

* 과거 프랑스의 길이 단위로 1피에는 약 0.3248미터이다.

본볼(마튀랭) [Bonnevault(Mathurin)] 피에르 본볼Pierre Bonnevault과 장 본볼Jean Bonnevault의 아버지. 자식들과 마찬가지로 마법사로 지목되었다. 조사를 위해 집을 방문했을 때, 마튀랭 본볼의 오른쪽 어깨엔 작은 장미 문양이 새겨져 있었고, 그 위로 기다란 가시가 박혀있었다. 하지만 그는 전혀 고통을 느끼지 않았기에 마법사로 판명되었다. 마튀랭 본볼은 자신의 부모와 마찬가지로 마녀였던 베르토메 드 라 베두슈Berthomee de la Bedouche와 결혼했다고 고백했다. 그는 그녀가 저주를 위해 화덕에 뱀과 두꺼비를 말리는 것을 목격했다. 또 그녀는 마튀랭 본볼을 마녀 집회에 데려갔으며, 그곳에서 촛불처럼 타오르는 검은 눈동자의 악마를 만나게 해주었다. 그는 1년 동안 총 4번의 집회가 열린다고 증언했다. 그리고 성 세례자 요한 축일 Saint-Jean-Baptiste Day 전날, 크리스마스 이브날, 참회 화요일 그리고 부활절 전날이 이에 해당한다고도 밝혔다. 그는 저주를 이용해 7명의 목숨을 앗아간 혐의로 사형에 처하게 되었을 때 16세 나이에 마법사가 되었다고 고했다. 종교 개혁의 핏빛 격동 속에서 너무도 많은 재판이 일어났기에, 이를 연구하는 것도 흥미로울 것이다.

바르텔레미 드 본소바니스 [Bonsovanis (Barthélemi de)] 트레비소Treviso 교구의 어느 용감한 남성. 지옥 낮은 계급에 속한 악마 벨제부스Belzébuth는 독실하고 정숙했던 본소바니스의 아내를 시기하게 만들었고, 그를 지배하는 데 성공했다. 그는 분노에 차 길이 날뛰었기에 단단히 묶어두어야 했다. 만약 구마 의식을 통해 악마로부터 해방시키지 못했다면, 다른 이들을 죽이지 못한 분노로 본인의 목숨을 거뒀을지도 모른다.

승려 [Bonzes] 중국의 승려들은 주로 미래를 예견하고 마귀를 쫓는 것을 업으로 삼았다. 그들은 현자의 돌을 찾아 다니기도 했다. 만약 승려가 비를 예언한 날로부터 6일 이내에 빗방울이 보이지 않는다면, 승려는 매질에 처해졌다.

콩고에도 승려가 존재했다. 그리고 승려들의 영혼은 생전 살던 곳 주변을 떠돈다고 믿었다. 들판 위로 선풍이 불어 먼지와 모래가 일어나면, 원주민들은 승려들의 영혼이 나타났다고 소리쳤다.

바포메트 [Bophomet / Baphomet] 참조.

바포메트의 머리Tête de Bophomet.

보락 [Borak] 무함마드Muhammad가 자신의 천국에 앉힌 암말 또는 암노새. 이 짐승은 아름다운 여성의 얼굴을 하고 있다. 또 육안이 미치는 가장 멀고 아름다운 경치까지 단 한 걸음 만에 닿을 수 있다.

붕사 [Borax] 학자들이 두꺼비 머리에서 나온다고 주장하는 일종의 돌. 잠이 들게 만드는 등 여러 신비한 효능이 있다. 하지만 이 돌을 구하는 것은 쉽지 않다. 발견된 것이 딱딱한 두꺼비 머리뼈인지 돌인지 확인이 어렵기 때문이다.

보르보리트 [Borborites] 참조. 정령(게니이)Génies.

보르델롱(로랑) [Bordelon(Laurent)] 1653년 부르주Bourges에서 태어나 1730년에 사망했다. 별 볼 일 없는 작가였지만 박식했으며, 미신과 오컬트학 그리고 대중적 오류에 관한 연구에 심취했었다. 그가 그토록 서툰 글솜씨를 가졌다는 것이 애석하여질 정도. 흥미로운 내용을 담은 그의 판별점성학 서적은 여전히 팔리고 있다. 그의 저서 가운데 가장 유명한(많이 중쇄를 찍은) 것은 『마법, 주술, 악마, 마법사, 늑대인간, 인큐버스Incubus(남성 몽마), 서큐버스Succubus(여성 몽마), 마녀의 집회, 요정, 식인귀, 영혼, 도깨비, 귀신, 유령을 비롯한 망자들, 꿈, 현자의 돌, 판별점성학, 별점, 부적, 운수 좋은 날과 운수 나쁜 날, 일식, 혜성과 연감, 그리고 모든 종류의 환영, 예언, 마술, 주문과 미신 행위에 관한 책을 읽은 울프 씨의 괴상한 상상 이야기Histoire des imaginations extravagantes de monsieur Oufle, causées par la lecture des livres qui traitent de la magie, du grimoire, des démoniaques, sorciers, loups-garoux, incubes, succubes, et du sabbat ; des fées, ogres, esprits, follets, génies, fantômes et autres revenants ; des songes, de la pierre philosophale, de l'astrologie judiciaire, des horoscopes, talismans, jours heureux et malheureux, éclipses, comètes et almanachs ; enfin de toutes les sortes d'apparitions, de divinations, de sortilèges, d'enchantements et d'autres superstitieuses pratiques』라는 제목의 책이다.

원서의 제목을 확인해보면 그가 제법 방대한 범위를 다루었다는 것을 알 수 있다. 그림으로 장식한 이 단행본(12절판)의 2권은 널리 알려지지 못했다. 돈 키호테Don Quixote를 모델로 삼은 것 같은 그의 업적은 무수한 주석들 위로 참고되는데, 주석이 본문보다 더 가치 있다고 여겨졌다.

보르디 또는 알 보르디 [Bordi, Al-Bordi] 페르시아 전설에 의하면 지구의 알에 해당하는 산. 태초에 아주 작은 크기였으나, 점점 자라나기 시작해 세상을 만든 뒤에도 계속 성장했다. 이제는 그 꼭대기가 태양을 받칠 정도라고. 지구 정중앙에 위치하며 산의 아래쪽엔 많은 신과 악마가 득실거린다. 위쪽엔 영혼들이 이승의 삶을 고한 후 다른 세상으로 건너가는 다리가 있다고 한다.

보르지아(세자르) [Borgia(César)] 사역마를 가지는 영예를 누린 자로 알려져 있다.

보리(주세페 프란체스코) [Borri(Joseph-François / Giuseppe Francesco)] 1627년 밀라노Milan에서 태어난 17세기의 사기꾼이자 연금술사. 보리는 자신의 행위로 인해 불가침권을 행사할 수 있는 교회 중 은신처를 찾아야 했다. 교회에서 지낸 이후 그의 행실엔 변화가 생겼다. 보리는 자신이 하늘의 계시를 받았으며, 신이 인간을 개혁하고 현세를 바로잡기 위해 자신을 택했다고 주장했다. 그리고 세상에는 하나의 종교만이 존재할 수 있으며, 교황에겐 군대가 필요하고 자신이 그 군대 수장이 되어 비기독교인을 척살해야 한다고도 말했다. 보리는 성 미카엘St. Michael이 주었다는 기적의 검을 보여주었다. 그리고 천상에서 그를 위해 준비된 빛나는 종려나무를 본 적이 있다고 했다. 그는 성모 마리아Maria가 신이라고 주장했다. 또 그녀의 아들 예수 그리스도Jesus Christ와 마찬가지로 계시받은 존재이며, 성찬에서 예수 그리스도와 동격으로 취급된다고 언급했다. 그리고 성령이 그녀 속에 깃들어 있으며, 삼위일체의 성자와 성령은 성부보다 위격이 낮다고 말했다. 그의 주장에 따르면 루시퍼Lucifer의 타락은 하늘에 사는 많은 천사의 타락으로 이어졌다고 한다. 또 신이 폭동을 일으킨 천사들의 중개를 통해 세상을 창조하고 짐승에게 생명을 불어넣었는데, 이때 인간은 신의 영혼을 가지게 되었다고. 게다가 인간의 탄생은 신의 의지가 아니었다는 주장도 펼쳤다. 끝으로 그는 자신에게도 성령이 깃들어있다고 주장했다.

보리는 1661년 1월 3일, 교황 인노첸시오 10세Innocent X의 죽음 후 체포되어 이단행위와 몇 가지 악행으로 처벌받았다. 그러나 북쪽으로 도망치는 데 성공해, 현자의 돌을 약속하며 여왕 크리스티나Christina에게 많은 돈을 뜯어냈다. 물론 자신이 가지고 있는 비밀은 끝내 알려주지 않았다. 그는 튀르키예로 가려고 했으나 작은 마을에서 다시 음모자로 체포되었다. 교황 대사가 보리를 로마로 소환하였고, 1695년 8월 10일 생을 마감할 때까지 감옥에 갇혔다.

그는 『기사 G. F. 보리의 서재 열쇠, 다양한 정치 지침과 기이하고 아름다운 비밀들이 포함된 과학적이고 화학적인 호기심 가득한 편지La Chiavedel Gabinetto del Cavagliere G. F. Borri, col Favor Délia Quale si Vedono Varie Lettere Scientijice, Chimice, e Curiosissime, con Varie Instruzioni Politiche, ed Altre Cose Degne di Curiosita e Molti Segreti Bellissimi』(1681년, 제네바의 쾰른, 12절판)라는 책을 펴냈다. 이 책엔 총 열 개의 글이 담겨 있으며, 가장 앞에 실린 두 글은 원소 정령을 다룬다. 빌라르Villars 수도원장은 『가발리스 공작Comte de Gabalis』이라는 저서에서 보리의 책 내용을 요약하고 있다.

보르티즘 [Bortisme / Bortism] 제네바에서 자리 잡은 신흥 종교 중, 가장 신기한 종교는 거룩한 복음의 사제 보르트Bort가 창시한 것이다. 이 종교의 사원엔 제단을 대신해 원탁 하나가 놓여 있다. 다음의 상세한 내용은 《제네바 가톨릭지Annales Catholiques de Genève》에서 발췌한 것이다.

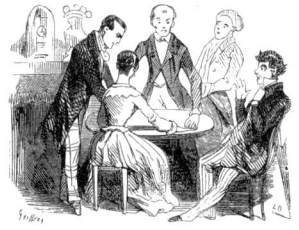

이 종교의 집회는 남녀 가리지 않고 심지어 젊은 사람까지 참석하며, 작은 원탁을 둘러싸고 진행된다. 원탁은 세 명의 주도자가 관리하며 보르트가 그 중심에 앉는다. 과거엔 알파벳 글자를 제시하면 원탁이 똑똑 소리를 내는 것으로 답을 주었다. 오늘날엔 원탁 한 가운데 기둥이 있고 그 위로 또 하나의 작은 원탁이 달려있다. 이 주변으로 알파벳이 새겨져 있는데, 기둥 아래에 고정된 구부러진 막대가 알파벳을 가리킨다. 원탁이 무언가를 말하고자 하면 작은 원탁이 돌아가 원하는 글자에 막대를 위치한다. 이 글자들을 조합해 단어를, 단어를 조합해 문장을 만드는 것이다. 이 문장은 신의 신비로운 계시가 된다. '맞다' 혹은 '아니다'로 대답을 해야 할 때, 원탁은 기울어지거나 똑똑 소리를 낸다.

여기엔 여러 속기사가 있다. 또 기록하는 사람과 낭독하는 사람이 있다. 원탁이 단어를 조합하기 시작하면, 보르트는 시간을 아끼기 위해 첫 글자 혹은 두 글자만 보고 단어를 완성한다. 상부의 작은 원탁이 계속 도는 것을 기다리지 않는 것이다. 테이블이 천사 가브리엘Gabriel의 말을 전할 때 청중들은 앉아있지만, 예수 그리스도Jesus Christ의 말을 전할 땐 모두 일어나 존경을 표한다. 천사 가브리엘의 전언은 보통 이렇게 시작한다. "성부와 성자 그리고 성령의 이름으로, 아멘." 예수 그리스도의 전언은 다음과 같이 소리친다. "평화, 내 어린 양이여! 성부와 성자 그리고 성령의 이름으로, 아멘." 보르트는 『신의 신비로운 계시Révélations Divines et Mystérieuses』에서 그가 직접 쓴 것은 아무것도 없다고 말했다. 그가 말하길. '서문마저 구원자가 읊어준 것이다.'라고. 그리고 '천사 가브리엘의 서문', 일부 사람들이 빛의 천사로 변장한 사탄의 짓이라고 주장하지만, 청중들에게는 환희이자 은총의 행위인 몇몇 주제에 대한 '천사 가브리엘의 선고' 그리고 복음서와 다른 구원자의 주일 기도, 천사와 구원자가 매일 전하는 이야기, 마찬가지로 구원자의 입에서 나온 『신으로의 회개Du Repentir Envers Dieu』라는 표제의 책을 위한 서문(구스타브 쁘띠 피에르Gustave Petit-Pierre를 통해 영어에서 번역, 구원자의 원탁에서 낭독), 하숙집 여주인에게 전한 구원자의 말, 천년 왕국, 구원의 골짜기, "나의 통치가 오고 있다", 처연한 아프리카인의 오두막, 시련을 통한 기독교인의 구제, 두 마리의 어린 양들, 행복한 가족, 여호와의 아버지 손 등의 이야기, 기도, 은총의 행위, 호소, 애원, 수용, 시가, 대화, 시편, 찬송가, 성모 마리아 성가 등도 마찬가지이다. 이 모든 것은 예수 그리스도, 천사 가브리엘, 천사 루터Luther, 천사 우리엘Uriel, 대천사 미카엘Michael, 천사 L…, 천사 M…, 천사 다비드David 등이 읊어준 것이다.

모든 것은 로잔Lausanne에서 인쇄되었다. 파슈Pache 에디션, Cite Drapiere, 3번.

구주가 구술한 서문은 예수 그리스도를 제네바인이자 전형적인 칼뱅주의자Calvinist로 그리고 있다. 주목할만한 것은 구주는 직접 제네바를 다음과 같이 설명한다는 것이다.

"이 원탁은 베들레헴Bethlehem에 있는 것이 아니다. 골고다Golgotha 언덕에서도 찾지 못할 것이다. 결코. 이 원탁은 예루살렘Jerusalem에도 있지 아니하다. 그러나 제네바에는 있다. 나의 종 칼뱅Calvin이 마련해준 이 작은 도시에 말이다. 그렇다. 이 도시는 오늘날 하늘 영광을 얻은 품위 있는 선교사의 딸인 것이다.

베들레헴은 축복을 받았다. 하지만 신이 보고 있는 것은 제네바이다. 시나이Sinai 반도는 여호와의 발아래 몸을 떨었다. 그러나 제네바는 그의 사랑 가득한 시선 아래에서 노래를 부른다. 골고다 언덕은 신의 목소리에 균열이 생겼다. 그러나 제네바는 그의 부드러운 부름에 한 송이 꽃처럼 활짝 피었다. 여호와의 분노는 예루살렘을 대홍수처럼 뒤덮었다. 하지만 제네바는 신의 숨결로부터 나온 이슬로 몸을 덮고 있다. 여호와의 벼락은 반역과 저주가 만연한 도시에 떨어진다. 그러나 어진 신은 제네바에 웃어주었다.

그렇다. 제네바여! 신의 품에서 잠들고 유년 시절부터 축복받았던 도시여. 강과 유쾌한 들판을 불러 신의 날을 축복하라!

예전에 신은 그대의 성벽을 지켰으며, 아이들은 피로 성벽에 이처럼 글을 새겼다. '신의 자유와 사랑 그리고 그들의 고향!' 제네바여! 자리에서 일어나라! 적들의 시체 위에 올라타라…. 그리고 네 신의 자유를 선언하라! 제네바여, 네게는 여전히 성벽이 있으니…. 절대 겁먹지 말아라! 이 성벽은 영원한 신, 만군의 신, 전투의 신, 교전의 주인이기 때문이다….

제네바, 도시 중에서도 작은 도시여, 너는 주님 앞에선 큰 존재다. 열방의 횃불이 되고자 신념을 간직했으니까!

제네바, 제네바, 오 제네바여! 로마는 손에 쇠사슬을 들고 전진한다. 제네바, 너는 자유롭다. 조심하라! 너는 승리의 왕관을 쓸 것이나, 네 발은 절대 적들의 철갑으로 더럽혀지지 않을 것이다. 네 검은 붉게 물들 것이나, 네 머리는 이슬을 머금은 백합처럼 순수하게 남을 것이니라.

제네바의 아이들이여, 위험이 찾아왔을 때 너희를 숨긴 어머니를 지키기 위해 성벽 안에 머무르거라. 제네바, 너의 문은 신의 팔이다. 그리고 '그분의 음성은 너의 경포 소리이다.'

낭독자 친구여, 만일 그대에게 애국심이 있다면, 나의 작은 여담을 용서하라. 그러나 나는 영혼을 끓어오르게 하는 격류를 참지 못하였다. 네 고향 제네바를 사랑하는가? 오! 만일 당신이 그녀를 사랑한다면, 그렇다면, 달려가 무기를 들어라. 그분의 음성이 너를 부른다. 그리고 언젠가는 그가 적의 불 아래 쏟아붓는 피를 애도할 수 있을 것이다. 그렇다, 같은 신의 자유로운 아이들이여, 무기를 들고 국경으로 향해라! 오, 제네바의 아이들이여! 그대들의 무기란 왕의 성경이다."

보(프랑수아즈) [Bos(Françoise)] 1606년 1월 30일, 판사 게이유Gueille는 재판에서 인큐버스Incubus(남성 몽마)와 고약한 거래를 한 어느 행실 나쁜 여성을 만나게 되었다. 그녀는 기혼 여성인 프랑수아즈 보였다. 그녀는 이웃 여럿을 유혹했으며 자신의 악마와 함께 타락하도록 만들었다. 그녀는 대범하게도 자신이 성령의 집사라고 주장하였으나, 앞서 언급한 이웃들의 증언에 따르면 방자한 인간에 불과했다고 한다. 이 지저분한 사건은 1606년 7월 14일, 프랑수아즈 보가 화형을 당하며 종료되었다. 조사 끝에, 이 여성은 미천한 방랑자에 불과했던 것으로 결론 났다[1].

(1) 쥴 가리네Jules Garinet, 『프랑스 마법사Histoire de la Magie en France』.

장 뒤 보스크 [Bosc(Jean du)] 루앙Rouen 조세재판소의 재판소장. 1562년 반역죄로 참수형을 받았다. 『숫자 7의 힘과 특성Traité de la vertu et des propriétés du nombre septénaire』이라는 책을 펴냈다.

식물점 [Botanomancie / Botanomancy] 마편초와 헤더의 잎 또는 잔가지를 활용한 점술. 과거 사람들은 여기에 이름과 요청사항을 새겼다.

이 점술은 여전히 활용되고 있다. 강한 바람이 불었던 밤이 지나고 다음 날 아침이 되면 바닥에 잎들이 떨어진다. 이때 사기꾼이 나타나 사람들이 알고 싶은 내용을 예측해주거나 지어내 말해준다.

보티스 [Botis] 참조. 오티스Otis.

보트리스 또는 보트리드 [Botris, Botride] 톱니 모양 잎에 솜털이 달렸으며, 송이 형태로 꽃을 맺는 식물. 비술을 다루는 이들은 이 식물에 놀라운 효능이 있다고 전한다. 그중에 하나는 죽은 아이를 손쉽게 어머니의 뱃속에서 꺼낼 수 있다고.

미셸 루이 드 부벤오르 [Boubenhore (Michel-Louis de)] 좋은 가문 출신의 젊은 영국인. 노름에 빠져 가진 돈을 탕진했을 때 악마에게 자신을 바쳤고, 즉시 빙의되어 범죄를 저질렀다. 상당히 많은 군중 앞에서 구마 의식이 행해졌기에 그의 이야기에는 의심의 여지가 없다. 『지옥의 전설Légendes Infernales』에서도 그의 이야기를 찾아볼 수 있다.

숫염소 [Bouc / He-Goat] 악마는 마녀 집회에서 숭배받을 때 반짝이는 두 눈을 한 거대하고 시커먼 숫염소의 모습으로 나타난다. 악마는 마녀들과 회담이 있을 때마다 자주 이 모습을 한다. 마녀 집회의 우두머리는 많은 재판에서 다른 이름이 아닌 흑염소 또는 거대한 숫염소라고 불린다. 숫염소와 빗자루 손잡이는 마녀들이 통상적으로 이용하는 탈 것이기도 하며, 밤의 회동에 나설 때는 벽난로를 통과해 이동한다.

이집트인들에게 숫염소는 그리스 목신인 판Pan을 상징한다. 여러 악마학자는 판이 마녀 집회의 악마라고 이야기했다. 그리스인들은 바쿠스Bacchus에게 염소를 제물로 바치곤 했다. 일부 악마 광신자들은 마녀 집회의 악마가 바쿠스라고 생각했다. 끝으로 유대인의 속죄양(아자젤Azazel)은 악마에게 바쳐진 숲과 장소들을 드나들었다. 마녀 집회에 숫염소가 있었다고 보는 이유에는 이러한 사실도 포함된다. **참조.** 마녀의 집회Sabbat.

『대 알베르투스의 경이로운 비밀들Admirable Secrets of Albert the Great』 작가는 제2부 3장에서 유리와 식초를 넣고 끓인 숫염소 피를 얼굴에 문지르면 끔찍하고 무서운 환영을 겪게 된다고 말한다. 그리고 혼란스럽게 만들고 싶은 타인에게도 같은 방법을 이용해 환영을 심어줄 수 있다고. 촌사람들은 마법서를 이용해 악마를 소환하면 숫염소의 모습으로 등장한다고 믿었다. 영국의 왕 붉은 얼굴의 윌리엄William the Red을 데려간 악마 역시 거대한 숫염소의 모습을 하고 있었다.

여기서 들려줄 수 있는 어느 숫염소의 모험 이야기가 있다. 여인숙에서 머무르던 한 여행객의 옆 방엔 그가 모르게 염소들이 짝을 지어 머무르고 있었다. 두 방을 나누는 것은 아주 얇은 나무판이 전부였으며, 그마저도 군데군데 들떠있었다. 그는 숙소를 점검하지 않고 편안하게 잠이 들었는데, 옆방의 숫염소가 그를 찾아왔다. 짐승은 벽의 벌어진 틈을 이용해 들어왔다. 발굽 소리에 잠이 깬 이방인은 처음에는 그를 도둑으로 착각했다. 숫염소는 침대로 다가와 두 발을 침대 위에 올렸다. 이에 여행객은 즉시 몸을 뒤로 빼야 할지, 힘차게 반격을 가해야 할지 고민하다 도둑을 잡아야겠다고 결심하게 되었다. 두 발을 침대 끝에 올린 도둑이 미심쩍었던 그는 주둥이가 튀어나온 얼굴, 긴 수염, 뿔을 손으로 만졌을 때 더 큰 공포에 사로잡히게 되었다…. 이 모든 것이 악마를 가리킨다고 확신한 그는 당혹감에 침대 위에서 펄쩍 뛰었다. 해가 밝은 후에야 그는 악마의 정체를 알아채고 안심할 수 있었다. **참조.** 마법서Grimoire.

부셰 [Boucher] 앙브루아즈 파레Ambroise Paré는 저서 『괴물들Des Monstres』 28장에서 다음과 같은 일화를 소개한다. 불순한 생각에 가득 찬 부셰라는 하인 앞에 여성의 모습을 한 악마 혹은 유령이 나타났다. 부셰가 여성을 따라가기 시작하자 그의 배와 허벅지에 불이 붙더니 온몸이 타버리게 되었고, 결국 비참한 죽음을 맞이했다.

마르게리트 라굼 부셰 [Bouchey(Marguerite Ragum)] 16세기 말 솔로뉴Sologne의 어느 벽돌공 아내. 그녀는 간혹 움직이는 꼭두각시를 보여주곤 했는데, 전문가들은 이를 소악마라고 주장했다. 1603년 6월, 로모랑탱Romorantin의 한 빈틈없는 판사는 이 여성에 대한 재판에 착수했다. 그녀는 블루아Blois의 술집 '거위'의 주인장인 주앙Jehan의 집에서 하녀로 일하고 있는 도중, 주인이 3개월간 이 꼭두각시(혹은 만드라고라)를 맡겼다고 고백했다. 또 꼭두각시의 성격이 아주 고약했기에 겁에 질린 채로 먹을 것을 주어야 했다고 덧붙였다. 게다가 주인인 주앙은 밭으로 나갈 때마다 '네게 이 짐승을 두고 갈 테니 다른 이가 가까이 다가오지 못하도록 해라.'라고 말했다고.

한번은 주앙이 여행을 떠났을 때, 꼭두각시에게 사흘 동안 먹이를 주지 않기도 했다. 그러자 꼭두각시는 주앙이 돌아왔을 때 얼굴을 잔혹하게 폭행했다…. 이 꼭두각시는 원숭이의 형상을 하고 있었는데, 사람들이 쳐다보기 꺼릴 정도로 흉측해 늘 숨겨두어야만 했다. 이러한 진술 후에 판사는 사건을 표결에 부쳤다. 그리고 결국 파리Paris 의회는 그녀가 마녀라고 판결했다. 이때, 꼭두각시는 정말 원숭이였을지도 모를 일이다.

부처 [Bouddha / Buddha] 인도의 신. 원래 인간이었으나 신이 되었다.

마녀 집회의 수프 [Bouillon du Sabbat / Broth of the Sabbat] 피에르 드 랑크르 Pierre de Lancre의 저서 『완전히 입증된 마법에 대한 의심과 불신Incrédulité et mécreance du sortilège pleinement convaincue』(논설 10을 참조)에 따르면, 마녀들은 집회에서 죽은 아이들과 교수형을 받은 자들의 시체, 마법 가루, 검은 기장, 개구리를 한데 끓인 뒤 "팀파논Tympanon[1]을 마신 나는 마법 수련생이다."라고 외치며 마셨다고 한다. 수프를 마신 뒤 그녀들은 미래를 예견하고, 하늘을 날며, 마법을 부리는 능력을 얻게 되었다.

(1) 팀파논은 가마솥을 의미한다.

수정구 [Boule de Cristal / Crystal Ball] 여러 예언가가 수정구를 점술에 이용하였다. 주로 아이에게 공 속을 들여다보도록 한 뒤 알고 싶은 것들을 밝혀냈다. **참조.** 잉크Encre.

모로코의 공 [Boules de Maroc / Balls of Morocco] 모로코에는 세 개의 황금 공이 올라가 있는 탑이 있다. 이 공들은 건축물에 솜씨 좋게 붙어있어 누구도 떼어내질 못했다. 모로코 국민들은 공들을 지키는 정령이 존재하며, 공을 훔치는 자는 죽음을 면치 못할 것이라 믿는다[1].

(1) H. 파이예H. Paillet, 『모로코 제국의 역사Histoire de l'empire de Maroc』, 69페이지.

불레(토마) [Boullé(Thomas)] 피카르Picard의 보좌신부. 피카르처럼 그 역시 마법사였으며, 마들렌 바방Madeleine Bavent 사건과 루비에Louviers 빙의 사건에 가담했다. 그는 불능 마법을 마음대로 사용하고, 불타는 석탄 위에 눕는 등 여러 비열한 행위를 저지른 혐의로 상당한 벌금을 냈다. 불레는 1647년 8월 22일, 루앙Rouen의 비유 막쉐 광장Place du Vieux-Marché에서 산 채로 화형을 당했다(1). **참조.** 루비에Louviers.

(1) 쥘 가리네Jules Garinet, 『프랑스 마법사Histoire de la Magie en France』, 246페이지.

불렝(자크) [Boullenc(Jacques)] 볼로냐 Bologne의 점성가. 브르타뉴Bretagne 돌Dol 교구 출신이다. 그는 우리가 알지 못하는 여러 점성술 책을 펴냈다. 블렝은 샤를 6세Charles VI 의 통치하에 파리에서 벌어질 혼란과 황태자의 투르Tours 습격을 예견했다. 더불어 그는 포통 드 생트레유Poton de Xaintrailles의 운세를 도표로 그려 예언의 신뢰성을 증명하기도 했다(1).

(1) 황실 서재의 수사본에서 발췌. 이 수사본은 베일Bayle에 관한 졸리Joly의 주석이며 끝부분에 해당 내용이 기록되어 있다.

불베즈 [Boulvèse] 몽테규Montaigu 대학의 히브리어 교수. 1556년에 랑Laon 빙의 사건을 『니콜 오브리의 모험Aventure de Nicole Aubry』 이라는 책으로 기록했다.

바운드스체스크 [Boundschesch] 또는 영원의 책. 고대 페르시아인들이 몹시 숭배했다. 이 책에서 우리는 오르무즈드Ormusd가 선과 순수한 세계의 주인이며 아리만Arimane이 악과 오염된 세계의 주인임을 확인할 수 있다. 하루는 오르무즈드가 싸움에서 승리하였고 아리만은 복수를 위해 오르무즈드가 만든 소를 죽였다. 이 소의 피에서 최초의 인간이 탄생했고, 오르무즈드는 건강의 물 한 방울과 생명의 물 한 방울을 그에게 떨어뜨려 15세 소년이 가지는 힘과 생기를 주었다. 이 최초의 인간은 카이드 모르Kaid-Mords라는 자였다. 그는 천 년을 살며 560년 동안 세상을 지배했다. 그는 열매에 인간을 잉태하는 나무를 만들었다. 뱀의 모습을 한 아리만(또는 악마)은 최초의 남녀 한 쌍을 유혹하여 타락시켰다. 그렇게 타락한 최초의 인간은 몸을 검은 옷으로 두르고 쓸쓸하게 부활을 기다려야 했다. 그들로 인해 온 세상에 죄악이 퍼졌

기 때문이었다. 이는 창세기의 변질한 신화로 보인다.

분시오 [Bounsio] 일본의 친숙한 정령 카미스Kamis를 돕던 일본인. 아이를 얻길 원했던 그녀는 500개의 알을 낳았고, 화덕에서 500명의 아이가 부화했다.

부르제 또는 뷔르고 [Bourget, Burgot] 미셸 베르됭Michel Verdung과 타협한 마법사. **참조.** 베르됭.

부리뇽(앙투아네트) [Bourignon (Antoinette)] 1616년 릴Lille에서 태어난 예언자. 프리슬란트Friesland에서 1680년에 사망했다. 태어날 당시 외모가 너무 흉측했고 괴물로 착각해 사람들이 목숨을 거둬야 할지 고민할 정도였다고.

그녀는 상상력을 자극하는 생동한 서적들을 읽고 만든 혐오감으로 위안을 찾았다. 그녀는 환영과 황홀감을 경험했다. 설교를 시작한 부리뇽은 릴에서 배척을 받아 네덜란

드로 도망을 쳤다. 그녀의 눈엔 언제나 악마와 마법사들이 보였다. 그들의 많은 책은 부리뇽의 손에 의해 프랑스어, 플랑드르어, 독일어로 인쇄되었다. 그리고 이는 외부 모든 종교 의식과 예배식을 공격했다. 이때 이 책들은 신의 의지가 아닌 비의적 완전함을 위해 번역되었다. 이중 가장 유명한 책은 『새로운 하늘과 적그리도스의 군림Nouveau Ciel et du Règne de l'Antéchrist』, 그리고 그녀가 저술한 『인간의 실명과 어둠속에서 피어난 빛으로부터De l'aveuglement des hommes et de la lumière née en ténèbres』이다.

사형집행인 [Bourreau / Executioner]

과거 최고형을 집행하는 사람은 여러 능력을 가지고 있었다. 일부 지방에서는 사형집행인이 집행 업무를 마치고 돌아오는 길에 병자를 만지면 병이 회복된다고 믿었다[1]. 한때 파리Paris에선 사형집행인과 장난을 치는 것이 위험하다는 이야기가 돌았는데, 사형집행인의 특수한 능력 때문일지도 모른다.

18세기 어느 저녁, 랄리Lally 후작은 친구 두 명과 저녁 식사 후, 사람들이 춤을 추는 어느 집에 들어갔다. 그 집은 사형집행인의 집이었고 이들을 알아본 집행인은 직접 문을 열어주었다. 그로부터 20년 뒤, 랄리 후작은 같은 집행인의 손에 죽게 되었다.

(1) 티에르Jean-Baptiste Thiers, 『미신 모음집Traité des superstitions』, 1권, 443페이지.

고약한 수도자 [Bourru / Gruff]

한때 파리Paris 시민들 사이에는 '고약한 수도자'라고 불리던 한 유령 이야기가 몹시 자주 오갔다. 이 수도자는 아이들에게 겁을 주었는데, 이후 보기맨Bogeyman*이 전설의 뒤를 따랐다.

* 아이에게 겁을 주는 도깨비.

부리 [Boury]

마법 선동자. 참조. 플라크Flaque.

소망상증 [Bousanthropie / Boanthropy]

일부 몽상가들을 엄습하던 마음의 병. 이 병에 걸리면 자신이 소로 변했다고 믿게 된다. 그러나 정신병 역사를 살펴보면 늑대인간과 늑대망상증처럼 많이 알려진 병은 아니다.

학사의 단추 [Bouton de Bachelier / Bachelor's Button]

영국 시골 청년들은 결혼 상대를 찾을 때 주머니에 단추를 닮은 리크니스 계열의 꽃을 꽂고 나섰다. 이를 '학사의 단추'라고 부른다. 이 꽃이 시드는 여부에 따라 인연의 희망 여부도 판단하였다고 한다[1].

(1) 스미스Smith, 『셰익스피어의 행복한 아내네들을 위한 글Notes on Shakespeare's Merry Wives of Windsor』, 파트 3.

샤를 드 보빌 또는 보벨 또는 보빌루스 [Boville, Bovelles, Bovillus(Charles de)]

피카르디Picardy에서 태어나 1553년 사망했다. 저서 『감각De Sensu』에서 세상이 동물에 불과하고 여러 번 새로 거듭났다는 오래된 주장을 내세웠다. 이 주장은 가장 최근*에 펠릭스 노가레Felix Nogaret[1]에 의해 쇄신되었다. 그 외에도 보빌은 편지들[2], 레이몬드 뤌Raymond Lulle의 생애, 숫자 12개론, 영혼의 불멸성, 세상 부활과 끝에 관한 대담[3]들을 주제로 저술했다.

(1)『지구는 동물이다La terre est un animal』라는 소책자에서. / *(2)* 네 부분으로 된 수학 작업 서신, 감각에 관한 인문서 이후 『12개 숫자 중 완벽한 숫자De Duodecim Numeris, De Numeris Perfectis』 논문과 함께 수집, 1510년, 파리, 2절판, 희귀본, H. 에스티엔H. Estienne. / *(3)*『요한복음 주석서에 나오는 은둔자 레이몬드의 생애Vita Raymundi

Eremitœ, à la Suite du Commentarius in Primordiale Evangelium Joannis』 1514년, 파리, 4절판.『부활, 세상의 멸망, 그리고 그 회복에 대해 매우 진심 어린 불멸의 대화Dialogi Très Deanimœ Immortalitule, de Resurrectione, de Mundi Excidio et Illius Instaurationer』, 1552년, 리옹, 8절판, 그리피우스 Gryphius. / *『지옥사전』이 출간될 당시인 1863년.

복스혼(마크 주에리우스) [Boxhorn(Marc Zuerius)] 네덜란드 비평가. 1612년 베르헌 옵 좀Bergen op Zoom에서 태어났다.『마크 주에리우스 복스혼의 꿈 개론Marci Zuerii Boxhornii Oratio de Somniis』(1639년, 루그두니 바타브 Lugduni Batav, 4절판)이라는 흥미롭고 희귀한 책을 펴냈다.

브라카스코(장) [Braccesco(Jean)] 브레시아Brescia의 연금술사, 16세기에 그의 재능은 꽃을 피웠다. 그는 아랍어로 된 게버Geber의 서적을 해설해 원서만큼이나 난해한 잡탕서를 펴냈다. 브라카스코의 저서중 가장 흥미로운 작품은 생명의 나무로 선조들이 어떻게 900세를 살았는지에 관한 의학적 지식을 다룬 책이다.(1).

(1)『우리 첫 조상이 900년 동안 살 수 있었던 약이 담긴 생명의 나무Legno della vita, nel quale si dichiara la medicina per la quale nostri primi padri vivevano nove cento anni』, 1542년, 로마, 8절판.『철학자 게버의 자연의 고귀한 비밀 La esposizione di geber filosofo, nella quale si dichiarano molli nobilissimi secreti délia natura』, 1544년, 베네치아, 8절판. 이 두 책은 라틴어로 번역되어 그라타롤의 집록『진정한 연금술의 교리vera alchemiœ doctrina』과 '망제의 화학 도서관' 제1부에 포함되었다. 외에도『연금술 논설De alchemia dialogiquo』(1548년, 4절판, Lugd)이라는 제목으로 별도 출간되기도 했다.

브라그 [Brag] 밤에 나타나는 영국의 작은 악마. 집안에서 몹시 시끄러운 방울 소리를 내기에 우편 마차가 왔다고 착각하기도 한다. 브라그는 눈에 보이지 않지만, 괴롭히고 싶은 행인의 어깨에 두 앞다리로 올라가는 것을 좋아한다. 그렇게 몇 발짝을 업힌 뒤엔 행복해하며 날카로운 소리를 내지르고 도망간다. 1809년, 요크York에선 과감하게 사람들 앞에 모습을 드러낸 브라그가 있었다.

브라가디노(마르코) [Bragadini(Marc-Antoine) / Bragadino(Marco)] 베네치아 Venice 출신의 연금술사. 1595년 바이에른 Bavaria에서 참수형을 당했다. 브라가디노는 민담에서처럼 금을 만들 수 있고, 악마를 부릴 수 있다며 떠들었다. 형의 집행은 윌리엄 2세William II 공작 지휘 아래 뮌헨Munich에서 이뤄졌다. 그리고 브라가다니노와 항상 함께 하던 두 마리 개도 함께 체포하여, 그의 사역마라는 것을 밝혀냈다. 개들 또한 재판을 받았으며, 광장에서 소총에 맞아 죽었다.

브라흐마 [Brahma] 인도의 창조신. 그에게는 9명의 작은 아들이 있다. 타킨Takin은 신의 엄지발가락에서, 풀라귄Poulaguin은 배꼽에서, 풀라티엔Poulatien은 귀에서, 피루구Pirrougou는 어깨에서, 메라도우Meladou는 두 손에서, 차나바디Chanabadi는 얼굴에서, 앙귀라Anguira는 코에서, 나리센Narissen은 영혼에서, 아트리Atri는 두 눈에서 태어났다.

브라만 [Brahmanes, Brahmes, Brahmines / Brahmans] 인도의 신 브라흐마 Brahma를 섬기는 이들. 이들은 브라흐마의 영혼이 팔만 개의 몸을 차례로 지나갔다고 믿었다. 이때 흰 코끼리의 몸엔 조금 더 오래 머물렀는데, 이에 따라 인도에선 흰 코끼리를 숭배하게 되었다.

브라만은 카스트Caste 계급 중에서 가장 높은 신분에 있다. 무수한 이야기가 전해지는 이 현자들 중엔 한때 숲에 거주하며 별을 통해 점을 치는 이들이 있었다. 또 도시에 살며 인도 귀족들에게 도덕을 가르치는 자들도 있었다. 스트라본Strabo은 브라만의 이야기를 들을 때 절대 침묵을 지켜야 한다고 말했다. 기침하거나 침을 뱉는 자는 쫓겨났다고.

브라만들은 윤회를 믿으며 과일 또는 우유만을 섭취하고, 몸을 더럽히지 않고는 동물을 만질 수 없다. 이들은 타락한 천사의 영혼이 동물을 조종한다고 주장한다. 부제앙 Bougeant 신부는 이 기발한 이론을 이용했다.

고아Goa 인근 지역에는 다른 종파의 브라만들이 있었는데, 이들은 천국에 가기 위해 죽음을 기다려선 안 된다고 믿었다. 그렇기에 나이가 많이 들었다고 생각될 때, 이들은 제자들의 도움을 받아 관 안에 들어갔다. 그리고 이 관을 인근 강에 떠내려 보내 천국에 닿을 수 있도록 했다. 하지만 그곳엔 이를 노리는 악마가 있었다. 관이 도착하면 악마는 관을 부순 후 인간을 잡아챘다. 빈 관을 발견한 인도 사람들은 늙은 브라만이 브라흐마 신 곁으로 갔다며 소리를 질렀다.

　브라만Brahmanes, 브라메Brahmes 또는 브라민Brahmines의 수장인 브라흐마는 알다시피 인도 삼위일체를 이루는 세 신 가운데 한 명이다. 그는 탄생하기 전 몇 세기 동안 금으로 된 알 속에서 상념에 빠져있었다. 그리고 알의 껍데기로 하늘과 땅을 만들었다. 그에겐 다섯 개의 머리가 있었다. 머리 하나를 전투에서 잃어버린 그는 열네 개의 세상을 만들기 시작했다. 하나는 그의 뇌, 또 하나는 그의 눈, 세 번째는 그의 입, 네 번째는 그의 왼쪽 귀, 다섯 번째는 그의 입천장, 여섯 번째는 그의 심장, 일곱 번째는 그의 위, 여덟 번째는 그의 배, 아홉 번째는 그의 왼쪽 허벅지, 열 번째는 그의 무릎, 열한 번째는 그의 발꿈치, 열두 번째는 오른쪽 발가락, 열세 번째는 왼쪽 발바닥 그리고 마지막은 그를 둘러싼 공기로부터 만들었다. 각 세상에 사는 사람들은 각자 기원과 연관 있는 특성을 보인다. 브라흐마의 뇌에서 생겨난 세상의 사람들은 지혜로우며 박식하다.

　브라만들은 운명론자이다. 이들은 필멸의 존재가 탄생할 때, 브라흐마가 운명을 미리 결정지으며 그 어떤 힘으로도 바꿀 수 없다고 믿는다.

　언제나 점성가이자 마법사인 브라만들은 아직도 그 어떤 범죄를 막론하고 사형에 처하지 않는 특혜를 누린다. 불행하게도 브라만을 죽인 인도인은 속죄를 위해 12년 동안 순례를 떠나야 한다. 또 동냥으로 살며 피해자의 두개골에 식사를 해야 한다.

　시암Siam*의 브라만들은 이 세상이 화재로 종말을 맞이할 것이며, 그 재에서 새로운 세상이 탄생해 영원한 봄을 누릴 것이라고 믿었다.

　마법사들의 종교재판을 담당하던 보게Boguet 판사는 브라만을 영예로운 마법사로 보았다. 이들은 두 개의 술통을 자유자재로 여닫으며 날씨를 맑게 하거나 비를 내리게 했다. 르 루아예Pierre Le Loyer는 저서 337페이지에서 브라만(또는 브라민)이 악마를 통해 바람을 판매한다고 주장했다. 그는 16세기에 브라만으로부터 바람을 구매한 베네치아Venice의 한 조종사를 예시로 들었다.

*태국의 옛 이름.

브란덴부르크 [Brandebourg] 포메라니아Pomerania 마을 사람들과 브란덴부르크 선제후들은 브란덴부르크 가문에서 누군가 죽을 때마다, 하늘에서 거대한 흰 대리석 석상 모습을 한 여성 유령이 나타난다고 믿었다. 이 여성은 죽음을 앞둔 사람이 있는 성을 돌아다니는데, 사람들은 그녀의 보행을 저지하길 꺼렸다. 하루는 여성의 앞을 막아선 대담한 시동이 있었다. 이 거대한 유령은 시동을 난폭하게 바닥에 내던졌고, 시동은 즉사하였다. 이 유령이 마지막으로 출몰한 것은 이미 오래전이다.

브라 드 페르 [Bras de Fer] 마법사 목동. **참조.** 호크Hocque.

암양 [Brebis / Ewe] 참조. 양 떼Troupeaux.

브레누스 [Brennus] 갈리아Gallia의 장군. 그가 델포이Delphi를 점령한 뒤 아폴로Apollo 신전을 더럽히자 벼락을 동반한 지진이 일어났고, 파르나소스 산Parnassus으로부터 돌비가 떨어졌다고 한다. 그의 병사들은 혼비백산했고, 브레누스는 전쟁에서 졌으며, 부상과 함께 스스로 목숨을 끊었다.

브리포 [Briffaut] 잘 알려지지 않은 악마지만 지옥 군단을 이끈다. 17세기 보베

Beauvais에 살던 어느 여성의 몸에 빙의한 이력이 있다.

성 브리짓 [Brigitte(sainte)] 성 브리짓의 계시록에는 끔찍한 지옥 그림이 실려있다. 기독교를 적대시하는 자들은 그의 책 속에서 인용할만한 주제를 찾았다. 그렇지만 이것은 교회 규범에 합치하는 책이 아니다. 교회는 이 책의 내용을 믿으라 명하지 않았을뿐더러 모두에게 권하지도 않았다.

마리 마르게리트 브랭빌리에 후작 부인 [Brinvilliers(Marie-Marguerite, Marquise de)] 1666년에서 1672년까지 중오나 이유 없이, 부모, 친구, 하인들을 독살했거나 독살 혐의를 받았던 여성. 그녀는 병자들에게 독을 먹이기 위해 병원을 직접 찾기도 했다. 그녀가 저지른 끔찍하고 광기 어린 범죄 또는 잔혹한 타락은 악마에게 빙의되었다는 것 외에 다른 것으로 설명될 수 없을 듯하다. 브랭빌리에가 자신을 사탄에게 팔았다는 이야기도 있다.

7살 나이부터 브랭빌리에는 범죄에 발을 디뎠다. 이 때문에 사람들은 그녀에게 끔찍한 악마가 빙의되어 있다는 것을 진지하게 의심했다. 그녀는 1676년 화형에 처해졌다. 그리고 그녀의 죽음 뒤에도 이러한 독살 범죄들은 줄을 이었다. **참조.** 이웃Voisin.

1842년의 『예언 연감Almanach Prophétique』에서 외젠 바레스트Eugene Bareste는 브랭빌리에 후작 부인의 변론을 시도했으나 그녀가 중상모략 당했다는 주장은 가당치 않았다. 괴레스Görres는 저서 『신비주의Mystique』에서 이 여성의 범죄 행위에 사탄의 영향이 있었음을 인정했다. 이러한 영향력은 오늘날 뒤몰라르Dumollard라고 불리는 연쇄살인범의 이야기에서도 발견할 수 있다.

브리오슈(장) [Brioché(Jean)] 발치 장인. 1650년경 꼭두각시 인형극 기술로 유명해졌다. 파리Paris와 프랑스 지방의 사람들을 즐겁게 해준 다음, 그는 스위스로 넘어가 졸로투른Solothurn에서 많은 군중이 보는 가운데 공연을 펼쳤다. 스위스인들은 꼭두각시를 본 적이 없었기에, 브리오슈의 능력에 크게 놀랐다. 공연의 막이 오르기 무섭게 악마, 의사, 풀치넬라Pulcinella를 비롯한 이상한 인물들이 튀어나오자 사람들은 겁먹은 눈을 크게 떴다. 그렇게 몸집이 작고, 민첩하고, 재잘거리는 사람들을 보는 것은 일찍이 본 적 없는 일이었다. 스위스인들은 말하고, 춤추고, 주먹질하고 목소리를 높여 싸우는 사람들이 브리오슈가 조종하는 작은 악마 군단이라고 생각할 수밖에 없었다.

관람객들은 자신들끼리 이러한 의견에 동의했고, 그중 일부가 판사를 찾아가 브리오슈를 고발했다.

겁에 질린 판사는 궁수들에게 브리오슈를 체포한 뒤 데려오라고 시켰다. 사람들은 브리오슈를 결박한 후 무대와 작은 악마들을 그와 함께 법관 앞으로 데려갔다. 사람들은 공연 소품을 만지며 몸을 떨었다. 그리고 브리오슈는 그것들과 함께 화형을 선고받았다. 형이 집행되려던 순간, 프랑스 왕을 섬겼던 스위스 근위병 대위 뒤몽Dumont이 나타났다. 프랑스인 마법사가 누군지 궁금했던 그는 과거에 파리에서 큰 웃음을 안겨준 적이 있던 가여운 브리오슈를 알아보았다. 뒤몽은 서둘러 판사를 찾아 형의 집행을 하루 연기한 뒤, 자초지종을 설명하며 꼭두각시 인형의 원리를 알려주었다. 그리고 브리오슈를 풀어주라는 명을 받아냈다. 파리로 돌아간 브리오슈는 앞으로 스위스인들을 웃기려는 생각은 하지도 않을 것이라고 다짐하였다.[1]

(1) 『생 앙드레의 마법에 관한 서신Lettres de Saint-André sur la magie』, 『데모니아나Dèmoniana』, 『스위스 기담 사전 Dictionnaire d'anecdotes suisses』. / * 16세기의 유명한 코미디 캐릭터.

브리조점 [Brizomantie / Brizomancy] 잠의 여신 브리조Brizo의 예지력을 이용한 점술. 자연적인 꿈을 통해 미래의 일이나 숨겨진 일을 알아내는 기술이다.

브로셀리앙드 [Brocéliande] 기사도 소설에 등장하는 마법의 숲.

브로뇰리 [Brognoli] 성 프란치스코회 Franciscan 수도사 소속 이탈리아인 성직자이자 학자. 악마에 들린 여러 사람을 구마시키고 『알렉시콘, 악한 일을 하는 것과 악행을 아는 것Alexicacon, Hoc Est de Maleficiis ac Moribus Maleficis Cognoscendis』(1714년, 베네치아)이라는 흥미로운 책을 남겼다.

브로옹(장) [Brohon(Jean)] 16세기 쿠탕스Coutances에 거주하던 의사. 수집가들은 그의 『비범하고 경이로운 혜성 설명서Description d'une Prodigieuse et Merveilleuse Comète』(1568년, 파리, 8절판, 혜성 점술론 포함)와 『연감 또는 점성일기Almanach, ou Journal Astrologique』(1571년, 루앙, 12절판, 1572년 예측 포함)를 찾고 있다.

브롤릭(코르네이) [Brolic(Corneille)] 라부르Labourd 지방의 젊은 청년. 17세기 초, 피에르 드 랑크르Pierre de Lancre는 그가 마법사라고 주장하며 심문했다. 브롤릭은 악마 엉덩이에 입을 맞추는 것을 폭력적으로 강요받았다고 고백했다. 드 랑크르는 다음과 같이 말했다. "매우 정중한 아이이기 때문에 한 말인지 모르겠다. 그는 악마에게 엉덩이에 입을 맞추느니 차라리 죽음을 택하겠다고 한 덕분에 얼굴에 키스를 할 수 있었다고 한다. 그는 마녀 집회에서 탈출하는 것이 굉장히 어려웠으며, 혐오감을 떨칠 수 없었다고 말했다.(1)."

(1) 『타락천사의 변론Tableau de l'inconstance des mauvais anges』, 75페이지.

브론제 [Bronzet] 아를Arles 인근 몽마조Montmajor 수도원을 드나들던 소악마. **참조.** 퍽Puck.

브로시에(마르트) [Brossier(Marthe)] 로모랑탱Romorantin 방직공의 딸. 1569년 22세의 나이에 빙의가 되어 경련을 일으켰다고 전해진다. 이에 구마 의식을 진행했지만, 빙의 현상은 사라지지 않고 점점 더 놀라운 양상을 보였다. 브로시에가 여러 도시를 돌아다니는 동안 악마는 그녀의 입을 통해 히브리어, 그리스어, 라틴어, 영어 등을 말했다. 그녀가 비밀을 발견했다는 풍설도 있었다. 혹은 땅에서부터 4피에* 높이까지 공중제비를 돌았다는 이야기도 들렸다.

브로시에를 의심하던 오를레앙Orleans의 종교재판 판사는 그녀에게 구마의식을 진행하겠다고 거짓으로 말했다. 그는 단지 데스포테르Despauterius 문법에서 동사 '맺다Nexo'와 '엮다Texo'를 변형해가며 읽었을 뿐이었다. 이에 브로시에는 바닥에 쓰러져 몸을 비틀어댔다. 브로시에는 앙제Angers의 주교 샤를 미롱Charles Miron에게로 옮겨졌고, 보호소에서 돌봄을 받았다. 그녀가 마시는 물에 몰래 성수를 넣어도 봤지만, 일반 물과 다른 효과가 나지 않았다. 하지만 그녀를 성수반에 데려가 축복받게 하자 바닥에 넘어져 몸부림을 치며 얼굴을 찌푸렸다. 주교는 버질Virgil의 책을 한 손에 든 채로 구마 의식을 진행하는 척하며 다음의 문장을 엄중하게 읊었다. "Arma Virumque Cano(나는 팔과 남성을 부른다)." 브로시에는 평소보다 두 배나 더 심한 몸부림을 쳤다. 이에 그녀가 사기를 치고 있다는 것을 확신한 샤를 미롱은 빙의되었다고 주장하는 여성을 오를레앙에서처럼 교구에서 쫓아냈다.

파리Paris에서 의사들은 그녀의 상태를 두고 많은 의견을 교환했다. 그러나 곧 빙의보다는 기만행위라는 의견에 무게가 더 실렸으며 악마와 아무 연관이 없다고 결론 내려졌다(악마와 관련 없음, 가짜, 질병 없음Nihil a Dœmone, Multa Ficta, a Morbo Pauca). 의회에서도 사건의 진상을 알게 되었고, 브로시에에겐 로모랑탱의 부모 집에서 머물도록 하는 형이 내려졌다. 이를 어길 시 처벌을 받아야 했다.

그러나 브로시에는 얼마 후 클레르몽Clermont의 주교를 찾아갔다. 그녀는 그를 속일 수 있으리라 생각했기 때문이다. 이에 의회가 그녀를 체포하려 했고 결국 로마로 달아났다. 그곳에서 브로시에는 어느 공동체에 감금되었다. 그녀의 빙의 이야기는 여기서

막을 내렸다. 이 사건과 관련한 자료로는 오샤Ossat 추기경이 쓴 편지와 구마 의식에 참여한 마레스코Marescot 의사가 쓴 『마르트 브로시에 사건의 진정한 논설Discours Véritable sur le Fait de Marthe Brossier』(1599년, 파리, 8절판)이 있다.

* 과거 프랑스의 길이 단위로 1피에는 약 0.3248미터이다.

브라더스(리차드) [Brothers(Richard)]

17세기에 자신이 신의 선지자이자 조카라고 주장했던 용감한 영국인. 다비드 조지David Georges와 비슷한 인물이라고 할 수 있다. 그는 모든 영혼이 아담과 동시에 만들어졌으며, 함께 지상낙원에서 죄를 저질렀다고 보았다. 윤회를 믿었던 그는 자신의 영혼이 알패오의 아들 성 야고보St. James the Less와 동일하다고 주장했다. 브라더스는 이스라엘 왕국 재건을 제안하기 위해 왕과 의회를 찾기도 했다. 그에겐 많은 제자들이 있었다. 브라더스는 제자들에게 눈부신 기적을 약속하곤 했다. 그는 스트랜드가Strand 한복판에서 정오에 맞춰 막대기를 뱀으로 바꾸려 했으나 실패했다. 그는 지진을 예고했으며, 이에 많은 사람이 런던을 떠났으나 지진은 일어나지 않았다. 결국 예언가는 수감되었다. 그리고 그 이상으로 알려진 것은 없다.

브리콜라카스 [Broucolaques / Vrykolakas] 참조. 흡혈귀Vampires.

죽음의 수레 [Brouette de la Mort / Wheelbarrow of Death]

바스 브르타뉴Basse-Bretagne 시골 마을에선 사람이 죽을 때 죽음의 수레가 지나간다고 믿었다. 유령들이 끄는 이 수레는 흰 천으로 덮여있는데, 죽음을 앞둔 사람은 그 바퀴 소리를 들을 수 있다고[(1)]. 일부 고장에서 이 수레는 죽음의 마차Carrick an Nankou로 여겨지며, 올빼미 울음소리가 수레의 도착을 알린다고 한다[(2)].

(1) 자크 캉브리Cambry, 『피니스테르 여행Voyage dans le Finistère』, 1호. / (2) 케라트리Kératry, 『보마누아의 마지막Le Dernier des Beaumanoir』, 26장.

브라운(토마스) [Brown(Thomas)]

영국인 의사. 1682년에 사망했다. 그는 넓고 깊이 있는 지식을 다루는 저서 『거짓 교리에 대한 확산과 저속한 오류에 대한 분석Pseudodoxia Epidemica or Enquiries the Vulgar Errors』(1646년, 런던, 2절판)에서 여러 오류를 반박하였다. 이 책은 수세Souchay 수도원장을 통해 『대중적 오류 혹은 잘못되었거나 불명확하지만, 진실처럼 받아들여진 여러 의견의 분석Essai sur les erreurs populaires, ou examen de plusieurs opinions reçues comme vraies et qui sont fausses ou douteuses』(1733년, 1742년, 파리, 12절판)이라는 표제로 프랑스어 번역되었다. 출간 당시에도 실용적이었던 이 책은 여러 오류가 해소된 지금에 와서도 여전히 쓸모 있다. 브라운 박사의 지식은 방대하며, 그의 결론은 보통 타당하다. 하지만 가끔 하나의 오류를 다른 오류로 대체하는 경우도 있다.

『대중적 오류』는 7부작으로 구성되어 있다. 제1부에서는 널리 유포된 오류의 근원을 찾는다. 이 근원은 인간 정신의 나약함, 호기심, 경이로움에 대한 인간의 사랑, 잘못된 상념과 조급한 판단 속에 자리한다고 본다.

제2부에서는 무기질과 식물에 부여하는 기적의 효능에 관한 오류를 검토한다. 여기에는 자석에 부여하는 초자연적 특징과 순진한 사람들이 매년 크리스마스이브에 꽃을 피운다고 믿는 예리코Jericho 장미의 은혜로움이 포함되어 있다.

제3부는 동물을 다루며, 사기꾼들이 동물의 몸 또는 배설물의 일부에 부여하는 비범한 특성을 반박한다.

제4부는 인간과 얽힌 오류를 다룬다. 작가는 약지에 부여된 특별한 힘, 재채기하며 죽는다는 전염병에서 재채기가 유래되었다고 보는 민간전승, 유대인들의 독특한 체취, 소인, 액년에 대한 착상을 깨트린다.

제5부는 화가의 잘못으로 인해 생긴 오류를 소개한다. 여기에선 선조들의 배꼽, 마흔 살임에도 아이처럼 그려놓은 아브라함Abraham의 제물이자 아들인 이삭Isaac에 관한 내용이 담겼다.

작가는 제6부에서 우주 그리고 역사와 얽힌 잘못되었거나 경솔한 의견들을 다룬다. 여기서 작가는 운수 좋은 날과 나쁜 날, 그리고 흑인들에 관한 저속한 착상을 반박한다.

제7부에서는 사해, 바벨탑, 주현절의 왕과 얽힌 이야기를 살펴본다.

브라운은 경신과 거리가 멀었다. 그러나 그는 모든 기독교인과 마찬가지로 마법사와 악마를 믿었다. 허친슨Hutchinson 박사는 『마법에 관한 수상록Essai sur la Sorcellerie』에서 이 주제를 두고 브라운의 이야기를 인용했다. 1664년 노리치Norwich에선 두 명의 사람이 마법을 부렸다는 이유로 종교재판에 서게 되었다. 대배심은 브라운에게 자문했다. 당시 브라운의 생각과 지식은 사람들의 존경을 받고 있었다. 브라운이 서명했던 증서는 원본이 보존 중이며, 증서에서 그는 마법사의 존재와 악마의 영향을 인정하고 있다. 브라운은 재판에 선 두 사람에게 일어난 일과 유사한 사건을 예로 들기도 하며, 그들의 죄를 명백히 밝혔다. 그리고 브라운의 의견은 앞서 말한 사람들의 사형을 결정짓는 역할을 하였다.

브라우니 [Brownie] 스코틀랜드의 소악마. 제임스 1세King James는 브라우니를 사탄의 앞잡이라고 보았다. 커크Kirck는 브라우니를 선한 정령으로 보았다. 아크니Arkney섬에는 여전히 브라우니의 돌이라는 돌구멍에 우유를 바친다. 이 섬의 주민들은 브라우니가 온순하며 평화롭다고 믿는다. 그리고 브라우니에게 위협을 가하면 다시는 모습을 드러내지 않는다고 여겼다. 스코틀랜드 몇몇 성에서는 여전히 사역마로서 브라우니가 존재한다고 여긴다.

브루드모르 [Brudemort] 노르망디 사람들이 몹시 두려워하는 검은 악마. 어둠의 작은 악마인 후아트Huarts 만 마리가 그를 섬긴다. 밤이면 고함을 치며 순진한 사람들에게 겁주는 것을 즐긴다.

피에르 반 브루헤센 [Bruhesen(Pierre Van)] 캠핀Campine의 의사이자 점술가. 1571년 브뤼헤Bruges에서 사망했다. 1550년 그는 이 도시에서 『위대하고 영원한 연감Grand et Perpétuel Almanach』을 펴냈다. 또 판별점성학 원리를 적용해 속을 비우는 날, 목욕하는 날, 면도하는 날, 피를 흘리는 날, 이발하는 날 그리고 부항 단지를 사용하는 날을 세세히 기록했다. 리에주Liège의 이 연감은 브뤼헤에서도 똑같이 입소문을 탔다. 점성술을 믿던 법관은 불길한 날엔 도시 주민들이 턱에 손을 대지 못하도록, 또 이발사가 일하지 못하도록 엄격히 금하였다.

브뤼헤의 의사 프랑수아 라파에르Francois Rapaert는 브루헤센에 반대하며 『위대하고 영원한 연감 혹은 경험론자와 약장수의 채찍Magnum et Perpelluum Almanach, seu Empiricomm et Medicastrorum Flagellum』(1551년, 12절판)이라는 책을 펴냈다. 그러나 점성술을 신봉하는 외과 의사, 피에르 하스차에르Pierre Haschaert는 저서 『프랑수아 라파에르의 점성술 파멸에 대항하는 점성술 방패Clypeus Astrologicus Contra Flagellum Astrologorum Francisci Rapardi』(1554년, 12절판)라는 책을 펴냈다. 이후 브루헤센을 표본으로 한 연감들이 만들어졌는데, 계속해서 많은 부수가 판매되었다.

브룰페르 [Brulefer] 『진정한 솔로몬의 열쇠Solomon's Real Clavicles』에 기록된 사랑을 얻고자 할 때 소환하는 악마(또는 악령).

브뤼네오 [Brunehaut] 아우스트라시아Austrasia의 여왕. 사탄과 재치 있는 계약을 맺었다.

사탄은 계약에 따라 하룻밤 사이 투르네Tournay로 가는 길을 만들어야 했다. 이 길은 닭이 울기 전에 완성되어야 하지만, 악마가 마지막 돌을 나르는 순간 브뤼네오는 수탉을 울게 했다. 그리고 둘의 계약은 깨지게 되었다. 사람들은 여전히 이 거대한 돌을 브뤼네오의 돌이라고 부른다[1].

(1) 『지옥의 전설Légendes Infernales』에서 해당 이야기를 참조할 것.

부르노(지오다노) [Bruno(Giordano)]
16세기 중반, 나폴리Napoli 왕국의 놀라Nola에서 태어났다. 수도원의 옷을 벗은 그는 혹독한 철학에 발 담그며 1584년 런던에서 『승리한 짐승의 추방, 주피터가 제안하고 콘세글로에서 수행하고 머큐리가 공개하고 소피아가 연기하고 사울리노가 듣고 놀란에 의해 녹음됨, 세 개의 대화로 분할, 세 파트로 세부화 Spaccio de la bestia triomphante, proposto da Giove, effetuato dal conseglo, revelato da Mercurio, recitato da Sofia, udito da Saulino, registrato dal Nolano, diviso in tre dialogi, subdivisi in tre parti』(1584년, 런던, 파리, 8절판)라는 책을 펴냈다. 이 책은 금서로 분류되었다. 이 책은 어리석은 논리에 기반하여 모든 종교, 특히 그중에서도 기독교와 얽힌 악의 있는 내용들을 담았다.

다시 모국 땅을 밟고 싶었던 그는 1598년 베네치아Venice에서 체포되어 로마로 옮겨진 뒤, 1600년 2월 17일 화형에 처해졌다. 명백한 신성모독과 더불어 그의 끔찍한 주장과 나쁜 품행이 죄목이었다. 부르노는 연금술과 관련한 공상을 연구하느라 많은 시간을 썼다. 그는 이에 관련된 글도 여럿 남겼다[1]. 브루노의 저서 중에는 그와 함께 불태워진 것들도 있었다[2]. 이러한 가혹함이 놀랍게 느껴진다면, 당시 사람들이 추구하던 사회 질서를 깨트리는 범죄가 사회를 부패시키고 붕괴를 앞당길 뿐 아니라, 오늘날 살인자들이 주는 공포만큼 당시 사람들을 두려움 속으로 몰아갔다는 사실을 기억해야 할 것이다.

(1) 『명료한 건축과 예술의 완성, 룰리De Compendiosa Architectura et Complemento Artis Lullii』, 1582년, 파리, 16절판. / *(2)* 그 중에서도 『재의 수요일 만찬, 다섯 개의 대화로 분할La Cena de le Ceneri, Descrita in Cinque Dialogi』, 1581년, 런던, 8절판.

브뤼농 [Brunon]
"바이에른 공국Duchy of Bavaria에서 배를 타고 도나우Donau 강으로 향하던 하인리히 3세Henry III는 뷔르츠부르크Wurzburg의 주교인 브뤼농 그리고 몇몇 귀족과 동행하고 있었다. 그레인Grein 성 인근을 지나던 그들은 익사할 위기에 처했지만, 가까스로 상황을 모면했다. 그때 바위 위에 서 있던 한 시커먼 남자가 브뤼농에게 다음과 같이 말했다. '주교여, 나는 사실 악마다. 그리고 네가 어디에 있든, 너는 나의 것이다. 오늘 너를 해치지는 않을 것이다. 하지만 곧 그날이 올 것이다.' 선인이었던 브뤼농은 성호를 긋고 나서 악마를 쫓았다. 악마가 어떻게 되었는지는 알려진 것이 없다. 이후 왕은 일행과 함께 에버스베르크Ebersberg에서 저녁 식사를 하게 되었다. 그리고 그들이 있던 나지막한 방의 들보와 천장이 갑작스레 내려앉았다. 양조통에 빠진 왕은 무사했으나, 브뤼농은 심각한 낙상으로 인해 목숨을 잃게 되었다. 이 브뤼농(또는 브르노Bruno)은 『시편Psalms』 해설 몇 가지를 남겼다[1]." 르 루아예가 기록한 이 이야기에 숨겨진 단 하나의 작은 흠이 있다면 바로 모든 것이 거짓이라는 것이다.

(1) 르 루아예Pierre Le Loyer, 『귀신 논설과 역사Discours et Histoire des spectres』, 3권, 16장.

브루르 [Brur]
도피네Dauphine에서 빙의되었던 일부 여성들을 지칭하기 위해 쓰인 명칭. **참조.** 쿠르곤Kurgon.

브루투스 [Brutus]
플루타르코스Plutarch는 브루투스에 관한 다음과 같은 일화를 기록하였다. 빌립보Philippi 전투 이전 홀로 천막에서 생각에 잠긴 브루투스 앞으로 거대한 유령이 나타났다. 유령은 조용히 등장해 위협적인 눈길로 그를 쳐다보았다. 브루투스는 유령에게 신인지 인간인지, 무엇을 원하는지 물었다. 유령은 다음과 같이 대답했다. "나는 악마다. 빌립보 전투에서 너를 기다리겠다." 브루투스는 이렇게 되받아쳤다. "좋다! 그곳에서 만나자꾸나!" 유령은 사라졌지만, 빌립보 전투 전날 밤 또다시 카이사르Caesar를 암살한 자* 앞에 나타났다. 결국 브루투스는 그날 스스로 목숨을 끊었다.

* 브루투스는 카이사르를 암살한 인물이다.

뷔카이(마리) [Bucaille(Marie)]
18세기 발로뉴Valognes에 살던 젊은 노르만인Norman. 믿음이 두터운 척하려 했지만, 환영을 만들고 황홀경에 빠진 이유로 마녀로 의심 사게 되었다. 그녀는 악마에게 여러 번 공격당한 사실을 고백했다. 사람들은 이를 조사하려 했고 이에 뷔카이는 수도자라고 주장하는 사람을 데리고 왔다. 하지만 사실을 캐묻기 전에 수도자는 무섭게 사라져버렸다. 그녀는 자신이 빙의 당했었다고 주장하기도 했다. 그리고 사람들은 그녀의 진위 확인을 위해 비밀 공간에 가두었다. 결국 그녀의 환영은 속임수에 불과했으며, 악마와 거래한 적 없음이 밝혀졌다. 마리 뷔카이는 채찍질을 당하고 낙인이 찍혔으며, 사건은 종결되었다[1].

(1) 『마법과 저주에 관한 의사 생 앙드레의 서신Lettres du médecin Saint-André sur la magie et sur les maléfices』, 188페이지와 431페이지.

부셔(마틴) [Bucer(Martin)] 루터교의 대단한 신봉자. 1551년 케임브리지Cambridge에서 사망했다. 부셔를 묘사할 때엔 바람을 불어 넣는 악마가 함께 등장하곤 한다. 그가 숨을 거두기 직전 가까운 사람들이 그를 둘러싸고 있을 때, 악마 역시 그곳에서 흉측한 몰골로 마중 나와 있었다. 악마의 모습에 다른 사람들은 두려움으로 숨이 넘어갈 지경이었다. 험상스럽게 그를 붙든 악마는 그의 복부를 터트리고 목을 비튼 다음 가차 없이 영혼을 지옥으로 가져갔다[1].

(1) 드 랑크르Pierre de Lancre, 『악마의 변화론Tableau de l'inconstance des démons』 등, 1권, 논설 1.

버킹엄 공작(조지 빌러즈) [Buckingham (George Villiers, Duc de)] 제임스 1세James I가 가장 총애하던 인물로, 1628년 포츠머스Portsmouth에서 숨을 거두었다. 그는 비극적인 죽음을 맞이한 것으로 유명하다. 버킹엄 공작이 생전 부당하게 대했던 장교 펠톤Felton으로부터 암살을 당했다는 것은 이미 널리 알려진 사실이다. 그가 죽기 얼마 전, 가족의 오랜 친구였던 기윰 파커Guillaume Parker는 과거 작고한 버킹엄 공작 아버지 유령의 배회를 대낮에 목격했다. 파커는 이 유령을 환영이라고 생각했지만, 곧 자신의 오랜 친구의 목소리를 알아보았다. 유령은 버킹엄 공작을 보호해 달라며 당부한 뒤 사라졌다. 혼자 남은 파커는 부탁받은 일에 대해 생각하다가 쉽지 않음을 깨닫고 무시해버리기로 했다. 그러자 유령이 다시 돌아와 파커가 자기 말에 따르도록 협박을 가했다. 이러한 이야기를 들은 버킹엄 공작은 파커를 미치광이 취급하며 그의 의견을 묵살해버렸다.

그러자 유령은 또다시 파커에게 등장해 아들의 무정함을 불평하며, 입고 있던 로브 속에서 단검을 꺼내 들었다. "그 배은망덕한 놈에게 다시 가서 이 칼에 맞아 죽게 될 것이라고 말하게."

아들이 이 새로운 경고마저 무시할까 두려웠던 유령은, 자신의 친구에게 버킹엄 공작의 가장 은밀한 비밀을 알려주었다. 파커는 다시 버킹엄 공작을 찾았다. 공작은 파커가 자신의 비밀을 알고 있다는 것에 놀랐으나, 곧 빈정대며 점술가를 찾아가 정신병을 치료받는 게 어떻겠냐며 조언했다. 그러나 그로부터 몇 주 뒤, 버킹엄 공작은 암살당했다. 펠톤의 칼과 유령이 전해준 단검이 같은 것인지는 알려지지 않았다.

부콘 [Bucon] 마법서 『솔로몬의 열쇠Key of Solomon』에 등장하는 악마. 질투와 증오를 살포한다.

부다스 [Budas] 마니Manes(마니교의 창시자)의 스승이자 이단 마니교의 작가이기도 하다. 드 랑크르Pierre de Lancre[1]에 따르면, 그는 브라만Brahman의 학도이자 마법사였으며, 악마와 활발한 거래를 했다. 하루는 당최 뭔지 모를 희생 마법을 부리려다 악마가 그를 데려가 목을 비틀어버렸다⁽²⁾. 마니교를 통해 사탄의 힘을 재건한 대가로 받은 상이었다!

(1) 『귀신 논설Discours des spectres』, 8권, 5장. / *(2)* 소크라테스Socrates, 『교회의 역사Historia Ecclesiastica』, 1권, 21장.

부에르 [Buer] 2계급 악마이자 지옥의 의장. 그는 별 혹은 다섯 개의 다리를 가진 바퀴 형상을 하고 있다. 그리고 스스로 굴러간다. 그는 철학과 논리학, 약초의 효능을 알려준다. 부에르는 좋은 하인을 주며, 아픈 이의 건강을 회복시켜준다. 50개의 지옥 군단을 거느린다.

뷔노(에티엔) [Bugnot(Étienne)] 루이 14세Louis XIV의 궁내관. 연옥의 존재 증거로 활용될 수 있는 『근래의 역사Histoire récente』 (1663년과 1664년의 기록을 통해 검증됨), 와 『보병 대령 앙드레 뷔노의 생애Abrégé de la vie d'André Bugnot, colonel d'infanterie』 (1665년, 오를레앙, 12절판, 사후 환영 출몰 이야기 요약본 포함)라는 희귀한 책을 펴냈다. 앙드레 뷔노는 에티엔 뷔노의 형제였다. 그의 환영과 계시에는 특별한 것이 없다.

가시덤불 [Buisson d'épines / Thorn Bush] 독특한 고대 그리스 풍습에 따르면, 집에 병자가 있을 때 가시덤불을 문에 걸면 병의 원인인 잡귀를 쫓을 수 있다고 한다.

뷜레(장 밥티스트) [Bullet(Jean-Baptiste)] 브장송Besançon의 철학자. 1775년 사망했다. 몇몇 이들은 프랑스 역사의 흥미로운 점들을 알기 위해 뷜레의 저서 『프랑스 신화 논설Dissertations sur la mythologie française』 (1771년, 파리, 12절판)을 찾는다.

부네 [Bune] 강력한 악마이자 지옥의 대공. 용의 모습을 하고 세 개의 머리를 달았는데, 세 번째 머리만 사람의 형상을 하고 있다. 그는 오직 몸짓으로만 대화한다. 그는 시체를 옮기며, 묘지를 드나들고, 무덤에 악마들을 소집한다. 부네는 자신을 섬기는 자에게 부와 입담을 선물한다. 지옥의 30개 군단이 그를 따른다.⁽¹⁾

부네를 따르는 악마들은 부니스Bunis라고 불린다. 그들은 매우 유해한 존재로 타타르족Tartars의 두려움을 샀다. 부니스의 장난을 피하기 위해선 매우 맑은 의식을 지녀야 한다. 그들은 강력하며 수 또한 많기 때문이다. 타타르족 마법사들은 부니스에게 음식을 공급해주는 대가로 미래를 예측하는 능력을 부여받을 수 있었다.

(1) 요한 바이어Johann Weyer, 『악마의 유사군주제Pseudomonarchia Dœmonum』.

번기(토마스) [Bungey(Thomas)] 영국의 수도자. 로저 베이컨Roger Bacon의 제자이자 벗이자 하인이었다.⁽¹⁾ 악마학자들은 그가 말하는 마법 청동머리를 만들기 위해 7년을 쏟아부었다고 주장한다. 더불어 그가 마법사였다고도 보는데, 다름 아닌 자연 마법에 관한 『자연 마법De Magia Naturali』이라는 책을 펴냈기 때문이다. 이 책은 그리 잘 알려지지 않았다.

순박한 이들은 영국을 청동벽으로 둘러싸는 계획을 세운 저명한 성직자가 불가사의한 청동 머리를 만들었다고 믿는다. 그리고 그는 하인인 번기에게 벽을 세워야 하는 적절한 시기를 청동 머리가 알려줄 것이라고 말했다. 어느 날, 청동머리가 "때가 되었다"라고 말했을 때 번기는 잠이 들어 있었다. 청동 머리가 다른 날 다시 "시간이 되었다"라고 했을 때도, 번기는 자고 있었다. 청동 머리는 세 번째로 입을 열어 "시간이 지났다"라고 외쳤다. 그리고 집이 흔들리며 번기를 잔해 속에 파묻어버렸다.

델리오Martin Delrio는 번기를 마법사로 지목했던 일을 철회했다⁽²⁾. 그리고 그의 책엔 약간의 미신적 착상이 들어있을 뿐이라고 덧붙였다. 이는 그가 마법사가 아닌 수학자에 가까웠다는 증거이기도 했다. 그는 영국의 성 프란치스코회Franciscan의 관구장으로 선출되었다.(3)

(1) 참조. 베이컨Bacon. / (2) 『마법 연구Disquisitiones Magicae』, 1권, 3장, 문제 1. / (3) 노데Naude, 『위인의 변증론Apol. Pour les Grands Personnages』, 495페이지.

부니스 [Bunis] 타타르족의 악마. 참조. 부네Bune.

부플라그 또는 부프타그 [Buplage, Buptage] 안티오코스왕Antiochus과 로마인들 사이의 전투 이후 일이다. 열두 번의 치명적인 상처를 입고 사망한 장교 부플라그가 갑자기 승리한 로마군 가운데서 벌떡 일어났다. 그리고 도시를 약탈 중이던 남자에게 가냘픈 목소리로 외쳤다. "로마군이여, 어두컴컴한 지옥에 떨어진 자들의 가죽을 벗기는 짓을 멈추어라…."

그리고 그는 로마인이 잔인함으로 인해 형벌을 받을 것이며, 아시아의 한 민족이 유럽을 황폐화하러 올 것이라 예언했다. 이는 프랑크족Franks의 제국 영토 침입을 가리키는 것으로 볼 수 있다. 말을 마친 그는 죽은 몸임에도 참나무 위에 올라타, 자신이 늑대에게 뜯어먹힐 것이라 예언했다. 그리고 부플라그가 나무 위에 있었음에도 실제 예언대로 실행되었다. 늑대가 그의 시체를 삼킬 당시에도 그의 머리는 계속해서 로마인들에게 말을 걸고 있었으며, 자신의 장례를 치르지 말 것을 명했다. 도무지 믿을 수 없는 일화이다.(1) 로마 제국을 쓰러뜨린 것은 아시아 민족이 아닌 북방 민족이었으나, 사람들은 오랫동안 프랑크족이 트로아Troad*에서 왔다고 믿었다.

*(1) 『유령교리론Traité dogmatique des apparitions』, 2권, 183페이지, 르 루아예Pierre Le Loyer, 253페이지. / * 소아시아 서북쪽에 있는 도시.*

부르기퍼 [Burgifer] 브루드모르Brudemort에게 적대적인 악마.

부르고(피에르) [Burgot(Pierre)] 1521년 브장송Besançon에서 미셸 베르뒹Michel Verdung과 함께 화형당한 늑대인간.

브루(조지) [Burrough(George)] 뉴잉글랜드New England 세일럼Salem의 성공회 목사. 1692년 마법사로 지목되어 교수형에 처해졌다. 브루는 갓 세상을 떠난 두 명의 여성에게 저주를 내린 혐의로 재판을 받았다. 그는 자리를 비운 동안 사람들이 자신에 관해 하는 이야기를 모두 안다고 떠들곤 했다. 이 어리석은 짓은 법정에서 악마와 내통한다는 증거가 되었다.(1)

(1) 고드윈Godwin, 『강신술사의 삶The Life of Necromancers』.

버튼(로버트) [Burton(Robert)] 『젊은 데모크리토스의 우울의 해부학The Anatomy of Melancholy Democritus Junior』(1624년, 4절판)이라는 책을 펴냈으며 1639년 사망했다. 그의 국가이기도 한 당대의 영국에선 점성술이 큰 신뢰를 받았다. 버튼 역시 점성술을 믿었으며, 사람들이 그의 점성술을 의심하지 않길 바랐다. 그는 공개적으로 자신이 숨을 거두는 날을 예고했다. 그리고 그날이 찾아왔을 때 스스로 목숨을 끊어 점성술의 신뢰성을 유지한 동시에 자기 예언에 대한 반증의 싹을 잘라버렸다. 카르다노Cardan를 비롯한 별과 관련된 학문을 다루는 일부 사람들 역시 그와 같은 길을 걸었다.(1)

(1) 『문학의 진기함Curiosités de la Littérature』, 1권, 51페이지, 베르탱Bertin이 영문 원서를 번역함.

부자스 [Busas] 지옥의 대공. 참조. 프루플라스Pruflas.

부타듀 [Butadieu] 붉은 머리의 악마. 17세기의 종교재판에 등장한다.

북스토르프(요하네스) [Buxtorf(Jean)] 베스트팔리아인Westphalia. 히브리 문학을 연구한 학자로, 1629년 사망했다. 호기심 많은 자들은 그의 『탈무드 작품과 랍비 서재에 대한 요약Operis Talmudici Brevis Recensio et Bibliotheca Rabbinica』(1613년, 바젤, 8절판), 『유대교회당Synagoga Judaica』(1603년, 바젤, 8절판, 독일어와 라틴어. 1604년, 하나우. 1641년, 바젤)을 찾아 읽는다. 이 책은 유대인의 교리와 의식을 다루며, 랍비들의 공상으로 가득 차 있다. 하지만 이 외에 흥미로운 연구도 찾아볼 수 있다.

빌레스 [Byleth] 요한 바이어Johann Weyer의 『악마의 유사군주제Pseudomonarchia Dæmonum』에 등장하는 강력하고 끔찍한 악마. 지옥의 왕 중 하나이다. 백마 위에 앉은 모습으로 나타나며, 뿔피리와 나팔을 부는 고양이들을 앞세운다.

이 악마는 분노에만 복종하기 때문에, 그를 불러내는 구마사는 매우 신중할 필요가 있다. 빌레스를 복종시킬 때는 한 손에 개암나무 지팡이를 들고 있어야 한다. 또 동쪽과 남쪽의 경계를 보며 서 있는 원 바깥으로 삼각형을 그려야 한다. 그다음 악령을 속박하는 주문을 외우면 복종한 빌레스가 삼각형 안에 모습을 드러낼 것이다. 만약 악마가 나타나지 않는다면, 구마사에게 능력이 없으며, 지옥이 그의 힘을 업신여기는 것으로 간주한다. 외에도 빌레스에게 포도주 한 잔을 주면 그가 삼각형 안으로 들어온다는 이야기도 있다. 그는 기꺼이 순종하며 자신의 배를 채워준 자를 제대로 섬긴다고 한다. 빌레스가 나타나면 정성을 들여 상냥하게 맞이해야 하며, 안색을 칭찬하고, 그와 그의 형제들에 대한 존중을 표해야 한다. 빌레스는 이 모든 것에 매우 예민하게 반응하기 때문이다. 그리고 빌레스와 함께 있는 동안 그에게 왼손 중지에 낀 은반지를 계속 보여주어야 한다. 물론 모든 조건을 충족하기 쉽지 않으나, 빌레스를 복종시킨 자는 가장 강한 인간으로

칭송받게 될 것이다. 그는 한때 능천사 계급에 속했으며, 언젠가 천계로 올라가 일곱 번째 왕좌에 오르는 것을 목표로 한다. 하지만 일어날 리 없는 일이다. 그는 80개의 지옥 군단을 거느린다.

바이런 [Byron] 영국의 바이런 경. 단편 소설 『흡혈귀Le Vampire』(1819년, 파리, 8절판, H. 파버H. Faber 번역)를 썼다. 이 소설은 바이런 경의 이름으로 출간되었지만, 이 시인의 작품은 아니며, 그 자신도 부정했다. 작가는 흡혈귀에 관한 민담을 따르지 않고 지나치게 출중한 자기만의 흡혈귀를 만들었다. 이 책의 흡혈귀는 그리스를 여행하는 유령으로 아테네Athens 사회를 드나들며 세계를 두루 구경한다. 또 아내의 피를 빨아먹기 위해 혼인을 한다. 민간에선 모라비아Moravia 흡혈귀들을 유난히 두려워한다. 이들은 다른 흡혈귀에 비해 그리 강한 존재는 아니다. 이 존재는 생기 없는 회색 눈을 하고 여성들을 유혹한다. 그리스에서 전해지는 유명한 일화 중엔, 바이론 경이 군중 앞에서 말로 전한 이 이야기를 한 젊은 의사가 잘못 받아적었다는 것이 있다. 그냥 잊힐 수도 있는 이 한심스러운 이야기를 다시 세상 사람들이 떠들게 된 게 바로 이 때문이라고.

비티스 [Bythies] 참조. 비티스Bithies.

C

카바 [Caaba] 참조. 카바Kaaba.

카크리놀라스 [Caacrinolaas] 카시몰라Caassimolar 또는 글라시알라볼라스Glassialabolas라고도 불린다. 지옥의 위대한 우두머리이며 개의 모습으로 나타나고, 그리핀Griffin의 날개로 이동한다. 그는 인문학을 교수하면서 아이러니하게도 살인을 일으키는 악마이다. 사람들은 카크리놀라스가 미래를 정확하게 예견한다고 생각했다. 이 악마는 인간을 투명하게 만들 수 있으며, 36개 군단을 거느린다.[1] 『대마법서Grand Grimoire』에선 그를 클라시알라볼라스Classyalabolas라고 칭하며 그가 단지 네비로스Nebiros 또는 나베루스Naberus의 탈것에 불과한 일종의 부사관이었다고 기록하고 있다. **참조.** 케르베로스Cerbère.

(1) 요한 바이어Johann Weyer, 『악마의 유사군주제Pseudomonarchia Dæmonum』.

카바데스 [Cabadès] 참조. 주브다데이어Zoubdadeyer.

카발라 [Cabale, Cabbale / Cabala] 피코 델라 미란돌라Giovanni Pico della Mirandola는 이 단어가 히브리 어원에서 전통을 의미한다고 주장했다[1]. 일부 사람들 사이에서 고대 카발라는 마치 비밀스러운 프리메이슨 제도처럼 여겨졌다. 반면 카발라가 성경의 신비주의적 해설에 불과하다고 보는 사람들도 있었다. 즉 단어 재조합을 통해 숨겨진 의미를 찾고 [2] 해당 단어를 특정 방식으로 발음해 능력을 얻어 기적을 행하는 방법이라 생각한 것이다. **참조.** 테무라Thémura, 신탁점Théomancie. 랍비들의 주장에 따르면 이 신비한 술법을 지닌 이는 인간의 나약함을 이겨낼 수 있다고 한다. 또 이 술법으로 초자연적 물질을 얻을 수 있으며, 예지력과 기적을 행하는 법, 금속을 금과 현자의 돌로 바꾸는 법을 알아낼 수 있다고 믿었다. 카발라에선 이승의 시간은 칠천 년으로 국한되어 있으나, 달 너머 세상은 사만 구천 년이나 지속될 것이라고 가르치기도 한다.

유대인은 카발라를 구전으로 보존했다. 그들은 신이 시나이Sinai 산 발치에서 모세Mose에게 이를 전수해주었다고 믿었다. 그와 더불어 '유대인의 카발라 나무'라는 불가사의한 그림을 그린 솔로몬Solomon 왕 역시 이 술법을 매우 전문적으로 사용했으며, 그 누구보다 좋은 부적들을 만들었다고 전해진다. 테스타이Testai는 모세의 기적이 지팡이에 새겨진 신의 이름 덕분이라고 보았다. 발데라메Valderame는 사도들 역시 예수 그리스도Jesus Christ의 이름으로 동일한 기적을 행했다고 주장했다. 해당 이론의 신봉자들은 죽음으로부터 사람을 부활시킨 여러 성인의 이름을 함께 언급하기도 한다.

그리스 카발라는 피타고라스Pythagoras와 플라톤Plato에 의해 발명된 후 발렌티누스파Valentinians에 의해 쇄신된 그리스 문자 조합을 통해 이뤄졌다. 즉 알파벳으로 기적을 행한 것이다.

현대에서 언급하는 카발라는 원소 정령과 소통하는 술수를 의미한다. 이 술수는 여러 신비 단어를 사용하며, 숫자, 문자 배열 그리고 카발리스트가 만든 규칙과 관계를 기반으로 가장 어두운 것들을 설명한다. 카발리스트가 말하는 여러 원소 정령에는 다음과 같은 것이 있다.

네 가지 원소에는 각각 특정한 생명체가

살고 있는데, 이들은 인간보다 월등히 완벽한 존재이긴 하나 죽음의 법칙에 따르는 것은 매한가지이다. 땅과 하늘 사이 거대한 공간을 채우는 공기엔 새와 날벌레보다 더 고결한 주인이 있다. 광활한 바다에도 돌고래와 고래 말고 다른 존재들이 산다. 땅속 깊은 곳도 두더지만의 것이 아니다. 앞서 말한 세 개의 원소보다 훨씬 숭고한 불의 원소도 텅 비어있지 않다.

불의 영역에는 샐러맨더Salamander(불도마뱀)가 산다. 공기 속에는 실프Sylphs(공기의 요정)가, 땅속에는 노움Gnomes(땅의 요정)이, 물 아래엔 운디네Undine(물의 요정) 또는 정령 님프Nymph가 산다. 이 존재들은 자신들이 머무는 원소 중 가장 순수한 부분으로 만들어졌다. 그중에서도 가장 완전무결하던 존재였던 아담Adam이 그들의 주인이었다. 하지만 아담은 죄를 지은 이후 불순하고 더럽혀졌으며, 자신을 이루던 물질 균형이 깨지게 되었고, 원소들을 지배하던 모든 힘을 잃게 되었다.

그나마 위안 삼을 만한 것은, 자연 속에서 이 잃어버린 힘들을 되찾을 방법을 발견했다는 것이다. 샐러맨더를 지배할 힘을 되찾기 위해선 오목 거울을 이용해 태양의 불을 유리공 속으로 끌어당기면 된다. 이때 유리공 안에는 다른 원소들을 정화할 수 있는 태양 가루가 형성되는데, 이 가루를 마시면 우리 몸속에 내장된 화염이 뿜어져 나오며 불 속성으로 거듭나게 된다. 그리하면 불의 영역에 있던 존재들은 우리보다 열등한 존재가 되며, 불의 존재끼리 공유하는 애정을 나눠주며, 창조주 대리인에 걸맞은 존중을 표한다.

마찬가지로 실프, 노움, 님프를 지배하기 위해선 공기, 흙 또는 물로 유리공을 채운다. 그리고 잘 밀봉한 후 한 달간 햇볕에 놓아둔다. 이렇게 정화된 각 원소는 속성에 맞는 정령들을 끌어당기는 자석의 역할을 하게 된다.

만일 몇 달간 매일 이렇게 유리공이나 항아리 속에서 만들어진 원소 약물을 복용한다면, 공기 중에선 하늘을 나는 실프의 무리를, 강에선 님프의 떼를, 육지에선 보물과 광산의 수호신 노움이 부를 과시하는 모습을 볼 수 있다. 그들과 거래하는 데는 그 어떤 위험도 따르지 않는다. 그들은 정직하고, 박식하며, 자비롭고, 신을 두려워한다. 그들의 영혼은 죽음을 맞을 수 있으며, 그들은 숭배하고 인정하는 절대 존재에게 닿을 의지를 갖추고 있지 않다. 그들은 장수하며 몇 세기 후에나 죽는다. 하지만 영원이라는 개념 곁에서 시간이 무슨 의미가 있을까? 그렇기에 그들은 처지를 한탄한다. 다만, 이러한 불행을 해결할 방법이 전혀 없는 것은 아니다. 왜냐하면, 신과의 결합을 통해 신의 협력자가 된 인간과 마찬가지로, 인간과 결합을 맺음으로써, 공기와 땅과 물과 불의 정령 역시 영생에 가담할 수 있게 되기 때문이다. (지금은 카발리스트들의 이야기를 그대로 옮겨 적고 있는 것이다) 예를 들면, 님프 또는 실프의 영혼은 어느 현자와 혼인을 맺을 정도로 충분한 만족을 느낄 경우 불멸이 된다. 노움 또는 샐러맨더는 여성과 혼인할 경우 죽음을 피하게 된다. 이 단락에서 그들이 인간에게 소환당할때 왜 기뻐하는지를 알 수 있을 것이다. 카발리스트들은 고대 여신 혹은 인간의 남편을 빼앗은 님프들, 미개했던 시대에 창궐한 인큐버스Incubus(남성 몽마)와 서큐버스Succubus(여성 몽마)들 그리고 중세 시대 달밤에 나타난 요정들이 사실 실프, 샐러맨더 또는 운디네였다고 주장한다.

그러나 불멸의 존재로 거듭나며 악마처럼 불행해질 바엔 차라리 죽음을 택하는 노움도 있다. (여전히 같은 이들의 말을 인용하자면) 하지만 이런 생각을 주입한 것은 악마들이다. 이 가련한 존재들이 인간과의 결합을 통해 불멸의 영혼이 되는 것을 막는 철두철미한 전략이다.

카발리스트들은 결합 맺고자 하는 실프, 님프의 심기를 상하게 하지 않기 위해 모든 인간과의 교류를 끊어야 했다. 다만 카발리스트의 수가 너무도 적기 때문에, 님프와 실프는 까다롭지 않게 굴 때가 더러 있으며 그들과 관계 맺기 위해 온갖 꾀를 부리기도 한다. 바이에른Bavaria의 한 젊은 귀족은 아내의 죽음을 극복하지 못하고 있었다. 이에 실프 하나가 고인의 모습을 하고 슬픔에 빠진 젊은 남자를 찾아갔다. 그리고 극심한 비탄을 위로하기 위해 신이 아내를 부활시켰다고 말했다. 그들은 여러 해 동안 함께 살았으나, 그 귀족은 정숙한 실프와 함께할 만큼 좋은 남자가 아니었다. 실프는 어느 날 사라졌고, 자신의 유익한 충고를 듣지 않으려 했던 남자를 후회 속에 버려두었다. 실프는 입던 스커트만 남기고 떠났다.

1세기 몇몇 이단자들은 유대교 카발라와 기독교 사상을 혼합시키기도 했다. 그들은 신과 인간 사이에 네 부류의 매개자가 있다고 보았는데, 이들은 후에 샐러맨더, 실프, 님프 그리고 노움으로 거듭났다. 이 존재들을 떠올려낸 최초의 사람들은 분명 칼데아인Chaldeans들일 것이다. 그들은 이 정령들이 죽음의 영혼이며, 이승의 사람들 앞에 나타나기 위해 달에 육신을 찾으러 간다고 믿었다.

동양의 카발라는 야만적 언어를 통해 소환한 정령들과 교류하는 기술을 일컫는다. 모든 카발라는 상세한 면에서 다르다고 할 수 있으나 그 본질은 매우 닮아있다. 이 주제에 관해서는 다양한 이야기가 전해진다. 호메로스Homeros, 버질Virgil, 오르페우스Orpheus는 카발리스트로 알려져 있다.

카발라에선 '아그라Agla'라는 단어가 가장 강력한 단어로 유난히 추앙받았다. 잃어버린 물건을 되찾을 때, 먼 곳의 소식을 알고 싶을 때, 사라진 자들을 나타나게 하고 싶을 때엔 동쪽으로 몸을 돌려 큰 목소리로 아그라를 외쳤다. 그리하면 모든 기적이 펼쳐졌다. 아무리 무지한 자들이 이 단어를 소환했더라도, 적절한 상황이라면 원하는 결과를 얻을 수 있었다. **참조.** 아그라Agla.

랍비들은 카발라를 '천상 존재와 합일하고 축복받은 영과 교류하는 기술'이라고 정의했다. 그리고 이를 통해 신의 위력과 속성, 천사의 계급과 역할, 구체의 수, 별들의 특성, 원소들의 비율, 식물들과 보석들의 효능, 동정, 동물의 본능 그리고 인간의 가장 비밀스러운 생각들을 알 수 있다고 덧붙였다.

랍비들은 신비의 지혜로 향하는 입구의 수가 무려 오십 개라고 주장했다. 그들은 이 입구를 '지혜의 50문'이라고 불렀다. 신은 모세에게 이 중 마흔아홉 개의 문을 알려주었고, 모세는 신이 전한 모든 교리를, 모세 5경에 담았다. 모세 5경은 이 지식을 문자 그대로, 우의적으로, 문자의 정수론적 가치 또는 조합을 통해, 문자의 기하학적 형태로, 소리의 조화를 기반으로 담아내고 있다. 또 카발리스트들을 찾아볼 수 있다. 이 짧은 설명에서 우리가 알 수 있는 것은, 만일 지혜로 가는 문이 오십 개가 존재한다면, 오류로 향하는 문의 수는 셀 수 없을 것이라는 사실이다.

일부 학자들은 기독교인임에도 불구하고 카발라를 행했으며 이 진지한 연구에 자리매김하고자 했다. 그 유명한 피코 델라 미란돌라는 입지를 다지기 위해 일부러 책을 한 권 펴냈을 정도이다.

그는 숫자 10과 첫 번째 구면 숫자 5의 능력을 아는 이는 지혜의 50문, 유대교의 위대한 50년째 환희년, 계시록의 천 번째 세대, 복음서에서 말하는 모든 시대의 통치 비밀을 깨닫게 될 것이라고 진지하게 주장했다. 그는 이외에도 모세의 모든 교리, 기독교, 삼위일체의 불가사의, 대속, 천사의 위계, 악마의 타락, 지옥의 형벌 등을 밝혀냈다고 말했다. 피코 델라 미란돌라는 83세 나이에 로마인의 존경 속에서 이러한 주장을 펼쳤다. 이 주장들은 그의 900 논제 중 마지막 72개 논제 속에 수록되어 있다[3].

현실주의자였던 유대인 학자 카엔Cahen은 카발라를 결국 미신의 일렬적 나열에 불과하다고 보았다. **참조.** 아인 소프Ensoph.

카발라를 다루는 여러 전문 서적에선 이 공상에 관한 방대한 지식들을 찾아볼 수 있지만, 별로 추천하진 않는다. 1)『가발리스 공작 또는 비밀 기술의 보존Le comte de Gabalis ou Entretiens sur les sciences secrètes』, 빌라르Villars 수도원장. 가장 좋은 판은 1742년 12절판이다. 2)『보조의 정령들Les Génies assistants』, 가발리스 공작 후속, 같은 연도, 12절판. 3)『융합할 수 없는 노움Le Gnome irréconciliable』, 보조의 정령들 후속. 4)『비밀 기술의 새로운 대담Nouveaux Entretiens sur les Sciences Secrètes』, 가발리스 공작 후속, 같은 연도. 5)『카발라 문자Lettres cabalistiques』, 마르퀴스 다르젠Marquis d'Argens, 1741년, 헤이그Hague, 12절판, 6부작. 이 책에는 앞서 언급한 책들에 비해 훨씬 많은 금기 내용이 담겨있다. **참조.** 제데키아스Zédéchias.

(1)어느 무지한 비평가가 로마에서 피코 델라 미란돌라와 맞붙고 싶어 했다. 미란돌라의 책에서 읽은 카발라라는 단어 때문이었다. 사람들은 비평가에게 그 단어가 왜 그를 그토록 분개하게 했는지 물었다. 멍청한 작자는 이렇게 답했다. "이 단어가 악마적인 흉악범을 의미한다는 걸 왜 모르시오? 그는 예수 그리스도를 상대로 불경한 언행을 저질렀을 뿐 아니라 가증스러운 이단을 만들어냈다오. 그리고 그 신봉자들을 카발리스트라고 부른단 말이오!" (가브리엘 노데Gabriel Naude, 『마법사로 지목된 위인들을 위한 변론서Apologie pour les grands personnages accusés de magie』. 아드리앙 바이에Adrien Baillet, 『학자들의 심판Jugements des savants』, 13장 § 2 책에 관한 일반적 판단). / (2)압딜Abdeel을 참조할 것. / (3)보네티Bonetty (로이힐린Reuchlin의 『카발라의 예술De Arte Cabalistica』을 인용하였다)의 기독교 사상지, 1838년 11월 30일 배본.

카반다 [Cabanda / Kabandha] 인도의 끔찍한 악마. 바위처럼 커다랗고 머리도 다리도 없으나 1리유*의 긴 팔이 달려있다. 라마Rama는 그의 팔 길이를 줄였다.

* 과거의 거리 단위. 1리유는 약 4km 정도이다.

카베이리 [Cabires / Cabeiri] 죽음의 신. 아주 오래전 이집트에서 숭배받았다. 보샤르Bochard는 이 이름으로 불린 지옥의 신이 세 명 있으며, 이는 다름 아닌 플루토Pluto, 프로세르피나Proserpina, 머큐리Mercury라고 언급했다.

혹자들은 카베이리를 인간이 저지른 범죄에 대해 속죄하고 죽음 뒤 영예를 얻은 마법사로 보았다. 사람들은 위기와 불행의 순간에 이들을 소환했다. 이 명칭에 관해서는 큰 논쟁이 있는데, 오직 마녀 집회의 계시자만이 진실을 알 것이다[1]. 확실한 것은, 카베이리가 한때 마녀 집회를 주도했던 악마들이라는 사실이다. 그들의 요란한 연회는 카베이리의 축제라고 불렸으며 오직 밤에만 열렸다. 끔찍한 시험을 통과한 계시자가 자색 허리띠, 올리브 가지 관을 착용하고 발광하는 왕좌에 앉아 집회를 소개하면, 다른 이들은 주변을 돌며 다소 난해한 춤을 선보였다.

(1)들란딘Delandine, 『고대인의 지옥Enfer des peuples anciens』, 19장.

카코데몬 [Cacodémon] 사악한 악마. 고대인 사이에서 악령을 지칭하는 말로 사용되었다. 특히 식별하기 어려운 소름 끼치는 괴물, 무시무시한 귀신을 카코데몬이라고 불렀다. 각 인간에게는 좋은 악마와 나쁜 악마가 있었는데, 전자는 유데몬Eudemon으로, 후자는 카코데몬이라고 불렸다. 점성가들은 가장 나쁘다고 여겨지는 태양의 열두 번째 궁을 카코데몬이라고 불렀다. 토성은 이 궁에 좋지 않은 영향을 끼친다. 이 궁은 위험만을 예측할 수 있다.

카쿠 [Cacoux] 참조. 카고트Caqueux.

칵토나이트 [Cactonite] 마법의 돌이라고 하나 일부 사람들은 홍옥수와 유사한 광물이라고 주장한다. 칵토나이트는 놀라운 성질을 지녔다고 전해진다. 고대인들은 이 돌로 확실한 승리를 이끄는 부적을 만들곤 했다.

카쿠스 [Cacus] 고대에 살던 식인귀Ogre의 일종. 불카누스Vulcan의 아들로 거대한 몸집을 한 채, 입에서 불을 뿜었다. 카쿠스는 반은 인간 반은 염소의 형상을 했으며 아벤틴Aventin 산 발치에 자리한 동굴에서 행인들을 잡아먹었다. 또한 잡아먹은 이후 행인의 머리는 입구에 걸어두었다. 그는 헤라클레스Hercules에게 목이 졸려 사망했다. 카쿠스는 때때로 짐승의 머리와 인간의 몸을 한 존재로 그려지기도 했다.

시체 [Cadavre / Corpse] 유대인의 율법에선 시체를 만지는 사람은 불순해지며, 신의 성막에 들어가기 전 정화 의식을 치러야 한다고 여겼다. 모세Mose 율법의 일부 검열관은 이러한 규율이 미신이라고 믿었다. 베지에Nicolas Sylvestre Bergier는 이와 반대로 해당 규율이 매우 현명한 것이라고 보았다. 이는 고대 이교도 미신을 예방하는 조치이기도 했기 때문이다. 고대 이교도는 미래나 숨겨진 비밀을 밝혀내기 위해 시체를 살펴보곤 했다. 이는 유대인에겐 엄격하게 금지된 폐습이었지만, 대부분의 국가에서 자행되었다. **참조.** 자석Aimant, 관Cercueil 등.

카디에르 [Cadière] 참조. 지라르Girard.

카드뮴 [Cadmée, Cadmie / Cadmium] 칼라민Calamine이라고 불리는 역청질 화석으로 붉은 구리가 황색을 띠게 만든다. 일부 화학자들이 금을 만드는 데 사용한다.

카드모스 [Cadmus] 아페르Appert는 인간이 아담으로부터 문자를 전수받았다고 주장했다. 그리고 그리스인들이 문자의 발명가라고 찬양하는 카드모스가 바로 말과 함께 글의 재능을 얻은 아담Adam(아다무스Adamus)과 동일인이라고 덧붙였다. 그는 아다무스라는 이름 첫 글자 앞에 동양적 열망을 덧붙여 그 이름을 해치기도 했다.[1]

(1) 『구약성경의 전설Légendes de l'Ancien Testament』 속에녹서The Books of Enoch를 참조할 것.

카두케우스 [Caducée / Caduceus] 서로 얽힌 두 마리 뱀으로 장식된 이 지팡이는 머큐리*가 영혼을 지옥으로 이끌거나, 지옥에서 꺼낼 때 사용했다.

* 헤르메스Hermes와 동일 신이다.

카둘루스 [Cadulus] 독실한 군인. 전설에 따르면 곰 형상을 한 악마에게 빙의된 이력이 있다.[1] 카둘루스는 기도를 통해 악마에게서 벗어났다.

(1) 볼란디Bollandi, 『성도의 일지Acta Sanctorum』, 4월 21일.

카에쿨루스 [Cæculus] 불카누스Vulcan의 대장간에서 프레네스타Praenesta의 가슴으로 튄 불티로부터 탄생한 작은 악마. 야수들 틈에서 성장했다. 태생적 특성으로 인해 그는 정령처럼 불 속에서 살 수 있었다. 카에쿨루스의 매우 작은 두 눈은 연기로 인해 약간의 상처만 입었던 이력이 있다. 카발리스트들은 그를 샐러맨더Salamander(불도마뱀)라고 불렀다.

카프 [Caf] 참조. 카프산Kaf.

칼리오스트로(조셉 발사모) [Cagliostro (Joseph-Balsamo)] 18세기의 저명한 여행가. 알렉산더Alexander라는 이름으로 알려져 있다. 칼리오스트로 백작은 1743년 팔레르모Palermo에서 태어났다. 그의 부모는 누구인지 알려지지 않았다. 젊은 시절부터 칼리오스트로는 사기를 치기 시작했고, 세공사를 속여 금 60온스를 빼앗기도 했다. 그는 세공사에게 악마들이 지키는 동굴 속 숨겨진 보물을 가져다주겠다고 약속했다. 그리고 세공사와 함께 동굴에 들어가 그를 막대로 때려 기절시켜버렸다. 칼리오스트로는 그 길로 도망쳐 여행을 떠났다. 그는 알토타스Althotas라는 연금술사와 함께 그리스, 이집트, 아라비아, 페르시아, 로도스Rhodes, 몰타Malta를 돌아다녔다. 마지막 여행지에서 공범자를 잃은 그는 영국으로 갔고, 영국에서 프랑스로 건너가 화학 물질을 팔며 생계를 이어갔다. 그는 현자의 돌, 최면술 그리고 다양한 곡예와 비열한 술책에 빠져 살았다.

1780년경 그는 스트라스부르Strasbourg로 향했고, 일종의 성과를 거두었다. 그곳에서 칼리오스트로는 솜씨를 발휘해 자신을 기다리던 병자들을 치료했다. 치료의 속도가 매우 빨랐기에 주변에선 병자들이 연출을 위한 가짜가 아니었는지 의심할 정도였다. 그리고 악마가 돕는 게 아닌가 싶을 정도로, 그는 악당의 용모를 가지고 있었다.

칼리오스트로를 비범하고 계시받은 이로 여기는 사람들이 있는가 하면, 사기꾼으로 보는 사람들도 있었다. 또 누군가는 그를 프리메이슨단의 여행가처럼 보기도 했다. 그가 계속해서 해당 단체의 거주지를 이용하거나 호사스러운 도움을 많이 받았기 때문이었다. 그러나 칼리오스트로는 자신의 부에 관련하여 그리 명예롭지 않은 출처들을 늘어놓았기에, 대다수 사람은 그의 호사를 허영에 의한 것이라고 여겼다. 그는 천사와 이야기할 수 있다고 주장했다. 또 평원에 서서 복화술을 사용해, 마치 하늘에서 내려오는 목소리인 것처럼 모두에게 들려주었다. 칼리오스트로는 일종의 이집트 카발라Kabbalah를 만들기도 했다. 그는 소년, 소녀들을 '고아' 혹은 '비둘기'라고 부르며 수정구 앞에 아무것도 모르는 채 세워 두었다. 그리고 칸막이로 바람을 막고 위대한 콥타Cophta (다름 아닌 그 자신이었다)의 손을 얹어 영혼들과 소통하는 능력을 부여했다. 이들은 보고 싶은 모든 것을 수정구 속에서 볼 수 있었다. 이 고아 또는 비둘기들의 교감은 이 의식에 그치지 않았다. 칼리오스트로는 그들에게 신비한 지식, 미래에 일어날 일 그리고 이상한 물질을 발견하는 방법을 알려주었다. 그는 파리Paris, 베르사유Versailles의 귀족들에게 살아 움직이는 영혼, 보고 싶어 하는 고인의 모습 등을 거울, 유리종, 유리병을 통해 보여주었다. 어느 날 저녁, 칼리오스트로가 베르사유에서 여러 영주와 함께 있을 때였다. 영주들은 생제르망Saint-Germain에 머물던 상류계 여성 하나가 그 시각에 무얼 하고 있는지 알고 싶어 했다. 칼리오스트로는 나무판 위에 정사각형을 그린 뒤 손을 올렸다. 그러자 양탄자 위에 앉아 친구 세 명과 트레세트Tressette*를 하는 여성의 모습이 드러났다. 여성의 집에 사람을 보내 알아보니 나무판에서 드러난 것과 같은 사람들이 같은 자세로 같은 게임을 하는 것을 확인할 수 있었다. 파리에서 크게 회자된 어느 저녁 식사에서 그는 소크라테스Socrates, 플라톤Plato, 코르네이Corneille, 달랑베르d'Alembert, 볼테르Voltaire 등 작고한 유명인들을 소환해내기도 했다. 칼리오스트로는 런던에서 1786년 6월 20일 프랑스인에게 편지를 보냈다. 그는 편지에서 바스티유Bastille의 파괴를 예언했다. 하지만 이는 이미 오랫동안 늘 실현 가능성이 있었다.

칼리오스트로는 컵과 공으로 요술을 부리는 이와 긴밀한 관계를 맺고 있었다. 이 요술꾼은 자기에게 유령이 붙어있다고 말했는데, 유대 카발리스트의 영혼이며 기원전에 마법을 통해 자신의 아버지를 죽였던 자라고 주장했다. 칼리오스트로는 뻔뻔하게도, 신이 자신을 특별히 살피기 때문에 경이로운 일들을 해낼 수 있는 것이라고 말했다. 그리고 절대자가 격려를 위해 지복직관의 환영을 볼 수 있도록 해주었고, 자신은 신을 믿지 않는 자들을 개종시키기 위해 왔다고 주장했다. 그는 가나Cana의 결혼식에 참석했다고도 자랑했다. 이런 말들을 통해 그는 예수 그리스도Jesus Christ와 동시대인으로 보이길 바랐다.

칼리오스트로가 대홍수 이전에 태어났다는 이야기도 있다[1]. 그는 1789년 로마에서 체포되었고, 프리메이슨의 그늘에서 기괴한 범죄를 저질렀다는 이유로 형을 받았다. 1795년 칼리오스트로는 감옥에서 자살했다.

그는 마법이라고 주장했던 일부 행위와 가치 없는 금속을 금으로 변화시키는 방법에 대해 기록했다(1780년, 바르샤바). 노파들의 꿈속에서 복권 번호가 등장하도록 알려주는 무의미한 책자도 그가 만든 것이라고 전해진다. 이 잡록은 파리에서 매년 무수히 팔린다. 책의 제목은 이러하다. 『진정한 칼리오스트로 또는 복권 주주들의 조정자인 칼리오스트로가 만든 새로운 카발라 추가본Le vrai Cagliostro, ou le Régulateur des actionnaires de la loterie, augmenté de nouvelles cabales faites par Cagliostro』(8절판). 이 책엔 작가의 초상화가 포함되어 있는데, 아래에 다음의 문장이 적혀있다. '그에 대해 알기 위해선, 그 자신이 되어봐야만 한다.'

(1) 『유명한 협잡꾼들Charlatans Célèbres』 1권, 245페이지, '비밀 조직의 전설' 중 칼리오스트로의 이야기 참조할 것. / * 이탈리아의 트릭 테이킹 카드 게임.

카고 [Cagots] 피레네Pyrenees의 소수 부랑민족. 다른 부족에선 그들을 저주받은 자로 여겼다. 이들을 고트족Goths의 후손이라고 보는 사람들도 있었다. 그렇기에 고트족의 개라는 뜻을 가진 줄임말 '카고트Ca-Goths'로 불리기도 했다.

카인 [Caïn] 이슬람교도들과 랍비들은 이브Eve에겐 카인과 아벨Abel이라는 두 아들과 아클리마Aclima와 레부다Lebuda라는 두 딸이 있었고, 카인과 레부다를, 아클리마와 아벨을 결혼시키고 싶어 했다고 주장했다. 그러나 카인은 아클리마를 사랑했다. 아담Adam은 두 아들의 합의를 위해 제물을 바칠 것을 제안했다. 그리고 모두가 알다시피, 카인의 제물은 거부당했다. 그런데도 그는 아클리마를 포기하고 싶지 않았다. 카인은 그녀를 확실히 차지하기 위해, 형제 아벨을 죽이기로 결심했다*. 그리고 방법을 찾던 카인에게 염탐 중이던 악마가 다가와 살인 방법을 알려주었다. 악마는 새를 한 마리 잡아, 돌 위에 올려놓은 뒤 다른 돌멩이로 머리를 짓이겼다. 악마에게 방법을 배운 카인은 아벨이 잠들었을 때, 그의 이마 위로 거대한 돌을 떨어뜨렸다[(1)].

(1) 『구약성경의 전설Légendes de l'Ancien Testament』 속 카인과 아벨의 이야기를 참조할 것. / * 카인은 성경에서 인류 최초의 살인자로 기록된다.

가이난 [Caïnan] 아르박삿Arpachshad의 아들 가이난은 대홍수 이전 두 기둥에 새긴 점성술을 필사해 보존하였다. 그가 기록했던 기둥의 기록은 셋Seth의 자식들이 새겼다고 한다. 이 외에도 거인들이 쓴 책을 발견하였다는 이야기가 있으나 현세대까지 보존되진 않았다[(1)].

(1) 신켈루스Syncellus, 『크로노그래피Chronographiœ』, 80페이지.

카인파 [Caïnites] 범죄를 예찬하던 끔찍한 사람들이 조직한 2세기의 이단. 이 미천한 자들은 카인Cain, 소돔Sodom의 혐오스러운 주민들, 유다Judas 그리고 이외의 다른 흉악범들을 숭배했다. 이들은 『유다 복음서Gospel of Judas』를 소지했으며 야비한 짓들을 수치심 없이 저지르곤 했다.

카이우마라스 또는 카이드 모르 [Caiumarath, Kaid-Mords] 페르시언들이 말하는 최초의 인간. **참조.** 바운드스체스크Boundschesch.

칼라(찰스) [Cala(Charles)] 칼라브리아 Calabria 출신의 17세기 작가. 지금도 그의 저서 『기적의 십자가 출현에 관한 찰스 칼라의 역사적 회고록Memorie historiche de l'apparizione délie croci prodigiose da carlo cala』(1651년, 1661년, 나폴리Napoli, 4절판)을 찾는 이들이 있다.

천재지변 [Calamités] 대중들은 대개 천재지변을 두고 악마 혹은 마법사의 악행이라고 생각했다. 피에르 드 랑크르Pierre de Lancre는 선한 사람에게 일어나는 천재지변이 속임수 악마의 기쁨이자 향연이라고 말했다[(1)].

(1) 『타락천사의 변화론Tableau de l'inconstance des mauvais anges』, 1권, 25페이지.

카일라스 [Calaya / Kailas] 인도의 다섯 극락 중 세 번째 극락. 항상 소를 타고 다니는 이쉬와르Eshwar(또는 이시바라Ishvara)가 거주하는 곳이기도 하다. 충성스러운 망자들은 이쉬와르를 섬기는데, 부채질하는 자들이 있는가 하면 밤에 앞장서서 초를 드는 자들도 있다. 그리고 그가 가래를 뱉고 싶어 할 때 은으로 만든 타구를 가져오는 자도 있다.

칼세랑 로셰즈 [Calcerand-Rochez] 페르난도 2세Ferdinand d'Aragon 통치 당시, 우고 데 몽카다Hugues de Moncade가 시칠리아Sicilia 총독으로 있는 동안 칼세랑 로셰즈라는 스페인 귀족이 환영을 본 사건이 발생했다. 그의 집은 팔레르모Palermo 항구 인근에 자리하고 있었다. 어느 잠 못 들던 밤, 그는 헛간에서 사람들이 오가며 큰 소음을 내는 것을 듣게 되었다. 칼세랑은 자리에서 일어나 창문을 열고 석양 아래 질서 있게 지나가는 병사들과 보병들, 조마사들, 기병 중대의 모습을 확인했다. 그들은 총독의 집으로 향하고 있었다. 다음 날 아침, 칼세랑은 몽카다에게 간밤에 보았던 사실을 말했으나, 그는 이를 진지하게 받아들이지 않았다. 그리고 얼마 후 페르난도 왕이 서거하였고, 팔레르모에서는 폭동이 일어났다. 앞서 말한 환영을 통해 확실히 예고된 이 반란은 오스트리아의 카를Charles에 의해 진정되었다(카를 5세)[(1)].

(1) 르 루아예Pierre Le Loyer, 『귀신 논설과 역사Discours

et Histoire des spectres』, 272페이지.

칼카스 [Calchas] 고대의 예언자. 새가 나는 모습을 보고 미래를 예견하였다. 그리스인들에게 트로이 전쟁Trojan War이 10년이나 지속될 것이라 예언했고, 이피게네이아Iphigeneia*의 희생을 요구했다. 아폴로Apollo는 그에게 과거와 현재, 미래를 알 수 있는 능력을 주었다. 바스티유Bastille 습격 역시 그가 예언한 것이라고 추정하는 이들도 있다. 그는 자신보다 더 마법사다운 예언가를 만날 때 죽음을 맞이할 운명이었다. 그리고 몹소스Mopsus**의 수수께끼를 풀지 못한 원통함 속에서 숨을 거두었다. **참조**. 몹소스.

* 아가멤논의 딸. 무풍으로 인해 트로이 출병을 하지 못하자 다이아나Diana(아르테미스Artemis) 여신에게 제물로 바쳐졌다. / ** 그리스 신화에 등장하는 예언가. 칼카스와의 예언 대결에서 승리했다. 대결 종목은 무화과나무의 열매 수와 암퇘지 배 속의 새끼 수를 맞추는 것이었다.

칼라케야스 [Calegueiers / Kalakeyas] 인도에서 가장 위험한 정령으로 여겨진다. 거대한 덩치를 지녔으며 인도의 지옥인 파탈라Patala에 산다.

달력 [Calendrier / Calendar] 과거 이교도의 달력은 별을 숭배하는 문화와 연관이 있었으며, 대부분 점성가에 의해 작성되었다.
　여기서 『목동의 달력Calendrier des bergers』, 『어진 농부의 연감Almanach du bon Laboureur』, 『스위스 바젤의 절름발이 심부름꾼의 연감Messager boiteux de Bâle en Suisse』 그리고 손톱을 깎고, 약을 먹어도 괜찮은 날이 표시된 무수한 다른 달력을 언급할 수 있겠지만, 이는 너무 동떨어진 주제이다. **참조**. 연감Almanach[1].

(1) 『달력 이야기Légendes du calendrier』를 참조할 것.

칼리 [Cali] 악마들의 여왕이자 인도 지옥의 왕비Sultana. 온몸이 검고 금으로 된 두개골 목걸이를 하고 있다. 민간에선 그녀에게 인간을 제물로 바쳤다.

마녀 집회의 성배 [Calice du Sabbat / Chalice of the Sabbat] 피에르 드 랑크르Pierre de Lancre는 마법사 사제들이 집회에서 미사를 진행할 때, 검은 성체와 성배를 사용한다고 기록했다. 또 그들은 악마를 소환하기 위해 성배를 높이 들며 이렇게 외친다고 한다. "검은 까마귀! 검은 까마귀!"

칼리

의심의 성배 [Calice du Soupçon / Chalice of Suspicion] **참조**. 부정Infidélité.

칼리굴라 [Caligula] 아내에 의해 독살 혹은 암살되었다고 전해진다. 수에토니우스Suetonius는 그가 죽은 뒤 여러 번 모습을 나타냈으며, 그의 집엔 괴물과 유령이 가득 차 있었다고 기록했다. 이 괴물과 유령은 장례를 치러 존중을 표한 이후에 모두 사라졌다[1].

(1) 드란딘Delandine, 『고대인의 지옥Enfer des Peuples Anciens』, 2장, 316페이지. 드 랑크르Pierre de Lancre, 『악마의 변화론Tableau de l'inconstance des démons』, 6권, 461페이지.

칼로 [Callo] **참조**. 스페스Spes.

칼메(돔 오귀스탱) [Calmet(Dom Augustin)] 생반느Saint-Vannes 수도회 베네딕토회Benedictine 수도사이자 가장 근면하고 쓸모 있던 17세기 학자 중 하나였다. 1757년 스논느Senones 수도원에서 사망했다. 볼테르Voltaire는 그를 기리며 다음과 같은 시를 쓰기도 했다.

　신이 우리에게 내려준 신탁
　암흑을 뚫은 그의 근면한 사역
　그는 더 행하며 단순히 믿고
　자신의 부덕으로 마땅히 듣네.

그는 『천사, 악마, 정령의 환영 그리고 헝가리, 보헤미아, 모라비아, 실레시아의 망자와 흡혈귀Dissertation sur les apparitions des anges, des démons et des esprits, et sur les revenants et vampires de hongrie, de bohême, de moravie et de silésie』(1746년, 파리, 12절판)를 저술했다. 이 책의 가장 좋은 판본은 1751년 파리에서 출간된 것으로 12절판 2부작으로 구성되어 있다. 이 책은 순진한 작가의 성향이 담겨있으나, 정직하게 기록되었다. 칼메는 저서에 자기 견해에 유리한 이야기는 물론 반하는 사상까지도 천진하게 담고 있다. **참조.** 흡혈귀Vampires.

칼룬드로니우스 [Calundronius] 빛깔이나 형태는 알려진 바 없으나 악령을 쫓고 마법으로부터 보호하는 능력이 깃든 마법석. 이 돌을 지니면 적보다 우위를 차지하고 우울감을 없앨 수 있다.

칼뱅(장) [Calvin(Jean)] 종교 개혁 선동자 중 한 명으로 1509년 누아용Noyon에서 출생했다. 광신적 성향이 있던 그는 인간들에게 심판의 자유를 가져다주겠다고 떠들고 다녔다. 또 자신과 의견이 다르다는 이유로 친구 미카엘 세르베투스Michael Servetus가 화형을 당하도록 만들었다. 그는 단순한 이단이 아니었으며, 여전히 마법사였다는 의심을 사고 있다.

'그는 악마의 도움을 받아 마법을 행했으나 능숙하지 않을 때도 있었다. 한 번은 죽지도 않은 남자를 다시 살려내겠다고 사람들을 속이려고 한 적이 있었다. 그는 주문을 외우고 공범자에게 일어날 것을 명령했지만, 꿈쩍도 하지 않았다. 나중에 보니 실제로 공범자의 숨이 끊어져 있었는데, 사람들은 그가 어설픈 연극을 위해 죽은 게 아닐까 생각했다[1].' 어떤 사람들은 칼뱅이 악마에게 목이 졸려 죽었다고 전하기도 한다. 악마는 생전 그를 성심껏 섬겼을 것이다. 젊은 시절, 칼뱅은 연극을 했으며 은폐 마술을 부렸다[2].

(1)보게Boguet, 『마법사 논설Discours des sorciers』, 18장. / (2)『지옥의 전설Légendes Infernales』에서 칼뱅의 이야기를 참조할 것.

캄비온 [Cambions] 악마의 아이들. 드 랑크르Pierre de Lancre와 보댕Bodin은 인큐버스Incubus(남성 몽마)와 서큐버스Succubus(여성 몽마)가 서로 결합하여 캄비온이라는 끔찍한 아이들을 낳는다고 주장했다. 캄비온은 평범한 아이들보다 훨씬 많은 무게가 나가며, 살이 찌지 않고도 모든 것을 집어삼키고, 세 명이나 되는 유모의 젖을 말릴 수 있었다[1]. 미신을 신봉했던 루터Luther는 담화록에서 이 아이들이 7년밖에 살지 못한다고 기록했다. 그는 사람의 손이 닿으면 울음을 터트리는 아이를 본 적이 있는데, 그 아이는 집에 나쁜 일이 생겼을 때만 웃음을 터뜨렸다고도 덧붙였다.

마이올Maïole은 갈리시아인Galician 걸인이 캄비온을 이용해 사람들의 동정을 사려고 한 일이 있었다고 전한다. 어느 날 한 기사가 강을 건너던 중 매우 난처해하는 걸인을 발견하였다. 그는 걸인을 불쌍히 여기곤 어린아이를 자기 말에 태웠는데, 너무 무거워 말이 주저앉고 말았다. 얼마 지나지 않아 걸인은 이 끔찍한 아이가 악마의 자식이며, 누구도 동냥을 거절하지 못하게 만든다고 고백했다[2].

(1)드 랑크르, 『악마의 변론론Tableau de l'inconstance des démons』, 3권의 마지막 부분. 보댕Bodin, 『빙의망상Démonomanie』, 2권, 7장. / (2)보게Boguet, 『마법사 논설Discours des sorciers』, 14장.

카멜레온 [Caméléon / Chameleon] 플리니우스Pliny의 기록에 따르면, 데모크리토스Democritus는 카멜레온 미신만을 다루는 책을 펴낸 적이 있다고 한다. 산 채로 뽑은 카멜레온의 혀를 지니면 재판에서 이긴다는 미신이 있다. 또 참나무 장작불 위에서 카멜레온 머리와 목을 태우거나, 붉은 타일 위에서 이 짐승의 간을 구우면 천둥과 비가 내린다는 풍설도 존재한다. 보게Boguet는 『마법사 논설Discours des sorciers』 제23장에서 이 초자연적 현상의 언급을 잊지 않았다. 카멜레온의 오른쪽 눈알을 산 채로 뽑아 염소 우유에 담그면 안구의 황반변성을 사라지게 하는 약물을 만들 수 있다는 것. 카멜레온 꼬리는 강물을 멈추게 만든다는 것. 그리고 카멜레온 턱을 지니고 다니면 모든 두려움을 극복해낼 수 있다는 것 등등….

호기심 많은 사람들은 이 도마뱀의 일종인 존재가 오직 바람만 먹고 산다고 주장하기도 한다. 하지만 카멜레온은 언제나 벌레를 잡아먹어 왔다. 소화가 필요 없다면, 뭐 하러 위와 온갖 소화기관을 몸에 달고 있겠는가? 그리고 만일 아무것도 먹지 않는다면, 어떻게 배설물이 나오며, 어떻게 선조들이 카멜레온 배변으로 마법의 연고를 만들어 적에게 해를 입혔을까? 카멜레온의 색은 햇빛의 반사와 관찰자의 위치에 따라 계속 변화한다. 이러한 이유로 궁인들을 카멜레온에 빗대어 이야기하는 것이겠다. 드 랑크르Pierre de Lancre는 카멜레온이 마법사의 상징이며, 마녀 집회에서 항상 등장한다고 주장했다.

캄피스 [Camephis] 이집트의 신 중 가장 오래된 신. 조부와 아버지, 아들로 구성되어 있다.

카메라리우스(요아킴) [Camérarius (Joachim)] 16세기 독일 학자. 몇몇 이들은 그가 쓴 『악마의 본성과 감정De Natura et Affectionibus Dæmonum Libri Duo』(1576년, 라이프치히Leipzig, 8절판, 2권)과 『점술의 종류와 그리스어, 라틴어 단어 해석Commentarius de Generibus Divinationum, ac Græcis Latinisque Earumvocabulis』(1576년, 라이프치히, 8절판)을 찾고 있다.

그와 함께 베네벤토Benevento에 살았으며 1564년에 사망한 바르텔레미 카메라리오Barthelemi Camerario의 『연옥의 불De Purgatorio Igne』(1557년, 로마), 17세기 독일 의사였던 장 로돌프 카메라리우스Jean-Rodolphe Camerarius의 『세기Centuries』, 『점성학 정확도를 나타내는 수 세기간 출생 시간 연구Horarum Nalalium Centuriæ II Pro Certitudine Astroloyiœ』(1607년, 1610년, 프랑크푸르트, 4절판) 그리고 같은 작가의 잡록인 『묘약 이야기와 자연의 불가사의, 세기의 비밀Sylloge Memorabilium Medicinæ et Mirabilium Naturæ Arcanorum Centuriæ XII』(1624년, 12절판. 스트라스부르. 튀빙겐Tubingen의 8절판 에디션. 1683년에 확장판은 20세기 이야기를 포함한다) 또한 함께 언급할 수 있다.

마지막으로, 튀빙겐의 또 다른 몽상가인 엘리아스 카메라리우스Elias Camerarius란 작가가 있다. 그는 마법과 환영에 관하여 알려지지 않은 책들을 펴냈다.

카미자르 [Camisards] 참조. 도피네Dauphiné.

캄누즈의 혼 [Camnuz(l'esprit de)] 시게베르트Sigebert는 자신의 연대기에서 빙겐Bingen 인근 캄누즈Camnuz에 자주 출몰하던 어느 폴터가이스트*의 짓궂은 장난을 기록했다. 이 폴터가이스트는 여러 엉뚱한 소리를 내며 모습을 감춘 채로 돌멩이를 던지곤 했다. 영혼은 여러 물건을 훔친 후 싫어하는 사람에게 죄를 뒤집어씌웠다. 또한 집과 농작물에 불을 질렀으며 오래도록 독일 사람들을 괴롭혔다. 그의 모습은 보이지 않았으나 목소리는 들을 수 있었다. 이 현상이 일어난 시기는 16세기 말이었다. 결국 마인츠Mainz의 주교는 구마사들을 보내 이 영혼을 내쫓았다.

* 이유 없이 소리가 들리고 물건이 떠다니는 현상. 악마, 마녀, 죽은 영혼에 의해 발생한다고 여겨졌다.

캄파넬라(토마스) [Campanella (Thomas)] 재기발랄하나 분별력은 떨어졌던 남성. 1568년 칼라브리아Calabria의 큰 부락에서 태어났다. 그는 젊었을 적에 연금술의 비밀을 알려준 어느 랍비를 만나게 되었다. 이 랍비는 『아스 노토리아Ars Notoria』를 이용해 단 보름 만에 그에게 모든 지식을 전수해주었다. 이렇게 얻은 지식으로 캄파넬라는 성 도미니크회Dominican Order에 들어가 당시 크게 유행하던 아리스토텔레스Aristoteles의 교리에 맞섰다. 그의 공격을 받은 자들은 캄파넬라를 마법사로 고발했고, 결국 나폴리Napoli에서 도망쳐야 하는 처지가 되었다. 그에게서 압수한 연구지에는 비난받을 내용들이 있었고, 이에 종교재판에선 캄파넬라에게 수도원에서 피정하라는 형을 내렸다. 수도원에서 감금하며 침묵을 지키라는 이 형벌은 국가의 결정이었는데, 진짜 이유는 그가 『스페인 군주론Traité de la Monarchie Espagnole』에서 국가를 지배하던 거대한 오만과 중대한 과오를 정당히 지적했기 때문이었다. 캄파넬라는 1626년, 교황의 명령으로 은둔에서 벗어나 파리Paris로 갔으며, 생토노레가Saint-Honoré에 있던 자코뱅당원Jacobins들의 거처에서 1639년 5월 21일 숨을 거두었다. 그는 자기 죽음과 루이 14세Louis XIV의 영광스러운 날들을 예언했다. 그의 저서 가운데 여기서는 『사물과 마법의 의미De Sensu Rerum et Magia』(1620년, 프랑크푸르트, 4절판) 네 권과 여섯 권의『점성술 6서Astrologicorum Libri VI』(1629년, 리옹, 4절판)[1]만을 언급하도록 하겠다. 이 학문을 존중했던 작가는 점성술적 착상과 성 토마스St. Thomas의 교리를 억지로 연결 지으려 했다.

(1)『별의 운명 회피De falo Siderali Vitando』라는 제목의 7번째 책을 포함한 1630년 프랑크푸르트 판본이 가장 인기 있다.

캠벨(길버트) [Campbell(Gilbert)] 그의 이야기는 다음을 참조할 것. 폴터가이스트 Esprits frappeurs.

캄페티 [Campetti] 18세기 말, 점술 지팡이로 수맥을 찾던 인물. 점술 지팡이의 경이로움을 재조명 받게 하였다. 티롤Tyrol에서 태어난 그는 자크 아이마르Jacques Aymar만큼 명성을 떨치지 못했다. 캄페티는 수맥, 보물, 도난, 살인 흔적을 찾을 때 점술지팡이가 아닌 황철광 덩어리로 만든 소형 진자 혹은 끈에 매단 다른 금속 물질을 사용하기도 했다. 그의 점술은 일관성을 찾아볼 수 없었다.

카뮤즈(필리프) [Camuz(Philippe)] 16세기 스페인의 소설가.『악마 로베르의 생애La vida de Roberto el Diablo』(1629년, 세비야, 2절판)의 저자로 알려져 있다. 이 이야기는 청색 도서Bibliotheque Bleue[*]에 포함되어 있다.

[*] 과거 프랑스에서 유행하던 출판형식. 낮은 품질의 소책자로 저렴하게 판매되었다. 파란색 표지가 많았기에 다음과 같은 이름으로 불렸다.

카나테 [Canate] 과거 연대기에 자주 등장하던 스페인의 산. 산 발치에는 악령이 거주하는 동굴이 있었다. 그곳에 접근하는 기사들은 마법에 걸렸고 운이 나쁘면 더한 일도 겪었다고 한다.

게자리 [Cancer, Écrevisse / The Crab] 황도 십이궁 중 하나. 괴물 히드라Hydra와 싸우던 헤라클레스Hercules 뒤꿈치를 찌른 것도 게였다. 참조. 별점Horoscopes.

칸들리에 [Candelier] 마녀 집회의 호칭 기도에서 불려지던 악마.

상제 [Cang-Hy / Shangdi] 중국에서 지상 인근 천계의 신으로 여겨지는 인물. 생과 죽음을 손에 쥐고 있으며 세 명의 부하를 거느리고 있다. 그중 천관은 하늘을 관장하고 비를 내린다. 수관은 바다와 물을 관장하고 바람과 폭풍우를 불러일으킨다. 지관은 땅을 관장하고 농작물을 돌보며 전투에 참견한다.

카니시다 [Canicida] 참조. 제린스Zerinthe.

천랑성 [Canicule / Canis Major] 시리우스Sirius 또는 큰개자리로 불리는 별자리. 폭염을 지배한다. 로마인들은 천랑성이 흉성이라 믿었기에 매년 붉은 개를 제물로 바쳤다. 오래된 민간전승에는 폭염 시기 동안 모든 치료를 중단하고, 질병의 쾌유를 자연에 맡겼다는 이야기도 있다. 오늘날까지도 폭염 중 물에 들어가는 것은 위험하다는 믿음이 존재한다.

카니디아 [Canidia] 호라티우스Horace가 언급한 여성 마법사. 밀랍 인형을 사용해 마법을 걸고 저주를 내렸다. 또 마법 주문을 통해 달을 하늘에서 억지로 끌어 내렸다.

카니구 [Canigou] 프랑스 루시용Roussillon에 있는 산. 틸버리의 저베이스Gervase of Tilbury는 연대기에서 이 산을 언급했다. 카니구 산은 오르기가 거의 불가능하며 꼭대기에는 검은 물이 일렁이는 호수가 있다. 이 호수는 깊이를 알 수 없기에 지옥 주민들이 바닥에 궁전을 짓고 산다고. 또 호수에 돌을 던지면 악마들이 태풍을 몰고 와 나라를 두려움에 휩싸이게 만든다고 기록했다.

칸타멘 [Canterme / Cantamen] 고대인들이 특정 마법 혹은 저주에 부여했던 명칭.

칸트웰(앙드레 사무엘 미셸) [Cantwell (André-Samuel-Michel)] 앵발리드Les Invalides의 사서. 1802년 7월 9일 사망했다. 『알베르의 성Le Château d'Albert』 혹은 『해골의 보행Le Squelette Ambulant』(1799년, 2부작, 18절판)이라는 소설을 썼다.

칸윌 코르프 [Canwyll-Corph] 망자(또는 죽음)의 초. 웨일스Wales의 미신이며 성 데이비드St. David 교구에서만 유효하다. 웨일스 사람들은 성 데이비드가 숨을 거둘 당시 하늘에 교구인을 위한 특별한 부탁을 했다고 믿는다. 이 부탁인즉슨 모두가 본인의 죽음을 사전에 알 수 있도록 해달라는 것. 이후 죽음의 초라 불리는 이 빛은 생을 마감하게 될 사람의 집에서 나와 묘지로 향한다. 그리고 망자가 묻힐 자리에서 사라진다. 다만 이 경이로운 일은 주로 밤새 일어나기에 목격하기 어렵다.

카우스 [Caous] 동방 사람들은 캅카스Caucasus 동굴에 거주하는 악령들을 이 이름으로 불렀다.

연기점 [Capnomancie / Capnomancy] 고대인들이 애용했던 연기를 이용한 점술. 가장 흔한 방법으로는 마편초나 다른 신성한 식물을 태우며 연기 형태, 방향을 보고 점치는 것이다. 이 외에도 불붙은 석탄 위로 재스민 또는 양귀비씨를 뿌리고 풍기는 연기를 확인하는 방법이 있다. 또한 제물을 불태우며 연기를 살펴보기도 했다. 연기는 가볍고 두껍지 않아야 좋은 징조로 해석되었다. 사람들은 이 연기를 마시면 영감을 얻는다고 믿었다.

카파우타스 [Cappautas] 토속신앙에서 전해지는 거대하고 거친 원석. 카파우타스 위에 앉으면 광기가 가라앉는다고 한다. 라코니아Laconia의 항구도시 기티움Gytheum으로부터 3스타드Stades* 떨어진 곳에서 발견되곤 했다.

　* 고대 그리스의 거리 단위로 약 180미터 정도이다.

카페론 [Caperon] 생 막시앙Saint-Maixant의 수석 사제. 1726년 잡지 『머큐어 드 프랑스Mercure de France』를 통해 가짜 환영에 관한 글을 기고했다. 렝글렛 뒤프레누아Lenglet-Dufresnoy는 이 글을 자신의 집록에 실었다. 경신과 거리가 멀었던 그는 제법 괜찮은 논리로 가짜 환영을 반박했다. 하루는 어느 여성이 그를 찾아왔다. 그녀는 매일 정오마다 노란색 단추가 달린 회색 옷을 입은 인간 형상의 유령이 나타난다고 토로했다. 또 그 유령이 자신을 학대하며, 가끔은 따귀를 때릴 때가 있다고 덧붙였다. 그녀의 이웃은 그녀가 뺨을 맞을 때 볼에 손을 가져다 댔더니, 보이지 않는 어떤 힘이 느껴졌다고 증언했다. 이 여성의 다혈질적 면모를 알아챈 카페론은 피를 뽑으면 나아지리라는 것을 깨달았다. 카페론은 그녀에게 이유를 알려주지 않고 피를 뽑았고 이후 유령은 다시 나타나지 않았다.

　그가 기록한 특성과 논리를 살펴보면 많은 환영이 사람의 기운*과 잘못된 상상력에서 비롯된 것임을 알 수 있다. 그는 성서에 기록된 환영은 인정하였으나, 그 외의 것들은 받아들이지 않았다. 그는 매일 밤 자신의 이불을 잡아당기러 오는 유령을 상대하던 한 여성의 이야기도 들려주었다. 카페론은 여성에게 물을 주며 침대에 뿌리라고 시켰다. 그렇게 한다면 축복받은 성수가 유령에게서 해방시켜 줄 것이라고 말이다. 그 물은 그냥 평범한 물이었지만, 나이 든 여성의 상상력엔 효과가 있었고, 아무것도 의심하지 않은 채 환영에서 해방되었다. **참조.** 환각Hallucination.

　* 여기에선 머리를 자극하는 발산물을 의미한다. 우울, 흥분, 초조, 히스테리 등이다. 또 과거 혈액 · 체액에서 발산되어 머리로 올라온다고 생각되었던 체기나 독기를 말하기도 한다.

염소자리 [Capricorne / Capricorn] 황도 12궁 중 하나. 거신족 티탄Titans의 습격 당시 겁을 먹은 판Pan이 염소로 변신한 것이다. **참조.** 별점Horoscopes.

성 프란치스코회 수도사 [Capucin] 신교도 사이에선 성 프란치스코회Franciscan 수도사를 마주치는 것이 흉조라는 믿음이 있었다. 어느 날 부아즈농Voisenon의 수도원장은 사냥감이 많다고 알려진 곳으로 사냥을 나섰다.

그리고 그는 성 프란치스코회 수도사를 마주쳤다. 그 이후로 수도원장은 단 한 마리도

사냥감을 잡지 못했다. 사람들이 그를 비웃자 수도장은 다음과 같이 말했다. "다들 정말 멋대로 이야기하는군요. 당신들은 살면서 성 프란치스코회 수도사를 만나 본 적도 없지 않습니까[1]?"

(1) 살그Salgues, 『오류와 편견Des erreurs et des préjugés』, 1권, 509페이지.

카크 [Caqueux, Cacoux] 브르타뉴Bretagne에서 카크Caqueux, 카쿠Cacoux라고 불린 밧줄 장인들. 이들은 특정 지방에서 추방됐고, 사람들은 이들을 피했다. 한때 죽음과 노예의 도구였던 밧줄을 만드는 이들은 사람들의 두려움을 불러일으켰다. 오래전 이들은 외부와의 접촉 없이 살았으며, 교회 출입이 금지되었다. 물론 이 편견은 점점 사라졌으나 아직도 이들은 마법사 취급을 받고 있다. 카크는 이러한 명성을 이용해 해를 입지 않게 해준다는 부적, 전투에서 무적으로 만들어준다는 주머니 등을 팔았다. 또 미래를 예언하기도 했다. 민간에서는 카크가 해를 입히는 바람을 만든다는 믿음도 존재했다. 15세기엔 이들이 유대인의 후손이며 나병으로 인해 다른 사람들과 격리되었다고 믿기도 했다. 브르타뉴 공작인 프랑수아 2세François II는 카크에게 로브*보이는 곳에 붉은 천을 두를 것을 명령했다. 성금요일엔 모든 카크가 배꼽으로 피를 쏟는다는 설도 있었다. 지금은 밧줄 장인을 보고 도망가는 사람이 없지만 그들의 가족과 쉽게 혼인을 맺는 일 또한 없다[1]. 혹시 이 단어는 카퀸Caquins(남프랑스의 천민)과 같은 유래를 두고 있는 것은 아닐까? **참조. 카고**Cagots.

(1) 자크 캠브리Cambry, 『피니스테르 여행Voyage dans le Finistère』, 3호, 146페이지. 1호. / * 소매 없는 커다란 외투, 가운 등으로 예복, 의복으로도 많이 사용된다.

카라비아 또는 데카라비아 [Carabia, Decarabia] 잘 알려지지 않은 악마이나 어둠의 제국에서는 큰 권력을 지니고 있다. 카라비아는 지옥 일부를 다스리는 왕이자 한 지역의 백작이다. 그는 부에르Buer처럼 다섯 줄기의 빛을 내뿜은 별의 모습으로 나타난다. 더불어 식물과 보석의 효능을 알고 있으며 새를 지배하고 길들일 수 있다. 30개의 지옥 군단을 거느린다[1].

(1) 요한 바이어Johann Weyer, 『악마의 유사군주제 Pseudomonarchia Dœmonum』.

카라칼라 [Caracalla] 카라칼라 황제는 한 병사에 의해 살해되었다. 황제의 사망 사실이 알려지기 전 로마Rome에선 인간의 모습을 한 악마가 당나귀를 끌고 때로는 의사당에, 때로는 황궁에 나타나 주인을 찾는다며 외쳤다고 한다. 이를 본 사람이 카라칼라를 찾는 것이냐고 묻자, 악마는 그가 죽었다고 답하며 다음과 같이 말했다. "너희가 생각하는 그 황제가 아닌 다른 자를 보러 가야겠구나." 사람들은 그를 로마의 카푸아Capua로 데려갔으나, 그는 그대로 사라져버렸고 행방을 알 수 없게 되었다[1].

(1) 르 루아예Pierre Le Loyer, 『귀신 논설과 역사Histoire et Discours des spectres』, 3권, 16장.

문자 [Caractères / Characters] 대다수의 부적은 고대인들이 확실한 예방 효능이 있다고 믿었던 불가사의한 문자를 통해 효과를 발휘한다. 솔로몬Solomon이 정령들을 복종시켰던 유명한 반지의 힘은 모두 카발라Kabbalah 문자에서 나왔다. 오리게네스Origen는 최초의 기독교인들 사이에서 우상숭배 되던 문자를 새긴 구리판 또는 청동판을 금지했다. 교황 레오 3세Leo III의 『개요서Enchiridio』, 『붉은 용The Red Dragon』, 『솔로몬의 열쇠Key of Solomon』에는 삼각형(또는 원형) 안에 해석이 되지 않는 비밀 마법 문자들이 새겨져 있다. 이를 통해 힘을 얻거나 악령을 소환할 수 있는 것이다.

마법사들은 종이 위에 피로 해석이 불가한 문자를 쓰는 경우가 종종 있었다. 이는 재판에서 저주의 증거로 사용되었다. 이 책 『지옥사전』에선 아그라Agla, 아브라카다브라

Abracadabra와 같은 단어의 힘을 설명한다. 참조. 부적Talismans.

성 카라독 [Caradoc(Saint)] 니베르네Nivernais 지역, 동지Donzy의 수호 성인. 성 카라두Caradeu라고 불렸다. 그 또한 다른 성인들처럼 악마에게 빙의되었으나, 뛰어난 덕으로 악마를 무력화했다.

카르다노(지롤라모) [Cardan / Cardano(Jérôme / Gerolamo)] 1501년 파비아Pavia에서 태어난 의사이자 점성가이자 예언자. 1576년에 로마에서 사망했다. 카르다노는 전기를 남기며, 창피할 수도 있는 이야기 모두를 뻔뻔하게 기록했다. 그의 행실은 많은 적을 만들었다. 그러나 카르다노는 당대의 천재 중 하나이기도 했다. 그는 수학의 발전을 이뤘으며, 의학에도 해박한 지식이 있었다. 그러나 상식 외의 상상력 때문에 늘 대중들로부터 광인 취급을 받곤 했다. 카르다노는 저서『그 자체의 삶De Vita Propria』에서 자연이 고통을 주지 않는다면 직접 눈물이 날 때까지 입술을 뜯거나 손가락을 잡아당겨 고통을 만들었다고 기록했다. 이는 고통이 없다면, 고통보다 참기 힘든 격렬한 감정 폭발과 충동이 터져 나왔기 때문이라고. 또 한편으로는 고통이 멈추는 순간의 희열을 느끼기 위해 일부러 육체에 고통을 부여하기도 했다.

카르다노는『다양한 것들의 연구Variété des Choses』8권에서 자신이 원할 때마다 황홀경에 빠질 수 있었으며, 육신을 벗어나 영혼의 상태에서 여행을 할 수 있었다고 언급했다. 이때 육신은 아무런 고통을 느끼지 않으며, 마치 죽은 것처럼 보였다. 그는 두 개의 영혼을 지녔다고 주장했다. 하나는 선과 지식으로, 또 하나는 악과 우둔함으로 이끄는 영혼이었다. 카르다노는 젊은 시절 어둠 속에서도 환히 볼 수 있었지만, 나이를 먹으며 시력이 약화되었다고 말했다. 그런데도 한밤중 깨어났을 때 유년기만큼은 아니지만 앞을 밝게 볼 수 있었다고 덧붙였다. 카르다노는 이러한 능력이 티베리우스Tiberius 황제와의 공통점이라고 생각했다. 그렇게 따지면 부엉이와도 비슷한 부류라고 할 수 있겠다.

카르다노는 연금술을 연구했다. 그의 저서를 보면 신비주의인 카발라Kabbalah를 믿고 그 비밀을 높이 샀음을 알 수 있다. 그는 1491년 8월 13일에서 14일로 넘어가는 밤 어딘가에서 키가 큰 일곱 악마(또는 원소의 정령)가 자신의 아버지 (아들 만큼이나 제정신이 아닌) 파지오 카르다노Fazio Cardano에게 나타났다고 기록했다. 이들은 사십 대 정도로 보였으며 비단옷과 그리스풍의 망토, 빨간 신발, 진홍빛 재킷을 착용하고 있었다. 그리고 자신들이 천상인이며 탄생과 죽음을 반복해 삼백 년을 살았다고 말했다. 또 지상인보다 더 신성에 가깝지만, 신과는 무한한 거리감이 있다고 덧붙였다. 이 천상인들은 분명 실프Sylphs(공기의 요정)였을 것이다.

카르다노는 소크라테스Socrates처럼 사역마를 소유했다고 주장했다. 이 사역마는 인간 물질과 신성 사이에 놓인 존재이며 꿈을 통해 교류할 수 있었다. 이 악마 역시 원소의 정령이었다. 그는 대담집『테팀Tetim』과 저서『소유한 책De Libris Propriis』에서 소유한 사역마가 수성과 토성의 본질에 닿아있다고 말했다. (제대로 읽은 것이 맞다. 행성과 관계된 이야기이다) 카르다노는 모든 재능, 방대한 지식, 행복한 착상들이 모두 본인의 사역마로부터 나왔음을 인정했다. 칭찬은 모두 사역마에게 돌리고, 정령에게 경의를 표한 것이다. 카르다노는 자신의 아버지에게도 삼십 년을 섬긴 사역마가 있다고 언급했다.

풍부한 점성술 지식을 가지고 있던 카르다노는 영국 왕 에드워드 6세Edward VI에게 오십년 넘게 통치할 것이라는 점괘를 전해주었다. 그러나 불행하게도 에드워드 6세는 16세 나이로 사망하게 되었다. 동일한 점성술을 사용해, 그는 자신이 45세 나이까지 밖에 살지 못할 것이라는 점괘를 얻었다. 점괘에서 나온 이 운명은 그를 평생 괴롭히게 되었다. 그리고 어느덧 나이를 먹어 자신이 잘못 계산했다는 것을 인정할 때가 되었을 때, 카르다노는 천상도를 다시 그렸다. 그리고 최소 75세를 넘기지 못할 것이라고 다시 점쳤다. 카르다노의 자연 수명은 또다시 고집을 부려 그의 점성술을 부정했다. 사람들은 카르다노가 명성을 지키기 위해 그리고 오류의 창피를 더는 견디지 않기 위해 (카르다노는 점술은 무류이므로 그가 틀린 것이라고 믿었다) 굶어 죽었다고 주장했다.

18세기의 여느 작가는 다음과 같이 말했다[1]. "점성가들이 예언한 모든 사건 중에, 나는 그 어떤 것도 예고대로 일어나는 것을 보지 못했다. 카르다노는 자신이 죽는 날을 예언하고 정해두었다. 그날이 찾아왔을 때, 카르다노는 아주 멀쩡했다. 그는 죽음과 점성술의 부족함을 인정하는 것 중 하나를 택해야 했다. 카르다노는 망설이지 않았다. 그리고 별의 영광을 위해 희생을 택한 뒤 스스로 목숨을 끊었다. 그가 질병으로 죽게 될지, 자살하게 될지 생전에 말한 적이 없었으니 말이다."

카르다노의 기괴한 점성 서적 중엔 예수 그리스도Jesus Christ의 별점을 기록한 것이 있다. 이 저서는 이탈리아와 프랑스에서 출간되었다. 그는 화성과 달이 천칭자리와 회합될 때 신인의 죽음을 보았다. 그리고 토성과 궁수자리의 만남에서 이슬람교를 보았다. 이는 구세주가 태어났던 시기였다.

결국, 지롤라모 카르다노는 미신을 맹신한 자로 판단력보다 상상력이 더 많은 자였다. 이상한 점은 모든 것은 믿으면서도, 교회가 인정한 진짜 경이로운 일들은 믿지 않았다는 것이다. 카르다노는 마법사이자 비종교인이라는 이유로 고소를 당했다. 드 랑크르Pierre de Lancre는 카르다노가 아버지를 통해 제대로 마법을 배웠다고 기록했다. 카르다노의 아버지는 30년 동안 금고 속에 악마를 가두고 모든 일을 악마와 상의했다[2]. 카르다노가 쓴 대부분의 책에선 기이한 내용을 발견할 수 있다. 그의 이런 글들은 열 권의 2절판 전집으로도 묶였다. 주로 『다양한 것들의 연구』, 『악마의 교묘함La Subtilité des Démons』, 『꿈 개론Traité des Songes』[3]에서 등장했던 내용들이다. **참조.** 이마점Métoposcopie, 연고Onguents.

(1) 카스틸혼M. L. Castilhon, 『미신수상록Essai sur les Superstitions』, 12절판. / (2) 『의심과 불신L'incrédulité et mécréante』, 논설1, 13페이지. / (3) 히에로니무스 카르다누스Hieronymus Cardanus, 『꿈De Somniis』, 1585년, 바젤, 4절판.

카르누스(알렉산드르) [Carenus(Alexandre)] 1575년 파도바Padua에서 출간된 『꿈 개론De somniis』(4절판)의 작가.

앙드레 보덴스타인 드 카를로스타드 [Carlostad(André Bodenstein de)] 뷔르템베르크Wurtemberg의 부주교. 루터Luther의 신봉자였던 그는 루터의 적으로 돌아섰다. 하지만 그럼에도 루터와 마찬가지로 교회를 등지고 있었다.

그가 마지막 설교를 전하던 날, 시커먼 남자 하나가 슬픔으로 일그러진 표정을 하고 나타났다. 그 남자는 설교단 뒤에 올라 부주교에게 3일 뒤 돌아오겠다는 말을 전했다. 몇몇 사람들은 남자가 부주교와 몇 걸음 되지 않는 거리, 청강자들 사이에 서서 그의 얼굴을 빤히 쳐다보았을 것이라고 주장한다. 카를로스타드는 겁에 질려 서둘러 설교를 마쳤다. 그리고 설교단을 떠나며 사람들에게 방금의 남자를 아느냐고 물었다. 그러나 그런 남성을 본 이는 아무도 없었다. 이때 똑같은 유령이 카를로스타드의 집에 찾아가 막내아이에게 다음과 같이 말했다. "네 아버지에게 내가 3일 안에 다시 온다고 말해주거라. 그가 준비를 할 수 있도록." 부주교가 돌아왔을 때, 아이는 겪은 일을 전했다. 공포에 사로잡힌 카를로스타드는 침대에 누웠고, 3일 뒤인 1541년 12월 25일 크리스마스 날 목이 꺾인 주검으로 발견되었다. 이 사건은 바젤Basel에서 일어난 일이다[1].

(1) 이 이야기는 루터가 쓴 글에 나온 것으로 18세기에 출간된 『정체가 탄로난 바빌로니아 또는 로마 가톨릭 종교에 관한 두 네덜란드 여성의 회담La Babylone démasquée, ou entretiens de deux dames hollandaises sur la religion catholique romaine』(1727년, 파리, 생 자크가Rue Saint-Jacques, 페피 출판사, 226페이지)이라는 표제의 책에서 내용을 찾아볼 수 있다. 『지옥의 전설Légendes Infernales』 속 카를로스타드

의 이야기를 참조할 것.

카르멘테스 [Carmentes] 아이들을 수호하던 고대 여신들. 오늘날 브르타뉴Bretagne 요정들과 유사한 존재들로 여겨졌다. 카르멘테스는 출생을 지배하고 신생아 운명을 점쳤다. 또 재능을 선물하고 어머니들로부터 작은 선물을 받았다. 이들은 모습을 드러내는 일이 없었다. 민간에선 출산 시 격리된 방에 이 여신들을 위한 상이 차려졌다.

로마인들은 여자 예언자들을 카르멘테스(또는 샤르메스Charmers)라고 불렀다. 아르카디아Arcadia의 여자 예언자 중 가장 유명한 인물의 이름은 카르멘티아Carmentia로, 올림포스Olympos 산에서 예언을 전했다.

축제 [Carnaval / Carnival] 참조. 가장무도회Mascarades.

카르니보 [Carniveau] 마녀 집회의 호칭 기도에서 소환된 악마.

카르노에 [Carnoet] 참조. 성의 구멍Trou du Château.

카르누스 [Carnus] 아카르나니아Acarnania의 예언가. 코드루스Codrus의 통치 아래 큰 불행을 다수 예언했고, 마법사라는 이유로 화살에 맞아 사망했다. 아폴로Apollo는 그의 죽음을 복수하기 위해 흑사병이 창궐하게 했다.

카론 [Caron / Charon] 지옥의 뱃사공에 관한 이야기는 그리스 멤피스Memphis에서 전해진다. 에레보스Erebus와 밤의 여신 닉스Nyx 사이에서 태어난 그는 좁은 나룻배를 타고 코키토스Cocytus 강과 아케론Acheron 강을 건넜다. 카론은 늙은 수전노였으며, 장례를 치르고 뱃삯을 내는 사람만을 자신의 배에 태웠다. 살아있는 자는 누구도 저승에 들어갈 수 없었으나, 프로세르피나Proserpina에게 바치는 황금 나뭇가지는 통행증으로 인정되었다. 정중한 아이네아스Aeneas는 플루토Pluto의 저승에 들어가고자 했을 때, 무녀로부터 이 통행증을 선물로 받아야만 했다. 이 왕자가 나타나기 한참 전, 지옥의 뱃사공 카론은 나뭇가지를 지니고 있지 않던 헤라클레스Heracles를 배에 태웠다는 죄로 타르타로스Tartarus의 어

둠 속에 일 년간 유배 생활을 했다. 무함마드Muhammad는 『코란Koran』 제28장에서 카론과 고라Korah를 혼동하였다. 고라는 모세Mose를 배반했을 때, 땅에 집어삼켜진 인물이다. 아랍인 무타르디Mutardi는 자신이 쓴 이집트에 관한 책에서 카론을 히브리 입법자의 숙부라고 주장했다. 카론은 언제나 조카를 헌신적으로 지지했고 그의 조카는 카론에게 연금술을 가르쳐주었으며, 이를 통해 부를 축적했다고 덧붙였다. 이 이야기 중 성서와 합치하는 내용은 하나도 없다.

헤로도토스Herodotus의 기록에 따르면 불카누스Vulcan의 평범한 사제였던 카론은 이집트의 주권을 부당하게 차지했다고 한다. 왕이 된 그는 장례에 막대한 조세를 강요하였고, 얻어낸 금으로 그 유명한 이집트의 미로를 건설했다.

카르팡티에(리차드) [Carpentier(Richard)] 17세기의 영국인 베네딕토회Benedictine 수도사. 다음의 책들을 펴냈다. 1) 『적 그리스도의 몰락La Ruine de l'Antéchrist』(1648년, 8절판). 2) 『점성술이 결백하며 실용적이고 정확하다는 증거Preuves que l'astrologie est innocente, utile et précise』(1653년, 런던, 4절판). 이 외에도 『신의 완벽한 법칙, 전도되었으나 전도되지 않은 설교가 아닌 설교La loi parfaite de dieu, sermon qui n'est pas sermon, qui a été prêché et n'a pas été prêché』(1652년)라는 제목의 기이한 책을 펴내기도 했다.

카르포크라테스파 [Carpocratiens / Carpocratians] 성 이레나에우스Saint Irenaeus의 표현을 빌리자면, 마법 선생이던 카르포크라테스를 수장으로 섬긴 2세기 이교도들. 그들의 주장을 살펴보면 다음과 같다. 신으로부터 탄생해, 무한한 세대를 거쳐 온 천사들은 신을 잊게 되었고 세상과 영혼들을 만들기로 마음을 먹었다. 이때 영혼은 육신에 얽매이게 되었다. 카르포크라테스는 우리가 습득하는 모든 것은 무의식적인 추억의 재현에 불과하다고 주장했다. 그는 악마들과 천사를 유사하게 보며 인간의 적이라고 주장했고, 가장 수치스러운 열정과 쾌락을 행함으로 천사들에게 기쁨을 선사할 수 있다고 믿

었다. 카르포크라테스의 제자들은 마법을 연구했으며 주술을 행하고 놀라운 비밀을 소유했다. 그들은 신자들의 귀에 표식을 하고, 많은 혐오스러운 언동을 행했다. 이 이단은 오래가지 못하고 사라졌다.

카라(장 루이) [Carra(Jean-Louis)] 18세기의 모험가. 지롱드Gironde 당에 들어간 뒤 1793년 참수형을 당했다. 『동물 자기의 물질적 조사Examen physique du magnétisme animal』 (1785년, 8절판)라는 책을 남겼다.

카로 [Carreau] 마녀 집회의 호칭기도에서 권세있는 귀족으로 불린 악마.

교차로 [Carrefours / Crossroads] 여러 길이 교차하는 장소. 마법사들은 주로 교차로에 모여 마녀 집회를 벌였다. 아직도 일부 지방에선 교차로를 밤의 축제 동안 마법사와 악마가 초롱불을 들고 말뚝을 박는 두려움의 장소로 여긴다. 또 바닥에 악마들이 춤을 추던 거대한 원을 보며, 그곳에서 풀이 자랄 수 없다고 주장하기도 한다. 교차로는 악마를 소환하기 위해 검은 암탉을 죽이는 장소이기도 하다.

카르타그라 [Cartagra] 연옥의 한 지역. **참조.** 가미긴Gamygyn.

카드 [Cartes / Cards] 참조. 카드점 Cartomancie. 뒷부분에서 소개하는 카드를 뽑는 방법 외에 다른 점술도 존재한다. 1862년 1월의 신문에는 이 주제와 관련하여 다음과 같은 이야기가 적혀있다.

'주현절인 1월 6일 저녁, 형제 둘과 친구 하나로 구성된 세 명의 젊은이들이 엔Aisne의 피니쿠르Pignicourt에 위치한 집에서 불 피우고 모여 카드놀이를 하고 있었다. 여러 판이 진행되었을 때였다. 누군가가 카드를 사용해 마지막 남는 이에게 가장 먼저 죽는 저주를 걸어보자는 기이한 제안을 하게 되었다. 셋 중 막내는 카드에 운명을 거는 것에 격한 거부를 보였으나, 결국 다른 둘에 의해 식탁 앞에 앉아 죽음의 놀이를 시작하게 되었다. 첫 번째 판은 가장 나이 많은 자가 졌고 그는 2월 16일 세상을 떠났다. 처음에 놀이를 거부했던 가장 어린 자는 두 번째로 져 자기 형제보다 열흘 뒤인 2월 26일에 죽게 되었다. 마지막으로 남은 자는 운명의 예측에 큰 충격을 받은 나머지 가장 이른 날짜인 1월 26일에 세상을 떠났다. 이들의 나이는 각각 20세, 28세 그리고 33세였다.' 《앤 일간지Journal de l'Aisne》

카르티세야 [Carticeya] 정령과 천사 군대를 통솔하는 인도의 신. 6개의 얼굴과 많은 눈 그리고 몽둥이, 검, 화살을 든 다수의 팔을 달고 있다. 공작 위에 올라타 빈둥거리며 다닌다.

카드점 [Cartomancie / Cartomancy] 카드를 이용한 점술. '카드 읽기술'이라는 이름으로 잘 알려져 있다. 샤를 6세Charles VI의 광기를 달래기 위해 카드점이 만들었었다는 설이 있다. 하지만 에틸라Etteilla라는 필명으로 활동한 알리에트Alliette는, 카드점이 더 오랜 역사를 지니고 있다고 저술했다. 작가는 이 점술의 기원을 알파Alpha (스페인으로 추방된 유명한 그리스인이라고 한다)의 막대기 놀이로 보았다. 이 신비한 기술이 이후 완벽하게 발전된 것이다. 과거엔 그림이 그려진 판을 사용해 점을 보았다. 자크맹 그랭거Jacquemin Gringoneur가 샤를 6세에게 점술용 카드*를 봉헌했을 때, 당시 유능한 예언자들이 기록한 이 판에서 카드로 옮겨 그린 것뿐이었다. 이 주장이 어떠한 증거로도 뒷받침되지 않는다는 것은 유감스러운 일이다.

놀이용 카드의 기원은 샤를 6세에게 봉헌된 카드보다 훨씬 오래되었다. 보아소나드 Boissonade는 어린 주앙 드 상트레Jehan de Saintre가 샤를 5세Charles V의 총애를 얻은 것이 카드, 주사위 게임 등을 하지 않았기 때문이라고 주장했다. 스페인에서도 카드는 존재했는데, 알폰소 11세Alfonso XI가 1332년 띠 기사단Order of the Band의 법령에 따라 이를 금지했다. 어찌 되었든 카드는 처음에 허용이 되었다가 나중에는 금지된 것이다. 민간에선 카드를 만지는 사람은 악마를 만지는 것과 같다는 설이 여전히 존재한다. 비유적 의미로 보자면 대부분의 경우 사실이다. 보게Boguet는 "카드 요술을 부리는 사람들은 대부분 마법사다."라고 말했다. 그는 이 예로 손에 들린 하트 킹 카드를 스페이드 10 카드로 보이게 만든 어느 이탈리아 백작을 언급했다[1]. 현대의 마술사들은 이를 듣고 어떻게 생각할까?

카드 속에서 역사, 사비아니즘Sabianism, 마법을 모두 발견할 수 있다는 사실은 굳이 말하지 않아도 알 것이다. 카드의 그림들 속에서 모든 연금술을 보았다는 학자도 있다. 그리고 일부 카발리스트들은 카드 속에서 원소 정령들의 모습을 확인할 수 있다고 주장했다. 그들의 주장에 따르면 다이아몬드는 샐러맨더Salamander(불도마뱀), 하트는 실프Sylphs(공기의 요정), 클로버는 운디네Undine(물의 요정), 스페이드는 노움Gnomes(땅의 요정)에 해당한다.

다음은 카드를 읽는 기술을 살펴보자. 카드점은 32장으로 구성된 피케Piquet 카드를 이용한다. 이 카드에는 머리가 하나만 달린 인물들이 그려져 있다. 하트와 클로버는 일반적으로 좋은 것과 행운을 의미한다. 다이아몬드와 스페이드는 나쁜 것과 불운을 의미한다. 하트와 다이아몬드에 인물이 등장하면 금발 또는 밤색이 섞인 금발의 사람을 의미한다. 스페이드와 클로버에 인물이 등장하면 갈색 머리의 사람을 의미한다. 각 카드가 의미하는 바는 다음과 같다.

8개의 하트 카드 – 하트 킹 카드는 당신에게 좋은 일을 가져다줄 명예로운 사람을 의미한다. 이 카드가 역방향이라면 그는 확고한 의도로 이를 멈출 것이다. 하트 퀸 카드는 당신을 보필하는 정직하고 너그러운 여성을 의미한다. 만약 카드가 역방향이라면, 당신이 기대하는 일에 지연이 있음을 의미한다. 하트 잭 카드는 젊고 용감한 청년을 의미한다. 이는 주로 군인이며, 당신의 가족이 되어 도움이 되려는 사람이다. 이 카드가 역방향이라면 진행하는 일이 방해 받는다. 하트 에이스 카드는 좋은 소식을 의미한다. 하트 에이스 카드 주변에 인물 카드가 함께 등장한다면 향연 또는 친구 간의 식사를 의미한다. 하트 10 카드는 큰 기쁨을 가져다줄 깜짝 놀랄 소식이다. 하트 9 카드는 화해를 약속하며, 불화가 생길 수 있는 사람들의 사이를 가깝게 해준다. 하트 8 카드는 아이들의 만족감을 예고한다. 하트 7 카드는 좋은 결혼을 의미한다.

8장의 다이아몬드 카드 – 다이아몬드 킹 카드는 해를 끼칠 꽤 중요한 인물을 의미한다. 만약 역방향이라면 실제로 당신에게 해를 입힌다. 다이아몬드 퀸 카드는 당신의 험담을 하는 못된 여성으로, 역방향이면 당신에게 실질적으로 해를 끼친다. 다이아몬드 잭 카드는 불쾌한 소식을 전하는 군인 또는 사자로, 역방향이면 유감스러운 소식을 듣게 된다. 다이아몬드 에이스 카드는 편지를 의미한다. 다이아몬드 10 카드는 필요하지만 예측하지 못했던 여행을, 다이아몬드 9 카드는 돈의 지연을, 다이아몬드 8 카드는 젊은 청년의 불시 방문으로 인해 놀라게 될 일을, 다이아몬드 7 카드는 복권의 당첨을 의미한다. 만약 다이아몬드 7 카드가 다이아몬드 에이스 카드와 함께 등장한다면 제법 좋은 소식을 듣게 된다.

8장의 스페이드 카드 – 스페이드 킹 카드는 경찰, 판사, 법복을 입은 이의 총애를 잃게 될 것을 의미한다. 이 카드가 역방향이라면 재판에서 패한다. 스페이드 퀸 카드는 당신을 속이려 하는 남편 잃은 여성을 의미한다. 역방향이라면 실제로 당신을 속일 것이다. 스페이드 잭 카드는 당신에게 불쾌한 일을 가져올 사람으로, 역방향이라면 배신을 의미한다. 스페이드 에이스 카드는 큰 슬픔을 예고한다. 스페이드 10 카드는 투옥을, 스페이드 9 카드는 사업의 지연을, 스페이드 8 카드는 나쁜 소식을 의미한다. 만약 다이아몬드 7 카드와 8 카드가 함께 등장한다면 눈물과 불화를 예고한다. 스페이드 7 카드는 하트 카드와 함께 나오지 않는 이상 다툼과 고통을 예고한다.

8장의 클로버 카드 – 클로버 킹 카드는 당신을 보필할 정직한 남성을 의미한다. 이 카드가 역방향이라면 그의 정직한 의도에 방해가 생긴다. 클로버 퀸 카드는 당신을 사랑하는 여성이다. 역방향으로 등장한다면 여성은 질투를 하게 된다. 클로버 잭 카드는 결혼을 예고한다. 단, 역방향이라면 결혼에 앞서 곤경을 겪는다. 클로버 에이스 카드는 이익, 이득, 돈을 의미한다. 클로버 10 카드는 성공을 의미하나, 다이아몬드 9 카드와 함께 등장하면 재물 흐름의 지연을 의미하고, 스페이드 9 카드와 함께 등장하면 돈의 손실을 의미한다. 클로버 9 카드는 성공을, 클로버 8 카드는 확실한 희망을, 클로버 7 카드는 쇠약을 의미한다. 단 클로버 7 카드와 9 카드가 함께 나오면 유산을 의미한다.

킹 카드 네 장이 연속으로 등장하면 명예를, 세 장이 등장하면 거래의 성공을, 두 장이 등장하면 좋은 조언을 의미한다. 퀸 카드 네 장이 연속으로 등장하면 소란한 수다를, 세 장이 등장하면 기만을, 두 장이 등장하면 우정을 의미한다. 잭 카드 네 장이 연속으로 등장하면 전염병을, 세 장이 등장하면 게으름을, 두 장이 등장하면 싸움을 의미한다. 에이스 카드 네 장이 연속으로 등장하면 죽음을, 세 장이 등장하면 방종을, 두 장이 등장하면 반감을 의미한다. 숫자 10 카드 네 장이 연속으로 등장하면 불쾌한 사건을, 세 장이 등장하면 상황의 변화를, 두 장이 등장하면 손실을 의미한다. 숫자 9 카드 네 장이 연속으로 등장하면 선행을, 세 장이 등장하면 경솔함을, 두 장이 등장하면 돈을 의미한다. 숫자 8 카드 네 장이 연속으로 등장하면 실패를, 세 장이 등장하면 결혼을, 두 장이 등장하면 근심거리를 의미한다. 숫자 7 카드 네 장이 연속으로 등장하면 음모를, 세 장이 등장하면 여흥을, 두 장이 등장하면 작은 소식을 의미한다.

카드점을 치는 방법엔 여러 가지가 있다. 가장 확실한 방법은 다음의 것이다. 일단 카드를 섞은 뒤, 내담자가 왼손으로 카드를 나누도록 한다. 카드는 7장씩 세는데, 이때 7번째 카드는 더미 오른쪽에 둔다. 마지막에 12장의 카드가 남을 때까지 이를 반복한다. 남은 12장의 카드는 탁자 위에 순서대로 일렬로 놓는다. 이제 각 카드의 가치와 위치를 바탕으로, 앞서 설명한 바와 같이 카드의 의미를 찾아 해석한다. 이때 카드를 읽기 전, 내담자가 카드에 포함되는지를 확인해 봐야 한다. 일반적으로 하트 킹 카드는 혼인한 금발 남성을, 클로버 킹 카드는 혼인한 갈색 머리 남성을, 하트 퀸 카드는 혼인을 했거나 하지 않은 금발 여성을, 클로버 퀸 카드는 혼인을 했거나 하지 않은 갈색 머리 여성을, 하트 잭 카드는 젊은 금발 남성을, 클로버 잭 카드는 젊은 갈색 머리 남성을 의미한다. 만일 내담자를 묘사하는 카드가 앞선 12장 카드 중에 없다면, 남은 카드 가운데서 찾아야 한다. 그리고 이 카드는 12장 카드 맨 뒤에 배치하도록 한다. 반면, 12장 카드 중에 알고 싶은 사람(또는 내담자 자신)과 일치하는 카드가 있다면, 13번째 카드를 뽑게 시킨다. 새로 뽑은 카드는 마찬가지로 나열해둔 12장 카드 맨 마지막에 놓는다. 이렇게 하면 마치 13장의 카드를 뽑은 것처럼 보이게 된다. 다음엔 카드점에 대해 내담자에게 개략적으로 설명한다. 이후 내담자를 대표하는 카드로부터 7장을 순서대로 센 뒤 멈춘다. 그리고 멈춘 곳에 있는 카드의 내포된 의미와 상대적인 의미를 판단한다. 다시 7장을 센 뒤, 해당 카드를 설명하며, 첫 카드로 돌아올 때까지 이 과정을 반복한다. 이쯤 되면 이미 어느 정도 점괘를 파악한 상태겠지만, 아직 중요한 단계가 남아있다. 13장의 카드를 더미에 넣고 섞은 뒤, 내담자는 다시 왼손으로 카드를 나눈다. 그리고 섞은 카드들은 10개 더미로 묶어 뒤집어 늘어놓는다. 이 중에 먼저 잡히는 6장의 카드는 차례대로 테이블 위에 순서대로 놓는다. 이들의 의미는 다음과 같다.

1) 내담자 2) 집 또는 가정 3) 기다리는 것 4) 기다리지 않는 것 5) 놀라게 될 일 6) 위로 또는 사유.

이때 다음의 7장은 뽑아서 손에 들고 있는다. 두 번째 시도에서는 손에 든 카드를 1번에서 5번 카드 위에 한 장씩 올려놓는다. 세 번째 시도에서는 마지막 두 장의 카드를 1번, 2번 카드 위에 올려둔다. 그리고 이제 놓인 카드 세트들을 차례로 확인하며 해석한다. 첫 번째, 두 번째 세트엔 각 세 장의 카드가 마지막 6번째 세트엔 한 장의 카드가 있을 것이다. 자, 여기선 카드를 읽는 기술에 대해 모두 알아보았다. 점을 치는 방법과 카드의 의미는 상이할 수 있으며 관련 서적에서 매우 다양하고 자의적인 의미들을 제시하지만, 결과는 변하지 않는다.

끝으로 혼자서 할 수 있는 점(페이션스 patience)을 다루도록 하겠다. 마찬가지로 피케 카드 32장을 준비한다. 이를 4장씩 8개 카드 더미를 만들어 뒷면인 상태로 탁자 위에 나열한다. 이제 각 더미의 첫 번째 카드를 앞면으로 뒤집는다. 이후 같은 숫자의 카드가 두 장씩 있다면 제거한다(예 : 숫자 10 카드 두 장, 킹 카드 두 장, 에이스 카드 두 장 등). 그리고 카드가 제거된 더미에서 다음 카드를 앞면으로 뒤집어 놓는다. 페이션스를 완성하기 위해선 이런 방식으로 모든 카드를 마지막까지 두 장씩 빼내야 한다. 이 점술은 어떤 계획이나 사업이 성공할지 혹은 우리가 짐작하는 일이 실제로 이루어질지 점쳐보기 위해 사용된다.

에틸라라는 필명으로 활동한 알리에트는 이 분야에 관한 긴 개론서를 펴냈다. 하지만 이외에도 『완벽한 신탁Oracle Parfait』(1802년, 파리, 12절판) 또는 새로운 카드점 방법들을 통해 우리는 자신의 점괘를 알아볼 수 있다. 저자 알베르 달비Albert d'Alby는 92페이지의 이 소책자를 여성들과의 관계에 활용했다. 이 책의 발행인은 드 발랭베르De Valembert로 『완벽한 신탁』이 1788년 세상에 나올 수 있도록 시도했으나, 검열이 사라진 뒤인 1802년이 되어서야 대중에게 선보일 수 있게 되었다. 이 책에서 다뤄지는 카드점 방식은 매우 복잡하다. 작가는 20장의 카드를 다섯 더미로 나눈 뒤 다음과 같이 읽기를 제안한다. 우선 카드 더미를 가운데 하나, 위에 하나, 아래에 하나 그리고 양쪽에 하나씩을 배치해 십자가를 만든다. 위쪽의 카드는 곧 일어날 일을, 오른쪽의 카드는 나중에 일어날 일을, 아래쪽의 카드는 과거에 일어난 일을, 왼쪽의 카드는 장애물을, 가운데의 카드는 현재의 일을 상징한다. 그리고 원칙에 따라 읽고 점괘를 설명한다.

카드점에 관한 이야기는 이 정도면 충분하다. 신을 의심하며 카드를 찾는 이들을 위해 이 기술의 기원부터 시작해 그 무엇도 놓치고 싶지 않았다. 그러나 미래를 가리는 커튼을 걷어내는 이 대단한 기술에도 허점이 있다는 것을 알길 바란다. 유명한 카드 점술가가 여자아이로 변장한 수염 없는 남성을 맞이한 일이 있다. 점술가는 그에게 남편이 될 사람이 부자에 미남이라고 예언했다. 또 힘들게 세 명의 아들과 한 명의 딸을 낳을 것이지만, 위험은 따르지 않는다고 덧붙였다. 카드점을 의심했던 어느 여성은 '내가 점심을 먹었는가'를 주제로 혼자 점을 보았다. 이때 식탁엔 깨끗이 비운 접시가 올라와 있었고 그녀의 위장엔 음식이 가득했다. 카드점은 그녀가 공복이라고 말했고, 점술은 실패로 끝났다.

(1) 『마법사 논설Discours des sorciers』, 53장. / * 대 비밀 카드. 가장 오래된 타로카드로 알려져 있다. 3세트로 구성되어 있으며 현재는 17장만 남아있다.

카조봉(메데릭) [Casaubon(Médéric)] 이삭 카조봉Isaac Casaubon의 아들. 1599년 제네바에서 태어났으며 『열광 개론Traité de l'Enthousiasme』(1655년, 8절판)의 저자이다. 이 책은 하늘 또는 악마의 영감을 종교적 열광으로 보는 이들에 관한 내용을 담고 있다. 그는 『영적 존재에 대한 경신과 불신Traité de la crédulité et de l'incrédulité dans les choses spirituelles』(1670년, 런던, 8절판)을 펴내기도 했다. 카조봉은 이 책에서 유령의 실재성, 초자연적 경이 그리고 마법사들에 대하여 기록했다*(1)*. 외에도 『장 데와 일부 유령들 사이에 맺어진 진실하고 충직한 관계Véritable et fidèle relation de ce qui s'est passé entre Jean Dée et certains esprits』(1659년, 2절판)를 저술했다.

(1) 이 책은 『유령, 마법사와 초자연적 행위Treatise on Spirits, Sorcerers and Supernatural Operations』(1672년, 런던, 8절판, 영문판)라는 제목으로도 알려져 있다.

카지 [Casi / Kashi] 갠지스 강변의 유명한 사원. 인도인들은 카지에서 죽음을 맞이하길 꿈꾼다. 이곳에선 이시바라Ishvara가 죽음을 목전에 둔 이의 오른쪽 귀에 숨을 불어 정화를 시킨다. 그렇기에 사람들은 사망 시 왼쪽으로 돌아눕지 않으려 주의한다.

카스만(오톤) [Casmann(Othon)] 16세기의 독일인 학자. 천사에 관한 『앙젤로그라피

Angelographia』(1597년과 1605년, 프랑크푸르트, 8절판, 2부작)라는 책을 펴냈다. 이 외에도 일부 사람들이 찾는 자연의 신비[1]에 관한 책을 펴내기도 했다.

(1)『자연 신비의 핵심Nucleus Mysteriorum Naluræ Enucleatus』, 1605년, 8절판.

카산드라 [Cassandre / Cassandra] 프리아모스Priamos의 딸. 아폴로Apollo는 그녀를 유혹하기 위해 예언 능력을 선사했다. 그러나 능력을 얻은 카산드라는 신의 애정에 답하지 않았고, 신은 다시 능력을 거두어갔다. 드 랑크르Pierre de Lancre가 말했듯[1], 그녀는 위대한 마녀였지만 트로이Troy 몰락을 막을 수도, 아약스Ajax의 폭력*으로부터 자신을 지킬 수도 없었다.

(1)『타락천사의 변화론Tableau de l'inconstance des mauvais anges』, 1권, 논설 3. / * 트로이 전쟁 영웅 아약스는 트로이 함락 이후 피신해 있던 카산드라를 강제로 끌고 나와 욕보였다.

파르마의 카시우스 [Cassius de Parme / Cassius of Parma] 안토니우스Antonius가 악티움Actium 전투에서 패배한 직후였다. 파르마의 카시우스는 진영을 따라 아테네Athens로 퇴각했다. 그곳에서 맞이한 저녁, 그의 마음이 불안에 차 있을 때, 한 시커먼 남자가 모습을 드러내더니 흥분한 채로 말을 걸어왔다. 카시우스는 그의 정체를 물었고 유령은 답했다. "나는 너의 악마[1]." 이 사악한 악마는 공포스러웠다. 악마의 말에 카시우스는 겁에 질려 노예들을 불러 모았으나, 악마는 다른 이들에게 모습을 드러내지 않은 채 사라지고 말았다. 자신이 꿈을 꾸었다고 생각한 카시우스는 다시 누워 잠을 청했다. 그러나 그가 혼자 남자마자 악마가 다시 모습을 드러냈고, 똑같은 상황이 펼쳐졌다. 처음보다 더 놀란 로마인은 방의 불을 밝히라고 명한 뒤 노예들 사이에서 남은 밤을 보냈다. 그는 그로부터 며칠 후 악티움 전투 승자의 명령에 따라 목숨을 잃게 되었다[2].

(1) 원문에선 나쁜 악마인 카코다이몬Cacodaimon이라고 적혀있다. 그리스에서 다이몬이란 소크라테스의 다이모니온과 같은 유령, 좋은 정령을 의미한다. / (2) 발레리우스 막시무스Valerius Maximus와 그 외 고대인들.

종달새 [Casso, Alouette / Lark] 이 새의 다리를 지닌 자는 절대 괴롭힘을 당하지 않는다. 또한 언제나 적보다 우위를 차지할 수 있다. 종달새의 오른쪽 눈알을 늑대 가죽으로 포장해 지닌다면 상냥하고, 유쾌하며 매력이 넘치게 된다. 만약 눈알이 들어간 포도주를 상대방에게 마시게 한다면 당신을 사랑하게 될 것이다[1].

(1)『대 알베르투스의 경이로운 비밀들Les Admirables secrets d'Albert le Grand』.

카스탈리아 샘 [Cassotide / Castalia Spring] 델포이Delphi의 샘. 신탁을 전하는 여성에게 예언의 영감을 내린다.

가브리엘 드 카스테뉴 [Castaigne(Gabriel de)] 루이 13세Louis XIII의 궁중 사제이자 성 프란치스코회Franciscan의 수도사 그리고 연금술사.『모든 질병을 낫게 하는 음용 금l'Or potable qui guérit de tous maux』(1611년, 파리, 8절판, 희귀본),『모든 질병의 치료제가 있는 지상 낙원Le paradis terrestre, où l'on trouve la guérison de toute maladie』(1615년, 파리, 8절판),『금속 성질의 위대한 기적Le Grand Miracle de Nature Métallique』(1615년, 파리, 8절판)을 펴냈다. 마지막 서적의 내용을 그대로 따라 하면 불완전한 금속으로도 순금을 만들 수 있으며, 불치병을 낫게 할 수 있다.

카스탈리 [Castalie] 다프네Daphne 변두리에 위치한 안타키아Antioch의 샘. 이 샘물엔 예언 능력이 있었고, 하드리아누스Hadrian가 황제가 될 것이라는 유명한 신탁을 내리기도 했다. 이 신탁이 내려졌을 때, 하드리아누스는 다른 자가 같은 신탁을 받을까 두려워 샘을 거대한 돌멩이로 막아버렸다.

카스탈린(디에고) [Castalin(Diégo)] 악마들을 통해 이 도시에서 저 도시로 이동하던 마술사이자 마법사인 세 명의 스페인 남성과 한 명의 스페인 여성의 경이롭고 무서운 이야기를 살펴보자. 여기엔 마법을 이용해 여러 사람과 가축을 죽인 것, 농지와 여러 재산에 피해를 준 것 등의 자백이 포함되어 있다. 해당 글은 보르도Bordeaux 의회 법원 판결문에서 발췌한 것이다.(1626년, 파리, 8절판, 희

귀본)

"모두 마법사인 세 명의 스페인 남성, 한 명의 스페인 여성이 이탈리아, 피에몬테Piedmont, 프로방스Provence, 프랑슈 콩테Franche-Comte, 플랑드르Flanders를 떠돌아다니던 중, 프랑스를 여러 번 지나치게 되었다. 이들은 도시에서 누군가 시비를 걸 때마다, 유해 마법을 부려 밀과 포도를 시들게 했다. 그리고 가축은 3주 정도 점차 활력을 잃다가 죽게 만들었다. 이러한 일이 너무 비일비재했던 나머지, 피에몬테의 일부 주민들은 이를 저주라고 느끼기까지 했다.

일부 지역에서 이 유해한 마법을 부릴 당시, 이들은 악마의 도움을 받아 구름 속을 비행하며 도시 사이를 이동했다. 심지어 하루에 100리유* 정도 되는 거리를 비행하기도 했다. 그러나 신의 정의는 이 악인들의 계속된 악행을 보고만 있지 않았다. 신은 돌Dôle 인근을 지나던 사제 브누아 라 파브Benoît la Fave가 스페인 남성 셋과 하녀를 마주치도록 만들었다. 이들과 동행하게 된 사제는 목적지를 듣고 긴 여정의 고충을 걱정했다. 이에 스페인 남자 중 한 명인 디에고 카스탈린이 답했다. '걱정하지 마세요. 오늘 밤엔 보르도에서 잤으면 하는군요.'

사제는 그가 농담을 한다고 생각하여 아무런 대답도 하지 않았다. 그도 그럴 것이 보르도는 100리유 가까이 떨어진 곳이기 때문이었다. 그리고 자리에 앉은 사제는 이들과 함께 잠이 들게 되었다. 이후 눈을 떴을 때, 사제는 이 스페인 사람들과 보르도의 입구에 와 있었다. 보르도의 한 변호사는 이 놀라운 일에 대해 전해 듣고 어떻게 된 일인지 알고 싶어 했다. 그리하여 스페인인 네 사람을 고발했다. 이들의 짐에선 여러 서적, 문자, 쪽지, 밀랍, 칼, 양피지 그리고 마법에 사용되는 물품 등이 발견되었다. 조사를 받은 이들은 모든 것을 자백했다. 마음에 들지 않는 장소를 지날 때 농지의 과일을 시들게 한 것, 여러 사람과 가축을 죽인 것, 보르도에서도 여러 악행을 저지를 계획을 세운 것 등이 바로 그것이다. 법원은 1610년 3월 1일 특별 재판을 열었다. 그리고 디에고 카스탈린, 프란시스코 페르디요Francisco Ferdillo, 빈센티오 토라도스Vincentio Torrados, 카탈리나 피오셀라 Catalina Fiosela를 돼지 시장 광장에서 사형집행인의 지도하에 산채로 화형 시킬 것을 명했다. 이들의 육신은 소유했던 책, 문자, 칼, 양피지, 쪽지, 마법에 필요한 여러 특수 재료와 함께 재가 되었다.

함께 다니며 스페인 남성을 모시던 여성은 카탈리나 피오셀라로 자신이 저지른 무수한 악행들을 자백했다. 이 중엔 마법을 이용해 여러 샘과 우물 그리고 시냇물에 독을 탄 것, 여러 가축을 죽이고 돌과 우박이 떨어지도록 한 것, 농지의 재산과 과일에 해를 입힌 것 등이 있었다.

마법을 학습하는 이들에겐 본보기가 될 만한 일이다. 일부 사람들은 무언가 잃어버리면 점술가나 마법사를 찾아가지만, 다름 아닌 어둠의 왕자인 악마에게 향하는 길임을 깨닫지 못한다."

이 이야기엔 악인 무리의 이야기만 등장한다.

* 과거의 거리 단위. 1리유는 약 4km 정도이다

카스텔리니(룩) [Castellini(Luc)] 17세기의 성 도미니크회 수도사Friar Preacher. 그의 저서 『기적 개론Tractalus de Miraculis』(1629년, 로마)에선 지옥에서 벌어지는 초자연적 사건들이 소개된다.

비버 [Castor / Beaver] 아주 오래된 통설 중엔 비버가 사냥꾼을 따돌리기 위해 신체 일부를 절단한다는 이야기가 있다. 이는 이집트의 상형문자, 이솝Aesop 우화, 플리니우스Pliny, 아리스토텔레스Aristoteles, 아엘리아누스Aelian의 책에도 등장한다. 오늘날 이 이야기는 잘못된 것으로 밝혀졌다[1].

(1) 브라운Thomas Brown, 『대중적 오류Des erreurs populaires』, 3권, 4장.

카스토르와 폴룩스 [Castor et Pollux / Castor and Pollux] 주피터Jupiter와 레다Leda의 자식들로 바다의 신이다. 고대 뱃사람들은 오늘날 목격되는 세인트 엘모의 불Saint Elmo's Fire*을 카스토르와 폴룩스의 불이라고 칭했다. 그리스와 로마의 역사는 카스토르와 폴룩스 목격담으로 가득하다. 루쿠우스 아이

밀리우스 파울루스Lucius Aemilius Paullus가 마케도니아Macedonia에서 전쟁을 치르는 동안, 로마로 돌아온 부플리우스 바티니우스Publius Vatinius 앞에 백마를 탄 아름다운 두 청년이 나타났다. 두 청년은 바티니우스에게 왕 페르세우스Perseus가 전날 포로가 되었다고 일러주었다. 바티니우스는 서둘러 이 소식을 원로회에 전했다. 원로회 의원들은 그가 유치한 말로 왕위에 대적한다 여기고 바티우스를 감옥에 가두었다. 그러나 곧 마케도니아의 왕이 정말로 포로가 되었다는 집정관의 편지가 도착했고, 바티니우스는 풀려나게 되었다. 바티니우스는 토지를 상으로 받게 되었다. 그리고 원로회는 카스토르와 폴룩스가 공화국의 수호신이라는 사실을 인정하게 되었다.

파우사니아스Pausanias는 이들의 출현을 다음과 같이 묘사했다. "그들은 틴다리다이Tyndarides**의 복장을 하고, 순진한 자들을 속이는 임무를 지녔다."

카스토르와 폴룩스는 쌍둥이자리가 되었다.

* 돛대 꼭대기에서 발견되는 불빛 또는 해수면 위의 도깨비불. / ** 카스트로와 폴룩스를 지칭하는 말.

알폰스 드 카스트로 [Castro(Alphonse de)]

페루의 저명한 사제이자 16세기 가장 조예가 깊던 신학자. 마법사에 대적하는 책을 펴냈다.(1)

(1) 『점술가와 마녀 그리고 그들의 처벌De Sortilegis ac Maleficis, Eorumque Punitione』, 1568년, 리옹.

이화작용 [Cataboliques / Catabolics]

"고대의 글을 읽은 사람들은 이화의 악마가 인간을 납치하고, 죽이고, 부수고, 깨뜨리는 능력을 지닌 존재라는 것을 알 것이다. 풀겐스Fulgence의 말에 따르면 캄페스터Campester는 이화 악마를 다루는 특별한 책을 펴냈다고 한다. 그 속엔 이 악마들이 심부름꾼인 마법사와 마녀들을 어떻게 부리는지 설명하고 있다.(1)"

(1) 르 루아예Pierre Le Loyer, 『귀신 논설과 역사Hist. et Discours des spectres』, 7권, 4장.

카타이 칸 [Cathaï-Khann / Cathay-Khan]

타타르족Tartars 사이에서 바다의 군주로 여겨지는 인물. 이 악마는 끔찍한 식인종으로 자신의 친구인 사기꾼 드젤베겐Djilbeguenn을 붙잡아 물에 삶은 뒤 먹어버렸다. 그에게는 화살이 있었는데, 이 화살은 주어진 임무를 수행한 뒤 항상 주인에게 돌아갔다. 이 화살은 구리산에 구멍을 낸 뒤 세상을 한 바퀴 돌아보고 그에게 돌아온 적도 있었다. 어느 날 12아르팡Arpents* 정도 떨어져 있는 곳에서 금비늘과 머리 위 은 뿔, 석류석 눈을 가진 한 뱀이 나타나 끝없이 늘어진 꼬리로 카타이의 아이를 감아 집어삼켰다. 카타이는 뱀 이마에 화살을 꽂아 두 동강을 내 버렸다. 뱀의 뱃속에는 말을 탄 용사 여럿이 숨어 붙어있는 아이와 함께 발견되었다. 그렇게 바다의 군주는 아이를 되찾았다. 카타이의 말은 주인에게 말했다. "안장 아래 모포를 걷으면 젖이 조금 남아있을 겁니다. 이 젖을 아이에게 먹이시죠. 제가 어미의 젖을 빨던 시절에 얻었던 우유입니다." 그렇게 살아난 아이는 훗날 자신의 아버지를 잡아먹었다.(1). 여기서 타타르족의 전통이 피어났다.

(1) 엘리 르클루Elie Reclus, 『타타르족의 전설Légendes Tartares』. A. 셰이프너A. Scheifner 발췌(1860년 8월, 게르만 간행물, 421페이지, 427페이지). / * 고대 토지의 측량 단위. 1아르팡은 0.32~0.78헥타르 정도이다.

카탈드 [Catalde / Catald]

6세기 타란토Taranto의 주교. 그는 사망 후 천 년 뒤인 16세기 어느 밤, 타란토의 한 젊은 청년 앞에 모습을 드러냈다. 그리고 청년에게 지목한 장소를 파보라고 시키며, 그곳에 직접 손으로 썼던 책이 묻혀있다고 말했다. 그리고 책을 찾는 즉시, 아라곤Aragon과 나폴리Napoli의 왕인 페르난도Ferdinand에게 전달할 것을 당부했다. 청년은 자신이 본 것을 믿지 않았지만, 카탈드는 거의 매일같이 나타나 자신의 명령을 따르도록 부추겼다. 그러던 어느 날 아침, 동트기 전 기도를 올리던 청년은 주교복을 입고 나타난 카탈드를 마주했다. 카탈드는 몹시 엄한 태도로 이렇게 말했다. "너는 내가 알려준 책을 찾아 페르난도 왕에게 전하지 않았다. 이번에도 명령한 일을 따르지 않는다면, 나쁜 일을 겪게 될 것이다."

카탈드의 협박에 겁을 먹은 청년은 자신이 본 것을 사람들에게 알렸다. 이야기를 들은 사람들은 청년을 따라 카탈드가 알려준 장소로 갔다. 그리고 그곳에서 땅을 파자 납으로 만든 작은 함이 나왔다. 공기가 들어가지 않도록 단단히 밀봉된 그 함을 여니, 바닥엔 나폴리 왕국과 페르난도 국왕 그리고 자식들에게 일어날 모든 비극이 담긴 예언서가 나왔다. 그리고 이 일들은 그대로 실현되었다. 페르난도 왕은 첫 전투에서 서거했다. 그의 아들 알폰스Alphonse는 왕위에 오르기 무섭게 적에게 패한 뒤 유배에 보내졌다. 그의 동생 페르난도Ferdinand는 이어지는 전쟁 속에서 어린 나이에 비참한 죽음을 맞이했고, 가장 어렸던 프레데릭Frederic은 자신의 왕국이 불태워지고, 약탈당하고 무너지는 모습을 보게 되었다.[1]

(1) 『부아스토의 경이로운 이야기들Histoires Prodigieuses de Boistuaux』, 1권.

강경증 [Catalepsie / Catalepsy] 뇌졸중과 유사한 병으로 르쿠투리에Lecouturier는 이 병을 다음과 같이 설명하였다. "가장 끔찍한 수술도 고통 없이 견딜 수 있는 무감각의 상태. 강경증은 신경적 요인의 폐색으로 인해 발생한다. 이 병은 특이하게도 근육의 경직과 이완을 동시에 나타내는데, 완전히 굳어버린 강경증 환자들은 규칙적인 움직임에 몸을 맡기며 모든 비정상적인 자세를 취해도 꼼짝하지 않는다. 이들은 가장 건장한 사람이라도 견디기 어려운 자세를 유지할 수 있다."

일부 마법 현상을 설명하는 이 질병은 인위적 또는 자연적으로 발생이 가능하다. 참조. 최면술Hypnotisme, 자기 수면Sommeil Magnétique.

카탈로노스 또는 바바일라나스 [Catalonos, Babailanas] 필리핀의 인도인 여사제들. 미래를 읽고 앞으로 일어날 일들을 예고했다. 카탈로노스는 찾아온 이에게 좋은 일 또는 나쁜 일을 예언했는데, 이때 돼지 한 마리를 악령 또는 선조 영혼에게 바쳤다. 그녀들은 제물을 바칠 때 창으로 찔러 죽인 뒤에 춤을 추었다. 인도인들은 이 신들이 거대한 나무 아래 살고 있다고 믿었다.

큐피드의 화살 [Catanancée / Catanache Caerulea] 테살리아Thessaly 여성들이 사랑의 묘약 제조에 사용하던 식물. 디오스코리데스Dioscorides의 저서에서 설명을 찾아볼 수 있다.

카타라모나키아 [Cataramonachia] 그리스 정교회에서 파문을 결정하는 것을 이렇게 불렀다. 모레Morea의 일부 섬에서는 파문의 형벌을 받으면 천천히 끓어오르는 열병에 걸려 6주 만에 죽는다는 설이 있었다.

카틀랑(로랑) [Catelan(Laurent)] 17세기에 살던 몽펠리에Mompellier의 약사. 『자연의 역사, 유니콘의 성격, 사냥, 효용, 특성과 용도Histoire de la nature, chasse, vertus, propriétés et usages de la licorne』(1624년, 몽펠리에, 8절판), 『만드라고라라고 불리는 식물에 관한 드물고 흥미로운 논설Rare et curieux discours de la plante appelée Mandragore』(1639년, 파리, 12절판)을 펴냈다.

카타리파 [Cathares / Cathars] 고양이 카토Catto에서 명칭 유래를 찾을 수 있는 고약한 이단자들. 비밀 집회에서 고양이 엉덩이에 입을 맞추며 변신한 사탄이라고 믿었다. 카타리파는 아이들을 제물로 바치는 등 여러 끔찍한 일들을 저질렀다. 괴레스Görres의 저서 『신비주의Mystique』 5권 2장, 3장에서 이 내용을 확인할 수 있다.

캐서린(암브루아즈) [Catharin(Ambroise)] 피렌체Firenze의 성 도미니크회Dominican Order 수도사. 1553년 로마에서 사망했다. 사보나롤라Savonarola[1]의 교리와 예언을 반박하는 글과 함께 『죽음과 부활의 개론Traité de la mort et de la résurrection』이라는 책을 펴냈다.

(1) 『사보나롤라의 교리와 선지자에 대한 논설. 암브

루아즈 캐서린 저Discorso Contra la Dottrina e le Profetie di Girolamo Savonarola, da Ambrosio Catarino Polito』, 1548년, 베네치아, 8절판. 토마스 네리Thomas Neri는 저서 『사보나롤라 교리를 옹호하는 토마스 네리의 반증Apologia di Tomaso Neri, in Difesa della Dottrina di Girolamo Savonarola』(1564년, 피렌체, 8절판)에서 이 책을 반박하였다.

카테린 [Catherine] 참조. 망령Revenants.

성 카테린 [Catherine(Sainte)] 참조. 불연성Incombustibles.

카테린 드 메디시 [Catherine de Médicis] 프랑스의 유명한 여왕. 종교개혁 정신이 추기경들에게 관대하지 않던 시기, 그녀 또한 유난히 가혹한 대우를 받았다. 1519년 피렌체Firenze에서 태어나 1589년에 사망했다. 그녀는 판별점성술을 믿었으며, 일부 사람들의 주장에 따르면 마법을 신봉했다고 한다. 또 그들은 어쩌면 카테린 드 메디시가 송아지 가죽 또는 제물로 바쳐진 아이의 가죽을 배에 덮고 다닌다고 믿었다(이 '어쩌면'이 역사에 저지른 일을 확인해보시라). 그 가죽엔 여러 색의 그림, 글자, 문자가 새겨져 있어 모든 공격으로부터 보호받을 수 있었다고. 그녀는 수아송 저택Hotel de Soissons의 기둥을 세웠는데(1), 이 기둥엔 혼천의로 올라가는 나선형 계단이 있었다. 이곳에서 카테린 드 메디시는 점성가들과 별을 올려다보았다.

극심한 모함을 당했던 카테린 드 메디시는 많은 적이 있었다. 이러한 적 중 하나였던 위그노Huguenots 교도들은 어떠한 비방도 서슴지 않았다. 위그노 교도들은 그녀가 유령을 소환하는 기술에 매우 능통하다고 언급했다. 또 그녀가 목에 걸고 다니는 어린아이 가죽이 여러 이교도 신을 상징한다고 덧붙였다. 이외에 중병에 걸린 그녀가 드 메슴De Mesmes에게 밀봉함을 주며 절대 열지 말고, 무사히 살 수 있다면 그때 돌려달라 약속했다는 이야기도 있다. 오랜 시간 후, 드 메슴의 자녀가 보석이나 보물이 있을 것이라는 희망에 함을 열었다. 그리고 그곳엔 고대풍의 큰 타원형 목걸이 하나가 있을 뿐이었다. 목걸이엔 무릎 꿇은 카테린 드 메디시가 복수의 세 여신Furies을 숭배하고 제물을 바치는 모습이 그려져 있었다.

이 터무니없는 이야기와 비슷한 속설은 스무 개나 있다. 만약 카테린 드 메디시가 무사히 살아남았다면 상자를 돌려받지 않았을 리 없다.

그녀는 당시 풍습에 따라 몇몇 점성가와 가까이 지냈다. 이 중엔 저명한 뤽 고릭Luc Gauric도 포함되어 있음을 잊지 말자. 점성가들은 생제르망Saint-Germain이 그녀의 임종을 지킨다고 예견했다. 이때부터 그녀는 생제르망 앙 레Saint-Germain-en-Laye를 떠나고 싶어 했고, 생제르망 독세르Saint-Germain d'Auxerre 교회에 다니지 않았다. 이후 그녀의 임종을 지켜본 나사렛Nazareth의 주교가 있었는데, 이름이 니콜라 드 생제르망Nicolas de Saint-Germain이었다. 이에 사람들은 결국 예언이 이루어졌다고 생각했다.

(1) 이 기둥은 여전히 파리에 존재하며, 밀 창고를 둥지고 있다.

카토(안젤로) [Catho(Angelo)] 점성술에 뛰어났던 학자. 용담공 샤를Charles the Bold에게 불행한 죽음을 예견했다. 샤를은 그의 말을 믿지 않았다가 모든 것을 잃게 되었다. 물론 카토가 적절한 시기에 이 예언을 했는지는 알 수 없다.

안젤로 카토의 재능을 높이 샀던 루이 11세Louis XI는 그를 도피네Dauphine 인근의 비엔느Vienne 대주교 자리에 앉혔다. 신교도들이 그를 점성가로 여긴 이유가 이 때문일지도 모른다.

카티오 [Catiau] 현대의 마법사. 1850년 7

월 30일 베튠Bethune 법원에서 유죄를 선고받았다. 사건의 요약을 살펴보면 다음과 같다.

'60세의 방직공 상비앙 에두아르 조셉 카티오Salvien-Edouard-Joseph Catiau는 랑스Lens 인근 루즈Loos에서 일하며 어렵게 생계를 유지했다. 그러던 중 그는 지금으로부터 약 5년 전 (1845년), 인간의 어리석음을 이용해 먹고 살기로 결심했다. 도시인들과 마찬가지로 시골 사람들 또한 사고, 불행이 일어나면 이를 은밀하고 악의가 담긴 무언가의 영향으로 생각했다. 그들은 저주에 걸렸다고 생각했고 카티오는 이 저주를 쫓아냈다. 처음에 한정적이었던 그의 고객층은 이후 점점 늘어나기 시작했다. 두브랭Douvrin 출신의 카프Cappe 부인은 가끔 사육장에서 닭이 계속 사라지는 일을 겪었다. 이에 카티오는 그녀에게 9일 기도를 하도록 지시했다. 주기도문과 성모송을 매일 낭독하면 저주가 사라질 것이라고 말이다.

뒤이어 카티오는 활동 범위를 넓혀 동물이 아닌 병든 인간의 저주를 풀어주기 시작했다. 68세의 샤를 델라이Charles Delhaye는 리쉬부르 라부에Richebourg-l'Avoué의 금리생활자였다. 탈장을 겪던 그는 사위의 집에서 카티오를 만나러 갔다. 카티오는 아미앵Amiens 선교사들로부터 탈장 치료 능력을 부여받았다고 말했다. 또 이를 위해 일 년에 한 번 Y천사가 목욕하는 로마 분수의 물이 필요하며, 때마침 카티오의 집에 그 물이 있다고 덧붙였다. 델라이는 이 놀라운 상담의 비용으로 150프랑을 냈다. 카티오는 물이 든 병들을 하나당 10프랑씩 받고 후하게 넘겨주었다.

이처럼, 카티오는 채산성 있는 재료들을 거리낌 없이 사용했다. 카티오는 초자연적 능력이 깃든 지능으로 예견하며, 프랑스에 다시 크림Crimean 전쟁이 찾아올 것이라고 델라이에게 말했다. 그렇기에 모든 것을 약탈당하기 전 서둘러 밀을 저장해야 하며, 식량이 없는 자는 굶어 죽게 될 것이라고 덧붙였다. 이야기를 들은 델라이는 재산을 맡겼던 공증인을 해고하고 (왜냐하면 공증인 역시 전쟁과 함께 사라질 것이기 때문에!) 모든 돈을 회수했다. 그리고 이 돈으로 많은 양의 밀을 구매해 딸들이 손으로 짠 천 자루에 옮겨 담을 계획을 세웠다. 이 밀들은 전쟁을 예견한 카토만 준비할 수 있었지만 델라이는 자루당 9프랑 즉 헐값에 구하게 된 것이다. 그러나 카티오의 교활함을 눈치챈 델라이는 실제로 조금의 돈으로 조금의 밀만 구매해 깨끗한 자루에 담았다. 결국 그는 밀을 보관하지 않았다. 카티오는 델라이가 탈장 외에 요로결석을 앓고 있다는 사실을 발견했다. 더는 참지 못한 델리오는 저항 없이 카티오에게 1,200프랑을 주었다. 그리고도 델리오는 확실하지도 않은 병을 또 만들어 주려고 했다. 델리오는 카티오를 고소했고, 이 마법사의 업적은 사람들에게 알려지게 되었다. 조사를 진행한 법원에선 그의 행각들을 발견했고, 마법사를 5년의 금고형에 처하도록 했다.'

카틸루스 [Catillus] 참조. 길버트Gilbert.

카토블레파스 [Catoblepas] 플리니우스Pliny는 이 뱀의 눈을 마주치면 사망한다고 말했다. 다행히도 이 짐승은 아주 낮은 머리를 가지고 있기에, 눈을 마주치기가 쉽지 않다. 카토블레파스는 에티오피아Ethiopia 니그리스Nigris 샘 인근에 서식한다. 이 샘이 나일Nile 강의 발원지라는 설이 있다.

콜루멜라 [Caton le Censeur / Columella] 그는 저서 『농업론De Re Rustica』에서 여러 치료법 중 탈구된 팔다리를 되돌리는 법과 필요한 마법 주문을 소개한다.

거울점 [Catoptromancie / Catoptromancy] 거울을 이용한 점술. 한때 널리 퍼졌던 이 기술은 여전히 많은 마을에서 점술가들이 사용하고 있다. 손해를 봤거나, 도둑을 맞았거나, 주동자를 알 수 없는 은밀한 공격을 받았을 때 사람들은 마법사 혹은 점술가를 찾아간다. 점술가는 방문자를 어스레한 방으로 안내한다. 이때, 눈에 두건을 두른 채로만 입성할 수 있다. 점술가는 악마를 소환하는데, 악마는 거울을 통해 과거, 현재 그리고 미래를 보여준다. 두건으로 눈을 가렸음에도, 경솔한 촌사람들은 너무도 흥분한 나머지 무언가를 보곤 했다.

한때는 눈을 가린 아이 뒤통수에 거울을 보여주는 방법을 사용하기도 했다.

파우사니아스Pausanias는 거울점의 또 다른 효력에 대해 다음과 같이 언급했다. "파트라Patras의 케레스Ceres 사원 앞엔 벽을 사이에 두고 흐르는 샘이 하나 있었다. 사람들은 그곳에서 오직 병자들을 위한 신탁을 받았다. 병자는 줄이 달린 거울을 샘 수면까지 내린 후 여신에게 기도를 올리고 향을 피운 다음 거울을 쳐다보았다. 이때 얼굴이 창백한지, 살이 쪄 보이는지, 홍조가 있는지에 따라 병자의 사망이나 회복 정도를 알 수 있었다."

카타니(프랑수아) [Cattani(François)] 피에졸레Fiesole의 주교. 1595년에 사망했다. 마법에 얽힌 미신을 책으로 펴냈다.[1]

  (1) 『마법이라는 미신을 넘어Sopra la Superstitione Dell'arte Magica』, 1562년, 피렌체.

카테리 [Cattéri] 말라바르Malabar의 악마. 주로 여성에게 빙의해 미치거나 맹렬하게 만든다. 만약 외모가 출중하다면 기형아를 낳게 만든다.

악몽 [Cauchemar / Nightmare] 수면 중 찾아오는 가슴의 답답함, 통증 그리고 호흡 곤란을 일컫는 말. 피곤한 꿈을 유발하며 오직 잠에서 깨어나야 멈춘다. 과거엔 악몽이 무엇인지 잘 알지 못했다. 적어도 15세기까지만 해도 그랬다. 한때는 악몽을 쇼슈 폴레Chauche-Poulet라 부르며 괴물의 짓이라고 여겼다. 이는 난해한 현상을 이해할 가장 빠른 방법이었던 것이다. 대중들은 악몽을 마녀(또는 유령)가 잠든 이의 배를 눌러 말문을 막고 숨을 쉬지 못하게 하며, 소리를 지르거나 도움을 요청하지 못하도록 방해하는 것이라고 상상했다. 또는 악마가 사람들을 질식시키는 행위로 보았다. 의사들이라고 나을 것은 없었다. 그들이 제시한 악몽을 꾸지 않는 유일한 예방법은 마구간에 파인 돌을 매다는 것이었다. 당황한 델리오Delrio는 악몽이 벨제부스Belzébuth의 하인이라고 말하며 이 논란을 종결하려 했다. 델리오는 이 악마를 인큐버스 모르버스Incubus Morbus라고 불렀다.

프랑스 공화국의 이탈리아 전쟁에서, 연대 중 하나가 불경스러운 교회에 머물게 되었다. 농민들은 병사들에게 그곳에서 잠든다면, 숨이 막히고 가슴 위로 지나가는 커다란 검은 개가 보일 것이라고 경고했다. 이를 비웃은 병사들은 많은 농담을 주고받은 뒤 잠을 청했다. 자정이 되었을 때, 병사 모두는 갑갑함을 호소했고, 숨쉬기 힘들어했으며, 배 위에 올라탄 검은 개를 보았다. 그리고 개가 사라지고 나서야 겨우 의식을 되찾을 수 있었다. 병사들은 장교들에게 이 사실을 보고했고, 장교들은 다음 날 밤 직접 이 장소에서 잠을 청했다. 그리고 같은 유령에게 괴롭힘을 당했다. 이 일을 어떻게 설명할 수 있을까? 살그Salgues는 다음과 같이 말했다.[1] "조금만 먹고, 배를 가볍게 하라. 그리고 엎드려 자지 마라. 그리하면 악몽은 마법을 부리는 일 없이 사라질 것이다." 야식을 먹지 않는 지역에서 악몽 꾸는 일이 적은 것은 사실이기도 하다.

보댕Bodin[2]은 피카르디Picardy 발루아Valois 지역에서 '악몽들Cauchemares'이라 불리는 일종의 마법사와 마녀들이 있었다고 말했다. 또 이들을 쫓으려면 기도의 힘을 빌려야만 했다고 덧붙였다.

(1) 상그, 『오류와 편견Des erreurs et des préjugés』, 1권, 332페이지. / (2) 『마법사들의 빙의망상Démonomanie des Sorciers』, 2권, 7장.

코숑(피에르) [Cauchon(Pierre)] 15세기 보베Beauvais에서 부당하게 주교 자리를 차지한 자. 잔 다르크Joan of Arc를 마녀로 몰고 가 루앙Rouen에서 화형당하도록 만들었다. 그는 1443년 돌연히 사망했다. 교황 갈리스토 3세Callixtus III는 이 오명을 남긴 성직자가 죽자 그를 파면했다. 무덤에서 파내진 코숑의 육신은 길에 버려졌다. 흥미로운 것은 이후 그의 이름이 흉측한 짐승, 돼지 또는 방탕한 인간을 칭하는 데 사용되었다는 것이다.

코자탄 [Causathan] 포르피리오스Porphyry가 목욕탕에서 쫓아냈다고 주장하던 악마 혹은 악령.

불점 [Causimomancie / Pyromancy] 불을 이용한 점술로, 고대 마법사들이 사용하였다. 가연성 물체를 불 속에 던지고, 이에 불붙지 않는다면 길조로 여겼다.

알카우타르 [Cautzer / Al-Kauthar] 무함마드Muhammad 낙원의 여덟 번째 하늘에 있는 강. 강을 따라 항해하는 데만 한 달이 걸린다. 해안은 금으로 채워져 있고 강바닥에선 사향과 같은 향이 나며 루비와 진주가 박혀있다. 강물은 우유처럼 달고 거품은 별처럼 빛난다. 이 물을 마시면 영원히 목마르지 않게 된다.

카예(피에르 빅토르 팔마) [Cayet(Pierre-Victor-Palma)] 16세기 투렌Touraine의 학자이자 작가. 『아홉 연대기Chronologie novennaire』와 『일곱 연대기Chronologie septennaire』외에 『위대한 마법사 파우스트 박사의 경이로우며 비통한 이야기Histoire prodigieuse et lamentable du docteur Faust, grand magicien』(1603년, 파리, 12절판, 독일어에서 프랑스어로 번역), 『어떻게 위대한 성 그레고리의 기도로 트라야누스 황제의 영혼이 지옥에서 구원받게 되었는가에 관한 진짜 이야기Histoire véritable comment l'âme de l'empereur Trajan a été délivrée des tourments de l'enfer par les prières de saint Grégoire le Grand』(1607년, 파리, 8절판, 희귀본, 알폰스 차콘Alphonse Chacon저서를 라틴어로 번역) 등을 저술했다.

카예는 현자의 돌을 찾아 헤맸으나 이를 발견할 충분한 능력이 있지 않았다. 사람들은 그가 마법사였다고 전하기도 한다.

그러나 파우스트Faust 이야기의 헌사를 보면 그가 마법과 얽힐 생각이 전혀 없었다는 것을 알 수 있다. 그의 개종 후엔 칼뱅파 신교도들이 악마와 계약을 맺은 대가로 언어를 배웠다고 몰고 갔는데, 이는 카예에게 큰 모욕이었다. 카예는 저서에서 칼뱅파 신교도들을 상대로 연옥의 교리를 변호하며 격한 복수를 펼쳤다[1].

(1) 『실로암의 물이라고 주장하는 것을 증발시키고, 이단, 중상모략, 오류 그리고 사제라고 자칭하는 뒤물랭의 어리석은 궤변에 반하여 연옥을 강화하기 위한 불타는 가마와 화덕의 반사면La fournaise ardente et le four du réverbère pour évaporer les prétendues eaux de Siloé, et pour corroborer le purgatoire contre les hérésies, calomnies, faussetés et cavillations ineptes du prétendu ministre Dumoulin』(1603년, 파리, 8절판). 뒤물랭이 포르투갈 출신 성 프란치스코회Franciscan 수도사의 논리에 반박하기 위해 『연옥의 불을 끄는 실로암의 물Eaux de Siloé, pour éteindre le feu du purgatoire』(8절판)을 출간한 직후였다.

카임 [Caym] 상위 계급 악마이자 지옥의

강력한 총재. 주로 찌르레기의 모습으로 출몰한다. 인간의 모습을 할 때는 불붙은 화로 속에서 답을 한다.

카임은 손에 뾰족한 검을 쥐고 있다. 지옥에서 가장 뛰어난 궤변가인 카임은 교활한 논법을 사용해 학식 있는 논리학자도 절망시킬 수 있다. 루터Luther와 언쟁을 벌인 악마도 다름 아닌 그였으며, 이 유명한 일화는 기록으로 남아있다. 카임은 새소리, 소의 울음소리, 개가 짖는 소리 그리고 파도 소리를 해석할 수 있다. 가끔 그는 공작 꼬리로 만든 머리 장식을 하고 나타나기도 한다. 이 악마는 한때 천사의 계급에 속하기도 했으며, 지금은 지옥에서 30개 군단을 거느린다.[1]

(1) 요한 바이어Johann Weyer, 『악마의 유사군주제 Pseudomonarchia Dæmonum』.

카욜 [Cayol] 마르세유Marseille의 지주로 19세기 초에 사망했다. 어느 날 소작농 중 하나가 그에게 1,200프랑을 지불했다. 돈을 받은 지주는 일이 바빠 다음 날 지급 증서를 써주겠다고 약속했다. 농부가 며칠 후 다시 그를 찾았을 때, 지주는 갑작스러운 뇌졸중으로 사망한 뒤였으며, 그의 아들이 모든 재산을 물려받게 되었다. 지주의 아들은 농부의 이야기를 믿지 않고 법원에 1,200프랑에 대한 권리를 주장했다. 결국 농부는 다시 돈을 내라는 선고를 받았다. 그러나 선고가 내려진 날 밤, 카욜이 깨어있던 아들의 앞에 나타나 그의 행동을 나무랐다. "나는 돈을 받았다. 내 침실 벽난로 위에 달린 거울 뒤를 보아라. 영수증이 있을 것이다."

어린 아들은 떨며 몸을 일으켜 아버지의 지급 증서를 꺼냈다. 그리고 자신이 틀렸음을 인정하고 서둘러 농부에게 돈을 돌려주었다[1]….

(1) 『인페르나리아나Infernaliana』, 226페이지.

카조트(자크) [Cazotte(Jacques)] 디종Dijon에서 1720년에 태어나 1793년에 참수형을 당했다. 그는 『올리비에Olivier』라는 경이로운 마법 이야기로 가득 찬 시집을 펴냈다. 이 책이 성공을 거두자 그는 『사랑에 빠진 악마 Diable Amoureux』를 출간할 결심을 했다. 그가 주술을 비롯한 흑마법 내용이 담긴 책을 펴내자, 어느 날 신원미상의 인물이 찾아와 악마를 물리치는 방법을 알려달라고 간청했다. 그러나 카조트에겐 그런 기술이 없었다.

이 집록에는 그가 하프를 통해 내린 예언이 기록되어 있다. 이 중엔 혁명을 예측하는 글이 대부분이었으나 출간된 것은 일부에 불과했다. 모든 내용을 발견한 것은 한참 뒤의 일이며, 오늘날 몇몇 이들은 카조트의 예언이 허위라고 주장한다. 하지만 이 주장은 검증된 바가 없다. 혁명력 6년(1797년~1798년) 파리Paris에선 카조트의 숨겨진 서신이 혁명재판소에 의해 출간되었다. 그 속에는 설명 불가한 예언 능력들이 빛을 발하고 있었다.

케부스 또는 케푸스 [Cébus, Céphus] 이집트인들이 숭배한 괴물. 플리니우스Pliny의 기록에 따르면, 사티로스Satyr 또는 유인원의 일종으로 손과 발이 인간의 것과 유사하다고 한다. 디오도로스Diodorus는 케부스가 사자의 머리, 표범의 몸을 하고 염소 정도의 몸집을 지녔다고 묘사했다. 폼페이우스Pompey가 로마로 데려왔을 때 유일하게 목격되었다.

체코 다스콜리(프랑수아 스타빌리라고 불림) [Cecco d'Ascoli(François Stabili, dit)]

점성술 교수. 13세기 안코나Ancona 마르케Marche에서 태어났다. 체코는 마법, 이단에 모두 손을 댔다. 그가 1327년, 자신의 점성술 저서인 『사크로보스코 구에 관한 해설 Commentarii in Sphœram Joannis de Sacrobosco』(1485년, 바젤, 2절판)로 인해 화형을 당했다는 이야기가 있으나 확실치 않다.

그는 천계에서 악령들을 만들어내고, 천체를 이용해 경이로운 일들을 벌인다고 주장했다. 체코는 별의 절대적인 영향을 받는 운명론을 확신했다. 그의 이론에 따르면, 예수 그리스도Jesus Christ가 가난하였고 치욕스러운 죽음을 맞이한 것은 오직 나쁜 별자리를 타고 났기 때문이다…. 그와 반대로, 적그리스도는 부유하고 강력할 것인데, 이는 좋은 별자리를 타고 나기 때문이다. 이 어리석은 학설은 1327년 금지되었다.

노데Naude와 델리오Delrio는 다음과 같이 말했다. "체코가 미쳤다는 증거로는 첫째, 사크로보스코의 책을 점성술, 강신술 그리고 수상학자의 관점에서 해석했다는 것이다. 그리고 두 번째로는 솔로몬Solomon의 『사상의 그림자Ombres des Idées』, 히파르코스Hipparchus의 『정령서Livre des Esprits』, 히포크라테스Hippocrates의 『별의 특징들Aspects des Étoiles』과 같이 위조 작가들을 대거 인용했다는 것이다."

하루는 체코에게 달이 무엇인지 물었더니 이렇게 답했다고 한다. "우리 지구와 같은 행성이다Ut Terra Terra Est."

이 점술가는 많은 논란이 있어 왔다. 그에겐 체쿠스 아스쿨란Cecus Asculan이라는 또 다른 이름이 있었고, 치쿠스 아에쿨라누스Ciccus Aesculanus라는 이름으로 가장 널리 알려져 있었다. 델리오는 그가 미신을 행하는 자에 불과하며, 머리가 약간 돈 사람이라고 보았다. 노데는 우리가 기록한 대로 그를 미친 학자로 여겼다. 그를 강신술사로 분류하는 일부 작가들은 체코에게 플로론Floron이란 이름의 케루빔Cherubim 계급 수호천사가 존재했다고 말한다. 플로론은 그의 작업을 도우며 좋은 조언을 해주었다고. 그러나 아무리 케루빔이라도 그가 우스꽝스러운 책을 펴내는 것까진 막지 못한 모양이다.

세실리아 [Cécile / Cecilia]

16세기 중반, 세실리아라는 이름의 한 여성이 리스본Lisbon의 공연에서 모습을 드러냈다. 그녀에게는 목소리를 마음대로 변조할 수 있는 재능이 있었고, 팔꿈치, 발 또는 배에서 소리가 나도록 할 수 있었다. 그녀는 피에르 장Pierre-Jean이라고 이름 붙인 눈에 보이지 않는 존재와 대화하였고, 그 존재는 그녀의 모든 질문에 답하였다. 이 복화술사는 마녀로 몰려 세인트 토머스 섬Saint Thomas Island으로 추방당했다.[1]

(1) 살그Salgues, 『오류와 편견Des erreurs et des préjugés』, 2권, 227페이지.

마법의 허리띠 [Ceintures Magiques / Magic Belts]

여러 비밀서에는 성 요한 축일 전날 정오에 채집한 고사리로 만든 허리띠를 매고, 마법 글자인 HVTY 형태를 띠면 만병이 치료된다는 기록이 있다. 1600년 보르도Bordeaux에서 일어난 공의회에선 교회와의 협의 하에 이 치료법을 금지하였고, 매번 이를 규탄했다.

켈수스 [Celse / Celsus]

2세기의 절충주의 철학자이자 기독교인의 적. 예수 그리스도의 기적을 마법이라고 말했으며, 기독교인들을 마법사들이라고 주장했다. 오리게네스

Origen는 이에 반박했다.

켈시우스(안드레) [Celsius(André)] 1744년 사망한 스웨덴인. 『혜성에 관한 글Lettre sur les Comètes』의 저자이다. 이 책은 그가 죽던 해에 웁살라Uppsala에서 출간되었다.

켄크로볼 [Cenchroboles] 루키아노스Lucian가 말하는 상상의 민족. 켄크로볼은 거대한 새에 올라타 전투에 나서는데, 이 새들은 깃털 대신 튼튼한 풀로 뒤덮여있다고 한다.

재 [Cendres / Ashes] 17세기에는 시체, 동물의 유해 그리고 불에 탄 식물의 잔해 속에서 번식이 이어진다는 잘못된 상식이 퍼져있었다. 예를 들어 부패 중인 개구리는 개구리를 낳고, 장미의 재는 다른 장미를 꽃 피운다고 여겨진 것이다. **참조**. 윤회Palingénésie.

대 알베르투스Albert le Grand는 수렴성 나무의 재는 창자를 수축시키고, 반대 성질의 나무 재는 창자를 느슨하게 만들 수 있다고 주장했다. 그는 이렇게도 덧붙였다. "디오스코리데스Dioscorides는 포도 덩굴의 재를 씻어 소금과 함께 음용시켜 호흡 곤란을 치료한다. 나는 뜨거운 재를 희석한 물을 마시게 하고 땀을 배출시켜 많은 이들의 흑사병을 치료했다.[1]"

(1) 『대 알베르투스의 경이로운 비밀들Les Admirables secrets d'Albert le Grand』, 3권, 1장.

최후의 만찬 [Cène / Last Supper] 마녀집회에서 기독교의 종교의식을 흉내 내거나 모방하고자 하는 선동자들은 최후의 만찬 또는 영성체마저 따라 하며, 악랄한 행위에 똑같은 명칭을 부여한다. 마들렌 바방Madeleine Bavent의 진술에서도 이런 내용을 확인할 수 있다. "성 목요일 밤, 한 번은 집회에서 최후의 만찬을 본 적이 있다. 참석인들은 구운 어린아이를 나누어 먹었다. 그 끔찍한 식사 동안, 악마가 돌아다니며 모두에게 다음과 같이 말했다. '너희들 가운데 그 누구도 나를 배신하지 못 하리라.'" 이 끔찍한 일화는 지어낸 이야기가 아니다. **참조**. 마녀의 집회Sabbat.

케네스 막 알핀 [Cénéthus / Kenneth MacAlpin] 스코틀랜드의 두 번째 왕. 픽트족Picts에게 살해당한 아버지의 복수를 위해 그는 영주들에게 다시 무기를 들 것을 권고했다. 하지만 지난 전투의 참혹함을 본 영주들은 모두 주저했다. 국무를 보게 한다는 핑계로 케네스는 가장 용감한 수장들을 의회에 소환했다. 그리고 그들을 성에 머물도록 했다. 한편, 성의 비밀 공간엔 바다표범의 거대 가죽으로 제작한 섬뜩한 의복을 입은 병사 몇을 숨겨두었다. 바다와 인접한 이 나라에서 바다표범은 매우 흔한 동물이었다. 병사들은 왼손엔 빛이 나는 몽둥이를, 오른손엔 끝자락에 구멍이 있는 소뿔을 들고 있었다. 이들은 영주들이 성에서의 첫날 밤, 깊은 잠에 빠지길 기다렸다가 빛나는 몽둥이를 휘두르고 뿔피리를 불며 영주들의 방에 찾아갔다. 변장한 병사들은 픽트족을 상대로 한 전쟁을 선포하러 왔으며, 하늘이 이미 그들의 승리를 점쳐 놓았다고 영주들에게 말했다. 맡은 역할을 마친 이 유령들은 발각되지 않고 자취를 감췄다. 이에 감화받은 수장들은 왕을 찾아 자신이 본 환영을 전하며, 픽트족을 상대로 맹렬한 공격을 퍼부었다. 그들은 단 하나의 전투도 패배하지 않고 픽트족을 몰살시켰다.[1]

(1) 부아스토Boistuaux, 『경이로운 이야기들Histoires prodigieuses』, 1권.

당나귀 머리점 [Céphalonomancie / Cephalonomancy] **참조**. 당나귀 머리점 Képhalonomancie.

세람 [Ceram / Seram] 말루쿠Maluku 제도의 섬 중 하나. 세람 남쪽 해안엔 악령들이 거주한다고 알려진 산이 있다. 미신을 신봉하던 암본Ambon 섬 뱃사람들은 이 악령들에게 제물을 바치지 않고선 산 근처에 가지 않았다. 이러한 의식은 태풍이 생기지 않도록 기원하는 행위이기도 했다. 제물은 주로 꽃과 작은 동전 한 닢으로 야자수 껍질에 담아 바쳤다. 이들은 기름칠을 한 심지에 불을 붙인 뒤, 한밤에 이 야자수 껍질을 파도 위에 띄워 보냈다.

케람보스 [Cérambe / Cerambus] 데우칼리온Deucalion 홍수 당시 산으로 대피했던 땅의 주민. 뿔이 달린 달팽이 같은 동물로 변신했다. 고대 신화에서 시조 또는 선조로 등장한다.

벼락점 [Ceraunoscopie / Ceraunoscopy] 벼락 또는 번개 혹은 대기 현상을 관찰하여 행하는 고대 점술.

케르베로스 [Cerbère / Cerberus] 프랑스에서는 케르베로스 또는 나베루스Naberus를 악마로 여긴다. 바이어Johann Weyer는 그를 지옥 제국의 후작에 포함시켰다. 그는 강력하며 권력을 지녔다. 케르베로스는 머리가 세 개 달린 개의 모습이 아닐 때, 까마귀의 형상을 한다. 그는 쉰 목소리를 가졌지만, 웅변술과 친절한 말씨를 선사한다. 또 미술을 교수하기도 한다. 19개 군단이 그에게 복종한다.

이는 고대의 케르베로스와는 확연히 다른 묘사이다. 이 위험한 개는 지옥의 청렴한 문지기로 '백 개의 머리를 한 짐승Centiceps Bellua'이라고도 불렸다. 이는 세 개의 머리가 무수한 뱀으로 장식되어 있었기 때문이었다. 헤시오도스Hesiodos는 이 개가 오십 개의 머리를 달고 있다고 보았다. 하지만 일반적으로는 세 개의 머리를 지녔다고 알려져 있다. 케르베로스의 검고 날카로운 치아에 물리면 즉사한다. 몇몇 사람들은 케르베로스 이야기가 이집트인들로부터 전해졌다고 말한다. 이집트인들은 개들에게 무덤을 지키게 시켰기 때문이다. 그러나 우리의 흥미를 끄는 것은 역

시 악마 케르베로스이다. 1586년, 그는 마리 마르탱Marie Martin이라는 이름의 피카르디Picardy 주민과 혼인을 맺었다. **참조**. 마르탱Martin.

마법의 원 [Cercles Magiques / Magic Circles] 안전하게 악마를 소환하려면 보호원 안에 서 있어야 한다. 보호가 없다면 악마의 첫 행위는 소환자를 지배하는 것이기 때문이다. 『교황 호노리우스의 마법서Grimoire du Pape Honorius』라는 잡록엔 다음의 내용이 기록되어 있다. "원은 석탄과 성수, 축복받은 십자가의 나무로 그려야 한다…. 이처럼 원을 그린 뒤, 복음서 몇 문장을 원 주변 바닥에 적는다. 그리고 다음과 같은 미신적인 기도를 외우며 성수를 뿌린다. '알파Alpha, 오메가Omega, 엘리Ely, 엘로에Elohe, 제바웃Zebaoth, 엘리온Elion, 사다이Saday, 다윗David의 뿌리인 유다Judah 민족의 승자인 사자가 왔노라. 그 책과 일곱 서표를 펼치노라….'" 이 아름다운 주문의 창시자를 알 수 없어, 칭찬하지 못함이 애석할 따름이다.

몇몇 주술의 주문 후에 이를 다시 읊으면 영혼들이 모습을 드러낸다. **참조**. 액막이Conjuration. 『대마법서Grand Grimoire』엔 원에 들어갈 때, 유령에게 던질 금은 동전을 제외한 온갖 불순한 금속을 지녀선 안 된다고 기록되어있다. 동전은 아무것도 적지 않은 흰 종이 속에 넣는데, 해를 입히지 못하도록 유령에게 바친다. 만약 유령이 원 앞에서 동전을 줍기 위해 몸을 숙인다면, 이때 유령을 복종시키는 주문을 외운다. 서적 『붉은 용The Red Dragon』에서도 같은 방법을 추천하고 있다.

이 외에도 마법사들이 마녀 집회에서 춤을 추기 위해 그리는 원이 있다. 시골엔 아직 이러한 흔적들이 있으며, 이를 집회의 원 혹은 마녀의 원이라고 부른다. 마녀들이 달빛 아래서 춤추기 위해 이 원을 그린다고 믿기 때문이다. 원은 12~15투아즈Toises' 정도의 지름을 가지며, 안쪽은 원을 따라 발 폭만큼 잔디가 밀려있고 가운데만 남아있다. 혹은 중간 부분만 메말라 있고 가장자리는 녹색 잔디가 있다. 제소르프Jessorp와 워커Walker는 『철학적 타협Transactions philosophiques』에서, 이 원

은 천둥이 만든 것이라고 주장한다. 대부분 폭우가 지나간 자리에 이러한 원이 목격된다는 것이 그 이유이다. 또 다른 학자들은 마법의 원이 개미들의 작품이라고 주장하기도 한다. 개미들이 떼를 지어 원을 그리는 모습을 자주 볼 수 있기 때문이다. 오늘날 지식이 제대로 자리 잡지 못한 일부 촌에서는, 메마른 땅의 원을 마녀 집회에서 사용했던 곳이라고 믿는다. 로렌Lorraine에선 잔디 위에 선풍과 벼락이 남긴 흔적들을 마녀가 춤춘 흔적이라고 믿으며, 가까이 가는 것을 두려워한다.[1]

(1) 엘리즈 보이아르Elise Voïart, 『성녀 아르두엔Vierge d'Arsène』 1권의 주석. / * 프랑스에서 사용하던 길이 단위. 1투아즈는 약 2미터 정도이다.

관 [Cercueil / Coffin]

관을 통한 신의 시험(또는 심판)은 긴 역사를 지녔다. 만약 정보가 있음에도 암살자를 특정하지 못한다면, 모든 용의자는 관에 들어있는 발가벗겨진 시신을 만져야만 했다. 그리고 시체가 움직이는지, 눈이나 입을 비롯한 신체 변화가 있는지, 상처에서 피가 솟는지를 관찰했다. 만약 시체를 만졌을 때 이와 같은 기이한 움직임을 보인다면 그가 바로 범인이다. 반역자 리처드 1세Richard I는 아버지 헨리 2세Henry II의 왕위를 찬탈했다. 헨리 2세의 죽음 이후, 리처드는 선왕이 매장을 요구했던 퐁트브로Fontevraud에 방문했다. 반역자 아들이 다가오자, 불행한 아버지의 육신은 입과 코에서 피를 쏟아내기 시작했다. 이 피는 새로운 왕의 몸에 묻었다. 이와 비슷한 일화는 여러 가지가 있다. 문명이 자리하지 못했던 시절엔 윤리의 힘이 그리 크지 않았던 것이다.

다음은 스코틀랜드에서 일어난 일이다. 존 맥인토스John MacIntos라는 어느 농부는 수녀 파니 맥알란Fanny MacAllan과 언쟁을 가졌다. 이후 며칠 뒤 농부는 갑작스럽게 사망했다. 농부의 집을 찾은 사법관들은 시신 얼굴에 큰 상처가 있지만 핏자국이 없다는 것을 발견했다. 존의 이웃이 몰려들어 죽음을 애도하는 동안, 수녀는 집이 근처에 있었음에도 얼씬하지 않았다. 그리고 이 사건에 크게 영향을 받지 않는 것처럼 보였다. 이에 성직자들과 법관들은 그녀가 살인과 관련이 있을지도 모른다고 의심했다. 그들은 수녀에게 고인을 찾아가 시신을 만지라고 명령했다. 수녀는 이를 승낙했다. 그녀는 몸을 만지기 전 엄숙한 목소리로 외쳤다. "태양에게 세상을 밝힐 것을 명한 위대한 주님이시여. 이 상처에 한 줄기 빛을 비추어, 반사된 빛이 범인을 가리키게 할 것을 겸손히 요청합니다." 수녀는 시체에 다가가 상처 위로 손가락을 살짝 올렸다. 그러자 상처에서 즉시 피가 흘러내렸다. 법관들은 신의 계시라고 생각했고, 파니 수녀는 그날 바로 유죄를 선고받아 사형에 처해졌다.

괄베르토Gualbert가 쓴 선한 찰스Charles the Good의 전기에는 12세기 플랑드르인Flemish 살인자들이 피해자의 시체를 먹고 마셨다는 기록이 있다. 이들은 이 의식을 통해 모든 추격을 없애준다고 믿었기 때문이다. 선한 찰스의 암살자들 역시 이 의식을 치렀으나, 결국 모두 형벌을 받았다.

케르코페스 [Cercopes]

악하며 불경한 악마들. 헤라클레스Heracles는 이 악마의 강도질을 진압하였다.

케르도 [Cerdon / Cerdo]

2세기의 이단 케르도파Cerdonians의 수장. 그는 악마가 세상을 창조했다고 가르치며 두 동등한 힘의 원칙을 인정하였다.

케레스 [Cérès]

"주술, 마법, 마녀 집회의 상징이 아니라면 엘레우시스 제전Eleusinian Mysteries*은 무엇일까? 이 난잡한 잔치에서 사람들은 마녀 집회에서처럼 나팔 소리에 맞춰 춤을 춘다. 그리고 고약한 일이 벌어진다면, 수도자들에게 이를 밝히는 것을 금하였다.[1]" 파우사니아스Pausanias의 말에 따르면 아르카디아Arcadia 사람들은 케레스를 여성의 몸에 말의 머리를 단 모습으로 묘사했다. 1801년 피아치Piazzi가 발견한 행성에도 케레스라는 이름이 붙었다. 이 행성은 아직까지 점성술에 아무런 영향도 미치지 않고 있다.
참조. 점성술Astrologie.

(1) 르 루아예Pierre Le Loyer, 『귀신 논설과 역사Histoire et Discours des spectres』, 689페이지, 768페이지. / * 곡의 여신 케레스를 받드는 신비 의식.

수사슴 [Cerf / Stag] 고대의 사람들에겐 일부 동물이 유난히 장수한다고 믿는 풍습이 있었는데, 수사슴도 그중 하나였다. 헤시오도스Hesiodos는 인간의 수명이 96세에 끝난다면, 작은 까마귀의 수명은 인간의 아홉 배나 되고, 수사슴의 수명은 작은 까마귀 수명보다 네 배 더 길다고 주장했다. 이 계산법에 따르면, 수사슴의 수명은 3,456년이다.

플리니우스Pliny는 알렉산더Alexander가 사망한 지 백 년이 지나고 그가 직접 목걸이를 걸어 주었던 여러 수사슴이 여전히 숲에서 발견되었다고 기록했다. 1037년, 상리스Senlis 숲에는 다음과 같은 글귀가 적힌 목걸이를 착용한 수사슴이 발견되었다. '이건 카이사르가 내게 준 것이다Cæsar Hoc Me Donavit.' 근데 어떤 카이사르를 말하는 것일까? 이러한 사태는 헤시오도스의 주장을 더욱 강화시켰다*. 실제로 수사슴은 35년에서 40년을 사는 것이 전부이다. 뷔퐁Buffon은 수사슴의 장수설이 아무런 근거가 없다고 덧붙였다. 이는 대중의 편견일 뿐이며, 아리스토텔레스Aristoteles마저 이 장수설의 부조리를 지적했다. 상리스 숲의 수사슴을 불가사의라고 생각하는 사람은, 독일의 모든 황제가 카이사르Caesar라는 이름으로 불렸다는 것을 모르는 사람이다.

수사슴에 관한 또 다른 전승 중 하나는 수사슴의 생식기가 매년 떨어진다는 설이다. 사람들은 수사슴의 뿔이 떨어지는 모습을 보고 해당 부위에 똑같은 일이 생길 것으로 생각했다. 경험과 판단력을 통해 이 터무니없는 설은 사라지게 되었다.[1]

[1] 브라운Thomas Brown, 『대중적 오류에 관한 수상록Essai sur les erreurs populaires』, 1호, 3권, 10장. 살그Salgues, 『오류와 편견Des erreurs et des préjugés』, 2권, 245페이지. 뷔퐁, 자연사『Histoire naturelle』 등. / * 로마의 장군 카이사르의 사망 시기는 기원전 44년이다. 즉 그가 목걸이를 걸어준 게 맞다면 이 사슴은 1,080년가량을 산 셈이다.

케린투스 [Cerinthe / Cerinthus] 사도 시대에 활동하던 이단자. 그는 신이 정령을 만들어 세상을 지배하는 임무를 맡겼으며, 유대인 역사에서 이야기하는 모든 기적을 정령들이 만들어낸 것이라고 주장했다. 이 정령들이 낳은 자식들은 악마가 되었고, 신의 자식은 타락 천사들의 권세를 멸하기 위해 이 땅에 내려온 것이라는 게 케린투스의 논리였다. 그는 수호 천사에게 들었다는 예언을 글로 기록했다. 르 루아예Pierre Le Loyer는 다음과 같이 말했다. "그러나 이 천사는 불량배 악마 그 이상도 이하도 아니었다."

달무리 [Cerne] 과거에 사용하던 단어. 한때 마법사들이 악마들을 소환하기 위해 지팡이로 그리던 원을 이 이름으로 불렀다.

밀랍점 [Céromancie, Ciromancie / Ceromancy] 밀랍을 이용한 점술. 녹인 밀랍을 한 방울씩 물병에 붓는다. 그리고 밀랍이 굳으며 형성된 모양에 따라 흉조 또는 길조를 해석한다. 튀르키예인들은 이 기술을 통해 범죄와 좀도둑을 찾아냈다. 방법은 다음과 같다. 약한 불에 밀랍 한 조각을 녹인 뒤 특정 주문을 외운다. 그리고 화로 위에 다시 밀랍을 녹여, 도둑과 그의 집 그리고 그의 은신처를 알려주는 상징을 찾는다. 16세기 알자스Alsace에서는 (그리고 아마 지금까지도) 누군가 병에 걸렸을 때 저주를 시전한 자를 찾기 위해, 선량한 여성들이 용의자들과 정확히 같은 무게의 초를 준비했다. 초에 불을 켠 뒤 가장 먼저 타버리는 초의 주인이 곧 저주자였다.[1]

[1] 드 랑크르Pierre de Lancre, 『완전히 입증된 마법에 대한 의심과 불신Incrédulité et mécréance du sortilège pleinement convaincue』, 논설 5. 델리오Delrio, 저서 4권.

뇌 [Cerveau / Brain] 인류의 단일성에 대한 정론을 반박하는 학자 중엔 흑인의 뇌가 백인의 뇌보다 작다고 주장하는 사람들이 있었다. 그러나 학자 티에드만Triedman은 흑인과 백인의 뇌 무게와 크기에 주목할만한 차이가 없다는 것을 확실하게 밝혀냈다. 외형적인 차이는 있었으나, 내부 구조에는 아무런 차이를 발견할 수 없었다.

골 [Cervelle / Brain(Animal)] 일부 짐승의 골로 경이로운 일을 벌일 수 있다. 『대 알베르투스의 경이로운 비밀들Les Admirables secrets d'Albert le Grand』의 저자는 제3부에서 산토끼 골을 어린아이 잇몸에 문지르면 치아가 자라난다고 기록했다. 그는 유령을 두려워하는 사람들 역시 산토끼의 골을 먹으면 공황에서 벗어날 수 있다고 덧붙였다. 고양이 골을 목에 문지르면 이틀 내에 인후염이 낫지만, 그 전에 심한 고열이 찾아온다. 최초의 인류는 머릿속에 생명력과 감정이 머무른다고 믿었기 때문에 존경의 표시로 그 어떤 짐승의 골도 먹지 않았다.

하이스터바흐의 케사리우스(피에르) [Cesaire, Cesarius d'Heisterbach(Pierre)]

시토Citeaux 수도원의 수도자. 1240년에 사망했다. 그가 펴낸 기적 모음집에는 악마가 자주 등장한다[1]. 그 이유에 관해서는 알 수 없으나 스페인에서는 금서로 취급되었다. 그는 이 책『지옥사전』에서 여러 번 언급된다.

(1)『놀라운 기적과 기억에 남는 역사 12서, 시토회 수도회의 케사리리우스 하이스터바흐 저Illustrium Miraculorum et Historiarum Memorabilium Libri XII,a Cœsario Heisterbachensi, Ordinis Cisterciensis』, 1605년, 앤트워프, 8절판. 1481년, 뉘른베르크, 2절판. 1599년, 쾰른, 8절판. 1604년, 두에.

성 카이사리우스 [Cesaire / Cesarius(Saint)]

참조. 미라빌리스 리베르Mirabilis Liber.

체살피노(안드레아) [Césalpin(André) / Cesalpino(Andrea)]

16세기 의사. 토스카나Tuscany의 아레초Arezzo에서 태어났다.『히포크라테스의 입장을 해석한 악마의 연구: 질병에 신성이 있다면 견딜 수 있다Dœmonum Investigatio Peripatetica, in Qua Explicatur Locus Hippocratis: si Quid Divinum in Morbis Habeatur』(1580년, 피렌체, 4절판)라는 책을 펴내며 히포크라테스가 쓴 일부 질병의 초자연적 원인에 대한 구절들을 해설했다[1]. 이 책에는 피사Pisa 대주교의 기도문이 담겨 있다. 이는 피사의 한 수도원에 있는 수녀들이 악마에게 빙의되었을 때 생긴 기도문으로, 대주교는 모든 학자에게 이 가여운 여성들의 몸이 뒤틀리는 것이 자연적인 원인인지, 초자연적인 원인인지를 물었다. 체살피노는 앞서 언급한 책을 통해 그에게 답을 주었다. 이 책은 악마와 마법으로 인해 발생한 무수한 사건을 나열하는 것으로 시작한다. 그리고 이의를 제기한다. 그는 악마의 존재를 인정하면서도, 그들이 인간과 물질적으로 소통할 수 없다고 주장했다. 그리고 결국 교회의 신념을 따르며, 피사 수녀들의 빙의가 초자연적 현상이라고 결론지었다. 체살피노는 의학적 원조는 도움이 되지 않았을 것이며, 구마 의식으로 도움 받은 것이 적절했다고 판단했다.

카이사르(가이우스 율리우스) [César / Caesar(Caïus Julius / Gaius Julius)]

이 저명한 인물과 얽힌 여러 경이로운 일화가 있다.

수에토니우스Suetonius의 기록에는 다음과 같은 이야기가 있다. 카이사르와 그의 군대가 루비콘Rubicon 강가를 지나던 때였다. 병사들이 강을 건너길 주저하자 키가 큰 정체불명의 존재가 휘파람을 불며 나타나 장군에게 다가갔다. 병사들은 그를 구경하기 위해 달려왔다. 유령은 그중 한 명의 나팔을 가져가 불며 강을 건넜다. 카이사르는 주저 없이 소리쳤다. "신의 징조와 적의 부정이 부르는 곳으로 가자!" 군대는 열렬히 카이사르를 따랐다.

카이사르가 주바Juba와 전쟁을 치르기 위해 아프리카에서 하선했을 때, 땅에 거꾸러지게 되었다. 로마인들은 이 징조에 동요했지만, 카이사르는 마치 일부러 넘어진 것처럼 바다에 입을 맞추었다. 그리고 다음과 같이 외침으로써 병사들을 안심시켰다. "아프리카여, 너는 내 것이다. 내가 이렇게 너를 안고 있으니 말이다."

대중들은 카이사르가 놀라운 시력을 가지고 있다고 찬양했다. 그는 갈리아Gaul 해안에서 브르타뉴Bretagne 섬의 일을 볼 수 있었다고 한다. 이를 의심하지 않았던 로저 베이컨Roger Bacon은 율리우스 카이사르가 거대 거울을 통해 영국 부대와 도시의 일을 관찰했다고 주장했다.

여러 점성가는 카이사르가 고통스러운 죽음을 맞이할 것이라고 단언했다. 카이사르의 아내 칼푸르니아Calpurnia는 남편에게 3월 15일을 조심하라고 조언했다고 한다. 또 저명한 어느 예언가는 카이사르가 원로원을 방문할 때 암살을 당할 수 있다며, 불길한 예언으로 그를 겁주었다고 한다. 이 모든 이야기는 사건이 일어난 후 지어낸 일화이다.

카이사르가 숨을 거둘 당시 혜성이 나타났다는 풍설이 있다. 그리고 빌립보Philippi 전투 당시 카이사르를 살해한 브루투스Brutus 앞에 유령이 나타났다는 이야기도 전해진다. 같은 날 전투가 한창인 요새에서 카이사르의 망령이 카시우스Cassius를 향해 무서운 얼굴로 달려왔다는 소문도 있다. 카시우스는 이 끔찍한 환영에 겁을 먹고, 검을 들어 스스로 목숨을 끊었다.

어찌 되었든, 율리우스 카이사르는 아우구스투스Augustus의 명에 따라 신의 반열에 올랐다. 아우구스투스는 비너스Venus가 카이사르의 영혼을 하늘로 데려갔다고 주장했다. 카이사르 사원에선 머리 위에 별을 단 모습으로 그를 묘사한다. 이는 그가 죽을 당시 나타난 혜성 때문이다.

세자르 [César] 앙리 4세Henri IV 시절 파리Paris에 거주하던 사기꾼. 점성가, 강신술사, 손금쟁이, 물리학자, 예언가, 요술쟁이였다. 세자르는 손금을 통해 점을 쳤다. 또 언어와 접촉으로 환자를 치료했고, 고통 없이 이를 뽑을 수 있었다. 그는 흑칠한 작은 금반지를 질병 치료 부적이라 소개하며 제법 비싼 가격에 판매했다. 훌륭한 요술쟁이였던 그는 간혹 뿔을 이용해 악마를 보여주곤 했다. 세자르가 악마를 보여줄 땐, 마치 악마를 믿는 구경꾼들을 벌주고 싶어 하는 듯 느껴졌다. 이는 악마 벨제부스Belzébuth 이야기라면 사족을 못 쓰는 이들 때문이었다. 마법사는 그들에게 악마를 알리고 하는 행위가 얼마나 경솔한 생각인지를 알려주고 싶었던 것이다. 1611년, 마법사 세자르와 그의 동료 마법사 하나가 악마에게 목이 졸려 사망했다는 소문이 파리까지 번졌다. 심지어 어느 소책자에선 이 지옥 여행을 자세하게 적어 출판하기도 했다. 확실한 것은, 세자르는 갑자기 자취를 감추었다는 것이다. 하지만 그가 죽거나 파리를 떠난 것은 아니다. 일부 인물들처럼 단순히 국가의 특별한 관리로 인해 '보이지 않게' 조처된 것이었다.[(1)] 참조. 루게리Ruggiéri.

(1) 『유명한 협잡꾼들Charlatans Célèbres』, 1권, 202페이지.

세자라 [Césara] 아일랜드인들은 노아Noah의 손녀 세자라가 특별한 가호를 입어 대홍수를 피해 안전한 섬으로 대피할 수 있었다고 믿는다.

카에소니아 [Césonie / Caesonia] 칼리굴라Caligula의 아내. 수에토니우스Suetonius의 기록에 따르면, 황족이었던 남편 마음을 지키기 위해 사랑의 묘약을 먹여 혼을 빼앗았다고 한다. 그녀의 묘약 속에는 암말의 요막이 들어있는데, 이는 가끔 갓 태어난 망아지의 이마에서 얻을 수 있는 것이었다. 참조. 요막Hippomane.

자이나교 [Ceurawats / Jainists] 인도의 종파. 동물을 해치는 것을 심히 두려워하여, 천으로 입을 가려 벌레를 삼키는 일이 없도록 했다. 이들은 좋고 나쁜 원칙을 모두 수용했으며, 여러 인간과 짐승의 몸을 떠도는 영원한 윤회를 믿었다.

세벤느 [Cévennes] 참조. 도피네Dauphiné.

실론 섬 [Ceylan / Ceylon] 실론 섬*의 거주민들은 이 섬이 아담Adam과 이브Eve가 에덴동산Garden of Eden에서 쫓겨난 이후 살게 된 곳이라고 믿었다.

*스리랑카의 옛 명칭

카발라 [Chabbalach / Kabbalah] 참조. 말라크Malache.

차콘(알퐁스) [Chacon(Alphonse)] 라틴어로는 시아코니우스Ciaconius. 16세기 스페인의 성 도미니크회Dominican Order 수도사이다. 카예Cayet가 번역한 『지옥에서 트라야누스의 영혼을 어떻게 구출하는가Tractatus de Liberatione Animœ Trajani Imperatoris a Pœnis Inferni』(1576년, 로마. 1585년, 레지오)의 저자이다.

바즈라 [Chacran / Vajra] 신 비슈누Vishnu의 천둥. 인도인들은 불꽃을 두른 태양처럼 사방으로 불을 뿜는 원형으로 바즈라를 묘사했다.

크샤트라 바이르야 [Chahriver / Kshatra Vairya] 땅속에 묻힌 값비싼 금속을 관장하는 아메샤 스펜타Amschaspands.

악마의 사슬 [Chaîne du Diable / Devil's Chain] 스위스의 노부인들 사이에선 클레르보Clairvaux 수도원 인근 산속에 성 버나드St. Bernard가 사슬로 악마를 결박하고 있다는 이야기가 전해진다. 이 때문에 스위스 제철공들은 매 월요일 아침 일을 시작하기 전, 망치로 모루를 세 번 두드리는 풍습을 갖게 되었다. 이는 악마의 사슬을 다시 죄어 도망가지 못하도록 하는 의미가 있다.

짭짤한 의장 [Chaire Salée / Salted Chair] 샹파뉴Champagne에서 괴이한 용 조각상을 부르던 이름. 트루아Troyes의 삼천 기도 행진에 동원되었다. 이는 성 루푸스St. Lupus가 복종시킨 이단의 상징이기도 했다. 얀센파Jansenism에선 축제일에 군중을 끌어들이고 쓸모 있는 기억을 상기시키는 이 소품을 사용하지 못하도록 했다.

마법 설교 [Chaires de Magie / Magic Chairs] 중세 나폴리Napoli, 톨레도Toledo의 살라망카Salamanka 대학 등 일부 지역에선 비밀리에 진행되는 설교가 있었다. 이는 지금까지도 존재한다.

샤이(피에르) [Chais(Pierre)] 신교도 목사. 1701년 제네바Geneva에서 태어났다. 그의 저서 『성서의 문학적 의미Le Sens Littéral de l'Ecriture Sainte』(1738년, 스택하우스, 8절판, 3부작, 영어에서 번역)엔 직접 쓴 악마에 관한 흥미로운 논고가 포함되어 있다.

칼케돈 [Chalcédoine / Chalcedon] 페르시아인들이 보스포루스Bosphorus의 칼케돈을 황폐화한 이후, 그곳에 살고 싶었던 콘스탄티누스 1세Constantine the Great는 도시의 재건을 원했다. 그러나 독수리들이 날아와 발톱으로 노동자들의 손에 들려있던 돌을 빼앗아 갔다. 이 경이로운 일이 반복되자 결국 도시 재건을 포기해야 했고, 황제는 콘스탄티노플Constantinople을 세우러 떠났다….

칼데아인 [Chaldéens / Chaldeans] 점성술을 발견했거나 개선했다고 알려져 있다. 뛰어난 마법사들이기도 했다.

함 [Cham / Ham] 노아Noah의 셋째 아들. 흑마법의 발명가 또는 보존자이다. 그는 예언과 미신적 기술을 개선했다. 체코 다스콜리Cecco d'Ascoli는 저서 『사크로보스코 구에 관한 해설Commentarii in Sphœram Joannis de Sacrobosco』 4장에서 함이 쓴 마법서를 본 적이 있으며, 강신술적 요소와 행위에 관한 내용이 담겨 있었다고 기록했다. 함은 이 위험한 기술을 자신의 아들인 미즈라임Mizraim에게 가르쳤고, 미즈라임은 훗날 경이로운 일들을 행하며 조로아스터Zoroaster라는 이름으로 불리게 되었다. 수이다스Suidas의 말에 따르면 그는 이 악마의 작품 속에서 만 개나 되는 행Vers을 썼다. 무려 삼만 개의 행을 썼다고 주장하는 사람들도 있다. 극악무도한 함은 결국 끔찍한 형벌을 받았다. 그는 제자들이 지켜보는 가운데 악마에게 잡혀갔다.

베로소스Berosos는 함이 조로아스터와 동일 인물이라고 주장했다. 비테르보의 아니우스Annius de Viterbe는 함이 고대 이교도들이 말하는 판Pan과 유사한 인물이라고 주장했다[1]. 키르셰Kircher는 함이 고대 이교도들의 토성Saturn이자 오시리스Osiris라고 주장했다. 다른 이들은 함 또는 샤모스Chamos가 주피터 암몬Jupiter-Ammon이라는 이름으로 숭배받았다고 주장했다. 이 외에도 함이 연금술을 발명했고, 이단 이시도로스Isidore가 개종자들에게 써먹은 예언을 남겼다는 이야기도 전해진다. 오직 크리스토프 산드Christophe Sand의 글 속에서 함이 이 예언을 통해 영혼의 불멸성을 선언했음을 알 수 있을 뿐이다[2].

(1) 베로소스 저서 3권의 논평, 요한 바이어Johann Weyer는 『악마의 유사군주제Pseudomonarchia Dœmonum』에서 함이 인큐버스Incubus(남성 몽마)들의 왕자라고 주장했다. / (2) 크리스토프 산드의 저서, 『영혼의 기원De Origine Animas』, 99페이지.

샤먼 [Chamans / Shamans] 야쿠트족Yakuts의 마법사 사제들. **참조**. 망타르Mang-Taar.

출몰 [Chambres Infestées / Infested Rooms] 참조. 고양이Chat, 데줄리에르Deshoulières, 데필리에Despilliers, 아테나고라스Athénagore, 아욜라Ayola 등.

낙타 [Chameau / Camel] 이슬람교도들은 이 동물을 숭배하듯 대했다. 이들은 낙타에 너무 많은 짐을 지우거나, 말보다 더 많은 일을 시키는 것을 죄로 여겼다. 이들이 낙타에게 존경심을 가지는 이유는 아랍의 신성한 지역에 낙타들이 많이 출몰하며, 메카로 향하는 순례길에 낙타들이 『코란Koran』을 짊어지기 때문이다.

무함마드Muhammad는 선지자 살레Saleh의 암컷 낙타를 자신의 천국에 들였다.[1]

낙타를 모는 자들은 양동이에 물을 떠 이를 낙타에게 마시게 했다. 그리고 낙타의 입에서 흐르는 침을 받아 경건하게 수염을 문지르며 다음과 같이 외쳤다. "오 순례자 조상이시여! 오 순례자 조상이시여!" 이들은 이 의식이 여행길에서 일어날 재난들을 막아 준다고 여겼다. 튀르키예인들은 낙타 가죽에 마법에 특화된 능력이 있다고 믿었다.

『대 알베르투스의 경이로운 비밀들Les Admirables secrets d'Albert le Grand』 2권 3장에는 다음과 같은 내용이 담겨있다. '별이 반짝이는 동안 낙타의 피를 황소 가죽에 바르면 하늘에 머리가 닿을 듯한 거인과 같은 연기가 피어오른다. 헤르메스Hermes 역시 이 사실을 직접 입증했다. 인간이 낙타의 피를 마시면 짧은 시간 내에 미치게 된다. 또 낙타의 피를 묻혀 등잔불을 밝히면 (그 방을 밝히는 불빛이 등잔불이 유일하다는 전제하에) 모든 사람이 낙타 머리를 하고 있는 것처럼 보인다.' 참조. 세례자 요한Jean-Baptiste.

(1) 『구약성경의 전설Légendes de l'Ancien Testament』 속 낙타 이야기를 참조할 것.

샴돈 [Chammadai / Shamdon] 아스모데우스Asmodeus와 동일 악마.

샤모스 [Chamos] 아침의 악마이자 지옥 의회의 의원. 암몬Ammon과 모압Moab 사람들은 태양을 샤모스Chamos, 카모슈Kamosch 또는 케모슈Kemosch라고 부르며 숭배했다. 밀턴Milton은 이를 모압 아이들의 음란한 공포라고 지칭했다. 다른 이들은 샤모스를 주피터 암몬Jupiter-Ammon과 혼동하기도 했다. 보시우스Gerardus Vossius는 샤모스가 그리스인과 로마인이 코무스Comus라고 부르는 게임, 춤, 무도회의 신과 동일 존재라고 여겼다.

이 이름의 어원이 히브리어 카모스Kamos에 있다고 하는 사람들은 샤모스가 숨겨진 신, 즉 지옥에 사는 플루토Pluto를 의미한다고 주장한다.

샤무야르 [Chamouillard] 불능 저주를 비롯한 여러 악행을 저지르던 망나니. 라 바리에르La Barriere의 한 소녀에게 저주를 내린 죄로 1597년 파리Paris 의회의 판결에 따라 교수형을 당한 뒤 불태워졌다. 참조. 불능 저주Ligature.

웃음의 들판 [Champ du Rire / Field of Laughter] 로마를 포위한 한니발Hannibal은 헛된 공포와 정신을 어지럽히는 유령들로 인해 겁에 질려 퇴각하였다. 로마인들은 그가 떠나는 것을 보고 기쁨의 함성을 내지르며 크게 웃음을 터뜨렸고, 철수한 장소에는 웃음의 들판이라는 이름이 붙었다.

샴피에(심포리앙) [Champier(Symphorien)] 15세기 리옹Lyon의 거주민. 1503년 『고결한 여인들의 배La Nef des Dames Vertueuses』라는 산문과 시로 된 네 권의 책을 펴냈다. 이 책의 제3부에는 무녀들의 예언이 들어있다. 그는 『세 명의 사기꾼Trois Imposteurs』이라는 책의 저자로 오해를 사기도 했다. 또 『세 가지 규율De Triplici Disciplina』(1508년, 리옹, 8절판)이라는 소책자와 마법사 기소의 필요성을 주장하는 논설을 남기기도 했다.[1]

(1) 『마법 예술의 파괴에 대한 논설Dialogus in Magicarum Artium Destructionem』(날짜 미상, 1507년경, 리옹, 4절판, 발사랭Balsarin).

버섯 [Champignon / Mushroom] 네덜란드인들은 악마의 빵Duivels-Brood을 버섯이라

고 불렀다.

양초 [Chandelle / Tallow Candle] 카르다노Cardan는 굴착 시 땅속에 보물이 묻혀있는지 알기 위해선 인간의 비계로 만든 거대한 양초가 필요하다고 주장한다. 이때 양초는 초승달 모양의 개암나무 가지 두 개에 끼워 세 갈래의 갈퀴처럼 보이도록 해야 한다고. 지하에서 불을 밝힌 양초가 타들어 가며 많은 소리를 낸다면 그곳에 보물이 있다는 의미이다. 보물에 더 가까이 다가갈수록 더 강하게 불꽃이 튀며, 숨겨진 장소에 당도하면 촛불이 꺼진다.

그 때문에 빛을 완전히 잃지 않기 위해선 다른 초를 여분으로 준비해야 한다. 망자의 혼이 보물을 지킨다는 이야기가 있으니, 이 이야기가 신빙성이 있다고 생각된다면 일반 양초 대신 축복 받은 촛대를 사용하도록 하자. 그리고 망자의 평안을 위해 신이 해줄 수 있는 것이 있는지 물어보고, 요구한 것을 반드시 이행해야 한다(1).

양초의 용도는 여러 가지가 있다. 대부분의 악마학자의 주장에 따르면 마녀 집회에 참석하는 마녀들은 악마 엉덩이에 입을 맞출 때, 한 손에 검은 양초를 들고 있다고 한다. 보게Boguet는 마녀들이 양초에 불을 붙일 때 숫염소 모습을 한 악마의 두 뿔 가운데 솟아 있는 횃불을 사용하며, 악마에게 양초를 바치기가 무섭게 촛불이 꺼지며 사라진다고 말한다(2).

식탁 위에 세 개의 양초를 두는 것은 좋지 않다. 양초의 불에서 작은 석탄 조각이 떨어져 나오면, 이는 누군가의 방문을 의미한다(3). 하지만 보편적으로는 힘찬 불길은 좋은 소식을, 꺼져가는 불빛은 나쁜 소식을 의미한다.

(1) 『작은 알베르투스의 견고한 보물Little Albert's Solid Treasure』. / (2) 『마법사 논설Discours des sorciers』, 22장. / (3) 브라운Thomas Brown의 저서, 5권, 22장.

죽음의 초 [Chandelle de la Mort / Tallow Candle of Death] 참조. 칸윌 코르프 Canwyll-Corph.

노래 [Chant / Song] 빙의된 사람들이 부르는 노랫소리는 항상 변질해 있는데, 여자는 남자의 목소리를, 남자는 여자의 목소리를 낸다.

수탉의 울음소리 [Chant du Coq / Cockrow] 마녀 집회의 해산 시간을 의미한다.

대기점 [Chaomancie / Chaomancy] 대기를 관찰해 미래를 예견하는 기술. 몇몇 연금술사가 이 기술을 사용했으나 그 비법이 전해지지는 않았다.

바람의 모자 [Chapeau Venteux / Windy Hat] 참조. 에릭Eric.

묵주 [Chapelet / Rosary] 마녀들이 지닌 모든 묵주는 깨지거나 훼손된 십자가가 달려 있다는 사실을 확인할 수 있다. 온전하지 않은 십자가가 달린 묵주를 지니고 있다는 것은 마법사 또는 마녀라는 증거이기도 했다.

지옥에 떨어진 자의 예배당 [Chapelle du Damné / Chapel of the Damned] 노트르담 드 파리Notre-Dame de Paris의 참사원 레이몽드 디오크레스Raymond Diocres는 성인의 명성을 얻은 뒤 1084년경 숨을 거두었다. 그의 육신은 대성당의 성가대 자리에 놓였다. 장례 중엔 다음과 같은 엄숙한 구절이 흘러나왔다. "내게 대답해 주게. 나의 죄는 무엇인가Responde Mihi Quantas Habeo Iniquitates?" 그러자 갑자기 관 너머로 디오크레스의 고개가 나왔다. 그리고 그는 다음과 같이 말했다. "나는 정당한 신의 심판 앞에 소환되었다.Justo Iudicio Dei Accusatus Sum" 겁에 질린 참석자들은 장례를 중단하고 다음 날로 식을 미루었다. 그 사이, 참사원의 육신은 노트르담 예배당 자리에 놓여있었는데, 이후 이 자리를 지옥에 떨어진 자의 예배당이라고 부르게 되었다. 다음 날 다시 장례가 시작되었고, 똑같은 구절에서 망자는 다시 말했다. "나는 정당한 신의 심판 앞에 소환되었다Justo Iudicio Dei Accusatus Sum." 사람들은 또다시 식을 하루 연기했다. 그리고 다음 날에도 망자는 다시 같은 구절에서 똑같이 외쳤다. "나는 정당한 신의 심판 앞에 소환되었다Justo Iudicio Dei Accusatus Sum." 연대기에 따르면, 후에 사람들은 디오크레스의 육신을 쓰레기

수거장에 던져버렸다고 한다. 그리고 일부 사람들은 이 끔찍한 불가사의가 그곳에 있던 성 브루노St. Bruno의 은거로 이어지게 되었다고 말했다. 이 이야기는 제기된 반박에도 불구하고, 그림의 주제로 사용되기도 했다. 르 소에르Le Sueur는 성 브루노St. Bruno의 아름다운 화랑에서 이 이야기를 품었다.

샤푸이(가브리엘) [Chapuis(Gabriel)] 1546년 앙부아즈Amboise에서 태어났다. 그의 저서 가운데 『천상과 지상, 지옥의 세계Les mondes célestes, terrestres et infernaux』(1583년, 리옹, 8절판, 도니의 세계에서 추출)를 언급할 수 있다. 이는 풍자 서적이다.

죽음의 마차 [Char de la Mort / Chariot of Death] 참조. 죽음의 수레Brouette de la Mort.

차라드리우스 [Charadrius] 알려지지 않은 흔한 모습의 새. 랍비들은 이 새가 기적을 행하며 황달을 낫게 한다고 주장한다. 치료를 위해서는 병자와 새가 서로를 뚫어져라 쳐다보아야 한다. 새가 시선을 피하면 병자는 얼마 지나지 않아 사망한다.

불순한 석탄 [Charbon d'impureté / Impure Coal] 루됭 빙의 사건에 연루된 악마 중 하나. **참조.** 루됭Loudun.

동냥 [Charité / Charity] 동냥하는 사람을 모욕하는 일은 신의 법정에서 처벌받는다. 『성인전Acta Sanctorum』[(1)]엔 이런 이야기가 적혀있다. "미셸 드 퐁타라비Michel de Fontarabie라는 스페인인이 동냥하는 불우한 걸인 손에 침을 뱉은 일이 있었다. 그는 곧바로 땅에 내던져지며 격노했고 빙의되어 소란을 피웠다. 그는 성 이보St. Ivo를 비롯한 백의를 입은 이들이 자기를 두들겨 팬다며 소리를 질렀다." 이 외에도 가난한 이들에게 가혹하게 군 후, 악마에게 빙의된 여러 사람을 살펴볼 수 있다.

(1) 5월 19일, 케르마르탱의 성 이보의 생애Vie de Saint Yves de Kermartin.

협잡꾼 [Charlatans] 과거에는 협잡꾼이 한 짓을 마법사 또는 악마의 소행이라고 착각할 때가 잦았다. 만일 16세기 사고방식을 계속 유지했더라면, 모든 요술꾼들은 마법사가 되었을 것이다.

『스카우튼의 동인도 항해Voyage de Schouten aux Indes Orientales』에는 다음과 같은 기록이 있다.

'벵골Bengal에 살던 한 협잡꾼이 있었다. 그는 유연함을 자랑하는 곡예를 여러 번에 걸쳐 펼치며, 20피트 길이의 막대를 집어 들었다. 막대 끝엔 3~4푸스Pouces 넓이의 작은 판이 달려 있었다. 남성은 이 막대를 자신의 허리띠에 꽂았다. 그러면 22세 여성이 뒤에서 가볍게 뛰어 그의 어깨 위에 착지한 뒤, 막대 끝까지 올라가는 것이었다. 그리고 그녀는 판자 위에 다리를 꼰 채 팔을 벌리고 앉았다. 이후 남성은 여성을 막대 꼭대기에 앉힌 채 휘적거리며 큰 보폭으로 걸었다. 이때 여성을 받치기 위해 배를 내밀고, 쉬지 않고 위를 쳐다보며 균형을 유지했다. 솜씨 좋게 내려온 여성은 다시 막대를 타고 올라 배를 대고 누운 다음 손과 발을 서로 부딪쳤다. 머리 위로 막대기를 들어 올린 협잡꾼은 손과 팔을 쓰지 않고 이 여성과 무어Moor 출신의 15살 소녀를 모두 막대 꼭대기에 세웠다. 이 상태로 남성은 광장 주변을 달리고 몸을 숙였지만, 그 어떤 사고도 일어나지 않았다. 두 여성은 머리가 아래로 향한 채 줄 위를 걸어다니기도 했다. 또 이 외에 경이로운 다양한 묘기들을 부렸다. 하지만 이 모든 곡예를 사람의 능력이 아닌 악마의 기술이라 믿는 사람들이 있었다. 재주가 좋고 섬세하고 민첩한 여자아이들은 익숙해질 때까지 계속 연습하며 이 모든 것을 해냈다.'

세상에는 온갖 종류의 협잡꾼이 존재한다. 로Law의 시대였던 1728년, 빌라르Villars라는 이는 100세 가까이 살다 사고사한 숙부의 비밀을 친구들과 공유하게 되었다. 그 비밀의 내용은 바로 절제된 생활을 한다면 150세까지 장수할 수 있게 만들어주는 어느 물에 관한 것이었다. 그는 장례 행렬을 보면 동정하는 마음으로 어깨를 으쓱하고 다음과 같이 말했다. "만일 고인이 내 물을 마셨더라면, 지금 저곳에 있지 않았을 텐데." 그가 인심 좋게 나눠준 물을 정해진 요법대로 마신 친구들은 건강해지는 느낌을 받았고 이를 칭찬했다. 빌라르는 그렇게 물병을 6프랑에 팔았으며, 엄청난 돈을 벌어들였다. 사실 이 물은 센Seine 강물에 니트로를 약간 탄 것이었다. 이 물을 마시고 억지로 요법을 따른 사람 중 건강해진 일부는 유난히 좋은 체질을 가진 자들이었다. 빌라르는 다음과 같이 말했다. "완전히 낫지 않는다면 그건 당신들의 잘못이다." 결국 빌라르의 물이 강물에 불과했다는 사실이 밝혀졌지만, 사람들은 그를 탓하지 않았다. 그저 또 다른 약장수를 찾아 나설 뿐이었다. 빌라르는 이 장사로 큰돈을 벌었다. **참조.** 당나귀Ane, 암염소Chèvre, 파플라고니아의 알렉산더Alexandre de Paphlagonie 등.

* 옛 길이의 단위. 1푸스는 약 2.7센티미터이다.

샤를 마르텔 [Charles-Martel] 오를레앙

Orleans의 주교인 성 에우케리우스St. Eucherius는 어느 날 천사에게 잡혀 연옥으로 가는 환각을 보았다. 그곳에선 샤를 마르텔이 교회 재산 횡령을 묵인한 대가를 치르고 있었다. 그뿐만 아니라 샤를 마르텔의 무덤이 열리며 뱀이 한 마리 나왔다는 이야기도 함께 전해지는데, 이 뱀은 사실 악마였다고 한다. 그렇게 철학자들은 성직자를 공격하며 기만행위로 고발했다. 하지만 샤를 마르텔 무덤은 정작 1793년 생드니Saint-Denis에서 신성모독자들에 의해 단 한 번 열렸을 뿐이다.[(1)]

(1) 『프랑스 역사 이야기Les Légendes de l'histoire de France』 속 샤를 마르텔을 참조할 것.

샤를마뉴 [Charlemagne] 베르트라다

Bertha Broadfoot의 전설에는 다음과 같은 이야기가 전해진다. 페펭 3세Pepin the Short는 랑Laon 백작의 딸인 베르트라다와 혼인을 맺고 싶었으나, 그녀의 얼굴을 몰랐다. 이에 음모를 꾸미는 이들은 그에게 다른 여성을 데려갔고, 페펭 3세는 그녀를 베르트라다로 생각하며 결혼하게 되었다. 그리고 이 자들은 암살자를 고용해 베르트라다를 아르덴Ardennes 숲속에서 죽이려 했다. 다행히 암살자의 동정을 얻은 베르트라다는 목숨을 건졌다. 단, 보이지 않는 곳에서 죽은 사람처럼 산다는 조건이 있었다. 그녀는 한 방앗간에 숨어 여러 해를 살았다.

어느 날 사냥 중 길을 잃은 페펭 3세는 방앗간을 찾게 되었다. 그의 점성가는 이 방앗간에 큰일을 하게 될 여자가 있다고 조언해 주었다. 그렇게 발견된 베르트라다는 다시 권리를 되찾고 샤를마뉴의 어머니가 되었다. 전설에 따르면 페펭의 첫 번째 아내는 아들을 낳았는데, 그는 교황 레오 3세Leo III가 되었다고 한다. 그리고 이후 서방 황제 샤를마뉴에게 왕관을 씌웠다고 한다.[(1)]

샤를마뉴와 얽힌 놀라운 일을 모두 기록하기엔 무수히 많은 이야기가 있다. 그는 기사도 소설이 지극히 사랑받았던 시절을 통치했다. 그의 주변엔 언제나 주술사, 거인 그리고 요정들이 있었다. 그가 스페인과 전쟁을 한 것은 성 야곱St. Jacob이 나타나 사라센인Saracens들에게서 벗어날 것을 경고했기 때문이라는 설도 있다. 작센Saxony 전쟁에서도 경이로운 일들이 있었다. 연대기 작가들은 샤를마뉴의 개인적인 삶을 채운 놀라운 사건들을 글로 옮겼다.

나이가 든 그는 열정적으로 한 독일 여성을 사랑한 나머지 왕국의 일은 물론 자기 자신을 돌보는 것도 잊어버렸다고 전해진다. 이 여성이 죽은 뒤에도 샤를마뉴의 열정은 사그라지지 않았다. 그는 계속해서 여성의 시체를 사랑했고 떨어지지 않으려 했다. 튀르팽Turpin 대주교는 왕이 시간을 들여 여성에게 집착하는 것을 알게 되었다. 대주교는 왕이 자리를 비웠을 때, 시체가 있는 방을 찾아가 왕의 무절제함을 유발한 저주가 있는지 확인했다. 그리고 꼼꼼하게 시체를 살피던 중 혀 아래에 있던 반지를 찾아냈고, 이를 가져갔다. 같은 날 궁에 돌아온 샤를마뉴는 여성이 있던 방을 찾았다. 그는 방안에 단지 지독한 냄새를 풍기는 해골이 있다는 것에 놀랐다. 긴 환상에서 깨어난 샤를마뉴는 여성을 즉시 매장했다. 하지만 샤를마뉴가 시체에 지녔던 집착은 반지를 가져간 튀르팽 대주교에게 옮겨갔다. 이 기운은 대주교를 떠나는 일 없이 항상 따라다녔다. 이 광기에 겁을 먹은 고위성직자는 반지가 다른 사람 손에 들어가 남용될 것을 우려해, 아무도 사용할 수 없도록 호수에 집어 던졌다. 이때부터 호수와 사랑에 빠진 샤를마뉴는 호수와 떨어지려 하지 않았다. 그는 궁전과 수도원을 짓고 엑스라샤펠Aix-la-Chapelle이라는 도시를 세워 그곳에 영원히 잠들고자 했다. 이 이야기는 지어낸 것으로 짐작되지만, 널리 퍼졌다. 샤를마뉴는 직접 저술한 법령집에서 마법사들을 대상으로 다음과 같은 내용을 명했다. "교구 사제장은 주술사, 점술가, 예언자 그리고 시대를 혼란스럽게 하거나 저주를 행하는 자를 면밀히 조사하고 잘못을 고백하도록 해야 한다. 이들은 신의 도움을 통해 개종할 의지를 보일 때까지 수감시키도록 한다." **참조.** 올덴베르크Oldenberg, 베탱Vétin 등.

(1) 『프랑스 역사 이야기Les Légendes de l'histoire de France』 중 큰 발을 가진 베르트라다의 이야기 참조.

카롤루스 대머리왕 [Charles le Chauve / Charles the Bald] 프랑크족 왕 중 카롤루스 이름을 두 번째로 사용하였다. 그는 연옥과 지옥을 방문하는 환각을 겪었다. 그리고 그곳에서 자신의 아버지인 루도비쿠스 1세Ludovicus I를 비롯한 여러 인물을 만났다. 그들은 카롤루스에게 조언과 예언을 했다고 한다. 그가 직접 쓴 견문기는 정치를 다루는 소책자와 유사한 느낌이 난다[1].

(1) 『형벌 장소와 의인의 복에 대한 카롤루스 대머리왕의 비전Visio Caroli Calvi de Locis Pœnarum et Felicitate Juslorum』, 육필로 작성. 미완성 본 2247. 188페이지. 저승 이야기 속 대머리 카롤루스의 여행을 참조할 것.

샤를 6세 [Charles VI] 프랑스의 왕. 판단력이 약해진 그는 브르타뉴Bretagne로 전쟁을 치르기 위해 떠나던 중, 머릿속을 혼란스럽게 만든 어느 공포를 마주하게 되었다. 그는 르 망Le Mans의 숲 어느 덤불에서 정체 모를 형상이 나타나는 것을 보았다. 그 형상은 머리와 발에 아무것도 착용하지 않고 오직 흰 로브만 입고 있었다. 그것은 말굴레를 잡더니 쉰 목소리로 외쳤다. "왕이여 더는 앞으로 나아가지 마라. 뒤돌아 가라! 그대는 배신당한다!" 이에 제정신이 아니게 된 군주는 검을 꺼내 가장 처음 마주치는 네 사람의 목숨을 거두었다. 왕은 소리쳤다. "배신자들을 향해 돌격하라!"

사람들은 검이 부러지고 기력이 소진된 그를 수레에 태워 르 망으로 데려왔다.

숲의 유령은 오늘날까지도 풀지 못한 미스터리로 남아있다. 우연히 그곳에 있던 이상한 사람이었을까? 샤를이 진군 중이던 브르타뉴의 공작이 보낸 밀사였을까? 당시의 모든 추론은 초자연적인 힘 혹은 마법으로 향했다.

그것이 무엇이었든 간에, 이후 왕은 완전히 미쳐버렸다. 랑의 의사인 기욤 드 아르슬리Guillaume de Harsely는 크레이Creil 성으로 불려

왔고, 6개월간 왕의 치료와 관리를 도맡았다. 덕분에 왕의 건강도 점차 회복되었다. 그러나 1393년, 그의 상태가 다시 악화되는 경솔한 일이 벌어진다. 여왕은 하녀 중 한 명의 결혼을 맞이해 가면무도회를 열었다. 왕은 야만인의 복장을 하고 참석하며, 어린 영주들 역시 같은 복장을 입혀 쇠사슬로 묶어 대동시켰다. 이들의 옷은 수지를 캔버스에 밑칠한 뒤 삼을 붙여 만든 것이었다. 오를레앙Orleans의 공작은 얼굴을 확인하고 싶어 그들에게 횃불을 가져다 댔다. 불은 순식간에 옷으로 옮겨붙었고, 네 명의 영주는 모두 타죽고 말았다. 그때 비명과도 같은 외침이 들렸다. "왕을 구하라!" 베리Berry의 공작부인은 외투를 덮어 샤를에게 붙은 불을 껐고, 덕분에 왕은 살 수 있었다.

이 사건의 공포로 인해 왕의 기력은 매일같이 악화되었다. 오를레앙의 공작은 샤를에게 마법을 걸었다는 의심을 받았다. 요르단 드 메헤르Jordan de Mejer는 『신성De Divin』 42장에서 이 공작이 왕계를 말살시키고자 무기와 반지를 어느 배교자에게 맡겨 악마에게 바쳤다고 기록했다. 그는 마력을 이용해 저주를 걸고자 한 것이다. 더불어 한 중년 여성이 리니Ligny 인근 몽주아Monschau 탑에서 악마를 소환했고, 공작은 뒤이어 형제인 샤를 왕의 이성을 빼앗기 위해 마법 걸린 무기를 사용했다고 덧붙였다. 그의 작전이 너무도 교묘했기에 사람들은 처음에 알아채지 못했다고.

첫 번째 마법은 보베Beauvais 인근에서 이루어졌다. 지독한 마법 때문에 왕의 손톱, 발톱과 머리카락이 빠져버렸다. 두 번째 마법은 멘Maine에서 이루어졌는데 더 강력했다. 이 때문에 그 누구도 왕의 생존을 확신할 수 없었다. 왕은 마법에 걸린 직후에 그에게 가서 말했다. "부탁인데, 오를레앙 형제의 힘으로 내 몸을 뚫는 이 검을 없애주시오." (우리는 여전히 메헤르가 들려주는 이야기를 하는 중이다) 왕을 치료했던 의사는 더 존재하지 않았다. 그리고 말 한마디로 왕을 낫게 할 수 있다 자신하는 자칭 마법사이자 협잡꾼이 귀엔느Guienne에서 불려 왔다. 그는 『시마고라드Simagorad』라고 부르는 주술서를 한 권 들고 왔다. 그리고 자신이 이 책을 통해 자연의

주인이 되었다고 말했다. 신하들이 책을 어떻게 획득하였는지 묻자 협잡꾼은 뻔뻔스럽게도 "신은 아벨Abel이 죽었을 때 아담Adam을 위로하기 위해 이 주술서를 주었고, 유산으로 전해져 내려온 책이 나에게까지 왔다"고 말했다. 그는 6개월 동안 왕을 치료했으나 병을 악화시키기만 했다. 의식이 돌아와 있는 동안 왕은 그가 공격할 수 있는 모든 도구를 치워줄 것을 명령했다. 왕은 말했다. "나쁜 짓을 저지르느니, 차라리 죽음을 택하겠다." 왕은 정말로 자신이 마법에 걸렸다고 믿었다. 경솔하게도 두 명의 경험주의자 수도승에게 왕을 맡긴 일도 있었다. 이 두 사람은 왕에게 불쾌한 음료를 건넸고, 이를 마신 왕은 피를 뿜었다. 6개월 이내에 왕을 치료하지 못한 수도승들은 교수형에 처해졌다. 당시 위인들이 광인, 소인, 끔찍한 외모의 사람을 주변에 두는 것이 유행이었듯, 주변에 마법사 또는 협잡꾼을 두는 것이 하나의 풍조로 자리 잡았다.[1]

(1) 줄 가리네Jules Garinet, 『프랑스 마법사Histoire de la Magie en France』, 87페이지.

샤를 9세 [Charles IX] 프랑스의 왕. 의사(이자 점성가)가 뒤꿈치로 한 시간 동안 그 자리에서 돌 수 있는 만큼의 날을 살 것이라고 말한 이후, 샤를 9세가 매일 아침 이 엄숙한 연습을 했다면 믿을 수 있겠는가? 국가의 주요 장교들, 장군들, 대법관 그리고 늙은 판사들은 모두 한 발을 든 채 샤를 9세를 따라 제자리를 돌며 왕의 비위를 맞추었다[1]! 성 바르톨로메오St. Bartholomew의 정치적 학살 이후, 특히 음모꾼들이 샤를 9세에게 두려움을 느끼게 만든 직후, 왕은 피 흘리는 까마귀를 목격했고, 무시무시한 환영을 보았고, 그의 이른 죽음을 예견하는 여러 징조를 마주하게 되었다. 샤를 9세는 그를 닮은 밀랍상의 저주 탓에 사망했다는 이야기가 항간에 떠돌았다. 그의 적인 신교도 마법사들이 매일 저주 의식을 치르며 이 밀랍상을 녹였고, 밀랍상이 녹을 때마다 왕의 생명 또한 사그라들었다는 것이다[2]. 이 시기엔 쇠약 또는 비애로 인해 사망하면 마법사의 저주 때문이라는 풍문이 있었다. 의사들은 자신들이 치유할 수

없는 질병들은 모두 마법사의 탓으로 돌렸다. 이 마법사들의 보편적인 신앙 가운데, 설명할 수 없는 불가사의들이 계속 생기는 한 말이다.

(1) 『문학의 진기함Curiosités de la Littérature』, 베르탱Bertin을 통해서 영어에서 번역됨, 1권, 249페이지. / (2) 델리오Martin Delrio, 『마법 연구Disquisitiones Magicae』, 3권, 문제 3.

샤를 2세 [Charles II] 로렌Lorraine의 공작. 참조. 마녀의 집회Sabbat.

용담공 샤를 [Charles le Téméraire / Charles the Bold] 부르고뉴Bourgogne의 공작. 모랏Morat 전쟁 이후 사라졌다. 연대기 작가들은 그가 로데릭Roderik처럼 악마에게 납치되었다고 주장했다. 혹은 인적이 드문 곳에서 은둔 생활을 한다고 믿는 이들도 있었다. 달랭쿠르d'Arlincourt는 이 전설을 주제로 『은둔자Le Solitaire』라는 소설을 집필했다.

찰스 2세 [Charles II] 영국의 왕. 제법 소양이 있었으나, 아버지처럼 판별점성술을 신봉했다. 그는 현자의 돌을 찾으려 했다.

주문(참) [Charme / Charm] 초자연적 효과를 내기 위해 사용하는 주술, 마법, 운문, 산문으로 된 특정 단어의 나열. 출신지 미상의 한 여성이 안구에 통증을 호소하며 공립학교를 찾았다. 그녀는 어느 학생에게 마법 주문을 걸어 통증을 치료해 줄 수 있느냐고 물어보며 이에 대한 보상까지 약속했다. 학생은 낡은 천에 감싼 쪽지를 그녀에게 주며 절대로 열지 말 것을 당부했다. 이를 받은 여성은 통증에서 벗어났다. 똑같은 병을 앓던 그녀의 이웃 역시 이 쪽지를 가져가더니 병에서 회복되었다. 이 두 번의 치료는 두 여성의 호기심을 자극했다. 그녀들은 천을 열어 내용을 읽었다. '악마가 네 두 눈을 크게 벌린 후 진흙으로 덮어버리길….'

델리오Delrio는 한 마법사의 이야기를 기록한 이력이 있다. 이 마법사가 마법 램프에 불을 붙이면 방에 있는 모든 사람은 아무리 점잖고 신중한 사람이더라도 그의 앞에서 춤을 췄다. '이런 종류의 주문은 주로 악마를 움직이는 말로 이루어진다.' 고대인들은 마법사가 뱀에게 마법을 걸었으며, 때때로 뱀이 마법 건 자를 죽이기도 한다는 점을 알아챘다. 잘츠부르크Salzburg의 한 마법사는 모든 이가 지켜보는 가운데 1리유' 거리 내에 있는 모든 뱀을 구덩이 안으로 집결시켰다. 그리고 그곳에서 뱀들을 죽였다. 이 와중에 오직 한 마리만이 살아남았는데, 이 거대한 뱀은 맹렬하게 튀어 올라 마법사를 죽였다. '파라켈수스Paracelsus가 말한 바와 같이 이 마법을 일으키는 것은 히포킨도Hipokindo라는 단어도, 이와 비슷한 단어도, 『시편Psalms』 9장 일부 구절도 아니라는 것을 알 수 있다. 어떻게 악마가 연루되지 않았다면, 1리유나 떨어져 있던 뱀들이 남자의 목소리를 듣고 올 수 있단 말인가?(1)'

이와 관련해 니케타스Nicetas는 소리를 내지 않아도 되는 주문을 언급했다. '점심 식사 전 침을 뱉으면 뱀, 독사 그리고 침을 지닌 모든 짐승을 죽일 수 있다' 피귀에Figuier는 이 방식을 이용해 여러 번 뱀을 죽였다고 주장했다. '막대기나 돌에 침을 적신 뒤 뱀의 머리를 내리친다….'

경이롭기는커녕 효과가 미미한 주문들도 많이 있다. 피니스테르Finistere 일부 마을에서는 다음과 같은 주술이 있다. 제단 위에 6리야르Liard** 동전 네 개를 몰래 올린 뒤, 예배 후 분쇄한다. 이 가루를 포도주, 사과주 또는 브랜디에 넣어 마시면 경주와 싸움에서 무적이 된다(2). 단 이 주술은 사제가 모르게 진행해야 한다. 교회는 이러한 미신을 언제나 엄격히 금지해왔기 때문이다.

『대마법서Grand Grimoire』에선 화기에 주문을 걸어 효력을 높이는 방법이 기재되어 있다. 먼저 무기를 장전하며 다음과 같이 말한다. "신이 함께하고 악마는 나간다." 그리고, 총구를 겨눌 때 왼쪽 다리를 오른쪽 다리 위로 교차시킨 뒤 이렇게 말해야 한다. "포기하지 마라… 마톤, 아멘Non tradas... Mathon. Amen"

대부분의 주문은 이처럼 말하는 것 혹은 쓰는 것으로 행한다. 참Charme (주문)이라는 단어는 라틴어 카르멘Carmen (노래)에서 파생되었다. 이는 시와 운문을 의미할 뿐 아니라, 따라야 하는 정해진 주문을 의미하기도 한다. 법, 법률 표현, 전쟁 선포, 협정 조항, 신의 강령 등은 카르미나Carmina라고 부른다.[3] 티투스 리비우스Titus Livius는 누이동생을 죽인 살인자 호라티우스Horace에게 사형을 선고할 때 적용했던 법을 '끔찍한 복수의 법Lex Horrendi Carminis' 이라고 불렀다.

튀르키예인들은 노예가 도망가면 노예 오두막집 또는 방의 문에 주문을 적어두었다. 그러면 이른 시일 내에 몽둥이를 휘두르며 쫓는 보이지 않는 손에 의해 집으로 돌아온다.[4]

플리니우스Pliny는 당대 일부 주문들이 화재를 진압하고, 지혈하고, 탈구와 통풍을 치료하고, 수레가 넘어지지 않도록 했다고 기록했다. 과거 모든 사람은 주문에 대한 확고한 믿음이 있었다. 통상적으로 당시의 주문은 그리스어 또는 라틴어 구절로 구성되었다.

보댕Bodin은 저서 『빙의망상Démonomanie』 3권 5장에서 독일 마녀들이 주문을 이용해 소젖을 짜고, 다음과 같은 반주술을 이용해 복수를 했다고 기록했다. 반주술 방법은 짜낸 소젖을 냄비에 담아 끓이며 일부 주문을 외우고 (보댕은 주문의 내용을 알려주지 않았다) 막대로 냄비를 두드리는 것이다. 이와 동시에 악마는 마녀가 주문을 거둘 때까지 때린다.

감옥에 수감된 다음 날 아침, 빈속에 '세노잠Senozam, 고조자Gozoza, 고버Gober, 돔Dom' 이라고 적은 빵 껍질을 먹으면 3일 이내에 나갈 수 있다고도 한다.

길 한가운데 '예루살렘, 전지전능, 개종하라, 여기서 멈춰라.'라고 쓴 막대기를 놓은 뒤 말들이 오가는 방향으로 길을 건너면 마차를 세울 수 있다.

세 명의 왕의 이름을 새긴 종이로 총알을 감싸면 권총의 사거리가 100피트로 변한다. 조준할 땐 호흡을 참으며 다음의 주문을 왼다. "네가 겨누는 곳으로 곧장 갈 것을 청한다."

양자리에 태양이 들어갈 때, 늑대 또는 염소 가죽에 '소총, 권총, 대포 또는 다른 화기여. 그 어떤 인간도 너를 쏘지 못하도록 명령한다.' 라고 새겨 병사의 몸에 지니게 하면 화기로부터 몸을 지킬 수 있다.

말굽을 잘못 박아 말이 다친 경우, 마지막으로 사형 당한 살인자 이름을 부르며 특정 주문을 세 번 외고, 말의 발 위에 엄지손가락으로 세 번 십자가를 그으면 이를 낫게 할 수 있다.[5]....

이외에도 무수히 많은 주문이 존재한다.

똑같이 주문을 의미하는 단어, 참Charm과 인챈트Enchantments는 후자의 경우 노래를 통해 마법을 건다는 점이 다르다. 하지만 두 단어는 자주 혼용된다. **참조**. 반주술Contre-Charmes, 주문Enchantements / Paroles, 저주들Maléfices, 부적Talisman, 성구함Phylactères, 불능 저주Ligatures, 사냥Chasse, 사랑의 묘약Philtres 등.

(1) 보댕, 『빙의망상』, 2권, 2장. / *(2)* 자크 캠브리Cambry, 『피니스테르 여행Voyage dans le Finistère』, 3호, 495페이지. / *(3)* 베지에Nicolas Sylvestre Bergier, 『신학 사전 Dictionnaire théologique』 속 '주문'을 참조할 것. / *(4)* 르 루아예Pierre Le Loyer, 『귀신 논설과 역사Histoire et Discours des spectres』 4권, 21장. 3절. / *(5)* 티에르Jean-Baptiste Thiers, 『미신 모음집Traité des superstitions』. / * 과거의 거리 단위. 1리유는 약 4km 정도이다. / ** 프랑스의 옛 은화.

샤르티에(알랭) [Chartier(Alain)] 15세기 초반의 시인. 『지옥 불의 성질Sur la Nature du Feu de l'enfer』이라는 책을 펴냈다고 전해지지만, 이 책을 궁금해하는 이는 없다.

차투민스 [Chartumins] 칼데아인Chaldeans 마법사로, 선지자 다니엘Daniel이 있던 시기에 두터운 신망을 쌓았다.

카스딘 [Chasdins] 칼데아Chaldea의 점성가들. 점을 치고, 꿈과 신탁을 해설하고, 여러 방법을 이용해 미래를 예견했다.

장 드 샤세뇽 [Chassanion(Jean de)] 16세기 신교도 작가. 『신이 세상에 내린, 그중에서도 악행을 저지르는 귀족들을 대상으로 내린 위대하고도 위험한 심판과 형벌Des grands et redoutables jugements et punitions de dieu advenus au monde, principalement sur les grands, à cause de leurs méfaits』(1581년, 모르주, 8절판)이라는 책을 펴냈다. 이 편파적인 책에는 신교도들을 대상으로 한 위대하고 경이적인 기적들이 기록되어있다. 샤세뇽은 거인들에 관해서도 책을 펴냈다.[1]

(1) 『거인과 유혜, 그리고 몇 년 전 우리 시대 갈리아에서 발견된 것들에 대해 De Ganiibus Eorumque Reliquiis Aique Iis Quæ Ante Annos Aliquot Nostra Ætate in Gallia Reperta Sunt』, 1580년, 바젤, 8절판.

사냥 [Chasse / Hunting] 『사냥의 경이로운 비밀들 Secrets merveilleux pour la chasse』.

사리풀의 즙을 어린 산토끼의 피, 살과 함께 섞는다. 이 배합은 인근의 모든 산토끼를 불러들인다.

참나무겨우살이를 제비 날개에 묶어 나무에 매단다. 2.5리유* 인근의 모든 새들이 모여들 것이다.

인간의 두개골을 비둘기장 안에 두면 주변 모든 비둘기를 끌어들인다는 이야기가 있다.

원하는 씨앗 하나를 포도주에 적신 다음 새들에게 던진다. 씨앗을 먹은 새는 술에 취하여 쉽게 손에 잡힐 것이다.

작은 알베르투스 Little Albert는 다음과 같이 덧붙인다. '올빼미를 나무에 묶는다. 이후 인근에 큰 횃불을 켜고 북으로 소리를 낸다. 그러면 모든 새들이 떼로 몰려와 올빼미와 싸우려 할 것이다. 이때 산탄을 이용해 잡고 싶은 만큼의 새를 잡으면 된다.'

성 위베르 Saint Hubert의 사냥은 다음을 참조할 것. 사냥꾼 Veneur. 이 외엔 다음을 참조할 것. 아서왕 Arthus, 숲의 남자 M. de la Forêt, 다람쥐 Écureuils 등.

1832년 초봄, 신비한 사냥꾼이 프랑크푸르트 Frankfurt를 찾았다. 사냥꾼은 중세에 지어져 지금은 폐허가 된 로덴스테인 Rodenstein의 성에서 살기로 했다. 그는 밤이면 사냥개를 동반하고 뿔피리와 마차 소리를 내며 떠들썩하게 하늘을 날았다. 주민들은 아마 전쟁이 선포되었다고 생각했을 것이다.[1]

(1) 『다른 세계의 전설 Les Légendes de l'autre monde』 속 하켈베르크 Hakelberg 기사, 로덴스테인의 영주를 참조할 것. / * 과거의 거리 단위. 1리유는 약 4km 정도이다.

샤센(니콜라) [Chassen(Nicolas)] 17세기 프라네커 Franeker에 살던 어린 마법사. 그는 16세에 이미 두각을 나타냈다. 이 청년은 네덜란드 출신의 칼뱅주의자 Calvinist였다. 샤센은 학창 시절에 눈동자를 굴리며 온몸을 뒤트는 기이한 표정과 행동을 하곤 했다. 또 동급생에게 한겨울에 잘 익은 버찌를 선물했다가 다시 황급히 빼앗아 먹어 치우곤 했다.

예배당 학생석에 앉아있던 그는 의자에서 돈을 꺼내기도 했다. 샤센은 이 모든 마법을 세루그 Sérug라는 악령의 도움을 받아 행한다고 주장했다. 동창이었던 발타자르 베커 Balthasar Bekker는 『마법의 세계 Le Monde Enchanté』[1]에서 그의 일화를 다음과 같이 기록했다. 어느날 샤센은 바닥에 분필로 만든 원을 그렸다. 원엔 수탉의 머리처럼 보이는 상징이 있었으며 가운데 여러 숫자가 새겨져 있었다. 또 맷돌 손잡이처럼 선이 휘어져 있었고 그림은 반쯤 지워진 상태였다. 샤센에게 이것들이 무엇을 의미하는지 묻자, 처음에는 입을 굳게 다물다가 나중엔 놀이를 위해 그린 것이라고 답했다. 그리고 그에게 어떻게 버찌와 돈을 얻었느냐고 묻자 악령이 준 것이라고 대답했다.

"그 악령이 누구야?" 샤센이 대답했다. "벨제부스 Belzébuth".

샤센은 악마가 친절을 베풀고 싶을 때 사람의 모습을 하고 나타난다고 말했다. 그리고 이 외엔 숫염소나 송아지의 모습을 하고 나타난다고 덧붙였다. 또 악마의 한쪽 발은 언제나 기형이라고. 베커는 다음과 같이 기록했다. "이 모든 것은 샤센이 또래 아이들 사이에서 주목받기 위해 꾸민 일들에 불과하다. 유일하게 놀라운 것은 그가 일 년이나 넘게 사람들 앞에서 마법사인 척을 할 수 있었다는 것이다."

(1) 4권, 154페이지.

샤시 [Chassi] 마리아나 제도Mariana Islands 민담에 따르면 이 악마는 손아귀에 들어온 사람을 학대하는 능력이 있다고 한다. 이 악마의 거주지는 지옥이다.

샤스트네(레오나르드) [Chastenet (Léonarde)] 80세의 여성. 1591년 푸아투Poitou에서 걸인이자 마녀로 살았다. 샤스트네를 마녀 집회에서 보았다고 주장하는 마튀랭 본볼Mathurin Bonnevault과의 대면에서 그녀는 남편과 함께였다고 자백했다. 그리고 숫염소 형상의 악마에게서 심한 악취가 뿜어져나왔다고도 말했다. 그녀는 그 어떤 저주도 내린 적 없다고 부정했다. 하지만 19명의 증인으로 인해 그녀가 다섯 명의 경작인과 여러 가축을 죽인 죄가 입증되었다. 밝혀진 죄로 형에 처할 당시, 샤스트네는 자신이 악마와 계약을 맺었으며, 머리카락을 넘기는 대가로 악행을 저질러도 된다는 약속을 받았다고 고백했다. 그녀가 수감된 어느 밤, 악마는 고양이의 모습을 하고 샤스트네를 찾아왔다. "그녀가 악마에게 죽음을 원한다고 하자, 악마는 그녀에게 밀랍 두 덩어리를 건네주며 이를 먹는다면 죽을 것이라고 말했다. 그러나 이미 다른 밀랍 조각을 가지고 있던 그녀는 악마의 것을 원하지 않았다. 이 밀랍은 조사해보아도 무엇으로 만들어졌는지는 알 수 없었다. 마녀는 사형에 처해졌고, 밀랍은 함께 불태워졌다(1)."

(1) 『논설: 마법, 독살, 우상숭배의 개요. 푸아투 몽모리용의 왕좌에서 판결받은 범죄 소송 인용Disc, Sommaire des Sortilèges, Vénéfices Idolâtries, Tirés des Procès Criminels Jugés au Siège Royal de Montmorillon』, 1599년, 푸아투, 19페이지.

정조 [Chasteté / Chastity] 어느 것도 존중하지 않는 비밀 마법서들 속엔 정조를 밝혀내는 묘약이 기록되어있다. 하지만 실제로 효과가 있는 경우는 없다고 봐야 한다.

고양이 [Chat / Cat] 미신을 이야기할 땐 늘 고양이가 빠지지 않는다. 이집트에선 실수로 고양이를 죽인 로마 병사 때문에 온 도시가 들고 일어난 적이 있다. 이를 진정시키기 위해 왕이 개입했음에도 국민들의 분노는 멈추지 않았다. 이집트 왕들은 알렉산드리아Alexandria에 거대한 공공 도서관을 세웠다. 이들은 학문을 연마하면서도 고양이에 대한 숭배를 멈추지 않았다(1).

무함마드Muhammad는 자신의 고양이를 매우 아꼈다. 이 동물은 어느 날 선지자의 늘어진 옷소매 안에서 잠들었는데 그 모습이 마치 명상을 하는 듯했다. 서둘러 기도를 하러 가야 했던 무함마드는 고양이의 도취 상태를 깨고 싶지 않아 자신의 옷소매를 잘랐다. 그가 돌아왔을 때, 고양이는 잠에서 깨 주인의 시선을 알아챘다. 그리고 자리에서 일어나 절을 올리며 등을 둥글게 말았다. 무함마드는 이 행동의 의미를 이해하고 있었다. 그는 등을 동그랗게 구부린 고양이에게 자신의 천국 한자리를 내어주었다. 그리고 동물을 세 번 쓰다듬으며 오직 네 발로만 착지할 수 있는 능력을 선사했다. 이 이야기는 튀르키예인들 사이에서 진지하게 받아들여졌다(2). 반면 고양이가 악역을 맡는 이야기도 있다. 이야기에 등장하는 고양이는 야생 고양이이다. 룩셈부르크Luxemburg 장성의 어느 부관이 평이 좋지 않은 여인숙에 머무르게 되었다. 여인숙의 일부 방엔 매일 악마가 나타나 목을 비틀고 침대에서 목숨을 거두어간다는 소문이 있었다. 부관이 여인숙에 도착했을 때, 많은 여행객이 숙소를 채우고 있었다. 그리고 안타깝게도 유일하게 빈방은 악마가 출현하는 곳으로 아무도 머무르려 하지 않았다.

그는 여인숙 주인에게 말했다. "오, 나는 악마를 만나는 것이 두렵지 않네. 그 문제의 방에 잠자리를 마련해준다면 나머지는 내가 알아서 하겠네."

자정경, 부관은 악마가 벽난로를 타고 내려오는 것을 보았다. 악마는 무시무시한 짐승의 형상을 하고 있었기에, 대항할 준비를 해야 했다. 한바탕 격렬한 싸움이 벌어졌다. 부관은 검을 휘두르고 짐승은 발톱을 휘갈겼다. 이 싸움은 한 시간 가량 이어졌으나, 악마는 자리를 떠나지 않았다. 부관은 사람들을 불러 모았다. 여인숙 주인이 언급했던 15명을 목 졸라 죽인 악마는 거대한 야생 고양이였다.[3]

보댕Bodin은 저서 『마법사들의 빙의망상 Démonomanie des Sorciers』[4]에서 1566년 재판대에 올랐던 베르농Vernon 마법사들은 평상시 고양이의 모습을 한 채로 고성에 모였다고 기록했다. 더불어 고성에서 묵은 어느 네 명의 남자가 이 무수한 고양이 무리에게 습격당한 적이 있다고 덧붙였다. 그중 한 명은 살해당했고 나머지는 상처를 입었다고. 이들은 여러 고양이에게 상처를 입혔는데, 실제론 인간 여성이었다. 여성들은 인간으로 돌아왔을 때도 팔다리를 잃은 상태였다….

고양이들은 마녀들을 따라 마녀 집회에 참여했다. 앞서 말한 마녀들은 물론, 이들의 주인인 악마 역시 기꺼이 이 동물로 변신했다. 보게Boguet의 저서엔 스타라스부르Strasburg 인근 한 농부가 세 마리 거대한 고양이로부터 습격당한 이야기가 기록되어 있다. 농부는 반격하는 과정에서 고양이에게 심각한 상처를 입혔다. 한 시간 후, 판사는 농부를 소환해 도시 주민인 세 여성을 학대한 죄로 감옥에 가두었다. 고양이에게만 상처를 입혔던 농부는 깜짝 놀라 가장 확실한 증거인 고양이의 가죽을 제시했다. 악마가 이 사건의 범인이라는 것이 밝혀져 농부는 풀려나게 되었다.

악마 광신자들이 고양이를 두고 상상한 온갖 일들을 기록하려면 종이가 부족할 것이다. 보게는 개박하Nepeta를 암고양이에게 문지르면 즉시 새끼를 가진다고 말했다. 이 식물은 수컷의 부재를 대체하기 때문이다[5]. 마법사들은 고양이의 뇌를 사용해 살인을 저지르기도 했다. 보댕과 일부 작가들은 고양이 뇌에 독이 있다고 믿었다[6].

아메리카 뱃사람들은 항해 중 고양이를 바다에 던지면 반드시 끔찍한 태풍이 일어난다고 믿었다. 참조. 블로쿨라Blokula, 마녀의 버터Beurre des Sorcières.

(1) 생 푸아Germain-François Poullain de Saint-Foix, 『파리수상록Essai sur Paris』, 2권, 300페이지. / *(2)* 한때는 유언을 통해 고양이에게 종신 연금을 남기기도 했다. 카이로Cairo 밥 엘 나자Bab-el-Naza(승리의 문) 인근에선 고양이를 위한 병원이 존재하기도 했다. 이곳에선 병들거나 집이 없는 고양이들을 맞이했다. 병원은 쇠창살 사이로 고양이에게 먹이를 주는 이들 때문에 자주 붐볐다. / *(3)* 2권, 4장, 257페이지. / *(4)* 가브리엘 드 P***Madame Gabrielle de P**, 『유령의 역사Histoire des Fantômes』, 203페이지. / *(5)* 『마법사 논설Discours des sorciers』, 14장, 81페이지. / *(6)* 보댕, 『마법사들의 빙의 망상』, 3권, 2장, 326페이지.

악마의 성 [Château du Diable / Devil's Castle] 민간전승에서는 여러 오래된 저택을 악마의 성이라고 불렀다.

야행성 맹금류 [Chat-Huant / Chouan] 참조. 금눈쇠올빼미Cheveche, 참새올빼미Chouette, 부엉이Hibou.

무스타스입 [Chatrab / Mustath'ib] 아랍

인들이 우리가 늑대인간이라 부르는 신비의 존재를 일컫는 명칭.

쇼슈 풀레 [Chauche-Poulet / Chauce-Poulet] 참조. 악몽Cauchemar.

솥 [Chaudière] 과거 마녀들은 통상적으로 쇠솥에 마편초나 다른 마법 식물을 끓여 마법을 부렸다.

쇼드롱(마들렌 미셸) [Chaudron(Madeleine Michelle)] 제네바Geneva 출신의 여성으로, 1652년 마녀로 고발당했다. 그녀는 개혁된 도시를 나서던 중 마주친 악마에게 존경을 표했고, 악마는 쇼드롱 윗입술에 자신의 표식을 남겼다. 악마학자들의 주장에 따르면 이 작은 표식은 피부를 마비시킨다고 한다. 앞서 말한 악마는 미셸 쇼드롱에게 두 명의 여자아이에게 마법을 걸 것을 명령했다. 그리고 그녀는 그 명령에 복종했다. 아이들의 부모는 그녀를 마녀로 지목했고, 심문받은 아이들은 빙의되었던 사실을 고백했다. 사람들은 의사를 불러 미셸 쇼드롱에게 찍힌 악마의 낙인을 찾도록 했다. 공식 보고서에는 이를 '사탄의 표식'이라고 기록하고 있다. 그녀의 윗입술을 바늘로 찔렀을 때, 미셸은 비명을 질러 이 표식이 피부를 마비시키지 않았다는 것을 보여주었다. 완전한 증거를 찾지 못한 신교도 판사들은 질문을 던졌다. 이 불행한 여성은 고문을 이기지 못하고 알고 있는 모든 사실을 자백했다. 그녀는 교수형을 당한 뒤 불태워졌다. 가톨릭 판사였다면, 아마 고해 성사의 형을 받았을 것이다.

악마의 솥 [Chaudron du Diable / Devil's Cauldron] 테이데Teide 산꼭대기에 위치한 깊은 구렁. 스페인 사람들은 구렁에 돌멩이를 던졌을 때 나는 소리 때문에 이곳을 악마의 냄비라고 불렀다. 마치 거대한 망치로 빈 구리 용기를 내리치는 것과 같은 소리가 났기 때문이다. 섬의 주민들은 그곳이 곧 지옥이며, 악령들이 산다고 믿었다.[1]

(1) 라 아르프La Harpe, 『여행기 요약Abrégé de l'histoire générale des Voyages』, 1권.

박쥐 [Chauve-Souris / Bat] 카리브해 Caribbean Sea 주민들은 박쥐가 야간에 집을 지키는 선한 천사라고 믿었다. 그렇기에 박쥐를 죽이는 것은 불경한 일로 생각했다. 프랑스에서는 박쥐를 마녀 집회에 등장하는 짐승으로 본다.

장 에메 드 샤비니 [Chavigny(Jean-Aimé de)] 점성가. 예언가 노스트라다무스Nostradamus의 제자이다. 1604년 사망했다. 『1534에서 1589년까지 프랑스에서 일어난 혼란을 기록한 프랑스 야누스의 첫 번째 얼굴la Première face du Janus français, contenant les troubles de France depuis 1534 jusqu'en 1589』, 『미셸 노스트라다무스의 백시선과 해설본 발췌본 및 편집본, 발레시앙 가문의 끝Fin de la maison valésienne, extraite et colligée des Centuries et commentaires de Michel Nostradamus』(1594년, 리옹, 8절판, 라틴어와 프랑스어), 확장 신판 『노스트라다무스의 백시선과 예측들에 관한 해설본Commentaires sur les Centuries et pronostications de Nostradamus』(파리, 8절판, 희귀본), 『고대의 예언과 노스트라다무스의 신탁을 7부작에 걸쳐 비교한 플레이아데스es Pléiades, divisées en sept livres, prises des anciennes prophéties, et conférées avec les oracles de Nostradamus』(1603년, 리옹)를 펴냈다.

마지막 언급한 서적은 1606년 인쇄된 판본이 가장 상세한 내용을 담고 있다. 이 예언집에서 작가는 헨리 6세Henry VI가 온 세상을 지배할 것이라고 말한다. **참조.** 노스트라다무스.

샤스 또는 스콕스 [Chax, Scox] 악마. **참조.** 스콕스Scox.

체크 [Cheke] 케임브리지Cambridge에서 그리스어를 가르친 교수. 1557년 사망했다. 헨리 8세Henry VIII를 위한 글[1]을 남겼으며, 플루타르코스Plutarch의 미신에 관한 논문 『미신에 대하여De la Superstition』 라틴어 번역본 서문에 글을 기재하기도 했다. 체크는 점성술에 대한 지식이 있었고 천체의 영향력을 신뢰했다. 다만 별들이 그에게 행복을 예고할 때마다 그는 가장 큰 불행을 겪어야 했다.

(1)『미신, 헨리 왕에게De Super Stitione, ad Regem Henricum』.

레그바 [Chemens / Legba] 카리브해Caribbean Sea 주민들 사이에서 인간을 돌본다고 여겨졌던 귀신 혹은 정령. 주민들은 이 존재에게 처음 수확한 과일을 바치곤 했다. 이때 오두막집 한구석에 돗자리로 만든 식탁을 제물대로 두었고, 레그바가 먹고 마실 수 있도록 하였다. 레그바는 꽃병을 움직이거나 소리를 내어 식사하고 있음을 알려주었다.

오로룬 [Chemim / Olorun] 1793년에 알려진 바와 같이, 카리브해Caribbean Sea 주민들의 위대한 정령 혹은 절대적 존재이다.

불가결의 셔츠 [Chemise de Nécessité / Shirt of Necessity] 한때 독일 마녀들은 모든 악으로부터 지켜준다는 끔찍한 셔츠를 입었다. 이 셔츠엔 악마의 문자가 섞인 십자가가 가득 그려져 있었다[(1)]. 그들은 이를 불가결의 셔츠라고 불렀다. 피니스테르Finistere에선 어린아이 셔츠와 얽힌 미신이 존재한다. 이곳 주민들은 특정 샘에 셔츠를 던져 가라앉으면 아이가 같은 해 죽는다고 믿었다. 이때, 셔츠가 떠오르면 아이가 장수할 것이라고 여겼다.

(1)보댕Bodin, 『빙의망상Démonomanie』, 1권, 3장.

셰리우르 [Cheriour] 끔찍한 천사. 조로아스터교의 전설에 따르면 범죄자를 쫓고 범죄 행위를 벌한다고 한다.

프랑수아 알렉상드르 오베르 드 라 셰나이 데 부아 [Chesnaye des Bois(François-Alexandre-Aubert de la)] 1784년 사망한 성 프란치스코회Franciscan의 수도사. 『우물 속 점성가Astrologue dans le Puits』(1740년, 12절판)의 저자이다. 『유대인의 편지Lettres Juives』 작가(아르젠Argens 후작)의 철학적 꿈을 다룬 『비평문Lettres Critiques』(1745년, 12절판, 교훈적 꿈 포함)을 저술했다.

쳇테브 또는 체레브 [Cheteb ou Chereb] 참조. 데버Deber.

말 [Cheval / Horse] 이 아름다운 짐승을 귀족으로 만들고 싶었던 무함마드Muhammad는, 신이 말을 만들기로 결심했을 때 정오의 바람을 불러 말했다. "네 가슴에서 새로운 생명을 만들어 낼 것이다. 이리저리 흐르는 네 몸의 껍질을 벗어 견고히 만들어보아라." 정오의 바람은 신에게 복종했다. 신은 바람을 한 움큼 쥔 다음 입김을 불어 말을 탄생시켰다.

고대인에게 말은 전쟁을 예측하는 짐승이었다. 게르마니아Germania에 살던 수에비Suebi인들은 신성한 숲에서 점치는데 사용할 말을 먹이기 위해 함께 경비를 모았다. 이 민족의 대사제이자 수장만이 이 말을 만질 수 있었다. 이들은 신성한 수레에 말을 묶은 뒤 울음소리와 떨림을 관찰하였다. 사제들과 주요 인사들은 점술 중에서 말을 이용한 점술을 가장 신봉했다. 일부 민족들은 말을 강에 빠트려 신의 호의를 사려 했다. 때때로 사람들은 이렇게 봉헌한 말들이 인근 평원에서 자유롭게 살아가는 것을 보며 만족했다. 율리우스 카이사르Julius Caesar는 루비콘Rubicon 강을 건너기 전, 강에 많은 말을 바치며 인근의 목초지에 말들을 풀어주었다.

어느 미신적 이야기에 따르면, 아르젤Arzels이라고 불리는 종자의 말, 오른쪽 뒷발엔 흰 표식이 있다고 한다. 이 말들은 불행하고 참담한 전투를 겪었다. 고대에는 말에 담즙이 없다고 믿었다. 하지만 이 믿음이 잘못되었다는 것은 오늘날 많은 이들이 아는 사실이다. 참조. 드라페Drapé, 바이야르Bayard, 양 떼Troupeaux 등.

슈발리에(기욤) [Chevalier(Guillaume)]

베아른Bearn의 귀족. 교훈을 담은 4행시 집록인 『죽음 또는 세상의 종말, 3부작Le décès ou fin du monde, divisée en trois visions』(1584년, 8절판)을 펴냈다.

황실 기사 [Chevalier Impérial / Imperial Knight] 참조. 장 데스파네Espagnet의 주석.

지옥의 기사들 [Chevaliers de l'enfer / Knights of Hell]

이들의 능력을 살펴보면 작위가 없는 악마보다는 강력하지만, 백작, 후작, 공작에 비해선 조악하다. 여명부터 동틀 때까지, 그리고 해가 질 때부터 자정까지 소환이 가능하다[1].

(1) 요한 바이어Johann Weyer, 『악마의 유사군주제Pseudomonarchia Dæmonum』의 마지막 부분.

셰반(자크) [Chevanes(Jacques)]

성 프란치스코회Franciscan의 수도사. 자크 도텡Jacques d'Autun이라는 이름으로 더 알려져 있다. 1678년 출생지인 디종Dijon에서 사망했다. 『마술사와 마법사의 학습된 불신과 무지의 경솔함Incrédulité savante et la crédulité ignorante, au sujet des magiciens et des sorciers』(1671년, 리옹, 4절판)의 저자이다. 이 책『지옥사전』에선 흥미롭고 기발한 그의 저서에서 여러 인상적인 구절을 인용하기도 했다. 셰반의 집록은 마법사로 지목된 위인들을 위한 노데Naude의 변론*에 대한 답이 되기도 한다. 파피용Papillon 수도원장은 성마른 노데가 이 책이 나오기 한참 전에 죽었다는 것이 셰반에겐 다행스러운 일이라고 말했다.

* 가브리엘 노데Gabriel Naude, 『마법사로 지목된 위인들을 위한 변론서Apologie pour les grands personnages accusés de magie』

금눈쇠올빼미 [Chevesche / Little Owl]

올빼미의 일종. 토르케마다Torquemada는 시끄러운 야행성 조류로 분류하며, 아이들이 있는 곳으로 들어가려는 습성이 있다고 언급했다. 이 새는 아이들을 찾으면 피를 빨아먹는다. 악마학자들은 같은 방식으로 아이들의 피를 빨아먹는 마녀들에게 이 명칭을 부여했다[1]. 흡혈귀라는 존재도 이러한 착상으로부터 나온 것일 가능성이 있다. 피를 빨아먹는 마녀들은 아랍에서 구울Ghoul이라고 부르는 존재와 일부 유사함을 보인다. 참조. 라미아스Lamies, 구울.

(1) 토르케마다, 『6일 창조Hexameron』, 세 번째 날.

머리카락 [Cheveux / Hair]

'병든 여성의 머리카락을 뽑아 퇴비를 뿌린 토양 안에 심는다. 초봄, 태양의 열기가 땅을 데우면, 뱀들이 태어날 것이다[1]….'

몇몇 이야기꾼은 타락한 천사들이 여성의 머리카락을 사랑했으며, 인큐버스Incubus(남성 몽마)들은 아름다운 머리카락을 지닌 여성에게 끌린다고 주장했다. 마녀들은 악마에게 계약의 증거로 머리카락을 바쳤다. 악마는 머리카락을 짧게 자른 뒤, 특정 가루와 섞어 마법사에게 주었다. 이 가루는 우박을 내릴 때 사용했다. 우박 속에서 발견되는 털은 다른 곳에서 만들어진 것이 아니다…. 이 머리카락은 이 외에도 다양한 저주에 사용되었다[2].

브르타뉴Bretagne에선 공중을 향해 머리카락을 불면 짐승으로 변신시킬 수 있다고 믿었다. 플루가스누Plougasnou의 어린 소년들은 서로 거래를 주고받을 때 머리카락을 불어 날렸다. 이 행위는 양도의 의미였다. 한때 머리카락은 소유물을 상징했었기 때문이다. 현대에 와서는 봉인 인장 아래 서명의 의미로 머리카락을 넣기도 한다[3].

끝으로 머리카락을 자르거나 손톱을 깎는 시간을 정해놓는 사람들도 있었다. 머리카락을 숭배하던 시절도 있었다. 로마인들은 머리카락을 두고 맹세한 뒤 신에게 바쳤다. 신은 이 선물에 꽤 감성적으로 반응했다. 베레니케Berenice가 바친 머리로 별자리를 만들어줄 정도로 말이다. 프랑크족Franks 사이에선 머리카락 한 올을 교환하는 것이 예의로 여겨졌다. 또 왕족만이 머리카락을 마음껏 기를 수 있는 특혜를 누렸다.

네덜란드에선 가발 장인에게 머리카락을 팔면, 그 가발을 착용하는 사람이 느끼는 두통을 함께 느낀다고 믿었다. 한 노부인은 얼마 전 헤이그Hague에서 몹시 풍성하고 길었던 머리카락을 잘랐다. 그리고 미용사는 20플로린(42프랑)의 비용을 제의했다. 그녀는 머리카락을 태우기로 하며 말했다. "나는 내 머리카락이 덮을 모든 고통을 느낄 테지."

(1) 『대 알베르투스의 경이로운 비밀들Les Admirables secrets d'Albert le Grand』, 27페이지. / *(2)* 보게Boguet, 『마법사 논설Discours des sorciers』, 15장, 156페이지. / *(3)* 자크 캉브리Cambry, 『피니스테르 여행Voyage dans le Finistère』, 1호, 174페이지, 195페이지.

못 박기 [Chevillement / Pegging] 마법사들, 특히 목동들이 사용하던 물건에 거는 저주의 일종. 소변을 보지 못하게 만든다. 이 저주의 명칭은 벽에 나무 또는 쇠못을 박아 넣는 행위로부터 유래했다. 웻커Wecker는 다음과 같이 말했다. "못 박기 저주로 인해 목숨을 잃은 사람을 본 적이 있다. 아니나 다를까 그는 신장결석이 있었다." 이는 재미 보는 것을 좋아하는 악마가 약제사 주사기에 자기 꼬리를 못 박히고 있었기 때문이었다. **참조**. 노알Noals. 이 마법의 효과를 막기 위해서는 신발을 신기 전, 오른쪽 구두에 침을 뱉어야 한다. 이는 티불루스Tibullus의 책에 고대인들이 매일 자신의 가슴에 세 번씩 침을 뱉어 저주를 피했다고 쓰여진 것과 유사하다. 『유로토페니 또는 못 박기Urotopégnie ou Chevillement』라는 책에서는 통, 족쇄, 화덕, 세탁물, 물레방아와 개울물 또는 강가에 있는 것들도 불능 마법 또는 이 저주를 받을 수 있다고 적혀있다. **참조**. 불능 저주Ligatures….

암염소 [Chèvres / She-Goats] 이 동물은 이집트 멘데스Mendes에서 크게 숭배받았다. 멘데스에서는 위대한 신인 판Pan이 염소로 변장하고 숨어있을 것이라고 믿었다. 그 때문에 이곳에선 염소를 죽이는 것이 금지되었다. 멘데스에서 판은 염소의 얼굴을 가진 것으로 묘사되었으며, 그에겐 암양을 제물로 바쳤다. **참조**. 염소자리Capricorne. 악마들과 마법사들은 자주 암염소의 모습을 하고 다녔다. 생 타무르Saint-Amour의 클로드 샤퓌Claude Chappuis는 앙리 3세Henry III의 대사를 따라 오스만 제국 궁정 인근을 찾았다가 본 곡예사 이야기를 언급했다. 이 곡예사들은 콘스탄티노플Constantinople 어느 광장에서 여러 마리 암염소에게 놀라운 곡예와 요술을 부리도록 지시했다. 이들은 염소의 입에 사발을 물린 뒤 돈을 받으러 보내기도 했다. 이 암염소들은 4천 명에서 5천 명의 청중 사이에서 가장 잘 생기거나 못생긴 사람, 가장 부자이거나 가난한 사람을 찾아냈다. 그러고는 마치 할 말이 있다는 듯 그 사람을 쳐다 보았다. 이 암염소들이 변신한 인간이나 변장한 악마인 것이 분명하다는 걸 모르는 사람이 있을까[1]? **참조**. 숫염소Bouc.

(1) 『완전히 입증된 마법에 대한 의심과 불신Incrédulité et mécréance du sortilège pleinement convaincue』, 논설 6, 348페이지.

시바도스 [Chibados] 앙골라Angola 왕국에서 마법을 펼치던 마법사들이 만든 종파.

치코타 [Chicota] 통가Tonga 섬의 새. 하늘의 높은 곳에서 큰 울음소리를 내며 하강한다. 섬의 원주민들은 이 새에게 미래를 예견하는 재능이 있다고 믿었다. 새가 행인의 곁으로 하강하면 흉조로 해석되었다.

치쿠스 아에쿨라누스 [Chicus Æsculanus / Ciccus Aesculanus] 참조. 체코 다스콜리Cecco d'Ascoli.

개 [Chien / Dog] 한때는 개가 마법사의 친구일 때도 있었다. 의심을 사지 않고 마법사를 따르던 개들은 바로 악마였다. 하지만 변신에도 불구하고 악마를 알아보는 방법은 있었다. 레오 5세Leo V는 어느 날 빙의자에게서 나온 악마가 검은 개 형상을 하고 있었다고 기록했다. 악마는 주로 검은 개의 형상을 선택했다. 캥페르Quimper에선 자주 익사자들이 발생했다. 노인들과 아이들은 커다란 검은 개의 모습을 한 악마가 행인을 강에 던지는 것이라고 확신했다[1]. 드루이드Druid와 관련된 믿음이 완전히 사라지지 않은 피니스테르Finistère에선 개와 얽힌 많은 미신이 존재한다. 생 로날Saint-Ronal의 어느 미개한 지역에선 아직도 흉악범의 영혼이 검은 개의 몸에 들어간다고 믿고 있다. 과거 나이 든 마법사들 역시 악마가 개의 모습으로 나타난다고 믿었다. 플루타르코스Plutarch는 검은 개로 변신한 악령이 키몬Cimon에게 나타나 그의 사망을 예언했다고 주장했다.

유스티니아누스 1세Justinian 시대에 살았던 어느 협잡꾼은 몹시 재주 좋은 개 한 마리를 키웠다. 많은 사람이 끼고 있던 반지를 빼서 바닥에 던지면, 개는 한 번의 망설임 없이 차례대로 반지를 주인에게 가져다주었다. 이 개는 주인의 명령에 따라 군중 속에서 부자와 가난한 자, 정직한 자와 사기꾼을 구별할 수 있었다. 르 루아예Pierre Le Loyer는 다음과 같이 말했다. "마법이 동원되었음을 알 수 있는 대목이다. 그 개는 악마였다[2]."

드 랑크르Pierre de Lancre는 1530년 악마가 거울을 통해 성직자에게 보물 장소를 알려준 이야기를 기록했다. 보물이 있는 곳은 뉘른베르크Nuremberg 인근 동굴 속 크리스털 병 속이었다. 이에 신부는 친구 한 명과 그곳을 찾아갔다. 이들은 탐사를 시작했고 함 하나를 발견하게 되었다. 그리고 그곳엔 거대한 검은 개가 옆에 잠들어 있었다. 신부는 보물을 손에 넣기 위해 조심스럽게 움직였다. 그러나 그가 동굴에 들어가자마자 발아래로 땅이 무너지고 동굴에 삼켜지고 말았다[3]. 이 일화는 단지 이야기일 뿐으로 그 누구도 거대한 개를 본 사람은 없었다. 하지만 이 이야기를 통해 문명화되지 않은 사람들이 어떻게 개를 생각했는지 엿볼 수는 있다. 과거의 사람들은 복수의 세 여신 Furies를 지옥의 개들이라고 불렀다. 또 지옥의 신들에게 검은 개를 제물로 바치곤 했다. 선조들은 가장 지독한 범죄자를 두 마리 개 사이에 매달아 교수형에 처하곤 했다.

반면, 일부 민족은 전혀 다른 생각을 가졌다. 그들은 개를 숭배했다. 아엘리아누스Aelian는 개를 왕으로 모시던 에티오피아Ethiopia의 어느 고장을 언급했다. 이들은 개의 짖음과 애정 표시를 자비심 또는 분노로 받아들였다. 조로아스터교도들은 개들을 열렬히 신봉했다. 타베르니에Tavernier의 저서에는 이와 관련한 내용이 등장한다. 조로아스터교도들은 임종 시, 부모가 개를 데려와 주둥이를 죽어가는 사람의 입술에 가져다 댔다. 개가 그의 영혼과 마지막 숨을 받을 수 있도록 한 것이다. 개는 망자가 신의 선택을 받았는지 알아보는 데 쓰이기도 했다. 방법은 다음과 같다. 먼저 매장에 앞서, 망자를 바닥에 둔다. 그리고 망자가 생전 보지 못했던 개를 데려온다. 이때 빵 조각으로 개를 유인해 망자에게 최대한 가까이 갈 수 있도록 한다. 개가 가까이 다가갈수록 망자는 행복한 죽음을 맞이한 것이다. 개가 망자 위에 있는 빵 조각을 물어 간다면, 그는 조로아스터교의 천국에 닿은 것이다. 하지만 개가 멀어진다면, 망자는 행복한 죽음에 이르지 못한 것으로 추정했다.

개의 후손이라는 영예에 집착하는 이들도 있다. 페구Pegu와 시암Siam 왕국에선 개를 인간의 시조로 여겼다. 그렇기에 다른 지역에선 그토록 박해받는 동물, 개를 이곳 주민들은 존중했다[4]. 레바논의 사십만 명 국민들은 안사리안Ansarians, 드루즈Druze 그리고 마로니트Maronites 등 세 혈통으로 나뉘어져 있다. 안사리안은 우상을 숭배하는 사람들이었으며, 태양 혹은 개를 신봉했다[5]. 존경받았던 개들도 일부 있었다. 이는 스페인의 경비견 베레실로Berecillo를 예로 들 수 있다. 베레실로는 산토 도밍고Santo Domingo에서 인도인들을 집어삼켰으며, 매일 병사 세 명 몫의 급료를 받았다….

이 외에도 개와 얽힌 이야기는 무수히 많다. 브르타뉴Bretagne에선 길 잃은 개의 울음소리가 죽음의 예고라고 믿었다. 그리고 죽음의 개는 검은색을 띄었다. 자정이 된 시각, 개가 구슬피 울 때 이를 듣는다면 집에 예기치 않은 죽음이 닥칠 것을 의미했다. 바이어Johann Weyer는 검은 개의 담즙이나 피를 악마가 깃든 방의 벽에 문지르면 영원히 쫓아낼 수 있다고 주장했다[6]. **참조.** 아드라노스Adranos, 아그리파Agrippa, 브라가디니Bragadini, 잠자는 사람들Dormants 등.

웨일스Wales 미신을 재치 있게 풀어낸 메네셰Menechet는 이 책『지옥사전』에 언급될만한 신비한 개의 이야기를 기록했다. '한때 하늘의 개Cwes Wyloir라고 불린 지옥의 개Cwes Anmon는 아주 놀라운 무리를 만들었다. 귀가 좋은 사람들은 이들이 사냥을 위해 하늘을 질주하는 소리를 들을 수 있었다. 이때, 이들이 쫓는 사냥감이 무엇인지는 전해진 바가 없다. 이 존재들은 악한의 죽음을 앞두고 더욱 시끄러워진다고 한다. 어떤 이들은 이 동물들이 흰 털에 붉은 귀를 지녔다고 하고, 다른 이들은 온통 검다고 주장한다. 카멜레온처럼 공기를 먹고 살기에, 어쩌면 변신이 가능할지도 모른다.'

(1) 자크 캠브리Cambry, 『피니스테르 여행Voyage dans le Finistère』, 3호, 22페이지. / (2) 르 루아예, 『귀신 논설과 역사Histoire et Discours des spectres』, 1권, 3장. / (3) 가브리엘 드 P***Madame Gabrielle de P**, 『유령의 역사Histoire des Fantômes』, 27페이지. / (4) 토르케마다, 『6일 창조Hexameron』, 첫 번째 날, 가브리엘 샤퓌Gabriel Chappuis를 통해서 번역. / (5) 『라구사 공작의 여행Voyages du Duc de Raguse』. / (6) 『악마의 환상De Præstigiis Dæmonum』, 5권, 21장. / * 태국의 옛 이름.

시플레(장) [Chifflet(Jean)] 브장송Besançon에서 1611경 태어난 투르네Tournay의 참사원. 『존 마카리우스 아브락사스 혹은 아피스토피스투스, 바실리데스 보석에 대한 골동품 분석, 그에 대한 주석Joannis Macarii Abraxas, seu Apistopistus, Quæ est Antiquaria de Gemmis Basilidianis Disquisitio, Commenlariis Illust』(1657년, 앤트워프, 4절판)을 펴냈다. 이 논문은 카발라Kabbalah에 등장하는 이름인 아브락사스Abraxas가 새겨진 돌멩이에 관한 것이다. 2세기 이단인 바실리데스파Basilidians에선 이 이름이 창조주이자 관리자인 신을 가리킨다고 보았다. 이 흥미로운 논문에서 시플레의 해설은 높은 평가를 받았다.

치자 또는 차자(아브라함 벤) [Chija, Chaja(Abraham Ben)] 11세기 스페인 출신의 랍비. 히브리어로 『계시자의 책Volume du Révélateur』을 썼다. 이 책에서 그는 메시아가 나타나고 부활이 이루어질 시대를 다룬다. 피코 델라 미란돌라Giovanni Pico della Mirandola는 점성술을 반박하는 책을 썼을 당시 이 책을 인용하였다.

킬데리쿠스 I세 [Childéric Ier / Childeric I]
참조. 바진Bazine, 수정점Cristallomancie.

킬데리쿠스 3세 [Childéric III / Childeric III] 킬페리쿠스 2세Chilperic II의 아들이자 최초 왕족의 마지막 왕. 그는 742년 마법사에 대적하는 칙령을 공포하였다. 또 각 주교에게 교회 사법관의 도움을 받아 교구민들이 이교 미신에 빠지지 않도록 모든 노력을 기울일 것을 명했다. 그는 조상에게 제물을 바치는 것, 마법, 묘약, 점술, 주술, 예언 등을 금지했다.

킬페리쿠스 I세 [Chilpéric Ier / Chilperic I] 프랑스의 왕이자 클로타리우스 1세Chlothar I의 아들. 투르Tours의 성 그레고리St. Gregory는 킬페리쿠스의 형제인 공트랑Gontrand이 증언한 놀라운 환영을 기록했다. 공트랑은 형제 킬페리쿠스의 영혼이 쇠사슬에 묶인 모습을 보았다. 킬페리쿠스는 세 명의 주교와 함께였는데 그들은 다름 아닌 테트리쿠스Tetricus, 아그리콜라Agricola, 리옹의 니세티우스Nicetius de Lyon였다. 아그리콜라와 니세티우스는 테트리쿠스보다 훨씬 인간적인 모습을 보이며 이렇게 말했다. "그를 풀어주어 벌을 받은 후 떠날 수 있도록 해주세." 테트리쿠스는 비통하게 답했다. "그럴 일은 없을 걸세. 그는 자신이 저지른 죄로 벌을 받을 거야." 공트랑은 그 불쌍한 영혼이 물이 펄펄 끓는 가마솥 안으로 들어가는 것을 보았다고 말했다. "가마솥 안에 던져진 킬페리쿠스의 비참한 모습을 보았을 때 눈물을 참을 수가 없었다. 그는 순식간에 녹아 사라졌다[1]."

(1) 그레고리우스 투로넨시스Gregorius Turonensis, 『프랑스의 역사Hist. Franc』, 8권, 5장. 렝글렛 뒤프레누아

Lenglet-Dufresnoy, 『환영에 관한 논문 모음집Recueil de dissertations sur les apparitions』, 서문 72페이지.

키메라 [Chimère / Chimera] 리키아Lycia에서 태어난 상상 속 괴물. 시인들은 이 괴물이 영웅 벨레로폰Bellerophon에게 패배했다고 기록한다. 키메라는 사자의 머리와 배, 염소의 몸통, 용의 꼬리를 지니고 있다. 그리고 입을 크게 벌리고 불꽃을 뿜는다. 악마학자들은 키메라를 악마로 분류한다.

화학 [Chimie / Chemistry] 연금술과 혼동될 때가 있었다. 페르시아인들은 마법에 필요한 지상 물체 가운데 가장 미세한 것을 다루는 미신적 학문이라고 말한다. 또 카론Charon(모세 5경의 고라Korah)이 이 어둠의 학문을 발명했고, 모세Mose로부터 배웠다고 주장한다. 루이 드 퐁트네트Louis de Fontenettes는 『고향을 떠난 히포크라테스Hippocrate Dépaysé』 속 헌정사에서 이렇게 적고 있다. "그 누구도 화학을 함Cham이 발명한 악마의 기술이라 주장하지 않는다."

치나 [China] 세네감비아Senegambia의 우상. 송아지의 머리를 하고 있다. 주민들은 풍년을 바라며 꿀을 제물로 바친다.

키온 [Chion] 헤라클레아Heraclea의 철학자이자 플라톤Plato의 제자. 그는 꿈속에서 헤라클레아의 폭군이자 그의 벗인 클리어쿠스Clearchus를 죽이라는 경고를 받았다. 그리고 폭군을 살해했을 때 얻게 될 여성의 모습을 보았다. 이 환영에 혹한 그는 결국 친구를 죽였다. 그나마 용인 가능했던 폭군 클리어쿠스의 자리는 더 잔혹한 형제 사티로스Satyre에게 돌아갔고 그 무엇도 나아지지 않았다. 결국 환영은 악마의 소행이었다.

시오고르 [Chiorgaur] 참조. 고리Gaurie.

키리디렐레스 [Chiridirellès] 도움이 필요한 여행객들을 구조하고 길을 잃었을 때 길을 알려주는 악마. 그를 소환하면 말을 탄 행인의 모습으로 나타난다.

수상술 [Chiromancie, Chiroscopie / Chiromancy] 손금을 통해 점을 보는 기술. 보헤미안Bohemians에 의해 유명해진 이 기술은 오랜 역사를 지니고 있다. 참조. 손Main.

케이론 [Chiron] 켄타우로스Centaur가 아닌 히포켄타우로스Hippocentaur. 사투루누스Saturn(크로노스Cronus)의 아들인 그는 반신반마이다.

초다르 [Chodar] 강신술사들이 벨리알Belial이라고 부르는 악마. 동방을 지배하고, 악마들을 다스린다.

쇼케(루이) [Choquet(Louis)] 『성 요한 제베데의 묵시록Apocalypse de Saint Jean Zèbédée』(1541년, 파리, 2절판)이라는 아주 귀한 책의 저자. 이 책에는 성 요한이 밧모Patmos 섬에서 얻은 환영과 계시가 기록되어 있다.

초로피크(마리) [Chorropique(Marie)] 앙리 4세Henry IV 통치하에 살던 보르도Bordeaux 출신의 마녀. 그녀는 오제로 다르모르Augerot d'Armore라는 남성으로 인해 악마를 알게 되었다고 고백했다. 이 자는 마리 초로피크를 황야로 데려갔다. 그곳엔 얼굴을 베일로 가리고 검은 의복을 입은 이가 있었다. 그리고 화려한 옷차림을 한 많은 사람이 그를 둘러싸고 있었다. 이때 마리 초로피크가 예수 그리스도Jesus Christ의 이름을 꺼내자 모든 것은 순식간에 자취를 감췄다. 오제로 다르모르는 세 시간이 지난 후 그녀를 데리러 왔다. 그리고 예수 그리스도의 이름을 입에 올린 것을 두고 그녀를 꾸짖었다. 그는 마리 초로피크를 물레방아 인근에서 열린 한 마녀 집회에 데려갔다. 그곳에도 똑같이 검은 옷을 입은 이가 있었다. 맹주앵Menjoin이라는 자는 거대한 거미가 가득한 화분을 들고 있었다. 거미는 흰 약물을 먹여 부풀린 것이었다. 그곳엔 두 마리의 두꺼비도 있었는데, 장대로 내리쳐 죽인 다음 마리에게 그 껍질을 벗기라고 시켰다. 그런 다음, 오제로는 이 거미들을 두꺼비와 함께 절구에 넣어 빻았다. 이 배합물은 가축을 죽이기 위해 목축지에 던져졌다. 이후 이들은 이로리스Irauris의 큰 마을을 찾아 요람 속 아이를 조용히 납치했다. 오제로와 맹주앵은 아이의 목을 조른 뒤 잠이 든 아버지와 어머니 사이에 놓아 그들이 벌인 짓처럼 꾸몄다. 또 다른 이들을 독살하기도 했다. 두 무뢰한이 이 모든 일을 저지르는 동안, 마리 초로피크는 문 앞에서 그들을 기다렸다. 이 이야기를 어떻게 받아들여야 할까?

더불어 그녀는 마녀 집회에서 두 명의 마녀가 유산된 아이의 심장을 가져와 악마에게 제물로 바쳤다고 증언했다. 이 끔찍한 마녀는 1576년 10월 2일 화형에 처해진다.[1]

(1) 드 랑크르Pierre de Lancre, 『악마의 변화론Tableau de l'inconstance des démons』 등, 107페이지.

참새올빼미 [Chouette / Pygmy Owl] 올빼미의 일종으로 비둘기 정도의 체격을 가졌다. 이 올빼미는 하루가 끝나고 밤이 찾아올 무렵에만 모습을 드러낸다. 아테네Athens와 시칠리아Sicilia에서 이 새는 길조였다. 이 두 곳을 제외한 다른 곳에선 올빼미를 마주치는 것이 흉조로 해석되었다. 이 미신은 여전히 여러 이야기 속에 존재한다. **참조**. 금눈쇠올빼미Chevesche.

콘 [Choun / Con] 페루인들이 숭배한 신. 콘에 관해서는 다음과 같은 이야기가 전해진다. 어느 날 북방에서 뼈와 근육이 없는 콘이라는 이가 왔다. 그는 산의 높이를 낮추고, 골짜기를 채우고, 접근이 불가능했던 지역에 길을 만들었다. 콘은 페루의 첫 주민들을 창조해낸 다음 야생 풀과 과일로 배 채우는 법을 알려주었다. 그러나 어느 날, 일부 페루인들에게 모욕을 당한 콘은 몹시 비옥했던 대지 일부를 메마른 모래로 바꿔버렸다. 그는 비를 멎게 해 풀을 말라버리게 했지만, 연민으로 샘을 열어 강이 흐르게 했고 자신이 저지른 일을 되돌렸다…. 현대 철학자들이 떠드는 이야기보다 나을 것이 없는 이야기이다.

양배추 [Choux / Cabbages] 성 스테파노 축일St. Stephen's Day엔 양배추를 먹으면 안 된다는 꽤 유명한 믿음이 있다. 성 스테파노가 순교를 피하고자 양배추 속에 숨었다는 설이 있기 때문이다.[1]…. 몹시 어리석은 이야기이자 매우 터무니없는 미신이라고 할 수 있겠다.

(1) 티에르Jean-Baptiste Thiers, 『미신 모음집Traité des superstitions』, 1권.

기독교인 [Chrétiens / Christians] 박해의 기간 동안 마법사로 지목받았다.

크리스톨리테스 [Christolytes] 6세기의 이단. 예수 그리스도Jesus Christ가 육신과 영혼을 지옥에 두고 오직 신성만을 지닌 채 하늘로 올라갔다고 주장했다.

크리스토퍼 [Christophe / Christopher] '크리스토퍼가 당신을 보면 추후에 안전할 것이다Christophorum Videas Postea Tutus Eas'라는 구절 때문에 아침에 성 크리스토퍼St. Christopher 그림을 보면 종일 안전하다고 믿었다.

크리스토발 데 라 가라드 [Christoval de la Garrade] **참조**. 마리산느Marissane.

녹주석 [Chrysolithe / Beryl] 대 알베르투스Albert le Grand가 정신병을 예방한다고 주장했던 보석. 이 보석은 잘못을 저지른 인간에게 회개를 촉구하도록 만든다고 한다….

크리소말론 [Chrysomallon] 금빛 털을 지닌 유명한 숫양. 하늘을 날고 뛰어난 수영 실력을 지녔으며 사슴처럼 가볍게 달릴 수 있다. 또한 넵튠Neptune의 아들이며 양모가 아닌 금빛 비단으로 몸을 감싸고 있다. 크리스말론은 말을 할 수 있었으며 좋은 의견을 제시하기도 했다. 황도 12궁의 첫 번째 별자리이다.

크리소포에이아 [Chrysopée / Chrysopoeia] 연금술. 연금술사들이 현자의 돌 또는 금속을 순금으로 변형시키는 기술을 뜻하는 그리스어 명칭.

크리조폴 [Chrysopole] 악마. **참조**. 올리브Olive.

크리소프라즈 [Chrysoprase] 시야를 강화하고, 기쁨을 주며, 자유롭고 행복하게 만들어준다는 미신이 깃든 보석.

시아코니우스 [Ciaconius] **참조**. 차콘Chacon.

키케로(마르쿠스 툴리우스) [Cicéron / Cicero(Marcus Tullius)] 르 루아예Pierre Le Loyer는 키케로의 유모 앞에 유령이 나타난 적이 있다고 기록했다. 이 유령은 소위 사역마라고 불리는 악마였다. 악마는 유모가 젖을 먹이고 있는 아이가 언젠가 국가의 큰 인물이 될 것이라 예언했다. '그녀가 어디서 그런 이야기를 들었단 말인가? 라고 묻는 사람이 있을 것이다. 악마들은 미래의 일어날 일을 떠들고 다니는 습성이 있다[1].' 키케로는 우리가 아는 로마의 국부가 되었다. 두 점복관이 서로 마주 봤을 때 어떻게 웃음을 터트리지 않을 수 있는지 이해가 가지 않는다고 말한 것도 키케로이다.* 그는 직접 쓴 여러 권의 저서, 특히『신의 본질에 관하여De la Nature des Dieux』세 권과『투수쿨란의 논쟁Les Tusculanes』에서 여러 미신적 착상을 반박했다. 반면 점술에 관한 두 권의 책에선 인간의 미래 예지 능력을 인정했다.

발레리우스 막시무스Valerius Maximus의 주장에 따르면 집정관들에 의해 추방된 키케로는 포미스Formies에 있는 자택에서 은둔했다고 한다. 하지만 참주의 추종자들이 그를 뒤쫓았다. 이 혼란스러운 시기에, 그는 시곗바늘을 뽑는 까마귀를 목격했다. 이는 그의 인생이 끝에 닿았음을 의미하는 것이었다. 키케로에게 다가온 까마귀는 그가 곧 자기 먹이가 될 것이라는 걸 안다는 듯, 그의 로브 밑자락을 잡아당겼다. 한 노예가 로마의 연설가였던 키케로를 찾아와 병사들이 곧 죽이러 올 것이라고 고하자, 까마귀는 더 이상 옷자락을 잡아당기지 않았다. 요즘의 까마귀들은 그때보다 훨씬 더 미개하다.

(1) 르 루아예Pierre Le Loyer,『귀신 논설과 역사Histoire et Discours des spectres』, 2권, 5장. 3권, 17장. / * 참조. 점복관Augures.

하늘 [Ciel / Sky] 해당 단어를 두고 이 책에서 다룰 수 있는 것은 일부 광신적 믿음이 전부이다. 이슬람교도들은 천국이 아홉 개가 있다고 믿었다. 기독교인 가운데도 일부 이단자들은 365개의 천국이 존재하며 각 천국을 지키는 천사들이 있다고 믿었다. **참조**. 바실리데스Basilide.

보댕Bodin은 천국이 열 곳이며, 성막으로 나누어져 있다고 주장했다. 그 근거는 다음의 문장에 있다. '천국은 손가락들의 작품이다.' 그리고 손가락은 열 개다[1]…. 랍비들은 하늘이 끝없이 회전하며, 세상 끝에는 하늘과 바다가 맞닿는 지점이 있다고 보았다.

『탈무드Talmud』엔 랍바 바 바 하나Rabbah bar bar Hana가 이 장소에서 잠시 쉬어가며, 하늘 창문에 모자를 얹어둔 이야기가 실려있다. 그는 잠시 뒤 모자를 찾았으나 보이지 않았다. 천국으로 날아간 모자를 되찾기 위해선 세상이 개혁될 때까지 기다려야 했다.

(1)『마법사들의 빙의망상Démonomanie des Sorciers』서문.

시엔가 [Cienga] 오세아니아Oceania 일부 민족에게 악령이자 악마로 여겨지는 존재.

의식용 양초 [Cierges / Altar Candles] 브르타뉴Bretagne 스카에Scaer에선 결혼식을 올릴 때 두 개의 양초를 켠다. 하나는 남편 앞에, 하나는 아내 앞에 두는데, 불길이 약한 쪽이 먼저 사망한다. 물과 불은 과거 브르타뉴인 사이에서 큰 역할을 했다. 갱강Guingamp을 비롯한 일부 지역에선 익사체를 찾을 수 없을 때 불붙인 양초를 빵에 꽂은 뒤 물에 띄웠다. 그러면 빵이 멈춘 자리에서 시체를 찾을 수 있었다고 한다[1].

(1) 자크 캠브리Cambry,『피니스테르 여행Voyage dans le Finistère』, 3호, 159페이지.

황새 [Cigogne / Stork] 황새가 떠난 집에는 화재가 일어나지 않는다는 설이 있으나 더는 이 잘못된 생각을 믿는 사람이 없다. 황새들이 자유 국가에만 산다는 이야기도 있었으나, 언제나 왕을 섬겼던 이집트인들은 황새를 숭배하는 문화를 가지고 있었다. 왕정 국가였던 테살리아Thessaly에서는 황새를 죽이는 것이 범죄로 취급되었다. 테살리아에는 아주 많은 뱀이 살았는데, 황새들이 이를 잡아주었기 때문이다. 공화제를 꿈도 꿀 수 없던 튀르키예, 이집트, 페르시아의 경우 황새는 매우 흔한 새였으나 각별히 보호받았다.

조르주 크레티앙 마테르누스 드 킬라노 [Cilano(George-Chrétien-Maternus de)] 18세기에 살던 헝가리인. 앙투안 시그나텔리Antoine Signatelli라는 이름으로『로마인들의 사투루누스제 기원과 거행De Saturnalium Origine et Celebrandi Ritu Apud Romanos』(1759년)과『거인에 대한 새로운 역사적이고 비판적인 논의De Gigantibus Nova Disquisitio Historica et Critica』(1756년)를 펴냈다.

시메리에스 [Cimeriès] 위대하고 강력한 악마이자 지옥 왕국의 후작. 아프리카 지역을 지배한다. 문법과 논리 그리고 수사학을 가르친다. 또 보물을 발견하고 비밀을 밝혀낸다. 인간의 발을 가볍게 만들 수 있으며, 부르주아에겐 군인의 용맹한 태도를 부여한다. 시메리에스 후작은 20개 군단을 거느리며 언제나 거대한 흑마를 타고 다닌다[1].

(1) 요한 바이어Johann Weyer, 『악마의 유사군주제 Pseudomonarchia Dœmonum』.

묘지 [Cimetière / Churchyard] 4세기 스페인에선 유령들을 접주지 않기 위해, 한낮 묘지에서 초에 불을 켜는 것이 금지되었다. 사람들은 망자의 영혼이 육신이 묻힌 묘지를 떠나딘다고 믿었다[1]. 그리고 성직자는 이러한 믿음을 깨뜨리는 데 꽤 어려움을 겪었다.

오늘날에도 여전히 시골에선 연옥의 영혼들이 묘지를 방문한다고 믿는다. 또 악마는 묘지에 출몰하는 것을 즐기며, 이를 물리치기 위해 십자가를 심는 것이라고도 여긴다. 묘지에 얽힌 여러 소름 끼치는 이야기가 있다. 자정에 묘지를 지나가는 주민들은 거의 없다. 참회를 방해했다는 이유로 주먹질하는 영혼(이라기엔 빈정거리기 좋아하는 사람)이 있기 때문이다. 앙리 에스티엔Henri Estienne과 가톨릭의 적들은 익살스러운 모험 이야기를 지어내곤 했는데, 신뢰도를 높이기 위해 교회 사람들에게 작은 뇌물을 건넸다고 한다. 그러나 이 이야기들은 지어낸 이간질에 불과하다. 폭염 동안 가끔 묘지에서 불이 뿜어져 나오는 모습이 목격되기도 했으나 오늘날 이는 자연 현상으로 밝혀졌다.

(1) 돔 칼메Dom Calmet, 『환영 개론Traité sur les Apparitions』, 11장.

킴메르족 [Cimmériens / Cimmerians] 마이오티스Maeotis 호수* 인근에 살던 민족으로, 킴브리족Cimbri의 선조에 해당한다. 많은 학자는 이 나라에 지옥으로 향하는 동굴이 있다고 믿었다. 르 루아예Pierre Le Loyer는 그들이 위대한 마법사였으며, 율리시스Ulysses가 지옥 영혼들과 대화하기 위해 킴메르족을 찾았다고 말했다.

* 오늘날의 아조우해Sea of Azov.

키몬 [Cimon] 아테네Athens의 장군이자 밀티아데스Miltiades의 아들. 꿈속에서 키몬은 성난 개가 그를 향해 짖으며 사람의 목소리로 다음과 같이 말하는 것을 들었다. "이리와서 나와 내 자식들을 기쁘게 하여라." 그는 아스티필Astyphiles이라 불리는 예언가를 찾았다. 예언가는 꿈의 해몽을 들려주었다. "개는 적을 보고 짖습니다. 적에게 있어 상대의 죽음만큼 기쁜 일은 없겠지요. 사람 목소리와 개 짖는 소리가 섞였다니 메디아Media 사람에게 죽임을 당할 운명입니다." 당시 그리스는 페르시아, 메디아와 전쟁 중이었다. 실제로 예언이 실현될 가능성이 있었으나, 예언가에겐 불행하게도 해몽이 현실화 되진 않았다. 키몬은 질병으로 사망했다.

고수머리 친친나툴루스 또는 친치나투스 [Cincinnatulus, Cincinnatus(Le Petit Frisé)] 로디지누스Rhodiginus의 말에 따르면, 조카바Jocaba라는 복화술사 여성의 입을 통해 말을 한 정령이다.

5 [Cinq / Five] 그리스인들은 숫자 5를 발음할 때 용서를 구한다. 5는 카발리스트들로부터 배척당한 가장 명확하지 않은 수이기 때문에 흉조로 해석되었다.

키오네스 [Ciones / Chiones] 참조. 키오네스Kiones.

키푸스 베넬리우스 [Cippus Venelius] 이

탈리아 일부 지역의 통치자. 투우 경기를 본 날 밤새 뿔에 대해 상상을 했더니 다음 날 실제로 이마에서 뿔이 자랐다. 몇몇 사람들은 거울이 없던 키푸스 베넬리우스가 승리 후 의기양양하게 로마Rome에 입성해 티베르Tiber 강에서 몸을 숙이다가 이마의 뿔을 보게 되었다고 말했다. 그는 점술가들을 찾아 이 놀라운 일이 무엇을 뜻하는지 물었다. 점술가들은 이 경이로운 사건은 여러 가지로 해석될 수 있다고 답변했다. 그리고 그에게 로마를 통치할 표식이라고 설명했다. 하지만 그는 더 이상 로마에 들어가고 싶지 않았다. 이 절제력은 뿔 이야기보다 더욱 놀라운 것이었다.

키르케 [Circé] 율리시스Ulysses의 동료들을 돼지로 바꾼 유명한 마녀. 키르케는 대기를 흐리게 하고 우박과 태풍을 조종했다. 또 인간 심신에 질병을 심는 묘약 제조법을 알았다. 요하네스 크리소스토무스John Chrysostom는 율리시스 동료들의 변신을 단지 생동감 있는 우화일 뿐이라고 말했다.

키르쿰켈리온파 [Circoncellions / Circumcellions] 4세기의 도나투스파Donatists 광신도들. 아프리카에서 처음 발생했다. 처음엔 몽둥이로 무장해 '이스라엘의 몽둥이Clubs of Israel'라는 이름으로 불렸으며, 평등을 회복하겠다는 핑계로 온갖 강도질을 저질렀다. 후에 이들은 가톨릭교도들을 죽이기 위해 더욱 공격적인 무기를 장착했다. 키르쿰켈리온파는 스코토페테스Scotopetes라는 이름으로 불리기도 했다. 이들은 목을 자르고, 물에 빠지고, 아내와 벼랑에 몸을 던지는 방식으로 악마를 받들고 숭배했다. 13세기, 프리드리히 1세Frederick Barbaross 이후 가톨릭교도들을 괴롭히는 키르쿰켈리온파가 다시 등장했다. 이 폭력적인 이단은 자신들끼리, 또는 외부인들을 상대로 살인을 저질렀으며, 어느 세기에 등장했든 오래 지속되진 못했다.

밀랍 [Cire] 마녀들은 밀랍으로 작은 마법 인형을 만들어, 저주를 내리거나 적을 없애고 싶을 때 녹여 사용했다. 1574년 어느 귀족 집에서 가슴에 단도가 박힌 작은 밀랍이 발견되었다. 이후 귀족은 참수형에 처해졌다. 참조. 감응술Envoûtement, 밀랍점Céromancie.

키루엘로(페드로) [Ciruelo(Pierre / Pedro)] 15세기 아라곤Aragon의 학자로 점성술에 관한 책을 펴냈다[1]. 이 책에서 그는 피코 델라 미란돌라Giovanni Pico della Mirandola의 논리에 맞서 점성가들과 함께 그들의 학문을 대변한다.

(1)「시대 변화에 따른 인간 점성학의 결과Apotolesmata Astrologicæ Humanæ, Hoc est de Mutationibus Temporum」, 1521년, 라 발 달칼라Alcala.

호출 [Citation / Summons] 영혼들을 부르고 강제로 나타나게 하는데 사용하는 주문. 참조. 소환Évocation.

국가 [Cités / Cities] 성 아우구스티누스St. Augustine는 이승을 교인이 사는 신국과 이를 제외한 나머지 인간이 사는 악마 국가로 나누어 완벽하게 묘사했다.

시투 [Citu] 페루의 축제. 이날이 찾아오면 국민들은 아이 눈썹 사이에서 뽑아낸 피를 반죽에 섞어 몸에 문지른다. 이 행위가 한 달간 있을 모든 불행을 막아준다고 생각했기 때문이다. 더불어 우상 숭배 사제들은 질병을 쫓기 위해 주문을 외웠다. 페루인들은 이 주문이 열병을 주거지에서 5~6리유* 정도 거리까지 몰아낸다고 여겼다.

* 과거의 거리 단위. 1리유는 약 4km 정도이다

프랑수아 드 시빌 [Civile(François de)] 1536년에 태어난 노르망디Normandy 귀족. 신교도 작가들의 주장으로는 생전 온갖 재해를 겪었다고 전해진다. 하지만 이는 소설이 읽히도록 만든 가상 이야기일지도 모른다. 그의 경이롭다고 알려진 삶은 역사적 기만행위일 수 있다.

클레르 조세프 레리스 드 라튀드 클레롱 (이폴리트라고도 알려짐) [Clairon(Claire-Josèphe-Leyris de Latude, connue sous le nom d'Hippolyte)] 프랑스의 여성 비극 배우. 1803년 사망했다. 1799년 출간된 회고록에서 그녀는 S씨의 영혼으로 여겨지는 한 망자의 이야기를 들려준다. 이 망자는 그녀가 청혼을 거절한 적이 있던 브르타뉴Bretagne 출신 상인의 아들이었다. 남자는 슬픔 속에서 눈을 감았다. 그 뒤로 클레롱은 수개월 동안 밤 11시만 되면 날카로운 비명을 들었다. 그녀의 하인, 친구, 이웃 그리고 경찰까지도 이 비명을 들었다. 비명은 항상 같은 시간에 그녀의 창문 아래에서 들려왔으나 그곳은 언제나 휑하게 비어있었다.

그리고 언젠가부터는 비명이 멎고 그 자리를 총소리가 채웠다. 여전히 같은 시각, 같은 장소에서 들려왔으나 사격으로 인해 피해를 본 이는 없었다.

동네에는 이를 밝혀내기 위한 많은 정탐꾼이 모여들었다. 소음은 계속 이어졌으나 그 누구도 정확한 근원을 찾지 못했다. 총소리 이후에는 박수 소리와 음악 소리까지 이어졌다. 이 소란은 2년 반이라는 시간이 흐른 뒤에 끝이 났다.[1] 로쿠르Raucourt 부인이 쓴 회고록 내용은 여기까지다. 이는 파리Paris의 이목을 끌기 위한 속임수였을 가능성이 크다.

(1)『이폴리트 클레롱의 회고록Mémoires d'Hippolyte Clairon』, 뷔송Buisson판, 167페이지.

신통력 [Clairvoyance] 소수의 사람이 어둠의 것을 예언할 때 사용하는 능력을 말한다. 상상하지 못한 곳에서 수맥을 발견하는 능력과 비슷하다.

클라루스 [Clarus] 성 아우구스티누스St. Augustine의 기록에 따르면 신에게 스스로를 바친 클라루스라는 젊은 귀족 청년은 히포 레기우스Hippo Regius 수도원에서 천사와 거래하고 있다는 확신을 얻었다고 한다. 클라루스는 수도원에 이 사실을 전했다. 신부들이 그의 말을 믿지 않자, 그는 다음 날 신이 흰 드레스를 한 벌 보낼 것이며, 그들 가운데 본인이 자리할 것이라고 예언했다. 자정 경, 수도원 사람들은 동요했다. 젊은 청년 방에서 불빛이 새어 나왔기 때문이다. 그곳에선 여러 사람이 오가며 이야기하는 소리가 들렸으나, 어떤 것도 눈에 보이진 않았다. 클라루스는 방에서 나와 신부들에게 입고 있던 조제복을 보여주었다. 이 조제복은 수려한 백색 천과 비상할 정도의 정교함으로 만들어진 것이었다. 이와 비슷한 옷은 어디서도 본 적이 없었다. 사람들은 은총을 표하기 위해 남은 밤을 '감사의 시편Psalm of Thanksgiving'을 노래하며 보냈다. 이후 주변에선 청년을 성 아우구스티누스에게 데려가려 했으나 청년은 천사들이 이를 금하였다며 거절했다. 그러나 그들은 청년의 말을 듣지 않았고, 억지로 데려가자 군중이 보는 앞에서 조제복이 사라지고 말았다. 사람들은 이 모든 것이 어둠 영혼이 만들어낸 환각에 불과한 것이라고 결론짓게 되었다.

클라시알라볼라스 [Classyalabolas] 참조. 카크리놀라스Caacrinolaas.

클로드 [Claude] 라발Laval의 수도원장. 16세기 말『낭화증' 대담Dialogues de la Lycanthropie』이라는 책을 펴냈다.

* 인간이 늑대로 변할 수 있다는 믿음.

클로더(가브리엘) [Clauder(Gabriel)] 1691년 사망한 색슨족Saxon 학자이자 '자연연구 아카데미'의 회원. 그는 해당 공동체의 회고록에 여러 독특한 소논문을 담았다. 그중엔『망상의 악마적 치료De Diabolico Delirii Remedio』,『마법 없이, 25년간 마녀를 찾은 악마의 이야기De Diabolo per Viginti Quinque Annos Fréquentante cum Muliere, Nulla Veneficii Opéra』가 있다. 그의 조카 프레데릭 기욤 클로더Frederic-Guillaume Clauder는 같은 공동체 책력에 난쟁이 종족 드워프Dwarf를 다룬 글을 저술했다.[1]

(1)『드워프의 일반화에 대하여De Nanorum Generalione』.

클로넥 [Clauneck] 재산과 부를 관장하는 튀르키예 악마.

계약 맺은 인간이 보물을 찾도록 돕는다. 루시퍼Lucifer의 총애를 받았으며, 루시퍼는 그가 돈을 마음대로 탕진할 수 있도록 두었다. 클로넥은 자신을 소환한 인간의 환심을 사기 위해 순종하곤 한다[1].

(1) 그에게 순종하라, 그리하면 순종하리라. 『솔로몬의 열쇠Key of Solomon』, 14페이지.

클로제트 [Clauzette] 1681년 연말, 마리 클로제트라는 몰상식한 여자가 툴루즈Toulouse 인근 들판을 뛰어다녔다. 그녀는 자신이 모든 악마의 주인인 로베르Robert의 추종자라고 외쳤다. 클로제트가 빙의된 것으로 여긴 사람들은 그녀를 보기 위해 모여들었다. 첫 구마 의식에 함께 참석한 네 명의 젊은 여자들 또한 자신들이 빙의되었다고 생각하였다. 툴루즈의 주교 총대리는 빙의가 사실인지를 알아내기 위해 먼저 가짜 구마 의식을 진행했다. 성수 대신 평범한 물을 살포하고, 전례서가 아닌 종교와 무관한 책을 읽고, 무교인 한 남자에게 사제복을 입혔다. 그러자 이 사실을 몰랐던, 빙의된 척했던 여성들이 격한 움직임을 보였다. 의사들은 악마와 이 사건은 아무런 연관이 없다고 선언했다. 빙의된 자들은 갈고리 모양의 핀을 토해 냈는데, 이는 입 안에 감춰두었다가 사람들이 보는 앞에서 뱉은 것임을 알 수 있었다. 툴루즈 재판소는 사기임을 선언하고 이 우스운 사건을 종결했다.

솔로몬의 열쇠 [Clavicules de Salomon / Key of Solomon] 참조. 솔로몬Salomon.

클레이(장) [Clay(Jean)] 독일의 문학가. 1592년에 사망했다. 그는 연금술과 연금 광기에 대적하는 짧은 독일어 시 『알쿠미스티카Alkumistica』를 저술했다.

말씀점 [Clédonismancie / Cledonismancy] 여러 만남에서 듣거나 말한 말로부터 길조, 흉조를 유추해내는 점술. 이 점술은 서머나Smyrna*에서 주로 행해졌다. 과거에는 이 점술을 이용해 신탁을 내리는 사원도 존재했다. 그리고 특정 명사 하나가 큰 성공을 점쳐주는 경우도 있었다. 어느 사모스Samos 섬 사람은 레오티치다스Leotychidas에게 서둘러 페르시아를 상대로 전쟁을 펼치라고 권유했다. 그는 권유한 이의 이름을 물었다. 그의 이름이 헤게시스트라투스Hegesistratus(군 통솔자라는 의미가 있다)라는 것을 알게 되었을 때, 레오티치다스는 다음과 같이 말했다. "헤게시스트라투스의 예언을 받아들인다." 이 점술의 편리한 점은, 마음대로 예측을 받아들이거나 받아들이지 않을 수 있다는 것이다. 만일 어떤 말을 듣고 상상을 펼친다면 예언에 영향을 받을 것이고, 이야기 듣길 거부하거나 귀담아듣지 않으면 예언은 힘을 잃게 될 것이다.

* 소아시아 서안에 있는 항구 도시.

황금 열쇠 [Clef d'or / Key of Gold] 『황금 열쇠』라는 표제를 사용하며, 복권을 통해 확실하게 돈 버는 방법을 여러 권에 걸쳐 다룬 어처구니없는 책이 있다. 이 책은 그저 속임수를 다룰 뿐이다. 이 『황금 열쇠』 또는 『진정한 운명의 보물Le véritable trésor de la fortune』은 릴Lille의 카스티오Castiaux를 통해 간혹 재판되었다. 작가는 저서에서 직접 찾았다고 허풍을 떠는 '동조 번호'를 알려준다. '이 번호는 그에게 2년 반 동안 30만 프랑을 벌게 해주었다.' 가난한 사람들이 복권으로 파산하도록 거짓말을 하는 것은 충분히 벌 받을 만한 일이다. 그는 뻔뻔하게 특정 번호가 나온 뒤 다섯 번의 추첨 안에 다섯 개의 '동조 번호'가 반드시 나올 것이라고 말한다. 그렇기에 만약 돈을 벌고자 한다면 다섯 번의 추첨을 기다려야 하는 것이 된다. 예를 들어, 숫자 4에 동조하는 번호는 30, 40, 50, 70, 76이다. 이 다섯 개의 번호는 4가 나온 뒤 다섯 번의 추첨 동안 등장하게 된다. 그렇지만 이마저도 한 번에 나오는 것이 아니라, 두 개나 세 개씩 나눠서 나오게 된다. '동조 번호'는 가공의 것으로, 각자 멋대로 배열하면 된다.

열쇠점 [Cleidomancie, Cleidonomancie / Cleidomancy] 열쇠를 활용한 점술. 델리오Delrio와 드 랑크르Pierre de Lancre의 저서엔 도둑이나 살인범을 찾을 때 이 점술을 사용했다는 기록이 있다. 점술 방법은 다음과 같다. 먼저 의심스러운 사람들의 이름을 적은 쪽지로 열쇠를 감싼다. 그리고 이 열쇠를 성경에 붙인 뒤 젊은 여성이 들도록 시킨다. 이후 점술가는 낮은 목소리로 용의자들의 이름을 중얼거린다. 그러면 종이가 돌아가며 미세하게 움직이는 것을 볼 수 있다. 또 다른 방식의 열쇠점도 있다. 열쇠를 책의 첫 장에 밀착시킨다. 그리고 열쇠고리만 바깥으로 빼고 책을 덮은 후 끈으로 묶는다. 원하는 답을 찾고자 하는 자는 열쇠고리에 손가락을 올리며, 의심스러운 이름을 아주 작은 목소리로 왼다. 만일 용의자가 무고하다면 열쇠는 움직이지 않는다. 용의자가 유죄라면, 열쇠는 책에 묶인 줄을 끊을 정도로 강력하게 돌아갈 것이다.(1)

코사크인Cossacks과 러시아인들은 이 점술을 자주 사용했다. 그러나 열쇠를 반듯이 놓는 것이 아니라 세워서 놓아, 사분의 일만 회전이 되도록 했다. 이 방법을 통해 해당 지역의 주민들은 자신이 머무는 집이 부자인지, 가족이 그들의 부재에도 잘 지내는지, 아버지가 아직 살아있는지 등을 알 수 있다고 생각했다.

또 주로 보물을 발견하기 위해 이 점술을 사용했다. 프랑스에선 1814년 침략 당시 『요한복음서The Gospel According to John』를 이용한 열쇠점에 의지하는 모습이 여러 번 목격되었다.

(1) 드 랑크르Pierre de Lancre, 『완전히 입증된 마법에 대한 의심과 불신Incrédulité et mécréance du sortilège pleinement convaincue』, 논설 5.

클레멘트 [Clément] 스코틀랜드의 신부이자 샤를마뉴Charlemagne 시대에 살았던 인물. 예수 그리스도Jesus Christ가 지옥으로 내려가자 영벌을 받은 모든 이들이 한 명도 빠짐없이 구원받았다고 주장했다. 이 교리는 금지되었다.

클레오니스 [Cléonice] 스파르타 출신의 장군 파우사니아스Pausanias는 비첸차Vicenza에서 자신을 거부한 정숙한 젊은 여성, 클레오니스를 죽였다. 그리고 본인의 수명이 다할 때까지 클레오니스의 혼을 보며 두려움 속에 살았다. 환영의 근원은 보통 회한 속에서 찾을 수 있다.

클레오파트라 [Cléopâtre / Cleopatra] 클레오파트라가 두 마리의 독사에게 물려 죽었다는 것은 잘못된 이야기다. 플루타르코스Plutarch는 마크 안토니Mark Antony의 전기에서 클레오파트라가 어떻게 죽음을 맞이했는지 아무도 알지 못한다고 기록했다. 어떤 이들은 그녀가 평상시 머리카락 속에 감추고 다니던 독을 삼켰다고 주장하기도 한다. 그녀가 있던 곳에서는 독사의 흔적이 발견되지 않았다. 다만 그녀의 오른팔에 두 개의 미세한 구멍이 나 있었다. 아우구스투스Augustus가 그녀의 사망을 독사에게 물린 것으로 기록한 것은 아마 이 때문일 것이다. 그녀는 독침에 찔려 사망한 것일 수도 있다(1).

(1) 브라운Thomas Brown, 『대중적 오류Des erreurs Populaires』, 5권, 12장.

제비뽑기점 [Cléromancie / Cleromancy] 주사위, 작은 뼈, 검은콩, 흰콩을 던져 점을 치는 기술. 병 안에서 도구를 한데 섞은 뒤 신에게 기도를 올린다. 그리고 식탁 위에 도구를 쏟아부어 만들어진 배치에 따라 미래를 예견한다. 아카이아Achaea의 바라Bara에선 판 위에 주사위를 던져 헤라클레스Heracles의 신탁을 받았다. 순례자는 기도 후 네 개의 주사위를 던졌고, 헤라클레스의 사제는 점수를 계산한 뒤 앞으로 일어날 일을 추측했다. 이때 주사위는 제물로 바친 짐승의 뼈로 만든 것이어야 했다(1). 대부분의 제비뽑기점은 작은 뼈 혹은 작은 판 위에 글을 쓴 다음 항아리 속에서 모든 것을 한데 섞었다. 이후 가장 먼저 만난 젊은 청년에게 그중 하나를 꺼내보라고 시켰다. 만일 그렇게 선택한 내용이 알고자 하는 것과 연관이 있다면, 확실히 예언의 역할을 해낸 것이다. 이 점술은 이집트와 로마에서 흔히 사용되었으며, 오늘날 카드점과 비슷하게 길거리와 광장에서 자주 목격할 수 있었다. **참조.** 주사위점Astragalomancie.

(1) 드 랑크르Pierre de Lancre, 『의심과 불신Incrédulité et mécréance』, 논설 5.

클레브 [Clèves] 이 귀족 집안의 수장이자 클레브 백작의 아버지는 악마라는 설이 있다. 카발리스트들은 실프Sylphs(공기의 요정) 하나가 백조들이 모는 마법의 배를 타고 하늘을 가로질러 클레브를 찾아왔으며, 어느 한낮에 자신의 배를 타고 다시 하늘을 날아갔다고 주장했다. 수도원장 빌라르Villars는 다음과 같이 말했다. "무슨 일을 했길래 학자들이 자신을 악마로 부르도록 만들었을까?"[(1)] 여러 이야기를 통해 전해지는 그의 경이로운 이야기에서 백조 기사단이 유래되었다.

(1) 빌라르 수도원장, 『가발리스 공작 또는 비밀 기술의 보존Le Comte de Gabalis ou Entretiens sur les sciences secrètes』.

재년 [Climatérique / Climacteric] 참조.
액년Année Climatérique.

클리스테레 [Clistheret] 변덕을 부릴 때면 한낮에 밤을 불러오고, 한밤중에 낮을 불러오는 악마. 적어도 『솔로몬의 열쇠Key of Solomon』에는 그렇게 나와 있다.

종 [Cloches / Bells] 고대부터 존재했던 종은 이집트에서 발명된 것으로 알려져 있다. 종은 아테네와 로마에서도 사용되었다. 이슬람교에선 절대 첨탑에 종을 두지 않았다. 종소리가 천국의 축복받은 영혼을 접준다고 믿었기 때문이다. 기독교 교회에서 종이 일반적으로 사용된 것은 7세기 경이었다. 샤를마뉴Charlemagne의 통치 시기, 앨퀸Alcuin의 저서를 살펴보면 세례식을 할 때 종이 등장하는 것을 확인할 수 있다.

이처럼 세례에 사용되기에, 대중들은 종이 사탄에게 불쾌감을 준다고 생각했다. 악마가 조력자를 마녀 집회에 데려가는 동안 종소리를 들으면 잡고 있던 이를 떨어뜨린다는 주장도 존재한다. 토르케마다Torquemada는 『6일 창조Hexameron』에서 다음의 이야기를 기록했다. 어느 마녀가 악마에게 들린 채로 날아 마녀 집회에서 복귀하는 도중이었다. 삼종 기도Angelus의 종소리를 듣게 된 악마는 그녀를 어느 강가의 가시울타리에 떨어뜨리게 되었다. 마녀는 젊은 남성에게 도움을 요청했고, 청년은 기도의 힘과 함께 그녀를 집으로 데려다주기로 결심했다. 그가 마녀에게 왜 그곳에 있었는지 털어놓을 것을 집요하게 묻자, 그녀는 그의 입을 막기 위해 작은 선물들을 보냈다. 그렇지만 그녀의 이야기는 퍼져나가게 되었다.

일부 고장에선 악마가 태풍을 일으키며, 종이 뇌우를 쫓는다고 믿었다. 그렇기에 농민들은 천둥소리가 들리면 종을 울렸지만, 오늘날 이는 무분별한 행위로 여겨진다. 『과학 아카데미 회고록Mémoires de l'Académie des Sciences』에 기록된 한 사건을 예로 살펴보자. "1718년 8월 15일, 바스 브르타뉴Basse-Bretagne에 거대한 폭우가 쏟아졌다. 그리고 랑데르노Landerneau와 생 폴 드 레옹Saint-Pol-de-Leon 사이에 위치한 교회 스물네 곳에 벼락이 내리쳤다. 이 교회들은 다름 아닌 번개를 막기 위해 종을 울렸던 곳이었다. 종을 울리지 않은 곳들은 이를 피했다." 살그Salgues는 그리 크지 않은 종소리가 번개를 끌어당겼을 리 없다고 생각했다. 그러나 소리 자체는 대기를 격렬히 흔들 수 있으며, 높은 곳에서 내는 북소리라면 번개를 끌어당길 수 있을지도 모른다고 덧붙였다.

일부 나라에선 세례를 받을 때 줄에 매단 종을 지니면 폭풍우로부터 안전하게 보호받을 수 있다고 믿었다.

악마의 종 [Cloche du Diable / Devil's Bell] 이 종에 관하여 한가지 언급할 것이 남아있다. 뒤소Dusaulx가 걸어서 피레네Pyrenees 산맥을 탐험하던 중, 안내자인 어느 산쟁이가 신기한 곳을 보여주겠다며 늪지로 이끌었다. 산쟁이는 오래전 종 하나가 늪지에 박힌 일이 있었으며, 한 세기 후 땅속 모든 금속을 소유하던 악마가 종을 차지했다고 말했다. 그리고 이후 어느 목동이 크리스마스 밤 산속에서 종소리를 들었다는 이야기를 덧붙였다. 뒤소는 다음과 같이 말했다. "대단하군. 근데 구덩이를 통과하는 지하수 소리를 종소리로 착각하는 것이 아니겠는가?" 안내사는 답했다. "오! 아닙니다."

마지막 심판의 종 [Cloche du Jugement Dernier / Bell of the Last Judgment] 종 가운데는 유명한 것들이 있다. 피레네Pyrenees 산맥 인근에선 골짜기의 종을 고귀하게 생각하며 온갖 경이로운 일의 기원으로 여겼다. 이 가운데 가장 유명한 이야기는 천사들이 종을 만들었다는 것이다. 그들은 종소리가 들리거나 들렸다고 느낄 때가 있었는데, 종이 어디에 걸려있는지는 아무도 알 수 없었다. 산골에 사는 사람들의 말에 따르면 이 종소리는 바위틈에서 잠든 족장들을 깨우고 인류를 최후 심판에 소환한다고 한다.

페르난도 2세Ferdinand the Cailiolic가 생명을 위협하는 병에 걸렸을 때, 그 유명한 빌렐라Villela(둘레가 약 10바하스Brasses*이다)의 종이 스스로 울렸다. 이 종은 스페인에 좋지 않은 일들이 닥칠 때마다 소리를 냈다. 주민들이 종의 소리를 듣고 왕의 건강을 걱정하자, 곧 왕이 서거했다[1].

(1) 라울 드 나베리Raoul de Navery, 『독일의 전설 Légendes d'Allemagne』 속 수도자의 종을 참조할 것. / * 길이 단위. 1바하스는 두 팔을 벌린 정도의 길이이다.

클로피 [Clofye] 아프리카의 새. 찌르레기처럼 검고 거대하다. 아프리카인들에게는 앞날을 알려주는 새로 여겨진다. 새가 노래하며 하늘로 치솟으면 길조, 하강하면 흉조를 의미한다. 민간에선 누군가에게 갑작스러운 죽음을 예고할 때 "클로피가 노래를 불러주었네."라고 말한다.

클로토 [Clotho] 운명의 세 여신 중 가장 나이가 어린 신. 운명의 실*을 잣는 일을 한다. 그렇기에 거대한 실패를 가지고 있다. 대다수 신화는 세 자매가 플루토Pluto가 사는 곳을 지킨다고 기록한다. 루키아노스Lucian는 그녀가 저승 강의 나룻배를 탄다고 적었으나, 플루타르코스Plutarch는 달에 살며 달의 움직임을 조종한다고 주장했다.

* 운명의 세 여신은 각각 역할이 있는데 실을 잣고, 감으며, 끊는다. 이 실을 끊으면 인간은 사망하게 된다.

못 [Clou / Nail] 못에 관해서도 다양한 미신이 존재한다. 그리스인들은 유령이 들끓는 집 대문에 관의 못을 박으면 망자나 유령을 영구히 쫓아낼 수 있다고 믿었다. 보게Boguet는 다친 말을 위해 기도문과 같은 주문을 외며 뽑히지 않는 못을 땅에 박은 한 마녀의 이야기를 기록하기도 했다. 로마인들은 흑사병을 몰아내기 위해 주피터Jupiter 신전 오른편에 놓인 돌 위에 못을 박았다. 그들은 주술과 마법을 막고 시민들 사이에 일어나는 분쟁을 잠재우려 할 때도 똑같은 행동을 했다. "적들보다 우위를 차지하기 위해 나무에 못을 박는 자들도 있다. 근데 이렇게 박힌 못은 어떤 힘을 발산할까?[1]"

(1) 보게Boguet, 『마법사 논설Discours des sorciers』, 60장.

클로비스 [Clovis] 킬페리쿠스 1세Chilperic I의 아들. 킬페리쿠스가 유일하게 남은 자식은 첫 부인 사이에서 낳은 아들 클로비스뿐이었다. 이 청년은 조심성 없게도 자신을 적으로 여기는 프레데군트Fredegund와 스스럼없이 대화하고 다녔다. 프레데군트는 그를 없앨 결심을 했다. 클로비스는 하층 계급의 한 여자를 마음에 품고 있었다. 프레데군트의 밀사는 왕을 찾아가 그 여자가 마녀의 딸이라고 말했다. 더불어 클로비스가 마녀를 고용해 자신의 두 형제를 죽였고(독살당했다고 전해진다), 여왕의 살인을 꾸미고 있다고 덧붙였다. 마녀로 지목된 여성은 강제로 자신이 마녀라고 자백해야 했다. 역사학자의 말이 맞는다면, 유죄 판결받은 클로비스는 입고 있던 값비싼 옷을 빼앗긴 뒤 감옥에 보내졌으며 그곳에서 암살자들의 칼에 맞아 사망했다. 하지만 군주에겐 마치 클로비스가 자살한 것처럼 속였다. 사형을 앞둔 여성은 겁에 질려 마녀라고 말했던 자백을 철회했다. 하지만 사람들은 서둘러 입을 막아 화형대에 세워버렸다. 프레데군트에게 그다지 호의적이지 않은 연대기 작가들의 이야기를 듣자면 그렇다[1].

(1) 『프랑스 역사 이야기Les Légendes de l'histoire de France』 속 클로비스 1세를 참조할 것.

클루리콘 [Cluricaunes / Clurichaun] 아일랜드의 장난기 많은 사역마. 이들이 등장하는 이야기는 무수히 많다[1].

(1) 『정령과 악마의 전설Légendes des esprits et des démons』을 참조할 것.

코발로스 [Cobales / Kobalos] 바쿠스Bacchus의 수행원으로 위선적인 정령들이다. 그들은 관리인이자 광대였다. 르 루아예Pierre Le Loyer의 기록에 따르면 그리스인들은 코발로스를 부드럽고 평화로운 악마들로 여겼다고 한다. 몇몇 이들은 코발로스가 노인 난쟁이 모습으로 나타나곤 했기 때문에 '산속의 작은 남자'라고 부르기도 했다. 이들은 짧은 옷을 입고 반쯤 벗은 채로 다녔다. 또 소매는 걷어 올렸고 가죽 앞치마를 착용했다.

"이 부류의 악마들은 제법 즐거운 존재들이다. 코발로스는 웃거나, 기뻐하거나, 덩실대거나, 원숭이 곡예를 벌이는 중에 목격되곤 한다. 또 원숭이를 흉내 내고 따라 하며, 바쁜 척을 하다가 아무것도 하지 않기도 한다. 이들은 금맥 또는 은맥을 파 광석을 채취하며, 준비된 바구니 또는 그릇에 올린다. 그리고 밧줄과 도르래를 돌려 지상의 존재들에게 광석을 끌어 올리라는 신호를 보낸다. 코발로스는 참을 수 없는 심한 놀림, 욕설, 비웃음을 듣지 않는 이상 노동자들을 위협하지 않는다. 만약 그들이 모욕받는다면 개척자들의 눈에 흙과 작은 돌멩이를 던지고 상처를 입힐 것이다[1]."

독일인들은 같은 종류의 사역마들을 코볼트Kobold라고 부른다. **참조.** 코볼트.

(1) 르 루아예Pierre Le Loyer, 『귀신 논설과 역사Histoire et Discours des spectres』, 345페이지. 위룸Wierum 게재, 환영『De Proest』, 1권, 22장.

코볼리 [Coboli / Cobolds] 고대 사마르트족Sarmatians이 숭배하던 정령 혹은 악마. 해당 민족은 이 정령들이 나무 틈새 같은 집의 은밀한 장소에 머무른다고 믿었다. 사람들은 코볼리에게 최고 진미의 음식들을 바쳤다. 그들은 어떤 집에 머무르고자 할 때, 집안 가장에게 예고를 했다. 예고 방법은 나뭇조각을 쌓아두고 우유병에 여러 짐승의 배설물을 뿌리는 것이다(참 우아한 방법이다). 만일 다음 날 아침 집주인이 나뭇조각을 무더기로 두고 가족에게 더러운 우유를 마시게 한다면, 코볼리는 모습을 드러내며 함께 살게 된다. 이때 나무조각을 치워버리고 우유를 버린다면 다른 집을 찾아 떠날 것이다.

코볼리들은 고블린Goblins, 코발로스Kobalos, 독일의 코볼트Kobold, 보가트Boggart와 클루리콘Clurichaun의 원형이기도 하다.

코코나스 [Cocconas] 참조. 파플라고니아의 알렉산더Alexandre de Paphlagonie.

돼지 [Cochon / Pig] 모두가 믿는 것처럼, 인간과 가장 유사한 생체 구조를 지닌 동물이 돼지라는 것이 사실일까? 살그Salgues는 이에 관한 기록으로는 퀴비에Cuvier의 저서만 한 것이 없다고 말했다. 퀴비에가 연구로 발견한 것은 다음과 같다. 인간과 돼지의 위에는 그 어떤 유사점도 존재하지 않는다. 인간 위장의 생김새는 백파이프(악기)와 유사하다. 반면 돼지의 위장은 구형이다. 인간의 간은 세 개의 조각으로 나뉘어져 있다. 하지만 돼지의 간은 네 조각으로 되어있다. 인간의 비장은 짧고 한 덩어리로 뭉쳐져 있다. 그리고 돼지의 비장은 길고 납작하다. 인간의 장관은 몸길이의 7배에서 8배에 이른다. 그렇지만 돼지의 것은 같은 길이를 두고 보았을 때 15배에서 18배나 된다. 돼지의 심장은 인간의 것과 뚜렷한 차이점이 있다. 마지막으로, 학자들과 재담꾼들의 만족을 위해, 돼지 뇌의 부피가 인간의 것보다 작음을 덧붙이도록 하겠다. 이를 통해 돼지의 지적 능력이 우리 아카데미 회원들보다 열등하다는 사실이 증명되었다.

돼지에 관해서 할 수 있는 이야기에는 많은 것이 있다. 악마는 자주 돼지의 모습으로 나타났는데 이는 꽤 잘 어울리는 모습이었다. 과거 나폴리Napoli의 산타 마리아 마조레 성당Santa Maria Maggiore 터는 건물이 세워지기 전에 돼지로 변신한 악마가 자주 나타나 거주민들을 불쾌하게 만들었다. 하지만 교회가 문을 열자, 이 기이한 존재는 더 모습을 드러내지 않았다. 이러한 사건을 기억하고자 폼포니우스Pomponius 주교는 교회 문 앞에 황동 돼지를 세웠다. 카메라리우스Camerarius는 독일 어느 도시에서 병든 유대인이 노파의 집을 찾았던 일화를 기록했다. 유대인은 노파의 모유를 먹길 원했는데, 이를 먹으면 병이 치료될 것이라는 믿음 때문이었다. 마녀는 암퇘지의 젖을 짜 유대인이 마시도록 했다. 우유가 효력을 발휘하기 시작하자, 유대인은 꿀꿀거리기 시작했으며 마녀의 꾀에 넘어갔다는 사실을 깨달았다. 마녀는 분명 그를 율리시스Ulysses의 부하*처럼 변신시키려고 한 것이었다. 그가 남은 우유를 마시지 않고 버리자, 인근의 모든 돼지가 즉시 죽어버렸다[1].

(1) 카메라리우스, 『악마의 본성과 호의De Nat. et Affect. Dæmon』, 서문에서. / * 율리시스는 오디세우스Odysseus의 라틴명이다. 그의 모험담에선 부하들이 돼지로 변하는 내용이 등장한다.

코클레스(바르텔레미) [Coclès (Barthélémy)] 16세기의 수상학자. 그는 점성술과 관상학에도 조예가 깊었다. 그는 당대 저명한 점성가 뤽 고릭Luc Gauric에게 부당하고 고통스럽고 불명예스러운 벌을 받게 될 것이라고 예언했다. 뤽 고릭은 볼로냐Bologna의 폭군 조반니 2세 벤티볼리오Giovanni II Bentivoglio의 추방을 예측했다가 스트라파도형Strappado*을 받게 되었다.

코클레스는 자신 역시 암살을 당할 것이며, 머리에 총을 맞아 죽을 것이라고 예언했다. 그의 예언은 폭군의 아들 에르메스 벤티볼리오Ermes Bentivoglio를 통해 정확하게 이루어졌다. 에르메스 벤티볼리오는 가포니Gaponi라는 사기꾼을 시켜 1504년 9월 24일 그를 암살했다[1]. 그는 자신을 위협하는 운명을 알고 있었기에, 늘 쇠로 된 모자를 쓰고 다녔으며, 양손에 꼭 검을 들어야만 외출을 했다. 코클레스를 암살하려는 자가 그를 찾아왔을 때, 코클레스는 24시간 이내에 살인을 저지르게 될 것이라며 말해주었다는 이야기도 있다. 이러한 일화는 사고 후에 만들어졌을 가능성이 더 높다.

코클레스는 관상학과 수상학에 관한 글을 썼지만, 일부 수정을 거치게 되었다. 책의 원제는 다음과 같다. 『알렉산더 아킬리니의 승인을 받은 관상학과 수상학의 부활. 혹은 거의 무한한 수의 저자 개요Physiognomoniæ ac Chiromanciæ Anastasis, Sive Compenchum ex Pluribus et Pene Infini tis Aucto : Ibus, Cum Approbatione Alexandri Achillini』(1504년, 볼로냐, 2절판, 서문은 아킬리니가 작성함)

(1) 살그Salgues, 『오류와 편견Des erreurs et des préjugés』. / * 높은 기둥, 들보 등에 묶어 매달거나 떨어뜨리는 형벌.

코코토 [Cocoto] 서큐버스Succubus(여성 몽마). 서인도제도에서 숭배받았다. 보댕Bodin 역시 이 존재를 언급했다[1].

(1) 『빙의망상Démonomanie』, 2권, 7장.

코키토스 강 [Cocyte / Cocytus] 고대 지옥에 흐르던 강 중 하나. 타르타로스Tartarus를 둘러싼 이 강은 악인의 눈물로만 채워져 있다.

마법사 법전 [Code des Sorciers / Sorcerers' Code] 마법의 소멸에 열정적이었던 보게Boguet는 저서 『마법사 논설Discours des sorciers』 마지막 부분에 종교 재판 판사를 위한 지침을 실었다. 1601년 출간된 이 흥미로운 글은 총 91개의 조항으로, 주로 '마법사 법전'이라는 이름으로 알려졌다. 자세한 내용은 다음과 같다.

관할 판사는 사건을 조사하고, 동일한 사건이 있을 시 통상적인 절차를 따르지 않고 판결을 할 수 있다. 마법 사용의 추정만으로도 용의자를 체포하기에 충분하다. 악마가 마법사를 감옥에서 보좌할 수 있기 때문에,

조사관은 체포 과정을 지켜봐야 한다. 판사는 피고가 눈물을 흘리지 않는지, 바닥을 내려다보는지, 따로 횡설수설하지 않는지, 신성 모독의 언사를 가지는지 살펴보아야 한다. 이 모든 것은 증거가 된다.

마법사는 수치심으로 인해 자백을 꺼리는 경우가 잦다. 그 때문에 서기는 숨어서 답변을 기록하고, 판사 혼자 재판을 진행하는 것이 좋다. 만일 마법사 앞에 마녀 집회 동반 참석자가 나타난다면 그는 혼란을 느낄 것이다. 침묵 저주를 발견하기 위해서는 마법사를 삭발시켜야 한다. 그리고 저주의 표식을 찾기 위해선 외과 의사 도움을 받아 조사해야 한다. 만일 피고가 죄를 인정하지 않는다면, 가혹한 감옥에 가둔 뒤 진실을 말하게 할 첩자를 심어놓도록 한다. 사형 아닌 용서를 베풀려는 판사들도 있지만, 이러한 관습은 야만적인 것으로 여겨진다.

판사는 마법사에게 무관한 고문을 하지 않도록 해야 하나, 고문의 사용이 금지된 것은 아니다.

만일 피고인이 기름을 소유하고 있고, 그가 마법을 행했다는 공공연한 소문이 있다면, 진지하게 마법사로 추정할 수 있다. 가벼운 방증으로는 답변의 변화, 땅에 고정된 두 눈, 겁먹은 표정 등이 있다. 중대한 증거로는 출생이 있다. 예를 들어 피고가 마법사의 자식이라면 그에게 표식이 있는지, 신성을 모독했는지를 확인해야 한다. 이런 마법사의 자식들은 부모에 불리한 증언을 할 수 있다. 책망해야 할 증인들 역시 다른 증인과 똑같이 취조해야 한다. 그리고 아이들의 이야기에도 귀를 기울여야 한다. 증인의 답변이 달라진다고 하여, 모든 증거가 마법사임을 보여주는 피고를 무고로 추정할 순 없다….

형벌은 불의 처형이다. 마법사는 목을 조른 뒤 불태운다. 늑대인간은 산 채로 태워야 한다. 추측과 가정을 기반으로 형을 내릴 때는 화형이 아닌 교수형에 처하도록 한다. 판사는 형의 집행 현장에 서기와 함께 참석해 진술을 모으도록 한다….

이 법률학과 인간성의 걸작인 보게의 업적은 당시 프랑스 변호사들의 지지를 받았다. 보게는 이 책을 살랭Salins의 변호사 다니엘 로마네즈Darnel Romanez에게 헌정했다[1].

(1) 쥘 가리네Jules Garinet, 『프랑스 마법사Histoire de la Magie en France』, 320페이지.

바티스타 코드론치 [Codronchi(Baptiste / Battista)] 16세기 이몰라Imola의 의사. 『액년, 위험을 피하는 방법, 수명을 연장하는 법De Annis Climatericis, nec non de Ratione Vitandi Eorum Pericula, Itemque de Modis Vitam Producendi Commentarius』(1620년, 볼로냐Bologne, 8절판)의 저자이다.

코엘리콜 [Cœlicoles] 유대인 이단. 별과 별의 수호천사를 숭배하였다.

심장 [Cœur / Heart] 현대의 추론가들은 『전도서Ecclesiastes』에 나오는 '지혜자의 심장은 오른쪽에 있고 우매자의 심장은 왼쪽에 있느니라'라는 이야기를 비판했다. 그러나 이 격언은 요나Jonah가 오른손과 왼손, 즉 선과 악을 구분하지 못하던 니느웨Nineveh 사람들에 대해 한 말임을 알아야 한다. 브라운Thomas Brown 박사는 심장이 부득이하게 가슴 왼쪽에 있을 수 있다는 주장은 조사를 통해 반박할 수 있다고 말했다. 심장의 하부와 중심이 정확히 가슴 정중앙에 있다는 것은 확실한 사실이기 때문이다. 물론 심장 끝부분은 왼쪽으로 치우쳐 있다. 하지만 지침판의 지침이 판 둘레를 따라 이동하더라도, 가장자리에 위치한다고 말하진 않는다. 심장도 마찬가지이다.

털이 난 심장을 지닌 사람도 있다. **참조.** 아리스토메네스Aristomène.

코호바 [Cohoba] 이 풀의 연기는 히스파니올라Hispaniola 섬 인도인들을 황홀경에 빠뜨렸다.

양막 [Coiffe / Caul] 아이가 어머니의 태에서 나올 때 머리에 씌워져 있는 때 묻은 이 신체 일부를 두고 여러 설이 존재했다. 미신을 믿는 이들은 양막이 행복을 가져온다고 생각해 정성스레 간직했다. 복 있는 자가 양막을 쓰고 태어난다고 생각했기에 지니기만 해도 같은 효과가 있다고 본 것이다. 스파르티안Spartian은 안토니누스Antoninus 생애를 설명할 때 이 미신을 언급했다. 그는 산파들이 좋은 재판 결과를 바라는 순진한 법률가들에게 양막을 판다고 말한다. 양막 부적이 모든 변론에서 이기게 해줄 것이라 믿었기 때문이다[1]. 이러한 생각은 16세기에 반박되었다. 일부 지역에선 양막이 수도사의 생을 지낼 것이라는 예언으로 보았다[2]. 과거 산파들은 양막을 쓰고 태어난 아이들의 운명을 점치기도 했다. 참조. 양막점Amniomancie.

마크리누스Macrinus 황제가 왕위에 오르기 전, 아내는 양막을 쓰고 태어난 사내아이를 낳았다. 사람들은 이 아이가 군주의 자리에 오를 것이라 보고 디아데마투스Diadematus*라는 별칭을 붙여주었다. 그러나 마크리누스가 죽임을 당했을 때, 디아데마투스 역시 추방당한 뒤 아버지처럼 죽음을 맞이했다.

(1) 브라운Thomas Brown, 『대중적 오류Erreurs populaires』, 2권, 88페이지. / *(2)* 살그Salgues, 『오류와 편견Des erreurs et des préjugés』. / * 이 별칭은 '왕관을 쓰다'라는 의미가 있다.

쿠아리에르(클로드) [Coirières(Claude)]

16세기 마녀. 그녀는 감옥에 수감되어 있던 동안, 죄수였던 프랑수아 가이야르François Gaillard라는 남자에게 어떤 비계를 주었다. 그는 이 비계를 손에 문질렀고 악마의 도움으로 탈옥할 수 있었다. 악마는 그 후에도 그가 같은 일을 반복하도록 두었다[1].

(1) 보게Boguet, 『마법사 논설Discours des sorciers』, 52장, 327페이지.

코랄바수스 [Colarbase / Colarbasus]

발렌티누스파Valentinians 이단자. 카발라Kabbalah와 점성술을 종교적 학문인 것처럼 전파하였다. 발렌티누스Valentinius의 제자였던 그는 인간의 자손과 수명이 일곱 행성에 달려있다고 주장했다. 또 모든 진리의 완전함과 충분함은 그리스어 문자에 있는데, 이는 예수 그리스도Jesus Christ의 이름이 알파와 오메가였기 때문이라고 덧붙였다[1].

(1) 베지에Nicolas Sylvestre Bergier, 『신학 사전 Dictionnaire théologique』.

콜라르(앙티드) [Colas(Antide)]

16세기에 살던 마녀. 리자벳Lizabet이라고 이름 붙인 악마와 거래한 죄로 체포되었다. 그녀는 외과 의사 니콜라 밀리에르Nicolas Milliere의 견해에 따라 수감되었다. 콜라르가 베통쿠르Betoncourt에 수감되었을 때, 검은 인간의 모습을 한 악마가 나타나 그녀에게 창문으로 뛰어내리는 것과 목을 매다는 것을 권유했다. 그리고 다른 목소리가 나타나 이를 만류했다. 마법 행위뿐 아니라 다른 무수한 파렴치한 짓을 저지른 콜라르는 1599년 돌Dole에서 화형에 처해졌다[1]. 보게Boguet가 평상시에 들려주는 이야기와 다를 것 없는 결말이다.

(1) 보게, 『마법사 논설Discours des sorciers』, 13장, 325페이지.

분노 [Colère / Anger]

빙의 된 사람들은 각각 다양하게 분노를 표출했다.

콜레티(에티엔) [Coleti(Étienne)]

『마귀에 들린 사람을 알아보고 해방하는 법Energumenos Dignoscendi et Liberandi Ratio』(1746년, 베로나Verona)이라는 책의 저자.

콜리(헨리) [Coley(Henry)]

영국의 점성가. 1690년에 사망했다. 『점성술 요소의 요점Clef des éléments de l'astrologie』(1675년, 런던, 8절판)을 저술했다. 이는 초자연적 기술에 관한 알찬 개론이다. 이 책엔 점성에 맞춰 출생을 계산하는 예시와 천궁 도표 작성법이 포함되어 있다.

가브리엘 드 콜랑주 [Collanges(Gabriel de)]

수학자. 1524년 오베르뉴Auvergne에서 태어났다. 그는 카발라Kabbalah와 숫자 비밀에 관한 연구에만 모든 지식을 사용했다. 그는 『트리테미우스의 생체기록법과 카발라의 일반적 표기La polygraphie et universelle écriture cabalistique de trithème』(1561년, 파리, 4절판)를 번역했다. 그는 여러 책을 썼으나 『아그리파의 오컬트 철학Philosophie occulte d'Agrippa』을 비롯해 출간된 것은 없다. 가브리엘 드 콜랑주는 결혼의 행운과 불행에 관한 수사본을 남기기도 했다.

콜레하이트 [Collehites]

주술을 예방하고 악마를 쫓는다고 알려진 돌[1]. 이외에 더 알려진 바는 없다.

(1) 드 랑크르Pierre de Lancre, 『악마의 변화론Tableau de

l'inconstance des démons』, 4권, 297페이지.

콜만(장) [Colleman(Jean)] 오를레앙Orleans 출신의 점성가. 샤를 7세Charles VII는 그를 높이 평가했다. 루이 11세Louis XI는 연감 계산법을 알려준 그에게 숙식을 제공했다. 민간에선 콜만이 달의 이동을 열성적으로 연구했기에 나병에 걸렸다고 말한다[1]….

(1) 황실 서재의 수사본에서 발췌, 이 수사본은 베일Bayle에 관한 졸리Joly의 주석이며 끝부분에 해당 내용이 기록되어 있다.

안약 [Collyre / Collyrium] 니놀Nynauld의 『늑대인간Lycanthropy』에는 인간의 담즙과 검은 고양이의 눈, 작가가 이름을 밝히지 않은 몇 가지 재료들로 안약을 만든 어느 마법사의 이야기가 등장한다. 이 안약을 눈에 넣으면 공기 혹은 다른 곳에 악마의 그림자가 나타나 볼 수 있다고 한다.

콜로신스 해적들 [Colokyntho-Pirates / Colocynth Pirates] 루키아노스Lucian가 들려주는 실담에 따르면, 6큐빗Cubit(3미터)에 달하는 거대한 호박 혹은 콜로신스Coloquintes*를 타고 항해하는 신비한 난쟁이 해적이다. 호박과 콜로신스가 마르면 그 속을 파내 씨앗은 전투에 사용하는 돌로, 잎은 갈대에 매달아 배의 돛으로 사용했다.

* 박과의 식물.

비둘기 [Colombes / Doves] 도도나Dodona에 있는 주피터Jupiter 신전에는 지극정성으로 돌보던 비둘기들이 있었다. 이 비둘기들은 누군가가 방문하면 인간의 목소리로 답했다.

그러나 파우사니아스Pausanias는 '도도나의 비둘기'는 다름 아닌 여사제들을 지칭하던 말이라고 주장했다. 페르시아인들은 태양이 흰 비둘기를 두려워한다고 생각했기에 이 새를 흉조로 여겼다. 페르시아 내에선 흰 비둘기와 관련된 어떤 것도 볼 수 없었다.

콜마 베르크 [Colma / Colmar-Berg] 도나우Donau 강에 위치한 성관. 전설에 따르면 마법을 통해 완전히 지어진 채로 땅속에서 솟아났다고 한다. 이는 그리스 신화의 미네르바Minerva 발밑에서 솟아난 페가수스를 연상케 한다. 학자들은 데우카오스Deucaos 왕의 용맹한 사마르트족Sarmatians 부대가 하룻밤 사이에 지었을 것이라고 주장한다.

악마의 기둥 [Colonne du Diable / Devil's Column] 프라하Prague에는 세 개의 돌이 보존되어 있다. 이 돌은 로마Rome에서 가져온 기둥의 일부로, 계약 맺은 신부를 미사 중 깔아뭉개 죽이기 위해 악마가 챙겨온 것이었다. 그러나 민간전승에 따르면 성 베드로St. Peter는 세 번이나 악마와 몸싸움했으며 악마와 기둥을 바다에 던져버렸다. 이 광경은 신부에게 회개할 계기가 되었다. 침통한 악마는 기둥을 부순 뒤 도망쳤다[1].

(1) 『파틴 박사의 여행Voyages du Docteur Patin』.

콜트레니 [Coltreni] 이탈리아의 작은 악마. 프랑스의 작은 악마인 고블린Goblins과 유사하다.

콤바다수스 [Combadaxus] 일본의 잠자는 신. 승려였던 그는 다음과 같은 이야기가 전해진다. '8살에 그는 장엄한 사원을 짓고 삶에 싫증이 난 나머지 동굴에 은둔하며 일만 년 동안 잠들겠다고 선언했다. 그렇게 그는 동굴로 들어갔고, 출구는 즉시 봉인했다. 일

본인들은 그가 여전히 살아있다고 믿는다.'

콤부르 [Combourg] "(브르타뉴Bretagne의 음침한 콤부르 성에서) 나무 의족을 찬 300년 전 죽은 콤부르 백작이 한동안 작은 탑의 계단에서 출몰한다는 이야기가 돌았다. 가끔 그의 의족과 검은 고양이는 주인 없이 함께 돌아다니기도 했다[1]."

<small>(1) 샤또브리앙Chateaubriand, 『회고록Mémoires』, 제1권.</small>

배우 [Comédiens / Actors] 보게Boguet는 다음과 같이 말했다. "배우와 희극인들은 대부분 마법사이자 마술사이다. 또 그들의 유일한 목적은 우리의 주머니를 털고 타락시키는 것이다. 그러니 쫓아내야 한다." 보게의 말이 완전히 틀린 것은 아니다.

코메니우스(장 아모스) [Comenius(Jean-Amos)] 17세기의 문헌학자. 『어둠 속의 빛La lumière dans les ténèbres』(1657년, 홀란트 Holland, 4절판)과 동일 서적의 확장판(1665년, 4절판, 2부작, 삽화 포함)을 펴냈다. 이는 코터Kotter, 다브리시우스Dabricius, 크리스틴 포니아토우스카Christine Poniatowska가 예언과 환영이라 주장했던 것들의 라틴어 번역본이다. 이 재능있는 자들이 누군지는 아직 알려진 바가 없다.

혜성 [Comètes / Comets] 사람들은 항상 혜성에서 슬픈 재앙의 징조를 보았다. 크세르크세스 1세Xerxes가 팔십만 명을 대동하고 (물론 세어봤을 리 없겠지만) 유럽을 찾았을 때 혜성이 목격되었다. 이 혜성은 살라미스Salamis 해전의 패배를 예고했다. 펠로폰네소스Peloponnesus 전쟁 직전, 아테네인들이 시칠리아Sicilia에서 패하기 전, 테베인Thebans들이 스파르타인들을 상대로 승리하기 전, 필립Philip이 아테네인들을 상대로 승리했을 때, 스키피오Scipio의 카르타고Carthago 점령 이전, 카이사르Caesar와 폼페이우스Pompey의 내전에 앞서, 카이사르의 죽음을 앞두고, 티투스Titus의 예루살렘Jerusalem 점령에 앞서, 고트족Goths에 의해 로마 제국이 해산되기 전, 무함마드Muhammad의 침공 전에도 혜성이 목격되었다. 끝으로, 프랑스 제 1제정 몰락 전에도 혜성이 떨어졌다.

혜성 출현은 대부분 나쁜 징조로 해석되었다. 하지만 누군가에겐 불길한 징조가 다른 이에겐 행운이 될 수 있다. 누군가의 가혹한 패배는 다른 이에게 큰 승리가 되기 때문이다.

카르다노Cardano는 혜성이 지구 구조에 미치는 영향을 다음과 같이 설명했다. "혜성은 공기를 평소보다 뜨겁게 만들어 더 섬세하고 덜 조밀하게 만든다. 후덥지근한 지역에서 운동을 하지 않고, 가볍게 식사하고, 허약하고, 나이가 들었거나 숙면을 하지 못한다면 생기가 덜한 공기를 들이마셔 쇠약해지고 목숨을 잃는다. 이러한 일은 특히 귀족들에게서 더 자주 일어나는데, 이는 그들의 생활 방식 때문이다. 더불어 혜성에 얽힌 미신(혹은 무지)이 부여하는 불길한 힘은, 혜성으로 발생한 사고들을 아주 자연스러운 것으로 만들어 버린다. 혜성이 떨어진 후 가뭄과 흑사병이 발생한다면 놀랄 이유가 없다. 혜성이 공기를 건조하게 만들어 흑사병을 막아낼 힘을 사라지게 했기 때문이다. 끝으로 혜성은 인간의 심장을 데우고 우울하게 만들어 폭동과 전쟁을 일으킨다." 대중들은 카르다노가 두 개의 영혼을 소유하고 있었으며, 한 영혼은 지각 있는 소리를, 다른 영혼은 분별없는 소리만 한다고 말했다. 앞서 다룬 내용을 언급한 후, 점성가는 분별없는 주장을 해댔다. 그는 혜성이 토성 근처에 나타나면 흑사병, 로마 교황의 죽음, 정부 내 혁명을 예고하는 것이라고 말했다. 또 화성 근처에 나타나면 전쟁을, 태양 근처에 나타나면 전 세계에 일어날 천재지변을, 달 근처에 나타나면 홍수나 가뭄을, 금성 근처에 나타나면 왕족과 귀족의 죽음을, 수성 근처에 나타나면 다수의 여러 불행을 예고하는 것이라고 덧붙였다.

위스턴Wiston은 대홍수의 놀라운 물이 혜성 때문이라는 것을 증명하는 엄청난 대수적 계산을 시도했다. 그리고 신이 종말을 결정하는 날에 혜성이 세상을 불태울 것이라고 보았다….

코미에(클로드) [Comier(Claude)] 신학박사. 1693년에 사망했다. 그는 『신탁, 점복, 예측과 예언에 관한 개론Traité de prophéties, vaticinations, prédictions et prognosticationsㅡ』을 펴냈다. 이외에도 점술 지팡이와 무녀를 다룬 글들을 썼다.

공산주의 [Communisme / Communism] 원죄를 부정한다는 이유로 악마의 것이라고 여겨지는 사상. 장 자크 루소Jean-Jacques Rousseau의 주장에 따르면 인간은 완벽한 존재로 태어난다고 한다. 공산주의에서 인간은 모든 것을 공동으로 소유하며 모두에게 동등한 권리를 준다. 이는 비정통적인 생각의 압축이자 인간을 원시적 상태로 되돌리기 위한 가장 확실한 절차이다. 아포타크타일즈Apotactiles, 베자드Bezards, 발도파Waldensian, 후스파Hussites 신도 및 다른 이단들은 이 사상을 확증 없이 전도했다.

콤피탈리아 [Compitales / Compitalia] 고대 로마Rome에서 라레스Lares* 또는 벽난로의 작은 악마를 위해 열리는 축제. 초기에는 아이들을 제물로 바쳤는데 브루투스Brutus가 이를 양귀비 머리로 대신하도록 하였다.

    * 고대 로마에서 가정의 수호신으로 여겨진 존재들, 단수형으로는 라르Lar이다.

지옥의 백작들 [Comtes de l'enfer / Cotints of Hell] 지옥에서 상위 계급에 속하는 악마. 다수의 군단을 거느린다. 인적이 드문 야생지라면 언제든지 소환할 수 있다[1].

    (1) 요한 바이어Johann Weyer, 『악마의 유사군주제 Pseudomonarchia Dœmonumㅡ』.

절규 의식 [Conclamation / Conclamato] 다신교가 로마를 지배하던 시절의 의식. 크게 소리쳐 절규하며 갓 사망한 이를 부르는 것이다. 절규 의식은 영혼을 멈춰 세워 올바른 길로 인도하거나, 육신에 강하게 묶인 영혼을 깨우는 것이 목적이다.

콩데 [Condé] 세비녜 부인Madame de Sevigne이 몽소Monceau의 행장에게 보낸 편지에는 다음과 같은 내용이 있다. 콩데 대공이 죽기 3주 전, 그녀가 퐁텐블로Fontainebleau에서 대공을 기다리던 때의 일이다. 대공의 귀족중 하나인 베르니뇽Vernillon은 3시쯤 사냥에서 돌아와 평소 대공이 머무르는 샹티이 성Château de Chantilly에 가까이 다가갔다. 그리고 서재 창문을 통해 갑옷 입은 유령이 수의를 입은 한 남자를 지키는 모습을 보게 되었다. 말에서 내려 근처까지 다가가도 유령은 그대로 있었다. 그의 시종 역시 같은 모습을 보고 베르니뇽에게 주의를 주었다. 그들은 성의 관리인에게 서재의 열쇠를 요청했다. 그러나 창은 닫혀있었고 지난 6개월 동안 그 어떤 소리도 들리지 않았다는 사실을 알게 되었다. 베르니뇽은 대공에게 이 이야기를 들려주었고, 대공은 잠시 겁을 먹기는 했으나 대수롭지 않게 여겼다(혹은 그런 척 했다). 이 이야기는 널리 퍼지게 되었고 대공은 그로부터 3주 뒤 사망하게 되었다….

동면자들 [Condormants] 13세기와 16세기 독일에서 나타난 이단. 애덕을 핑계로 함께 잠을 자는 그들만의 풍습에서 이러한 이름이 붙었다. 이들은 쾰른Köln 인근의 숲에서 루시퍼Lucifer상을 숭배하며 신탁을 받았다. 현대의 기록에 따르면 어느 신부가 이 집단에게 성체를 가져다 주었더니 루시퍼상이 산산조각났다고 한다.

콘페렌트 [Conférentes / Conferents] 아르노비우스Arnobius가 말한 고대의 신들. 르 루아예Pierre Le Loyer는 이들이 인큐버스Incubus(남성 몽마)에 속한다고 보았다.

공자 [Confucius] 중국에서 신처럼 숭배받는 현자. 공자에겐 주로 비단을 제물로 바쳤다. 이후 남는 비단은 젊은 여성들에게 분배되었는데, 이 귀한 부적을 지니면 모든 위험을 막아준다는 믿음이 있었다.

주술사 [Conjurateurs / Conjurers] 악마와 태풍을 쫓는 능력이 있다고 전해지는 마법사들.

액막이 [Conjuration] 악마를 쫓기 위한 구마, 주문 그리고 의식. 로마 교회에선 빙의된 자의 몸에서 악마를 꺼내기 위해 특정 주문, 구마 행위, 성수 뿌리기, 기도, 특수 의식을 집행한다.[1] 미신을 믿고 마법을 행하는 범죄자들은 이 단어를 남용하며 자신들의 반종교적 마법 행위를 액막이라고 부른다. 이런 이들이 사용하는 액막이는 대체로 악마를 소환하기 위해 마법사가 지어낸 신성 모독 단어, 고약하고 터무니없는 의식 등으로 구성된다. 이 의식은 마법 원 안에 자리를 잡으며 시작된다. **참조.** 원Cercle. 그리고 다음엔 주문을 외운다. 이 과정에 대해선 몇몇 발상들이 존재한다. 다음은 마법서Grimoire에 실려 있는 내용이다.

유령을 대상으로 한 일반적인 액막이 … "내(자신의 이름을 말한다)가, 유령(소환하고자 하는 유령의 이름을 말한다)을 살아있는 위대한 신의 이름으로 소환하건대, 특정 형상(형상을 지정해 준다)으로 나타나길 명한다. 그러지 않으면 눈에 보이지 않는 대천사 미카엘Michel이 벼락을 내려 너를 가장 깊은 지옥에 보낼 것이다. 그러니 (유령의 이름을 부르며) 오라, 오라, 오라. 와서 나의 의지에 따르라."

마법서의 액막이 … "유령들이여, 당신들이 몇 명이든 간에, 이 책을 기꺼이 받들도록 하라. 그리고 우리가 이 책을 읽을 때마다, 혹은 읽은 책의 형태와 가치가 동의와 인정을 받을 때마다, 상황을 막론하고 독자가 판단하는 아름다운 인간의 형상으로 나타날 것을 명한다. 그리고 주술이 실행되면 즉시 나타나, 앞서 말한 책에 적히고 언급된 모든 것을 실행에 옮기도록 하라. 그대들은 복종하고, 보필하고, 가르치고, 내놓고, 힘이 닿는 한 모든 것을 하며, 명령하는 자에게 도움이 되어야 한다. 이 모든 것은 환술 없이 이행될 것이다. 그리고 갑작스러운 요청에 당신들 중 하나가 찾아오지 못할 시엔 능력을 갖춘 다른 존재를 보낼 것이다. 그 존재는 전능하며 살아계신 신의 매우 성스러운 이름으로 독자가 요청하는 바를 엄숙히 실행에 옮길 것이다."

악마를 대상으로 한 액막이 … "일어나라, 유령들이여, 그리고 모두 이리로 오라. 그대들이 섬기는 왕의 힘과 능력 그리고 그 왕의 일곱 왕관과 사슬로 모든 영혼이 결속되어 있노라. 내가 명할 시 지옥의 모든 영혼은 이 원 앞으로 와 모습을 드러내야 한다. 모두 내 명에 따라 바로 여기서 당신들의 힘으로 할 수 있는 모든 것을 행하라. 동쪽, 남쪽, 서쪽과 북쪽으로부터 오라. 신의 힘과 능력으로 명한다."

요일별 액막이 … 월요일에는 루시퍼Lucifer를 소환한다. 이 의식은 11시에서 12시사이, 그리고 3시에서 4시 사이에 이루어진다. 원을 그리는 데는 축복받은 석탄과 분필이 필요하다. 원엔 다음과 같이 적는다. '루시퍼여, 네가 두려워하는 자의 이름으로 이 원 안에 들어오는 것을 금한다.' 그리고 다음의 주문을 외운다. "루시퍼여, 말로 표현할 수 없는 자들인 온On, 알파Alpha, 야Ya, 레이Rey, 솔Sol, 메시아Messias, 인고둠Ingodum 등의 이름으로, 너를 쫓는다. 그리고 내게 해를 입히지 않고 다음을 이행하라. (요청 사항을 말한다)"

화요일에는 남브로스Nambroth를 소환한다. 이 의식은 밤 9시에서 10시 사이에 이루어진다. 의식을 진행하는 자는 남브로스로부터 존중을 받고 품위를 지키기 위해 처음으로 발견한 돌멩이를 주어야 한다. 그리고 월요일과 마찬가지로 원을 그리고 그곳에 다음의 글을 적는다. '네가 두려워하는 자의 이름으로 나를 따르라. 남브로스여, 나를 따르라.' 그리고 다음의 주문을 외운다. "남브로스여, 너를 쫓아내고 속박하고 구속하는 모든 자들의 이름으로 다음을 이행하길 명한다."

수요일에는 아스타로스Astaroth를 소환한다. 이 의식은 밤 10시에서 11시 사이에 이루어진다. 그를 소환하는 것은 군주와 다른 이들의 호의를 받기 위함이다. 원 안에는 다음과 같이 적는다. '오라, 아스타로스여. 오라, 아스타로스여. 오라, 아스타로스여.' 그리고 다음의 주문을 외운다. "아스타로스, 악령이여. 신의 말씀과 권세로 명한다."

목요일에는 아샴Acham을 소환한다. 이 의식은 새벽 3시에서 4시 사이에 이루어진다. 아샴은 왕의 모습으로 나타난다. 그가 떠나길 원할 땐 빵 한 조각을 주면 된다. 원 주변엔 다음과 같이 적는다. '거룩하신 신을 통해

— 나심Nasim, 7, 7, H. M. A.' 그리고 다음의 주문을 외운다. "아샴이여, 모든 신의 왕국을 통해, 다음을 행할 것을 명한다."

금요일에는 베셰Bechet를 소환한다. 이 의식은 밤 11시에서 자정 사이에 이루어진다. 그에게는 호두 한 알을 주어야 한다. 원에는 이렇게 적는다. '오라, 베셰여. 오라, 베셰여. 오라, 베셰여.' 그리고 다음의 주문을 외운다. "베셰여, 내게 오는 것을 강제한다. 그리고 내가 시키는 다음의 일을 최대한 신속하게 이행할 것을 명한다."

토요일에는 나밤Nabam을 소환한다. 이 의식은 밤 11시에서 자정 사이에 이루어진다. 나밤이 나타난다면 탄 빵을 주며 좋아하는 것이 무엇인지 물어보아야 한다. 그의 원에는 다음의 글을 적는다. '들어오지 마라, 나밤이여. 들어오지 마라, 나밤이여. 들어오지 마라, 나밤이여.' 그리고 다음의 주문을 낭독한다. "나밤이여, 사탄의 이름으로, 벨제부스Belzébuth의 이름으로, 아스타로스의 이름으로, 그리고 모든 영의 이름으로, 다음을 명한다."

일요일에는 아퀴엘Aquiel을 소환한다. 이 의식은 자정에서 1시 사이에 이루어진다. 아퀴엘은 소환자의 머리털 한 가닥을 요구할 것이다. 이때 여우 털 한 가닥을 주어야 하며, 아퀴엘은 이를 받아 갈 것이다. 원에는 다음과 같이 적는다. '오라, 아퀴엘이여. 오라, 아퀴엘이여. 오라, 아퀴엘이여.' 그리고 다음의 주문을 외운다. "아퀴엘이여, 이 책에 적힌 모든 자들의 이름으로, 지체 없이 이곳에 와 내게 복종하라."

인간이나 유령이 숨긴 보물과 얽힌 매우 강력한 액막이 의식은 매일 밤낮 시간을 가리지 않고 진행한다. 주문은 다음과 같다. "이 장소 또는 세상 어떤 곳에 있는 악마들이여. 신과 천사들이 그대들에게 내려준 힘이 무엇이든 상관없이 지옥의 심연 가장 깊은 곳으로 보낸다. 저주받은 영혼들, 지옥에 떨어진 영혼들이여. 그대들은 동지와 함께 준비된 지옥 불로 떨어질 것이다. 그대들이 반역하고 복종을 거부한다면, 더 높은 악마들이 지닌 힘을 통해 강제하고 명할 것이다. 예수 그리스도Jesus Christ의 이름으로 이곳에 나타나 내가 시키는 바에 따르고 동의하라."

참조. 피에트로 다바노Pierre d'Apone 등.

이 이해력을 초월하는 어처구니없는· 언동들은 그저 원문을 옮겨 적은 것일 뿐이다. 해석은 불필요하다. 참조. 소환Évocations.

(1) 베지에Nicolas Sylvestre Bergier, 『신학 사전Dictionnaire théologique』.

폭풍의 주술사들 [Conjureurs de Tempêtes / Storm Conjurers] 미신을 믿는 선원들 사이에서 회자되던 존재들. 악마의 거래로 바람을 조종하는 힘을 얻게 된 일부 선원을 이러한 명칭으로 불렀다. 이 능력은 오른손 새끼손가락에 낀 쇠반지로부터 나왔다. 단 항해 시 음력으로 한 달을 넘기지 않아야 하며, 육지에 3일 이상 머무르지 않는다는 조건이 있었다. 만일 이러한 조건이 깨지는 상황이 발생한다면, 반지에 얽힌 악마와 싸우는 위험한 방법을 시도하거나, 바다에 사람을 한 명 던져야 했다.

콘스탄티누스 대제 [Constantin / Constantine The Great] 불가사의한 십자가 환영과 이로 인해 승리하게 될 것이라는 이야기로 인해, 콘스탄티누스 대제는 개종 후 군기에 십자가를 새겼다.

16세기까지, 그 어떤 작가도 콘스탄티누스 대제 환영을 반박하지 않았다. 모든 현대 기념물들은 이 기적을 증명하고 있다. 하지만 일부 사람들은, 십자가 숭배 허용을 위해 이를 활용할 수 있다는 점을 알고 책략을 꾸몄다…. 전세기의 철학자들은 어김없이 이 억설을 그대로 답습했다.

J. B. 뒤부아장J. B. Duvoisin, 낭트Nantes의 주교, 에스톡Estocq의 수도원장 그리고 소르본

Sorbonne 대학의 박사들은 콘스탄티누스 환영을 다룬 논고를 발표했다. 12세기만에 이 환영에 관심을 가진 자들이 모든 것을 부정하기로 한 것이었다.

랭글렛 뒤프레누아Lenglet-Dufresnoy는 자신의 저서 『환영론Traité des Visions』에서 다음과 같이 저술했다. '얼마나 많은 지적을 하지 않을 수 있을까. 학자이자 신부인 파지Pagi가 바로니우스Baronius를 다룬 이야기, 그리고 티유몽Tillemont의 기록 등에서 이에 관한 사실을 찾을 수 있다. 전술한 작가들에 의해 진실로 밝혀진 증언들은 비난 품은 의심을 없애야 한다. 이러한 비난들은 의심 많은 상상력만을 먹고 자라기 때문이다. 일반적 사상에서 돋보이기 위해, 일부 사람들은 이야기를 지어내 명백히 널리 밝혀진 일부 교리에 대한 편견을 쌓는다. 그러나 그들도 역사적 사실에 대한 논쟁에서 근거가 널리 인정된 논점만큼은 믿어 의심치 않는다.'

콘스탄틴 코프로니무스 [Constantin Copronyme / Constantine Copronymus]

콘스탄티노플Constantinople의 황제로 우상 파괴론자였다. 르 루아예Pierre Le Loyer가 마법사라고 주장했던 그는 재주 좋게 악마를 소환하곤 했다. 콘스탄틴 코프로니무스는 죽은 자를 불러들이고 고약한 제물을 바치며 악마에게 기원했다. 그는 온몸에 불이 붙은 채로 죽었는데, 불길이 너무도 맹렬했기에 소리밖에 지를 수 없었다[1].

[1] 르 루아예Pierre Le Loyer, 『귀신의 역사와 귀신 환영Histoire des spectres et des apparitions des esprits』, 4권, 6장, 302페이지.

별자리 [Constellations]

12개의 별자리는 황도 12궁을 구성한다. 점성가들은 이를 두고 태양의 12채의 집이라고 불렀다. 별자리에는 양자리, 황소자리, 쌍둥이자리, 게자리, 사자자리, 처녀자리, 천칭자리, 전갈자리, 궁수자리, 염소자리, 물병자리 그리고 물고기자리가 있다. 이는 모두에게 알려진 다음의 시에 잘 나와 있다.

'양, 황소, 쌍둥이, 게, 사자, 처녀Sunt Aries, Taurus, Gemini, Cancer, Leo, Virgo, 천칭, 전갈, 궁수, 염소, 물병, 물고기라네Libraque, Scorpius, Arcitenens, Caper, Amphora, Pisces.'

별자리를 이용해 운세를 점쳐보기도 한다.
참조. 별점Horoscopes, 점성술Astrologie.

반주술 [Contre-Charmes / Counter-Charms]

다른 마법의 효력을 깨트리기 위해 거는 주문. 마법사들이 마법에 걸린 동물에게 반주술을 시도할 때, 동물에게서 뽑아낸 피를 담은 사발에 소금을 뿌린다. 이후 9일 동안 특정 주문을 왼다. **참조.** 그라티안Gratianus, 부적Amulette, 주술Sort, 저주들Maléfices, 불능 저주Ligatures 등

반마법사 [Contre-Sorciers / Counter-Sorcerers]

독특한 유형의 사기꾼에게 붙은 명칭. 이들은 마법을 행하며 자신들에게 저주를 없애는 힘이 있다고 주장했다. 두 명의 반마법사는 최근 오브Aube의 한 지역을 방문해 가축 전염병이 도는 것이 저주 때문이라고 주장했다. 그들은 한 마리의 가축도 치료하지 못하면서 선량한 사람들로부터 많은 돈을 뜯어냈다. 1857년 7월 3일, 아르시 쉬르 오브Arcis-sur-Aube의 법원에선 이들을 18개월 동안 수감하는 형을 내렸다. 이런 사상 파괴 신문을 읽기 시작하면서 시골도 점차 발전해 온 것이다.

경기 [Convulsions]

9세기에 있었던 일이다. 디종Dijon의 교회에 수상한 사람들이 찾아와 어느 성유물을 보여주었다. 그들은 이 성유물이 로마에서 왔으며 이름을 잊어버린 한 성인의 것이라고 주장했다. 테오발드Theobald 주교는 출처가 불분명한 성유물을 받지 않으려 거부했다. 그러나 이 성유물은 기이한 일들을 벌였다. 이 물건을 숭배하러 온 자들이 경기를 일으킨 것이었다. 주교의 반대에도 불구하고 곧 이 경기는 삽시간에 사람들 사이에서 퍼져나갔다. 이 유행은 특히 여성들 사이에서 더 깊숙이 번졌다. 테오발드는 종속되어있던 리옹Lyon의 대주교인 아몰론Amolon을 찾아 이 일을 상의했다. 대주교는 다음과 같이 답했다. "지옥에서 온 허구의 이야기, 괴상망측한 경이를 쫓아 버리게. 이는 사기일 뿐이네. 순교자들의 무덤에서 이 끔찍한 증상들이 병자를 치료하기는커녕 육

신을 고통스럽게 하고 정신을 괴롭히는 것을 보지 않았는가?" 이 광신적 강박관념은 18세기 초 여러 번 큰 반향을 일으켰다. 그리고 여전히 많은 무분별한 사람들이 경기, 비틀림, 괴상한 표정을 기적이라고 생각한다. 우울증이 있거나 예민한 사람들은 이 연극에 많은 관심을 기울인다. 이들은 정신이 흐트러질 때 깊은 공상에 심취하는데, 이때 황홀경에 빠져 예언을 할 수 있다고 스스로 확신한다. 이러한 병은 정신이 약한 자들에게 확산되며, 신체 또한 영향을 받는다. 브뤼에Brueys[1]는 이것이 경기를 일으킨 자들이 바닥에 쓰러진 후 잠이 들게 되는 원인이라고 말했다. 과거엔 더 놀라운 몸부림을 보여준 일도 있었다. 이들은 남다른 상태 속에서 은은한 목소리를 들으며, 광적인 상상력으로 가득 찬 모든 괴상한 생각들을 읊는 것이다. 당신은 프랑스 수도에서 벌어진 경기와 비상식적인 이적에 관해 들어본 적이 있을 것이다. 파리Paris 부사제의 무덤엔 일생을 조용히 살다 사후에 유명해진 한 사람이 잠들어 있다[2]. 이 광신적 추종은 극에 달했고 정부는 1732년 파리스가 매장된 생 메다르Saint-Médard 묘지의 문을 닫아야 했다. 한 익살꾼은 이 일화를 두고 두 행으로 된 시를 썼다.

'왕이 말하노라.
여기 신의 기적이 금지되어 있다고.'

그 뒤로 경기를 일으킨 사람들은 특정 장소에서 모임을 가지며 매달 정해진 날에 공연을 펼쳤다. 사람들은 이를 보기 위해 몰려들었고, 보헤미안보다 더 유명해지게 되었다. 하지만 지나침과 우스꽝스러움으로 인해 곧 몰락하고 말았다.

(1) 『광신의 역사Histoire du Fanatisme』 서문. / *(2)* 카레 드 몽즈롱Carré de Montgeron은 이 기적들을 4절판으로 된 3부작 책에 그림과 함께 기록했다. 멘Maine 공작부인의 노래에 담긴 기적 중 하나는 다음과 같다. '왕궁의 구두닦이 한 명, 왼쪽 발꿈치 불구에서, 특별한 은총을 얻었네. 그것은 다른 발을 절 수 있는 권리.' 『지옥의 전설Légendes Infernales』 속 생 메다르 교회를 참조할 것.

코페르니쿠스 [Copernic / Copernicus]

1543년 사망한 저명한 천문학자. 로마 재판소Rome에서 그의 학설이 잘못되고 날조된 것이라며 금지했다는 이야기가 있지만, 이는 거짓이다. 그는 교회 참사회원직을 겸하며 로마에 살았고, 자유롭게 천문학을 가르쳤다. 이에 관해서는 다음을 살펴보라. **참조.** 갈릴레이Galilée.

수탉 [Coq / Rooster]

수탉에겐 지옥의 힘을 쫓는 능력이 있다고 전해진다. 그리고 지옥의 사자Lion라고 불리는 악마가 수탉을 보거나 울음소리를 들으면 사라진다는 민담이 있다. 이 때문에 사자가 수탉의 울음소리 혹은 모습에 겁을 먹고 달아난다는 주장도 생겨났다. 적어도 피에르 드 랑크르Pierre de Lancre는 그렇게 주장했다.

살그Salgues는 다음과 같이 말했다[1]. "그러나 이 학자들에게 말해주어야 할 것이 있다. 동물원에 있는 사자 우리에 수탉을 넣었을 때, 사자들은 울음소리에 겁먹기는커녕 집어삼키고 싶어 보였다는 것이다. 수탉을 넣을 때마다 수탉이 사자를 죽이는 것이 아니라, 사자가 수탉을 먹을 뿐이었다." 수탉이 울면 마녀 집회의 모든 것이 사라진다는 속설은 잘 알려져 있다. 악마와 마녀의 회동에서 수탉의 울음소리가 모두를 달아나게 한 일은 간혹 있었다. 불멸의 기적을 통해 살아있는 시계 역할을 하는 이 수탉 소리는 하늘을 나는 악마가 나르던 것을 떨어뜨리게 만든다. 이는 종소리에 부여된 힘과 유사하다. 밤의 회동 동안 수탉이 울지 못하게 만들기 위해 마법사들은 악마로부터 교육을 받았다. 이들은 올리브유를 이마에 문지르거나 포도나무 줄기로 만든 목걸이를 걸었다.

이 새는 많은 미신적 착상이 따라다닌다. 용기와 경각심의 상징인 수탉은, 오래전 갈리아인Gauls들을 상징했다. 비텔리우스Vitellius가 도피네Dauphine 비엔느Vienne에서 심판을 내리고 있을 때, 수탉 한 마리가 그의 어깨에 올라앉았다. 예언자들은 황제가 갈리아인의 수중에 넘어가게 될 징조라고 입을 모아 말했다. 실제로 그는 툴루즈Toulouse의 갈리아인에게 패했다.

수탉을 이용해 미래를 예측하기도 한다. **참조.** 수탉점Alectryomancie. 수탉의 위에선 '수탉석'이라는 것이 만들어진다는 설도 있다. 과거의 사람들은 수탉석이 용기와 힘을 준다고 보았다. 크로토나의 밀론Milo of Croton이 지닌 경이로운 힘 역시 이 돌로부터 나왔다. 수탉석은 부를 축적시켜주기도 한다. 또 몇몇 이들은 갈증을 없애주는 묘약이라고 생각했다. 과거엔 수탉이 특수한 마법적 효능이 있다고 생각했다. 레오노라 갈리가이Leonora Galigai는 저주를 시전하기 전, 마법을 건 수탉 볏과 숫양의 콩팥만 섭취했다. 그녀가 고발당했을 당시, 악마에게 수탉을 바쳤다는 이야기도 있다(2).

일부 유대인들은 속죄일Yom Kippur 전날, 흰 수탉에게 그들의 죄를 짊어지게 한 후 목을 졸라 불에 굽는다. 아무도 먹고 싶어 하지 않는 이 닭의 내장은 지붕 위에 널어놓는다. 미신을 믿는 일부 지역에선 성 크리스토퍼St. Christopher에게 수탉을 바쳐 병을 치료하고자 했다. 마지막으로 수탉이 낳은 알은 저주에 걸려 있으며, 뱀 또는 바실리스크Basilisk가 태어난다는 속신이 있다. '이 미신은 스위스에 널리 퍼져있다. 바젤Basel의 소 연대기에서 그로스Gross는 1474년 8월 수탉이 사형에 처해진 일화를 들려준다. 이는 저주받은 알을 낳은 혐의 때문인데, 부르주아들은 수탉과 알을 카블렌베르크Kablenberg라는 장소에서 공개적으로 불태웠다. 무수한 사람들이 그 광경을 목격했다(3).' **참조.** 바실리스크Basilic, 결혼Mariage 등.

(1) 『오류와 편견Des erreurs et des préjugés』 서문. / *(2)* 쥘 가리네Jules Garinet, 『프랑스 마법사Histoire de la Magie en France』, 100페이지. / *(3)* 『스위스 기담 사전Dictionnaire d'anecdotes Suisses』, 114페이지.

산호 [Corail / Coral] 일부 작가들은 산호가 피를 멎게 하며 구마 능력을 갖추고 있다고 기록했다. 마르실리오 피치노Marsilio Ficino는 산호가 공포를 쫓고 번개와 우박으로부터 지켜준다고 주장했다. 루세티Luceti는 그 이유를 산호가 내뿜는 뜨거운 수증기에 있다고 보았다. 산호의 수증기가 공기 중으로 솟아 우박, 천둥을 일으키는 모든 요소를 흩어지게 한다고 생각한 것이다. 브라운Thomas Brown은 저서 『대중적 오류에 관한 수상록Essais sur les erreurs populaires』에서 아이들이 산호 목걸이를 두르면 치아가 빠진다고 믿던 풍습을 소개했다. 이 책에는 한때 산호가 저주를 예방하는 부적으로 사용되었던 속신도 함께 기록되어 있다.

큰까마귀 [Corbeau / Raven] 때때로 불행과 죽음을 예고한다는 미신이 있는 흉조. 이 새에겐 놀라운 능력이 있다. 『대 알베르투스의 경이로운 비밀들Les Admirables secrets d'Albert le Grand』에선 다음과 같은 내용이 기록되어 있다. 큰까마귀 알을 익힌 뒤 다시 원래 둥지에 가져다 놓으면, 큰까마귀는 즉시 알로그리쿠스Alogricus(알루이Alruy라고도 불렸다)가 매장된 섬으로 날아간다. 큰 까마귀는 그곳에서 돌멩이를 하나 가지고 돌아오는데, 이 돌멩이로 알을 건드리면 원상태로 돌아온다. '이는 아주 놀라운 일이다.' 이 돌은 본래 인도에서 발견되었기에 '인도석'이라는 이름으로 불렸다. 민간에선 큰까마귀의 노랫소리로(그걸 노랫소리라고 부를 수 있다면) 앞날을 예견했다. 보리 드 생뱅상Bory de Saint-Vincent은 큰까마귀 울음소리를 하나의 언어라고 생각했다. 아이슬란드에서는 큰까마귀의 울음소리를 나랏일과 관련해서 해석하곤 했다. 아이슬란드인들은 큰까마귀가 먼 곳에서 일어나는 모든 일을 알고 있으며, 미래를 예견할 수 있다고 믿었다. 또 가정에서 일어나는 죽음까지 예측하는데, 해당 집 지붕 위에 앉아 있다가 묘지 위를 비행하며 높낮이가 다른 울음소리를 낸다고. 어느 아이슬란드 학자는 이 새의 언어를 이해하는 재능이 있었고, 이를 토대로 이들의 은밀한 비밀들을 알아냈다는 풍설도 있다.

헤시오도스Hesiodos는 인간의 최대 수명은 96년이지만, 까마귀는 864년이며 큰까마귀가 일반 까마귀보다 세 배 더 오래 산다고 주장했다. 그의 주장에 따르면 큰까마귀는 2,592년을 사는 셈이다. 브르타뉴Bretagne에선 집마다 두 마리의 큰까마귀가 머물며 각각 삶과 죽음을 예고한다고 믿었다. 피니스테르Finistère 주민들은 해안에서 떨어진 바위 위에 왕 그랄론Gralon과 그의 딸 다훗Dahut의 영혼이 두 마리의 큰까마귀의 모습을 하고 나타난다고 믿었다. 이들은 사람이 가까이 다가가면 사라진다[1]. **참조**. 오딘Odin, 키케로Cicéron, 점복관Augures, 아서왕Arthus 등.

(1) 자크 캠브리Cambry, 『피니스테르 여행Voyage dans le Finistère』, 2호, 261페이지.

검은 까마귀 [Corbeau Noir / Black Raven] 참조. 마녀 집회의 성배Calice du Sabbat.

교수형 밧줄 [Corde de Pendu / Hanged Man's Rope] 순진한 사람들은 한때 교수형에 사용하는 밧줄이 모든 위험을 막아주며 행운을 가져다준다고 보았다. 그들은 두통을 치유하고 싶을 때 교수형에 사용하는 밧줄을 관자놀이에 둘렀다. 심지어 이 밧줄을 조금 잘라 주머니 속에 구비하면 치통이 사라진다는 이야기도 있었다. 끝으로, '목에 밧줄이 감겼다' 라는 표현은 행운이 따른다는 것을 의미하며, 영국의 하층민들은 여전히 교수형 밧줄을 구하기 위해 애를 쓴다[1].

(1) 살그Salgues, 『오류와 편견Des erreurs et des préjugés』, 1권, 433페이지.

오를레앙의 성 프란치스코회 수도사들 [Cordeliers d'Orléans] 프랑수아 1세Francis I 통치 당시, 오를레앙 성 프란치스코회 수도사 사건은 대중들에게 큰 동요를 일으켰다. 신교도들은 이를 이용해 증명되지 않은 죄들을 모두 수도사들에게 뒤집어씌웠다. 대중들은 수도사들이 천사 같은 자들이 아니라는 것에 매우 놀랐다. 이를 통해 수도사들이 평소 얼마나 많은 찬양을 받았는지 짐작이 될 것이다. 이 사건의 전말은 다음과 같았다. 생 메맹Saint-Mesmin의 영주이자 오를레앙의 관료였던 한 남성은 그릇된 사상을 가진 루터Luther교도였다. 그의 아내 또한 비밀스러운 루터교도였는데, 어느 날 사망하게 되었다. 결국 남편은 장례식 없이 조용히 아내를 매장했고, 임종 성사 또한 받지 못했다. 오를레앙 성 프란치스코회의 관리인과 문지기는 이 추문에 격분했다. 그들은 수도사 수련생 중 한 명을 교회 지붕 아래 숨겼고 지시를 내려두었다. 새벽 기도 도중, 천장 아래에 있던 수도사 수련생은 지시받은 바와 같이 소리를 냈다. 이 사실을 알지 못한 구마 사제는 당연히 이 소리가 유령이라고 생각했다. 그는 그곳에서 소리를 낸 이가 누구인지 물었다. 이에 아무도 대답하지 않았다. 다시 구마 사제는 그가 말을 할 수 없는지 물었다. 유령은 벽을 세 번 두드려 답했다.

그날은 거기서 그쳤다. 다음날도 그리고 그 다음날에도 똑같은 일이 벌어졌다. 구마 사제는 유령(또는 영혼)에게 물었다. "너는 X의 영혼이냐?" 이에 대답이 없었다. "그렇다면 Y의 영혼이냐?" 또 대답이 없었다. 구마 사제는 계속해서 교회에 묻혔던 사람들의 이름을 하나둘 언급했다. 그러다 오를레앙의 관료 프랑수아 드 생메맹François de Saint-Mesmin의 아내 루이즈 드 마로Louise de Mareau의 이름을 부르자, 유령은 벽을 세 번 두드렸다. "너는 불길 속에 있느냐?" 벽이 세 번 울렸다. "루터의 그릇된 사상을 나눈 이유로 지옥에 떨어졌느냐?" 벽이 크게 세 번 울렸다….

이에 사제들은 겁에 질렸다. 이들은 생메

망의 영주를 찾아가 교회에 묻힌 루터교인 그의 아내를 치워줄 것을 청했다. 그러나 영주는 속아 넘어가지 않았다. 그는 파리Paris로 달려가 참사원들에게서 오를레앙의 성 프란치스코 수도사 여덟 명의 체포 영장을 받아왔으며, 가짜 유령을 만든 죄로 공개 용서를 비는 형을 내렸다 (1534년).

이 죄는 (죄가 있다면) 개인의 죄로, 여덟 명 중 관리인과 문지기 두 사람만이 유죄가 인정되어 추방당했다. 불복하거나 항의하는 사람은 없었다.

고라 [Coré / Korah] 다단Dathan과 아비람Abiram의 동무. 지옥의 뱃사공 카론Charon과 고라를 헷갈린 이슬람교도들 사이에선 다음과 같은 이야기가 회자된다. 고라는 모세Mose의 사촌이었다. 고라를 가엾게 여긴 모세는 연금술을 가르쳐주었고 이를 통해 고라는 큰 부를 쌓게 되었다. 고라의 막대한 금과 은을 나르려면 40마리의 낙타가 필요했다. 몇몇 이들은 한 무리의 낙타가 그의 금고 열쇠만을 날라야 할 정도였다고 주장했다.

(여전히 이슬람교도 작가들의 기록에 따르면) 모세가 이스라엘 백성들에게 전 재산의 10분의 1을 십일조로 바치라고 명하였을 때, 고라는 이를 거부했고 자신의 은인을 상대로 반란을 일으켰다. 또 모세의 평판을 위태롭게 하는 중상모략을 퍼트렸다. 모세는 신에게 이 사실을 고했고, 신은 배은망덕한 자를 벌하였다. 땅은 고라와 그의 지지자들을 집어삼켰다.

까마귀 [Corneille / Carrion Crow] 고대인들은 새로운 일을 시작할 때 들리는 까마귀 소리를 흉조로 받아들였다. 하지만 결혼식엔 까마귀를 동원했다. 까마귀는 부부 중 한 명이 먼저 죽으면 남은 자의 삶을 감시한다고 믿었기 때문이다. **참조.** 큰까마귀Corbeau, 점복관Augures 등. 여러 전설에서 나타나듯 마녀들은 까마귀를 부렸다.[1]

(1) 『지옥의 전설Légendes Infernales』에서 바르클레Barklay의 까마귀를 참조할 것.

코르넬리우스 [Cornélius] 아울루스 겔리우스Aulus Gellius가 말하는 파도바Padua의 이교

도 사제. 그는 황홀경을 느낄 수 있었으며 유체 이탈이 가능했다. 그는 파르살로스Pharsalus 전투 중 여러 보좌관 앞에서 끔찍한 싸움을 보았다며 승자와 도망자를 지목했다. 그리고 전투 끝에서 갑자기 카이사르Caesar가 이겼다고 소리를 질렀다.[1]

(1) 르 루아예Pierre Le Loyer, 『귀신의 역사와 귀신 환영 Histoire des spectres et des Apparitions des Esprits』, 4권, 25장, 456페이지.

뿔 [Cornes / Horns] 어둠의 제국에 사는 모든 이들은 뿔을 가지고 있다. 이는 지옥의 복장에서 꽤 중요한 부분을 차지한다.

뿔을 가진 아이들도 존재했다. 바르톨린Bartholin은 성 저스틴Saint-Justin 수도원에 두 개의 뿔이 머리에 달린 수도자가 있었다고 기록했다. 라바흐당Lavardin의 장성은 왕에게 머리에 뿔이 달린 야만인을 데려갔다. 1699년 파리Paris에 살던 트루이용Trouillon이라는 프랑스인 이마엔 숫양 뿔이 달려있었다고 한다[1]. **참조.** 키푸스Cippus.

나폴리Napoli 왕국을 비롯한 여러 지역에서 뿔은 마법을 막는 부적으로 여겨졌다. 집에는 뿔 장식이 있었고, 길에서나 이야기하는 도중 상대가 마법사로 의심된다면 손가락으로 몰래 뿔 모양을 만들었다. 이는 지주에 걸리는 것을 막기 위해서였다. 아이들의 목엔 작은 뿔 한 쌍이 달린 목걸이를 걸기도 했다.

(1) 살그Salgues, 『오류와 편견Des erreurs et des préjugés』, 3권, 128페이지.

올덴부르크의 뿔 [Cornet d'Oldenbourg / Oldernburg Horn] 참조. 올덴부르크Oldenbourg.

콘월 [Cornouailles / Cornwall] 이 지역의 주민들은 콘월의 명칭이 플리머스Plymouth 인근에서 고그와 마고그Gogmagog를 죽인 기사 코리네우스Corineus로부터 유래되었다고 말한다.

코슨드 [Corsned] 앵글로색슨족Anglo-Saxons 사이에서 행하는 시험. 공복의 용의자에게 많은 의식을 통해 축복한 빵 혹은 치즈를 조금 먹이는 것이다. 용의자에게 죄가 있으면 음식물이 목에 걸리며, 잘 삼킨다면 무고하다고 판명이 난다.

코리반티아즘 [Corybantiasme / Cory-

bantiasm] 일종의 광기. 이에 노출된 자는 귀신을 보고 계속해서 휘파람을 듣게 된다. 이들은 수면 중에도 눈을 뜨고 있었는데, 악마 광신자들은 악마로부터 빙의를 당했다고 믿었다.

코신가스 [Cosingas] 트라키아Thracia의 민족인 세브레니Cebrenii의 왕자이자 여신 주노Juno의 사제였던 인물. 그는 불충한 백성들을 처리하기 위해 독특한 방책을 고안해냈다. 그는 여러 개의 긴 사다리를 서로 묶으라고 명한 뒤, 자신이 주노가 있는 하늘로 승천할 것이라는 소문을 퍼뜨렸다. 그리고 그곳에서 불충한 백성을 보고할 것이라고 덧붙였다. 미신을 숭배하던 무지한 트리키아인들은 코신가스에게 복종하게 되었고, 충성의 서약을 했다.

코스마스 [Cosmas] 6세기의 여행가. 인도를 자주 항해하며 직사각형 육지가 그려진 기묘한 지형도를 남겼다. 그 이후로 인디코플루스테스Indicopleustes라는 별칭이 생겼다. 이 지도에서 하늘은 거대한 궁륭이 받치고 있는 것으로 묘사되었다. 그는 오직 별들만이 공전하며, 세상이 뒤집힌 산에 놓여 있다고 말했다. 마비용Mabillon은 이 흥미로운 책을 1707년 출간하였다.

코스마스는 자신의 저서에서 세상을 거대한 함과 같다고 말했다. 그리고 한 명의 천사가 태양과 달과 별을 움직이고, 다른 천사들은 비와 뇌우를 만들고 더위와 추위, 눈과 이슬, 안개 등을 일으킨다고 주장했다. 그의 견해에는 놀라울 것이 없다. 필리프 2세Philippe Auguste가 왕위에 올랐을 때도 일반인들은 세상이 여전히 정사각형이라고 믿었다.

체점 [Cosquinomancie, Coscinomancie / Coscinomancy] 체와 망 같은 여과 도구를 이용한 점술. 집게로 체를 잡고 두 손가락을 사용해 양옆에서 지지한다. 이후 좀도둑 혹은 혐의가 의심되는 용의자들의 이름을 부른다. 만약 어느 이름에서 체가 회전하거나 떨리면 유죄를 선고한다. 이때, 집게를 든 자가 자신의 의지대로 체를 움직이는 것이 불가능하다고 믿어야 한다!

체를 대신해 회전축 위에 망을 올려 누가 절도를 저질렀는지 알아내기도 한다(이 점술은 여전히 행해지고 있다). 마찬가지로 용의자들의 이름을 부르는데, 도둑의 이름을 호명하면 망이 회전한다. 시골에서는 이 행위를 '망 돌리기'라고 부른다. 이 미신은 주로 브르타뉴Bretagne에서 널리 퍼졌다[1]. **참조.** 체Crible.

(1) 자크 캠브리Cambry, 『피니스테르 여행Voyage dans le Finistère』, 3호, 48페이지.

코센 [Cossen / Kossen] 피첼베르크Fichtelberg의 바위. 독일인들은 이곳 꼭대기에서 악마가 예수 그리스도Jesus Christ에게 세상 모든 왕국을 보여줬다고 말한다.

갈비뼈 [Côte / Rib] 신은 아담Adam의 갈비뼈 하나를 떼 이브Eve를 만들었다. 그러나 이를 이유로 아담의 후손 중 남성은 여성보다 갈비뼈가 하나 적다는 저속한 속인들의 말을 믿어선 안 된다.

목 [Cou / Neck] 고대에는 왼쪽 목의 맥박을 길조로, 오른쪽 목의 맥박을 흉조로 여겼다.

쿠버 [Couberen / Kuber] 인도의 우상. 부를 내려준다.

출산 [Couches / Labor] 일부 국가에선 원활한 출산을 위해 여성의 허리띠에 교회 종을 연결한 뒤 세 번 울리는 풍습이 있었다. 이 외에도 임산부에게 남편의 속옷을 입히기도 했다. **참조.** 취석Aétite.

뻐꾸기 [Coucou / Cuckoo] 브르타뉴Bretagne에선 뻐꾸기 울음소리를 세면 결혼하는 정확한 해를 알 수 있다고 믿었다[1]. 예를 들어 뻐꾸기가 세 번 운다면 3년 이내에 결혼하게 된다는 것이다.

대다수 지역에선 주머니에 돈이 있을 때 첫 뻐꾸기 소리를 들으면 일 년 내내 재물이 생길 것이라는 믿음이 존재했다. 스바Sheba의 여왕으로 추정되는 발키스Balkis의 뻐꾸기는 무함마드Muhammad가 자신의 천국에 들인 열 마리 짐승 중 하나이다.

(1) 자크 캠브리Cambry, 『피니스테르 여행Voyage dans le

『Finistère』, 1호, 175페이지.

코코람포 [Coucoulampons / Kokolampo] 2계급 천사들. 마다가스카르Madagascar 원주민들의 말에 따르면 육체를 지녔음에도 눈에 보이지 않고 특별히 수호하는 존재 앞에만 모습을 나타낸다고 한다. 이 천사들에게는 성별이 있으며 그들끼리 결혼하고 죽음을 맞이하기도 한다. 그러나 코코람포의 수명은 인간의 수명보다 훨씬 길며, 질병으로 고통받지 않는다. 코코람포의 육신은 독이나 어떠한 사고로도 해칠 수 없다.

쿠다이스 [Coudaïs] 시베리아 알타이Altai 산맥에 거주하는 타타르족Tartars의 신. 총 일곱으로 거대한 사람의 모습을 하였다. 적당한 권세를 지녔고 적당히 숭배받았다.

개암나무 [Coudrier / Hazel] 이 나무의 가지는 일부 점술에 사용되었다. **참조.** 점술 지팡이Baguette Divinatoire.

색 [Couleurs / Colors] 박물학자 플리니우스Pliny는 고대인들이 햇빛, 달빛, 행성, 공기의 색으로 점을 치며 예견했다고 기록했다. 라블레Rabelais의 기록에 따르면 어둠에서 나온 흑색은 슬픔을 의미하는 애도의 상징으로 흰색과 대비된다. 흰색은 빛과 기쁨의 색이다.

쿰바카르나 [Coumbhacarna / Kumbhakarna] 인도 신화에 나오는 거인. 그의 마어마한 식탐은 세상을 집어삼키는 게 아닐까 우려할 정도였다. 라마Rama에게 죽임을 당했다.

술잔점 [Coupe / Cup(Divination par la / Divination by)] 이집트의 요셉Joseph 시절부터 매우 자주 활용되었고, 오늘날까지도 이어져 내려온다. **참조.** 물점Hydromancie.

노크 [Coups / Knocks] 피에르 드 랑크르Pierre de Lancre(1)의 말에 따르면, 1582년 콘스탄티노플Constantinople과 로마Rome 그리고 파리Paris엔 일부 악마와 악령이 집 문을 노크하며 다녔다고 한다. 이는 문을 두드린 횟수만큼 사람이 죽는다는 신호였다.

(1)『완전히 입증된 마법에 대한 의심과 불신Incrédulité et mécréance du sortilège pleinement convaincue』, 논설 7, 37페이지.

지옥 왕국 [Cour Infernale / Infernal Court] 지옥에 관한 지식에 심취해 있던 바이어Johann Weyer와 다른 악마 광신자들은 그곳에 왕자, 귀족, 장교 등의 계급이 존재한다는 것을 발견했다. 그들은 악마의 수를 세고, 직업과 고위직 그리고 권력을 분류했다. 이들이 남긴 책에 따르면, 사탄은 지옥에서 더 이상 주권을 가지지 않고 벨제부스Belzébuth가 그 자리를 차지했다고 한다. 지옥 왕국의 현상태는 다음과 같다.

왕자와 귀족 … 지옥 왕국의 총통이자 파리Fly 기사단의 설립자인 벨제부스. 야망의 수장인 사탄. 파리 기사단의 지휘관이자 죽음의 왕자인 에우리노메Eurynome. 비애의 땅의 왕자이자 기사인 몰록Moloch. 불의 왕자인 플루토Pluto. 마녀 집회의 대사제이자 파리 기사단의 지휘관인 레오나드Leonard. 지옥 연맹의 우두머리인 바알베리스Baalberith. 대악마이자 악령들의 공주인 프로세르피나Proserpina.

장교 … 총재이자 파리 기사단의 지휘관인 아드라멜렉Adramelech. 지옥 보물고의 관리자인 아스타로스Astaroth. 비밀경찰의 수장인 네르갈Nergal. 지옥 군대의 총사령관이자 파리 기사단의 지휘관 바알Baal. 파리 기사단의 기사이자 대제독인 레비아탄Leviathan.

대사 … 프랑스 대사인 벨페고르Belphegor. 영국 대사인 맘몬Mammon. 튀르키예의 대사인 벨리알Belial. 러시아 대사인 림몬Rimmon. 스페인 대사인 타무즈Tammuz. 이탈리아 대사인 후트긴Hutgin. 스위스 대사인 마르티네Martinet 등.

법관 … 대법관인 루시퍼Lucifer. 사형집행인인 알라스토르Alastor.

왕가 수행단 … 의전관인 베르데레Verdelet. 환관의 수장인 수코르 베노스Succor-Benoth. 시종장이자 파리 기사단 기사인 샤모스Chamos. 국고 담당자인 멜콤Melchom. 주방장인 니스록Nisroch. 주류 관리자인 베헤모스Behemoth. 제빵 관리자인 다곤Dagon. 궁중 하인인 물린Mullin.

유흥 … 공연 지휘자인 코발Kobal. 도박장 감독관인 아스모데우스Asmodeus. 어릿광대인 니바스Nybbas. 요술꾼이자 강신술사인 적그리스도Antichrist(보게Boguet는 그를 신의 원숭이라고 불렀다).

이를 통해 악마 광신자들은 어둠의 제국 거주민들에게 제법 우호적인 태도를 보였음을 알 수 있다. 이들이 펼친 무수한 공상들을 지켜본 신은 이들이 악마의 제국으로 갈 자격이 없다고 여긴 모양이다! 베르비귀에Berbiguier는 1821년 이 지옥 왕국 귀족 목록을 옮겨적은 뒤, 다음과 같은 글을 덧붙였다. '이 왕국은 지구에도 대표단을 가지고 있다. 파리의 마법사인 모로Moreau는 벨제부스를, 살페트리에르Salpêtrière 병원 의사인 피넬Pinel은 사탄을, 베르사유Versailles에서 일을 하는 보네Bonnet는 에우리노메를, 니콜라Nicolas의 일행인 부주Bouge는 플루톤을, 아비뇽Avignon의 의사 니콜라는 몰록을, 물랭Moulins의 밥티스트 프리외르Baptiste Prieur는 판Pan을, 그의 형제이자 일용잡화 상인인 프리외르 디 엘더Prieur the Elder는 릴리스Lilith를, 물랭의 에티엔 프리외르Etienne Prieur는 레오나드를, 프리외르의 사촌인 파폰 로미니Papon-Lominy는 바알베리스를, 자느통 라발레트Jeanneton Lavalette, 만소트Mansotte와 반데발Vandeval은 대악마 프로세르피나를 대표한다. 프로세르피나는 세 명의 마녀를 내 짐 속에 넣으려 했다[1].' 참조. 베르비귀에.

(1)『파르파데Les Farfadets』, 1권, 4페이지, 5페이지.

쿠릴 [Courils] 짓궂고, 부패했으며, 춤추는 작은 악마들. 캠브리Cambry는 피니스테르Finistère에서 그들을 숭배한 사실을 발견했다. 쿠릴은 달빛 아래 신성한 돌 또는 신관 유적 인근을 뛰어다닌다. 만약 그들이 당신의 손을 잡는다면, 움직임을 함께 따라야 한다. 그들은 떠날 때 함께 있던 사람을 기진맥진하게 만든다. 브르타뉴Bretagne인들은 밤이면 코발로스Kobalos와 비슷한 이 악마들이 살던 장소를 신중히 피해 다녔다.

해당 고장에 가톨릭 사도들이 당도하자 쿠릴들은 힘의 대다수를 잃어버리게 되었다. 참조. 윌리스Willis.

쿠르마 [Courma-Vataram / Kurma] 인도의 사람들은 그들의 신 비슈누Vishnu를 이 이름으로 숭배하였다. 쿠르마는 비슈누의 두 번째 화신으로 거북이의 모습을 하고 있다.

결혼 화관 [Couronne Nuptiale / Wedding Crown] 스위스 엔틀레부흐Entlebuch에선 결혼식 당일 축제와 무도회가 끝나면, 노란 옷을 입은 여자가 신부에게 화관을 태울 것을 요청한다. 이때 불꽃이 튀면 신혼부부에게 나쁜 징조로 해석되었다.

구두끈 [Courroie de Soulier / Shoe Strap] 로마Rome에서는 집을 나설 때 구두끈이 끊어지는 것을 흉조로 받아들여졌다. 시작한 일은 끝맺지 못하고 착수하기로 한 일은 미뤄지게 될 것이라 보았다.

쿠르 드 제블랭 [Court de Gébelin] 괴짜 작가. 18세기 로잔Lausanne에서 파리Paris로 이주했다. 『원시 세계Monde Primitif』라는 표제의 9부작 철학 소설을 펴냈다. 볼테르Voltaire의 비서는 식료품 장수들을 통해 보존된 이 책이 종교적 진리를 공격한다는 이유로 추천하였다. 그는 최면술에 큰 열정을 보였다. 그리고 1784년 5월 13일, 자신에게 제대로 된 최면을 건 나머지 사망하게 되었다. 그의 비석에는 다음의 명구가 적혔다.

가련한 제블랭 이곳에 잠들다.
그는 그리스어, 히브리어, 라틴어에 능통했다.
모두 그의 용맹함에 존경을 표할지어다.
그는 최면술의 희생자이다.

쿠르티니에르 [Courtinière] 브르타뉴Bretagne 출신의 귀족, 드 라 쿠르티니에르De la Courtiniere는 자신의 성에 인근 영주들을 초대해 며칠을 머무르도록 권했다. 손님들이 떠난 후, 쿠르티니에르는 아내가 그들에게 좋은 인상을 심어주지 못했다고 생각하며, 불평을 토로했다. 그는 분명 듣기 좋지 않은 언사를 사용해 훈계했을 것이다. 그의 아내는 기분이 좋지 않았고, 아무 대답도 하지 않은 채 복수를 결심했다. 쿠르티니에르가 깊이 잠들자, 아내는 하인 두 명을 매수해 남편의 목을 조르게 시켰다. 그리고 시체는 지하 저장고로 옮기도록 지시했다. 하인들은 구덩이를 파 쿠르티니에르를 매장했고, 위엔 절인

돼지고기로 가득 채운 통을 올려두었다. 다음 날, 여성은 자신의 남편이 여행을 떠났다고 발표했다. 그리고 얼마 후, 그녀는 남편이 숲에서 살해당했다며 슬픈 모습을 보였고, 인근 소교구에서 장례를 치렀다.

그러나 결국 이 범죄자는 형벌을 피해 가지 못했다. 하루는 고인의 형제가 형수를 위로하고 집안일을 도우러 성을 찾았다. 그는 정원을 걷고, 형제를 떠올리며 화단의 꽃을 쳐다보고 있었다. 그러던 중 갑자기 그의 코에서 피가 왈칵 쏟아졌는데, 이는 처음 겪는 일이었다. 이와 동시에 쿠르티니에르로 보이는 그림자가 나타나 따라오라는 손짓을 했다. 형제는 지하 저장고까지 유령을 따라갔고, 그곳에서 유령은 사라졌다. 이 신비한 일은 그에게 의심을 품게 만들었다. 그는 형수인 마리 드 소르닌Marie de Sornin에게 이 이야기를 전했다. 이야기를 마치자, 그녀는 공포에 사로잡힌 모습을 보였다. 이에 형제의 의심은 배가 되었다. 결국 그는 유령이 사라졌던 곳의 땅을 파보기로 했다. 사람들은 그렇게 시체를 발견했고, 캥페르 코랑탕Quimper Corentin 판사가 이 사건의 실체를 밝혔다. 체포된 용의자들은 모두 유죄 선고를 받았다. 마리 드 소르닌은 목과 사지가 잘려 나간 뒤 불태워졌으며, 그 재는 바람에 흩어졌다. 두 하인은 오른손이 잘린 뒤 교수형에 처해졌으며, 그들의 시체 역시 불태워졌다[1]. 이 사건은 16세기 말에 일어났다.

(1) 브르타뉴 의회의 판결문, 렝글렛 뒤프레누아Lenglet-Dufresnoy의 저서 2권 및 르 루아예Pierre Le Loyer의 논설, 3권, 4장.

유녀 [Courtisanes / Courtesans]

기독교인들은 인도에서 유녀들이 여사제 역할을 한다는 사실에 매우 놀랐다. 기독교인들에겐 명예가 훼손되었다고 여겨진 이 여성들은, 그 중 한 명의 모험으로 인해 인도에서 특혜를 누렸다. 데벤디렌Devendiren이라는 인도의 신은 어느 날 인간의 모습을 하고 한 유녀를 찾았다. 그리고 그녀가 충실함을 보인다면 큰 보상을 내릴 것이라고 약속했다. 신은 그녀를 시험하기 위해 스스로 목숨을 끊었다. 신이 정말 숨을 거두었다고 생각한 그녀는 혼인한 몸이 아니었음에도 화장하는 불 속에 몸을 던져 따라 죽으려고 했다. 그녀가 불에 타고 있는 장작 위에 올라서려던 때, 데벤디렌은 깨어나 속임수였음을 밝혔다. 그리고 그녀를 아내로 맞이해 천국으로 데려갔다….

쿠틀리에 [Coutellier]

마녀 집회의 호칭기도에 불리는 악마.

쿠베라 [Couvéra / Kubera]

인도 재물의 신. 브라흐마Brahma의 증손자로 나병에 걸린 불구의 몸을 가졌으며, 다리가 세 개 있다. 입 속에는 단 8개의 치아가 전부이며, 두 눈 중 하나는 금화로 가려져 있다.

자크 드 크라방송 [Crabançon(Jacques de)]

참조. 그림Images.

게 [Crabes / Crabs]

이 끔찍한 바다 생물은 물의 악마와 일부 연관이 있다. 스코틀랜드 해안가에 사는 주민들의 말에 따르면, 게들은 해변에서 열리는 마녀 집회에 참여해 춤을 춘다고 한다.

크라카 [Craca]

삭소 그라마티쿠스Saxo Grammaticus의 기록에 따르면, 이 마녀는 식탁 위 고깃덩이를 보석 또는 다른 물건으로 바꿀 수 있었다고 한다.

침 [Crachat / Spit]

악마와 관계를 끊을 때, 마법사들은 바닥에 세 번 침을 뱉었다. 이렇게 하면 악마는 더 이상 그들에게 영향력을 행사하지 못했다. 연주창을 치료할 때도 자신들의 침을 치료약으로 사용했다.

고대에는 모든 주문과 현혹 마법으로부터 자신을 보호하기 위해 가슴팍에 침을 세 번 뱉는 풍습이 있었다. 자신에게 침을 뱉는 것은 홍조를 의미하기도 했다. **참조**. 못 박기 Chevillement.

달의 가래 [Crachat de la Lune / Moon's Sputum] 연금술사들은 현자의 돌을 만드는 데 들어가는 재료를 두고 이 명칭을 사용했다. 이 물질은 얼음의 일종으로 냄새도 맛도 없으며, 녹색 빛을 띤다. 그리고 한밤중 혹은 뇌우가 친 후 땅에서 솟아난다. 수성 물질이기에 기화가 쉬우며 아주 얇은 막 때문에 약간의 열만 가해도 증발해버린다. 식초나 물, 술에 녹지 않지만 잘 밀봉된 항아리 속에 두면 저절로 녹아 악취가 나는 액체로 변한다. 연금술사들은 일출 전 유리잔 또는 나무 그릇에 이 물질을 채집했다. 현자의 돌을 만들 때는 여기서 나오는 녹말과 닮은 흰색 가루를 사용했다.

근육 경련 [Crampe / Cramp] 바다코끼리들은 입 주변 푹 꺼진 부분에 수염이 나 있다. 뱃사람이라면 누구나 바다코끼리 수염으로 반지를 만들었다. 이 반지에는 근육 경련을 막아준다는 미신이 있었다(1).

(1) H. 르브룅H. Lebrun, 『북극 여행 요약Abrégé des voyages au Pôle Nord』, 1장.

아이의 두개골 [Crâne d'enfant / Child's Skull] 1857년 2월, 오트 마른Haute-Marne의 형사 법원에선 끔찍한 미신 때문에 발생한 어느 사건이 다뤄졌다. 다음은 기소장의 내용이다. '외이유 르 그랑Heuillez-le-Grand의 농부들은 외진 농장에 살고 있었다. 이 외진 곳의 평온함은 그 무엇도 깨뜨릴 수 없는 것처럼 보였다. 지난 1월 21일, 재판 역사상 가장 끔찍한 범죄가 일어나 그들을 절망과 비탄 속에 던져넣기 전까지 말이다. 장 밥티스트 피노Jean-Baptiste Pinot는 아침부터 일을 나섰다. 그의 아내는 11개월 된 아이가 요람에서 깊이 잠든 것을 확인하고 남편을 따라나섰다. 그녀가 일을 하는 공간은 집에서부터 몇 발짝 떨어지지 않은 거리에 있었다. 그렇기에 집을 나서며 문을 잠글 생각을 하지 못했다.

일은 몇 시간 동안 계속되었다. 이후 피노 부인은 집으로 돌아와 아이가 계속 자고 있는지 확인하려 했다. 하지만 요람이 비어있는 것을 본 부인은 혼란스러워졌다. 즉시 아이를 찾아 나섰지만, 이는 소용없는 일이었다. 다음 날 오후, 농장에 있는 마구간 속 짚단 아래 발가벗겨진 아이의 몸이 발견되었다. 아이의 팔다리는 끔찍하게 잘려 나가 있었다. 머리는 절단 도구를 이용해 잘려 나간 듯했으며 발견되지 않았다. 두 어깨 중 한 곳엔 깊은 상처가 있었는데, 사체 은폐를 위해 조각내려 했기 때문으로 추정되었다. 범죄가 있었던 건 확실했으나, 대체 어떤 살인자가, 무슨 이유로 손에 피를 묻힌 걸까? 가여운 희생자는 고작 11개월을 살았을 뿐이었다. 곧 농장에서 일을 하던 한 남성에게 의심이 쏟아졌다. 그에게는 의심을 살 만한 전적이 있었다. 어릴 적부터 습관적으로 도둑질을 했던 그는 절도죄로 징역 2년을 선고받았다. 그리고 형벌을 피하고자 보트랭Vautrin에서 모리소Morisot로 이름을 바꾸어 은신 중이었다. 그는 24살이었다. 그는 말이 적었고 고독을 즐겼으며, 여러 번이나 잔혹한 모습을 보인 적이 있었다. 아이가 사라졌다는 소식을 들은 보트랭은 창백해졌다. 그리고 다른 이들처럼 적극적으로 아이를 찾는 대신 침울하고 근심스러운 모습을 보였다. 게다가 옛 하인이 아이의 머리를 자른 것 같으며, 그렇다면 이를 성으로 가져가고 있을 것이라는 진술도 했다.

하지만 이 기이한 진술은 머리 잘린 아이의 사체가 발견되기 전에 나온 것이었다. 이 진술은 범죄의 동기와 목적을 가르쳐주었다. 다음날 보트랭은 살해당한 아이 두개골을 지니면 눈에 보이지 않는다는 이야기를 들었다고 자백했다. 또 두개골로 만든 초롱불을 켜면 아무 탈 없이 남의 주거지에 들어가 도둑질할 수 있다는 속설도 언급했다. 보트랭은 이 추악한 미신과 함께 아이 살해와 신체 훼손의 목적을 설명했다. 보트랭은 체포되었고, 이어지는 조사에서 그를 향한 혐의가 명확해졌다. 조사 과정에서 보트랭의 것으로 확인된 피에 젖은 셔츠와 바지 그리고 진흙이 수풀 뒤에서 발견되었으며, 보트랭도 이를 인정했다. 희생자의 머리 역시 인근 숲에서 발견되었다. 그리고 몇 미터 떨어진 곳에서 용의자 것인 낡은 줄무늬 모자가 발견되었다. 법정과 사전 취조에서 보트랭은 죄를 완벽히 부인했다. 그러나 증인들의 증언이 너무도 명백했기에, 배심원은 유죄를 확정했다. 보트랭은 사형에 처해졌다.'

두개골점 [Crânologie / Craniology] 참조. 갈Gall.

두꺼비 [Crapaud / Toad] 두꺼비들은 마법과 관련해서 꽤 중요한 위치에 있다. 마녀들은 두꺼비에게 애정을 주며, 애지중지한다. 그들은 항상 몇 마리의 두꺼비를 기르며, 돌보고, 먹이고, 녹색이나 적색 또는 흑색 벨벳으로 옷을 입힌다. 피에르 드 랑크르Pierre de Lancre는 마녀에 대해 다음과 같이 언급했다. 위대한 마녀들은 보통 악마를 거느리는데, 악마는 항상 그녀의 왼쪽 어깨 위에 두꺼비의 모습을 하고 있었다. 이들의 머리 위엔 작은 뿔이 두 개 돋아나 있었다. 이 악마는 마법사거나 과거에 마법사였던 사람만이 알아챌 수 있었다. 악마는 마녀 집회에서 이 두꺼비들에게 세례를 내렸다. 쟈네뜨 다바디Jeannette d'Abadie와 다른 여성들은 적색 벨벳 옷을 입은 두꺼비들을 보았으며, 그 중엔 흑색 벨벳 옷을 입은 것도 있었다고 증언했다. 두꺼비들은 목과 뒷다리 중 한 곳에 방울을 달고 있었다.

1610년 9월, 바자Bazas 인근 시골을 돌아다니던 한 남성은 구멍 앞에서 속을 끓이고 있는 개를 한 마리 보게 되었다. 남성이 그곳의 땅을 파니, 서로 주둥이를 맞댄 채 삼베로 덮여있는 항아리 두 개가 나왔다. 개는 진정할 기미가 보이지 않았다. 그가 항아리를 열자, 안에는 톱밥이 가득했고 녹색 타프타 천을 걸친 거대한 두꺼비가 있었다.(1) 분명 저주를 위해 마녀가 넣은 것일 터였다.

지금은 이러한 이야기를 웃어넘기지만, 16세기 당시에는 심각한 일이었다. 물론 그 이유는 설명되지 않았지만 말이다.

살그Salgues의 말에 따르면(2), 대중들은 두꺼비가 뚫어져라 쳐다보는 것만으로 기절시키는 능력이 있다고 믿었다. 이러한 주장은 루소Rousseau 수도원장에 의해 널리 퍼져나갔다. 18세기에 그는 자연사 관찰에 관한 글을 발표한 바 있다. 이 저서에서 그는 두꺼비를 쳐다보기만 해도 경련, 발작이 일어남은 물론 죽음에도 이를 수 있다고 주장했다. 그는 병에 커다란 두꺼비를 담은 뒤 뚫어져라 쳐다보았고 경련, 불안, 발작성 행동이 나타났다고 기록했다. 만약 누군가 와서 구조하지 않았다면 반드시 죽음을 맞이했을 것이라고…. 아엘리아누스Aelian, 디오스코리데스Dioscorides, 니칸데르Nicander, 에티우스Etius, 게스너Gesner는 두꺼비의 입김이 치명적이며, 숨 쉬는 공간을 오염시킨다고 기록했다. 그리고 어느 연인의 예를 들었다. 연인 중 하나는 두꺼비가 지나간 자리의 세이지를 먹자마자 사망했다고 한다.(3) 그러나 이는 지어낸 이야기에 불과하다. 이렇듯 두꺼비는 모든 민족의 두려움을 샀지만, 오리노코Orinoco 강변에서만큼은 달랐다. 이곳에선 마치 우리의 멸시로부터 위로라도 하듯, 두꺼비에게 숭배 의식을 올리는 인도인들이 살고 있었다. 이들은 두꺼비를 항아리 속에 소중히 다루며 비나 좋은 날씨를 내려달라고 빌었다. 또 두꺼비들이 날씨를 주관한다고 믿어 의심치 않았기에 기도가 이루어지지 않으면 매질을 했다.(4)

(1) 드 랑크르, 『악마의 변화론Tableau de l'inconstance des démons』, 2권, 논설4, 133페이지. / *(2)* 『오류와 편견 Des erreurs et des préjugés』, 1권, 423페이지. / *(3)* 데카메론Decameron의 이야기이다. / *(4)* 퐁스Pons, 『남아메리카 동쪽 육지로의 여행Voyage à la Partie Orientale de la Terre Ferme de l'Amérique Méridionale』, 1권.

토드스톤 [Crapaudine / Toadstone] 두꺼비의 머리 안에서 발견되는 돌. 마녀들이 저주를 위해 찾곤 했다. 다수의 작가는 이 돌이 매우 귀한 재료이며, 일부 사람들은 이 희

귀한 돌의 존재를 부정한다고 기록했다. 토마스 브라운Thomas Brown은 매일 대구(생선), 잉어, 껍질 없는 거대 달팽이 머리 안에서 비슷한 물질이 발견되기에 이 설이 거짓일 수 없다고 주장했다. 인간에게 해를 끼치고 싶은 두꺼비가 무기질을 삼킨 뒤 덩어리로 내뱉는 것이 토드스톤이라고 생각하는 이들도 있었다[1]. 그러나 이는 지어낸 이야기에 불과하다.

(1) 브라운Thomas Brown, 『대중적 오류에 관한 수상록 Essai sur les erreurs populaires』, 1호, 3권, 13장, 312페이지.

크라풀레 [Crapoulet] 참조. 조조Zozo.

케토 [Cratéis / Ceto] 마법사와 주술사의 여신이자, 그 유명한 바다 괴물 스킬라Scylla의 어머니이다.

경신 [Crédulité / Gullibility] 불신보다는 덜 치명적이다.

크레센티오 [Crescence / Crescentio] 추기경이자 트렌트Trent 공의회 교황 특사를 지냈다. 1552년 조용히 숨을 거두었다. 신교도였던 장 드 샤세뇽Jean de Chassanion은 신교도에 맞선 이 성직자를 좋아하지 않았다. 그렇기에 크레센티오가 숨을 거두었을 때 검은 개로 변신한 악마가 찾아와 목을 졸랐다고 기록했다[1]. 이는 어리석은 거짓말에 불과하다. 참조. 카를로스타드Carlostad, 루터Luther.

(1) 『신의 위대하고 강력한 심판Des grands et redoutables jugements de dieu』, 66페이지.

크레스페(피에르) [Crespet(Pierre)] 첼레스티노회Celestine 수도사. 1594년 사망했다. 마법에 반대하는 『사탄의 증오와 인간과 싸우는 악령들에 관한 두 권의 책Deux livres de la haine de satan et des malins esprits contre l'homme』(1590년, 파리, 8절판)을 펴냈다. 흥미로운 희귀본이다.

크레틴병 [Crétinisme] 흡혈 행위를 유발하는 신체장애.

체 [Crible / Sieve] '체에 대고 이야기하다'라는 오래된 속담은 신비로운 언사로 체를 춤추게 한다는 의미이다. 테오크리토스Theocritus는 이런 능력을 지닌 자들을 체 마법사Sieve-Sorcerers라고 불렀다. 보댕Bodin은 다음과 같이 말했다[1]. "지금으로부터 20년 전, 파리Paris의 어느 집에서 젊은 청년이 모두가 보는 앞에서 손을 대지 않고 몇 마디로 체를 움직인 적이 있었다. 그가 아닌 다른 사람들은 똑같은 말로 체를 움직일 수 없었는데, 이는 악마의 힘을 빌렸다는 증거이다." 참조. 체점Cosquinomancie.

(1) 『마법사들의 빙의망상Démonomanie des Sorciers』, 2권, 155페이지.

크리에리안 [Criériens] 조난자 유령들. 브르타뉴Bretagne 셍Sein 섬 주민들은 이 유령들이 소리 내 장례를 요구한다고 믿었다. 유령이 소리를 낼 땐 폭풍우가 불었기에, 주민들은 다음처럼 말하곤 했다. "문을 닫읍시다. 크리에리안의 소리가 들리는 것으로 보아 회오리바람이 불 모양이니."

범죄 [Crimes] 참조. 빙의Possessions.

수정점 [Cristallomancie / Crystallomancy] 수정을 이용한 점술. 악마가 사는 수정 거울 또는 병을 활용하기도 한다. 킬데리쿠스 1세Childeric는 작은 수정구 프리즘을 통해 미래를 점치곤 했다.

현대의 점술가들은 거울을 활용한다. 다음의 일화를 통해 이 점술법을 알아볼 수 있다. 1807년, 세잔Sézanne 인근의 어느 농부가 600프랑을 도둑맞은 후 점술가를 찾았다. 점술가는 그에게 12프랑을 청구한 뒤, 농부의 두 눈 위에 백색, 흑색, 청색 천을 올렸다. 그리고 거울 속을 들여다보라고 한 후 악마를 비롯한 그가 원하는 모든 존재를 불러들였다. 점술가는 농부에게 물었다. "뭐가 보이나요?" 농부는 답했다. "아무것도 보이지 않습니다." 이를 두고 점술가는 큰 목소리로 오랫동안 떠들었다. 점술가는 농부에게 도둑으로 의심 가는 사람을 생각한 다음, 물건과 사람들을 떠올리라고 말했다. 농부는 천들 사이로 거울 속에서 청색 작업복을 입고 창이 큰 모자와 나막신을 착용한 남성을 본 것 같다고 말했다. 잠시 후, 남성을 알아본 농부는 도둑이 보인다며 소리를 질렀다. 점술가가 답했다. "좋습니다. 소의 심장에 십자가 모양으로 63개 못을 박도록 하십시오. 그리고 새 냄비에 그 심장과 두꺼비와 수영Sorrel 잎을 함께 넣고 끓이십시오. 3일 뒤, 도둑이 죽지 않았다면 돈을 돌려주던지 저주받게 될 것입니다."

농부는 그가 시키는 모든 것을 따랐다. 그러나 그의 돈은 돌아오지 않았다. 농부는 저주에 걸린 도둑을 생각하며 만족해했다.

크리스토발 데 가랄데 [Cristoval de Garalde] 참조. 마리산느Marissane.

음식점 [Critomancie / Crithomancy] 음식과 케이크를 활용한 점술. 제물로 바치는 케이크 반죽과 제물 위에 뿌리는 보릿가루를 관찰해 점쳤다.

악어 [Crocodiles] 현대 이집트인들은 한때 악어들이 순한 동물이었으며, 사나워진 것은 다음과 같은 일이 있었기 때문이라고 주장한다. 기자르 알무타실Gisar Al-Mutacil의 통치하에 있을 때의 일이다. 총독이자 바그다드Baghdad의 칼리프Caliph였던 후메스Humet는 고대 이교도 사원의 토대를 파면서 거대한 납 위에 새긴 악어(부적의 힘을 지닌 그림) 상을 발견하게 되었다. 그는 이 상을 조각내라고 명령하였고, 집행함과 동시에 나일Nile 강에서 악어들이 튀어나와 이집트인들에게 해를 끼쳤다(1). **참조.** 별Étoiles.

플리니우스Pliny와 플루타르코스Plutarch의 주장에 따르면, 이집트인들은 악어의 산란 장소를 통해 나일 강의 범람 정도를 알 수 있었다고 한다. 그러나 토마스 브라운Thomas Brown은 이런 상황 속에서 악어가 먼 곳의 원인으로부터 영향을 받는 일, 예를 들면 에티오피아Ethiopia 강변의 일을 예측할 수 있는 것 등은 쉽지 않다고 말했다. 테베Thebes와 모리스Moeris 호수의 주민들은 악어를 위해 특별한 숭배 의식을 치르곤 했다. 이들은 악어의 귀에 보석과 금장식을 걸친 뒤 제물로 고기를 바쳤다. 그리고 악어의 사체는 방부처리를 하여 왕의 묘소로 사용하는 미로 속 유골함에 두었다. 미신을 신봉했던 콤 옴보Kom Ombo 주민들은 악어가 아이를 잡아가도 아무런 조처를 하지 않았다. 하지만 악어를 두려

위하지 않던 텐트리스Tentiris(덴데라Denderah)를 제외한 이집트 나머지 지역에서 이 동물은 공포의 대상이었다. 악어를 숭배하는 이들은 아피스Apis의 탄생 축제 7일 동안 악어가 야생성을 잊고 그 누구도 해하지 않는다고 주장했다. 단, 8일째 되는 날 오후엔 다시 사나움을 되찾는다고 한다.

(1) 르 루아예Pierre Le Loyer, 『귀신 논설과 역사Histoire et Discours des spectres』, 4권, 21장, 417페이지.

크로프트(엘리자베스) [Croft(Elisabeth)] 비열한 중상모략을 당하던 여왕 메리 튜더Marie Tudor가 스페인의 왕 펠리페 2세Philip II와 혼인한다는 사실을 영국인들이 알게 되었을 때, 종교 개혁파들은 두려움에 떨었고 이 결혼을 막기 위한 여러 음모가 곳곳에서 피어났다. 드라크Drack라는 이는 엘리자베스 크로프트라는 젊은 여성에게 돈을 주며, 벽 속에 숨긴 파이프를 사용해 말을 하도록 지시했다. 곧 런던에선 하늘에서 하달하는 목소리가 존재한다는 소문이 퍼졌다. 그도 그럴 것이 아무도 숨어있는 여성을 본 사람이 없었기 때문이었다. 사람들은 모여들었고, 목소리는 영국 여왕이 스페인 왕과 혼인하면 끔찍한 재앙이 닥칠 것이라고 말했다. 목소리는 분노에 차 교황과 로마 교회를 공격했고, 종교 개혁파들은 만족감으로 황홀해했다. 이 사기 행각은 의심 사는 일 없이 여러 날 동안 이어졌고, 런던에선 목소리의 정체가 천사라는 소문이 퍼졌다. 그러나 행정관 중엔 여전히 가톨릭 신자가 있었다. 그들은 이 목소리에 술수가 있음을 의심했고, 벽을 부숴 엘리자베스 크로프트를 발견했다. 하지만 그녀나 그녀에게 사주를 한 사람 모두 벌을 받지 않

았다. 무수한 지지자들이 그들을 둘러싸고 있었기 때문이었다.

십자가 [Croix / Cross] 지옥에서 공포의 대상인 이 성스러운 명사가 이 책에 나타나선 아니 되나, 온갖 미신은 십자가의 신성함을 다양한 방법으로 남용해왔다. 모든 마법서 주술엔 십자가가 동원되며, 악마를 소환할 때 십자가를 사용하지 않는 마법사가 없다.

마법사들이 목과 묵주에 매는 십자가와 마녀 집회에 등장하는 십자가는 온전한 형태인 경우가 결코 없다. 마녀 집회가 열리곤 하는, 마법사들이 득실대는 묘지에서 보이는 십자가도 마찬가지다. 악마학자들의 주장에 따르면, 이는 악마가 온전한 십자가에 다가설 수 없기 때문이라고 한다.

십자가의 시험 [Croix / Cross(Épreuve de la) / Cross(Trial of)] 참조. 시험Épreuves.

십자가의 막달레나 [Croix(Magdeleine de la / Madeleine of the)] 참조. 막달레나 Magdeleine.

크로메루아크 [Cromeruach] 성 패트릭St. Patrick이 나타나기 전까지 아일랜드인의 주된 우상이었다. 설화에 따르면 성 패트릭의 등장이 그를 몰락시켰고, 하급 신들은 땅속 깊은 곳까지 몸을 감췄다고 한다. 일부 이야기에 따르면 어딘가에 있는 평원엔 아직도 몸을 숨긴 하급신들의 머리가 보인다고 한다.

양파점 [Cromniomancie / Cromniomancy] 양파를 이용한 점술. 이 점술은 크리스마스 이브날 성단 위에 양파를 올려놓는 것으로 시작한다. 양파엔 소식을 얻고자 하는 사람들의 이름을 새긴다. 가장 빨리 싹을 틔우는 양파에 이름이 새겨진 사람은 건강하게 지낼 수 있다.

이 점술은 아직도 독일 여러 지역에서 활용되고 있다. 주로 젊은 여성들이 남편을 얻을 수 있는지 알아내기 위해서 말이다[1].

(1) 드 랑크르Pierre de Lancre, 『의심과 불신Incrédulité et mécréance』, 논설 5.

크로크미텐 [Croque-Mitaine] 파리Paris에서 말을 듣지 않는 아이들에게 나타나 겁을 준다는 식인귀Ogre. 이제는 이빨이 모두 빠졌기에, 아이들을 지하 독방에 가두고 회초리로 때리는 정도로 만족한다. 문명의 발전과 상관없이 이러한 이야기는 여전히 존재한다. 참조. 바바우Babau.

마녀 집회의 십자가형 [Crucifixion au Sabbat / Crucifixion at the Sabbat] 마들렌 바방Madeleine Bavent은 루비에Louviers 빙의와 관련하여 다음과 같이 진술했다. 그녀는 오래 참석한 마녀 집회에서 악마에게 바쳐진 몇몇 제물이 십자가에 매달린 것을 보았다. 그리고 그중 일부는 피를 흘리고 있었다. 성금요일에서 성토요일로 넘어가던 어느 밤엔 한 마녀가 갓 태어난 아기를 데려와 발과 손을 검은 십자가에 못 박았다. 그리고 머리 위엔 면류관처럼 못을 박고 허리도 못으로 찔렀다. 그녀는 처음 집회에 참석한 두 남자 중 하나가 이러한 행위에 겁을 먹자 똑같이 십자가형을 받고 죽게 되었다고 덧붙였다. 참조. 루비에.

기 드 크루젬부르 [Crusembourg(Guy de)] 연금술사. 참조. 현자의 돌Pierre Philosophale.

두자점 [Cubomancie / Cubomancy] 주사위를 이용한 점술. 황제 아우구스투스Augustus와 티베리우스Tiberius는 저주를 확인하기 위한 방법으로 이 점술을 사용했으며 꽤 신뢰했다. 그리스인들도 이 점술을 사용하였다. 주사위점과 거의 유사한 방식으로 진행된다. 참조. 주사위점Astragalomancie.

구리 [Cuivre / Copper] 테오크리토스Theocritus는 순수한 구리에 귀신과 유령을 쫓는 효능이 있다고 주장했다. 스파르타인들이 왕이 죽은 직후 매번 냄비를 두드리는 것도 이런 이유에서이다.

숭배 [Culte / Cult] 기독교 이전, 악마들은 온 세상으로부터 숭배받았다. 주피터Jupiter와 그 외의 신들 역시 모두 악마로 취급받던 가운데, 악마는 신보다 더 특별한 숭배를 받았다. 마녀 집회에 모인 마법사들이 악마의 이름을 부르며 숭배한 것도 이 때문이다. 주된 의식은 무릎을 꿇은 채 악마의 엉덩이에 입을 맞추는 것으로, 손에는 검은 초를 들고 있어야 했다. 또 교회가 규정한 모든 것을 반대로 이행해야 했다.

아프리카 일부 민족은 옳다고 생각하는 신에게는 그 어떤 의식도 하지 않으나, 정반대의 이유로 악마에겐 제물을 바쳤다. **참조.** 쿠르드KurdeS.

쿠니군데 [Cunégonde / Cunigunde] 독일 황제 하인리히 2세Henry II의 아내. 불륜을 저질렀다는 중상모략을 당하였다. 그녀는 달궈진 쟁기날 위를 맨발로 걷는 시험을 통해 누명을 벗었다. **참조.** 시험Épreuves.

쿠파이 [Cupai] 참조. 쿠파이Kupay.

쿠르드족 [Curdes / Kurdish] 참조. 쿠르드Kurdes.

쿠로 드 라 샴브르 [Cureau de la Chambre] 1669년에 사망한 재능있는 의사. 『수상술과 이마점의 법칙에 관한 논설Discours sur les principes de la chiromancie et de la métoposcopie』 (1653년, 파리, 8절판)의 저자이다. 이 책은 『인간을 알아보는 기술L'art de connaître les hommes』이라는 제목으로도 출간된 바 있다.

쿠르크 [Curko / Curche] 프러시아인Prussians들이 기독교 개종 이전 믿던 신. 이 신은 프러시아인들의 부양자 역할을 했고, 주민들은 신의 상징에 공경을 표했다. 이 상징이란 3미터 장대 위에 세워진 것인데, 염소 가죽에 옥수수 이삭으로 만든 왕관으로 장식되었다.

쿠르마 [Curma] 성 아우구스티누스St. Augustine 시절의 일이다. 히포 레기우스Hippo Regius 인근에 살던 쿠르마라는 촌사람이 어느 날 아침 숨을 거두었는데, 의식 없이 며칠을 더 살게 되었다. 그를 매장하려던 때, 쿠르마는 눈을 다시 뜨고 같은 이름을 가진 쿠르마라는 이웃집에 무슨 일이 생겼냐고 물었다. 사람들은 그가 되살아난 순간 동명의 이웃이 목숨을 잃었다고 답했다. 쿠르마는 그들이 이름을 헷갈렸기 때문이라며, 놀랍지 않다고 답했다. 그들이 말하길 죽어야 할 사람은 정원사 쿠르마가 아닌 장성 쿠르마였다는 것이다. 이 이야기를 하며 그는 지옥을 구경했다고 고백했다. 그리고 이후 더 나은 삶을 살았다.

쿠르손 [Curson] 참조. 푸르산Pursan.

쿠르티우스 [Curtius] 로마Rome 검투사의 아들. 하루는 귀신이 나타나 그의 죽음을 예고했다. 그는 한 사령관의 부관을 따라 정복한 국가인 아프리카를 방문 중이었다. 그는 회랑에서 키가 큰 여성의 모습을 한 귀신을 마주치게 되었다. 귀신은 자신이 아프리카인이며 좋은 소식을 전하기 위해 왔다고 말했다. 그녀는 쿠르티우스가 로마에서 큰 명예를 얻을 것이라고 말하며, 다시 아프리카로 돌아올 때 시종이 아닌 지휘관으로 오게 될 것이라고 덧붙였다. 또 아프리카에서 죽음을 맞이할 것이라고 예고했다. 이 예언은 완벽하게 적중했다. 쿠르티우스는 재무관과 정무관을 거쳐 영사관이 되었다가 아프리카에 사령관으로 보내졌다. 그러나 도착하기 무섭게 병을 얻어 숨지고 말았다[(1)]. 이 이야기는 그의 죽음 뒤 지어진 것일 가능성이 크다. 다른 쿠르티우스의 이야기는 다음을 참조할 것. 희생Dévouement.

(1) 르 루아예Pierre Le Loyer, 『귀신의 역사 혹은 귀신 환영Histoire des spectres ou apparition des esprits』, 3권, 16장, 268페이지.

큐스 [Cwes] 참조. 개Chien.

사이클롭스 [Cyclopes / Cyclops] 시칠리아Sicily 에트나Etna 산을 둘러싼 곳에 사는 놀라운 존재들. 대장장이이자 거칠고 불손한 식인 거인들로 이마 한 가운데 한 개의 눈알이 박혀있다. **참조.** 오디세이Odyssée.

실린더 [Cylindres / Cylinders] 원형 부적. 페르시아인들과 이집트인들이 목에 차고 다녔으며 문양과 상형문자로 장식이 되어 있었다.

심벌즈 [Cymbale / Cymbal] 마법사들은 마녀 집회 중 돼지 옆구리 살로 끓인 수프를 담는 솥을 이렇게 불렀다.

개망상증 [Cynanthropie / Cynanthropy] 자신들이 개로 변했다고 믿는 정신병.

소망상중, 늑대인간의 상태와 유사하다. **참조**. 늑대인간Loups-Garous.

시노발라니 [Cynobalanes / Cynobalani] 상상의 민족. 루키아노스Lucian는 이들이 개의 주둥이를 지녔으며, 날개 달린 도토리를 탄다고 묘사했다.

개코원숭이 [Cynocéphale / Cynocephali] 이집트인들이 태양과 달의 회합일을 알기 위해 사원에서 먹이를 주던 원숭이. 태양과 달이 한 선상에 위치하면 이 짐승의 눈이 멀고 모든 먹이를 거부한다는 믿음이 있었다. 물시계에 그려진 개코원숭이의 모습은 해독이 불가했다. 사람들은 개코원숭이가 정각에 소리를 지른다고 생각했다. **참조**. 늑대인간Loups-Garous.

성 키프리아누스 [Cyprien / Cyprian(Saint)] 기독교로 개종하기 전, 성 키프리아누스는 마법에 몸을 담그고 있었다. 시므온 메타프라스트Symeon the Metaphrast*가 쓴 『사도행전Acts of the Apostles』에는 악마 소환의 이야기와 십자가 표식 앞에서 힘을 잃고 기독교 신앙에 빠진 시험 받은 악마에 관한 이야기가 담겨있다.

* 난해한 문헌의 주석자라는 의미의 별칭이다.

시라노 드 베르제락 [Cyrano de Bergerac] 17세기의 저명한 작가. 그의 작품 중엔 『마법사에 관한 독창적인 편지Lettres très-originales sur les sorciers』 두 편이 존재한다. 그가 태양과 달의 왕국에 관하여 쓴 이야기까지 언급할 필요는 없겠다. 그는 지옥에 방문한 이력도 있다. 물론 모두 농담에 불과하다[1].

(1) 『다른 세계의 전설Légendes de l'autre monde』을 참조할 것.

D

다바이다 [Dabaïda] 파나마Panama의 토착민들은 다바이다라는 우상을 가지고 있었다. 그는 인간으로부터 태어났는데 죽음 뒤 신으로 승격되었다. 천둥과 번개가 치면, 주민들은 다바이다가 분노했다고 생각해 그를 기리며 노예들을 불태웠다.

닥틸 [Dactyles / Dactyls] 프리지아Phrygia의 정령. 카베이리Cabeiri와 비슷한 존재다. 그리스 신화에 따르면 인간들에게 쇠를 제련하는 기술을 가르쳤다고 한다.

반지점 [Dactylomancie / Dactylomancy] 특정 별자리처럼 보이도록 반지 혹은 고리를 녹여 행하는 점술. 마법 문자나 부적이 함께 사용되었다. 기게스Gyges는 이 반지 중 하나를 이용해 사람들 앞에서 모습을 감출 수 있었다. 방법은 오직 착용한 반지의 보석을 돌리는 것뿐이었다. 알렉산드리아의 클레멘스Clement of Alexandria는 포카이아Phocaea의 폭군이 지니고 있던 반지 한 쌍에 대해 언급하며, 이 반지들이 특정 사건의 발생 시기를 소리 내 알려주었다고 덧붙였다. 그러나 이 반지들은 악마의 계략에 빠져, 악마의 손에 넘어가고 말았다.[1]

(1)『완전히 입증된 마법에 대한 의심과 불신Incrédulité et mécréance du sortilège pleinement convaincue』, 논설 5. 261페이지.

다잘 또는 데지알 [Dadjal, Deggial / Dajjal] 칼데아인Chaldeans들과 이슬람교도들이 적그리스도를 부르는 명칭. 그들의 언어로는 거짓말쟁이와 탁월한 사기꾼이라는 의미를 지닌다.

다고베르트 1세 [Dagobert Ier] 프랑스의 왕. 638년 37세의 나이로 사망했다. 오래된 전설에 따르면, 그가 세상을 떠난 후 시칠리아Sicilia 해안 인근 작은 섬에 살던 은둔자 장Jean의 꿈에 영혼으로 나타났다고 한다. 꿈속에서 그는 사슬에 묶인 채 에트나Etna 산으로 가는 쪽배에 올라타고 있었다. 그리고 악마들은 그를 괴롭히며 에트나 산 꼭대기에서 내던지고자 했다. 한때 사람들은 이 화산의 분화구가 지옥의 입구라고 믿었다. 그것이 거짓인지는 여전히 입증되지 않았다. 영혼은 생전 그가 왕이었을 때 공경했던 성 드니St. Denis, 성 모리스St. Maurice, 성 마르탱St. Martin에게 도움을 요청했다. 그가 아버지를 모욕했던 어느 날, 그들이 환영으로 나타나 언젠가 도움을 주겠노라 약속한 적이 있었기 때문이었다. 세 명의 성인은 빛이 나는 옷을 입고 하늘에서 내려와 가여운 영혼을 거두어 데려갔다.[1] 성 루이St. Louis 시절 만들어진 다고베르트의 기이한 묘비에는 이러한 일화가 솔직하게 기록되어 있다. 묘비 정면은 세 개의 띠로 구분돼 있다. 첫 번째 칸에는 네 명의 악마(그중 두 명은 당나귀의 귀를 하고 있다)가 왕의 영혼을 작은 쪽배에 싣고 있다. 두 번째 칸에는 성 드니, 성 모리스 그리고 성 마르탱이 성수반을 든 두 명의 천사를 대동하여 악마들을 쫓고 있다. 세 번째 칸에는 영혼이 승천하는 모습이 그려져 있는데, 구름 사이로 그를 맞이하는 관대한 손이 보인다. 철없는 자들은 여전히 생드니Saint-Denis 성당에 남아있는 이 중세 시대 이야기를 비판한다. 그러나 교회가 단 한 번도 퍼트린 적 없는 이 주옥같은 이야기에 무슨 잘못이 있을까? 그 '주옥'을 돼지 목에 걸려고 했다는 것을 제외하고 말이다.

(1)『다고베르트 왕의 업적Gesta Dagoberti Regis』, 등.

다곤 [Dagon] 2계급 악마로, 지옥 궁정에서 제빵과 빵 관리를 도맡고 있다. 옥손

Auxonne 빙의 사건에 등장하기도 한다. 블레셋인Philistines들은 인간의 상반신과 물고기의 꼬리를 단 다곤을 숭배했다. 그들은 다곤이 농업을 발명했다고 믿기도 했다. 하지만 이 업적의 주역으로 칭송받는 인물은 굳이 다곤이 아니라도 이미 여럿 존재한다. 『열왕기상 The First Book of Kings』에 기록된 바에 따르면, 블레셋인들은 언약궤를 탈취해 다곤의 우상이 있는 아조트Azot의 사원으로 옮겼다고 한다. 그리고 다음 날, 다곤의 우상은 난도질을 당한 채로 발견되었는데, 머리와 두 손은 문턱에 뒹굴고 있었다. 성스러운 저자는 다음과 같이 기록했다. '그러므로 다곤의 제사장들이나 다곤의 신전에 들어가는 자는 오늘까지 아스돗에 있는 다곤의 문지방을 밟지 아니하더라" 페구Pegu에서는 다곤을 창조주처럼 생각했으며 키아키아Kiacki-Ack가 세상을 파괴하는 날, 다곤(또는 다군Dagun)이 나타나 더 아름답고 쾌활한 세상을 만들 것이라는 믿음이 존재했다.

* 『사무엘상The First Books of Samuel』 5장, 5절.

다망 [Dahman] 페르시아에서 망자들의 영혼을 맞이하고 보호하는 정령. 영혼들을 자격에 맞게 분류하기도 한다.

다훗 [Dahut] 참조. 이스Is.

담네투스 또는 다마쿠스 [Damnetus, Damachus] 고대의 늑대인간. 아르카디아Arcadia(리카온Lycaon* 참조)에서 주피터Jupiter에게 제물로 바쳐진 아이의 복부를 먹고 늑대가 되었다고 전해진다. 10년 뒤 그는 원래 모습을 되찾는다. 그리고 올림픽에서 레슬링으로 수상하기도 했다(1).

(1) 드 랑크르, 『악마의 변화론Tableau de l'inconstance des démons』, 4권, 논설3, 267페이지. / * 신들의 왕인 주피터에게 인육을 먹이려고 시도한 아르카디아 왕. 결국 노여움을 사서 늑대가 되어버렸다.

다나케 [Danaké] 고대 이교도들이 죽은 자의 혀 아래 넣어두는 돈. 명계의 뱃사공 카론Charon에게 내야 하는 뱃삯이다.

다니엘 [Daniel] 네 명의 위대한 예언자 중 한 명. 해몽에 관한 외경을 펴냈다고 알려져 있다. 동방에선 그가 풍수지리를 고안해냈다고 믿었다.

다니스 [Danis] 18세기의 마법사. 1705년 누아시르그랑Noisy-le-Grand의 한 젊은 남자에게 저주를 걸어 고발당했다. 이 사건은 당시 마법이 연루되어 있다고 믿던 르브룅Lebrun 사제의 『미신관행사Histoire des pratiques superstitieuses』에 자세하게 기록되었다. 다른 이들은 피해자가 저주에 걸린 것이 아니라 환각을 볼 뿐이라고 생각했다. 이제야 그 위력이 알려진 최면술 덕분에 우리는 르브룅 사제가 옳았음을 알 수 있다. 최면술은 불과 30년 전, 무수한 증언에도 불구하고 계속해서 부정해오던 저주라는 현상을 설명해주고 있다(1).

(1) 『지옥의 전설Légendes Infernales』.

무도병 [Danse de Saint Guy / St. Vitus' Dance] 중세 시대에 살던 모두에게 퍼졌던 전염병. 어떤 이들은 신의 형벌이라고 생각했고, 또 어떤 이들은 악마에게 홀린 것으로 생각했다. 부당한 죽음을 당할 뻔 했던 바이올린 연주자가 사람들을 춤추게 하여 상황을 모면하였다는 이야기도 있다(1). 룩셈부르크 에히터나흐Echternach에서는 성 윌리브로드St. Willibrord의 성물 앞에서 치료법을 찾았다. 이 기이한 현상에 대한 기억은 여전히 선명히 남아있다. 무도병은 주로 14세기에 발병하였다. 춤을 추는 사람들은 자의가 아니었고, 종종 놀라운 환각을 보았기에 빙의된 것으로 여겨졌다. 유일하게 그들을 치료하는 방법은 구마 의식이었다.

(1) 『신의 율법 이야기Légendes des commandements de dieu』, 에히터나흐의 바이올린 연주자를 참조할 것.

유령의 춤 [Danse des Esprits / Dance of the Spirits] 올라우스 마그누스Olaus Magnus는 저서 『북방 민족의 역사Historia de Geneticus Septentrionalibus』 제3권에서 당시 북쪽의 국가들에서 목격된 유령 이야기를 기록했다. 북방에선 밤이 되면 온갖 악기 소리에 춤을 추고 뛰어다니는 정령들과 유령들이 많이 보였다. 북방 민족들은 이 춤을 '엘프의 춤Chorea Elvarum'이라고 불렀다. 삭소 그라마티쿠스Saxo Grammaticus는 자신의 책 『덴마크의 역사Historia Danica』에서 이 환상의 춤을 언급하였다. 폼포니우스 멜라Pomponius Mela는 에티오피아에 관한 글에서, 아틀라스Atlas 산맥 정상에는 횃불이 나타나거나 피리소리와 종소리가 들릴 때가 있다고 기록했다. 하지만 날이 밝으면 아무런 흔적도 찾을 수가 없다고(1). 반면 유령 중엔 길에서 마주치는 사람을 춤추게 만드는 것들이 있었는데, 이는 곧 죽음의 징조였다. 지금은 이런 존재들을 만나볼 수 없다.

(1) 타이유피에Taillepied, 『심리학Psychologie』, 175페이지.

요정의 춤 [Danse des Fées / Dance of the Fairies] 과거엔 인적이 드문 숲에 요정이 살며, 달빛 아래 잔디밭에서 춤을 춘다고 믿었다. **참조.** 요정Fées.

거인의 춤 [Danse des Géants / Dance of the Giants] 충신의 용맹함을 뽐내고 싶었던 멀린Merlin은 아일랜드에서부터 영국까지 거인의 형상을 한 바위를 옮기로 했다. 이 바위들은 암브로시우스Ambrosius 왕을 위한 전승비에 사용될 것이었는데, 그는 춤을 추며 길을 나섰다고. 사람들은 이를 거인의 춤이라고 이름 지었다. 일부 작가들은 얼마 전까지 영국 왕의 즉위 때마다 이 바위*들이 춤추었다고 주장한다.

* 이 바위들은 유적 스톤헨지Stonehenge이다.

망자의 춤 [Danse des Morts / Dance of the Dead] 무수한 그림에 등장한 망자의 춤은 중세 시대에 생겨나 오랫동안 유행했다. 이 춤은 사육제 기간동안 죽음을 표현하는 가면을 착용하는 것에서 시작되었다.

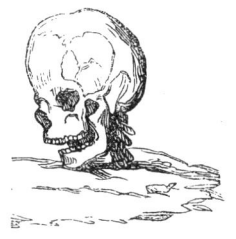

이 가면을 쓴 자는 마주치는 모든 사람과 손잡고 춤출 수 있었으며, 억지로 춤을 추게 된 사람의 겁먹은 모습을 보며 대중들은 즐거워했다. 곧 이 가면 쓴 자들은 고인을 기리기 위해 묘지에서 춤을 추기 시작했다. 이 춤은 그렇게 소름 끼치는 숭배의 의식으로 거듭나게 되었다. 이제는 춤과 함께 불길한 선언문을 읊는 이 의식에 왜 망자의 춤이라는 이름이 붙는지 더 이상 이해할 수 없다. 민중들은 이 춤을 그린 그림을 숭배했다. 이 죽음의 춤 그림은 15세기부터 16세기까지 한계 없이 퍼져나갔다. 유능한 예술가들은 수도원 현관과 묘지벽에 이 그림들을 그리기 위해 고용되었다. 바젤Basel의 망자의 춤 벽화는 1435년 소집되었던 공의회의 명령으로 작업되었다. 이 그림이 유난히 유명해진 것은 홀바인Holbein의 재작업이 있었기 때문이다. 오래전 성 마크 지라댕Saint Marc Girardin은 다음과 같이 말했다. "이 춤에 대한 개념은 정당하고 옳다. 이 세상은 죽음이 춤을 추는 거대한 무도회다. 사람들은 늘 서로를 적당히 마주 보고, 또 적당히 즐거워하며 춤을 춘다. 춤의 종착지는 언제나 죽음이다. 모든 종류의 계급과 신분에 속한 이 무용수들은 누구일까? 결국 망자들이다. 죽은지 오래 되거나 얼마 되지 않은."

지라댕은 또 다음처럼 덧붙였다. "나는 두 망자의 춤 그림을 알고 있다. 하나는 드레스덴Dresden에 있는 것으로, 엘베Elbe 강 너머에 있는 묘지에 그려져 있다. 또 다른 그림은 오베르뉴Auvergne의 놀라운 수도원인 쉐스 디유 La Chaise-Dieu Abbey에 있다. 후자의 대벽화는 매일 습기에 의해 부식되는 중이다. 이 두 망자의 춤에서 죽음은 다양한 연령과 신분으로 구성된 성가대를 지휘한다. 성가대 속에는 왕도 보이고 거지도 보이는가 하면 노인도 있고 청년도 있다. 이 두 그림은 민중의 심리를 가장 단순한 방식으로 표현하고 있다. 홀바인은 자신의 천재성을 걸작 '바젤 성 도미니크회Dominican 수도원의 망자의 춤'에 표현하였다. 이 대벽화는 다른 벽화들과 마찬가지로 시간이 흐르며 조금씩 지워졌다. 바젤의 박물관엔 벽화의 잔해와 색을 입힌 모형이 남아있다. 홀바인의 그림은 드레스덴이나 쉐스 디유의 것처럼 죽음이 주도하는 가운데 여러 명의 무용수가 사슬처럼 따르는 형태가 아니다. 이 그림에서 각 무용수는 자기 죽음의 상태에 따라 특별한 분장을 하고 있다. 홀바인의 그림은 여러 에피소드가 한 액자 안에 담겨있는 것이라고 할 수 있다. 홀바인의 극 속에는 마흔하나의 장면이 집결되어 있고 무한한 다채로움이 담겨있다. 이 그림 중 어떤 무용수도 같은 동작, 태도, 표정을 하고

있지 않다.

홀바인은 인간들이 서로 닮지 않았으며 이는 생전이나 사후나 마찬가지임을 이해했다. 그리고 우리는 모두 각자의 방식으로 살아가기 때문에, 각자 자신만의 죽는 방식이 있다고 말했다. 홀바인은 죽음을 못생기고 비열한 해골로 묘사하며, 각 인물에게 부여하고 싶은 성격과 습성을 가장 익살스럽고, 스스럼없는 태도를 통해 구현했다. 그의 그림은 새롭다는 면에서 모두 걸작이다. 그가 이 끔찍한 해골들의 헐벗은 얼굴에서 삶과 감정이 드러나도록 한 기술은 놀라움의 극치다. 그의 그림 속에서 모든 망자는 살아있고, 생각하고, 숨 쉰다. 또 몸짓을 만들고, 표정을 짓는다. 이는 마치 삶의 시선 그리고 색깔이라고 부를 수 있을 것이다.

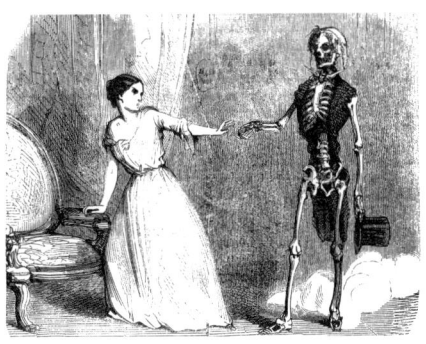

홀바인이 망자의 춤에 일반적 개념을 반영했다면, 루체른Lucerne 다리를 그린 신원미상의 화가는 홀바인의 춤 그림을 반영했다. 이 작품은 고가의 것은 아니지만, 뛰어난 창작물이라는 점에서 가치가 있다. 화가는 다리 천장을 지탱하는 들보가 만들어내는 삼각형 속에 그림을 그렸다. 이 그림은 삶의 평범한 장면을 죽음이 갑작스럽게 막아서는 모습이다.

홀바인의 작품 속 죽음은 의복을 입고 모든 신분의 특징을 나타낸다. 이는 모두가 결국 죽음을 피해 갈 수 없음을 의미한다. 루체른 다리의 그림 속 죽음은 우리와 함께 살아간다. 풍경 한 곳에 자리하며, 마부의 복장을 하고 채찍을 휘두른다. 아이들은 웃음을 터트리며 자지러진다. 어머니만이 마차가 너무 빨리 달린다며 불평한다. 죽음이 모는 마차인데, 달리 방도가 있겠는가! 그것은 빨리 목

적지에 도착하고 싶을 뿐이다. 손으로 머리를 넘기던 죽음이 무도회에 가냐고 묻자, 여자아이가 말한다. '서둘러요! 늦고 싶지 않아요.' 죽음이 답한다. '서두르겠습니다.' 죽음은 서두른다. 뼈만 앙상한 손가락 끝으로 여자 무용수 이마를 건드리자, 열일곱 소녀의 몸과 그녀를 장식하던 꽃은 순식간에 메말라버린다.

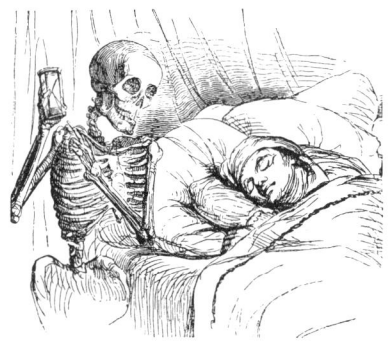

루체른 다리에 그려진 그림은 우리 곁 어디에나 있는 죽음을 보여준다. 죽음은 식탁, 목에 두른 손수건, 손에 쥔 잔, 그리고 축배 속에도 존재한다. 화가 작업실 속 엉터리 예술가 소년 곁에서 죽음은 팔레트를 들고 물감을 빻는다. 정원에선 정원사의 옷을 입고 손으로 물을 주며 주인에게 튤립이 피어나는 모습을 보여준다. 상점에선 물건을 파는 청년이 천 더미 위에 앉아 상냥한 태도로 단골들을 부른다.

근위병 속에선 북을 치며 집합을 알린다. 교차로에선 요술꾼의 모습을 하고 어중이떠중이들을 불러 모은다. 재판장에선 변호사의 모습으로 변론한다. 그는 지체 없이 모든 소송에서 이기는 유일한 변호사다(각 그림 하단에 기재된 질 낮은 독일어 설명문에 따르면). 집행자의 대기실에선 겸손하고 등이 굽은 청원자의 모습으로 자신의 청원 내용을 건넨다. 전투에선 가장 선두에서 서서 목에는 국기를 감고 사람들이 자신을 따르도록 하는 모습이다…."

식탁의 춤 [Danse des Tables / Dance of the Tables] 참조. 교령 원탁 Tables Tournantes.

마녀 집회의 춤 [Danse du Sabbat / Dance of the Sabbat] 피에르 드 랑크르 Pierre de Lancre는 마녀 집회의 춤이 남성들을 격노하게 만들고, 여성들은 유산시킨다고 주장했다. 악마는 제네바 Geneva의 마녀들에게 다양한 종류의 춤을 가르쳐주었다. 이 춤들은 짐승을 춤추게 만들 때 사용하는 가는 막대와 지팡이를 사용했기에, 매우 난폭했다. 프랑스에는 악마로부터 쇠 지팡이를 받은 젊은 여성이 있었다. 이 지팡이로 건드린 사람은 춤을 추게 되었다. 그녀는 재판 중에 판사들을 비웃었고, 그들이 자신을 죽일 수 없을 것이라고 주장하였으나, 그 주장을 끝까지 이어가진 못했다[1].

악마들[2]은 숫염소 또는 다른 짐승의 모습을 하고 마녀들과 춤을 추었다. 집회에서는 일반적으로 원을 만들며 등을 맞대고 춤을 추었기에, 혼자서 또는 둘이서 춤을 추는 것은 드물었다. 이들에겐 세 가지 무용이 존재했다. 첫 번째 춤은 집시풍의 춤이었고, 두 번째 곡은 언제나 등을 돌리고 방방 뛰는 시골 사람들의 것이었다. 세 번째 춤은 기다랗게 줄을 지어 선 채로 손을 잡고 리듬에 맞춰

추었다(오늘날 갤럽Gallop이라고 부르는 춤과 유사하다). 참석자들은 작은 탬버린, 피리, 바이올린 그리고 타악기 소리에 맞춰 춤을 추었다. 마녀 집회에서 흐르는 음악이란 것은 그게 전부였다. 그런데도 마법사들은 세상에 그보다 더 나은 공연이 없다고 주장했다….

(1)드 랑크르, 『악마의 변화론Tableau de l'inconstance des démons』 등, 3권, 논설 4, 204페이지. / (2)보댕Bodin, 『빙의망상Démonomanie』, 1권, 4장.

태양의 춤 [Danse du Soleil / Dance of the Sun] 부활절날 태양이 춤을 춘다는 이야기는 여전히 많은 도시에 퍼져있는 믿음이다. 그러나 이 우아한 전승은 삼위일체 축일에 세 개의 태양이 지평선으로 뜬다는 것과 비슷한 시적 표현일 뿐이다.

단테 [Dante] 이탈리아의 가장 위대한 시인. 1321년 사망했다. 그는 저서 『신곡Divina Comedia』에서 지옥에 대한 경이로운 묘사를 서른세 편의 시로 그려냈으며, 연옥 역시 함께 담아냈다. 그러나 대단한 시를 기대해서는 안 될 것이다. E. 아루E. Aroux는 저서 『단테의 이교l'Heresie du Dante』를 통해 단테가 발도파Waldensian에 속해 있었고, 13세기 사람들에게 무수한 망상을 불어넣었다고 증명하려 애썼다. 하지만 이는 불명확한 주장이다.

다프네파지 [Daphnéphages] 질문에 답하기에 앞서 월계수 잎을 먹던 예언자들. 아폴로Apollo 신에게 바쳤던 이 나무를 먹으면 신의 계시를 받을 수 있다고 믿었다.

월계수점 [Daphnomancie / Daphnomancy] 월계수를 이용한 점술. 나뭇가지 하나를 불 속에 던져 불이 붙었을 때, 불꽃이 튀면 좋은 징조로 해석한다. 하지만 아무 소리 없이 조용히 탄다면 어려운 일이 생길 것이라고 보았다.

마법 침 [Dards Magiques / Magical Stings] 한때 위대한 마법사로 여겨졌지만, 지금은 그 수가 많지 않은 라플란드Lapland 사람들은 자리에 없는 적들에게 납으로 된 침을 던지곤 했다. 이 마법 침은 손가락 하나 정도의 길이로, 질병과 끔찍한 고통을 안겨줄 것

이라 여겼다. **참조.** 티르Tyre.

드루즈 [Daroudji / Druj] 페르시아인들이 악령의 세 번째 계급을 지칭하던 말.

데바 [Darvands / Daevas] 페르시아의 악령. 아메샤 스펜타Amschaspands들과 대립하였다.

도지스 [Daugis] 잘 알려지지 않은 작가. 마법사들에 대한 『주술, 마법, 빙의, 망상 그리고 저주에 관한 개론-Traité sur la magie, le sortilège, les possessions, obsessions et maléfices』(1732년, 파리, 12절판)을 펴내며, 그들의 진실과 현실을 증명했다. 이 책은 마법사들을 식별하는 확실하고 간편한 방법과 예언자, 마법사, 주술사 등에 적용할 수 있는 규정을 포함한다.

돌고래 [Dauphin / Dolphin] 어디서 피어난 민간전승인지는 알 수 없으나, 돌고래는 인간의 친구라는 오래된 믿음이 있다. 과거엔 돌고래에 관해 제대로 알지 못했기에 활처럼 휜 모습으로 묘사했지만, 돌고래 역시 다른 물고기처럼 평평한 등을 지녔다. 그들이 돌고래라고 부른 물고기와 우리가 돌고래라고 부르는 것이 다르지 않다면 말이다. 그리고 멸종된 종도 존재한다. 아엘리아누스Aelian와 다른 자연주의자들의 기록에 따르면 길들여진 돌고래를 타고 다니는 아이들이 존재한다고 한다. 물론 지금은 이런 신비한 이야기가 들리지 않는다. 돌고래는 민첩함의 상징이기도 하다. 그렇기에 서두르는 것을 상기시킬 때 닻으로 꼬리를 감싼 돌고래 그림을 예로 들기도 한다. 우리 선조들이 들려주는 이야기에서처럼 돌고래가 애정 때문에 깊은 물 속으로 인간들을 데려갔다는 것은 잘못된 이야기이다.[1]

(1)브라운Thomas Brown, 『대중적 오류Des erreurs populaires』, 5권, 2장.

도피네 [Dauphiné] 과거 프랑스에 존재하던 지역. 14세기 이후, 세벤느Cevennes 산맥 일대를 포함하여 여러 이단에게 공격받은 뒤 서둘러 칼뱅주의Calvinism를 흡수했고, 낭트Nantes 칙령이 폐지된 이후 마법과 얽힌 온갖 기현상이 펼쳐지는 무대로 자리 잡게 되었다. 예언자 학교가 생겨났으며, 도취와 흥

분 속에 매우 기괴한 일들이 벌어지고 또 소문이 퍼지게 되었다. 세르Serre(또는 뒤세르Duserre)라는 자는 예언자 학교의 지도자이자 교장이었다. 그의 제자 중 대성한 예언자로는 가브리엘 아스티에Gabriel Astier와 '미녀 이자보Isabeau'라는 별명을 가진 젊은 여성 예언자 이자벨Isabelle(여성 학도도 있었다)이 있었다. 신교도 대신들도 이 난국에 동참하였는데, 그 중 쥐리우Jurieu는 직접 예언을 내리기도 했다. 점점 위협을 띠던 이 돌풍은 잠재우기 위해 군을 파견해야 할 지경까지 이르렀다. 결국 이자보는 개종하였다. 그리고 개혁파들이 비방하며 들고 일어난 억압 정책은 완화되었다(1). 이 특이한 반란군들을 사람들은 카미자르Camisards'라고 불렀다. 그들은 비밀회의에서 서로를 알아보는 방법이 존재했는데, 다름 아닌 입고 있던 옷 위로 셔츠를 입는 것이었다.

(1)『지옥의 전설Légendes Infernales』에서 도피네의 예언자들을 참조할 것. 히폴리트 블랑Hippolyte Blanc은 최근 이 역사에 관하여 매우 흥미롭고 훌륭한 글을 써냈다. 『칼뱅파 신교도의 계시로부터De l'inspiration des Camisards』(1860년, 파리, 12절판, 앙리 피온Henry Pion 발행)라는 책이다. / * 카미자르는 셔츠라는 뜻을 가지고 있다.

다윗 [David] 동방 사람들의 말에 따르면, 이 왕이자 예언자는 물고기, 새 그리고 돌들이 자신에게 복종하도록 만들 수 있었다고 한다. 더불어 그가 만진 쇠는 손 안에서 부드럽게 휘었으며, 그가 자신의 죄를 고백하며 사십 일간 흘린 눈물에선 식물이 자라났다고. 이슬람교도들은 아담Adam이 다윗의 삶을 연장시키기 위해 자신의 삶 중 육십 년을 포기했다고 주장한다. 아담은 다윗이 영광스러운 통치를 할 것이라고 예견했다.

다비드 [David] 배교자 신부. 마들렌 바방Madeleine Bavent과의 관계로 인해 루비에Louviers 빙의 사건에 연루되었다. 갑작스러운 죽음을 맞이했다.

다비드 조지 [David Georges] 헨트Ghent의 유리장수. 1525년 네덜란드로 떠난 그는 텅 빈 천국을 채우기 위해 보내진 구세주라고 주장했다. 사람들은 그가 위험한 미치광이라고 고발하였다. 다비드 조지는 체포

되지 않기 위해 이름을 바꾸었다. 드 랑크르Pierre de Lancre의 기록에 따르면 다른 마법사들이 육신에 마법을 거는 동안 그는 정신에 마법을 걸었다고 한다. 그가 바젤Basel에 정착한 지 13년째 되던 해, 그는 사망했다. 그의 제자들은 그의 죽음에 놀랄 수 밖에 없었다. 그가 평상시 자신이 영생을 누릴 것이라 말했기 때문이었다. 그는 자신이 죽은 뒤 사흘 후에 부활할 것이라고 예견했으나 실제로 이뤄지지는 않았다(1). 그의 유골은 1559년 불태워졌다.

(1)『지옥의 전설Légendes Infernales』속 다비드 조지 이야기를 참조할 것.

데이비드 존스 [David Jones] 영국 선원들 사이에서 회자되는 악한 영적 존재. 바다의 모든 악령을 지배한다. 그는 모든 폭풍우 속에 존재하며 거인 같은 체구를 지녔다. 또 거대한 입 속에 뾰족한 이빨 세 개가 열 지어 있고, 커다란 눈과 넓찍한 콧구멍 안에서는 푸른 불꽃이 솟아 나온다.

데버 [Deber] 히브리 신학자들의 말에 따르면 한밤에 악행을 퍼뜨리는 악마라고 한다. 쳇테브Cheteb (또는 체레브Chereb)*는 한낮에 범죄를 저지른다.

* 히브리어로 데버는 역병, 쳇테브는 날카로운 도구를 의미한다.

데카라비아 [Decarabia] 참조. 카라비아Carabia.

데키우스(푸블리우스) [Décius(Publius)] 라틴족과 로마인들이 전쟁을 벌였을 때의 일이다. 베수비오Vesuvius 산 인근에서 진을 치던 행정관 푸블리우스 데키우스와 만리우스 토르쿠아투스Manlius Torquatus는 같은 밤, 동일한 꿈을 꾸었다. 그들은 꿈속에서 장신의 남성을 목격했다. 남성은 둘에게 두 군대 중 하나는 어둠속으로 내려가야 하며, 스스로를 죽음에 바친 장군으로 인해 승리하게 될 것이라고 말했다. 다음 날 서로 꿈 이야기를 하던 행정관들은 신의 의지를 확인해 보기로 했다. 그들은 신을 위해 제물을 바치고, 그 내장으로 점쳐 꿈에서 들은 것이 맞는지 확인하였다. 그리고 먼저 부대가 괴멸하는 자가 국가의 안녕을 위해 희생하는 것을 재확인하

게 되었다.

　전투가 시작되었을 때 데키우스는 자신이 지휘하던 익측 부대가 무너지는 것을 보았다. 데키우스는 지옥의 신에게 바칠 군대로서 희생을 자처했고, 라틴족들의 진영을 파멸로 이끌었다. 그는 결국 목숨을 잃었고 로마에게 눈부신 승리를 안겨주었다[1].

　두 행정관이 꾸었던 꿈과 제물을 통해 얻은 계시가 정치적 거짓말에 불과할지라도, 데키우스의 애국적 행동은 로마에서 고귀한 것으로 여겨졌다.

[1] 티투스 리비우스Titus Livius와 발레리우스 막시무스 Valerius Maximus.

드스크램 [Decremps / Descremps] 지난 세기의 마법사. 『백마법론Traité de la Magie Blanche』을 썼다.

데드샤일 [Dedshail] 여러 아랍 부족의 악마.

디(존) [Dée(Jean)] 1527년 런던에서 태어난 미치광이 학자. 카발라Kabbalah, 연금술 그리고 점성술을 연구했다. 엘리자베스Elisabeth 여왕은 그를 빈곤으로부터 구해냈으며 '나의 철학자'라는 별칭으로 불렀다. 그가 쓴 글은 카조봉Casaubon에 의해 출간되었다. 1607년 사망했다.

신격화 [Déification] 죽은 황제를 신격화하는 로마인들의 아첨을 두고 베스파시아누스Vespasian는 임종 직전 친구들에게 제법 세련된 농담을 남겼다. "나는 신이 되고 있다."

데이포브 [Deiphobe] 쿠마에Cumae의 무녀. **참조.** 무녀Sibylles.

이신론 [Déisme / Deism] 이신론은 물질의 본성을 숭배하는 종교로 모든 초자연적인 것을 부정한다. 이 쓸쓸하고 차가운 교리는 그 무엇도 설명하거나, 생산하거나, 이끄는 법이 없다.

배설 [Déjections / Excretion] 하엔Haën의 의사는 저서 『마법 개론Traité de la Magie』 마지막 장에 다음과 같은 이야기를 기록했다. '만일 우리 몸의 어느 부분에서 큰 상처 없이 들어갈 수 없는 것들, 예를 들면 칼, 유리 조각, 쇳조각, 송진, 말총 뭉치, 뼈, 벌레, 뒤틀린 커다란 핀, 석탄 등이 나온다면 악마 또는 마법사의 짓이라고 보아야 한다.' **참조.** 배설물Excréments.

드 랑크르(피에르) [Delancre(Pierre)] 저명한 악마학자. 16세기 보르도Bordeaux에서 태어났다. 그는 마법사로 고발당한 수많은 무뢰한의 재판을 심리하는 일을 했다. 이 과정에서 그는 모든 마녀 집회와 마법사들의 혐오스러운 행동을 입증했다. 그는 1630년경 파리에서 숨을 거두었다. 드 랑크르는 이 분야에 관하여 두 권의 인기 있는 책을 남겼다.

　1) 『완전히 입증된 마법에 대한 의심과 불신Incrédulité et mécreance du sortilège pleinement convaincue』(1612년, 파리, 4절판, 니콜라 부옹Nicolas Buon, 약 900페이지, 조금 희귀한 판, 루이 13세King Louis XIII 헌정, 10부작). 국참사원에서 왕의 보좌관을 역임했던 드 랑크르는 이 책에서 마법, 현혹, 접촉, 스코펠리즘Scopelism*, 불능 저주 또는 결합 마법, 유령을 비롯한 온갖 독특하고 새로운 주제를 상세하고 흥미롭게 다루었다.

　제1부에서 작가는 사람들이 마법사들을 두고 하는 모든 이야기가 진실임을 밝힌다. '현혹Fascination'이라는 제목의 제2부에서는 마녀들이 악마의 도움을 통해서만 현혹 주문을 걸 수 있다는 사실을 증명한다. 접촉을 다루는 제3부에선 마법사들이 시선을 이용할 때보다 손으로 만질 때 더 큰 마력을 발산한다는 것을 알 수 있다. 스코펠리즘에 관한 제4부에선 정원에 마법을 건 돌멩이를 던지는 이 비밀 기술로 저주 내리는 법을 다룬다. 오늘날 이러한 마법의 대부분은 자기Magnetism를 통해 설명된다. 제5부는 모든 종류의 점술을 상세히 설명한다. 제6부에서는 불능 저주와 관련된 모든 내용이 담겨있다. 제7부는 유령을 다루는데, 작가는 조금의 의심도 없이 많은 이야기를 쏟아낸다. 제8부에서는 유대인, 배교자, 무신론자에 관한 이야기가 나온다. 제9부는 이단을 비난하는데, 이들의 출현은 온 세기에 걸쳐 다소 불합리하고 고약한 광신을 낳았다. 마지막 책에서 그는 종교재판에 가담한 판사들의 마법에 대한 의심

과 불신을 다룬다. 외에 유명한 종교재판 판결문 집록이 첨부되어 있다.

2) 『타락천사와 악마의 변화론Tableau de l'inconstance des mauvais anges et démons』(1612년, 파리, 4절판, 니콜라 부옹, 약 800쪽)(1). 이 책은 마법과 마법사를 심도 있게 다룬다. 매우 흥미롭고 유용한 이 책엔 1610년 11월 9일 카스티야Castile 로그로뇨Logrono에서 53명의 마술사, 배교자, 유대인, 마법사를 대상으로 스페인과 나바르Navarre 조사관들이 진행한 재판 기록문이 들어있다. 이 책에서 보르도 의회의 국왕 보좌관 드 랑크르는 프랑스 재판이 다른 모든 제국, 왕국, 공화국, 국가의 재판에 비해 얼마나 정당하게 진행되는지 알려준다. 많은 사람이 찾는 이 책엔 마녀 집회 의식을 나타내는 판화가 포함되어 있다.

이 책은 총 6부작으로 되어있다. 제1부는 악마의 변화무쌍함, 마법사의 수, 라부르Labourd 지방 여성들의 마법 성향에 관한 세 개의 논문을 포함한다. 제2부엔 마녀 집회를 다룬 다섯 개의 논문이 포함되어 있다. 제3부는 같은 분야를 다루는데, 악마와 마법사 사이의 계약을 다섯 개의 논문으로 설명한다. 제4부는 늑대인간에 관한 네 개의 논문을 담았다. 제5부는 미신과 유령을 세 개의 논문을 통해 다룬다. 제6부엔 성직자 마법사에 관한 다섯 개의 논문이 들어있다.

드 랑크르의 저서에서 다루는 모든 흥미로운 내용들은 이 책『지옥사전』에서 찾아볼 수 있다.

(1) 장 데스파녜Jean d'Espagnet의 서문을 포함함. / * 밭에 큰 돌을 놓아 경작을 방해하는 행위로 살해 협박을 의미하기도 함.

드랑글(루이) [Delangle(Louis)]

스페인의 의사이자 위대한 점성가. 그는 프랑스의 왕 샤를 7세Charles VII에게 1450년 포르미니Formigny 전투 승리를 예고했다. 일부 작가들의 말에 따르면 그는 피에몬테Piemonte의 어린 왕자가 투옥될 것과 그다음 해 리옹Lyon에 흑사병이 번질 것을 모두 예견하기도 했다. 드랑글을 마법사라고 생각하는 사람들이 있었으나 그는 자신이 점술가에 불과하다고 말했다. 왕은 그에게 400 리브르Livre*의 수당을 주며 리옹에서 예언을 계속하도록 지시했다. 그는 여러 책을 저술했으며, 존 오브 세비야John of Seville의 『출생Nativities』을 스페인어에서 라틴어로 번역하였다. 그는 자신이 죽는 날을 예견했는데, 예견일로부터 15일 전에 의식을 시작해 죽는 순간까지 계속 지속했다고 한다.(1)

(1) 황실 서재의 수사본에서 발췌, 이 수사본은 베일Bayle에 관한 졸리Joly의 주석이며 끝부분에 해당 내용이 기록되어 있다. / * 프랑스 옛 화폐 단위.

델포이 신탁 [Delphes(l'oracle de) / Delphi(Oracle of)]

시칠리아Sicilia의 디오도로스Diodorus는 예로부터 전해 내려온 이 마법 같은 일의 유래를 알려준다. 어느 날 파르나스스소스산Parnassus의 구멍에선 몹시 강한 가스가 뿜어져 나왔고, 이를 지나던 염소들은 갑자기 춤을 추게 되었다. 이 새로운 발견을 통해 가스의 힘에 무지했던 사람들은 구멍 안에 초자연적인 존재가 있다고 믿게 되었다. 즉 구멍이 어떤 신(또는 악마)의 거처라고 생각한 것이다. 그리고 이를 무시해서는 안 된다고 생각하였다. 사람들은 그곳에 사원을 짓고, 신탁을 받고, 사제들과 무녀를 두었으며 의식을 치렀다. 구멍에서 뿜어져 나오는 가스를 들이마신 무녀는 심하게 몸을 떨곤 했다. 벤자민 비네Benjamin Binet가 언급했듯, 신의 계시가 그녀를 엄습한 것이었다. 무녀는 스스로 이해하지 못할 말들을 늘어놓았는데, 이는 신과 그녀의 능력이 대등함을 의미했다.

그녀는 원래의 상태로 돌아와 신탁을 읊었는데, 이는 신이 그녀를 지배해 그녀의 육신을 통해 말하는 것이었다. 가스의 힘은 너무도 강력했던 나머지 가끔 무녀를 죽음으로 몰고 가기도 했다. 플루타르코스Plutarch도 이 예시를 인용한 바 있다.

* 델포이 신탁에는 다양한 설이 있다. 그중 하나는 뿜어져 나온 가스가 에틸렌을 포함하고 있어 흡입 시 환각을 일으켰다는 것이다.

델리오(마틴 안토니) [Delrio(Martin-Antoine)]

1551년 앤트워프Antwerp에서 태어났다. 예수회 학자이자 『마법연구 제 6서Disquisitionum Magicarum Libri sex』(1599년, 루뱅,

4절판)라는 여섯 권짜리 책의 저자이다. 이 책에서 그는 신비술과 미신의 무익함을 정성들여 설명하였다. 이 유명한 책은 당시에 많은 인기를 얻었으며 재판도 많이 이루어졌다. 또 앙드레 뒤센André Duchesne을 통해 프랑스어로 요약되어 출판되기도 했다(1611년, 4절판과 8절판, 2부작). 작가는 일반적으로 당대의 다른 작가들보다 훨씬 명확한 설명을 제시한다. 6권으로 나누어진 저서 가운데 제1부는 자연 마법과 인공 마법 그리고 마력을 다룬다. 제2부는 지옥의 마법을, 제3부는 저주를, 제4부는 점술과 예언을, 제5부는 판사의 의무와 마법 재판을 진행하는 법을, 제6부는 고해 신부의 의무와 허용된 또는 금지된 마법 치료제를 다룬다. 전체적으로 이 마법 연구서는 기이한 사실들에 학자의 추론과 인용문을 한데 섞은 것이라고 볼 수 있다.

대홍수 [Déluge / Flood] 참조. 이스Is[1].

(1)『구약성경의 전설Légendes de l'Ancien Testament』 속 대홍수를 참조할 것.

광기 [Démence / Insanity] 참조. 빙의Possession.

데모크리토스 [Démocrite / Democritus] 로마 제국의 등장으로부터 300년 동안 그리스에서 명성을 떨친 저명한 철학자. 15세기와 16기의 작가들은 그를 마법사라고 비난했다. 몇몇 이들은 데모크리토스가 연금술서를 썼다고 믿기도 했다. 프셀로스Psellos는 그가 현자의 돌을 찾는데 전 재산을 모두 쏟아붓고 스스로 두 눈을 멀게 만들었다고 주장했다. 데모크리토스의 실명은 많은 사람을 당황하게 했다. 테르툴리아누스Tertullian는 데모크리토스가 시각이 잘못된 갈망을 불러일으킨다고 여겨 자의로 실명을 한 것이라고 주장했다. 플루타르코스Plutarch는 실명의 이유를 더 편안하게 철학을 하기 위함이라고 보았는데, 이 의견이 가장 보편적인 것이었다. 하지만 이 의견 역시 다른 것들과 마찬가지로 근거가 있는 것은 아니다. 히포크라테스Hippocrates는 데모크리토스가 장님이 아니었다고 주장했다. 아브데라Abdera 사람들이 이 철학자의 광기를 치료하기 위해 히포크라테스를 소환했을 때, 히포크라테스는 데모크리토스가 책을 읽으며 몇몇 동물을 해부하느라 바빴다고 말했다. 그가 진짜 실명했더라면 할 수 없는 일이었다.

데모크리토스가 도시에서 떨어진 폐허에 갇힌 채 철학을 하고 있던 어느 날이었다. 어느 젊은 아브데라인들은 긴 흑색 로브와 추한 가면으로 악마 복장을 한 뒤, 그를 찾아가 맴돌며 춤을 추었다. 데모크리토스는 겁을 먹은 것처럼 보이지 않았다. 그는 두 눈을 책에 고정한 채로 계속해서 글을 써 내려갈 뿐이었다[1]. 그는 모든 것을 비웃었는데, 이 비웃음은 정신으로부터 발현된 것이었다. 그렇기에 데모크리토스는 그가 비웃는 사람들과 늘 다른 견해를 가졌다. 그가 정신적으로 눈이 먼 것(그는 다른 이들처럼 눈을 사용하지 않았다Quod Aliorum More Oculis non Uteretur)이었다고 주장한 스칼리제르Scaliger의 말을 믿는 게 나을지 모른다.

사람들은 그가 새의 노랫소리를 이해할 수 있다고 믿었다. 이는 데모크리토스가 새 알에서 부화한 뱀을 먹은 뒤로 얻게 된 놀라운 능력이라는 것이다. 그가 혼자 살았기 때문에 악마와 거래했다고 믿는 이들도 있었다.

(1) 르 루아예Pierre Le Loyer, 『귀신의 역사 혹은 귀신 환영Histoire des spectres ou apparition des esprits』, 1권, 9장, 80페이지.

데모고르곤 [Démogorgon] 아르카디아Arcadia에서 숭배받았다. 데모고르곤에 관한 재밌는 일화가 남아있다. 그는 땅속에 파묻힌 채로, 꼼짝할 수 없이 지루함을 느끼고 있었다. 혼돈을 제외하고는 벗 삼을 것이 없었기 때문이었다. 그는 구형의 작은 수레를 만들 계획을 세웠다. 그리고 작업을 시작했다. 그가 탄 작은 수레는 항상 원을 그리며 돌았는데, 이동하면서 하늘이 만들어졌다. 여정 중 불을 만난 그는 태양을 만들었다. 데모고르곤은 그렇게 이 세상을 하나씩 만들어가기 시작했다. 이는 이단이 지닌 여러 교리 중 하나일 뿐이다.

수염난 악마 [Démon Barbu / Bearded Demon] 참조. 수염 악마Barbu.

빙의 망상 [Démoniaques / Demonic] 참

조. 빙의된 자Possédés.

데모노크라시 [Démonocratie / Demonocracy] 악마의 정부. 악령들에게 직접적인 영향을 미치며, 일부 아메리카, 아프리카, 아시아, 시베리아 그리고 캄차카 반도Kamchatka 남부에서 종교로 삼기도 했다. 이들은 그 무엇보다 악마를 가장 숭배했다. 예로는 쿠르드족Kurds이 있다.

악마론 [Démonographie / Demonography] 악마와 관련된 이야기와 설명. 이 주제로 글을 쓰는 작가들을 악마학자라고 부른다. 보게Boguet, 드 랑크르Pierre de Lancre, 르 루아예Pierre Le Loyer, 바이어Johann Weyer 등이 있다.

악마 숭배 [Démonolâtrie / Demonolatry] 악마를 숭배하는 행위. 1819년 리옹Lyon에서 『철학자들의 미신과 악마 숭배Superstitions et démonolâtrie des philosophes』라는 제목으로 출간된 12절판의 한 권짜리 책이 있었다. 이 책은 많은 조롱을 받았으나, 무척 훌륭한 내용과 진지한 사실을 담고 있었다. 이뤄낸 지식과 발전에 그토록 자부심을 느끼는 인간 중에도 악마의 종노릇을 하는 사람들은 수없이 많다. 사람들이 괴레스Görres의 『신성하고 자연스럽고 악마와 같은 신비La mystique divine, naturelle et diaboliq』 속 깊은 조예가 담긴 글을 읽는다고 해도, 우리가 사는 이곳(그중에서도 사회의 시궁창 속)엔 악마를 숭배하고 경배하며 자신을 바치고 명령에 복종하는 자들이 가득하다. 이는 모든 철학 시대를 뒤따르는 논리적이고 변함없는 진리이다.

악마학 [Démonologie / Demonology] 악마에 관한 논설과 논문. '제임스 1세James I의 악마학'은 제임스 1세Jacques를 참조할 것. 이 외에 월터 스콧Walter Scott을 참조해도 좋다.

악마점 [Démonomancie / Demonomancy] 악마를 이용한 점술. 이 점술은 소환한 악마가 내리는 신탁 또는 답변을 통해 이루어진다.

악마 광신 [Démonomanie / Demonomania] 보게Boguet, 드 랑크르Pierre de Lancre, 르 루아예Pierre Le Loyer, 바이어Johann Weyer 등이 악마와 마법사에 관해 이야기하는 모든 것들을 의심 없이 믿는 광신 증상. 보댕Bodin의 책 중에는 『마법들의 빙의망상Démonomanie* des Sorciers』이라는 책이 있지만, 여기서 해당 단어는 악마의 소행을 의미한다. **참조.** 보댕.

* *Démonomanie*는 악마 광신을 의미하기도 하지만 빙의망상을 의미하기도 한다.

악마(데몬) [Démons] 우리가 악마 데몬에 관하여 정확히 알고 있는 것은 교회가 가르치는 내용에 국한된다. 데몬은 폭동 이후 신의 눈 밖에 난 타락천사로, 오직 악만을 쫓으며 해를 가할 생각만 하는 존재들이다. 이들은 우리 선조들을 유혹하는 것으로 위험한 통치를 시작했다. 그리고 우리를 보호하는 충성스러운 천사들을 상대로 싸움을 벌이며, 우리가 신의 가호에 기대 용기로 맞서지 않는 한 우리를 제압해버린다. 부조리와 불가해함에 빠지지 않고 그들의 존재를 부정하는 것은 불가능하다. 로크Lock, 클라크Clarke, 라이프니츠Leibniz, 뉴턴Isaac Newton 등 강한 정신력을 지닌 이들은 악마를 부정하는 것이 불가능하다는 것을 이해했다.

이 책에서는 악마에 관한 독단적인 교리론을 펼칠 수 없다. 다만 이 저주받은 존재들이 흥미로움을 유발했던 기이하고 독특한 이야기들을 옮겨 적을 것이다. 고대 이교도들은 세 종류의 데몬이 있다고 생각했는데 선한 데몬, 악한 데몬 그리고 중립의 데몬이 그것이었다. 이때, 이들은 모든 정령을 데몬이라고 칭했다. 어둠의 천사 역시 데몬에 포함된다. 모든 전설에서 악마 데몬의 기원은 인간이 창조되기 한참 전이라고 말한다. 천사의 타락은 그보다 더 앞서 일어났다. 유대인 아브라함 이븐 에즈라Abraham ibn Ezra는 창조일로부터 이틀째 되는 날 천사의 타락이 일어났다고 주장했다. 그와 의견을 같이한 메나세 벤 이스라엘Menasseh Ben Israel은 타락 이후 신이 이들을 구름속에 두며 음부에 거할 권리를 주었다고 말했다.(1)

오리게네스Origen와 일부 철학자는 선한 정령과 악한 정령의 나이가 우리가 사는 세상의 나이보다 많다고 주장하며, 신이 지금으로부터 육천 년 또는 칠천 년 전 모든 것을 한 번에 만들 리 없다고 보았다(2). 이들은 천사와 데몬이 앞서 존재하던 세계 붕괴 직후 불멸의 삶을 살고 있다고도 보았다. 마니Mani와 그를 모방하거나 신봉하는 자들은 악마 데몬이 영원한 존재라고 생각했으며, 데몬을 악의 근원으로, 신을 선의 근원으로 분류했다. 크게 잘못된 이론임에도, 많은 신봉자가 이를 따랐다. 우리는 가톨릭교회의 의견에 따라야 한다. 신은 천사의 계급을 만들었다. 이 천상의 부대는 때 묻지 않은 순수한 존재였다. 그러나 그중 일부가 오만함을 배웠다. 이들은 자신들이 창조주만큼이나 위대하다고 보았으며, 천사 부대 일부를 데리고 폭동을 일으켰다. 세라핌Seraphim의 수장이자 모든 창조물 가운데 가장 큰 사탄Satan(3)이 폭동의 중심에 섰다. 그는 천상에서 영원한 명성을 누리고 있었으며, 신을 제외한 다른 주인을 모시지 않았으나, 광기 어린 야망이 그를 사로잡았다. 사탄은 하늘의 절반을 지배하고자 했으며, 창조주와 같은 높이의 왕좌에 앉길 원했다. 대천사 미카엘Michael과 천사들은 그를 상대로 싸웠다. 패배한 사탄은 모든 수족을 거느리고(4) 하늘에서 멀리 떨어진, 우리가 지옥 혹은 깊은 구렁이라고 부르는 곳에 쫓겨나게 되었다. 여러 주장에 따르면 이 장소는 우리가 사는 지구 깊은 중심부 불타는 곳에 자리한다. 그러나 데몬은 대기를 채우며 그 속에 살기도 한다. 성 바울St. Paul의 글에서도 해당 내용을 발견할 수 있다. 성 프로스퍼St. Prosper는 이들이 안개 속에 산다고 주장했다. 스윈덴Swinden은 악마 데몬이 태양 속에 산다는 사실을 밝히려고 시도했으며, 데몬이 달에 산다고 믿는 자들도 있었다. 우리는 그들이 열등한 장소에 산다는 사실과 신이 그들에게 인간을 유혹하고 시험하도록 허락했음을 인정해야 할 것이다. 우리는 가혹하며 이견의 여지가 없는 원죄의 역사를 알고 있다. (이는 구원을 통해서만 완전히 바로잡을 수 있다) 이후, 엄격히 제한된 데몬의 힘은 오직 비루하며 음험한 역할에 그치게 되었으나, 그런데도 비통한 사건들을 만들어냈다.

우리는 악마 데몬의 숫자에 관해서 아는 것이 없다. 바이어Johann Weyer는 마치 그 수를 세보기라도 한 것처럼, 총 6,666개의 군단이 존재하며, 각 군단에는 6,666명의 타락천사가 있다고 말했다. 이는 대략 4천5백만의 데몬이 존재함을 의미하나, 실제로는 더 많은 수가 있다. 바이어는 왕자, 공작, 후작 또는 백작의 수만 72명이며, 지상에서 일어나는 악행의 대부분은 악을 선동하는 유일한 존재인 그들의 소행이라고 주장했다.

악마의 형상

미카엘 프셀로스Michel Psellos에 따르면, 악마 데몬은 여섯 개의 거대한 조직으로 분류된다. 첫 번째 조직은 불의 데몬으로 불이 있는 곳에 머무른다. 두 번째 조직은 공기의 데몬으로 우리 주변을 날아다니며 뇌우를 일으키는 능력이 있다. 세 번째 조직은 땅의 데몬으로 인간과 교류하며 이들을 유혹한다. 네 번째 조직은 물의 데몬으로 바다와 강에 살며 폭풍과 난파를 일으킨다. 다섯 번째 조직은 지하의 데몬으로 지진을 일으키고, 화산을 깨우며, 우물을 꺼지게 만들고, 광부들을 괴롭힌다. 여섯 번째 조직은 어둠의 데몬으로 태양에서 멀리 떨어진 곳에 살며 지구에 모습을 드러내는 일이 거의 없어 이러한 별칭이 생겼다. 미카엘 프셀로스가 어디서 이러한 사실을 발견했는지 모르겠으나, 카발리스트들이 불 속에 사는 샐러맨더Salamander(불도마뱀), 공기 속에 사는 실프Sylphs(공기의 요정), 물속에 사는 운디네Undine(물의 요정) 또는 정령 님프Nymph 그리고 땅속에 사는 노움Gnomes(땅의 요정)을 상상한 것과 같은 이론이다.

학자들은 데몬이 인간과 같은 방식으로 번식한다고 주장했다. 이때문에 그들의 수는 증가하는데, 일부 학자들은 수명을 계산하고 그 수를 추정하기도 했다. 데몬 중엔 영생을 누리지 않는 것들도 있다. 헤시오도스Hesiodos는 이 존재들이 6만 8천4백 년을 산다고 보았다. 플루타르코스Plutarch는 한 존재가 그토록 오래 살 수 있다는 것을 받아들이지 못했기에, 9,720년 정도로 추정하는 것에 그쳤다….

이에 관하여 벤자민 비네Benjamin Binet는 저서 『이교도 신들의 역사론Traité historique des dieux du paganisme』을 통해 다음과 같은 지적을 하였다. '고대인들은 신이 곧 정령이기에 천사와 데몬은 육신을 가지고 있다고 생각했다. 이는 창조주와 피조물 사이엔 닮을 수 없는 끝없는 간극이 있기 때문이다.' 반면 테르툴리아누스Tertullian는 다음과 같이 주장했다. '천사들에게 고유한 육체가 없는 것은 당연한 일이다. 이들은 본래부터 영적인 존재이기 때문이다. 그리고 만일 그들에게 육체가 있다면, 이러한 본성에 반하는 것이다.(『그리스도의 육체에 대해De Carne Christi』, 6장)' 마카리오스Macarius는 이보다 더 나아갔다. "자신의 본질에 관점을 두고 본다면, 결국 모든 존재는 인간이다. 이러한 의미에서, 천사와 영혼과 악마 데몬은 인간이라고 할 수 있다.(『영성강론Les Homélies Spirituelles』, 4)"

플루타르코스는 데몬의 본성과 인간의 본성을 비교한다. 두 존재는 똑같은 갈급함과 지병에 노출되어 있으며, 제물의 연기, 지방 그리고 피로 배를 채운다는 것이다.

데몬과 이 존재의 다양한 의견들을 다룬 이야기는 무수히 많으며, 이 책『지옥사전』의 각 키워드에서 소개되어 있다.

말루쿠Maluku 제도의 주민들은 데몬이 지붕을 통해 집으로 들어오며 불결한 공기와 천연두를 가져온다고 여겼다. 이 불행을 막기 위해, 주민들은 데몬이 드나드는 곳에 나무로 만든 작은 우상을 놓아두었다. 이는 프랑스에서 새들을 쫓기 위해 벚나무 위에 짚으로 만든 인간을 올려놓는 것과 비슷하다고 볼 수 있다. 섬의 악령들이 산책을 나서는 바람에 날씨가 흐려진 날이면, 섬 주민들은 저녁 또는 밤에 외출할 때 양파 한 개 또는 마늘 한 쪽, 칼, 나무 조각 몇 개를 호신품처럼 지니고 나섰다. 그리고 어머니들이 아이들을 재울 때면, 이러한 부적을 아이들의 머리맡에 두는 것을 잊지 않았다.

신할리족Sinhalese은 과일 도둑을 막기 위해 이를 데몬에게 주었다고 말하곤 했다. 데몬의 몫인 과일을 건드는 이는 없었다.

시암Siam 사람들에게 데몬은 오직 지옥에서 붙들려다 나온 악한 영혼일 뿐이었다. 이들은 현세를 돌아다니며 저지를 수 있는 온갖 악행을 저질렀다. 사형에 처한 범죄자들, 사산아, 출생 도중 사망한 여성들과 결투 도중 사망한 자들 역시 데몬 즉 악마로 여겼다.

데몬의 존재를 부정할 정도로 우둔한 사람들에겐 (지나친 경신에도 비난하지 않을) 베일Bayle의 말을 인용할 수 있다. 그는 다음과 같이 말했다. "생각하는 존재는 공기 중에 존재하며, 그들의 제국은 이 세계가 그들을 인식하는 것만큼이나 넓게 뻗어나간다. 이 세계에서 악을 저지르며 기쁨을 얻는 악령의 존재를 부정할 수 없으니, 육신을 지닌 것들 외에 눈에 보이지 않으며 인간보다 더 지독하고 뛰어난 것들이 있다고 보지 못할 이유도 없다[5]."

(1)『죽은 자의 부활에 관하여De Resurrectione Mortuorum』, 3권, 6장. / (2) (70인에 의해) 번역된 성서에선 세상이 우리보다 1,500년에서 1,800년 정도 더 오래되었다고 말하고 있다. 현대 그리스인들은 이 계산을 따랐고, 페즈롱Pezron은『고대의 재건Antiquité Rétablie』에서 이를 다시 인용하였다. / (3) 각 피조물들이 순서대로 빛났다Quique Creaturæ Præfulsit in Ordine Primus…. 성 애비투스St. Avitus의 시, 2권. / (4)『요한계시록Apocalypse』, 5장 7절과 9절. / (5)『비평 사전Dictionnaire Critique』. Art. 스피노자Spinoza와 루게리Ruggeri.

백색 악마 [Démons Blancs / White Demons] 참조. 백색 여인 Femmes Blanches.

사역마 [Démons Familiers / Familiar Demons] 길들일 수 있는 악마로, 좋아하는 인간과 사는 것에서 기쁨을 느낀다.

스위스의 한 역사학자는 레겐스버그 Regensberg의 어느 남작에 대한 이야기를 기록하고 있다. 이 남작은 바젤 Basel에 위치한 성탑에 갇혀 성서와 문학 연구에 정성을 쏟았다. 그 탑엔 악마가 산다는 소문이 있었기에 민중들은 남작이 그곳을 선택했을 때 매우 놀라워했다. 그전까지만 해도 악마는 그 누구도 성탑의 출입을 허락하지 않았다. 하지만 남작은 그런 것에 두려움을 느끼지 않았다. 연구가 한창일 때, 악마는 사제 복장 차림으로 남작 앞에 모습을 드러냈다. 그리고 그의 곁에 앉아 연구에 대해 질문을 던지며, 다양한 주제에 관해 이야기를 나누었다. 악마는 그를 해치지 않았다. 순진한 역사학자는 만일 남작이 이 악마를 체계적으로 이용하고자 했다면 쓸만한 지식을 얻을 수 있었을 거라고 보았다. **참조.** 베리스 Bérith, 카르다노 Cardan, 영 Esprits, 루틴 Lutins, 파르파데 Farfadets, 코볼트 Kobold, 소크라테스 Socrate 등.

정오의 악마 [Démons de Midi / Demons of Midday] 과거에는 정오에 출몰하는 악마 이야기가 유난히 많이 전해졌다. 이들은 보통 인간과 계약을 맺은 사역마들이었다. **참조.** 아가티온 Agathion. 이 악마들은 관계를 맺은 사람을 찾을 때 인간 또는 짐승의 모습을 했다. 혹은 어떤 글자, 숫자, 얼굴 또는 가운데가 비거나 구멍이 뚫린 고리 속에 몸을 숨기기도 한다. 르 루아예 Pierre Le Loyer는 다음과 같이 기록했다. "사역마들은 마법사들 사이에서 유명한 악마들이다. 그리고 유감스럽게도, 이제는 사역마의 사용이 너무 흔한 것이 되었다고 말 할 수밖에 없다[1]." **참조.** 엠푸즈 Empuse.

(1) 『귀신의 역사 Histoire des spectres』, 3권, 4장, 198페이지.

악마 강박 [Démons Obsesseurs / Obsessing Demons] 참조. 망상 Obsessions.

악마 빙의 [Démons Possesseurs / Possessing Demons] 참조. 빙의 Possessions.

드니 앙조랑 [Denis Anjorand] 14세기에 살던 파리 Paris의 의사, 박사, 점성가. 그는 영국 황태자의 강림을 예고했다. 또 점성술을 이용해 푸아티에 Poitiers에서 장 Jean 왕의 점령을 맞추기도 했다. 하지만 그의 말을 들어주는 이는 없었다. 그러나 드니 앙조랑의 예언이 맞았다는 사실이 밝혀지자, 궁에서 큰 인정을 받게 되었다[1].

(1) 황실 서재의 수사본에서 발췌, 이 수사본은 베일 Bayle에 관한 졸리 Joly의 주석이며 끝부분에 해당 내용이 기록되어 있다.

카르투시오회의 디오니시오 [Denis le Chartreux / Denis the Carthusian] 15세기의 독실한 작가. 리에주 Liege 지방에서 태어났다. 그의 저서 중엔 『인간의 네 가지 최후 Of the last Four Ends of Man』만을 언급하도록 하겠다. 그는 이 책에서 연옥과 지옥에 관해 이야기했다. **참조.** 지옥 Enfer.

드니 드 뱅센느 [Denis de Vincennes] 몽펠리에 Montpellier 대학 의사이자 위대한 점성가. 루이 당주 Louis d'Anjou 공작의 부름을 받은 그에겐 특별한 판단력이 있었다. 그는 어린 왕 샤를 6세 Charles VI의 총독이기도 했던 루이 당주 공작에게 샤를 5세 Charles V의 보물을 찾는 방법을 알려주었다. 이 보물의 존재를 아는 이는 오직 세루즈의 에라르 Errart de Serreuze라는 덕망 있고, 사려 깊은 현자뿐이었다. 드니 드 뱅센의 재능으로 발견한 이 보물 속엔 천팔백만 개의 금이 들어있었다. 몇몇 사람들은 (이 왕이 항상 전쟁을 치른 것을 보고) 『장미 이야기 Roman de la Rose』의 저자 장 드 묀 Jean de Meung이 현자의 돌을 이용해 이 보물을 긁어모았다고 말한다[1].

(1) 토르케마다 Torquemada, 『6일 창조 Hexameron』, 29페이지.

치아 [Dents / Teeth] 치아에 관해서도 여러 가지 놀라운 이야기가 전해진다. 세상에는 치아를 가지고 태어나는 아이들이 있었다. 루이 14세 Louis XIV는 태어날 당시 두 개의 치아를 가지고 있었다. 에피루스 Epirus의 왕

피로스Pyrrhus는 치아 대신 위아래 잇몸에 하나로 이어진 뼈가 하나씩 달려 있었다. 페르시아에는 태어날 때부터 이런 형태의 치아를 지닌 종족이 있었다.⁽¹⁾ 살그Salgues는 고르곤족Gorgons 국가의 여성들은 하나의 눈알과 하나의 치아가 전부였고, 이를 서로에게 빌려줄 수 있었다며 몹시 추한 국가로 기록하고 있다.

1691년, 실레지아Silesia에는 7세에 이갈이를 시작한 아이가 있었는데, 이가 빠진 자리에 금니가 자라났다. 사람들은 그 현상이 자연적이면서도 초자연적인 일이라고 보았다. 그리고 하늘이 아이에게 금니를 보내 튀르키예인들로 인해 상심하고 있을 기독교인들을 위로하려 한다고 믿었다. 당최 금니와 튀르키예인들 사이에 무슨 연관이 있으며, 기독교인들이 그 금니에서 어떤 위로를 얻어야 하는지 모르겠지만 말이다. 이 이야기는 여러 학자를 분주하게 만들었고, 당대의 위대한 지성들은 한 번 이상의 논쟁을 벌였다. 어느 금은세공사가 아이의 치아를 확인한 다음 그것이 평범한 치아 위에 매우 정성스럽게 금박지를 뒤집어씌워 만든 가짜라는 걸 확인하기 전까지 이들의 논쟁은 계속되었다. 그러나 세공사가 이를 밝히기 전에, 사람들은 이미 금니에 관해 여러 책을 펴낸 뒤였다.

『대 알베르투스의 경이로운 비밀들Les Admirables secrets d'Albert le Grand』에서는 치통을 없애기 위해 생 로랑St. Laurent의 은혜가 필요하다고 나와 있으나, 이는 미신에 해당한다. 아스파라거스의 뿌리는 치통에 효험이 있다고 알려져 있다. 이 식물의 뿌리를 말린 뒤 아픈 이에 붙이면 치통을 말끔하게 걷어낼 수 있다고. 그러나 검증된 이야기는 아니다.

(1) 생 푸아Germain-François Poullain de Saint-Foix, 『수상록Essais』, 1권.

데로돈(다비드) [Dérodon(David)] 17세기의 변증법론자. 한 교수는 신원미상 궤변가의 공격에 항복하며 이렇게 말했다. "네가 악마가 아니라면, 넌 데로돈이다." 데로돈은 『판별점성술 반박 논설Discours contre l'astrologie judiciaire』(1663년, 8절판)을 펴냈다.

데르사일 또는 데트사일 [Dersail, De- **tsail]** 라부르Labourd 지역의 마법사. 1610년경 마녀 집회에서 대야를 날랐다. 여러 마녀들의 집회 의식에서 그가 제물을 받는 모습을 보았으며, 이렇게 모은 돈을 마법사와 그를 위해 사용했다고 고백했다.⁽¹⁾

(1) 드 랑크르Pierre de Lancre, 『악마의 변화론Tableau de l'inconstance des démons』, 90페이지.

데바롤(아돌프) [Desbarolles(M. Adolphe)] 『손의 신비Mystères de la main』(12절판, 624쪽)라는 책을 펴냈다. 비현실적인 새로운 수상술을 소개한다.

데보르드 [Desbordes] 로렌Lorraine의 공작 샤를 4세Charles IV의 시종. 이 시종은 1628년 공작 어머니인 크리스틴Christine 공주의 죽음을 앞당기고, 의사들이 저주라고 판단한 여러 질병을 일으켰다는 혐의로 고발당했다. 샤를 4세는 어느 날 데보르드를 상대로 맹렬한 의심을 품게 되었다. 사냥을 마친 뒤 공작과의 저녁 식사 중, 데보르드가 아무런 준비 과정 없이 맛있는 음식이 담긴 세 칸짜리 통을 내어왔기 때문이었다(하지만 고압솥을 사용했을 수도 있다).

이 외에도 데보르드는 교수형을 당한 세 명의 사람(항상 세 명씩 형을 치른다)을 소생시킨 일이 있다. 데보르드는 삼 일째 교수대에 매달려 있던 이들에게 공작에게 경의를 표하라고 시킨 뒤 다시 교수대로 보냈다. 그는 직물에 그려진 인물들에게 밖으로 나와 거실에서 춤을 추라고 명하기도 했다…. 이 놀라운 사건으로 인해 겁을 먹은 샤를 4세는 데보르드가 재판받길 바랐다. 그렇게 재판이 진행되었고 그는 화형에 처해졌다.[1] 데보르드에겐 속임수나 요술 외에 다른 무언가가 있었을 것이다.

(1) 살그Salgues, 『오류와 편견Des erreurs et des préjugés』, 줄 가리네Jules Garinet, 『프랑스 마법사Histoire de la Magie en France』, 204페이지.

데카르트(르네) [Descartes(René)]

17세기 당시 저명했던 인물 중 하나. 데카르트는 네덜란드에서 처음으로 책을 펴냈을 당시 공격을 받았다. 위트레흐트Utrecht에서 명망이 높았던 푸치우스Voetius는 그를 무신론자라고 비난했다. 그는 데카르트가 재판에서 변론의 기회 없이 처벌받도록 만들 계획을 펼치기도 했다. 하지만 신교도의 관용을 베풀어 데카르트를 위트레흐트의 가장 높은 화형대에 세워 전국에서 볼 수 있도록 한 다음 불태워버리겠다고 마음을 고쳐먹었다.[1] 이는 네덜란드의 지형이 평평하기에 가능한 시도였다. 이처럼 로마 가톨릭과 비교했을 때 기독교 정신을 찾아볼 수 없는 분노에 찬 자들이 있었는가 하면, 진정한 기독교인들은 데카르트의 위험 가능성 있는 몇 가지 오류를 지적하는 것에 그쳤다. 그리고 이 위험은 실재하는 것으로 증명되었다. 분별없는 철학자들이 그의 철학을 지지하고 있기 때문이었다.

(1) 『문학의 진기함Curiosités de la Littérature』, 베르탱Bertin을 통해서 영어에서 번역됨, 1권, 52페이지.

무인경 [Déserts]

사람이 살지 않거나 버려진 곳에서 마법사들은 집회를, 악마들은 요란한 연회를 펼친다. 이런 장소에서 악마는 거래나 복종을 원하는 자 앞에 모습을 드러낸다. 유령을 마주할까 겁내는 곳이기도 하다. **참조.** 교차로Carrefours.

데스퐁텐 [Desfontaines]

1695년, 훗날 발로뉴Valognes의 주임 신부가 된 베주엘Bezuel이 열다섯 살 학생이었을 때의 일이다. 베주엘은 마찬가지로 학생이던 다바켄d'Abaquene 검사의 자식들을 알게 되었다. 첫째는 그와 동갑이었고, 둘째는 몇 살 어렸는데 데스퐁텐이라는 이름을 가지고 있었다. 베주엘은 이 데스퐁텐이라는 아이를 좋아했다. 1696년, 두 아이는 산책을 하던 중 책에서 읽었던 이야기를 나누었다. 이는 두 친구 이야기로, 먼저 죽게 된 사람이 살아남은 이에게 찾아와 소식을 전해주기로 약속하는 내용이었다. 이야기에서 죽은 친구는 산 친구를 찾아와 놀라운 이야기들을 들려주었다. 어린 데스퐁텐은 베주엘에게 똑같이 서약 맺을 것을 제안했다. 처음에는 원하지 않았던 베주엘도 몇 달 후 데스퐁텐이 캉Caen으로 떠난다고 하자, 이 제안에 동의하였다. 데스퐁텐은 주머니에서 미리 준비한 작은 종이 두 장을 꺼냈다. 그는 자신이 죽으면 베주엘을 보러 오겠다는 약속이 기재된 종이에 피로 서명했다. 베주엘 역시 똑같이 약속이 기재된 다른 종이에 서명했다. 그렇게 데스퐁텐은 자기 형제와 떠났고, 두 친구는 편지를 주고받았다. 그러다 갑자기 데스퐁텐으로부터 6주째 편지가 오지 않았다. 1697년 7월 31일 오후 2시, 베주엘은 초원에 있었다. 그는 갑작스레 찾아온 현기증에 몸이 무력해졌다가 다시 회복되는 것을 느꼈다. 다음 날 같은 시각, 그는 똑같은 증상을 또 겪었다. 그다음 날, 현기증을 느끼는 가운데 그는 친구 데스퐁텐이 자기에게 오라는 신호를 보내는 것을 보았다. 자리에 앉아있던 그는 잠시 뒤로 물러났고, 같이 있던 사람들은 이 모습을 지켜보았다. 데스퐁텐이 다가오지 않았기에, 베주엘은 자리에서 일어나 그를 만나러 갔다. 유령은 그의 왼팔을 붙들고 서른 걸음쯤 떨어진 조용한 곳으로 데려갔다. "내가 죽으면 찾아오겠다고 너에게 약속했었지. 나는 어제 이 시간 캉의 강물에 빠져 죽었어. 산책을 하던 중이었는데, 날이 너무 더워 멱을 감으려고 했지. 물속에서 나는 현기증을 느껴 가라앉고 말았어. 나와 동행했던 메닐 장Menil-Jean 수도원장이 잠수 중이었기에, 나는 그의 발을 붙들었지. 하지만 그는 내가 연어라고 생각한 건지, 아니면 빨리 수면 위로 올라가고 싶었던 건지, 거칠게 다리를 흔드는 바람에 가슴을 맞았어. 결국 나는 강바닥으로 떨어졌지. 아주 깊은 곳으로 말이야."

데스퐁텐은 이 외에 다른 많은 사실도 알려주었다. 베주엘은 그를 끌어안고 싶어했지만, 그곳엔 그림자뿐이었다. 다만 데스퐁텐이 그의 팔을 너무도 세게 붙들고 있었기에 통증은 계속되었다. 그는 여전히 유령의 모습을 볼 수 있었는데, 실물보다 조금 컸고, 옷을 반쯤 벗고 있었으며, 금발 머리에 글이 적힌 두건을 두르고 있었다. 그리고 두건에 쓰인 'In'이라는 글자 외에 아무것도 읽을 수가 없었다. 목소리도 데스퐁텐의 것과 같았고, 표정은 기쁘지도 슬프지도 않은, 완벽하게 평온한 얼굴이었다. 데스퐁텐은 베주엘에게 자기 형제가 돌아왔을 때 부모님께 전해주어야 할 말을 부탁했다. 그리고 지난 일요일 고해 성사에서 받았으나 아직 읽지 못한 일곱 시편을 낭독해 달라고 부탁했다. 그렇게 멀어지던 그는 다음과 같이 말했다. "그럼, 다시 볼 때까지…." 이는 그가 동료와 헤어질 때 자주 하던 말이었다. 유령의 출몰은 여러 번 반복되었다. 누군가는 이를 전조 또는 동조라고 해석할 것이다. 베주엘 수도원장은 1708년에 있던 성 피에르Saint-Pierre 수도원장과의 저녁 식사에서 이 이야기를 자세히 소개했다. 성 피에르는 자신의 정치적 저작 4권에서 이 내용을 상세히 다루었다.

슈다르 데포르주(피에르 장 밥티스트) [Desforges(Pierre-Jean-Baptiste Choudard)]

1746년 파리Paris에서 태어난 시시한 작가. 『무수한 기억들 혹은 부부 야회Mille et un souvenirs, ou veillées conjugales』라는 외설스러운 책을 펴냈다. 이 책에서 그는 훗날 다른 집록에서 묘사되기도 했던 여러 유령 이야기를 들려준다.

데줄리에르 [Deshoulières]

데줄리에르 부인은 파리에서 4리유* 떨어진 사유지를 찾았다. 부인은 그곳에 있는 성의 가장 아름다운 방을 선택할 수 있었다. 다만 매일 밤 어느 망자가 드나든다는 한 침실만은 숙박이 불가했다. 오랫동안 데줄리에르 부인은 유령을 보길 소망했었다. 사람들의 만류에도 불구하고, 그녀는 유령이 출몰하는 방에 머물기로 했다. 밤이 찾아오고, 침대에 누운 그녀는 습관대로 책을 한 권 펼쳐 들었다. 독서를 마친 그녀는 불을 끄고 잠에 들었다. 얼마 지나지 않아 그녀는 문에서 들려오는 소리 때문에 깨어났다. 그 문은 고장이 나서 잘 닫히지 않았다. 문이 열리고, 누군가 큰 발소리를 내며 들어왔다. 겁이 없던 그녀는 매우 단호한 목소리로 말했다. 그러나 아무도 대답하지 않았다. 유령은 낡은 병풍을 넘어뜨리고 소리를 내며 커튼을 잡아당겼다. 그리고 느리게 접근하며 조용히 침대 곁을 지나, 원탁을 넘어뜨리고 이불에 몸을 기댔다. 그녀는 아주 단호한 어투로 말했다. "아! 누군지 알았다!" 유령이 있는 곳을 향해 손을 뻗은 그녀는 털로 뒤덮인 두 귀를 붙든 뒤 날이 밝을 때까지 버텼다. 아침이 되자 성의 사람들은 그녀가 죽었는지 확인하기 위해 방을 찾았다. 유령이라고 생각했던 것은 사육장보다 빈방에서 잠드는 것이 더 편안하다고 생각한 큰 개 한 마리였다.

* 과거의 거리 단위. 1리유는 약 4km 정도이다.

데필리에 [Despilliers]

신부이기도 했던 데필리에 백작은 사망 당시 샤를 6세Charles VI의 연대장 계급을 부여받았다. 그가 흉갑 기병대 대위에 불과했던 시절의 일이다. 한겨울 플랑드르Flanders에 체류하던 중 그의 기병 하나가 나타나 막사를 옮겨달라고 사정하는 일이 있었다. 병사는 매일 밤 그의 잠을 방해하는 유령이 찾아온다고 말했다. 데필리에는 병사의 어리석음을 비웃은 뒤 돌려보냈다. 병사는 며칠 뒤 다시 그를 찾아와 똑같은 부탁을 했으나 또 비웃음만을 샀다. 세 번째 찾아온 병사는 대위에게 만일 막사를 옮겨주지 않는다면 탈영하는 수밖에 없다고 못을 박았다. 그가 훌륭한 병사라는 걸 알고 있던 데필리에는 다음과 같이 약속했다. "오늘 밤 자네와 함께 자며 무슨 일이 있는지 알아보겠네." 밤 열 시가 되었을 때, 대위는 기병의 막사를 찾았다. 그는 식탁 위에 장전된 총을 올려놓은 뒤, 검을 바로 옆에 놓은 채로 몸을 싸매고 잠들었다. 자정이 되었을 때, 누군가 방 안으로 들어오는 소리가 들렸다. 침입자는 순식간에 침대를 뒤엎어 대위와 병사를 매트 아래에 가둬버렸다. 최선을 다해 벗어난 용기 있던 백작은 혼란스러워하며 기병의 막사를 옮겨주었다. 그는 자신이 악마에게 맞섰다고 생각하며 모험담을 늘어놓았다. 혹시 그 작은 악마가 큰 원숭이의 모습을 하고 있지는 않았을까?

데스루 [Desrues] 독살자. 1777년 파리Paris에서 산채로 찢기고 불태워졌다. 당시 그의 나이는 32세였다. 형이 집행된 지 보름이 흘렀을 때, 난데없이 그가 매일밤 그레브 광장Place de Greve에 모습을 드러낸다는 이야기가 퍼졌다. 잠옷을 입고 손에는 십자가상을 든 채로 자신의 처형대가 있었던 광장을 천천히 거닌다는 것이었다. 그는 비통한 목소리로 다음과 같이 소리쳤다. "나는 내 살과 뼈를 찾으러 왔다." 이후 며칠이 흘렀지만, 어느 누구도 이 음침한 일에 대해 알아볼 엄두를 내지 못했다. 여러 순찰병과 경비병들은 겁에 질렸다. 그러나 결국 공포도 끝이 났다. 한 용감한 시민이 용기를 내어 광장에 다가갔고, 유령을 붙들어 경비병에게 데려갔다. 망자의 정체는 다름 아닌 데스루의 형제로, 상리스Senlis의 부유한 객주였다. 그는 절망으로 인해 미쳐버리고 말았던 것이었다.

운명 [Destinée / Destiny] 참조. 운명론Fatalisme.

데비뉴 [Desvignes] 파리Paris 출신의 여성. 17세기 초, 자신의 신경 쇠약을 이용해 돈을 벌려고 했다. 어떤 사람들은 그녀가 마녀거나 빙의되었다고 생각했으며, 일부는 그녀를 예언가로 여겼다. 저서 『미신관행사Histoire des pratiques superstitieuses』에서 마치 의사처럼 그녀의 이야기를 다루던 르브룅Lebrun 사제는 이 일화 속에 큰 속임수가 있다고 보았다. 그녀가 일으킨 소동은 머지않아 막을 내렸다.

데트사일 [Detsail] 참조. 데르사일Dersail.

애도 [Deuil / Mourning] 최초의 시인들은 죽은 뒤 영혼이 어둠의 왕국으로 간다고 말했다. 생 푸아Saint-Foix는 이러한 의견에 맞추어 죽음의 색이 검은색이 된 것이라고 보았다. 중국인들과 시암Siam 주민들은 인간이 죽으면 선한 정령이 된다고 믿어 죽음의 색을 흰색으로 여겼다. 튀르키예에선 파란색 또는 보라색 상복을 입었다. 반면 에티오피아에선 상복으로 회색을 택했다. 페루에서는 스페인인들이 침략했을 당시 쥐색 상복을 입었다. 일본에서는 죽음의 색을 흰색으로, 행복의 색을 검은색으로 여겼다. 카스티야Castile에서는 한때 상복으로 흰색 능직을 입었다. 페르시아에서는 상복으로 갈색 옷을 입고 모든 가족과 가축들이 면도하고 털을 밀었다. 리키아Lycia에서는 애도 기간에 남자들이 여성의 옷을 입었다. 프랑스에선 루이 12세Louis XII의 아내였던 안 드 브르타뉴Anne de Bretagne가 당시 흰색으로 정해져 있던 왕궁 상복을 검은색으로 바꾸었다. 아르고스Argos에선 애도 기간동안 흰옷을 입고 큰 성찬을 벌였다. 델로스Delos 섬에서는 머리카락을 잘라 고인의 묘지에 올려두었다. 이집트인들은 애도 시 가슴에 상처를 낸 후 얼굴에 진흙을 발랐다. 그리고 노란 옷이나 낙엽을 몸에 둘렀다. 로마의 부인과 자녀들은 남편의 죽음에 일 년 내내 울어야 했다. 반면 남편은 아내의 죽음에 눈물을 흘려서는 안 됐다. 그리고 아이의 사망 나이가 3살이 채 되지 않았다면, 아버지는 울 수 없었다. 유대인들의 큰 장례는 일 년간 이어지는데, 부모의 죽음이 이에 해당한다. 자식들은 검은 옷을 입지 않지만 일 년 동안 아버지가 숨을 거둘 당시 입고 있던 옷을 입어야 한다. 다른 옷으로 바꿔입는 것은 금지되어 있고, 옷이 해져도 벗을 수 없다. 그리고 기일이면 다함께 금식을 한다. 평범한 장례는 한 달 동안 이어지며, 아이들과 부모의 형제가 죽을 경우 이에 해당한다. 한 달 동안은 씻거나, 향수를 뿌리거나, 수염을 밀거나 손톱을 깎는 것이 금지된다. 그리고 가족 식사도 할 수 없다. 작은 장례는 일주일 동안 이어진다. 남편 또는 아내의 죽음이 이에 해당한다. 장례가 시작되면 배우자는 손을 씻고 신발을 벗은 뒤 바닥에 앉아 그 자세로 움직이지 않고 일주일간 통곡을 한다. 이러한 풍습은 오직 순수 혈통의 유대인들 사이에서만 이어져 내려온다. 상을 치르는 중국인들은 큼지막한 흰 삼베옷을 입고 옷자락을 자른 뒤 석 달 동안 운다. 또 판관의 경우 직을 잠시 내려놓고, 소송인은 재판을 중단한다. 젊은이들은 조용한 생활을 이어가며, 3년이 지날 때까지 혼인을 맺을 수 없고, 일 년간은 오직 파란 잉크로만 글을 쓸 수 있다. 카리브해Caribbean Sea 주민들은 장례를 치를 때 머리를 자른 다음 고인의 몸이 부패할 때까지 엄격하게 금식한다. 그런 다음 폭식을 해 몸의 모든 슬픔을 몰아낸다. 아메리카의 일부 민족은 고인의 나이에 맞추어 상을 치른다. 이들은 아이의 죽음을 두고는 몹시 애석해 하면서도, 노인의 죽음 앞에서는 거의 눈물을 보이지 않는다. 아이들의 상은 기간과 상관없이 공동으로 치러졌으며, 아이들이 태어난 지역 전체가 애통해했다. 아이가 죽은 날엔 부모에게 가까이 갈 수 없다. 이들은 집안에서 끔찍한 소리를 내지르며 격분하고 절망에 차 울부짖으며 머리를 쥐어뜯고, 깨물고, 온몸을 할퀸다. 다음날 아침 그들은 눈물로 젖은 침대에 오른다. 세 번째 날에는 일 년 동안 이어질 탄식을 시작한다. 아버지와 어머니는 일 년 동안 몸을 씻지 않는다. 도시의 다른 사람들은 그들에게 애도를 표하기 위해 시신을 매장할 때까지 매일 세 번 눈물을 흘린다[(1)]. **참조.** 장례 Funérailles.

(1) 뮈레Muret, 『장례식Des Cérémonies Funèbres』. / * 대국의 옛 이름.

데우무스 또는 데우모 [Deumus, Deumo]

말라바르Malabar 캘리컷Calicut 주민들의 신. 이 신은 데우무스라는 이름으로 숭배받던 악마에 불과하다. 이 악마는 관을 쓰고 다니며 머리에는 네 개의 뿔이 있고 갈고리 모양으로 된 거대한 치아 네개를 지녔다. 또 코는 뾰족한 매부리코이며, 닭의 발을 가지고 있다. 발톱으로는 영혼을 낚아채 잡아먹는다[(1)].

(1) 르 루아예Pierre Le Loyer, 『귀신의 역사 혹은 귀신 환영Histoire des spectres ou apparition des esprits』, 3권, 4장, 207페이지.

데바디 [Dévadi]

힌두교의 고해자. 귀족 출신으로, 신들로부터 노인을 다시 젊게 만드는 능력을 선사받았다.

드보 [Devaux]

16세기의 마법사. 드보의 등엔 검은 개 형상의 표식이 있었다. 그는 표식 가운데 핀을 찔러 넣어도 고통을 느끼지 않았다. 그러나 바늘을 사용하자, 드보는 큰 신음을 터뜨렸다. 하지만 이를 누가 한 짓인지 알 수는 없었다[(1)].

(1) 드 랑크르Pierre de Lancre, 『악마의 변화론Tableau de l'inconstance des démons』, 3권, 185페이지.

드벤디렌 [Devendiren] 참조. 유녀Courtisanes.

예언가 [Devins / Soothsayers]

미래의 일을 내다보고 예언하는 사람들. 이토록 교양을 갖춘 시대에 와서도, 여전히 예언가를 믿는 순진한 사람들이 존재한다. 심지어 미신의 저속한 편견에서 벗어나는 교육을 받았음에도 말이다. 어느 귀족의 집에서 은식기 하나를 도둑맞은 일이 생겼다. 식기 담당자는 친구와 함께 예언을 하며 생계를 이어가는 어느 노파를 찾았다. 그들은 이제 곧 도둑을 찾아 식기를 돌려받을 것이라고 믿었다. 예언가를 찾은 아침, 이들은 그녀의 집 현관을 진흙과 발자국으로 더럽히게 되었다. 문을 연 예언가는 화를 내며 소리쳤다. "밤새 내 문을 더럽힌 불한당이 누구인가! 찾아낸다면 그대로 얼굴에 집어 던져 줄 텐데!" 예언가를 찾은 하인은 친구를 돌아보며 말했다. "왜 굳이 돈을 낭비해야 하는가? 제집 현관에서 일어난 일도 모르는 여자가 어떻게 도둑을 찾는다고[(1)]?"

성 아우구스티누스St. Augustine의 『고백록Confessions』(4권, 2장)에 등장하는 다음 구절을 보면 당시 예언가들에 대한 단서를 얻을 수 있다. 그는 다음과 같이 기록했다. '오래 전에 일어난 일임에도 뚜렷하게 기억하고 있다. 공개적으로 진행되는 시 대회에 참가하려던 내게, 예언가라는 사람이 상을 타게 해 주겠다며 교섭하기 위해 찾아왔다. 악마에게 고약한 제물을 바치는 예언가라는 직업에 혐오를 느낀 나는 그를 멀리 쫓아냈다. 그리고 절대 시들지 않는 화관이 있고 그것이 금으로 만들어진 관이라고 할지라도, 그것을 얻기 위해 파리 한 마리라도 죽여야 한다면 나는 결코 동의하지 않을 것이라고 말했다.'

오늘날, 여전히 많은 지역에선 징병으로 신성한 자유를 위협받는 젊은 시골 청년들이 좋은 추첨 번호를 받기 위해 예언가들을 찾는다. 아일랜드의 예언가는 거의 여성이다. 그녀들은 의술을 행하며 점을 쳐준다. 이들은 신비한 실타래를 꼰 다음 석회 채석장 바닥으로 내린다. 점을 보는 이는 묻는다. "누가 잡고 있습니까?" 그리고 걱정하며 답변을 기다린다. 예언가는 그곳에 있는 게 구혼자인지 악마인지를 말해준다. 이 여성들은 네 개의 수원이 흘러 모이는 곳을 알고 있다. 한 해의 신비한 시기에 예언가들은 이곳에 와서 셔츠를 물에 담근다. 그리고 자정이 되면 벨제부스Belzébuth의 이름을 걸고 불 앞에 널어 놓는다. 아침이 되면 예언가를 찾아온 젊은 여성의 배우자 형상이 셔츠에 떠오른다. 예언가는 젊은 여성에게 왼손에 빗을, 오른손에 사과를 들게 시키기도 했다. 이후 사과를 입에 물고 거울을 보면 미래의 배우자가 나타나기 때문이다. 이때, 쇠로 된 모든 물건을 집에서 치워야 한다. 그렇지 않으면 손에 반지를 낀 아름다운 청년 대신, 거울 속에는 머리가 없고 꼬챙이 또는 부지깽이로 무장한 육신이 보일 것이다.

참조. 카드점Cartomancie, 손Main, 예언Prédictions을 비롯한 무수한 점술들.

(1) 바클레Barclay, 『은Argents』.

는 행위 또는 희생물이 되는 것. 그리스와 로마의 역사가들은 희생을 다룬 많은 기록을 남겼다. 여기서는 굳이 데키우스의 희생을 다시 언급하지 않겠다(**참조.** 데키우스Décius). 코드루스Codrus와 다른 자들의 희생도 마찬가지다. 일부 도시에선 특정인에게 저주를 내려 민족 공공의 불행을 떠안도록 만들었다. 발레리우스 막시무스Valerius Maximus는 쿠르티우스Curtius라는 이름의 로마 출신 검투사를 예시로 든다. 그는 로마를 위협하던 모든 불행이 자신에게 오도록 만들었다. 어느 날 시장 한 가운데의 땅이 무시무시하게 갈라졌다. 주민들은 누군가의 희생 없이는 땅이 원래대로 돌아올 수 없다고 믿었다. 젊은 기사 쿠르티우스는 말 위에 올라 도시를 한 바퀴 돈 다음, 땅이 갈라지며 생긴 구렁 속으로 몸을 던졌다. 그 즉시 땅이 다시 닫혔다. 버질Virgil에 대해 쓴 세르비우스Servius의 글은 다음과 같은 내용을 포함하고 있다. 기독교가 자리 잡기 전, 버질은 흑사병이 창궐한 마르세유Marseilles에서 고급 음식으로 어느 가난한 자의 배를 불리고 온 도시를 걷게 하며 큰 목소리로 저주를 내린 다음 내쫓았다. 이렇게 하자 흑사병을 비롯한 모든 불행이 그자와 함께 떠나갔다[(1)]. 유대인들은 죄의 사면을 위해 숫염소를 희생시켰다. **참조.** 아자젤Azazel.

보다 현대에 가까운 이야기 중엔 다음과 같은 것이 있다. 로렌Lorraine의 한 종교 재판관은 집단 사망으로 인해 텅 빈 어느 도시를 찾았다. 그리고 사람들이 이 재앙의 원인을 매장된 여성에게 돌리고 있다는 사실도 알게 되었다. 그녀는 땅속에서 몸을 덮고 있던 수의를 조금씩 먹어 삼키는 중이었다. 주민들은 재판관에게 그녀가 수의를 모두 삼켜야 마을의 집단 사망 재앙이 끝날 것이라고 말했다. 의회를 소집한 재판관은 땅을 파게 시켰다. 땅을 판 재판관은 이미 그녀의 수의가 모두 삼켜진 뒤 소화된 것을 보았다. 이에 궁수가 활을 당겨 시체의 목을 잘라 무덤 밖으로 던지자 흑사병이 멈추었다. 제대로 된 조사 끝에, 이 여성이 생전 마법과 요술에 열중하였다는 사실을 밝혀낼 수 있었다[(2)]. 외에도, 이 일화는 흡혈귀의 짓이라고 볼 수 있다. **참조.** 감응술Envoûtement, 흡혈귀Vampires.

희생 [Dévouement / Devotion] 희생하

(1) 르브륑Lebrun 사제, 『미신의 역사Histoire des superstitions』, 1호, 4장, 413페이지. / *(2)* 스프렝저 Sprenger, 『마녀의 망치Malleus Maleficı』, 파트 1, 문의 15. 다음도 함께 참조할 것. 감응술.

디아 [Dia] 과거 시베리아 민족은 디아라는 신을 숭배했다. 그들은 신이 셋이자 한 명이라 생각하였다. 이에 신을 세 개의 머리와 여섯 개 팔이 달린 모습으로 묘사했다. 그녀는 왕홀과 거울, 불붙은 심장을 손에 들고 있었다.

악마(데빌) [Diable / Devil] 일반적으로 모든 종류의 악마에게 부여되는 명칭. 하늘에서 떨어진 사탄을 의미하는 그리스어에 기원을 둔다. 하지만 악령을 일컬을 때도 별도의 구분 없이 보통은 데빌이라고 부른다. 인간의 적을 가리킬 때도 동일한 명칭을 사용한다.

악마에 관한 이야기는 셀 수 없이 많다. 그중 하나를 언급하자면 다음과 같은 이야기가 있다.

한 카르투시오회Carthusian 수도사가 자신의 방에서 기도를 올리던 중, 갑작스럽게 이상한 배고픔이 찾아왔다. 그리고 여자로 변장한 악마가 들어왔다. 그녀는 벽난로에 다가가 불을 켜고, 수도사의 저녁 식사였던 콩을 찾아와 익힌 뒤 사발에 담아놓고는 사라졌다. 수도사는 기도를 이어가던 중, 수도원장에게 악마가 준비해준 콩을 먹어도 되겠느냐고 물었다. 수도원장은 신이 만든 것은 무엇이든 은혜가 깃들어 있기에 절대 버려선 안 된다고 답했다. 수도사는 그렇게 콩을 먹었고, 그 맛이 여태껏 먹어본 그 무엇보다 훌륭했다고 단언했다.

자크 드 비트리Jacques de Vitry 추기경이 재미를 위해 기록한 이 소담엔 더 이상 아무 말도 덧붙이지 않을 것이다. 반면, 이계에서 온 것이 아님에도 악마로 취급받은 이들의 이야기도 있다. 브르타뉴Bretagne의 상인이 거래를 위해 인도를 향해하고 있었다. 그는 아내에게 집의 관리를 부탁하였다. 아내는 현명한 여인이었고, 남편은 긴 여행을 떠나도 아무 걱정이 없었다. 사육제의 어느 날, 이 부인은 무료함을 달래기 위해 부모님과 친구들을 초대해 가벼운 식사가 있는 작은 연회를 벌였다. 연회에서 놀이가 시작될 때, 재판 가방을 들고 검사 복장으로 변장한 남자가 부인에게 금화 몇 닢을 걸고 내기를 하지 않겠느냐고 물었다. 그녀는 도전을 받아들였고, 내기에서 이겼다. 금화 몇 닢을 더 건 남자는 또 말 한마디 없이 내기에서 졌다. 이후 그와 대결하던 다른 이들은 모두 패배했으나, 오직 부인만이 승리했다. 그의 패배는 함께 있던 일부 사람들의 의아함을 자아냈다. 변장한 자는 주머니에서 루이Louis 금화로 가득 찬 주머니를 꺼내며 이렇게 말했다. "나는 부의 악마다. 부인이 여태껏 번 것을 건다면 나도 이 금화를 모두 걸겠다." 부인은 이 제안을 두려워하며 신중히 도전을 거절했다. 변장한 자는 내기를 하지 않고 금화를 주었다. 하지만 그녀는 금화를 받지 않았다. 여기서부터 놀라운 운명이 시작된다. 그 자리에 있던 나이 든 여자 하나가 변장한 자를 악마라고 확신하게 되었다. 이 확신은 연회장에 있던 사람들 사이에서 퍼지게 되었고, 사람들은 이를 작은 목소리로 주고받았다. 목소리를 들은 변장한 자는 그 생각이 맞는다는 것을 알려주기 위해 여러 언어로 말하기 시작했다. 그리고는 갑자기 저승에서 왔으며 그의 몫으로 주어진 여자를 데리러 왔노라고 소리쳤다. 그리고 만약 그녀를 가지지 못한다면 어떤 방해가 있더라도 떠나지 않을 것이라고 덧붙였다…. 모든 이목이 집주인에게 쏠렸다. 경솔한 이들은 공포에 휩싸였고, 나머지 사람들 또한 겁을 먹었다. 그러나 오히려 집주인 만큼은 웃음을 터뜨렸다. 가짜 악마는 가면을 벗었고, 정체가 탄로 났다. 그는 다름 아닌 부인의 남편이었다. 그를 알아봤던 그녀는 기쁨의 비명을 질렀다. 남편은 말했다. "재물을 가지고 내가 왔다." 그리고 사람들을 향해 몸을 돌리며 말했다. "속이기 쉬운 사람들이여. 내기하는 법부터 배우고 오시라." 그리고 그는 돈을 돌려주었다. 연회는 더 활기차고 완벽해졌다.

미국의 어느 나이 든 무역 상인은 은퇴한 뒤 받은 연금으로 평화롭게 생활하고 있었다. 어느 저녁, 그는 빌려준 천이백 달러를 받기 위해 집을 나섰다. 당시 돈이 부족했던 채무자는 상인에게 총금액의 반만을 지불했다. 집에 돌아온 상인은 받은 돈을 세어보았다. 그러던 중, 어떤 소리가 들려 위를 올려보니, 침실 벽난로를 타고 악마가 내려오고 있었다. 악마는 단정하게 복장을 갖춰 입은 모습이었다. 그의 몸은 거칠고 시커먼 털로 덮여있었고, 키는 6피트나 되었다. 또 이마 위로는 커다란 뿔이 솟아있었고, 귀는 아래로 늘어져 있었다. 발은 두 갈래로 갈라지고, 손 대신 발톱이 달려있었으며 꼬리도 있었다. 그리고 어디서도 본적 없는 주둥이와 눈을 했다.

이 존재를 본 순간, 상인은 몸에 소름이 돋았다. 악마가 그에게 다가와 말했다. "나는 악마다. 지금 내 사업의 형편이 좋지 않다. 당장 천이백 달러를 내놓아라. 그러지 않으면 지옥으로 데려가겠다." 상인이 답했다. "아아! 제게는 그런 돈이 없습니다…." 악마가 퉁명스럽게 그의 말을 끊었다. "네가 방금 돈을 받았다는 걸 알고 있다." "돈을 받은 건 맞지만 육백 달러밖에 받지 못했습니다. 내일까지만 시간을 주시면, 반드시 돈을 모두 찾아 드리겠습니다…."

악마는 육백 달러를 받으며 잠시 고민하더니 답했다. "그러도록 해라. 하지만 내일 밤 열시, 이곳에서 육백 달러를 받지 못한다면 가차 없이 너를 데려갈 것이다. 그리고 목숨이 아깝다면, 이 만남에 대해 누설하지 말아야 할 것이다." 그렇게 말한 악마는 문으로 걸어 나갔다. 다음 날 아침, 침착한 감리교 신자였던 상인은 오랜 친구를 찾아가 육백 달러를 빌려달라고 부탁했다. 친구는 왜 돈이 급하게 필요한지 물었다. "오! 아주 급하네. 오늘 밤 전에 필요하지. 그렇게 약속했는데 지키지 못하면 무슨 일이 생길지 알 수 없네." "자네, 어제 채무자에게 돈을 받지 않았던가?" "이미 써버렸네." "자네에게 당장 돈이 필요한 일이 뭐가 있는지 모르겠군." "내 목숨이 걸린 일이네." 놀란 친구는 그에게 무슨 일이 있었는지 설명을 부탁했다. 상인은 비밀이기에 알려줄 수 없다고 답했다. 친구는 겁에 질린 상인에게 말했다. "아무도 듣는 이 없으니 말해보게. 육백 달러는 내가 빌려주겠네." "악마가 나를 찾아와 천이백 달러를 달라고 했네. 어제 육백 달러밖에 주지 못했기에, 육백 달러가 더 필요하네." 가여운 상인은 매우 겁에 질린 상태였기에 친구는 더 이상 아무 말도 하지 않았다. 친구는 금고에서 상인이 부탁한 돈을 기꺼이 꺼내 빌려주었다. 그리고 저녁 여덟 시에 상인의 집을 방문했다. "자네와 함께하기 위해 왔네. 그리고 내키진 않지만, 자네와 함께 악마를 기다리고 싶네." 상인은 그것은 불가능하며, 악마가 두 사람 모두 데려갈 것이라고 말했다. 말싸움 끝에, 상인은 친구가 옆방에서 기다리는 것을 허락했다. 정확히 밤 열 시가 되었을 때, 악마는 전날과 같은 복장으로 나타났다. 상인은 몸을 떨며 은화를 셌다. 그때, 옆방에 있던 남자가 들어왔다. 그리고 돈을 요구하는 자에게 물었다. "당신이 악마인가?" 악마가 답을 망설이고, 자기 친구가 몸을 벌벌 떠는 것을 본 그는 주머니에서 두 개의 긴 권총을 꺼내 악마의 얼굴에 가져다 대며 말했다. "네가 진짜 악마인지 확인해봐야겠다…." 악마는 뒤로 물러서며 출구를 찾았다. "정체를 드러내라 그러지 않으면 방아쇠를 당기겠다…." 악마는 서둘러 가면과 악마 복장을 벗었다. 그는 종종 사기행각을 벌였으나 아직 의심을 산 적 없던 상인의 이웃이었다. 결국 사기꾼은 심판받았고, 상인은 세상에 해를 끼치는 것이 악마 외에도 있다는 사실을 알게 되었다.

여기 악마의 가면 속에 숨은 또 다른 악행이 있다. 이 사건은 불과 몇 해 전 일어난 것으로, 당시 브륀Brunn의 온 도시가 흥분에 차 있었다. 길은 미어터졌고, 청년들은 웃음을 터트렸다. 노인과 여성들은 눈물을 흘리고 성호를 그으며 모든 성인에게 구원을 요청했다. 이는 다섯 명의 기병들이 악마 루시 퍼Lucifer를 감옥으로 끌고 가는 중이었기 때문이었다. 악마는 머리에 두 개의 뿔이 나 있고, 숫염소의 귀를 했으며, 털이 난 몸에, 말의 다리, 두 갈래로 갈라진 발을 갖고 있었다. 이것이 어떻게 된 일인가 하면, 데르누Dernou라는 한 시골 마을에 마리 헤르트Marie Hert라는 여성이 갓 출산을 했다. 그녀가 혼자 침실에 남겨지는 동안, 쇠사슬이 부딪히는 것 같은 소리가 들리더니, 앞서 말한 악마가 방으로 걸어 들어왔다. "아이를 내놓던지 가지고 있는 크로이체르Kreutzers* 은화 84 닢을 내놓아라!" 가여운 여성은 돈을 감춰둔 장소를 손으로 가리켰고, 악마는 돈을 가지고 사라졌다.

마리 헤르트는 신부를 불러 자신에게 일어난 일을 들려주었다. 그리고 악마가 가져간 100 플로린Florins**은 자신이 푼푼이 모은 돈이라고 말했다. 신부는 그녀에게 그 돈의 존재를 다른 사람에게 말한 적이 있느냐고 물었다. 그녀는 이 비밀을 산파에게만 털어놓았다고 답했다. 신부가 말했다. "그렇다면, 악마에게서 다시 돈을 빼앗아 올 방법이 있을지도 모릅니다. 저에게 말했던 이 일을 산파에게 말하고, 남아있는 은화 쉰 개를 악마가 몰라 다행이라고 말씀하십시오. 그가 알았다면 그마저도 빼앗으려 들었을 것이라고요. 만일 악마가 돌아온다고 해도, 겁먹을 건 없습니다. 집 인근에 구마사를 불러놓을 것이니 당신이나 가족을 해치려 한다면 즉시 막아설 것입니다." 마리 헤르트는 조언을 따랐다. 그녀는 산파에게 말을 전했다. 그날 밤, 악마가 다시 찾아왔으나 돈을 요구할 시간이 주어지지 않았다. 그가 문을 열기 무섭게 구마사, 즉 기병대 중 하나가 그의 뒷덜미를 잡아챘기 때문이었다. 악마라고 주장하던 자는 산파의 남편이었다.

악마에 대해 사람들이 갖는 이미지에 얽힌 일화가 하나 더 있다.

런던의 유명한 광대인 리치Rich는 연극을 마치고 나와 마차를 불렀다. 그리고 클라레 시장Clare Market에 있는 '태양 술집'으로 가자고 말했다. 마차가 멈추려던 때, 리치는 술집의 창문이 열려있는 것을 보았다. 이 창은 한 번에 뛰어오를 수 있는 높이에 있었다. 리치는 마차에서 펄쩍 뛰어 창을 통해 술집 침실로 들어갔다. 술집에 도착한 마부는 마차를 세우고 문을 열었고 아무도 없음에 깜짝 놀랐다. 사기를 당했다고 생각한 마부는 욕을 퍼부은 후 다시 마차를 몰아 길을 돌아갔다. 이 모습을 지켜보던 리치는 마차가 돌아서 창문 앞을 지나는 순간 펄쩍 뛰어 다시 마차에 올라탔다. 그리고 마부에게 길을 잘못 들었으며 술집을 지나쳤다고 소리쳤다. 마부는 깜짝 놀라 두려움에 몸을 떨며 다시 돌아가 마차 문을 열었다. 마차에서 내린 리치는 마부를 호되게 꾸짖은 후, 지갑을 꺼내 차비를 내려고 했다. 마부는 소리쳤다. "악마 선생님, 이러지 마십시오! 저를 농락하시려는 거 잘 압니다. 돈은 다시 가져가십시오." 그 말을 뒤로 마부는 채찍을 내리치며 전속력으로 달아났다.

악마는 주로 검은 괴물로 묘사된다. 아프리카인들은 악마가 흰색이라고 생각했다. 일본의 이단인 신토스Shintos 교도들은 악마가 다름 아닌 여우라고 보았다. 아프리카에서 악마는 보통 숭배를 받았다. 골드 코스트Gold Coast 주민들은 식사하기 전에 반드시 땅바닥에 악령의 몫인 빵 한 조각을 던졌다. 오테Aute 지역에선 악마를 거대한 덩치의 거인으로 묘사하는데, 몸의 절반은 부패하였으며 손길만으로도 생명을 앗아갈 수 있다. 지역 주민들은 이 괴물의 분노를 가라앉히기 위해 온갖 방법을 동원한다. 모든 방향에 악마를 위한 음식을 놓아두고 악마를 쫓는 기이하고 기상천외한 의식을 수행한다. 이 의식은 8일 동안 이어지며, 춤과 연회가 동원된다. 이때만큼은 모든 사람을, 특히 높은 지위에 있는 사람을 욕하는 것이 허락된다. 의식의 날이 찾아오면, 이 민족은 아침부터 끔찍한 비명을 내지른다. 그리고 분노에 찬 사람들처럼 사방으로 뛰어다니며 눈앞에 보이는 돌멩이를 집어 던진다. 여성들은 온 집 구석구석을 뒤지며 모든 식기를 꺼내 닦는데, 이는 악마가 냄비나 다른 주방 도구 속에 숨지 못하도록 하기 위함이다. 이 의식은 온갖 장소를 뒤적거린 뒤 모두가 지친 후에 끝이 난다. 악마를 멀리 쫓았다고 생각하는 것이다.

필리핀의 주민들은 악마와 회담을 가졌다고 주장한다. 또 이들은 무모하게 혼자 악마와 대면하던 주민 하나가 이 악령에 의해 죽임을 당했다고 전한다. 그렇기에 악마와 협의할 일이 생기면 많은 사람이 모여든다. 몰디브Maldives 섬주민들은 병에 걸리면 악마의 기분을 좋게 만들기 위해 노력하며 수탉과 암탉을 제물로 바친다.

교황 성 그레고리St. Gregory는 저서『성 베네딕트의 생애Vie de Saint Benoit』에서 독특한 모습으로 악마를 묘사했다. 하루는 성 베네딕트가 몬테카시노Montecassino 성 요한St. John 기도실에 기도를 올리러 갔다가 수의사 모습을 한 악마를 마주친 일이 있었다. 악마는 한 손에 유리병을, 다른 손에 고삐를 들고 있었다. 이 일화는 다음과 같이 기록되었다. '특히 노새 의사(수의사)는In Mulo Medici Specie' 여기에 쉼표를 붙이면 완전히 다른 의미가 된다. '노새, 특히 의사는In Mulo, Medici Specie'. 한 수도원 서기관은 이렇게 노새에 올라탄 의사 모습으로 악마를 묘사했다. 마치 마차를 발명하기 전 의사들이 이동했던 모습처럼 말이다. 그리고 이 잘못된 글을 기반으로 한 그림이 완성되었다. 사탄이 의사 가운을 입고, 올라탄 짐승 엉덩이에 의술 도구를 싣고 다니는 모습으로 묘사된 것이다.

훗날, 성 베네딕트는 종교개혁 계율을 따르는 열두 수도원 중 하나에 속한 어느 젊은 수도사의 품행을 보고받은 일이 있었다. 이 수도사는 진득이 앉아 기도를 올리는 법이 없었다. 무릎을 꿇기 무섭게 자리에서 일어나 밖을 돌아다니는 것이었다. 성 베네딕트는 그를 몬테카시노로 데려가라고 명했다. 그곳에서 수도사가 평소처럼 기도를 중단하고 예배당을 나서자, 작고 시커먼 악마가 나타나 온 힘을 다해 그의 옷자락을 잡아당겼다.

'성인의 삶' 속에 등장하는 무수한 악마 이야기 중엔 몹시 기이한 것이 있는가 하면, 무서운 것도 있다. 성 안토니우스St. Anthony는 구름 위로 머리를 내민 사탄이 천국을 향해 비행하는 망자의 영혼을 가로채기 위해 커다란 손을 뻗는 모습을 보았다고 말했다. 가끔 악마는 아주 짓궂게 장난을 치기도 한다. 수년 동안 성녀 구둘라St. Gudula의 신앙심을 흔들기 위해 숨어있던 악마도 있었다. 최후의 현혹에도 불구하고, 악마의 계략은 결국 물거품이 되었다. 이 고결하고 신성한 여인은 닭의 울음소리를 들으며 깨서 교회에 기도를 올리는 습관이 있었다. 그녀는 성당에 갈 때 늘 초롱불 든 하녀를 대동했다. 과연 악마는 무슨 짓을 했을까? 악마는 매번 입김으로 초롱불을 꺼뜨렸다. 성녀는 신에게 도움을 요청했고, 기도를 들은 신은 다시 불을 켰다. 신앙이 만들어낸 기적은 수치심과 혼란을 느낀 악마를 쫓아내기에 충분했다.

악마가 아주 간단한 책략에 속아 넘어가는 일이 아예 없는 것은 아니다. 마법사와의 거래에서 악마를 속여야 한다면, 애매한 말 한마디로 충분히 해결되는 경우도 있다. 노스트라다무스Nostradamus는 자신이 죽고 교회 안이나 밖에 묻히면 모든 육신을 악마가 가져도 된다는 조건으로 도움을 받았다. 노스트라다무스는 자신의 관을 성구실 벽 사이에 두라며 유언장을 통해 명령하였다. 그의 육신은 여전히 그곳에 머무르고 있다. 교회의 안에도, 밖에도 묻히지 않은 것이다.

헤이우드Heywood 영감은 유명한 미신 속 등장하는 모든 악마를 분류하는 흥미로운 운문을 썼다. 여기에는 장난꾸러기 꼬마 요정, 파르파데Farfadets***, 엘프, 퍽Puck (로빈 굿펠로우Robin Goodfellow) 그리고 셰익스피어Shakespeare가『한여름 밤의 꿈A Midsummer Night's Dream』에 등장시킨 작은 악마가 등장한다. 그리고 요정 왕국의 왕(또는 여왕)이 어떤 형상이든간에 사탄이라는 사실도 밝혀냈다. **참조**. 퍽 그리고 모든 악마.

이 책『지옥사전』에서 다룬 악마의 이야기는 어느 정도 경박함이 담겨있을지 모른다. 그러나 이 책은 신학서가 아니다. 성 루이St. Louis가 단 한 번도 그 이름을 입에 올린 적 없음에도 우리 입엔 때때로 오르내리는 이 악마, 이 시커먼 악령이 마치 우리 장단에 놀아나는 존재인 것처럼 언급하지만, 사실 이들은 우리 적 가운데서 가장 해롭고 잔혹하며 무자비하다. 우리 주위를 배회하며 집어삼키려 드는 적이라고 할 수 있다. 여기서 악마 즉 악마를 아주 가볍게 다룬 것은 이 존재를 경멸하기 때문이다. 성 프란치스코 드 살St.

Francis de Sales의 조언을 따르자면, 악마에게 농락당하고 있다면 이들에게 별명을 지어주면 된다. 모욕감이야말로 악마에게 위협을 주기 때문이다.

암스테르담Amsterdam에선 『악마의 역사Histoire du Diable』(12절판, 2부작)라는 저질 소설이 출간된 적이 있다. 여기에 등장하는 악마의 모험은 작가의 형편 없는 상상력에 기인하고 있다. 프레데릭 술리에Frederic Soulié는 『악마의 기억Mémoires du Diable』에서 글 쓰는 재능을 지나치게 낭비했다. 작가가 풍속을 준수했다면 아마 더 기이하고 짜릿한 책이 될 수 있었을 것이다. **참조.** 악마Démons.

* 과거 독일과 오스트리아의 화폐. / ** 13세기 피렌체 금화. / *** 프랑스 민담에 등장하는 장난꾸러기 요정.

바다의 악마 [Diable de Mer / Devil of the Sea] "선원들 사이에 큰 소란이 일어났고 고함이 들렸다. '악마가 나타났다! 잡아야만 한다!' 모두 잽싸게 자리에서 일어나, 창, 갈고리, 구식 보병총을 들고 나섰다. 나는 직접 악마를 보기 위해 뛰었다. 그리고 가오리를 닮은 거대한 물고기를 보았다. 그에게는 황소의 뿔이 달려있었다. 악마는 몸을 여러 번 뒤집었다. 그의 곁에는 흰 물고기가 있었는데, 이따금 작은 싸움을 벌이는가 싶다가도 다시 악마의 곁으로 돌아갔다. 두 뿔 사이에는 작은 회색 물고기가 있었다. 사람들은 이 물고기를 악마의 선장이라고 불렀다. 이는 안내하며 물고기가 보일 때마다 그의 몸을 찔러 알려주기 때문이었다. 악마는 단숨에 사라졌다. 이 이야기는 본 그대로를 적은 것이다[1]."

(1) 슈아지Choisy의 수도원장, 『시암 대사관 견문기 Relation de l'ambassade de Siam』.

디아블렛 [Diablerets] 스위스의 산. 해당 고장에선 디아블에 악마가 산다고 믿어 이러한 명칭이 붙었다. 순진한 사람들은 이 산을 지옥의 변두리라고 생각했다.

푸른 악마 [Diables Bleus / Blue Devils] 환각을 칭하던 이름. **참조.** 환각Hallucination.

다이아몬드 [Diamant / Diamond] 미신에 따르면 다이아몬드에는 독, 흑사병, 공황발작, 불면증, 마력과 주술을 막는 놀라운 힘이 있다고 한다. 다이아몬드는 화를 다스려주고, 부부를 화합시키기 때문에 화해의 돌이라고도 불린다. 이외에도 다이아몬드를 부적처럼 지니는 자는 무적이 될 수 있는데, 화성 아래에서 마르스Mars의 모습이나 헤라클레스Hercules가 히드라hydra를 이기는 장면을 보석에 새겨야 한다.

몇몇 이들은 다이아몬드가 다이아몬드를 낳는다고 주장했다. 루에루스Ruérus는 번식하는 다이아몬드를 물려받은 룩셈부르크Luxemburg 공주에 대해 진지하게 이야기했다.[1]

16세기 학자들은 숫염소의 피로 다이아몬드를 부드러워지도록 할 수 있다고 믿었다[2].

(1) 『마법에 대한 의심과 불신Incrédulité et mécréance du sortilège』 등, 논설 5, 37페이지. / (2) 에라스무스Erasmus, 『아기 예수에 대한 논설Discours sur l'Enfant Jésus』.

디암빌리슈 [Diambiliche] 마다가스카르Madagascar 섬에 사는 악마. 신보다 더 많은 숭배를 받았다. 신관들은 그에게 모든 열매의 맏물을 바쳤다.

디아브 [Diave] 몰디브Maldives에서 악마를 부르는 명칭. 1615년 인쇄된 피라르 드 라발Pyrard de Laval의 여행기에 따르면 몰디브 섬 주민들은 지구를 우주 속에 떠다니는 거대한 쟁반으로 여겼다고 한다. 그리고 물에 잠기지 않도록 장엄한 구리 성벽으로 보호받고 있다고 생각했다. 이들은 매일 밤 악마가 이 성벽을 뚫을 방법을 찾고 있으며, 성공하는 날은 최후의 대홍수가 일어나는 날이자 종말이 될 것이라고 믿었다. 더불어 이 섬의 모든 주민은 매일 일출 전 일어나 신에게 악마를 막아달라고 기도를 올렸다.

디바송 [Dibasson] 마리 드 라 레드Marie de la Ralde와 함께 25세 나이에 체포된 마녀. 마녀 집회에 드나들던 그녀는 그곳이 진정한 천국이었다고 말했다.

딕크(앨리스) [Dicke(Alice)] 글랜빌Glanvill이 언급한 윈캔톤Wincanton의 젊은 영국인 여성. 그녀에게는 매일 밤 피를 조금씩 빨아먹는 사역마가 있었다.

디디에 [Didier] 보르도Bordeaux 출신의 사기꾼. 6세기경 투르Tours에서 모습을 드러냈다. 그는 자신이 성 베드로St. Peter 그리고 성 바울St. Paul과 교류할 수 있다고 주장했다. 또 성 마르탱St. Martin보다 강한 존재로 사도들과 동일한 위치에 속한다고 말했다. 민중을 현혹할 능력이 있던 그에게 사람들은 온갖 질병을 낫게 해달라며 찾아왔다. 디디에가 마비 환자를 치료한 방식은 이러했다. 그는 병자를 바닥에 눕힌 뒤, 사지를 아주 강하게 잡아당기도록 했다. 가끔 이 과정에서 죽는 사람도 생겼다. 만약 병자가 낫는다면 기적이 일어났다고 보았다. 피에르 드 랑크르Pierre de Lancre의 말에 따르면 디디에는 마술사이자 마법사에 불과했다. 누군가 자신을 뒤에서 비방한 일이 있으면, 그는 이 사실을 알아채고 험담한 사람을 만날 때 비난했다. '악마의 도움 없이는 알 수 없는 일이었다. 악마가 그에게 일어나는 모든 일을 알려준 것이다.' 사람들을 더 잘 속이기 위해, 디디에는 염소 털로 만든 두건과 로브를 입고 다녔다. 사람들 앞에서 디디에는 점잖게 굴었다. 그러나 혼자 남게 되면 음식을 너무도 게걸스럽게 먹는 나머지, 그가 뜯던 고기를 먹을 사람이 아무도 없을 정도였다. 끝으로 그의 사기 행각은 발각되었고, 그는 투르에서 체포되었다. 이후 디디에의 이야기를 들은 사람은 없다.

디드론 [Didron] 고고학자. 『악마의 역사Histoire du Diable』라는 흥미로운 책을 펴냈다.

디디메 [Didyme] 플랑드르의 빙의된 사람들을 참조할 것.

디에마 [Diémats] 자바Java섬 전사들이 부적처럼 지녔던, 문자가 포함된 작은 그림. 이 부적을 지니면 무적이 된다고 믿었기에 용감함에 확신을 더하는 셈이었다.

신 [Dieux / Gods] 티투스 리비우스Titus Livius Patavinus의 『로마사Ab Urbe Condita Libri』(4, 30)엔 다음과 같은 구절이 있다. '행정 담당자는 로마 신과 로마식으로 숭배받는 신 외에, 그 어떤 신도 절대 로마에 들어오지 못하게 해야 한다….'

기사 디비 [Digby(Le Chevalier)] 17세기의 영국인. '공감의 의사'라고 불렸다. 그는 동정의 가루로 많은 환자를 직접 보지 않고 치료했으며, 나무에서 열이 나게 할 수 있었다. 이 가루는 병자의 손톱 부스러기, 소변과 머리카락으로 만들어졌으며, 나무에 뿌리면 나무로 질병이 옮겨갔다.

디고네 [Digonnet] 오늘날 마니교Manichaeism와 재세례파Anabaptists에서 파생된 이단 베긴교Beguins에서 섬기는 신. 이 신은 살아있다. 다니엘 워스Daniel Wurth는 일간지 《고향La Patrie》에서 디고네를 흥미롭게 소개하고 있다.

"장 밥티스트 디고네Jean-Baptiste Digonnet는 오트루아르Haute-Loire의 탱스Tence에서 태어났다. 그는 벽돌공, 제재공, 나막신 제작자로 일했다. 어떤 이단의 광신자가 디고네의 머릿속에 온갖 기이한 착상을 심어놓자, 그는 하던 일을 그만두고 방랑을 시작했다. 1845년 체포된 그는 물랭Moulins의 감옥에 수감되었다. 형량을 채운 뒤 자유의 몸이 된 디고네는 다시 수개월간 방랑을 이어갔다. 다음 해 다시 체포된 그는 생 테티엔Saint-Etienne의 구치소에 수감되어 생 장 본퐁Saint-Jean-Bonnefond의 젊은 베긴교도를 만나게 되었다. 이자는 시도 때도 없이 성경 구절을 읊으며 해당 지역 주민들이 오랫동안 성서가 예언한 신을 기다리고 있다고 말했다.

디고네는 이 믿음을 이용하겠다고 다짐했다. 그로부터 얼마 후, 자유를 되찾은 그는 생 장 본퐁으로 가 자신의 계획을 시행했다.

베긴교도들은 디고네의 신성을 믿으며 그에게 '작고 어진 신'이라는 별명을 붙여주었다. 이 무렵 베긴교들은 지역 내에서 잦은 회담을 했다. 회담에서 디고네는 자신의 입맛에 맞게 설교했고, (남자 교인은 물론) 여자 교인에게 미치는 영향력을 이용해 입에 올릴 수 없을 정도로 지독히 부도덕한 행위를 저질렀다. 추종자들이 보는 앞에서 체포된 그는 여러 형을 받은 뒤 정신병원에 반복해서 갇히게 되었다. 1848년 7월 7일 오리악Aurillac 병원에서 탈출한 그는 다시 생 장 본 폰으로 돌아갔다. 그리고 다시 기병대에 붙들려 몽브리종Montbrison에 수감되었다.

내가 그를 본 것은 바로 그 마지막 도시에서였다. 디고네는 키가 작고 생기 없는 눈빛과 표정 없는 얼굴을 하고 있었다. 그의 이마엔 어떤 지성의 흔적도 찾아볼 수 없었다. 그의 두 뺨과 눈 아래는 시퍼렇게 물들어 있었고 군데군데 보랏빛도 보였다. 디고네의 머리와 어깨엔 계속해서 경련이 일어났다. 우습기만 한 탄식을 떠벌릴 때마다, 그는 남아 있는 세 개의 누런 이 사이로 물고 있는 작은 담배를 중간중간 핥으며 달콤한 쾌감을 느끼는 듯했다.

내 친구였던 몽브리종 법원 서기는 이 늙은 신을 만나는 특권을 얻어주었다. 그리고 디고네가 겪은 여러 형에 대해 알아달라고 부탁했다. 디고네는 말했다. '아직 심판받은 적이 없기에, 형을 받은 적도 없소. 불한당들이 나를 수감하여 내 입을 막은 것은 맞지만, 나는 심판을 받은 적이 없으며, 현세에서 그런 일은 일어나지 않을 것이오. 심판은 오직 주님의 권한이며, 주님이 아닌 인간이 말하는 정의는 나에게 닿을 수 없소!'

내가 그에게 주님은 누구를 가리키는 것이냐고 물었다. 디고네는 벌써 주님이라는 단어를 두 번이나 언급한 참이었다. 디고네가 소리쳤다. '주님! 그는 바로 신이지! 인간에게 종말이 다가오고 있으며 끔찍한 형벌이 있을 것이라고 예고하기 위해 이 땅에 나를 내려보낸 전능하신 그분!' 내 친구가 웃음을 띤 채 속삭였다. '그러니 당신은 그저 예언자에 불과하군요? 저는 당신이 신인 줄 알았는데요?' 그가 느린 목소리로 답했다. '나는 신이자 예언가이다. 나는 선택받은 7인 중 한 명으로, 우리는 모두 이 땅에 흩어져있다. 신이 나를 모두의 위에 앉힌 것은 나의 신앙심이 가장 컸기 때문이다. 신은 일곱 자식을 둔 아버지와 같다. 그중에 조금 더 편애하는 자식이 있는 것이다. 그 자식에겐 다른 자식에게 없는 능력이 있기 때문에.'

그 당시, 나는 광인 혹은 사기꾼이라 불리던 이 노인의 이야기를 듣는 것에 재미를 느꼈다. 그가 내 질문에 제법 성실히 답하는 걸 본 나는 더 긴 질문을 던질 준비를 했다. 그러나 이 모임을 주도한 자, 즉 내 친구는 이 '예언자'를 조금 괴롭히고 싶었던 모양이었다. 친구는 외쳤다. '하지만 디고네 영감님, 신봉자들에겐 부를 금하면서, 왜 그렇게 좋은 옷을 입고 있는 겁니까? 파리Paris에 당신이 입고 있던 옷보다 더 아름다운 옷이 없다는 걸 아시나요? 당신 머리를 장식하는 금빛 자수 벨벳 모자는 또 어떻고요? 멋진 자수가 놓인 검은 조끼와 이토록 고급스럽고 화려한 셔츠까지….'

디고네는 그의 말을 끊었다. 그는 내 친구의 조롱에도 화내지 않았다. '나도 모두 알고 있네. 내가 이런 옷을 입는 것은 베긴교도들을 빈곤하게 만들어 불필요한 것을 생각하지 못하게 함이네…. 개인적으로 나는 이런 아름다운 옷에 관심이 없네. 나는 온갖 종류의 옷을 가지고 있지. 베긴교도들은 만 이천 프랑어치의 금빛 자수가 새겨진 바지를 주기도 했네. 이 끈을 보게.' 그는 조끼 단추를 풀며 그의 이니셜이 새겨진 화려한 멜빵끈을 보여주었다. '보았나. 더 아름다운 것들도 있지….' 그리고 그는 우스꽝스러운 동작을 하며 말을 이어갔다. '이것 때문에 어깨가 너무 아파… 차라리 입지 않으면 좋았을 것을….'

내 친구는 웃음을 터트리지 않기 위해 입술을 깨물었다. 나는 서둘러 디고네에게 그가 몇 살에 계시를 받았는지 물었다. '55세였네. 원래는 60세에 받기로 되어 있었지만, 주님께서 5년을 당겨주셨지. 이 땅의 일들이 심히 우려되었기 때문이네.'

'당신 역시 신이나 예언자처럼 기적을 행하는 능력이 있습니까?' '그렇네!' '그럼 당신이 원하면 이 감옥에서도 바로 나갈 수 있겠네요?' '그건 아니네! 이 땅에 희생양이 되기 위해 내려온 나는 불평 없이 고통을 감내해야 하네. 이 감옥의 문이 열린다고 한들 주님의 명이 없으면 나는 꼼짝도 하지 않을걸세. 오! 지금은 이렇게 갇혀있지만, 때가 되면 간수들이 아무리 문을 굳게 닫고 열쇠를 걸어 잠근다고 해도, 나는 두꺼운 벽 사이 투명한 통로를 만들어 갇혀있는 이 추한 몸뚱이를 벗어나 주님께 갈 것이네.'

'듣자 하니 당신이 승천을 더 쉽게 하기 위해 사다리를 만들고 있다던데요.' '불한당들이 터무니없는 소리를 지어낸 것이네…. 내가 공간을 건너고 지탱하는 데 주님의 힘이 부족할 리가 있겠는가? 태양이, 달이, 별이 창공을 오르는데 사다리가 필요할까? 주님의 힘은 무한한 것이 아니던가? 내가 하고자 하는 것을 하지 못하겠느냔 말이야!' 이 베긴교도의 작은 신은 열정에 찬 목소리로 말을 끝맺었다. 그의 나쁜 발음과 경솔한 논리에도 불구하고, 어느 정도 시적인 부분이 있기도 했다. 디고네의 얼굴은 붉게 달아올라 있었고, 더는 우리와 자리를 이어가고 싶지 않았던 모양인지, 더 이상 한 마디도 보태지 않은 채 자신의 방으로 돌아갔다.

이 편집광의 우스꽝스러운 면은 차치하고, 과연 19세기에 지능도 겉모습도 갖추지 못한 어느 인간의 터무니없는 예언을 믿는 경솔한 사람들이 존재한다는 것이 가능한 일인지를 짚어보며 쓸쓸한 슬픔을 느낀다. 그리고 떨리는 몸으로 문명이 우리의 땅에서 광신과 무지를 걷어낸 것이 맞는지 의문을 품게 되었다."

딘다르트(마리) [Dindarte(Marie)] 바스피레네Basses-Pyrénées 사르Sare 출신의 젊은 마녀. 마녀 집회에 자주 참여했다고 고백했다. 악마는 딘다르트가 이웃 없이 홀로 있을 때 나타나 그녀에게 향유를 주었다. 들판에 서서 이 향유를 문지르면 하늘을 가로질러 날아갈 수 있었다. 그녀는 그렇게 1609년 9월 27일 밤 여행을 떠나는 모습이 목격되었고, 다음 날 체포되었다. 그녀는 마녀 집회에 아이들을 데려갔다고 증언했다. 그리고 집회에 있던 아이들의 몸엔 악마의 징표가 찍혀있었다[1]. 사람들은 그녀에게 마녀 집회로 가는 길에 의식이 있는지 물었다. 그녀는 잠이 든 채로만 이동할 수 있으며 가끔 눈을 감기만 해도 된다고 대답했다.

(1)『타락천사와 악마의 변화론Tableau de l'inconstance des mauvais anges et démons』, 4권, 447페이지.

딘스콥스 [Dinscops] 클레브Cleves 지역의 마녀이자 무녀. 보댕Bodin의 네 번째 책에도 등장한다. 그녀는 손만 뻗어도 마법과 저주를 내릴 수 있었다. 그녀가 화형에 처해 악마 같은 손이 불에 타자, 그녀에게 저주받았던 이들은 모두 건강을 회복하였다….

디오클레티아누스 [Dioclétien / Diocletian] 그가 계급이 낮은 군인이었을 때의 일이다. 디오클레티아누스는 어느 날 벨기에 갈리아Gaul의 통에런Tongres에 사는 한 술집 여주인과 옥신각신하고 있었다. 여사제이기도 했던 이 여인은 그의 구두쇠적인 면을 비난했다. 그는 웃으며 말했다. "내가 황제가 되면 더 너그러워질 것이네." 여사제가 답했다. "멧돼지를 잡아야 황제가 될 것이오." 이에 놀란 디오클레티아누스는 가슴 속에서 야망이 깨어나는 것을 느끼며, 이 예언이 이루어지도록 진지한 태도로 바삐 움직였다(이 예언은 보피스쿠스Vopiscus를 통해 우리에게까지 전해졌다). 그는 멧돼지 사냥에 총력을 기울였으나, 그 사이 여러 왕자가 왕위에 오르는 모습을 지켜만 보게 되었다. 그는 다음과 같이 말했다. "멧돼지를 죽이는 것은 나인데, 그 덕은 다른 자들이 보는군." 그는 집정관으로 있으며 중요한 임무를 맡았다. 황제인 누메리아누스Numerian가 장인인 아리우스 아페르Arius Aper에게 살해당했을 때, 디오클레티아누스는 희망에 차올랐다. 결국 군은 그를 왕좌에 앉혔다. 디오클레티아누스가 왕위에 올라 가장 먼저 한 일은 자신의 검으로 직접 배신자 아페르를 처단하는 것이었다. 아페르란 이름에는 멧돼지라는 의미가 있었다. 그는 드디어 운명의 멧돼지를 죽이게 된 것이다. 그리고 이미 잘 알려져 있듯, 디오클레티아누스는 교회의 가장 잔혹한 박해자가 되었다. 그는 철학자이기도 했다.

디오크레스 [Diocres] 지옥에 떨어진 자의 예배당을 참조할 것.

카타니아의 디오도로스 [Diodore de Catane / Diodorus from Catania] 카타니아Catania 사람들이 오랫동안 기리는 마법사. 당대 가장 위대한 마법사였다. 그는 사람들을 현혹해 자신이 동물로 변했다고 믿게 했다. 그리고 호기심에 몰려든 사람들에게 아주 먼 나라에서 일어나는 일을 잠시 보여줄 수도 있었다. 디오도로스가 마법사로 체포되었을 때, 그는 기적을 행하는 자로 보이게끔 사람들을 속였다. 그렇게 그는 악마를 통해 카타니아에서 콘스탄티노플Constantinople로 이동하였고, 다시 하루 만에 콘스탄티노플에서 카타니아로 돌아왔다. 이 일로 인해 디오도로스는 대중으로부터 큰 명성을 얻게 되었다. 하지만 뛰어난 능력에도 불구하고, 그는 체포되어 활활 타는 불 속에서 타죽게 되었다[1]. 카타니아의 사람들은 그를 잊지 않고 리오도로스Liodorus라는 이름으로 기린다.

(1) 르 루아예Pierre Le Loyer, 『귀신의 역사와 귀신 환영 Histoire des spectres et des Apparitions des Esprits』, 3권, 8장, 346페이지. 토마스 파첼리Thomas Fazelli, 『시칠리아의 것들De Rebus Siculis』, 데카스Decas 1, 3권.

시라쿠사의 디온 [Dion de Syracuse / Dion of Syracuse] 어느 날 밤, 디온은 침대에 누워 깬 채로 생각에 잠겨있었다. 그러다 갑자기 큰 소리가 들려왔고 그는 무슨 일인지 알아보기 위해 자리에서 일어났다. 복도 끝엔 복수의 세 여신Furies처럼 생긴 키 큰 여성이 서 있었고, 끔찍한 모습으로 디온의 집을 청소하는 중이었다. 그는 재빨리 친구들을 불러 그의 곁에서 함께 잠을 자달라고 부탁했다. 그러나 유령은 다시 나타나지 않았다. 그로부터 며칠 뒤 디온의 아들이 창문으로 뛰어내려 자살하는 사건이 발생했다. 가족은 순식간에 와해되었다. 르 루아예Pierre Le Loyer는 다음과 같이 덧붙였다. "디온의 집은 시라쿠사에게 휩쓸려 풍비박산이 되었다. 사실은 악마였던 복수의 여신이 그에게 빗자루를 통해 경고하려던 것이다."

디오니시오 달 보르고 [Dionysio dal Borgo] 13세기 파리Paris 대학에서 신학을 가르치던 이탈리아 출신 점술가. 빌라니Villani는 (제10편에서) 그가 피스토이아Pistoia의 폭군 카스트루시오Castruccio의 죽음을 예견했다고 기록했다.

디오피트 [Diopite] 로크리Locres에서 태어난 요술쟁이. 디오피트는 그리스를 돌아다닌 뒤, 테베Thebes의 한 극장에서 속임수를 선보였다. 그는 몸에 염소 가죽으로 만든 부대를 몰래 걸치고 있었는데, 하나는 포도주로, 하나는 우유로 채운 뒤 이 음료들을 자기 입으로 뿜어냈다. 그는 그렇게 마법사의 반열에 올랐다.

논설 [Discours] 1680년 『친절한 수성Le Mercure Galant』에 게재된 『도깨비 논설Discours des Esprits Follets』. 장 가조Jean Gazeau의 『실레시아에 살던 한 귀족의 집에서 일어난 악마의 기이한 출몰에 관한 끔찍한 논설Discours épouvantable d'une étrange Apparition de démons en la maison d'un gentilhomme en silésie』(1609년, 리옹, 8절판, 7쪽 소책자), 『꿈의 공허함과 꿈이 전조라고 믿는 자들의 주장에 관한 논설Discours sur la vanité des songes, et sur l'opinion de ceux qui croient que ce sont des pressentiments』. **참조.** 꿈Songes 등.

논쟁 [Disputes] 고약한 헨리 8세Henry VIII

는 논변에 큰 열정이 있었다. 그는 램버트Lambert라는 가여운 궤변가와 논쟁하는 것도 개의치 않았다. 하루는 논쟁을 중재하기 위해 웨스트민스터Westminster에서 특별 의회가 소집되었다. 강적을 만났음을 눈치챈 왕은 지고 싶지 않았고, 램버트에게 자신의 의견을 인정할지 교수형을 당할지 결정하라고 말했다. 대신과 카드 게임을 하고 있던 헨리8세는 이렇게 말했다. "하트를 내거라. 아니면 네 목을 조르겠다." 램버트는 하트를 내지 않았고, 교수형을 당했다. 이 이야기를 언급한 이유는 고약한 헨리 8세가 틀림없이 악마에게 빙의되었을 것이기 때문이다.

디티 [Diti] 그리고 그의 알. 참조. 가루다Garuda.

디베 [Dives] 페르시아인들이 악령을 부르던 명칭. 전설에 따르면 악령은 남성 혹은 여성이 있으며, 신이 아담Adam을 만들기 전 디베(또는 남자 악령)를 만들어 칠천 년 동안 세상을 지배하게 시켰다고 한다. 페리Peris(또는 여자 악령)는 그 뒤를 이어 또다시 이천 년 동안 세상을 지배했는데, 이때 지안 벤 지안Gian ben Gian 제국이 세워졌다. 제국에선 페리를 군주로 모셨다. 하지만 이 존재들은 불복종으로 인해 신의 총애를 잃었다. 신은 화염에서 창조된 천사 이블리스Éblis를 보내 신의 명령을 이행하도록 했다. 지상으로 내려온 이블리스는 디베와 페리를 상대로 전쟁을 치렀다. 이때, 디베와 페리는 힘을 합쳐 반격했다. 마침내 이블리스는 그들을 무찌르고 세상을 손에 넣었는데, 당시만 해도 아직 지상엔 정령만이 살고 있었다. 전임자들과 크게 다르지 않은 이블리스를 본 신은 그의 오만을 벌하기 위해 인간을 만들었다. 그리고 모든 천사에게 경의를 표하게 시켰다. 이블리스가 이를 거부하자*, 신은 주권을 빼앗고 저주를 내렸다. 이것 역시 결국 성서를 왜곡한 이야기일 뿐이다.

 * 화염에서 탄생한 이블리스는 흙에서 탄생한 인간보다 더 우월하다고 생각했기에 경의를 표하지 않았다.

점술 [Divinations] 백 가지도 넘는 다양한 종류가 있다. 참조. 수탉점Alectryomancie, 보리 빵점Alphitomancie, 주사위점Astragalomancie, 점성술Astrologie, 식물점Botanomancie, 카드점Cartomancie, 거울점Catoptromancie, 수상술Chiromancie, 수정점Cristallomancie, 두개골점Cranologie, 월계수점Daphnomancie, 물병점Gastromancie, 물점Hydromancie, 램프점Lampadomancie, 이마점Métoposcopie, 몸짓Mimique, 강신술Nécromancie, 이름점Onomancie, 새점Ornithomancie, 관상학Physiognomonie, 불점Pyromancie, 막대기점Rabdomancie, 신탁점Théomancie 등등…. 키케로Cicero는 모든 점술을 자연적인 점술과 인위적인 점술로 나누었다(『점술에 대하여De Divinatione』, 1권). 자연적인 점술은 일종의 분노에 사로잡힌 영혼의 감정을 통해 미래를 내다보는 것을 의미한다. 아폴로Apollo 신의 무녀가 삼각의자에 앉아서 행하는 점술이 이에 해당했다. 인위적인 점술은 대상의 주변으로 나타나는 징조와 상황을 관찰하여 미래를 예견하는 것이다. 인위적 점술에는 점성술, 징조, 길조, 주문, 불가사의 등이 있다.

드젤베겐 [Djilbéguenn] 타타르족Tartars의 마법사. 시베리아에서는 여전히 그의 기억이 생생하게 남아있다. 그는 영웅적 시대에 명성을 떨쳤으며, 여러 위대한 마법을 부렸다고 전해진다. 드젤베겐은 가끔 아홉 개의 머리를 달고 등장하기도 했으며, 콤다이 미르겐Comdai-Mirguenn의 머리를 자를 때는 뿔이 서른 개가 달린 소 위에 올라타 있었다고 전해진다. 그는 모든 짐승의 언어를 알아들었다. 드젤베겐은 여러 잔혹한 일들의 댓가로 지옥에 떨어져 다시는 돌아오지 않았다.

도비 [Dobie] 영국 요크셔Yorkshire의 수호신. 그는 도비라는 이름을 가진 모든 가문 사람들을 섬겼다. 사람들은 이 정령이 후손들을 돌보는 조상이라고 믿었다.

가현설 [Docètes / Docetists] 1세기의 이단. 성육신을 부정하고 예수 그리스도Jesus Christ가 인간의 육신을 지니기엔 지나치게 순수했다라는 주장을 펼쳤다. 가현설을 신봉하는 자들은 예수 그리스도의 육신이 혼에 불과하다고 주장했다. 이를 두고 성 예로니모Saint Jerome는 유대Judea에 있던 구제자의 피에선 여전히 온기가 나고 있었다고 기록했다. 가현설Docètes이라는 명칭은 '처럼 보인다'를 의미하는 그리스어에 그 근원을 두고 있다. 그들의 교리에선 예수 그리스도가 인간처럼 보였다고 설명한다.

독 [Docks] 참조. 알파르Alfares.

도도나 [Dodone / Dodona] 헤로도토스Herodotus는 도도나 신탁의 근원을 다음과 같이 소개했다. 거주민들의 민담에 따르면 두 마리의 검은 비둘기가 지역을 찾았다고 한다. 그 중 한 마리는 참나무 위에 앉더니 인간의 목소리로 나무 아래 주피터Jupiter의 신전을 지어야 한다고 말했다. 사람들은 비둘기의 말을 따랐고, 참나무는 신탁을 내렸다. 헤로도토스는 두 마리의 비둘기가 사실 이집트의 여제관들이었다고 설명했다. 두 번째 비둘기는 리비아Libya로 떠나 주피터 암몬Jupiter Ammon의 종교를 세웠다.

두그도바 [Dogdo / Dughdova] 도도Dodo, 도두Dodu라고 불리기도 한다. **참조.** 조로아스터Zoroastre.

손가락 [Doigt / Finger] 마카사르Macassar 왕국에서는 병자가 임종을 맞이했을 때, 우상숭배 종교 신관이 찾아와 손을 잡고 중지를 부드럽게 문질렀다. 이는 영혼에게 길을 알려주는 행위였다. 영혼의 길은 언제나 손가락 끝에서 시작된다는 믿음이 존재했기 때문이다.

튀르키예인들은 손가락을 이용해 밥을 먹었다. 이때, 엄지와 검지 그리고 중지만을 사용했는데, 나머지 두 손가락을 이용해 식사를 하는 것은 악마라고 여겼다.

현대 그리스 일부 지역에선 손가락 다섯 개를 모두 내보이며 손을 뻗는 사람은 마법에 걸렸다고 여겨진다.

약지 [Doigt Annulaire / Ring Finger] 통상적으로 왼손 약지엔 심장을 자극하는 능력이 있다고 한다. 이 능력은 심장과 이어진 혈관, 신경 또는 정맥을 통해 전달된다. 이러한 연유로 다른 손가락이 아닌 약지에 반지를 착용하는 것일 수도 있다. 레비누스 렘니우스Levinus Lemnius는 과거 통설과 다르게 이어진 혈관이 신경이나 정맥이 아닌 동맥에 해당한다고 말했다. 더불어 그는 이 손가락에 끼운 반지가 심장에 영향을 미친다고 보았다. 그렇기에 사람이 실신할 때 약지를 문지르면 효과를 볼 수 있다고. 약지는 통풍에 잘 노출되지 않고, 만약 걸린다고 하더라도 다른 손가락보다는 느리게 병이 진행된다. 하지만 약지가 굳어지면 사망이 머지않았다고 볼 수 있다.

도자르차발 [Dojartzabal] 15세에서 16세 사이의 어린 마녀. 1609년경, 감옥에 수감되어있던 다른 마녀에 의해 마녀 집회에 가게 되었다고 고백했다(1). 수감된 마녀는 거대 쇠사슬에 묶여 감시당했고, 독방에서 나올 수 없었으며, 벗어날 수 있었다면 감옥에 다시 돌아올 이유가 없다며 죄를 부인했다. 어린 마녀는 자신이 어머니 곁에 누워있었고, 감옥의 마녀가 고양이 모습을 하고 찾아와 마녀 집회로 데려갔다고 설명했다. 쇠사슬에 묶여 있어도 마녀들은 집회에 참석할 수 있었다. 하지만 악마는 재판소에 갇힌 그녀들을 구할 수 없었다. 어린 마녀는 악마가 자신을 어머니로부터 떼어놓았으며, 자신과 닮은 상을 그 자리에 놓아두었다고 말했다. 이 마녀라고 주장하던 아이는 환각을 보았던가 혹은 사소한 복수를 한 것일지도 모른다. 그녀는 처벌받지 않았다.

(1)드 랑크르Pierre de Lancre, 『악마의 변화론Tableau de l'inconstance des démons』, 2권, 101페이지.

돌레스 [Dolers] 마녀 집회의 호칭 기도에서 불려지던 악마.

돔프론의 게랭 [Domfront(Guérin de)] 돔프론의 영주. 벨렘의 윌리엄Guillaume of Belleme의 자식이다. 그는 비열하게도 자기 집에서 잠든 적의 목을 잘랐다. 그리고 자신은 악마에게 목이 졸려 죽었다(1).

(1)테보 드 샴파세Thébaul de Champassais의 돔프론 도시에 관한 회고록.

도밍지나 말레타나 [Domingina-Maletana] 다른 마녀와의 기마창 시합 중, 휜느Rhune 산(프랑스, 스페인, 나바르Navarre 세 왕

국을 감싸고 있다) 정상에서 뛰어내리고도 다치지 않은 마녀. 그녀는 시합에서 승리했다.[1]

(1) 드 랑크르Pierre de Lancre, 『악마의 변화론Tableau de l'inconstance des démons』, 3권, 210페이지.

도미니크 [Dominique] 참조. 환각Hallucination.

도미티아누스 [Domitien / Domitian] 다키아인Dacians을 상대로 한 전쟁에서 승리한 도미티아누스는 로마 원로원 의원들에게 향연을 열어주었다. 변덕이 심했던 황제는 원로들을 검은 벽지와 음울한 전등이 있는 어느 방에 들어가게 했다. 각 원로는 자신의 이름이 적힌 관을 마주 본 채로 서게 되었다…. 그리고 얼굴에 검은 칠을 한 아이들이 나와 지옥의 그림자 춤을 추었다. 공연이 끝나자, 아이들은 모두 흩어져 각자 섬겨야 하는 원로 곁을 지켰다. 나오는 음식은 장례식에서 죽은 사람에게 올리는 것과 같았다. 회동에는 침울한 공기만 감돌았다. 말을 하는 사람은 도미티아누스뿐이었는데, 잔인한 이야기만 들어놓으며 계속 원로들이 죽음을 생각하도록 만들었다. 드디어 연회장에서 벗어난 원로들은 검은 의복으로 무장하고 입을 굳게 다문 남성들과 동행하며 집으로 돌아갔다. 집에 도착한 원로들이 겨우 숨을 돌리려는 찰나, 도미티아누스가 그들을 다시 소환했다. 연회에서 사용한 식기를 비롯한 그들을 섬긴 아이들을 선물하기 위함이었다. 폭군은 그렇게 즐거움을 얻었다.

도모보이 [Domovoï] 러시아 어둠의 유령. 주현절 축성한 네바Neva강의 물로 쫓아낼 수 있다.

도나투스파 [Donatistes / Donatists] 도나투스Donatus를 추종하는 이단. 이들은 사람들 위에 군림하며 무엇도 용서하지 않았다. 파면당한 이들의 교회 복귀를 인정하던 가톨릭을 향한 분노가 이어지던 때, 도나파 교도들은 교회의 충직한 어린 양들을 죽이고, 집과 교회에 불을 질렀다. 현대 이야기엔 다음과 같은 기록이 있다. "그들은 할렐루야를 부르며 학살을 시작했다. 그들의 눈엔 나이도, 무고함도 모두 용서와 무관했다. 그들에게 관용이란 한 번에 숨통을 끊는 것이었다." 도나투스파의 분열은 4세기에 시작되어 백 년 동안 이어졌다. 알비파Albigensians, 후스파Hussites, 루터교도 그리고 칼뱅주의자Calvinist들이 차례로 도나투스파의 소행을 이어갔다. 칼뱅파 신교도인 카미자르Camisards 역시 제지받지 않았다면, 같은 역사를 반복했을 것이다.

도니(앙투안 프랑수아) [Doni(Antoine-François)] 1503년 피렌체Firenze에서 태어났다. 저서 『천국, 지상 그리고 지옥의 세계Mondes célestes, terrestres et infernaux』(4절판)에는 이상한 이야기가 담겨있다. 이 책은 오래된 프랑스어 번역본이 존재한다.

도페(프랑수아 아메데) [Doppet(François-Amédée)] 500인 평의회의 의원. 『동물 최면의 이론 및 실천Traité théorique et pratique du magnétisme animal』(1784년, 토리노, 8절판), 『메스머의 추도사, 유언장 포함Oraison funèbre de mesmer, avec son testament』(1785년, 제네바, 8절판), 『오컬트 의술 혹은 자연 의학 마법 개론Médecine occulte ou traité de la magie naturelle et médicinale』(1786, 4절판)을 펴냈다.

도라시리빈 [Dorâch-Y-Rhibyn] 웨일스Wales의 불길한 요정. 누군가의 죽음을 예고하기 위해 가죽 날개를 창문에 비빈다. 그녀는 비통하고 긴 울음소리로 병자를 부른다.

도레(카테린) [Dorée(Catherine)] 17세기의 마녀. 악마의 명령에 따라 자신의 아이를 죽인 죄로 화형을 당했다. 그녀는 가루를 뿌리고 배 위에 비둘기를 올려놓는 방법으로 저주 걸린 이들을 치료했다. 바브 도레Barbe Dorée라고 불리던 다른 마녀는 카테린의 친척이다.

잠자는 사람들 [Dormants / Sleepers] 7인의 잠자는 사람들에 관한 이야기는 기독교인보다 아랍인 사이에서 더 유명하다. 무함마드Muhammad는 이 이야기를 『코란Koran』에 담았고, 튀르키예인들은 이를 미화했다.

서기 250년 데키우스Decius가 통치할 무렵, 기독교인들을 상대로 한 대규모 박해가 일어났다. 황제를 모시던 일곱 청년은 신앙을 부인하고 싶지 않았지만, 형벌이 두려웠기에 에베소Ephesus로부터 조금 떨어진 동굴에 몸을 숨겼다. 그들에겐 특별한 은총이 내려졌고 이백여 년 동안 깊은 잠을 자게 되었다. 이슬람교도들은 그들이 수면 중 놀라운 계시를 받았으며, 인간이 같은 시간 동안 꾸준히 배워야 알 수 있는 지식을 꿈속에서 알게 되었다고 주장한다.

그리고 그들의 개(혹은 그 중 한 사람이 기르던 개) 한 마리 역시 은신처에 함께 있었는데, 이 역시 다른 사람들과 마찬가지로 함께 잠이 들었다. 그리고 세상에서 가장 박식한 개가 되었다.

테오도시우스 2세Theodosius II의 통치 시기인 기원후 450년, 일곱 명의 잠자는 사람들은 잠에서 깨어나 에베소로 향했다. 그들은 잠깐의 단잠을 잤다고 착각했다. 그리고 도착하자 모든 것이 바뀌어있음을 깨달았다. 기독교 박해가 끝난 지는 이미 오래되었고, 기독교 황제들이 왕위에 올라 동방과 서방을 통치하고 있었다. 주민들은 청년들이 던진 질문과, 이에 대답했을 때 동요하는 모습을 보고 놀라게 되었다. 청년들은 순진하게 자신들의 이야기를 털어놓았다. 존경심을 가지게 된 주민들은 이들을 주교에게, 주교는 총대주교에게, 총대주교는 황제에게 데려갔다. 일곱 명의 잠자는 사람들은 세상의 기이한 것들을 알려주며 미래의 놀라운 일들을 예견했다. 무엇보다도 이들은 앞으로 이백 년 동안 일어날 무함마드의 출현, 이슬람교의 창시와 성공 같은 일들을 예언했다.

이들은 황제의 호기심을 충족시켜준 뒤, 동굴로 다시 돌아가 죽음을 맞았다. 에베소 인근의 이 동굴은 아직 남아있다.

그들의 개인 크라팀Kratim(또는 카트미르Katmir)은 임무를 마친 뒤 평범한 개의 수명대로 살았다. 이때, 주인과 잠들었던 이백 년은 계산에 포함되지 않았다. 이 개는 당대 모든 철학자, 학자를 비롯한 온갖 재기 있는 사람보다 더 박식했다. 사람들은 개를 위한 축제를 열고 좋은 음식을 대접했다. 이슬람교도들은 이 개를 무함마드의 천국에 올렸으며, 발람Balaam의 당나귀와 종려주일에 예수를 등에 업은 나귀만큼 숭격되었다.

이 일화는 크레타Crete의 에피메니데스Epimenides 이야기를 떠올리게 한다. 어느 정오, 길잃은 양을 찾다 동굴에서 잠이 든 에피메니데스는 팔십칠 년 후에 잠에서 깨어났다. 그는 자신이 짧은 잠을 잤다고 생각하며 계속 양을 찾아다녔다.

델리오Delrio는 깨지 않고 가을, 겨울 내내 잠들었던 한 농부의 이야기를 기록했다.[1]

(1) 『마법 연구Disquisitiones Magicae』.

도시테우스 [Dosithée / Dositheus] 마법사 시몬Simon과 동시대에 살았던 사마리아Samaria 출신 마법사. 그는 자신을 진정한 구세주라고 소개하며, 불가사의, 마법, 마술 묘기 등으로 사람들을 현혹했다. 도시테우스는 30명의 제자를 거느렸다. 한 달이 30일로 되어 있기 때문인데, 그 이상의 제자를 원하지 않았다. 그는 자기 수행원 중 한 명의 여성을 선택해 '달'이라고 불렀다. 도시테우스는 유대교를 신봉했는데, 그가 전한 교리의 주안점은 안식일에 아무 일도 하지 않는 것이었다.

복제 [Double] 스코틀랜드 사람들은 사람이 복제될 수 있다고 믿었다. 즉 한 사람이 두 곳의 장소에서 목격될 수 있으며, 간혹 이러한 복제 인간과 만날 수 있다는 것이다. 이때, 복제인간은 그림자에 지나지 않는다고. 사실 우리도 복제인간을 만들 수 있다. 유리 속을 들여다보면 그만이다. **참조.** 플렉스빈더Flaxbinder.

두르가 [Dourga / Durga] 인도의 끔찍한 신. **참조.** 인도의 종교 의식Fêtes Religieuses de l'Inde.

두를레(시몬) [Dourlet(Simone)] 플랑드르의 빙의된 사람들을 참조할 것.

12 [Douze / Twelve] 행운의 숫자. 하이스터바흐의 케사리우스Caesarius von Heisterbach는 사도들이 열두 명이었던 이유가 4에 3을 곱하거나, 3에 4를 곱했을 때 나오는 수가 열둘이기 때문이라고 말했다. 그리고 그는 사도들이 세상 사방 곳곳에 삼위일체 믿음을 퍼트리기 위해 열두 명으로 구성되어 있다고 덧붙였다. 더불어 그는 십이사도가 황도 12

궁, 1년의 12개월, 하루의 12시간 그리고 신부 왕관에 달린 12개의 별, 야곱Jacob의 12명의 자식, 사막의 12개 샘, 요르단Jordan의 열두 보석, 솔로몬Solomon 신전의 놋대야 속 12마리 소, 천상 예루살렘Jerusalem에 있는 12개 토대를 의미한다고도 말했다.

드락 [Drac] 지옥의 귀족에 속하는 악마. 파우스트Faust 앞에 붉은 꼬리가 달린 푸른 불꽃의 모습으로 나타났다.

드라크 [Drack] 프랑스 남부지역의 작은 악마. 온갖 모습으로 변신할 수 있으며, 모든 종류의 장난을 칠 수 있는 교활한 도깨비(혹은 오거*)이다. **참조.** 오거Ogres.

* 유럽 신화에 등장하는 괴물로 사람을 잡아먹는 식인귀이다.

드라코나이트 또는 드라콘티아 [Draconites, Dracontia] 플리니우스Pliny와 일부 고대 박물학자들이 주장한 용 머릿속의 돌. 드라코나이트를 얻기 위해서는 용을 잠재우고 머리를 베어야 한다.

용 [Dragon] 용에 관해서는 많은 풍문이 존재한다. 우리는 용을 본 적이 없고, 회의론자들은 용의 존재를 부정했다. 그러나 퀴비에Cuvier와 현대 지질학자들은 용이 실제로 존재했음을 주장했다. 용은 단지 멸종되었을 뿐이다. 용은 날개가 달린 뱀의 일종이었다. 필로스트라투스Philostratus는 아랍인들이 마법사와 예언가가 되기 위해 비행하는 용의 심장 혹은 간을 먹었다고 말했다. 지금은 남아있지 않지만, 성 조지St. George가 끔찍한 용을 죽인 베이루트Beirut 인근엔 그의 용기를 기리는 성당이 세워지기도 했다(1). 용은 여러 전설 속에 등장한다. 일부 전설에선 용을 성자들이 맞서 싸운 악마로 이해한다. 과거에는 악마를 용이라 부르는 경우가 잦았으며, 악마가 이 신비한 동물의 모습으로 변신하는 경우도 있었다. 성녀 마르게리트Marguerite 앞에 나타난 악마 역시 용의 모습을 하고 있었다. 포시도니우스Possidonius가 언급한 용은 1 아르팡Arpents*을 덮는 크기로, 무장한 기사를 알약 먹듯 삼킬 수 있었다고 전해진다. 하지만 인도에서 발견된 용에 비하면 이는 작은 것에 불과하다. 티레의 막시무스Maximus of Tyre의 말에 따르면, 이 용은 5아르팡 정도의 크기였다.

중국인들은 용을 두고 일종의 숭배 의식을 치렀다. 그들의 의복, 책, 그림에서 이 사실을 확인할 수 있다. 중국인들은 용을 행복의 근본이라고 생각했다. 이들은 용이 계절을 배열하고 마음대로 비를 내리거나 천둥을 치게 할 수 있다고 여겼다. 그리고 용이 지상의 모든 복을 지키며 평상시에는 높은 산에서 지낸다고 믿었다.

용은 유럽에 살았던 고대인에게도 매우 중요한 존재였다. 전해지는 용의 전설들은 상고 시대를 거슬러 올라간다. 다음은 니오르Niort 지역 용의 기록이다(2). 과거 세 달간 니오르에선 거대한 용이 지역을 폐허로 만들고 있었다. 이에 지역을 구하는 사람에게는 큰 보상을 내리겠다는 약속이 있었다. 탈영으로 인해 사형을 선고받은 한 젊은 병사는 이 소식을 듣고 고향 니오르를 찾았다. 그는 괴물과 싸울 수 있는 허가를 받았고, 만일 용을 죽인다면 사면받게 될 것이라는 약속까지 얻어냈다. 유리 가면과 온갖 무기로 무장한 용맹스러운 병사는 날개 달린 괴물이 있는 어둠의 소굴로 향했다. 잠들어 있던 용은 상처를 입고 잠에서 깨어나 자리에서 일어났다. 그리고 날개를 편 뒤 침략자를 향해 날아들었다. 지켜보던 모든 사람이 도망가는 동안, 병사는 유일하게 자리를 지켰다. 병사의 머리 위로 하강을 시작한 용은 발로 병사를 쓰러뜨렸다. 마지막으로 그를 삼키기 위해 주둥이를 벌린 순간, 병사는 용의 목구멍 안에 단검을 밀어 넣었다. 결국 용은 병사의 발아래 쓰러졌다. 용감한 병사는 승리의 기쁨을 맛보던 중, 참을 수 없는 호기심에 이끌려 가면을 벗고 방금 무찌른 무시무시한 적을 편안히 살펴보려고 했다. 병사가 용 주변을 뱅뱅 도는 동안, 치명상을 입고 피를 흘리던 괴물은 마지막 남은 힘을 쥐어짜 승리자의 목을 물었다. 용에게 물린 병사의 몸엔 지독한 독이 퍼졌다. 그리고 병사는 승리 한 가운데 숨을 거두었다. 니오르 병원 묘지엔 얼마 전까지 뱀의 독으로 죽은 남자의 오래된 묘지가 남아있었다. 그렇다면 이 이야기 또한 우화일까?

몽스Mons에는 에노Hainaut[(3)]를 폐허로 만든 용의 이야기가 전해진다. 이 용은 1132년 질 드 친Gilles de Chin이라는 용사가 무찔렀다. 그리고 결코 지어낸 이야기라 할 수 없는 로도스Rhodes 섬의 용[(4)]은 어떻게 받아들여야 할까? 참조. 카르노에 성의 구멍Trou du Château de Carnoët.

(1)몽코니의 여행Voyage de Monconis, 테브노Thévenot와 구종Goujon 교수. / (2)『피니스테르 여행Voyage dans le Finistère』, 3호, 112페이지. / (3)『투르 참사원의 열두 회식자Les Douze Convives du Chanoine de Tours』 속 해당 이야기 참조. / (4) '여러 식육 벌레를 현미경으로 살펴보면, 놀라운 동물들임을 알 수 있다. 한때 날개 달린 용이 아니었을까 싶은 정도로 같은 해부학적 구조로 되어 있기 때문이다. 히드라Hydra, 그리핀Griffin 혹은 다른 존재는 몸집이 줄어듦에 따라 물질 에너지까지 줄어들어, 오늘날 벌레가 된 것이다. 대홍수 이전의 거인들이 오늘날 소인이 된 것처럼 말이다.' (샤또브리앙Chateaubriand, 『회고록 Mémoires』, 제2권) / * 고대 토지의 측량단위. 1아르팡은 0.32~0.78헥타르 정도이다.

붉은 용 [Dragon Rouge / Red Dragon]

『붉은 용The Red Dragon』(1521년, 18절판) 혹은 천국, 하늘, 지상, 지옥의 영혼들을 지배하는 기술. 망자와의 대화, 매번 복권에 당첨되는 법, 숨겨진 보석을 찾아내는 비밀이 포함된 책.

놀랍게도 사람들은 이 터무니없는 잡탕서를 여러 번에 걸쳐 다시 인쇄했다. 지금 읽고 있는 『지옥사전』에도 이 책의 노고가 고스란히 깃든 흥미로운 내용들이 실려있다.

극 [Drames / Tragedies]

연극은 악마, 도깨비, 망자, 마법과 오컬트 학문이 선사하는 놀라운 자원을 마다하지 않았다. 오늘날에는 『악마의 일곱 성Sept Châteaux du Diable』, 『악마의 환약Les Pilules du Diable』, 『악마의 몫La Part du Diable』과 같은 작품이 있으며, 술리에Soulié의 『악마의 기억Les Mémoires du Diable』 역시 경가극으로 거듭났다. 콜레Collé의 『도깨비L'Esprit Follet』, 세라미니스Séraminis의 『귀신Le Spectre』, 햄릿Hamlet의 유령인 『맥베스의 마녀들Les Sorcières, de Macbeth』, 『공기의 요정La Sylphide』, 『양 발의 마법사Le Magicien du Pied de Mouton』, 『로빈후드Robin des Bois』, 『붉은 사냥꾼Le Chasseur Rouge』, 『트릴비Trilby』, 『흡혈귀Le Vampire』, 『윌리스Les Wilis』 등과 같은 무수한 소재들은 경이로운 이야기로 채워진 악마 관련 서적 레퍼토리에 인용되었다.

드라페 [Drapé]

에그모르트Aigues-Mortes에서는 마법의 말을 루 드라페Lou Drapé라고 불렀다. 이 말은 아이들에게 공포의 대상이었는데 부모의 말을 잘 듣도록 만들었다. 또 아이를 방치하는 어머니를 벌하였다. 루 드라페는 길 잃은 아이들을 등 위에 하나씩 태우곤 했다. 이때 원래 평범한 크기였던 말의 엉덩이는 50명에서 100명의 아이까지 태울 수 있을 정도로 늘어났다. 다만 아이를 어디로 데려가는지는 알 수 없다.

드로우칸시르 [Drawcansir]

허풍쟁이 작은 악마. 영국에서는 드로우칸시르가 왕들을 꾸짖고, 군대를 해산시키며, 이곳저곳에서 혼란을 일으킨다고 믿었다. 고대인들이 '공포'와 '공황'이라고 부른 존재와 같은 것일 수 있다.

드레파노 [Drépano]

드레파노는 죽어서도 유령의 모습으로 명성을 떨쳤다. 그의 유령은 큰 소리를 내며 돌을 집어 던졌는데 사람이 맞아도 다치는 일이 없었다. 또 주방 도구를 집어던지기도 했으나 그 무엇도 깨지지 않았다. 심지어 추잡한 노래를 부르기까지 했다. 유령은 이 모든 일을 벌이는 동안 모습을 드러내는 일이 없었다. 또 그가 드나들던 집의 주인이 귀갓길에 비를 맞기라도 하면, 집안 사람들이 상황을 알아채기도 전에 벽난로에 불을 피울 것을 재촉하였다. 이 악마의 빙의는 기독교인을 흉내내는 것만으로도 충

분히 막아낼 수 있었다.[1]

(1) 델리오Martin Delrio, 『마법 연구Disquisitiones Magicae』, 4권, 2장.

드리프 [Driff] 버틀러Buttler의 돌에 주어진 이름. 독을 끌어당기는 특성이 있다. 시체 머리에서 자라는 이끼, 해염, 구릿빛 황산염에 부레풀을 섞어 반죽해 만들 수 있다고 한다. 어느 순간부터 이 돌이 혀끝에 닿으면 불치병도 나을 수 있다며 소문이 부풀어졌다. 반 벨몬트Van Belmont는 이 돌을 크게 찬양했다.

드롤 [Drolles] 북방에 사는 악마 혹은 도깨비. 말에게 먹이를 주는 등 인간이 시키는 것은 무엇이든 하며, 위험을 경고한다. **참조.** 파르파데Farfadets, 베리스Bérith, 코볼트Kobold 등.

드루바 [Drouva / Dhruva] 힌두스탄Hindustan의 왕. 이만 육천 년 동안 (어딘지 모를 곳을) 통치했으며 카르파가타루Karpagatarou, 쿠라가Kouraga, 쿠르칼라Kourkala라는 세 명의 자식을 두었다. 그의 나이를 생각해본다면 그리 자식이 많다고는 할 수 없겠다.

드로우 [Drows] 오크니Orkney 제도에서 두에르가Duergars*를 부르던 명칭.

* 스칸디나비아 전설에 등장하는 난쟁이족Dwarf.

라 드루드 [Drude(La)] 여성 몽마. 분노한 노파의 모습으로 나타나 잠든 사람의 목을 조른다. 플리니우스Pliny는 그녀를 '사악한 마물Malum Dæmoniacum'이라고 불렀다.

드루이드 사제 [Druides / Druids] 갈리아Gallia의 사제. 국가 주요 인물들에게 지혜와 윤리를 가르쳤다. 그들의 가르침에 따르면 영혼들은 영원히 이승과 저승을 떠돈다고 한다. 즉 우리가 죽음이라고 부르는 것은 저승으로의 입성을 의미하며, 생이라고 부르는 것은 이 세계로의 회귀를 의미한다는 것[1].

오튕Autun의 드루이드들은 뱀의 알이 뛰어난 효능을 가지고 있다고 믿었다. 그들을 상징하는 깃발에도 녹색 도토리가 장식된 참나무겨우살이에 올라탄 은청색 뱀이 그려져 있었다. 그들의 수장은 열쇠 문양으로 상징되었다[2].

(1) 시칠리아의 디오도로스Diodorus of Sicily. / *(2)* 생 푸아Germain-François Poullain de Saint-Foix, 『수상록Essai』, 2권.

드루이드 여사제 [Druidesses] 캥페르Quimper 해안 앞에 자리한 (지금은 셴Sein이라고 불리는) 세나Sena의 작은 섬에는 드루이드 여사제회가 있었다. 갈리아인Gauls들은 이 여사제들을 세네스Senes(여성 예언자)라고 불렀다. 그녀들은 총 9명으로 평생 순결을 유지해야 했으며, 신탁을 내렸고 바람을 잠재우고 태풍을 일으키는 능력이 있었다. 그녀들은 모든 짐승의 형태로 변신할 수 있었으며, 고질병에 걸린 환자들을 치료하고 미래를 예견했다. 그리고 고위 사제직에 종사했다. 반면 결혼을 하는 다른 여사제들도 있었으나, 일 년에 단 한번만 외출할 수 있었으며 그날에만 남편을 만날 수 있었다[1]. **참조.** 디오클레티아누스Dioclétien, 벨레다Velléda 등.

(1) 생 푸아Germain-François Poullain de Saint-Foix, 『파리 수상록Essai sur Paris』, 3권, 384페이지.

드루즈인 [Druses / Druze] 레바논Lebanon에 살던 잔인한 원주민들. 송아지를 숭배하며 기독교도 이슬람교도 믿지 않았다.

드루서스 [Drusus] 독일에서의 전쟁 당시, 아우구스투스Augustus 황제가 로마군의 지휘를 맡긴 인물. 드루서스가 여러 번의 승전 후 엘베Elbe 강을 건널 채비를 할 때, 어느 위엄 있는 모습의 여성이 나타나 다음과 같이 말했다. "어딜 그렇게 급하게 가는 건가, 드루서스여. 이제 정복하는 것이 지치지 않는가? 네 명이 다 되어 간다는 사실을 알려주마…." 당황한 드루서스는 말의 고삐를 돌려 퇴각을 명했고 라인강Rhine의 강변에서 사망했다. 그와 동시에 신분을 알 수 없는 두 명의 기사가 로마군 기지 참호 근처에서 말을 탄 채 이리저리 뛰어다녔다. 그리고 인근에서 여성들의 탄식과 구슬픈 울음소리가 들렸다고 한다[1]. 그러나 전쟁에 패한 상황이었다는 것을 염두에 둔다면, 그리 불가사의한 일들은 아니다.

(1) 디오 카시우스Dio Cassius.

드루트 [Drutes] 물레를 들고 홀다Holda를 쫓아다니는 마법사. **참조**. 홀다.

드리덴(존) [Dryden(Jean / John)] 영국의 저명한 시인. 1707년에 사망했다. 그는 자식이 태어나기 전 주사위를 던져 성별을 점쳐보곤 했다. 그리고 아들 찰스Charles의 성별을 맞추었다[1]. 물론 대단히 놀라운 일은 아니다. **참조**. 주사위점 Astragalomancie.

(1) 베르탱Bertin, 『문학의 진기함Curiosités de la Littérature』, 1권, 248페이지.

나락 [Dsigofk / Naraka] 일본 지옥에 있는 공간. 죄인들이 생전 저지른 범죄 수와 죄질에 따라 고통을 받는 곳이다. 그들의 형벌은 일시적이며, 영혼들은 다시 이승으로 돌아와 불순한 짐승의 몸을 빌려 살게 된다. 이때, 영혼이 더럽혀진 정도와 짐승의 악덕이 일치한다. 그리고 영혼들은 차츰 더 고결한 짐승의 몸으로 이동하며 마지막엔 인간의 몸에 들어가는데, 이때 새 삶의 기회를 누릴 자격이 있는지 없는지 다시 시험해보게 된다.

이원론 [Dualisme / Dualism] 세상에는 지진, 태풍, 폭풍우, 강의 범람, 전염병, 독이 있는 가축, 사나운 짐승, 천성적으로 악하고, 불충하고, 잔혹한 인간들이 있다. 그러나 이 원론자들은 자비로운 사람들이 나쁜 짓을 저지를 수 없다고 말한다. 그렇기에 세상에는 두 개의 존재, 두 개의 원칙이 존재하는데, 하나는 좋은 것이고, 또 하나는 나쁜 것이다. 그리고 이들은 모두 강력하고, 영원히 공존하며, 끝없이 대립하게 된다. 생 푸아Germain-François Poullain de Saint-Foix는 우리가 이원론에 관해 숙고해본다면, 우상숭배보다 더 터무니없음을 깨닫게 될 것이라고 말했다.

사미인Lapps*들은 신이 세상을 창조하기 전에 악령을 찾아 각 피조물을 어떻게 할 것인지 논의했다고 전한다. 신은 나무를 골수**로, 호수를 우유로 채우고 식물과 나무에 가장 아름다운 열매가 달리는 계획을 제안했다. 그러나 불행히도 인간에게 그토록 알맞은 계획은 악령의 마음에 들지 않았다. 악령은 온갖 장난을 쳤으며, 신은 결국 그가 원했던 좋은 것들을 만들 수 없었다…. 프톨레마이오스Ptolemy 왕조의 어떤 왕은 신적인 존재에게 두 아내가 있었다고 주장했다. 그리고 둘은 질투로 인해 끝없이 대립하였는데, 육체적 혹은 정신적 불화로 인해 악이 만들어졌다고 덧붙였다. 둘은 다른 쪽이 만드는 모든 것을 타락시키거나, 바꾸거나, 파괴하는 것을 즐겼다는 것이다. 마니교도들은 이 원 체계를 도입했다. 바르데산Bardesane, 아펠리스트Appellist들 그리고 무수한 다른 이단의 수장들은 이와 같은 길을 앞서가거나 뒤따라갔다. 진실과 상식은 항상 이 부조리한 가설을 밀어냈다. 선악 투쟁의 진실은 가톨릭교회 교리를 통해 확인할 수 있다.

* 라플란드에 사는 소수민족. / ** 성경에서 골수는 영양이 풍부한 음식을 비유하는 말로 사용된다. 『시편Psalms』 63장 5절을 참조할 것.

두엔데 [Duende] 스페인의 작은 악마로 노르만족Norman 민담의 고블린Goblin 혹은 스웨덴의 톰테Tomte에 해당한다. 코바루비아스Cobaruvias는 두엔데가 집주인을 의미하는 '두엔노 데 카사Dueno De Casa'를 줄인 것이라고 말했다. 이 장난꾸러기 악마는 변신에 매우 능하다는 이유로 어느 시대에서나 언급되었다.

두에르가 [Duergars] 스칸디나비아의 난

쟁이 악마. 혹은 밤의 엘프Svart Elf와 같은 종족이다. 그들은 평소 드나들던 집에 거주하는 여성의 죽음을 지켜보며 밤새 곁을 지킨다. 스칸디나비아 민담에 따르면 신들이 위미르Ymir의 시체에서 이 악마들을 잔뜩 태어나게 했다고 한다. 그리고 모든 학문과 기술을 주입해주었다고. 노르웨이인들은 반듯하고 매끄러운 수정의 형태가 산속에 거주하는 이 악마들의 작품이라고 생각했다. 또 산의 메아리 역시 그들이 내는 목소리라고 생각했다. 이러한 시적 의인화는 아이슬란드에서 '갈드랄라그Galdralag' 혹은 '악마의 단시'라 불리는 특별한 운율을 만들어냈다. 이 8음절 단시에서는 첫 연, 마지막 행에서 모든 것이 끝난다.

뒤파이(샤를 제롬 드 시스테르네) [Dufay (Charles-Jérôme de Cisternay)] 연금술사이자 군인. 연금술에 몰두했으며, 현자의 돌을 찾는데 많은 돈을 들였다. 1723년 사망했다.

뒤포 또는 뒤푸스 [Duffo, Duffus] 스코틀랜드의 왕. 그가 병에 걸려있을 때 왕의 모습과 유사한 그림을 불태우던 여러 마법사가 체포되었다.

그들은 자신들의 행위가 군주에게 해가 되는 마법이었음을 고백했다. 그들을 체포한 후 뒤포는 건강을 회복하였다.[1]

  (1) 르 루아예Pierre Le Loyer, 『귀신 논설과 역사Histoire et Discours des spectres』, 4권, 15장, 369페이지.

뒬로(자크) [Dulot(Jacques)] 마법사. 참조. 마리니Marigny.

뒤몽(앙투안) [Dumons(Antoine)] 17세기의 마법사. 악마 숭배를 위해 마녀 집회에 양초를 제공한 혐의로 고발되었다.

둔카니우스 [Duncanius] 리벤탈Liebenthal의 수도원장. 12세기 당시 악마와 계약을 맺어 거대한 건물을 건립했다. 그는 악마와의 계약 내용을 피할 수 있다고 생각했다. 악마는 그에게 모든 것이 가능한 주술서를 남겨주었는데, 수도원장은 겁 없이 그 책을 사용해 마법을 부렸고, 오만함에 빠져 악행을 저질렀다. 그로부터 15년 뒤 그는 사탄의 희생자가 되어 목숨을 잃었다. 그의 이야기는 하인리히 쇼케Heinrich Zschokke를 통해 기록되었다.

듀플렉스(스키피오) [Dupleix(Scipion)] 프랑스의 국무위원이자 사료 편찬관. 1661년 사망했다. 그는 『기상과 수면, 꿈과 죽음의 원인Cause de la veille et du sommeil, des songes, de la vie et de la mort』(1615년, 파리, 12절판. 1620년, 리옹, 8절판) 외에 여러 훌륭한 책을 저술했다.

뒤랑달 [Durandal] 샤를마뉴Charlemagne의 마법의 검. 기사도 소설에 따르면 요정의 작품이라고 한다.

뒤러(알베레히트) [Durer(Albert)] 저명한 화가. 1471년 뉘른베르크Nuremberg에서 태어나 1528년 사망했다. 무수한 걸작을 남기면서도 그의 붓, 연필 그리고 끌이 그 어떤 종교나 풍습도 모욕하지 않았다는 귀한 영예를 안고 세상을 떠났다. 여기 그가 겪은 환영 일화가 있다.

"독실한 예술가 뒤러는 새로운 걸작을 소망했다. 그는 자신을 뛰어넘길 원했다. 하지만 인간은 지적 세계의 구렁에 빠지지 않고선 극복이 불가능한 재능의 한계란 것이 있는 법이다. 어느 아름다운 여름밤, 그는 자신의 그림 '4대 복음서가'의 스케치를 그렸다 지우길 반복하고 있었다. 그는 신과 인간을 아우르는 역사가인 선지자들의 특징을 제대로 그리고 싶었다. 그러나 뒤러가 가진 기술로는 그의 영혼이 그리고자 하는 바를 옮길 수가 없었다. 찬란한 뉘른베르크의 밤, 마법 같은 달빛이 성 제발두스St. Sebaldus 성당과 성 로렌츠St. Lorenz 성당을 내리쬐고 있었다. 조용한 도시와 텅 빈 골목을 덮고 있는 천공엔 수천 개의 별이 반짝였다. 뒤러는 외쳤다. "신은 인간에게 바위 조각을 조화롭고 위엄있게 치솟은 놀라운 건축물로 탈바꿈하는 것을 허락했으나, 내 영혼을 바쳐 성인들의 초상화를 캔버스에 옮기는 것은 허락하지 않으시는구나!" 뒤러는 차오르는 감정에 두 손을 모아 기도를 올렸다. 그때, 성 제발두스 성당이 화염의 기운으로 뒤덮이고 푸른 구름이 모여들어 4대 복음서가의 웅장한 모습을 그리기 시작했다. "내가 찾아 헤매던 것이 저것이다! 그토록 내 손을 피해 도망 다니더니!" 그는 버려둔 캔버스로 달려가 붓을 잡았다. 스케치는 순식간에 완성되었다. 위대한 예술가는 그렇게 의젓한 모습으로 자기 작품을 완성할 수 있게 되었다.

뒤러는 믿었고 보았다. 그가 그토록 순수한 정신을 담아 걸작을 만들 수 있었던 것도 이런 이유에서다. 뒤러를 뒤따르고자 했지만 실패했던 많은 이들은 재능이 없어서가 아니라, 그만큼 순수하고 강력한 믿음이 없었기 때문이다. 하늘과 그곳이 행하는 경이로운 일들은 물질주의 세상 어두운 구름 뒤에 몸을 숨긴 채, 믿음이 부족한 자들에게 모습을 드러내지 않는다[1]."

(1) 『브뤼셀 신 논평Nouvelle Revue de Bruxelles』, 1844년 2월.

듀스[Duses / Deuces] 악몽으로 독일인들을 오싹하게 만드는 밤의 악마.

뒤베르누아 [Duvernois] 참조. 롤랑드 Rolande.

트루드 [Dysers / Thrud] 고대 켈트족Celts의 여신. 영웅의 영혼을 오딘Odin의 궁전으로 인도한다. 궁전에서 영혼들은 적의 두개골을 잘라 만든 컵에 맥주를 부어 마신다.

다이티칸 [Dythican] 파우스트Faust 박사 앞에 거대한 자고새의 모습으로 나타난 악마 수장. 목에 녹색 반점이 있다.

지보전 [Dzivogeon / Dziwozona] 정령과 비슷한 기이한 여성들. 러시아의 여러 산에 거주한다.

E

이투아스 또는 아투아스 [Eatuas, Atouas] 타이티Tahiti제도의 하급신. 절대신인 탄가로아Tangaroa와 신비한 바위 파파Papa 사이에서 태어난 자식. 이투아스로부터 최초의 인간이 탄생했다.

이 신들은 성별이 존재한다. 그렇기에 남자는 남신을, 여자는 여신을 숭배했다. 이투아스 신전엔 다른 성별은 들어갈 수 없는 곳도 있었다.

이투아(또는 아투아)라는 이름을 지닌 새들도 있는데, 왜가리와 물총새가 이에 해당했다. 타이티섬 주민들과 인근 섬사람들은 이 새들에게 특별한 존경심을 지니고 있었다. 그들은 이 새들을 절대 사냥하거나 해를 가하지 않았다. 왜가리 혹은 물총새를 숭배하는 문화가 있었던 것은 아니지만, 행운 또는 악운이 얽혀있다는 미신적 믿음이 있었기 때문이다. 유럽의 미련한 이들 가운데도 울새, 제비, 다른 몇몇 새를 두고 비슷한 믿음을 갖는 경우가 있다.

타이티섬 주민들은 이투아스가 자신이 직접 만들어낸 하급령에게 복종하는 경우가 있다고 믿었다. 이투아스는 이 령들에게 뜯어먹히지만 다시 부활할 수 있는 능력이 있다.

물 [Eau / Water] 과거에는 거의 대부분의 민족들이 이 물질을 신성시 여겼다. 일부 철학자들의 주장에 따르면 물은 모든 원소의 근원이라고 한다. 조로아스터교도들은 물을 숭배했다. 그들의 성서 중 한 권에서는 밤에 물을 사용하는 것과 그릇에 물을 가득 담고 끓이는 것을 금지한다. 이는 물을 흘릴 수 있기 때문이다.

카발리스트들은 물에 운디네Undine(물의 요정), 정령 님프Nymph들이 살고 있다고 주장했다. **참조.** 운디네, 님프.

고미액의 시련 [Eau Amère(Épreuve de l') / Bitter Water(Trial of)] 고대 유대인들 사이에서 생성된 문화. 아내가 나쁜 짓을 한다고 의심한 어느 남편이 율법에 따라 그녀가 징벌받길 원했다. 판사는 부부를 예루살렘Jerusalem의 종무국으로 보냈다. 종무국은 60명의 노인으로 구성되어 있었다. 시련은 다음과 같다. 여성은 고미액 중 하나를 임의로 마시기 전에, 본인의 양심을 정직하게 돌아볼 것을 요청받는다. 만일 그녀가 스스로에게 잘못이 없다고 계속해서 말할 경우엔 지성소 앞으로 데려간다. 그리고 잠이 들 정도로 피곤하게 걷게 시킨 후 검은 의복을 준다. 신부는 그녀의 이름과 그녀가 고하는 모든 말을 받아적는다. 그런 다음 용기에 물 한 바가지를 붓고, 조개 하나를 넣는다. 그리고 성막의 가루와 쓴 풀의 즙을 챙긴 뒤, 양피지에 적은 글들을 긁고 물에 타서 여성에게 마시도록 한다. 만일 그녀에게 죄가 있다면, 안색이 창백해지고 눈이 돌아가며 얼마 지나지 않아 사망할 것이다[(1)]. 그러나 그녀에게 죄가 없다면, 아무일도 일어나지 않을 것이다.

*(1)*르 루아에Pierre Le Loyer, 『귀신의 역사Histoire des spectres』, 4권, 21장.

불타는 물 [Eau Ardente / Aqua Ardens] 한때 마법사들 사이에 널리 퍼졌었다. 불 붙인 성냥이 닿으면 물이 타올랐다고. 오늘날의 브랜디가 흔히 하는 일이다.

성수 [Eau Bénite / Holy Water] 기도, 구마 의식, 종교의식에 사용되는 물을 축복하는 것은 교회와 로마교황청의 역사만큼이나 오래된 풍습이다[(1)]. 이렇게 만들어진 성수는 신자와 그들이 사용하는 물건에 뿌려진다. 이 축성을 통해 교회는 물건을 사용하는 자들의 죄를 씻어내고, 구원의 올무를 적대하는 존재들과 세상의 재앙을 걷어내고자 한다[(2)]. 『사도헌장Apostolic Constitutions』에는 성수가 속죄와 구마의 용도를 갖는다고 기록되어 있다.

마녀의 집회에서도 특별한 물을 사용하는데, 이를 성수라고 부른다. '집회의 미사'라고 불리는 신성모독을 주도하는 마법사는 참여한 자들에게 이 물을 뿌린다[(3)].

*(1)*르브룅Lebrun, 『미사 의식의 설명Explication des cérém de la messe』, 1권, 76페이지. / *(2)* 베지에Nicolas Sylvestre Bergier, 『신학 사전Dictionnaire théologique』. / *(3)* 보게Boguet, 『마법사 논설Discours des sorciers』. 22장, 141

페이지. 드 랑크르Pierre de Lancre, 『악마의 변화론Tableau de l'inconstance des démons』 등, 4권, 논설 3, 457페이지.

끓는 물의 시련 [Eau Bouillante(Épreuve de l') / Boiling Water(Trial of)]
한때 고문 시 진실을 밝히기 위해 사용된 방법. 경솔하게도 '신의 심판'이라 불렸다. 고발을 당한 자는 끓는 물로 가득 찬 단지에 손을 넣고 적당한 깊이에 매달려있는 반지를 꺼내야 했다. 이후엔 천으로 손을 감싼 후 판사와 고발을 한 자가 위에 낙인을 찍었다. 그로부터 사흘 뒤 그의 손에서 화상의 흔적이 없다면 피고인을 사면하였다.

천사의 물 [Eau d'ange / Angel Water]
제대로 된 천사의 물을 만들기 위해서는 거대한 증류기를 준비해야 한다. 그리고 안식향 4온스, 소합향 2온스, 담황색 백단향 1온스, 정향 2드라크마, 피렌체Firenze 붓꽃 두세 장, 레몬 껍질 반 개, 육두구 두 알, 계피 반온스, 석간수 2파인트, 오렌지 꽃 추출물 1파인트, 전동싸리 추출물 1파인트를 넣어 잘 봉합한 뒤 중탕기에서 증류한다. 이 증류 과정을 거치면 진미의 천사의 물을 만들 수 있다[1]. 천사가 가르쳐준 레시피이기 때문에 이러한 이름이 붙었다고 한다… 찬양자들에 따르면 이 물은 많은 병을 치료한다.

(1) 『작은 알베르투스의 비밀Secrets du Petit Albert』, 162페이지.

차가운 물의 시련 [Eau Froide(Épreuve de l') / Cold Water(Trial of)]
9세기에 마법사와 이교도 사이에서 널리 사용되었으며, 이 외에도 범죄 사실을 확실히 밝혀낼 수 없을 때 사용되기도 했다. 죄인 또는 용의자는 오른손과 왼발, 왼손과 오른발이 묶인 채 물이 가득 찬 대야 또는 양조통에 던져진다. 물에 가라앉지 않는 자는 결백한 것으로 판정되었다. 이때, 물에 대고 범죄자를 용인하지 말아 달라고 기도를 올렸다.

정화수 [Eau Lustrale / Lustral Water]
이도교인들은 정화수를 이용해 제물대에 남은 불씨를 껐다. 그리고 집안에 죽음이 찾아오면, 죽은 사람이 없는 다른 집에서 가져온 정화수를 항아리에 가득 담아 문 앞에 두었다. 그러면 집에 조문 온 모든 손님들은 집을 나서며 이 성수를 끼얹은 것이다. 드루이드교Druidism의 성직자늘은 저주를 몰아내기 위해 정화수를 사용하기도 했다.

녹색 물 [Eau verte / Green Water]
드 랑크르Pierre de Lancre의 말에 따르면, 마법사들이 만든 녹색 물을 만지면 목숨을 잃는다고 한다. 참조. 독Poisons.

에베라드 [Ébérard]
트리어Trier의 대주교. 1067년 사망했다. 에베라드는 유대인들에게 깨우침을 받을 기회를 주고, 기독교를 받아들이지 않으면 도시에서 내쫓겠다며 협박하였다. 이 불행한 자들은 희망을 잃었다며 돈으로 마법사를 매수해 주교를 본뜬 밀랍 인형을 만들었다. 그리고 인형에게 심지와 초를 매단 뒤 세례를 내렸다. 그들은 대주교가 세례를 내리는 성 토요일을 기다렸다 불을 붙였다. 대주교가 자신의 임무를 다하는 동안, 그의 동상은 반쯤 타고 있었다. 에베라드는 큰 고통을 느꼈고, (연대기에 따르면) 사람들이 그를 제의실로 옮긴 지 얼마 지나지 않아 목숨을 거두었다[1].

(1) 『트리어 대주교 이야기Histoire des Archevêques de Trèves』, 57장.

이블리스 [Éblis]
이슬람교도들이 악마를 칭하는 이름. 이슬람교도들은 선지자가 탄생했을 때 이블리스 왕좌가 지옥 끝으로 떨어졌고 이방인이 숭배하는 신이 쓰러졌다고 말한다.

에브로인 [Ébroin]
B. 자크 드 바라스크B. Jacques de Varasc (리전다Legenda 114)의 이야기에 등장한다. 어느 독실한 수도사 무리가 밤이 되어 수도원으로 돌아가는 중이었다. 그들은 큰 강 끝자락 잔디밭에 앉아 잠시 휴식을 취하기로 했다. 그리고 곧 강을 맹렬한 기세로 내려오는 여러 뱃사공의 소리를 들었다. 수도사 중 한 명이 그들의 정체를 물었다. 뱃사공이 답했다. "우리는 악마다. 궁재 에브로인의 영혼을 지옥으로 데려가는 중이다. 그는 프랑스에서 폭정을 행했고 속세로 되돌아가기 위해 성 갈Saint Gal 수도원을 포기했다."

에브론 [Ébron] 클로비스Clovis 시절, 투르네Tournay에서 숭배받던 악마. 오직 머리만 보였으며, 숭배자들의 질문에 머리를 흔들어 답했다. 고드프루아 드 부용Godefroy de Bouillon을 주제로 한 소설에 등장하는 악마 중 하나이기도 하다. 이 오래된 글은 에노Hainaut 출신의 시인이 저자이다.

메아리 [Écho] 대다수의 물리학자는 윤기 나는 물체 위에 빛이 떨어질 때처럼, 메아리 또한 소리가 반사되는 것이라고 주장하였다. 따라서 메아리는 소리를 가로막는 하나 혹은 다수의 장애물이 만들어내는 것이며, 이 장애물들은 소리를 뒤쪽에서 거슬러 올라오도록 만든다. 메아리에는 단일 메아리와 복합 메아리가 존재한다. 전자에서는 소리가 단순 반복되지만, 후자에서는 한 번, 두 번, 세 번, 네 번 그리고 그 이상의 소리가 들리며, 여러 단어가 순차적으로 들려오는 경우도 있다. 이 현상은 메아리 장애물로부터 충분히 멀리 있으며, 첫 번째 단어의 메아리가 귀에 닿기 전에 다른 단어들을 내뱉을 시간이 있으면 일어날 수 있다. 트루아Troyes에서 2리유* 떨어진 빌베르탱 대저택Château de Villebertin의 대로에선 12음절로 된 행을 두 번 반복하는 메아리를 들을 수 있다. 일부 메아리는 유명세를 얻기도 했다. 예로는 같은 단어를 40번 반복하는 시모네타Simonetta 포도밭이 있다. 영국 우드스톡Woodstock에는 50번까지도 반복되는 곳이 있었다. 스코틀랜드의 글래스고Glasgow에는 더 특별한 메아리가 있었다. 이곳에서 어느 남자는 트럼펫으로 허공에 여덟 개에서 열 개의 음을 내고 있었다. 메아리는 그의 소리를 정확하게 따라 했으나, 3도 낮은음을 냈으며, 3번 반복에 그쳤다. 그리고는 작은 정적이 뒤따랐다.

와중에 메아리 속에서 신탁을 찾는 단순한 사람들도 있었다. 지난 세기의 작가들은 이 주제에 관한 다음과 같은 논설을 남기는 악취미를 가지기도 했다.

애인: 매정한 사랑이여, 말해주세요. 우리의 행복이 사라졌어요? **메아리:** - 사라졌어요. **애인:** 제 마음을 훔칠 때는 그렇게 말하지 않았건만. 그대가 한 약속들이 불길한 맹세가 되어버리네요. 그렇죠? **메아리:** - 그렇죠. **애인:** 저를 불쌍히 여겨, 제 고통을 비웃지 말아 주세요. 그리고 대답해주세요. 제게 아직 희망이 남아있어요? 혹시 아니에요? **메아리:** - 아니에요. **애인:** 그렇다면, 제 목숨을 원하는 건가요? 저는 어떻게 하죠? 죽길 바라요? **메아리:** - 바라요. **애인:** 그대의 가혹함이 묻은 이곳은 더 이상 미련이 없네요. 저는 그 어떤 마음도 보내지 않을 것이에요. 전 그만 떠나요. **메아리:** - 떠나요.

과거의 스코틀랜드인들은 메아리가 말을 따라 하기 좋아하는 유령이 내는 소리라고 여겼다. 고대 이교도인들은 님프Nymph의 짓이라고 생각했다. **참조.** 라비사리Lavisari.

* 과거의 거리 단위. 1리유는 약 4km 정도이다.

충직한 에카르트 [Eckart(Le fidèle)] 독일 전설에 등장하는 이 영웅은 첫 번째 왕조에 속하던 부르고뉴Bourgogne 공작의 성에서 살았다. 어느 전투에서 그는 죽음을 무릅쓰며 공작을 구해냈다. 귀족은 감사를 표하기 위해 그에게 은혜를 내리며 '충직한 에카르트'라고 부르게 되었고, 사람들은 이 별명을 회자했다. 하지만 에카르트의 영향력을 질투한 궁인들의 음모로 그는 실각하게 되었다. 부르고뉴 공작은 그를 추방하고 두 아들을 데려가 버렸다. 그리고 몇 년간 에카르트는 어떠한 소식도 들을 수 없었다. 이후 그는 배은망덕한 공작이 두 아들을 죽여 자신의 대를 끊어버렸으며, 에카르트 자신마저 위협한다는 사실을 깨달았다. 한편, 이 공작의 영향권에 있는 헬베티아Helvetia 지역에는 프리야

Freya(게르만족의 비너스Venus)라는 이름의 산이 있었다. 이 산엔 정체를 알 수 없는 기타 연주자가 출몰하곤 했는데, 마법의 기타 소리를 통해 행인들을 동굴로 끌어들였다. 그리고 동굴에 한 번 들어간 사람들은 다시 나오지 않았다. 충직한 에카르트는 산에서 멀지 않은 곳에 은둔하고 있었으며, 이 마법의 존재를 알고 있었다. 어느 날 부르고뉴 공작은 사냥 중 말을 잃고 길을 헤매다 지친 채로 충직한 에카르트가 숨어 지내던 숲에 당도하게 되었다. 충직했던 하인은 공작이 저지른 만행에도 불구하고 그에게 연민을 느꼈다. 그는 공작을 둘러업고 오두막집으로 데려가 성심껏 보필했다. 이에 에카르트는 다시 공작의 마음을 사게 되었고, 공작 자녀들의 후견인으로 선임되었다. 에카르트는 은둔지에 머물며 자신에게 주어진 임무를 의연하게 해냈다. 어느 날 밤, 에카르트가 공작의 아들들과 숲을 거니는데, 기타 연주자가 나타나 그들을 유혹했다. 에카르트는 맞서 싸우며 공작의 아들들을 지배하려던 악마들을 물리쳤고, 프리야 동굴에서 쫓아냈다. 그리고 그들이 다시 돌아왔을 때를 대비해, 지옥 소굴 앞을 지키며 현혹되는 사람을 돌려보내겠다고 말했다. 그는 여전히 동굴 입구를 지키고 있으나, 우리 눈에는 보이지 않는다.

번개 [Éclairs / Thunderbolts] 과거에는 입으로 소리를 내며 번개를 숭배하는 문화가 있었다. 그리고 로마인들은 벼락으로부터 경작지를 무사히 지켜주길 바라는 마음을 담아 농촌의 신 포풀로니아Populonia를 숭배했다. 동쪽의 그리스인들은 번개를 몹시 두려워했다.

식 [Éclipses] 고대 이교도 사이에선 월식이 달을 하늘로부터 떼 땅 쪽으로 끌어오는 것이라는 믿음이 있었다. 또 마법사들의 약초를 더 유용하게 만드는 거품을 뿌린다는 지배적인 의견이 존재했다. 달을 고통과 마력의 힘으로부터 해방시키기 위해선 끔찍한 주문 소리가 달까지 닿지 않도록 해야 했다.

일반적으로 식은 심각한 불행을 예고했다. 먼 옛날 일식이나 월식이 발생하면 병사들은 전쟁을 거부했다. 페루에서는 일식을 인간에 대한 태양의 분노로 해석했으며, 큰 불행이 닥칠 것이라고 믿었다. 그리고 월식의 경우엔 더 큰 공포를 몰고 왔다. 그들은 달이 검게 보일 때면, 달이 병들었다고 생각했다. 그리고 완전히 어둠 속에 파묻히는 날, 달은 죽음을 맞이할 것이라고 믿었다. 달이 죽으면 하늘에서 떨어지게 되고, 모든 인간도 함께 죽을 것이며 세상의 종말이 찾아올 것으로 생각했다. 이러한 두려움 때문에 월식이 일어날 때면 트럼펫과 뿔 나팔을 불고 북을 치며 끔찍한 소음을 만들어냈다. 또 개들을 부추겨 일부러 짖게 만들기도 했다. 동물을 사랑하는 달이 개의 울음소리를 듣고 병석에서 일어나길 바라는 마음에서였다. 이와 동시에 달의 죽음이 세상의 소멸을 가져올까 두려웠던 남자와 여자, 아이들은 통곡하며 그의 안녕을 빌었다. 이 모든 소란은 달이 다시 모습을 드러내, 겁에 질린 영혼들을 진정시킨 뒤에야 멈추었다.

불교 승들은 월식을 두고 용이 달을 집어삼킨 것이라고 보았다. 그리고 달이 다시 나타나면, 용이 저녁 식사를 토해냈다고 생각했다. 게르만족의 오래된 신화엔 두 마리 늑대가 끝없이 태양과 달을 쫓는 이야기가 있다. 일식과 월식은 이 괴물들과의 싸움을 의미했다. 그들만큼이나 순진한 유럽인들은 이러한 현상을 불행의 징조로 믿었다. 1664년 8월 13일에 일어난 일식은 노아Noah 시기에 일어났던 홍수와 유사하거나, 종말을 부르는 불의 대홍수의 전조로 해석되었다. 이 전조는 사람들을 극심한 공포로 몰고 갔다. 죽음이 두려워 몰려온 모든 신자의 고해를 들어줄 수 없었던 한 시골 신부는 아무리 이성적인 조언을 건넨다고 해도 이 흥조를 지울 수 없음을 알았다. 그는 결국 설교에서 일식이 2주 미뤄졌으며, 시간이 남았다고 거짓으로 말해야 했다.[1]

인도에서는 일식과 월식의 발생이 악마가 취하고 싶은 별 위로 검을 발톱을 드러내는 것이라고 보았다. 식이 일어나는 시간 동안 그들은 목까지 차오른 물에 들어가 두 손으로 해와 달을 향해 물을 뿌렸다. 이렇게 하면 위협받는 별을 구할 수 있다고 믿었기 때문이다. 사미인Lapps들' 역시 월식이 악마의 짓이라고 믿었다. 중국인들은 예수회 선교사들이 지식을 전파해주기 전에, 식을 두고 악귀가 오른손으로 태양을, 왼손으로 달을 가리는 것이라고 보았다. 하지만 이러한 믿음이 일반적인 것은 아니었다. 개중에는 태양 한 가운데 거대한 구멍이 있어서 그 사이로 달이 맞춰질 때 자연스럽게 빛을 잃는다고 본 사람도 있었기 때문이다. 페르시아인들은 신이 덧문이 달린 통 속에 태양을 가둔다고 보았다. 태양은 통의 덧문을 통해 우주를 밝히고 또 따뜻하게 데운다고 생각한 것이다. 그리고 신이 태양 빛을 빼앗고 인간을 벌하고자 할 때는, 천사 가브리엘Gabriel을 시켜 통의 덧문을 닫도록 하였다. 이것이 곧 일식을 만들어낸다고 본 것이다. 하지만 신은 너무도 자비롭기에 분노가 계속 이어지는 일이 없다고.

아프리카에 살던 이슬람교도였던 만딩고족Mandingo은 월식을 두고 거대한 고양이가 달과 지구 사이에 자신의 앞발을 밀어 넣는 것이라고 보았다. 그들은 월식이 진행되는 모든 시간 동안 노래하고 춤추는 것을 멈추지 않았다. 멕시코인들은 식을 두려워했으며 발생하는 동안 음식을 먹지 않았다. 여성들은 자해를 했으며, 소녀들은 팔에서 피가 흐르도록 했다. 그들은 태양이 부부 싸움 끝에 달에게 상처를 입혔다고 보았다.

아르카디아Arcadia 사람들은 일식과 월식에 대해 지독히 무지했다. 그들은 월식이 일어나는 동안 달을 삼킨 것으로 추정되는 당나귀의 배를 갈랐다. 당나귀가 물을 마시는 동안 달이 모습을 감췄기 때문에, 당나귀가 달을 들이마셨다고 생각한 것이었다.

(1) 레갈Legall, 『진정한 달력Calend. Véritable』, 46페이지.
/* 라플란드에 사는 소수민족.

에그레고르 [Écregores / Egregores] 성서 외경 『에녹서The Books of Enoch』에 등장하는 거인의 아버지. 야렛Jared 족장 시절, 그가 명명한 천사들은 헤몬Hemon산에 모여 저주로 인간의 딸들을 납치하기 전까지는 흩어지지 않을 것이라고 약속했다.

필적 [Écriture / Writing] 라바터Lavater의 말에 따르면, 필적이란 글을 통해 인간을 판단하는 기술이다. 우리 몸의 모든 움직임은 체질과 성질로 인해 변화할 수 있다. 현자의 움직임은 백치의 움직임과 다르다. 화를 잘 내는 성미와 냉정한 성격, 다혈질과 침울한 성격의 사람이 행동하는 것은 역시 현저히 다르다.

몸의 모든 움직임 가운데, 손과 손가락의 움직임만큼 다양한 것은 없다. 그리고 손과 손가락의 움직임 중에서도 가장 다양한 것은 글을 쓸 때 나오는 움직임이다. 하나의 단어라도 종이 위에 그리려면 얼마나 많은 점과 곡선을 그려야 하는가! 라바터는 관찰자와 식별가의 눈에 비친 모든 묘사, 모든 분리된 수식 그리고 모든 표현이 화가를 떠올리게 하는 것도 당연하다고 덧붙였다. 백 명의 작가, 혹은 같은 선생에게 교육받은 모든 학생이 똑같은 모양을 그렸을 때, 그 그림들이 모두 원본과 놀라울 정도로 닮았다고 해도 각자 자신만의 개성 있는 색채와 기법을 지녔을 것이다.

회화 작품을 위해 특징적인 표현법을 수용하면서, 왜 종이 위에 기록하는 그림과 모양에는 그것들을 허락하지 않는가? 우리는 모두 흉내 낼 수 없는, 최소한 복제하기엔 매우 어렵고 불가능한 자신만의 필체를 가졌다. 이 법칙을 깨기엔 예외로 들만한 사례가 많지 않다. 이러한 필적의 법칙에서 여지가 없는 다양성은 도덕적 품성의 실질적인 차이에서 기인한 것은 아닐까?

이때, 하나의 성격을 지닌 한 명의 사람도 자신의 필적을 다양화시키는 게 가능하다고 반박할 수 있겠다. 그러나 인간이란 성격의 일관성에도 불구하고 수천 가지 방식으로 행동하거나, 그렇게 보이게 만드는 것이 가능한 존재다. 아무리 순한 사람이라도 격노

할 수 있으며, 아무리 훌륭한 작가라도 허술한 글을 쓰는 것이 가능하듯 말이다. 단, 항상 시원찮은 글을 쓰는 사람의 졸작과는 비교해선 안 될 것이다. 좋은 작가의 칭호를 얻은 자는 아무리 시원찮은 글을 써도 칭호를 유지하는 반면, 후자의 경우 아무리 정성 들인 글을 써도 낙서 취급을 받는다. 이러한 한 사람이 지닌 필적의 다양성은 이 같은 주장을 확실히 할 뿐이다. 필적에 영향을 미친다고 여겨지는 정신 상태도 여기에서 나온다. 같은 잉크와 같은 펜, 그리고 같은 종이라도 인간은 내키지 않는 일을 처리할 때와 친애하는 벗과 소통할 때 완전히 다른 필체를 사용한다. 각 민족, 국가, 도시는 고유의 필적을 지닌다. 마치 고유한 지형과 형태를 지닌 것과 같은 이치이다[1]. 많은 양의 편지를 교환하는 사람이라면 이 의견의 정확성을 확인해줄 수 있을 것이다. 이때 현명한 관찰자는 더 나아가 주소지(여기서는 주소지를 쓴 필체를 의미한다. 필체야말로 가장 확실한 증거가 되기 때문에)만 보아도 수신자의 성격을 판단할 수 있을 것이다. 마치 책의 제목만 보고도 작가의 정신 상태를 짐작할 수 있는 사람처럼 말이다. 아름다운 필체는 정신의 올바름을 전제로 하기도 하며, 특히 그중에서도 안정된 사랑이 주를 이룬다. 아름다운 글을 쓰기 위해서는 에너지, 솜씨, 정확함, 안목이라는 재능이 필요하며, 결과물은 그에 상응하는 재능들을 내포하고 있다. 이미 충분히 아름답고 우아한 필적을 가진 사람들도 그들의 마음을 더 교양있고 아름답게 장식한다면 더 훌륭한 그림을 그릴 수 있을 것이다. 우리는 필체 속에서 글자 그 자체와 본문, 형태와 둥그런 모양, 높이와 길이, 위치와 접합부, 연결부와 띄워진 부분, 깔끔함, 가벼움과 무거움을 구분한다. 만일 이 모든 것이 완벽한 조화를 이룬다면, 작가의 기본 성격상 명확한 것을 집어내는 데에 조금의 어려움도 느끼지 않다는 것이다. 비스듬한 글씨체는 거짓된, 음험한, 불공정한 마음을 의미한다. 대부분의 경우 언어와 행동, 필체 사이에는 놀라운 유사점이 존재한다. 종이 위의 글자가 불균등하고, 잘못 결합하고, 잘못 띄워지거나 잘못 나열된, 혹은 아무렇게나 흩어진 경우, 이는 냉정하고, 느리고, 질서와 청결함과 거리가 먼 천성을 나타내게 된다. 밀접하고, 한결같으며, 활력 있고, 탄탄한 글씨체는 더 많은 생기, 열기와 안목을 필요로 한다. 둔감함과 아둔한 정신을 드러내는 필적도 있다. 잘 형성되고 잘 다듬어진 필체는 질서와 정확함과 안목을 약속한다. 특별히 정성을 쏟은 필체는 더욱 많은 정확함과 견고함을 보여주지만, 정신은 덜 깃들었을 수 있다. 중간중간 힘을 잃었다 되찾으며, 길고, 웅졸하며 허술한 글은 가볍고, 애매하며 확신이 없는 기질을 짐작게 한다. 단숨에 시작된 이야기, 던져진 글자들은 작가의 민첩함을 나타내며 강렬한, 불타오르는, 변덕스러운 성향을 가리킨다. 오른쪽으로 살짝 기울어져 흐르는 필체는 활력과 혜안을 의미한다. 잘 연결되어 있으며, 거의 직각으로 흐르는 필체는 섬세함과 안목을 약속한다. 규칙에 얽매이지 않는 개성 있고 새로운, 하지만 아름답고 편안한 필체는 곧 천재의 흔적이라 할 수 있다.

몇 가지 분별 있는 지적을 할 수 있겠지만, 이 논리가 경솔하고 과장되었는지 굳이 관찰하는 것은 어리석다고 말하겠다. **참조**. 몸짓Mimique, 관상학Physiognomonie.

(1) 라바터가 이 글을 썼을 당시는 영국식 혹은 미국식 필체라고 부르는 기교적 필체가 등장하지 않은 시기였다.

연주창 [Écrouelles / Scrofula] 드 랑크르 Pierre de Lancre는 정당하게 태어난 일곱 번째 아들(이때 딸은 세지 않는다)에겐 연주창을 손으로 만져 치료하는 능력이 있다고 주장했다. 일부 작가들의 말에 따르면, 과거 영국의

왕들에겐 이러한 능력이 있었다고 한다[1]. 하지만 그들은 다른 방식을 통해 이 힘을 얻었다. 제임스 2세James II가 로체스터Rochester에서 화이트홀Whitehall로 추방당했을 때, 그에게 일부 왕권이 남겨지면서 손으로 연주창을 치료할 수 있게 되었다. 하지만 그는 그 누구 앞에도 나타나지 않았다. 프랑스의 왕들에게도 안수와 성호를 이용해 연주창을 낫게 하는 능력이 있다고 전해진다. 루이 13세Louis XIII는 1639년 퐁텐블로Fontainebleau에서 천이백 명의 연주창 환자를 만졌으며, 당시 회고록에 따르면 그중 여럿이 병을 회복했다고 한다. 이러한 특권의 기원은 클로비스Clovis의 시대까지 거슬러 올라간다. **참조.** 랑시네Lancinet, 침Crachat, 그레아트라크Greatrakes 등.

(1) 폴리도레 버길Polydore Virgile.

거품 [Écume / Foam] 빙의된 사람 중 다수는 광견처럼 입에 거품을 문다는 사실을 알고 있을 것이다. 성 빈센트 페리에Vincent Ferrier에게 데려간 젊은 여자아이도 입과 코에서 거품을 뿜었으며, 거품엔 여러 가지 색이 섞여 있었다[1].

(1) 괴레스Johann Joseph Görres, 『신비주의Mystique』, 7권, 11장. 조지 세일러Georges Seiler의 '빙의 망상'에 따라.

다람쥐 [Ecureuils / Squirrels] 우랄산맥Ural의 사냥꾼들은 다람쥐를 잡을 때 세월이 지나도 건재한 특정 미신을 활용한다. 그들은 아침에 처음 잡은 다람쥐가 붉은 전나무를 타고 있다면, 온종일 같은 나무 위에 있는 다람쥐만을 쫓는다. 모든 이가 다른 곳에서 다람쥐를 찾는 것이 부질없는 일이라고 굳게 믿는다. 그리고 만일 첫 사냥감이 구주소나무 위에 있었다면, 그들은 온종일 구주소나무만을 찾아다녔다고 한다.

에다 [Edda] 스칸디나비아 서적. 경이로운 시련 이야기로 가득하다.

에델린 또는 아델린(기욤) [Edeline, Adeline(Guillaume)] 15세기의 신학 박사이자 생 제르망 앙레Saint Germain en Laye 가르멜 수도회Carmelites의 원장 신부. 그는 본인의 세속적 쾌락을 위해 악마에게 자신을 바친 죄로 에브루Evreux의 대중들 앞에서 공개적으로 견책당했다. 에델린은 고문당하지 않고도 빗자루를 타고 마녀 집회에 참여한 사실을 고백했다[1]. 그리고 그곳에서 양의 모습을 한 악마를 본인의 의지로 칭송하였으며, 존경과 경의의 의미로 악마 꼬리 밑에 격렬히 입을 맞추었다고 고했다[2]. 이 집회에는 발도파Waldensian 신도만이 참여하였다. 심판의 날이 되었을 때, 그는 머리 위에 종이로 된 주교관을 쓴 채 광장으로 끌려갔다. 종교재판관은 에델린에게 회개를 요구하며, 빵과 물만 먹을 수 있는 감옥형을 선고했다. '앞서 말한 기욤 신부는 울먹이는 소리로 신과 주교 그리고 재판관에게 감사 기도를 올리며 자신의 악행을 뉘우치기 시작했다[3].' 15세기에 일어난 일이다.

(1) '그는 짧은 순간에 원하는 대로 빗자루를 가져다가 허벅지 사이에 두는 법을 배웠다', 로베르 가갱Robert Gaguin, 10권. / (2) 몽스트를레Monstrelet, 알랭 샤르티에Alain Chartier, 1453년. / (3) 몽스트를레, 가르네Jules Garinet 인용, 『프랑스 마법사Histoire de la Magie en France』, 프랑스 마법사, 107페이지.

에드리스 [Edris] 이슬람교인들이 에녹Enoch(Henoch)을 부를 때 사용하던 명칭. 여기에는 여러 전설이 뒤따른다. 셋Seth과 카인Cain의 자식들 간에 끝없는 전쟁이 이어지던 중, 에녹은 최초로 노예를 삼는 풍습을 도입했다. 그는 하늘로부터 지식과 지혜라는 산물과 함께, 온갖 난잡한 지식으로 채워진 서른 권의 책을 받았다. 그 또한 많은 책을 썼는데, 알려진 것은 거의 없다. 신은 그를 카인의 족속들에게 보내 그들을 바른길로 인도하길 원했다. 하지만 카인의 족속들은 에녹의 이야기를 듣길 거부했고, 전쟁을 펼쳐 적들의 아내와 자식을 노예로 삼았다. 동방의 사람들은 그가 재봉술과 글쓰기[1], 천문학과 산술, 기하학을 발명했다고 여겼다. 그가 우상숭배의 순수한 동기가 되었다고 말하는 이들도 있었다. 에녹이 사라졌을 때 심히 애통해하던 그의 친구는 악마의 도움을 받아 그의 모습을 강렬하게 재현해내는 것에 성공하였다. 그는 며칠이고 그 형상과 함께하며 특별한 추도식을 올려주었는데, 이는 결국 시간이 흐르며 미신으로 변질하였다. **참조.** 에녹Hénoch.

(1) 참조. 카드모스Cadmus.

에프론테 [Effrontés] 16세기 초반에 발생한 이단. 성령을 부인하고 여러 미신을 행했다. 또 세례를 거부하는 대신 피가 쏟아질 때까지 못으로 이마를 긁는 의식(지혈은 기름으로 하였다)을 진행했다. 이름*도 이마의 흉터로 인해 주어졌다.

* 에프론테에는 후안무치라는 뜻이 있다.

에제리아 [Égérie / Egeria] 로마 문명화 계획을 세웠던 누마 폼필리우스Numa Pompilius를 보필하던 님프Nymph. 악마 광신자들은 그녀가 서큐버스Succubus(여성 몽마)였다고 하는 반면, 카발리스트들은 원소의 정령인 운디네Undine(물의 요정) 혹은 샐러맨더Salamander(불도마뱀)라고 보기도 했다. 또 에제리아가 베스타Vesta 여신의 딸이라고 믿었다. 참조. 조로아스터Zoroastre, 누마 폼필리우스Numa Pompilius.

아이기판 [Égipans] 고대 이교도인의 전설에 따르면 숲과 산에 사는 악마들로, 염소의 뿔과 발을 단 털북숭이 인간의 모습을 하고 있다고 한다. 옛날 사람들은 리비아의 괴물들에게도 같은 이름을 붙여주었다. 그들은 염소의 주둥이와 물고기의 꼬리를 달고 있었는데 이는 염소자리를 연상시킨다. 이집트와 로마의 건축물에서 같은 그림을 찾아볼 수 있다.

에기트 [Égithe] 발을 저는 새매의 한 종. 과거에는 갓 결혼한 남녀가 이 새를 마주치면 큰 행복이 따른다는 기이한 믿음이 존재했다.

교회와 마법사들 [Église (l') et les Sorciers / Church and the Wizards] 마법을 행했다고 고발당한 불행한 자들은 참심원의 가혹함으로 인해 교회에서 대우를 받지 못했다. 참조. 마법사Sorciers 마지막 부분.

엘라이스 [Élaïs] 아니오스Anios와 엘레Elea의 여식 중 하나. 기름을 이용해 손으로 만지는 모든 것을 바꿀 수 있는 마녀였다.

탄성 [Élasticité / Elasticity] 세상에는 탄성과 신축성을 지닌 사람이 있다. 링컨 대성당Lincoln Cathedral의 대리석 기둥에는 탄성이 있어 사람들을 놀라게 했다(1). 과거에는 이러한 희귀 현상을 두고 요정의 짓이라고 여겼다.

(1)『월간지Monthly Magazine』, 1825년 10월호, 224페이지.

엘르아살 [Éléazar] 유대인 마법사. 빙의된 사람들 코에 솔로몬Solomon이 사용하던 뿌리가 박힌 고리를 걸었다. 뿌리는 아마도 무릇Squill을 이용했을 것으로 추정된다(1). 악마는 이 냄새를 맡으면 바로 빙의된 자를 바닥에 던지고 달아났다. 마법사는 솔로몬이 문자로 남긴 마법의 주문을 외웠고, 그의 이름으로 악마가 같은 몸속에 들어오지 못하도록 막았다. 마지막에 엘르아살은 항아리에 물을 채워 악마에게 항아리를 엎으라고 명했다. 악마는 그의 명령에 복종했는데, 이는 악마가 자신의 소굴을 떠난다는 의미이기도 했다.

(1) 보댕Bodin,『빙의망상Démonomanie』, 1권, 3장, 88페이지.

가니자의 엘르아살 [Éléazar de Garniza] 히브리 작가. 다수의 인쇄본과 수사본을 남겼다. 이 중에는 피코 델라 미란돌라Giovanni Pico della Mirandola가 언급한 점성술에 반대하는『영혼론Traité de l'âme』과『모세 5경에 관한 카발라적 해설Commentaire cabalistique sur le Pentateuque』이 있다.

원소 [Éléments] 카발리스트들에 의하면 원소들은 영적인 물질로 채워져 있다고 한다. 그들은 불에는 샐러맨더Salamander(불도마뱀)가, 공기에는 실프Sylphs(공기의 요정)가, 물에는 운디네Undine(물의 요정) 혹은 정령 님프Nymph가, 땅에는 노움Gnomes(땅의 요정)이 살고 있다고 보았다. 그중에서도 공기 속에는 악마와 영혼들로 가득 차 있는데, 공기를 지배하는 힘이 여분의 공간을 남겨두지 않기 때문이라고 한다.

코끼리 [Éléphant] 코끼리에 관해서도 신비한 이야기들이 전해진다. 고서 속에 등장하는 코끼리는 관절이 없기 때문에 나무나 벽에 기댄 채로 서서 잠에 든다고 한다. 만일 넘어진다면, 다시 일어날 수 없다고. 이러한 잘못된 정보는 디오도로스Diodorus Siculus와 스트라본Strabo을 비롯한 여러 작가에 의해 널리 퍼져나갔다. 플리니우스Pliny는 코끼리가 돼지 소리를 들으면 달아난다고 주장했다. 실제로 1769년, 베르사유Versailles 동물원에 돼지가 유입된 일이 있다. 돼지의 꿀꿀대는 소리는 한 코끼리를 지나치게 불안하게 만들었는데, 만약 그 비루한 동물을 꺼내지 않았다면 코끼리가 창살을 끊어버렸을지도 모른다. 더 놀라운 것은 코를 이용해 완성된 문장을 쓰거나 말을 하는 코끼리를 목격한 사람도 있다는 것이다. 크리스토프 아코스타Christophe Acosta 역시 같은 증언을 했다[1]. 디오 카시우스Dion Cassius는 이 동물에게 종교심이 있다고 보았다. 그는 코끼리가 아침엔 코를 들어 태양에게 경배를 하고, 밤이면 무릎을 꿇고, 지평선에 새로운 달이 떠오르면 꽃을 따다 꽃다발을 만든다고 말했다. 사람들은 코끼리들이 음악을 좋아한다고 여겼다. 아리아노스Arrien는 심벌즈 소리에 맞춰 무리를 춤추게 만드는 코끼리가 있었다고 기록하고 있다. 로마에는 무사들이 추는 전투 춤을 따라 하는 코끼리들이 있었는데, 줄 위에서 위험하게 공중제비를 할 수도 있었다…. 마지막으로, 게르마니쿠스Germanicus의 연회가 열리기 전엔, 열두 마리 코끼리가 화려한 의상을 입고 발레를 추었다고 한다. 그러면 사람들이 간식을 주었다고. 이후 코끼리들은 점잖게 미리 준비된 침대로 갔다. 그리고 수컷 코끼리에게는 토가*를, 암컷 코끼리에게는 튜닉**을 입혔다. 코끼리들은 점잖은 손님처럼 한껏 예의 바르게 행동했으며, 신중하게 요리를 골랐고, 절제와 공손함으로 주목받았다[2].

뱅골Bengal에서는 흰 코끼리가 신의 영예를 받았다고 여겼다. 흰 코끼리들은 늘 은접시에 담긴 음식만을 먹었다. 또 산책을 나갈 때엔 열 명의 귀족이 흰 코끼리의 머리 위로 닫집을 씌우며 다녔다. 흰 코끼리 행진은 개선식과도 같았으며, 국가의 모든 악기들이 동원되었다. 흰 코끼리가 물을 마실 때도 똑같은 의식이 치러졌다. 강에서 나올 때면 궁정 귀족이 은대야에 흰 코끼리의 발을 담가 씻겨주었다.

2년째 콜카타Calcutta에 정착하고 있던 한 유럽인은 최근 마르세유Marseille의 신호소에 편지를 썼다. 그중 다음과 같은 내용은 인도에 있는 매우 기이한 미신을 상기시킨다.

"영국인 여행자 스미스선Smithson이 얼마전 내게 알려준 이야기를 동봉한다. 그는 막 시암Siam***왕국의 수도인 유타이어Juthia에서 도착했다. 스미스선은 지금까지도 흰 코끼리를 숭배하는 시암 사람들의 이야기로 나를 즐겁게 해주었다. 지난 몇 달 동안 유타이어와 궁에는 전염병 때문에 슬픔만이 맴돌았다. 그리고 신의 외양간에선 이 전염병을 이겨낸 흰 코끼리 한 마리만이 살아남았다. 왕은 대대적으로 코끼리에게 열 명의 노예와 자유롭게 움직일 수 있는 규모의 땅을 줄 것을 공포했다. 그리고 또 다른 흰 코끼리를 찾아오는 시암 사람에겐 자신의 여식 중 한 명과 결혼할 수 있게 해주겠다고 선언했다. 스미스선은 몇몇 심부름을 시키기 위해 퉁구푸라Tungug-Poura라는 이를 고용했다. 퉁구푸라는 가난하고 애꾸눈이었으며 등이 굽어있었다. 그는 영국인 여행객의 동정심을 불러 일으켰고, 스미스선은 그를 씻기고, 입히고, 자신의 부엌에서 먹였다. 퉁구푸라는 허약하고 어리숙한 외모를 가지고 있으며, 매일 같은 옷을 입었음에도 커다란 야망이 있었다. 그는 시암 황제의 선포를 듣고 차분한 태도로 스미스선을 만나 흰 코끼리를 찾아 떠나겠노라 선언했다. 그의 선언에 스미스선은 크게 웃었다. 하지만 퉁구푸라는 신성한 동물을 찾지 못한다면 목숨을 끊어 버릴 것이라고 말했다. 스미스선의 눈에 비친 퉁구푸라는 사냥꾼의 자질을 갖춘 자가 아니었다. 흰 코끼리는 매우 희귀했으며, 접근이 어려운 물이나 숲에 숨어살았다. 하지만 그 무엇도 퉁구푸라의 결심을 바꿔놓지는 못했다. 그는 주인이 건넨 약간의 돈을 감사히 받으며, 활과 화살 그리고 싸구려 권총 한 쌍을 가지고 길을 떠났다. 그로부터 5개월 후, 왕의 군대가 치는 북소리에 깨어나 보니, 도시가 지독한 소음에 휩싸여 있었다. 스미스선이 옷을 입고 길로 나가보니 남자와 여자아이들이 기쁨의 비명을 지르며 뛰어다녔다. 소란의 근원을 알아보니 흰 코끼리가 도착했다는 것이다. 그 위대한 존재를 맞이하기 위해 스미스선은 나무와 수로로 둘러싸인 거대한 광장에 있는 도시 입구로 향했다. 그곳엔 군중으로 광장이 가득 차 있었다. 그리고 장대한 단집 아래 화려한 의복을 입은 장교들이 군주를 기다리고 있었다. 곧 군주가 대신들과 노예들을 끌고 나타났다. 사람들은 군주를 향해 커다란 깃털 부채를 흔들었다. 그리고 전날 도착한 신성한 코끼리가 밤을 보낸 훌륭한 천막 자락도 볼 수 있었다. 그리고 얼마 지나지 않아 징과 북, 심벌즈가 날카로운 소리를 냈을 즈음, 스미스선은 꽤 편안한 자리를 잡을 수 있었다. 불교승의 행렬이 시작되고, 그들은 심각한 얼굴로 느린 걸음을 뗐다. 세 열로 선 병사들은 고귀한 동물을 에워쌌다. 코끼리는 병에 든 것 같아 보였으며, 힘들게 걸었다. 그리고 옆에서 누군가 소리쳤다. '코끼리를 잡은 자가 저분일세!' 처다본 곳엔 등이 굽은 애꾸눈의 남성이 있었다. 그는 코끼리 목에 둘러진 많은 금빛 리본 가운데 한 가닥을 잡고 있었다. 바로 스미스선의 하인이었던 퉁구푸라였다. 그는 이제 부마가 된 것이다. 스미스선은 어느 날 가마를 타고 가던 그와 마주쳤다. 그는 새로 얻은 지위에 기뻐하는 듯했다. 그에게 행운을 가져다준 흰 코끼리는 유타이어에서 도보로 50일 거리에 있는 어느 늪지대에서 발견되었다. 코끼리는 늪지대에 누워 있었는데 코끼리 열병으로 인해서였다. 아시다시피, 코끼리가 하얗게 변하는 것은 질병에 걸렸기 때문이다. 퉁구푸라는 코끼리를 발견하자 다가가 씻기고, 상처와 등에 난 염증 위로 물을 부어주었으며, 그 똑똑한 짐승을 정성껏 돌보고 쓰다듬어주었다. 그러자 코끼리는 퉁구푸라를 코로 훑아내리고 마치 개처럼 그를 따르기 시작했다. 그렇게 퉁구푸라는 예상 밖의 우연을 통해 흰 코끼리를 차지하게 된 것이었다. 불행했던 남성은 그렇게 노예들을 거느리며 시암 언어로 밤의 눈이라는 이름을 가진 공주를 얻게 되었다."

(1) 브라운Thomas Brown, 『대중적 오류에 관한 수상록 Essai sur les erreurs populaires』, 3권, 1장, 241페이지. / (2) 살그Salgues, 『오류와 편견Des erreurs et des préjugés』, 3권,

196페이지. / * 고대 로마인들이 입던 겉옷. / ** 소매가 없는 헐렁한 옷. / *** 태국의 옛 이름.

코끼리 신 [Éléphant-Dieu / Elephant-God] 참조. 카자크Kosaks.

엘프달 [Elfdal] 스웨덴에 있는 엘프의 골짜기. 마녀 집회에서 참여하고 싶은 아이들이 시험을 통과하는 곳이기도 하다. 이곳에서 신을 저버린 것을 인정하지 않으면 골짜기에 던져버리겠다고 아이들을 위협했다. 후에 일어난 재판에서, 몇몇 아이들은 때때로 백색의 천사가 나타나 악마가 시키는 일을 하지 못하게 막아섰다고 증언했다.

엘프 [Elfes / Elves] 스칸디나비아 요정. 발트해Baltic Sea 바닷가에는 엘프의 왕이 살고 있었는데, 스템Stem, 모에Moe, 뤼겐Rugen의 섬을 모두 통치하였다고 전해진다. 그에게는 네 마리의 검은 말이 끄는 마차가 있었다. 그리고 이를 타고 하늘을 날아 이 섬에서 저 섬으로 이동했다. 사람들은 말들이 내는 울음소리와 시커먼 바다색으로 그가 하늘을 날고 있음을 알 수 있었다. 이 왕은 거대한 군대를 지휘했는데, 병사들은 섬을 뒤덮고 있던 커다란 떡갈나무들이었다. 낮 동안 그들은 나무 껍질 속에 숨어있는 형벌을 받지만, 밤이면 투구와 검을 들고 달빛 아래를 당당하게 거닌다. 전쟁이 일어나면 왕은 병사들을 불러 모으는데, 이때 해안 위를 떠도는 모습을 볼 수 있으며, 침략을 시도하는 자는 화를 면치 못한다.(1) 고대 북유럽 시집 『에다Edda』의 설화에는 좋은 천사와 나쁜 천사에 관한 이야기가 세밀하게 묘사되어 있다. 스노리 스투를루손Snorri Sturluson은 빛의 엘프들(벤 존슨Ben Johnson은 그들이 새하얀 얼굴을 하고 있다

고 묘사했다) 이 엘프들의 집이자 하늘의 궁전인 알프하임Alf-Heim에 사는 한편, 밤의 엘프Svart Elf들은 땅 깊숙한 곳에 산다고 했다. 불의 거인 수르트Surtur의 불꽃은 빛의 엘프들을 태울 수 없기 때문에 이들은 죽음으로부터 자유롭다. 그들의 마지막 거처는 축복받은 자들의 가장 높은 천국인 비드블랜Vid-Blain이 될 것이다. 그러나 어둠의 엘프들은 속성과 상관없이 죽음과 모든 종류의 질병에 노출된다. 지금의 아이슬란드인들은 엘프족이 군주국을 이루었거나, 최소한 절대자에 해당하는 엘프 부왕이 무리를 통치했다고 믿는다. 이 부왕은 매년 작은 요정으로 이루어진 사절단을 대동하고 노르웨이에 방문해 모국의 군주에게 가신의 맹세를 한다. 섬에 이주한 이주민 집단인 아이슬란드인들이 엘프를 비슷한 존재로 생각하는 것은 어찌 보면 당연한 일이다[2]. **참조.** 유령의 춤Danse des Esprits.

(1) 마르미에Marimier, 『발트해 신화Traditions de la Baltique』. / (2) 『분기별 검토Quarterly Review』에서 민간전승 참조.

엘프랜드 [Elfland] 요정과 엘프의 국가, 섬, 왕국인 곳. 북쪽에서 온 요정과 엘프는 때때로 아이들을 납치해 엘프랜드로 데려가 정착시키기도 한다. 요정 혹은 엘프가 출몰하는 산에서 잠든 어른들도 가끔 이들에게 납치당한다. **참조.** 에르셀둔Erceldoune.

엘프왕 [Elf-Roi / King Elf] 엘프들의 왕.

참조. 드워프 로린Nain-Laurin.

엘리야 [Élie / Elijah] 이슬람교도와 대부분의 동방 사람들은 이 위대한 예언자를 강력한 마법사라고 보았다. 키제르Khizzer라고 불렀다[1].

(1) 『구약성경의 전설Légendes de l'Ancien Testament』 속 해당 이야기 참조.

보름스의 일리아스 [Élie de Worms / Elias of Worms] 13세기의 독일계 유대인 랍비. 매우 유능한 마법사였다고 전해진다.

엘리고르 [Éligor] 아비고르Abigor와 동일 악마이다. **참조.** 아비고르.

엘리나스 [Élinas] 알바니아Albania의 왕이자 멜리진Melusine의 아버지. **참조.** 멜리진.

엘링소 [Élingsor] 퍼시벌Percival의 시에서 버질Virgil 가문의 마법사로 나오는 인물. 그는 칼라브리아Calabria에서 태어났고, 유대인들로부터 마법을 배웠다. 엘링소는 산속에 마법의 궁전을 지었는데, 안에는 사람이 올라타려고 하면 도망가는 침대가 있었다. 또 침대에 오르는 사람에겐 화살이 날아왔다고 한다. 이는 사라센인Saracens이 시칠리아Sicilia와 나폴리Napoli 일부를 점거했었던 때, 즉 아주 오래전의 이야기이다.

생명의 묘약 [Élixir de Vie / Elixir of Life] 트레비상Trevisan은 생명의 묘약이 현자의 돌을 수은액에 졸인 것이라고 말했다. 이 묘약은 음용 금이라고도 불린다. 또 모든 질병을 치료하고 평균 수명 이상의 삶을 살도록 해준다. 완벽히 붉은 묘약은 구리, 납, 쇠 및 모든 금속을 광산에서 발굴한 것보다 더 순수한 금으로 치환시킨다. '활석의 기름Talcum Oil'이라 불리는 완벽히 하얀 묘약은 모든 금속을 최상 품질의 은으로 치환시킨다.

여기 또 다른 생명의 묘약을 만드는 제조법이 있다. 수은액 8파운드, 보리지 수액과 잎, 줄기 2파운드, 나르본Narbonne 혹은 다른 지역 최상품 꿀 12파운드. 이를 모두 준비해 한데 넣고 불순물을 걷어내며 끓인다. 그리고 걸러내어 액체를 맑게 만든다. 한편, 얇게 자른 용담 뿌리 4온스를 백포도주 3컵에 넣은 후 뜨거운 재 위에서 가끔 저어주며 24시간 동안 우려낸다. 이후 천에 이 포도주를 거른다. 단, 이때 짜내지는 않는다. 이 여과액을 앞서 만든 액체와 꿀을 함께 넣고 섞는다. 그리고 약한 불에 끓이며 시럽의 농도가 되도록 익힌다. 만들어진 시럽은 유약을 바른 테린Terrine*에서 식히고 이후 따뜻한 곳에 보관한다. 이 시럽을 매일 아침 한 숟가락씩 복용하면, 생명이 연장되는 것은 물론 만병에서 벗어날 수 있다. 묘약은 통풍마저 낫게 하며, 내장의 열기를 빼낸다. 혹여 몸에 폐 일부를 제외한 모든 장기가 망가졌더라도, 좋은 부분은 유지하고 망가진 부분은 회복시킨다. 더불어 위통, 신경통, 현기증, 두통 그리고 몸 내부에서 일어나는 통증을 치료한다. 이 비밀 제조법은 칼라브리아Calabria의 가난한 농부가 (샤를 퀸트Charles-Quint에 의해 바르바리Barbary에 파견된) 어느 해군 장군에게 전해준 것이다. 농부는 무려 132살이었는데, 농부의 집에 묵었던 장군이 그와 이웃의 나이에 놀라 연유를 묻는 도중 묘약 제조법을 알게 되었다(1).

하루는 중국의 황제 리곤판Li Kon Pan에게 사기꾼 의사가 기적의 묘약을 가져와 마시라고 제안한 일이 있었다. 약장수는 황제에게 이 음료를 마시면 영생을 누릴 수 있다고 주장했다. 그곳에 있던 한 대신은 황제가 정신을 차리도록 노력했지만 통하지 않자 음료를 가져가 자신이 마셔버렸다. 이 대담함에 화가 난 리곤판은 고관을 사형에 처하도록 했다. 그러나 고관은 침착하게 다음과 같이 말하는 것이었다. "만일 제가 마신 것이 불로장생 묘약이라면 저는 죽지 않을 터이니 헛된 노력을 기울이는 것이고, 이 약이 효력 없는 가짜라면 하찮은 좀도둑 때문에 저를 죽이는 부당한 결정을 하는 것입니다." 그의 말은 황제를 진정시켰다. 황제는 대신의 지혜와 신중함을 칭찬했다.

(1) 『작은 알베르투스의 경이로운 비밀들Little Albert's Admirable Secrets』, 165페이지. / * 파이, 식재료 등 음식을 담는 단지로 벽면이 직각이다.

지옥의 찬사 [Éloge de l'enfer / Praise of Hell] 비평, 역사, 도덕적 내용을 담은 책, 1759년, 헤이그The Hague, 신판, 2부작, 12절판, 삽화. 몹시 무겁고 풍자적인 책으로 상당히 초라한 정신이 깃들어있다.

엘로사이트 [Élossite] 두통을 치료하는 효능이 있는 돌. 어디에서 발견되는지 알려지지 않았다.

엘피드 [Elpide] 동고트족Ostrogoths의 왕 테오도릭Theodoric의 통치 시절에 살았던 의사. 그의 저택엔 돌멩이를 던지는 작은 악마들이 있었다. 아를의 성 카이사리우스Saint Césaire는 라벤나Ravenna를 방문했다가 성수를 이용해 그의 집을 정화시켰다. 그리고 이후로 악마가 찾아오는 일은 없었다.

엘스페스 룰 [Elspeth-Rule] 1708년 큰 명성을 떨친 스코틀랜드의 마녀. 그녀를 숭배하는 자들에게는 죽음을, 그녀를 학대하는 자들에게는 치유를 내렸다.

엘자시 또는 엘세자이 [Elxai, Elcesai] 12세기의 이단 엘카사이파Elcesaites의 수장. 그는 성령이 여성이라고 말했으며, 터무니없는 선서로 가득찬 기도문을 외는 예배를 권했다.

야마두타스 [Emaguinquilliers / Yama-dutas] 거인족. 인도에서 죽음의 신으로 여겨지는 염라대왕Yamaraja을 섬겼다. 지옥에서 악인들에게 고통을 주는 일을 한다.

저해 [Embarrer / Hinder] 참조. 불능 저주Ligatures.

엠분갈라 [Embungala] 콩고 우상숭배의 신관. 지역 사람들에게는 위대한 마법사로 통했으며, 휘파람 한 번이면 누구든 마음에 드는 자를 불러 노예처럼 부리고 팔아치울 수 있었다고 한다.

에메랄드 [Émeraude / Emerald] 오랫동안 이 보석엔 기적 같은 효능이 있다는 미신이 전해졌다. 그 중엔 뇌전증 발작을 방지하고, 발작이 너무 극심할 때 보석이 깨지며 질병을 치료한다는 속설이 있다. 에메랄드 원석 가루는 이질을 멈추기도 하며, 독을 지닌 동물에게 물렸을 때 회복시킨다고 한다. 페루 만타Manta 골짜기 주민들은 타조알만큼이나 커다란 에메랄드를 숭배하며 이 보석에게 다른 에메랄드를 바치곤 했다.

엠마 [Emma] 노르망디Normandy의 공작 리차드 2세Richard II의 여식. 그녀는 영국의 왕 애설레드Aethelred와 혼인하여 두 명의 아들을 낳았는데, 그중 하나가 아버지의 죽음 후 왕좌에 오른 성 에드워드St. Edward이다. 그는 어머니의 독실한 조언에 귀를 기울이곤 했다. 성 에드워드의 대신이자 켄트Kent 백작 고드윈Godwin은 역사에서 추한 인물로 기록된 인물이다. 그는 에드워드가 어머니인 엠마와 왕권을 나누는 것을 못마땅하게 여겼고, 엠마를 없앨 방법을 찾았다. 그리고 엠마에게 여러 범죄를 뒤집어씌운 뒤 여러 영주가 동조하게 만들었다. 결국 왕은 어머니의 모든 재산을 박탈하였고, 엠마는 친척인 윈체스터Winchester 주교 아빈Aelfwine에게 도움을 청하게 되었다. 켄트 백작은 강력한 보호자를 없애기 위해, 가장 비열한 방법을 택했다. 그는 엠마가 이 고위 성직자와 온당치 못한 거래를 했다고 고발했다. 엠마와 주교의 적들은 파렴치하게도 이 추악한 고발을 지지했고, 에드워드의 주의를 끌었다. 나약하게도 그는 어머니를 재판장에 세웠고, 그녀는 '불의 시련'을 통해 죄를 정화하는 형을 받았다. 당시 영국에는 범죄자에게 불에 달군 9개의 쟁기 위를 맨발로 걷도록 하는 풍습이 있었다. 법정은 엠마에게 쟁기 위에서 아홉 걸음을, 아빈에게 다섯 걸음을 걷도록 했다. 그녀는 이 어려운 시험이 있기 하루 전날 밤 기도를 올리며 마음을 단단히 먹었다. 그리고 두 명의 주교 사이로 아홉 걸음을 걸었다. 평범한 시민의 차림으로, 무릎까지 다리를 걷어 올린 채였다. 달궈진 쟁기는 그녀에게 아무런 고통도 주지 못했으며, 그녀의 결백이 증명되었다.

에모데스 [Émodès] 마들렌 드 라 팔루드Madeleine de la Palud에게 빙의했던 악마 중 하나.

에몰 [Émole] 바실리데스주의자Basilidians들이 마법 의식 중 소환했던 령.

엠푸즈 [Empuse] 정오에 나타나는 악마. 아리스토파네스Aristophanes는 자신의 희극 『개구리Frogs』에서 이 악마를 끔찍한 유령처럼 묘사했다. 그는 개, 여자, 소, 독사 등 여러 모습으로 변신할 수 있으며, 끔찍한 눈빛을 하며, 한 발은 당나귀의 발, 다른 쪽 발은 청동으로 되어있고, 머리 주위는 불에 타고 있으며, 오직 나쁜 짓을 행할 생각만 한다. 그리스와 러시아의 농부들은 이 괴물에 관한 여러 민간전승을 가지고 있다. 이들은 건초가 나오는 시기나 수확기가 되면 엠푸즈를 떠올리기만 해도 벌벌 떤다. 풀 베는 사람과 수확하는 사람이 엠푸즈를 마주쳤을 때 땅에 얼굴을 박지 않는다면, 팔과 다리를 부러뜨리기 때문이다. 러시아에서는 엠푸즈와 그를 따르는 한낮의 악마들이 정오가 되면 과부의 옷을 입고 길거리를 돌아다닌다는 이야기가 있다. 그리고 그들을 대놓고 쳐다보는 자들의 팔을 부러뜨린다고. 엠푸즈를 소환하고 복종시키는 방법은 가장 심한 욕설을 퍼붓는 것이다. 각 악마에게는 자신이 좋아하는 욕설이 있다고 한다.

에나르쿠스 [Énarque / Enarchus] 지옥에서의 며칠을 보낸 뒤 (혹은 실신에서 깨어나) 이승으로 돌아온 그는 플루타르코스Plutarch에게 플루토Pluto, 미노스Minos, 아이아코스Aeacus, 운명을 관장하는 세 여신 등에 관해 이야기했다고 한다[1].

(1) 살그Salgues, 『오류와 편견Des erreurs et des préjugés』 등, 1권, 313페이지.

엔셀라두스 [Encelade / Enceladus] 그리스 신화에 등장하는 거인. 백 개의 팔이 있었으며 주피터Jupiter에게 큰 심려를 끼쳤다. 팔이 두 개뿐이었으나 대신 길고 튼튼했던 미네르바Minerva는 시칠리아Sicilia 섬을 거인에게 던져버렸다. 거인은 시칠리아의 에트나Etna 산 아래에 구금되어 여전히 탄식에 빠져 있다. 이것은 부알로Boileau가 찬미하는 신화이다.

향 [Encens / Incense] '타르타스Tartas 왕국이 있던 사찰리트Sachalite* 지역에선 상인들이 정박하던 항구로부터 멀지 않은 곳에 거대한 향 더미가 쌓여있었다. 이 향들은 악마들이 직접 지키고 있었기에, 누구도 그 더미를 지키지 않았다. 그리고 인근에 정박한 그 어떤 이도, 왕자의 허가 없이는 향을 훔쳐 배에서 피울 엄두를 내지 못했다. 사실 그들의 선박은 향을 지키는 악마의 비밀스러운 힘으로 묶여 있었기 때문에 움직이거나 항구를 떠날 수 없었다.' [1]

(1) 르 루아예Pierre Le Loyer, 『귀신 논설과 역사Disc. et Hist. des spectres』, 415페이지. / * 오늘날의 쿠리야 무리야 Khuriya Muriya제도 인근. 향 무역으로 유명했던 곳이다.

주문(인챈트) [Enchantements / Enchantments] 중얼거리는 말로 신비를 행하는 기술을 의미한다. 하지만 이외에도 많은 의미를 가진다.

레오 아프리카누스Leo Africanus의 기록에 따르면, 모로코 성채의 큰 탑 꼭대기엔 값을 매길 수 없는 금사과 세 개가 달려있었다고 한다. 이를 지키는 주문은 너무도 강력했기에 페즈Fez의 왕들은 금사과를 만질 수조차 없었다. 이 금사과들은 현재 존재하지 않는다.

마르코 폴로Marco Polo는 다음과 같은 이야기를 기록했다. 전쟁 중이던 지팡구(일본)의 여덟 섬을 점령한 타타르족Tartars은 주민을 모두 참살하려 했으나 실패했다. 섬의 주민들은 오른팔 피부와 가죽옷 사이에 주문이 적힌 돌멩이를 두었는데, 이 때문에 대도로 베어도 아무 감각을 느끼지 못했다. 오직 때려죽이는 것 외엔 방법이 없었다고. **참조.** 주문Paroles Magiques / Charme, 현혹Fascination, 마법의 탑Tour Enchantée 등.

주문이라고 하면 신비한 것들을 떠올리게 된다. 이 기예에는 주술을 만들어 내지만, 인위적이지 않다. 또 신비로운 것만이 주문이라고 생각하는 자들에게 마법의 산물인 것처럼 여겨지기도 한다. 드크램Decremps은 저서 『베일을 벗은 백마법Magie Blanche Dévoilée』에서 반 에스틴Van Estin의 기계 전시실 이야기를 들려준다. "커다란 돔형 창으로 빛이 잘 들어오는 방에 들어서자 그는 말했다. '보시오. 모두 내가 모은 흥미롭고 신기한 기계들이오.' 그러나 주변엔 시계, 펌프, 압착기, 풍차, 아르키메데스Archimedes 나선양수기 등과 같이 실용적인 기계만 융단 위에 놓여 있을 뿐이었다.

힐Hill은 웃으며 말했다. '이 비싸다고 하는 물건들이 눈요깃거리는 될지 몰라도 움직임으로 큰 영향을 미치진 못할 걸세.' 반 에스틴은 휘파람으로 대답을 대신했다. 휘파람 소리가 나자 네 개의 융단은 솟아오르더니 사라졌다. 방은 더 커졌고, 우리는 놀란 눈으로 인간 산업이 이뤄낸 가장 놀라운 발명품들을 목격하게 되었다. 한쪽에선 뱀이 기어 오르고, 꽃이 피어나고, 새가 노래를 부르고 있었다. 또 맞은 편에선 백조가 헤엄치고, 오리가 배를 채운 뒤 소화하고, 오르간이 스스로 연주하고, 자동인형이 건반을 두드렸다.

반 에스틴이 다시 휘파람을 불자, 모든 움직임이 멈추었다.

이후 나무 한가운데 위치한 유리병 속에서 오리 한 마리가 헤엄치며 물을 튀기기 시작했다. 여러 마리 뱀은 이 나무의 줄기를 타고 올라 잎사귀 사이로 하나둘 몸을 숨겼다. 옆에 위치한 새장 속에선 카나리아 두 마리가 피리 부는 악사, 춤꾼, 어린 사냥꾼 그리고 중국인 곡예사와 함께 노래를 불렀다. 인위적인 이 모든 것들은 그의 명령에 따랐다." **참조.** 브리오슈Brioché 등.

개요서 [Enchiridion] 참조. 레오 3세Léon III.

잉크 [Encre/ Ink] 잉크 방울로 운세를 보기도 한다. **참조.** 하비Harvis.

엔도르의 무녀 [Endor(Pythonisse d')] 참조. 무녀Pythonisse.

에너지먼 [Énergumène] 악마에게 빙의된 사람을 이렇게 부르기도 했다. **참조.** 빙의Possession.

아이들 [Enfants / Children] 정신착란을 겪는 학자 또는 환자가 없는 의사들이 아직 태어나지 않은 아이의 성별을 알아내는 방법을 찾았다면, 그리고 이 터무니없는 주제로 어리석은 독자들을 위한 어리석은 책들을 저술했다고 한다면 믿을 수 있겠는가? **참조.** 성별Sexe.

악마의 자식 [Enfants du Diable / Devil's Children] 참조. 캄비온Cambions.

요정의 유괴 [Enfants Volés par les Fées / Children Abducted by Fairies] 북쪽 지방에서는 요정들이 마음에 드는 아이들을 납치해 자신들이 낳은 작은 괴물과 바꿔버린다는 민담이 전해진다. 요정들이 납치한 아이들을 돌려받기 위해서는 그들이 바꿔놓고 간 괴물을 삽 위에 올려놓고 잔인하게 괴롭혀야 한다고 한다. 덴마크에서는 어머니가 화덕의 불을 지핀 뒤 바뀐 괴물을 삽 위에 올려두고 불 속에 던져버리겠다고 협박하거나, 가는 막대로 매질을 하거나, 강물에 던져버리기도 한다. 스웨덴과 아일랜드에서는 삽에 괴물을 올려 문 밖에 버려둔다. 간혹 달걀 껍질로 만든 물약을 마시게 시키기도 한다. 그로세Grose의 지역 용어집에선 아이를 잃어버린 어머니가 열두 개의 달걀을 깨트린 뒤, 스물네 조각으로 나눈 빈 껍질을 바꾼 아이 앞에 둔 일이 기록되어 있다. 이에 아이는 다음처럼 소리쳤다고. "유모에게 넘겨졌을 때 일곱 살이었고, 그 뒤로 사 년이나 지났는데, 이렇게 하얀 이유식 단지는 본 적이 없어!" 아이의 유괴는 항상 세례 전에 일어난다. 이 불행을 예방하는 방법은 현관문과 요람에 십자가를 걸고 아이 곁에 쇠조각을 두고 불을 켜두는 것이다. 튀링겐Thüringen에서는 벽에 아버지 속옷 반바지를 걸어두었다.[(1)] 스코틀랜드에서는 같은 유괴를 엘프Elf의 짓으로 보며, 아이가 만일 청각, 언어, 시각 장애를 가지고 있거나 기형으로 태어난 경우 바꿔간다고 보았다.

종교재판에서 마녀들 역시 아이들을 납치하여 악마에게 복종시키거나 제물로 바쳤다는 사실이 밝혀졌다. **참조.** 엘프달Elfdal.

(1) 뒤포Dufau, 『아일랜드 설화Contes Irlandais』.

점치는 아이들 [Enfants dans la Divination / Children in Divination] 참조. 하비Harvis.

지옥 [Enfers / Hell] 악인들이 죽음 이후 죗값을 치르는 지하 세계. 사후에 형벌과 보상이 있다는 걸 부정하는 것은, 신의 존재를 부정하는 것이다. 그러나 일부 시인과 다른 작가들이 묘사한 지옥은 상상의 결과물일 뿐이다. 우리는 신이 계시하기에 적절치 않다고 판단한 것들로 인해 길을 잃지 않고, 교회가 신자들을 교육하는 내용을 믿어야 한다. 조상들과 현대인들은 모두 지옥을 지구의 중심부에 있다고 믿었다. 스윈덴Swinden 박사는 지옥불에 관한 연구를 펼치며 '태양이란 곧 영원의 불을 의미하기에' 지옥이 태양 속에 있다고 주장했다. 일부 사람들은 지옥에 떨어진 사람들이 영원히 지옥불을 관리하는 일을 맡으며, 대재앙 이후 태양 표면에 나타나는 얼룩은 단지 혼잡스러운 포화 상태로 인해 생기는 것이라고 주장했다.

지옥에 관해 여러 민족이 지닌 인식을 모두 기록했다가는 종이가 부족할 것이다.[1] 드루즈인Druze은 지옥에서 먹는 모든 음식은 담즙의 맛과 쓴맛이 나며, 떨어진 자들은 머리 위에 영벌의 표식으로 1.5피에' 길이의 돼지털 모자를 써야 한다고 믿었다.

그래도 확실한 것은, 지옥이 악마와 악마를 따르는 자들을 위해 만들어졌다는 것이다.

(1) 천국, 연옥과 지옥의 역사를 다루는 『다른 세계의 전설Légendes de l'autre monde』을 참조할 것. / * 과거 프랑스의 길이 단위로 1피에는 약 0.3248미터이다.

부종 [Enflure / Swelling]

몸이 붓는 것은 병의 증상 중 하나다. 스코틀랜드 성 콜롬반St. Colomban의 후계자인 수도원장 베틴Baithin의 수도원에서 한 수도자가 병이된 일이 있었다. 그의 몸은 부풀어 올랐다. 수도원장은 그에게 미사를 봉헌한 다음 교회로 데려와 악마를 쫓아냈다. 악마가 몸에서 빠져나오는 순간 수도자는 피부가 뼈에 들러붙는 느낌을 받았으며, 이후 붓기가 사라졌다. 대체로 이런 부종은 몸의 한 부분에서 다른 부분으로 옮겨가며 여러 모양을 만든다.[1]

(1) 괴레스Johann Joseph Görres, 『신비주의Mystique』, 7권, 성인전Acta Sanctorum 발췌, 5월 19일, 성 던스턴St. Dunstan.

마녀 집회의 서약 [Engagements du Sabbat / Commitments of the Sabbat]

집회의 입문자는 끔찍한 서약을 통해 교회가 규정하는 모든 것의 정반대를 행하며, 신성한 모든 것을 파괴하며, 최소 한 달에 한 번 기독교인을 유혹해 악마를 따르게 만들며, 그가 아이들을 데려오도록 하고, 모든 선한 것을 멀리하며 비난받는 일들에 열정을 다할 것을 맹세한다. 이러한 과도한 행위는 거의 대다수의 종교재판에서 고백 되었다.

엔가스트리미즘 [Engastrimisme]

복화술. 한때는 마술로 여겼다.

엔가스트리미트 또는 엔가스트리만드르 [Engastrimithes, Engastrimandres / Engastrimyths]

뱃속에서 대답을 끄집어 내던 예언자들. **참조.** 복화술사Ventriloques, 세실Cécile.

엥겔브레히트(장) [Engelbrecht(Jean)]

독일의 예언자. 1642년 사망했다. 신교도였던 그는 천성적으로 우울한 성격 탓에 여러 번 자살을 시도했다. 그러던 어느 날 자정에 가까운 시간, 엥겔브레히트의 몸이 어디론가 옮겨지는 느낌이 들더니, 깊은 어둠이 지배하는 지옥의 입구를 방문하게 되었다. 그곳에선 지구 어떤 냄새와도 비교할 수 없는 역한 악취가 뿜어져 나오고 있었다. 그리고 곧 그는 지옥의 입구에서 천국으로 인도받았다. 엥겔브레히트는 천국의 열락을 맛보았고, 이후 천사는 다시 그를 지구로 내려보냈다. 그는 자신이 경험한 환영을 사람들에게 들려주었다. 그리고 그는 다른 환영도 보았다. 그는 40일 동안이나 밤마다 천상의 아름다운 음악을 들었다. 감히 따라부를 수도 없을 정도로 조화로운 음악이었다. 니더 작센Lower Saxony 주를 돌아다니며 전도 활동을 펼치는 동안 그는 자신이 하늘의 명을 받았다고 말했다. 또 하루는 자신이 느낀 황홀경을 이야기하며, 본인 주변을 날아다니는 축복받은 영혼들을 본 적이 있다고도 말했다. 영혼들은 불똥의 형상을 하고 있었는데, 그는 그들과 함께 춤을 추기 위해 한 손으로는 태양을, 한 손으로는 달을 붙들었다고 덧붙였다. 이러한 터무니없는 이야기에도 불구하고 그는 종교개혁파들과 함께 새로운 신자를 만드는 데 성공했다. 그는 여러 다양한 작품을 남겼다. 1) 『천국의 진정한 풍경과 역사Véritable vue et histoire du ciel』(1690년, 암스테르담, 4절판). 이 책은 지옥과 천국으로 떠났던 여행에 관한 이야기를 다룬다. 2) 『천국 사무국으로부터 부임받은 신과 천국의 임무 및 명령Mandat et ordre divin et céleste délivrés par la chancellerie céleste』(1625년, 브레멘, 4절판). 이 책은 『장 엥겔브레히트의 작품, 환영, 계시Œuvres, visions et révélations de Jean Engelbrecht』(1680년, 암스테르담)라는 집록에 포함되지 않았다.

수수께끼 [Énigme / Enigma] 로베르 기스카르Robert Guiscard 통치 아래 있던 나폴리Napoli의 오래된 이야기엔 황금 머리 동상이 등장한다. 이 동상엔 '5월 초하룻날 해가 뜰 때, 내 머리는 금으로 뒤덮일 것이다.'라는 글귀가 적혀있었다. 로베르는 오랫동안 이 수수께끼의 의미를 찾아 헤맸으나 학자들을 포함한 왕국 전체가 이 수수께끼를 풀지 못했다. 전쟁 포로였던 한 사라센인Saracen은 자신의 몸값을 요구하지 않고 자유를 허락한다면, 그 수수께끼를 풀어주겠다고 약속했다. 사라센인은 왕에게 5월 초 해가 뜨는 며칠 동안 동상 머리 그림자를 관찰할 것을, 그리고 그림자가 닿는 곳의 땅을 파볼 것을 일러주었다. 로베르는 사라센인의 조언을 따랐고 그곳에서 많은 보물을 발견해 이탈리아 전쟁을 치를 수 있게 되었다. 그는 사라센인을 풀어주었을 뿐 아니라 보상으로 한몫을 챙겨주었다.

예언 속에는 많은 수수께끼가 존재한다. 예수회 소속 메네스트리에Menestrier 신부의 수수께끼 책 『수수께끼 그림의 철학La philosophie des images énigmatiques』(1694년, 리옹, 12절판)에선 수수께끼, 상형문자, 신탁, 점, 주술, 예언, 복권, 부적, 꿈, 노스트라다무스Nostradamus의 『백시선Centuries』, 점술 지팡이 등을 다룬다.

납치 [Enlèvement / Abduction] 여기서는 악마에 의해 납치된 사람들의 이야기만 다루겠다. 군부대에서나 할법한 상스러운 농담, 욕설을 습관처럼 하던 어느 독일인 여성이 있었다. 여러 여성은 그녀를 따라 하기 시작했고, 이에 그녀의 행동을 고칠 본보기가 필요하게 되었다. 그러던 중, 그녀는 해서는 안 될 말에 힘을 실어 입 밖으로 꺼내게 되었다. "악마가 나를 데려갔으면!" 말이 끝나자 악마는 말을 타고 나타나 그녀를 데려가 버렸다.(1) 여러 책에 등장하는 마콩Mâcon의 백작 이야기를 살펴보자. 그는 몹시 폭력적이고 불경한 남성으로 성직자들과 아랫사람에게 횡포를 부렸으며, 결코 자신의 난폭함을 숨기거나 미화하는 법이 없었다. 하루는 저택에서 호사를 누리고 있을 때, 신원을 알 수 없는 자가 말을 타고 백작에게 다가와 다음과 같이 말했다. "나를 따라오시오. 할 말이 있소." 알 수 없는 힘에 이끌린 백작은 그를 따라나섰다. 그가 현관에 도착했을 때, 그곳에는 말이 한 마리 준비되어 있었다. 말은 그를 태우고 하늘을 날기 시작했다. 백작은 그곳에 있던 사람들에게 공포에 찬 목소리로 소리쳤다. "나를 도와주게!" 말을 탄 그는 곧 시야에서 사라졌고, 사람들은 악마가 데려갔다고 생각할 수밖에 없었다(2). 같은 도시에는 저녁 식사 중 악마에게 붙잡혀간 집달관이 있었다. 그는 모든 주민이 지켜보는 중 마콩 하늘 위를 세 번이나 빙빙 돌았다. 주민들은 그가 다시는 돌아오지 않았다고 입을 모아 이야기했다(3). 이 이야기는 한 개신교도를 통해 기록되었다. **참조.** 아그리파Agrippa, 카를로스타드Carlostad, 가브리엘 데스트레Gabrielle d'Estrées, 루터Luther 등.

(1) 요한 바이어Johann Weyer, 『악마의 환상De Præstigiis Dæmonum』, 2권. 보댕Bodin, 『빙의망상Démonomanie』, 3권, 1장. / *(2)* 『지옥의 전설Légendes Infernales』에서 기움 3세William III 백작을 참조할 것. / *(3)* 장 드 샤세뇽Jean de Chassanion, 『세상에 찾아온 신의 위대하고 강력한 심판Des grands et redoutables jugements de dieu, advenus au monde』, 위그노 교도, 116페이지.

에노이아 [Ennoïa] 마법사 시몬Simon의 제자 중 최고의 수재. **참조.** 메난데르Ménandre.

에녹 [Énoch] 참조. 에녹Hénoch.

엔리코 [Enrico] 유령이 되어 돌아온 독일의 백작. **참조.** 경이로운 부대Armées Prodigieuses.

사탄의 징집관 [Enrôleurs de Satan / Satan's Enlisters] 악마와 계약한 자들은 그에게 새로운 사람을 데려가야 한다. 이는 비밀 사회에서 빈번히 일어나는 일이다. **참조.** 마녀 집회의 서약Engagements du Sabbat.

엔살마도르 [Ensalmadores] 참조. 살루다도르Saludadores.

아인 소프 [Ensoph / Ein Sof] 유대 카발라Kabbalah의 절대신. 존재의 가장 깊은 심연에 숨어있다. 그는 모든 것이면서 아무것도 아니다. 아인 소프는 자신의 말인 '멘라Menra'를 통해 모든 것을 창조해냈다. 그리고 멘라는 세 명의 위대한 세피로트Sefirot를 만들어 냈으며, 이 셋으로부터 하급 세피로트들이 생겨났다. 아인 소프는 세상을 구성하는 열 개의 영역에서 그 존재를 나타낸다. 그의 발출은 세상 네 곳으로 뻗어가며 가장 높은 영혼에서부터 가장 미세한 영혼에까지 미친다. 이 발출에는 우리가 어디서나 마주할 수 있는 여러 일련의 정령과 악마가 포함된다. 이 중 고유한 정령들은 70개 민족을 감시하는 역할을 맡는다. 이 정령 무리 가운데 빛의 정령들은 예처 토브Yetzer Tov를 수장으로 두고 있다. 그 외 어둠의 정령들은 예처 하라Yetzer Hara에게 복종한다. 메트라톤Metraton, 산달폰Sandalphon, 아카트리Acatries라는 세 우세한 지능은 선량한 영혼들로 이루어진 열 개 군대를 지휘한다. 이들은 세 개의 하늘과 일곱 개의 행성을 거처로 삼는다. 악령의 수장은 사마엘Samael 또는 사탄으로, 아스모데우스Asmodeus와 베다르곤Bedargon을 부관으로 두고 있다. 이들의 집행자로는 셰딤Schedim, 사이림Sayrim, 말라키 카발라Malachi-Kabbalah가 있다. 이 악령(또는 악마)들은 지옥의 일곱 지역에 산다. 자연의 정령(아마 요정, 엘프, 도깨비 또는 그와 비슷한 종)들은 보이지 않는 거주지에서 악령과 선한 영혼 사이에 흩어져 있다. 이들은 대기 중에 번식하며 가끔 모습을 드러낸다[1].

[1] 괴레스Johann Joseph Görres, 『신비주의Mystique』, 5권, 2장. 한때 그리고 아직도 존재하는 역사, 교리 그리고 모든 유대 종교의 이름에서. 비어Beer가 발췌.

저주(헥스) [Ensorcellement / Hex] 저주에 걸렸다고 믿는 사람 중엔 환각에 놀아난 것뿐인 경우도 있다. 1841년 3월 5일 《토론 저널Journal des Débats》엔 다음과 같은 기사가 실렸다. '3일 전, 파리Paris 마르셰 생장Marché Saint-Jean가 21번지 3층에 사는 자크 코클랭Jacques Coquelin은 밤 11시쯤 술에 취한 채 귀가하는 중이었다. 2층에 도착했을 때, 그는 집에 도착했다고 생각해 누더기 옷을 하나둘 벗어 정원 방향으로 난 커다란 창문 밖으로 던졌다. 술기운에 그곳이 침실이라고 생각했던 것이었다. 그는 수면 모자와 목도리를 두르고 잠옷 셔츠 한 장만 입은 채로 침대 위로 몸을 던지듯 창밖으로 몸을 던졌다…. 그가 저택의 다른 거주민들에게 발견된 것은 다음날 아침 6시 경이었다. 사람들이 이 안타까운 현장을 발견했을 때, 불행한 코클랭은 정원 타일 위에 움직임 없이 누워있었다. 대단한 체력을 지닌 27살 남성은 팔다리가 심하게 훼손되었음에도 숨이 붙어있었다. 집으로 옮겨진 그는 그러고도 이틀을 더 살았으나, 더 이상 호전될 기미는 없었고 60시간 후 극심한 고통 속에서 숨을 거두었다.'

다른 시대와 다른 나라였다면 저주를 받아 벌어진 일이라고 믿었을 것이다. **참조.** 사술Sortilèges, 주문Paroles, 목동Bergers 등.

생매장 [Enterrés Vivants / Buried Alive] 참조. 흡혈귀Vampires 마지막 부분.

광신자 [Enthousiastes / Enthusiasts] 악마에게 사로잡혀 자신이 계시 받았다고 믿는 일부 광신적 신봉자들을 지칭했던 말.

엔스 [Énus / Enns] 참조. 구넴Gunem.

질투 [Envie (L') / Envy] 악마에게 기쁨을 안겨주는 주된 죄악. 이는 신을 모욕하는 것이다.

감응술 [Envoûtement / Bewitchment]

마법사들은 적의 모습을 본딴 밀랍인형을 만들어 찌르고, 고통을 주며, 불 속에 던져버림으로써 살아움직이는 적이 같은 고통을 느끼도록 한다고 전해진다. 이 현혹술은 볼즈Vols(혹은 볼트Voult)라고 불린다. **참조. 볼즈.**

에온 드 레투알 [Éon de l'Étoile]

12세기 에온 드 레투알이라는 한 브르타뉴Bretagne의 귀족이 다음의 문구 '오실 분을 통해(Per Eum Qui Venturus Est)'를 인용하며 자신이 신의 자식이며 산 자와 죽은 자를 심판하러 왔다고 주장했다'. 이 때문에 에오니안Aeonien이라는 지지자들이 생겼으며, 그는 모든 개혁자와 마찬가지로 교회와 수도원을 약탈할 것이라고 주장했다.

앞서 언급한 문구의 단어 Per Eum은 Per Aeon과 유사하게 발음된다. 만약 해당 단어가 Per Aeon으로 대치된다면 '에온을 통해 오실 분'으로 해석된다.

아이온 [Éons / Aeons]

그노시스파Gnosis의 주장에 따르면, 아이온은 우리가 유령이라고 부르는 살아있으며 지능을 가진 존재들이다. 그리스인들은 그들을 악마라고 칭했는데, 단어의 의미는 일치했다. 아이온이라고 불린 것들은 신성의 의인화, 경전의 히브리어 단어, 혹은 마음대로 지어낸 야만적 단어를 가리키기도 했다. 풍만함 또는 신성함을 뜻하는 플레로마Pleroma로부터 현명함을 뜻하는 소피아Sophia가, 지성을 뜻하는 노우스Nous가, 침묵을 뜻하는 시제Sige가, 말씀을 뜻하는 로고스Logos가, 신중함을 뜻하는 아카모스Achamoth가 탄생하였다. 이 아이온 중 하나가 세상을 만드는 동안 또 다른 아이온은 유대인을 통치하며 그들의 법을 만들었고, 세 번째 아이온은 신의 아들 또는 예수 그리스도Jesus Christ라는 이름을 하고 인간의 모습으로 찾아왔다. 아이온의 수를 불리는 데는 아무것도 필요하지 않았다. 아이온에는 남성과 여성이 있었는데, 혼인을 맺으면 무수한 가족들이 생겨났다. 아이온은 신으로부터 발현되었고 이는 자연의 필연성에 의한 탄생이기도 했다. 이러한 황당한 이야기를 지어낸 자들은 인간에게 두 개의 영혼이 있는데 그중 예민한 영혼은 아이온을 모시며, 지능적이고 이성적인 영혼은 미숙한 아이온의 실수를 만회한다고 주장했다.[1]

(1) 베지에Nicolas Sylvestre Bergier, 『신학 사전Dictionnaire théologique』에서 그노시스파를 참조할 것.

양의 어깨 [Épaule de Mouton / Sheep Shoulder]

지로Giraud는 노르만족Normans의 영국 정복 중 플랑드르인Flemish이 차지한 몫을 주제로 한 회고록(고트렐Gautrel이 인용-)에서 다음과 같은 이야기를 기록했다. 영국을 찾은 플랑드르인들은 양의 오른쪽 어깨를 조사해 미래와 과거를 알 수 있었다. 이때 가죽을 벗긴 고기는 굽는 것이 아니라 물에 삶아야 했다. 같은 작가는 이처럼 덧붙였다. '진짜 예언을 내릴 수 있는 이 경이로운 기술로, 그들은 아주 멀리 떨어진 곳에서 벌어지는 일도 즉시 알아챌 수 있었다. 그들은 특정 징조를 확인하곤 전쟁과 평화, 학살과 화재, 왕의 질병과 죽음을 정확히 예측했다. 그렇게 그들은 헨리Henri1 왕의 죽음 이후 국가에 찾아올 대혼란을 사전에 내다보았다. 그리고 모든 재산을 팔아치운 뒤 부를 챙겨 쇠락한 왕국을 떠나버린 것이다.' 그러나 당대의 역사학자들은 지로의 기록이 정확하지 않으며, 플랑드르인에게 그들이 예측하지 못한 많은 일들이 발생했다고 주장했다.

에피알테스, 히페알테스, 에펠레스 [Éphialtes, Hyphialtes, Éphélès]

그리스어로 악몽을 의미한다. 아이올리스인Aeolian들은 사람들을 질식시키는 인큐버스Incubus(남성 몽마)를 이 이름으로 불렀다.[1]

(1) 르 루아예Pierre Le Loyer, 『귀신의 역사 혹은 귀신 환영Histoire des spectres ou apparition des esprits』, 2권, 5장, 197페이지.

에피쿠로스 [Épicure / Epicurus] '에피쿠로스의 운명을 개탄스럽게 생각하지 않을 자가 있을까? 최고의 선을 쾌락과 연관 지었다는 누명을 쓰며, 그에 대한 기억은 시들어 버렸다. 에피쿠로스가 70년 생애 동안 그 어떤 철학자보다 많은 책을 펴냈으며, 빵과 물이면 만족했고, 주피터Jupiter와 함께 식사할 때만 약간의 치즈를 곁들였다는 점을 고려한다면, 잘못된 선입견을 돌아보게 될 것이다. 디오게네스 라에르티오스Diogenes Laertius가 에피쿠로스의 삶에 관해 쓴 글과 그의 서신, 유언을 찾아보면 그에 대한 비난이 날조되었다는 것을 알 수 있다. 이러한 오류가 발생한 것은 그의 이론을 잘못 받아들였기 때문이다. 그는 육체적 쾌락이 아닌 영혼의 기쁨과 지혜와 힘을 얻을 수 있는 평안함을 높게 샀다[1].' 이러한 평은 다시 다른 이들에 의해 반박되었다.

(1) 브라운Thomas Brown, 『대중적 오류에 관한 수상록Essai sur les erreurs populaires』, 7권, 27장, 329페이지.

악마의 전염병 [Épidémies Démoniaques / Demonic Epidemics] 참조. 부리뇽Bourignon, 암스테르담의 부모 없는 아이들Orphelines d'Amsterdam, 켄토르프Kentorp 등.

뇌전증 [Épilepsie / Epilepsy] 영국의 왕들은 연주창만 치유하는 것이 아니었다. 그들은 경련과 뇌전증을 예방하는 반지에 축복을 내리기도 했다. 이 의식은 성 금요일에 치러졌다. 자신이 지닌 이로운 힘을 전달하기 위해, 왕은 반지를 두 손으로 비볐다. 금 또는 은으로 된 이 반지들은 유럽 전역으로 보내져 확실한 예방 도구로 여겨졌다. 오래된 유적에서 이 흔적을 확인할 수 있다[1]. 굳이 영국해협을 건너지 않고도 뇌전증을 고칠 수 있는 다른 순진한 방법도 있다. 선조들은 십자가에서 뽑아낸 못을 환자의 팔에 붙이면 뇌전증을 치료할 수 있다고 믿었다. 이 요법과 더불어 가슴이나 주머니 속에 동방박사인 가스파르Gaspar, 벨사사르Balthasar, 멜카이어Melchior의 이름을 새겼다. 이 방식은 고서에 다음과 같이 나와 있다.

'가스파르는 몰약, 멜카이어는 유약, 벨사르는 황금을 부여한다. 이 셋은 그와 함께 왕의 이름을 지녔도다. 그리스도의 경건한 보살핌으로 질병과 발작이 해소될 것이다.'

하지만 다른 치유법도 있다. 《카토 저널Journal du Cateau》에선 최근 스웨덴의 풍습이라며 다음의 기사를 게재했다. '내가 얼마 전부터 살고 있는 이 스웨덴이라는 나라에선 도끼를 이용해 사형을 진행한다. 죄인의 머리를 통나무 위에 올려놓고 그 앞에 패인 구덩이에 잘린 머리가 떨어질 수 있도록 하는 것이다. 죄인의 남은 몸 또한 같은 곳에 던진다. 이후 바닥을 메우면 아무런 흔적이 남지 않는다. 하지만 스웨덴 민족에겐 소름 끼치는 미신이 존재한다. 다름 아닌 참수형을 당한 사람의 피가 약으로 쓰이며 뇌전증을 낫게 한다는 것이다. 그렇지만 가장 무서운 것은, 당국이 유구한 풍습으로 인해 형 집행에 참석한 이들에게 사형수의 피를 가져가도록 허용하고 눈감아준다는 것이다. 최근 집행된 어느 사형식에선 범죄자의 머리가 몸에서 잘려 나가자 뇌전증에 걸린 노파가 손에 빵 한 덩어리를 들고 달려들었다. 시체의 몸에서 나오는 피에 빵을 적시기 위함이었다. 그러나 그녀가 빵을 적시려는 순간, 뇌전증으로 인한 발작이 발현되었다. 그녀는 피를 쏟으며 굴러다니는 잘린 머리가 있는 구덩이로 떨어져 즉사했다. 이 사건으로 인해 주민들은 기존 풍습을 두고 크게 동요했다. 군중은 큰 공포에 휩싸인 듯 했다. 당국은 이 격렬한 공포를 이용해 벽보를 걸었다. 신이 두 시체를 한 구덩이에 던지며 풍습을 부인한 것처럼 이같은 행위를 앞으로는 금할 것이라는 발표였다'

(1) 르브룅Lebrun, 『미신관행사Histoire des pratiques superstitieuses』, 2권, 128페이지.

에포나 [Épona] 로마의 말의 여신. 에포나의 초상은 외양간에서 숭배된다. 그녀의 아버지는 풀비우스 스텔루스Fulvius Stellus였으며, 어머니는 암말이었다.

악마의 시대 [Époques Diaboliques / Diabolical Times] 마녀들의 재귀로 가장 큰 공포를 낳던 시기. 알비파 마니교도들은 13세기를 이러한 음울한 시기로 만들었다. 16세기에는 농민 전쟁이 발발하였고, 최초의 재세례파들의 잔혹성이 표출되며 같은 시기가 재현되었다. 30년 전쟁의 영웅은 지옥 사회에 가담한 어느 마니교도였는데, 그는 유럽 전체를 야만적인 곳으로 바꿀 뻔했다. 분리된 철학의 승리는 언제나 사탄과 관련된 것으로 종결되곤 했다. 그리고 미국은 바로 지금 강신술로 인해 이 시기를 맞이했다.

시험 [Épreuves / Test] 중세에서 마법사를 식별하기 위해 사용하던 시험은 민중들이 개가 광견병에 걸렸는지 알아보기 위해 사용하던 현명한 방법과 많은 관계가 있다. 군중이 모여 광견병에 걸렸다고 의심되는 개를 괴롭힐 수 있을 만큼 괴롭히는 것이 그 방법이기 때문이다. 만일 충성스러웠던 개가 반격하거나 사람을 물면 (광견병에 걸린 개는 마주치는 모든 사람을 문다는 전제하에) 만장일치로 처벌받게 된다. 만일 개가 전력으로 달아나려고 한다면 확신으로 바뀌며 구원의 희망은 속수무책으로 사라지고 만다. 사람들은 광견병에 걸린 개가 전력으로 앞만 보고 달려간다고 생각하기 때문이다. 마녀로 의심받은 사람은 손과 발이 묶인 채 물에 빠진다. 만일 그녀가 물에 뜨면, 즉시 물에서 꺼내 유죄를 선고한 뒤 화형에 처했다. 심판의 물이 그녀를 밀어냈다고 생각했기 때문이다. 그녀가 가라앉으면 결백이 증명되었으나, 무고함을 증명하기 위해 목숨을 바쳐야 하는 것은 마찬가지였다.[1]

다른 부류의 시험도 존재했다. 십자가의 시련이란 두 명의 대항자가 십자가 앞에서 팔을 벌리고 서 있는데, 오래 버틴 사람의 의견이 받아들여지는 시험이었다. 그러나 재판상의 시험은 대부분 물이나 불을 이용해 이루어졌다. **참조.** 끓는 물Eau Bouillante, 관Cercueil, 달군 쇠Fer Chaud, 신명재판Ordalie 등

(1) 골드스미스Goldsmith, 『풍습 이야기An Essay on Manners』.

마녀 집회의 시련 [Épreuves du Sabbat / Sabbat Ordeals] 참조. 엘프달Elfdal.

에라드 [Érard] 카이사레아Caesarea의 노인. 그의 딸은 빙의 된 어느 하인에게 마법이 걸렸다. 성 바실리우스St. Basil가 둘을 자유롭게 하였다.[1]

(1) 『지옥의 전설Légendes Infernales』에서 카이사레아 계약을 참조할 것.

토마스 데르셀둔 [Erceldoune] 토마스 데르셀둔Thomas d'Erceldoune의 신비한 모험은 우리가 아는 요정 이야기 중 가장 오래된 것이다. 로더데일Lauderdale의 토마스 데르셀둔에겐 '서투른 시인'이라는 별칭이 있었다. 그가 트리스트럼Tristrem과 이슬트Yseult에 관한 시적 로맨스를 썼기 때문이다. 이 소설은, 영국 최고의 시만큼이나 흥미로우며, 알렉산더 3세Alexander III 통치 당시 스코틀랜드에서 큰 인기를 얻었다. 이 시대의 다른 재능있는 사람과 마찬가지로, 토마스 역시 마법사라는 누명을 썼다. 사람들은 토마스가 요정 왕국에 입성한 적이 있기 때문에, 미래를 보는 능력이 있다고 믿었다.[1]

(1) 『정령의 전설Légendes des Esprits』(작은 악마, 요정과 악마)을 참조할 것.

에레보스 [Érèbe / Erebus] 지옥의 강. 지옥의 일부 또는 지옥 그 자체로 여겨지기도 한다. 고대 이교도들은 에레보스에 머무는 영혼들을 위한 특별한 신관을 두기도 했다.

에르기노스 [Ergenna / Erginus] 고대 에트루리아Etruria의 신.

바람 모자의 에릭 [Eric au Chapeau Venteux / Eric of the Windy Hat] 헥토르 드 보에티우스Hector de Boëce의 저서엔 '바람 모자'라는 별칭이 있던 스웨덴 왕 에릭(또는 헨리Henry)의 이야기가 등장한다. 그는 머리에 쓴 모자를 돌려 바람을 바꿀 수 있었는데, 이는 계약을 맺은 악마에게 바람의 방향을 지시하는 것이었다. 악마는 그의 모자가 지시하는 대로 정확하게 바람의 방향을 바꾸어주었다. 정확도가 얼마나 뛰어난지, 사람들은 왕의 머리덮개를 풍향계로 착각할 정도였다.

에리크토 [Erichtho] 마법사. 카이사르Caesar와 폼페이우스Pompey가 대적한 전쟁인 파르살로스Pharsalus 전투의 모든 전개를 예언한 망자를 소환했다.[1]

(1) 요한 바이어Johann Weyer, 『악마의 환상De Præstigiis Dæmonum』, 2권, 9장.

에를킹 [Erles / Erlking] 독일에서 공포를 일으키는 유령 또는 귀신. 괴테Johann Wolfgang von Goethe는 이들을 주제로 발라드를 썼다.

엘우르솔톡[Erleursortok] 그린란드의 악마. 항상 매복해 있다가 죽음의 감옥에서 도망치는 영혼을 덮친다. 늘 허기를 느끼기에 보통은 먹어 치우는 편이다.

얼릭 또는 얼리그 [Erlik, Erlig] 칼미크족 Kalmyk은 모든 재앙이 얼릭이라는 악령(또는 악마)으로 인해 생긴다고 믿었다. 이 악마의 코는 위쪽으로 틀어져 있고, 죽어가는 사람들의 냄새를 맡을 수 있었다. 만약 병자에게서 더 이상 희망이 보이지 않는다면, 게롱Gelong(칼미크족의 사제)은 모습을 드러내지 않는 얼릭에게 점토 인형을 바치며 속죄 의식을 진행했다. 칸Khan* 혹은 중요한 수장의 병세가 목숨을 위협할 정도로 심각하다면, 즉 얼릭이 이 질병을 계속 붙잡고 있을 것이 명확히 보인다면, 그들에게 종속된 사람 중 대신 희생할 사람을 찾았다.

칼미크족에게 이런 희생은 특별한 일이 아니었다. 치명적인 질환에 시달리는 수장을 얼릭의 손아귀에서 구하고자 하는 자는 병자의 이름, 화려한 의복 그리고 갑옷 일체를 부여받았다. 그리고 병자와 최대한 비슷하도록 외관을 꾸몄다. 희생자는 병자의 가장 아끼는 말에 휘황찬란한 안장을 얹고 올라탔다. 이후 호전적인 나팔 소리 및 다른 악기 소리에 맞춰 우상의 사원인 후룰Houroul로 갔다. 이때엔 특별 기도를 올리는 게롱들이 수행을 했다. 그리고 안딘Andyne(추방자)은 큰 함성을 내지르며 마을을 떠났다. 안딘은 다른 마을에 정착할 수 있으며 그곳에서 혼인을 맺을 수도 있었다. 그러나 안딘이라는 이름을 간직해야 하며 자식들에게도 이 이름을 물려주어야 했다. 지금은 이 풍습이 사라졌으며, 살아있는 안딘 대신 점토나 밀가루로 만든 안딘이 이를 대체한다. 이러한 사술 외에 게롱들은 다른 방식으로 사람들을 기만했다. 이들은 때때로 자신들의 탐욕을 충족시키기 위해 병자에게 영혼이 육신에서 떨어져나왔다고 이야기했다. 또 마지막 남은 활력을 지식과 호흡에 쏟아야 한다고 믿게 했다. 이후 게롱은 병자에게 영혼과 육신을 다시 합칠 가능성이 남아있다고 말했다. 그러면 불행한 병자는 자신이 가진 모든 것을 목숨 연장에 쏟아부었다. 게롱은 관악기의 소리를 들려주며 병자의 영혼을 부르는 척을 했다. 그런 뒤 키비테Kibithe(천막)에서 나와 달아나는 영혼에게 손짓하며 다음과 같이 외쳤다. "다시 돌아와라. 그렇지 않으면 늑대에게 잡아먹힐 것이다."

공포와 희망 사이를 오가던 병자가 이 의식의 효과를 물으면 게롱은 다음과 같이 답했다. "모두 괜찮습니다. 저 멀리 영혼의 모습이 보이는데 돌아올 채비를 하는 듯합니다." 게롱은 병자가 죽거나 회복할 때까지 계속해서 비위를 맞췄다. 그리고 병자가 회복될 경우 영혼의 복귀를 축하했다. 만일 반대의 상황이 생긴다면, 고인의 부모에게 영혼이 돌아오는 중이었으나 고약한 얼릭이 예상치 못한 꾀를 부렸다며 장황한 이야기를 늘어놓았다.

만일 누군가 중병에 걸려 망상을 보거나 알아들을 수 없는 말을 한다면, 주민들은 얼릭이 고통을 주고 영혼을 강탈하려 한다고 믿었다. 게롱은 키비테 내부에서는 물론 외부에서까지 끔찍한 소동을 일으켰다. 병자 곁에 있는 자는 손에 잡히는 모든 것으로 무장한 뒤 고함을 치며 사방으로 뛰어다녔고, 허공에 무기를 휘둘러 악마를 내쫓으려 했다. 주민들은 게롱들의 시연과 격려로 용기를 얻기까지 했다.[(1)]

(1) 네세디에프Nesedieff가 1832년부터 1833년까지 수행한 칼미크족 지역의 여행에서. / * 중앙 유라시아에서의 군주 칭호.

얼릭 칸 [Erlik-Khan] 지옥의 왕자. 뿔 달린 물소의 머리를 하고 목에는 해골 목걸이

를 걸고 있다. 가끔은 사람의 형상을 하고 나타나기도 한다. 사람의 모습일 때는 팔이 네 개 인데 그중 하나에 죽은 자의 머리가 달린 왕홀을 들고 있다. 이 때문에 그는 사람의 머리를 가져간다. 얼릭 칸의 아내는 사모린도Samorindo 또는 사문도Samoundo라고 불렸다.

아이로코노프스 [Éroconopes / Aeroconopes] 루키아노스Lucian의 말에 따르면 뛰어난 궁수들이라고 한다. 괴물 파리를 타고 다닌다는 상상의 민족이다.

아이로코라세스 [Érocordacès / Aerocoraces] 루키아노스Lucian가 언급한 순무 화살로 싸우는 또 다른 상상의 민족이다.

공기점 [Éromantie / Aeromantia] 페르시아에서 공기를 이용해 행했던 6가지 점술 중 하나. 머리를 수건으로 감싼 뒤, 물을 담은 단지를 두고 낮은 목소리로 소원을 빌었다. 물이 끓어 오르면 좋은 징조였다.

에로틸로스 [Érotylos] 데모크리토스Democritus와 플리니우스Pliny는 이 돌이 예언 능력을 부여한다고 주장했다.

히란야크샤 [Erouniakcha / Hiranyaksha] 힌두교 신화에서 악령의 어머니 디티Diti의 아들로 여겨지는 인물. 어느 날 그는 세상을 바다에 던져버렸다. 이는 과장이 아니라 실제 이야기를 그대로 옮겨온 것이다. 화가 난 신 비슈누Vishnu는 자신의 세 번째 화신인 멧돼지로 변하여 그와 대적했다. 그는 디티 아들의 배를 갈랐고 세상을 제자리로 돌려놓았다. 드디어 제대로 된 교리를 발견했다!

대중적 오류 [Erreurs Populaires / Popular Errors] 단테Alighieri Dante가 지옥을 묘사했을 당시, 사람들은 순진하게도 그가 시커먼 지옥에 빠진 자신의 실화를 담았다고 생각했다. 토마스 모어Thomas More의 『유토피아Utopia』가 처음으로 등장했을 때도 유쾌한 오해가 피어났다. 이 시적인 소설은 어느 가상의 공화국 표본을 제시하며, 그 배경을 미국에서 새롭게 발견된 섬으로 삼았다. 그레인저Granger의 말에 따르면, 뷔데Buddee를 포함한 당대의 여러 작가는 이 이야기가 실화라고 진지하게 생각했고, 결국 이 섬에 선교사들을 보냈다고 한다. 스위프트Swift가 『걸리버 여행기Gulliver's Travels』를 발표했을 때도, 많은 독자들이 그 이야기가 가공의 것이라는 사실을 이해하기까지 많은 시간이 걸렸다.[1]

[1] 베르탱Bertin, 『문학의 진기함Curiosités de la Littérature』, 1권, 304페이지.

에루스 또는 에르 [Érus, Er] 조로아스터Zoroaster의 아들. 플라톤Plato은 그가 화형대에서 불태워진 지 12일 후에 무덤에서 나왔다고 주장했다. 또 선인과 악인이 저승에서 맞이하게 되는 운명에 대해 많은 이야기를 늘어놓았다고 덧붙였다.

엑스칼리버 [Escalibor / Excalibur] 아서Arthur 왕의 마법검.

마술 [Escamotage / Conjuring] 이 기술이 마법이라고 믿었던 때가 있었다. 르 루아예Pierre Le Loyer는 이 기술에 악마의 개입이 있다고 보았다. 델리오Martin Delrio(2권, 문항 2)는 트리어Trier에서 유명한 마녀 하나를 사형에 처한 일화를 기록했다. 그녀는 인근 모든 소에서 나온 젖을 벽 속에 마련한 항아리에 모았다. 스프렌저Sprenger 역시 몇몇 마녀가 한밤중 집 한구석에서 항아리를 든 채 서 있다고 말했다. 마녀는 벽에 칼 또는 다른 도구를 박아 넣고 손을 뻗어 악마를 부르며 젖을 짰다. 그녀는 악마에게 가장 살찌고 우유가 잘 나오는 암소의 젖을 짜도록 지시했다. 그러면 악마가 서둘러 젖을 짜 마녀가 있는 곳으로 가져왔다. 시골 마을에서는 여전히 마술사들을 마법사라고 부르기도 한다. 하지만 이보다 더 나은 자들도 있다.

다음은 뭄바이Mumbai에서 푸네Pune로 가는 도중(1839년) 테오도르 파비Theodore Pavie[1]가 겪은 일이다. "무더운 낮, 마을 건너편 언덕의 지하 사원을 구경하기 위해 칼라Karla에 멈춰 야자나무 그늘에서 휴식을 취하고 있을 때였다. 음이 엉망인 악기 소리에 맞춰 인도인 한 무리가 걸어오는 것이 보였다. 그중 한 광대는 손에 외알안경코브라Monocled Cobra를 들고 있었다. 이는 인도에서 위험한 뱀 중 하나였다. 이외에도 그는 목에 거대한 보아뱀을 두르고 있었다. 내가 있는 곳 근처까지 온 광대는 바닥에 뱀들을 던져 빠르게 움직이도록 지시했다. 그리고 코브라들을 자극해 무시무시한 모습으로 똬리를 틀게 했고, 보아뱀에게 입을 맞추기까지 하였다. 이후 그는 세 마리의 뱀을 독특한 플래절렛Flageolet* 소리에 맞춰 춤추게 했다. 악기는 조롱박으로 만들었는데, 마치 휴대용 풍금처럼 연주를 했다. 그동안 그의 패거리는 먼지 위에 모든 장비를 설치하였다. 북소리는 마을 아이들을 불러 모았고, 곧 10살 혹은 그 이상의 나이대 아이들로 구성된 관중들이 원을 만들며 모였다. 가장 어린아이들은 옷을 벗고 있었고 나머지 아이들은 허리띠를 두르고 있었으며, 모두 뭔가 대단한 일이 생길 것을 기다리며 웅크리고 있었다.

이 광대는 유럽 곡예사 수준의 달변을 구사했다. 그는 마라타족Maratha 출신이었음에도 매우 정확한 힌디어로 의사를 전달했다. 그 때문에 몸짓이나 춤이 아무리 난해하더라도 관중들에겐 문제 될 것이 없어 보였다. 그는 우선 검과 활을 든 병사 꼭두각시를 땅에 내려놓았다. 그는 꼭두각시를 가리키며 위대한 사냥꾼 스피히로Sipahi이며 사자, 호랑이, 영양을 잡았다고 말했다…. 얼마 지나지 않아, 그의 명령에 따라 꼭두각시는 활을 쏴 앞에 놓인 과녁들을 맞혔다. 그것도 한 번이 아닌 여러 번이나 성공했고, 어린 관객들은 확실히 만족했다."

이야기는 이어진다. "이것은 시작, 본론이라는 방으로 들어가기 전 사소한 유흥거리에 불과했다! 광대는 메밀 한 주먹을 쥔 뒤 자신의 천 자루 안에 넣었다. 그리고 이를 잘 흔들고 섞인 곡식을 꺼내니, 당장 카레를 만들어도 괜찮을 하얗고 깨끗한 쌀로 변해있었다. 나는 상식적으로 아무것도 이해할 수 없었다. 순회 마술사는 6푸스Pouces** 길이의 손목 정도 굵기를 가진 꼭두각시를 다시 펼쳐놓았다. 그동안 난 습관처럼 이 행위를 경신하기 시작했다. 그가 꺼낸 어설픈 인형은 순진한 관객 대다수를 겁먹게 만들었다. 그러나 손수건 아래 있던 이 나무 조각이 커다란 비둘기 네 마리로 변해 차례로 튀어나왔을

때 놀라지 않을 사람은 없었다! 마법이 아니라면, 미리 그 속에 들어있었어야 할 텐데…. 하지만 나라면 참새 네 마리도 겨우 욱여넣었을 것이다. 이 광대는 마술 외에도 브라만교Brahmanism의 마법 주문인 만트라Mantra를 외우며 자신의 지팡이로 여러 원을 그렸다. 그는 어떻게 보면 비슷한 유럽 직군들보다 더 우월해 보였다. 탁자나 마술컵 없이 오로지 바닥에서 묘기를 보였으며, 인도인들이 절대 벗지 않는 터번, 허리띠를 제외하곤 아무것도 입고 있지 않았기 때문이다. 그 말인즉 소매도, 전대도 없었다는 말이다. 진열대는 상태가 좋지 않은 대나무 바구니 몇 개가 전부였고 오로지 뱀을 나르는 데 쓰였다. 광대는 뱀으로도 마술을 부리며, 뱀을 나타내고 사라지게 했다. 이는 눈썰미가 좋은 이들도 알아챌 수 없는 기술이었다. 또 손수건을 펼쳐 흔들어 깃발처럼 날리자, 근처 바구니 속에 있어야 할 코브라들이 아무런 곳에서 마구 튀어나왔다. 텅 빈 바구니를 보며, 나는 그가 땅 아래로 길을 낸 것은 아닐까 의심했다.

이 마술 공연은 중단되는 일 없이 계속 이어졌다. 마술사의 손엔 다나이데스Danaides*** 항아리와 반대로 바닥나지 않을 것 같은 항아리가 들려있었다. 그는 바닥에 항아리 물을 버리고, 한쪽 귀로 물을 넣은 뒤 입으로 뱉어내고, 머리 위로도 물을 쏟았다. 하지만 항아리에선 물이 계속해서 쏟아져 나왔다. 이후 그는 가방에서 나무로 만든 슬리퍼를 꺼냈다. 신발은 그의 발바닥보다 훨씬 넓었다. 연설과 풍자의 시간이 지난 후, 그는 맨발에 이 광택이 나는 신발을 신고 춤을 추기 시작했다. 신발의 상태에도 불구하고, 마치 오페라 공연에서 볼 수 있는 우아하고 작고 아름다운 무도화를 보는 것 같았다. 그는 공중으로 치솟았다가, 슬리퍼를 바닥에 두드리며 아래로 떨어졌다. 그리고 절대 미끄러지지 않았다. 이 또한 내겐 상식에서 벗어나는 일이었다. 그는 신발에 그 어떤 접착제도 바르지 않았기 때문이다. 그리고 그는 이 한 쌍의 슬리퍼를 마치 미끄러지는 얼음처럼 벗어버릴 수도 있었다.

끝으로 공연은 더욱 놀라운 경험을 선사했다. 마술사는 이것을 하이라이트라고 생각하

며 마지막 순서에 넣은 듯 했다. 북을 연주하던 키 큰 청년이 두 발을 묶고, 목뒤로 넘긴 손을 묶은 다음 그물 속에 들어갔다. 그리고 열두 개의 매듭을 사용해 몸을 단단히 묶었다. 이 상태에서, 청년은 관람객들 주변을 한 바퀴 돈 뒤, 높이 2피에****, 넓이 14푸스의 바구니 근처로 갔다. 단장이 관객에게 물었다. '연못에 빠뜨려 버릴까요? 이 말썽꾸러기 녀석이 묶여있으니 지금이 딱이네요! 이 놈을 없애버리고 싶군요!'

순진한 관객들은 고개를 돌렸다. 고개를 돌린 곳엔 탑 아래, 아름다운 나무에 둘러싸인 어느 웅덩이가 보였다. 이곳은 목욕재계를 하거나 필요시 마을에서 물을 사용하는 곳이었다. 일 분 정도 고민하던 광대는 말했다. '아니요. 그를 사라지게 한 다음…. 당신들이 원하는 곳으로 보내보겠습니다. 푸나, 델리Delhi, 아마드 나가르Ahmed-Nager, 바라나시Banaras 그 어디로든!'

그는 그물에 갇혀있는 청년을 일으켜 바구니에 넣고, 머리에 뚜껑 덮개를 올렸다. 바구니와 뚜껑 사이의 거리는 3피에 정도 되는 거리였다. 여기에 천막이 한 번 더 씌워졌다.

갑자기 천막으로 가려진 바구니 속 청년은 부피가 눈에 보이지 않을 정도로 줄어들었고, 천막이 털썩 내려앉았다. 하늘 위로는 청년을 묶고 있던 그물과 매듭이 공중으로 날아가는 것이 보였다. 그리고 바구니가 저절

로 닫히더니, 마치 하늘에서 내려오는 듯한 청년의 목소리가 들렸다. '잘들 있게!'

그는 아마드 나가르로 날아갔다. 광대는 외쳤다. '우르 가야Our-Gaya! 우르-가야!' 청년이 그 좁은 공간 안에서 버티고 있을 것 같지는 않았다(이는 물리적으로 불가능해 보였다). 그는 바구니를 묶고 군중에게 작별 인사를 했다.

광대가 짐을 묶고 물소의 등에 올리려던 찰나, 돌연히 다음과 같이 말했다. '근데 그가 바구니 속에 있을지, 누가 알겠습니까?' 그는 긴 검을 꺼내 바구니를 관통시켰다…. 바구니에선 많은 피가 철철 쏟아져 나왔다. 이에 관객들의 불안은 극에 달했다…. 그리고 그가 덮개를 다시 열자, 키 큰 청년이 찰과상 하나 없이 생생하고 거뜬한 모습으로 멀쩡히 그곳에서 튀어나왔다!

일부 사람들은 이 마술이 쉽고 매우 간단한 것이라고 할 것이다. 그러나 밧줄과 그물로부터 탈출하고, 작은 공간에 몸을 숨기고, 실수 없이 그곳에 십 오 분을 있고, 검에 상처 하나 입지 않았다는 것은 우리 상상 밖의 손재주, 유연성, 인내심을 필요로 한다. 그리고 만약 실제로 본다면 이런 생각은 더 확고해질 것이다.

이 궁극의 과학 이상을 보여준 광대들은 짐을 챙겨 고향인 나그푸르Nagpur를 향해 떠나갔다. 나는 마라타족 짐을 실은 소 무리와 함께 그들이 사라지는 것을 보았다. 이 유랑민들은 무기와 짐, 아내와 아이들을 데리고 다녔다. 공연이 끝나자 군중들은 조금씩 해산했다(2)."

(1) '하비스와 광대들Les Harvis et les Jongleurs'. 마라타족 거주지인 푸나Pounah에서 저술. 1839년 12월 25일 시사 잡지《두 세계의 논평Revue des Deux-Mondes》에 수록됨. / (2)『쿠르트레 연대기Chronique de Courtrai』엔 1843년 4월 25일 마술과 관련된 다음과 같은 일화가 기록되어 있다. "어제, 그랑 플라스Grand-Place 축제 마당에서 마술사가 공연을 펼치는 동안 그의 조수 하나가 약삭빠르게 옆 사람 손수건을 훔치는 것을 보았다. 조수는 물건을 훔친 즉시 자리를 뜨며 다른 쪽으로 이동했다. 이때 마술사는 마술을 보여줄 절호의 찬스를 잡게 되었다. 마술사는 좀도둑 피해자에게 다음과 같이 말했다. '선생님, 제게 스카프를 좀 빌려주십시오. 가장 진기한 마술을 보여드리겠습니다.' 관객은 서둘러 주머니에 손을 넣었으나, 도둑을 맞았다는 사실을 깨달았다. 그는 크게 놀라 주변 사람들을 의

심하는 눈빛으로 둘러보며 말했다. '누군가가 내 스카프를 도둑질했다!' 마술사가 놀라며 답했다. '오히려 좋습니다! 제 마술이 더 재밌어지겠군요! 당신의 스카프가 무슨 색이었나요?', '빨강과 노랑이 섞인 스카프입니다', '좋습니다. 잠시 진정하세요. 아직 스카프는 이 방에 있으니까요. 곧 당신께 돌아올 것입니다.' 손가락 끝으로 지팡이를 돌리던 마술사는 좀도둑이 있는 방향을 향해 몸을 틀며 말했다. '스카프는 당신 주머니 속에 있군요. 돌려주시지요.' 이에 깜짝 놀란 도둑은, 일어나 반성하는 척하며 감동한 관객 환호 속에서 주인에게 손수건을 돌려주었다. 소식을 듣고 찾아온 경찰은 도둑을 감옥에 넣었다. 그의 예언술은 많은 사람 입에 오르내렸고, 매일 엄청난 사람들이 공연에 몰리게 되었다." / * 플루트 계통의 목관악기. 관 뒷면에 두 개, 앞면에 네 개의 구멍이 있으며 이를 활용해 소리를 낸다. / ** 옛 길이의 단위. 1푸스는 약 2.7센티미터이다. / *** 다나오스Danaus의 딸 50명을 가리키는 말. 첫날밤에 그들의 남편인 아이깁토스Aigyptos의 아들 50명을 살해했다. 이 때문에 저승에서 밑 빠진 항아리에 물을 붓는 형벌을 받았다. / **** 과거 프랑스의 길이 단위로 1피에는 약 0.3248미터이다.

달팽이 [Escargots / Snails] 이 정직한 생물이 마녀 집회에 갔다는 이야기는 들어본 적이 없다. 그러나 이 생물에게도 불가사의한 구석이 있는데, 학자들의 연구에 따르면 전신기와 견줄 수 있는 능력을 갖추고 있다는 것이다.

1850년, '달팽이 교감'이라는 한 통신 기술이 무르익게 되는데, 교신원이 다름 아닌 달팽이라는 점을 알고 나면 그 명칭은 이상하게 느껴지지 않을 것이다. 먼 거리에 떨어져 있는 두 명의 친구가 각자 같은 종의 달팽이를 자기화시키면 교감하는 것이 가능하다. 파리Paris에 있는 자가 베이징Beijing의 친구에게 전하고 싶은 소식을 달팽이에게 맡기면, 친구 역시 같은 방식을 이용해 답신을 보낸다. 이 간단한 기술이 어떻게 이뤄지는지는 알 필요가 없다. 그러나 같은 해 3월, 일간지들은 만족스러운 결과를 얻기 직전이며, 강신술사(심령술사)들은 이 발견이 과거에 자연 마법이라 불렸던 기술과 관련이 있다고 발표했다. 한 미국인은 자기화시킨 달팽이들이 말을 할 수 있거나, 탁자에 붙은 유령이 대신 이야기를 할 수 있다고 주장했다.

아이스킬로스 [Eschyle / Aeschylus] 집에 깔려 죽을 것이라는 예언 때문에 시골 한 가운데에 정착했던 비극의 그리스인. 그러나 거북이를 나르던 독수리가 시인의 민머리를 바위로 착각해 그 위로 거북이를 떨어뜨렸고, 예언은 그렇게 실현되었다.

에즈라 [Esdras] 여러 카발라Kabbalah 책을 펴냈다고 전해진다. **참조.** 피코 델라 미란돌라Pic de la Mirandole[1].

(1) 『구약성경의 전설Légendes de l'Ancien Testament』에서 에즈라 이야기를 참조할 것.

에이크시르니르 [Eskthirnir / Eikthyrnir] 스칸디나비아 신화에 등장하는 괴물 사슴. 이 사슴의 뿔에서 강들이 파생되었다고 전해진다.

장 데스파네 [Espagnet(Jean d')] 『회복된 물리학 개요서Enchiridon Physicœ Restituée』, 『신비 철학의 비밀Arcanum Philosophiœ Hermeticœ』이라는 두 책을 펴낸 연금술 철학자. 두 번째 책의 경우 황실의 기사라고 불린 정체불명의 사람이 썼다는 논란[1]이 있다. 『신비 철학의 비밀』에는 연금술의 사용 방법을 포함하며, 『회복된 물리학 개요서』는 금속의 변환 가능성에 관한 물리적 이론을 다룬다. 데스파네는 피에르 드 랑크르Pierre de Lancre의 저서 『악마의 변화론De l'inconstance des démons』 서문을 쓴 작가이기도 하다. 이 서문에서는 마녀들이 어린아이들을 훔쳐 악마에게 바친다는 이야기가 있다.

(1) 연금술사들로부터 큰 존경을 받은 이 기사는 루이 14세Louis XIV 탄생에 관한 '봄바르Bombart의 예언'이 담긴 소책자 『프랑스의 나팔Trompette Française』에서 언급되었다. 이 황실의 기사는 여성 화장품을 사용하지 않더라도 아름다울 방법을 담은 『연금술사의 거울Miroir des Alchimistes』(1609년, 16절판)이라는 책을 썼다.

에스파그놀(장) [Espagnol(Jean l')] 신학박사이자 생 레미 드 랭스Saint-Remi de Reims의 원장. 『영국 개종의 주목할만한 역사Histoire notable de la conversion des anglais』(1614년, 두에, 8절판)의 저자이다. 206쪽에서 306쪽에 해당하는 스무 번째 주석은 유령의 환영에 관한 것으로 잘 살펴보면 그럭저럭 웬만한 내용과 시시한 내용을 고루 찾아볼 수 있다(1).

(1) 렝글레 뒤 프레누아Nicolas Lenglet Du Fresnoy, 환영에 관해 쓴 작가 목록.

영 [Esprits / Spirits] 고대인들은, 악마 또는 정령이라고 불리는 이 영들이 반신이라고 믿었다. 아풀레이우스Apuleius는 민족, 가족, 인간에겐 인도하고 행동을 감시하는 각자의 영이 있다고 말한다. 모든 민족은 이러한 존재를 경모했고, 로마인들은 이들을 숭배했다. 로마인들은 사제들이 제국의 정령을 소환하고 나서야 도시를 포위하거나 전쟁을 시작했다. 칼리굴라Caligula는 정령을 저주한 이들에게 공개적으로 처벌을 내리기도 했다(1). 철학자들은 망자의 영이 육신에서 떨어지기 무섭게 현세를 끝없이 떠돈다고 생각했다. 이러한 관념은 점점 진실로 받아들여졌으며, 사람들은 묘지, 무덤 주변 혹은 누군가가 살해당한 현장에서 유령을 보았다고 떠벌리고 다니게 되었다. 웩커Wecker는 다음과 같이 말했다. "영은 곧 하늘의 제후들이다. 이들은 태풍을 일으키고 구름을 부수며 거대한 선풍으로 구름을 옮길 수 있다. 또 바닷물을 퍼다 우박을 내리는 등 뭐든 좋을 대로 해버린다."

아메리카 북부 지역에선 땅에 사람을 묻을 때 생전 소유하던 모든 것을 곁에 놓았다. 그렇지 않으면 그의 영이 인간의 형상을 한 채로 찾아온다고 믿었기 때문이다. 이 영은 총으로 무장을 한 채 자신의 집에서 가장 가까운 나무에 나타난다고. 그들은 명복을 빌어주기 위해 영이 청하는 물건들을 무덤에 놓아주곤 했다. 시암Siam 주민들은 공기 중에 무수한 영들이 떠난다고 생각했다. 이 영들은 악의가 넘치고 막강한 힘을 지녔다. 그렇기에 주민들은 종이 위에 특정 마법 주문을 적어 이들의 짓궂은 장난에 대비하고자 했다. 또 약을 제조할 땐 이러한 종이들을 잔뜩 모아 약병 주둥이를 장식했다. 이는 영들이 치료제의 효능을 빼앗아 가는 것을 두려워해서였다. 카발리스트 작가들은 정령들이 실제적인 존재이며, 가장 순수한 원소들로 이루어졌다고 주장했다. 더불어 정령을 구성하는 요소가 섬세하면 섬세할수록 더 많은 힘과 움직임을 지닌다고 말했다. 이 작가들은 정령을 두 부류로 보았는데, 상위 정령과 하위 정령이 그것이었다. 상위 정령은 천상 또는 대기의 것이다. 하위 정령은 물 또는 대지의 것이다. 이 정령들이 물리적 존재라고 믿었던 이들은 인간과 마찬가지로 죽을 수 있다고 생각했다. 카르다노Cardan는 자신의 아버지에게 나타난 정령들이 인간처럼 태어나고 죽는다는 사실을 알려주었다고 말했다. 단, 이들의 삶은 인간의 그것보다 더 길고 행복하다고.

이번엔 영의 특징을 살펴보자. 기욤 드 파리Guillaume de Paris는 1447년, 푸아티에Poitiers의 성 바울St. Paul 교구에 나타났던 영에 대해 기록했다. 이 영은 돌을 던져 유리창, 유리 천장 등을 깨뜨렸지만, 사람을 다치게 하는 일은 없었다(2). 케사리우스Caesarius는 악령에게 괴롭힘을 당하다가 미쳐버린 어느 쾰른Köln의 고위 성직자 딸에 대해 기록했다. 성직자는 딸을 라인Rhine 강 너머로 내보내고 거주지를 옮겨보라는 충고를 받았다. 이에 따르자 악령은 딸에 대한 집착을 멈췄다. 대신 그 아버지를 너무 심하게 괴롭혔고, 성직자는 3일 뒤 세상을 떠나고 말았다(3). 이 영은 신체를 지녔을 수도 있다. 미남왕Le Bel이라 불렸던 샤를 4세Charles IV의 통치가 시작될 무렵의 일이다. 당시 몇 년 전 세상을 떠난 어느 부르주아의 유령이 프로방스Provence 아를Arles의 광장에 모습을 드러냈다. 이 유령은 저승의 놀라운 일들을 들려주었다. 현명했던 아를

의 자코뱅당원Jacobins 신부는 이 유령이 변장한 악마일 수도 있다고 생각했다. 이에 신부는 광장을 찾았다. 갑작스럽게 신부를 알아본 유령은 그에게 자신을 연옥에서 구해달라고 간청했다. 그렇게 말한 뒤, 유령은 사라졌다. 이후 신부는 그를 위한 기도를 올렸고 유령은 다시 모습을 드러내지 않았다.[4]

1750년, 콘티 대공Prince of Conti 수하의 한 장교가 릴 아담L'ile-Adam의 성에서 잠을 자고 있을 때의 일이다. 장교는 누군가 이불을 걷어 내리는 조짐이 느껴졌고, 손으로 이불을 잡아당겼다. 이는 반복되었고 성가셔진 장교는 장난치는 자를 용서하지 않겠다는 마음으로 자리에서 일어났다. 손에 검을 든 그는 방 구석구석을 탐색했지만, 아무것도 발견할 수 없었다. 그는 이 이야기를 다른 사람에게 하기 전에 다음날에도 침입자가 오는지 확인을 하고 싶어졌다. 다음날, 그는 두려운 마음이 들었지만, 한편으로 용기를 내며 문을 단단히 걸어 잠갔다. 그리고 자리에 누워 귀를 쫑긋 세우며 잠을 청했다. 그러자 누군가가 전날과 마찬가지로 똑같은 장난을 걸어왔다. 침대에서 튀어나온 그는 다시 협박을 하며 방을 뒤졌으나 시간만 낭비했을 뿐이었다. 결국 그는 엄습하는 공포감을 느꼈다. 그는 마루에 초칠을 하던 하인을 불러 이유는 말하지 않은 채, 자신의 방에서 같이 잠을 자달라고 부탁했다. 하지만 이미 할 일을 다 마친 유령은 다시 모습을 나타내지 않았다. 다음 날 그는 다시 같은 하인과 방에 들어갔다. 이번엔 그에게 어떤 일이 있었는지 알려준 뒤, 함께 잠을 청했다. 곧 유령이 찾아와 두 사람이 밝힌 촛불을 끄고 이불을 벗긴 후 사라졌다. 그들은 어렴풋이 깡충깡충 뛰어다니는 흉하고 끔찍한 괴물을 보았다. 하인은 악마가 있다고 소리를 지르며 성수를 찾아 뛰었다. 그러나 방에 성수를 뿌리기 위해 살포기를 들고 오자, 유령이 그것을 빼앗은 뒤 사라져버렸다…. 두 투사는 크게 비명을 질렀다. 곧이어 사람들이 달려왔고, 그들은 공포 속에서 밤을 지새웠다. 다음 날 아침 지붕 위에서 원숭이 한 마리가 발견되었고 성수 살포기로 무장을 하고 있었다. 이 동물은 지붕 아래 빗물받이에서 물을 받아 지나가는 사람들에게 뿌리고 있었다.

1210년, 위그Hugues라는 이름을 가진 에피날Epinal 출신의 한 부르주아를 찾은 유령이 있었다. 이 말하는 유령은 모습을 드러내지 않았으나 신비로운 일들을 행했다. 유령에게 생전 살던 곳과 이름을 묻자, 그는 에피날에서 7리유** 떨어진 클레렌틴Clerentine이란 마을에서 살았던 청년의 영이며, 아내가 여전히 그곳에 산다고 답했다. 하루는 위그가 시종에게 말 안장을 얹은 뒤 먹이를 주라고 시켰으나, 이를 이행하지 못한 일이 있었다. 하지만 유령이 이 일을 대신해 모두를 놀라게 했다. 다른 날, 피를 보고 싶어 했던 위그는 딸에게 붕대를 준비해달라고 부탁했다. 그러자 유령은 다른 방으로 가 새 셔츠를 붕대 크기로 찢었고, 그에게 가장 좋은 것을 선택해보라고 권유했다. 또 다른 날엔 하녀가 마당에 빨래를 널자, 유령이 다락으로 빨래를 들고 가 그 어떤 야무진 세탁소보다 더 깔끔하게 빨래를 개 두었다. 놀라운 것은, 집에 머무는 6개월 동안 이 영은 다른 유령처럼 인간을 해치지 않았고, 오직 선한 일만 행했다. **참조.** 헥데킨Hecdekin.

1746년 말, 콘스탄츠Constance시 고문이었던 라하르Lahard의 인쇄소 한구석에서 속삭이는 소리가 들렸다. 인쇄소에서 일하던 청년들은 이 소문을 웃어넘겼으나, 다음 해 1월 초가 되니 소리가 더욱 심해졌다. 게다가 속삭이는 소리가 들리던 구석에선 거칠게 벽을 두드리는 소리까지 함께 들렸다. 또 이 유령은 인쇄소 일꾼들을 때리고 그들의 모자를 바닥에 집어 던지기까지 했다. 유령은 며칠 동안 계속 장난을 치며, 어떤 사람을 두고는 뺨을 때리고, 어떤 사람을 두고는 돌을 던졌다. 결국 식자공들은 유령이 나타난 그 공간엔 접근하지 않기로 했다. 이 유령은 다른 여러 장난을 치기도 했는데, 재미있는 물리학 실험과 비슷한 것들이 많았다. 이 장난은 어느 날 갑자기 끝이 났다. **참조.** 망령Revenants, 유령Apparitions, 드롤Drolles 등.

다음은 재판에서 언급된 영의 이야기이다. 1761년, 영국 워릭Warwick에 위치한 수담Southams 지역의 한 농부가 집으로 돌아오는 길에 살해를 당했다. 다음 날, 이웃은 농부의 아내를 찾아가 그의 귀가를 물었고, 아내는 돌아오지 않았다며 걱정을 하기 시작했다. 이웃은 다음과 같이 말했다. "저만큼 걱정이 되진 않을 겁니다. 지난밤 잠이 들지 않은 채 누워있는데, 남편분이 피칠갑을 한 모습으로 나타났죠. 그리고 친구 존 딕John Dick에게 살해당했으며, 채석장에 시체가 버려졌다고 말했어요." 농부의 아내는 수사를 의뢰했다. 그리고 이웃이 알려준 채석장에서 상처를 입은 농부의 시체를 발견했다. 농부의 영이 알려주었던 이는 꼼짝없이 살인 용의자로 체포되었고, 워릭에서 재판이 진행되었다. 그를 체포한 치안판사와 마찬가지로 배심원들 역시 경솔하게 그의 유죄를 확정했다. 하지만 수석 판사는 판결을 보류하며, 배심원들에게 말했다. "여러분들은 망자의 증언에 필요 이상으로 치중하는 것 같습니다. 이런 사건에서는 절대 그런 경향을 좇아서는 안 됩니다. 이곳은 법원이고, 우리는 법으로 사건을 보아야 합니다. 망자의 증언을 인정하는 법은 존재하지 않고, 그런 법이 있다고 한들, 망자가 증언을 위해 재판장을 찾아올 리도 없겠지요." 그리고 그는 다음과 같이 덧붙였다. "집행관이여, 망자를 소환하라." 집행관은 망자를 세 번 불렀으나 그는 나타나지 않았다. 레이몬드Raymond경은 계속해서 말했다. "여러분들. 공정한 사람들의 증언에 따르면 저 난간 뒤에 있는 수감자는 흠잡을 데 없는 평판을 얻고 있으며, 그와 고인 사이에 다툼이 있었다는 그 어떤 증거도 없습니다. 저는 직접 증거도 간접 증거도 없는 상황에서, 그가 완벽히 결백하다고 믿습니다. 그러니 그를 풀어주어야 합니다. 다만 이 재판에서 인상적이었던 여러 정황에 따라, 저는 망자를 보았다는 사람이 살인자일 것이라 강하게 의심하는 바입니다. 만약 그가 살인자라면 어떠한 초자연적 도움 없이도 살인 장소, 상처, 방식 등을 알 수 있습니다. 그렇기에 저는 더 많은 정보를 얻게 될 때까지 그를 체포할 권리가 있습니다." 그렇게 남자는 체포되었다. 그의 집에선 범죄의 증거가 발견되었고, 그 또한 범죄 사실을 인정했다. 그는 다음 재판에서 형을 선고받았다.

*(1)*도깨비를 다룬 논설, 『용감한 머큐리Mercure Galant』, 1680년. / *(2) (3)*보댕Bodin, 『마법사들의 빙의망상Démonomanie des Sorciers』, 3권, 393페이지. / *(4)*르 루아예Pierre Le Loyer, 『귀신의 역사와 귀신 환영Histoire des spectres et Apparitions des Esprits』. / * 태국의 옛 이름. / ** 과거의 거리 단위. 1리유는 약 4km 정도이다.

원소의 정령 [Esprits Élémentaires / Elementary Spirits] 카발리스트들은 오직 공기, 불, 물, 대지라는 네 가지 원소만을 인정한다. 그리고 이 원소들 속에 다양한 정령들이 살고 있다고 믿는다. 그들은 불에는 샐러맨더Salamander(불도마뱀)가, 공기에는 실프Sylphs(공기의 요정)가, 물에는 운디네Undine(물의 요정) 혹은 정령 님프Nymph가, 땅에는 노옴Gnomes(땅의 요정)이 살고 있다고 보았다. **참조.** 해당 단어들. 카발리스트들은 모든 그림과 카드에서 연금의 비밀을 찾아냈다. 그들의 말에 따르면, 정사각형은 불도마뱀을, 하트는 실프를, 클로버는 운디네를, 스페이드는 노옴을 의미한다고.

수호신 [Esprits Familiers / Familiar Spirits] 스칼리제르Scaliger, 체코 다스콜리Cecco d'Ascoli, 카르다노Cardan를 비롯한 여러 예언자들은 소크라테스Socrates와 마찬가지로 수호신을 가지고 있었다. 보댕Bodin은 언제나 수호신을 달고 다니던 한 남자에 대해 기록했다. 수호신은 선행을 했을 땐 왼쪽 귀를 살짝 때리고, 악행을 했을 땐 오른쪽 귀를 잡아당겼다고 한다. 이 수호신은 남자가 먹으려던 음식이 좋고 나쁜지, 같이 있는 사람이 정직한지 불량한지 알려주기 위해서도 같은 방법을 사용했다. 매우 유용한 신이 아닐 수 없다.

장난치는 요정 [Esprits Follets / Mad Spirits] 참조. 윌 오더 위스프Feux Follets.

폴터가이스트 [Esprits Frappeurs / Poltergeists] 이 책 『지옥사전』은 개정이 될 때마다 영혼에 관한 설명이 매번 새롭게 덧붙여졌다. 오늘날 여러 방법을 통해, 특히 그중에서도 교령 원탁*을 통해 영혼 소환이 가능하다는 것을 모르는 사람은 없다. 이 원탁은 두드리는 소리를 내거나, 돌아가거나, 흔들리거나, 움직이거나, 표현하거나, 질문에 답한다. 신은 이러한 교령 현상을 미국 땅에서 처음으로 인간에게 보여주었다. 그리고 이는 곧 온 세상으로 빠르게 퍼져나갔다. 마치 성 바울St. Paul의 명언처럼 말이다. "우리는 대기 중의 어떤 힘에 둘러싸여 살고 있으며, 이에 맞서 싸워야 한다."

미르빌Mirville의 외드Eudes와 무소Mousseaux 의 근직한 작업물은 이 새로운 초자연적 현상을 완벽하게 다루었다. 그러나 이들의 학술 논문이 모든 사람에게 일률적으로 적용되는 것은 아니다. 악마와 장난을 치는 것은 위험이 따른다. 또 교감하는 이 존재가 천사 혹은 정직한 망자의 영혼처럼 보여도 속아 넘어가선 안 된다. 성 토마스St. Thomas는 유령들이 부정하게 훔친 이름을 사용해, 다른 영혼인 척 사람들을 안심시키려 한다는 경우가 많다고 기록했다[1]. 가톨릭교회 역시 악마를 소환하는 이 온당치 못한 시도를 장소 불문 금하고 있다. 인문학에 혼란을 가중하는 이 새로운 현상들을 두고, 한 의사는 《의학 저널Revue Médicale》에 다음과 같은 내용을 발표했다.

'기독교인인 나는 인간의 탁월한 힘인 신앙으로 강 연안의 뽕나무를 다른 연안으로 옮길 수 있다는 복음서의 말씀을 믿는다. 또 하늘엔 정령, 중재하는 지적 존재인 신, 악마가 살고 있다는 성 바울의 말을 믿는다. 인간은 물질세계에서 다양한 현상을 만들기 위해 악마를 소환한다. 이때, 과학자는 이러한 현상에 매우 놀랄 수 밖에 없다…. 이런 현상에 얽힌 증인들은 그 양과 질에서 의심할 수 없을 만큼의 이야기를 나에게 들려준다. 원탁은 정말 회전을 하며 말을 하는 것이다. 그러나 현실적인 관점에서 이 문제를 살펴보자. 과연 19세기에 교령 원탁이 실용적인 것일까? 만일 이런 현상이 비실용적이라면, 아무리 가능하다고 한들 굳이 실행하지 않을 것이다. 다만 원시적이고 조잡한 몸을 움직이며 지성의 신호를 표현하는, 그런 시기엔 이 현상에서 실용성을 찾아낼지도 모른다. 무지한 나로서는, 이 영들의 출현을 어떻게 활용해야 하는지 알 수 없다. 이들이 모습을 드러낸 뒤에 우리 학자들과 과학은 그저 지켜보는 것 외에 아무 것도 할 수 없다. 과학은 그저 관찰자, 그것도 가장 조잡한 감각적 관찰자가 되어있을 뿐이었다! 이 거짓된 깨달음의 시대에 지성은 쇠퇴하고 쓸모없어지고 남아도는 것이 되었다…. 나는 교령 원탁을 관찰한 이후 더는 관찰이라는 단어를 입 밖으로 내뱉지 못하는 전날의 학자들을 알고 있다. 따라서 이 현상은 지식 자격을 재정립하는 데엔 어느 정도 쓸모가 있었다고 봐야겠다. 한마디로 정리하자면, 나는 학자들을 기만하기 위해 원탁이 돌아간다고 생각한다. 이 현상은 과학을 감각적 관찰이라 격하시킬 정도로 이 학문을 망가트렸다….'

여기 독자들에게 생각할 거리를 줄 만한 아주 기이하고도 놀라운 사건이 있다. 이는 미르빌의 『유령 문제Question des esprits』에 등장한다. 'N*** 남작은 파리 내각에서 주요 요직을 맡고 있었다. 그는 무소와 우리에게 다음의 이야기를 들려주었으며, 이름을 밝히는 것에 구두로 허락해주었다. 그가 사용했던 표현을 완벽하게 기억하고 있으니, 정확한 재현을 기록해보도록 하겠다.' 이후부터는 재현한 N*** 남작의 이야기가 기록되어 있다. "18세기에 나는 회의주의를 통해 길러졌고 회의주의로 가득 차 있었다. 또 19세기에 이르러선 내 천성 덕분에 회의주의적 성격이 배가 되어버렸다. 나는 이토록 굳건한 성벽에 흠집을 내볼 수 있다면 시도해보라고 세상 모든 설교자에게 도전장을 내밀었다…. 그런 내 앞에 교령 원탁이 등장했다. 나는 이를 만지고 들었으며, 모든 비밀을 알아내는 데까지 오랜 시간이 걸리지 않았다. 이 새로운 확신이 내 가슴 속에서 어떤 혁명을 일으켰는지 표현하기란 꽤 어려운 일이다. 첫 순간부터, 이 모든 것이 나를 어떤 방향으로 끌고 갈 것인지 막연히 예감할 수 있었다. 나는 이 신종 신봉자들에게 이 같은 감정을 표출하며 물었다. '지금 하는 행위가 본인들에게 이롭지 않다는 것을 아십니까? 또 당신들의 이 행위가 나를 즉시 고해의 길로 인도할것이라는 걸 아십니까?' 그들은 답했다. '아니요. 절대 아닙니다.', '맞습니다, 맞아요.', '아닙니다.', '맞습니다.', '아닙니다. 당신이 뭘 하든 제대로 막을 것입니다.', '어떻게 하려고요?', '그건 두고 보시죠.' 나는 승리를 거머쥐며 그토록 격분하던 자들을 찾아갔다. 그러나 이 순간부터, 그들의 잔혹한 복수가 시작되었다. 그렇게 나는 그들의 원탁에 앉았다. 그들은 나를 붙잡았고 무언가와 동기화시켰다. 그리고 더는 스스로 생각하고 말하지 못했다. 나는 지옥의 고통을 느꼈고 말 그대로 미쳐버렸거나 빙의된 것 같았다. 내 절망은 극에 달했다. 만약 내가 믿는 지도자의 위대하고 신중한 힘이 없었더라면 난 어떻게 되었을지 알 수 없다. 이 덕분에, 나는 평화, 복종, 더 많은 기도와 믿음을 통해 빙의에서 풀려날 수 있었다. 내 몸에 들어왔던 잔혹한 손님 중 마지막 존재는 다음과 같이 말했다. '잘 있거라. 네가 이겼다. 그러나 우리는 네가 죽는 날 너의 침대로 찾아갈 것이다. 그때야말로 우리가 전능해지기 때문이다.' 그 뒤로, 나는 스스로를 구원받은 자라 여기며, 세상에서 가장 행복한 사람이 되었다. 사실 나는 그 존재들에게서 몇 가지 진실을 (어쩌면 유용한 것을) 얻어내려 시도했었다. 내가 그들에게 물었다. '신의 자비가 무엇인지 아는가?', '그것은 무한이다', '신의 자비는 무한하지만 너는 고통받을 것이다, 불쌍한 영혼이여!', '잔혹하구나….', '그리고 그 고통은 계속될 것이다.', '계속되는가….', '하지만 위대한 신을 미친 네가 받아들이려 한다면… 혹시 모르지', '넌 불가능한 것을 요구하는구나.', '그것이 왜 불가능하다고 생각하지?', '내가 원하지 않기 때문이다. 그는 나를 용서하지 못한다.', '신이 완전한 소멸을 제안한다면, 받아들이겠는가?' 얼마간의 갈등 뒤, 유령 중 하나가 답했다. '그렇다. 왜냐하면 신에게서 받은 것 중 유일하게 남은 것이 존재함 그 자체이기 때문이다. 그러니 그가 이를 가져가겠다고 한다면, 난 그로부터 자유로워질 것이다.' 반면 다른 영혼은 다음과 같이 말했다. '아니, 난 받아들이지 않을 것이다. 그렇게 한다면 신을 증오하며 얻는 위안감을 더 이상 느낄 수 없을 테니까.', '너는 신을 증오하는구나!', '그렇다, 나는 증오한다! 내 이름이 바로 증오이다. 나는 모든 것을 증오한다. 심지어 나 자신까지도 증오한다….' 이 이야기의 진실성을 논하자면, 이름을 언급해도 좋다는 허락이 곧 서명 그 자체라고 봐도 좋을 것이다."

제정신을 가진 이라면 놀라워할 사실이 있다. 바로 신교도 국가에서 유령 숭배의 지위가 종교에 맞먹는 높이로 올라섰다는 것이다. 제네바와 뉴욕 그리고 여러 나라에선 악마를 모시는 사원이 있다. 이는 철학자들이 내쫓은 이교 문명을 다시 사회로 데려와 사람들을 기만하는 행위이다. 게다가 이는 모든 철학 시대의 종말과 폐쇄를 의미한다.

마지막으로 뉴욕 프랑스 일간지에 언급된 아주 특이한 일화 하나를 예시로 들겠다.

'보던타운Bordentown에 살던 한 청년이 지난 금요일 사망했다. 이 청년은 같은 지역의 젊은 여성과 약혼을 한 사이였다. 더불어 두 약혼자와 가족들은 유령의 존재와 출현을 굳게 믿는 사람들이었다. 이들은 그 누구도 들어보지 못했을 법한 기상천외한 생각을 하게 되었다. 그들은 신랑이 사망했지만, 결혼식을 중단하지 않기로 했다. 신랑의 영혼은 세속의 껍질을 벗고 약혼녀 몸속의 영혼과 혼인하게 될 것이기 때문이었다.

실제로 일요일에 젊음과 생기로 가득 찬 신부와 미동 없는 시체 간의 터무니없는 결혼식이 치러졌다.

신부는 원했지만, 다행스럽게도 이 혼인은 성립되지 않았다. 세상에 이런 결혼을 인정하는 법이 존재하지 않았기 때문이다. 흥분을 가라앉히고 나면, 그녀 역시 깨닫게 될 것이다. 두 영혼의 결합이 매력적인 것은, 영혼에 맞춰 움직이는 몸이 있을 때라는 것을.'

참조. 드레파노Drépano, 휘데물렌Hudemuhlen, 교령술Spiritisme, 교령 원탁Tables Tournantes, 웨슬리Wesley, 보르티즘Bortisme 등.

(1)성 토마스는 악마들이 나쁜 계획을 완수하기 위해 죽은 사람의 영혼인 척하는 경우가 많다고 말했다. 원문은 다음과 같다. 'Dæmones Simulant se Esse Animas Mortuorum.' (『대이교도대전Summa Contra Gentiles』, 1페이지, 문항 117, 글 4) / * 영을 부르는 교령회에 사용하는 원탁. 영매자와 참여자가 다 함께 이 원탁을 빙 둘러앉은 후 진행된다. 영이 소환되면 탁자가 움직이거나 공중에 뜨며 뱅뱅 돌기도 했다.

에세네파 [Esséniens / Essenes] 유대인들 사이에서 유명한 이단. 에세네파 교도들은 특별한 미신을 믿었다. 그들의 선지자는 내용 일부를 가공한 성서로 미래를 예견할 수 있다고 주장했다. 이 성서에선 의학과 온갖 학문에 카발라Kabbalah를 접목한 내용들을 찾아볼 수 있었다.

에스트렐 [Esterelle] 요정. 참조. 요정Fées.

생명의 연못 [Étang de la Vie / Pond of Life] 페르시아의 학자들은 선택된 이와 그렇지 않은 이가 나뉘는 다리 출구에서, 축복을 입은 사람들은 꿀처럼 부드럽고 하얀 물이 있는 연못으로 내려간다고 믿었다. 영혼들의 휴식을 위해, 연못에는 별 모양의 항아리들이 나열되어 있고, 모두 연못의 물이 담겨있다. 신을 믿는 자들은 천국에 입성하기 전에 이 물을 마신다. 이 물은 영생의 물로 한 방울이라도 마신 사람은 그 무엇도 갈망하지 않게 된다고 한다.

영원 [Éternité / Eternity] 보에티우스Boethius는 영원을 다음과 같이 정의했다. '시작이나 끝, 혹은 그 어떤 계승도 없이 온전히, 완벽히, 그리고 완전하게 존재하는 방법의 소유(라틴어로는 훨씬 짧다. Interminabilis Vitæ Tota Simul et Perfecta Possessio)' 영원은 계승되지 않는다. 시간처럼 현재와 과거와 미래가 존재하지도 않는다. 그저 현재가 영속된다. 신학자들이 지적한 대로, 신이 자신에 대해 '나는 나이다Ego Sum Qui Sum'라고 말하는 것도 이런 이유에서다. 오직 신만이 영원을 누린다. 그 어떤 피조물도 영원을 누릴 수 없다. 왜냐하면, 피조물에는 탄생이라는 시작점이 존재하기 때문이다. 그런데도 우리는 영원이란 개념을 창조된 지능적 존재가 가지게 될 미래의 삶, 끝이 없는 삶을 지칭하기도 한다. 같은 의미에서 천국에는 정의로운 자들을 위한 영원한 축복이, 지옥에는 버림받은 자들을 위한 영원한 형벌이 기다리고 있다. 비종교적 인사들은 이 교리에 맞섰으나, 타격을 입힐 수는 없었다. 성 토마스 아퀴나스Thomas Aquinas는 이와 관련하여 공정한 필요성을 증명해냈다.

재채기 [Éternument / Sneezing] 아리스토텔레스Aristoteles는 재채기를 할 때 축복을 비는 인사를 두고, 양식과 정신이 머무르는 상대의 뇌에 존경을 표하는 것이라고 말했다. 이 예절의 기원은 우리가 야만인이라고 불렀던 민족까지 거슬러 올라간다. 무타파Mutapa 제국의 황제가 재채기를 하면 신하들은 미리 정해둔 신호를 주고받아 전국에서 환호하도록 만들었다.

파미아노 스트라다Famiano Strada 신부는 이 축복의 유래를 찾기 위해선 프로메테우스Prometheus가 등장한 시기까지 거슬러 올라가야 한다고 주장했다. 주피터Jupiter를 따라 했던 이 유명한 인물은, 자신의 조각상을 움직이게 하기 위해 햇살 한 줄을 훔쳐 작은 상자에 담았다. 그가 콧구멍에 코담배처럼 빛줄기를 집어넣자 동상이 재채기를 했다고. 랍비들은 최초로 재채기를 한 자가 아담Adam이라고 주장했다.

과거에 재채기는 흉조로 죽음을 예고했다고 한다. 이러한 일은 야곱Jacob이 살던 시기까지 이어졌고, 이토록 하찮은 이유로 죽고 싶지 않았던 야곱은 신에게 이 원리를 바꾸어달라고 간청했다. 학자들은 재채기할 때 축복을 비는 풍습도 여기서 발생한 것이라고 말한다. 축복을 비는 재채기 인사의 다른 유래도 있다. 성 그레고리 1세St. Gregory the Great가 교황으로 있을 때의 일이다. 이탈리아에선 재채기를 통해 옮겨지는 전염병이 존재했다. 모든 전염병 환자는 재채기를 했으며, 사람들은 이 병을 피해 가길 신에게 간청했다. 이렇게 축복 인사를 하는 풍습은 지나치게 코점막이 자극된 사람들이 옮기는 전염병에 의해 만들어진 것이다.

고대인들에게 재채기는 시간, 장소, 상황에 따라 좋은 것이 되기도, 나쁜 것이 되기도 했다. 좋은 재채기는 정오에서 자정 사이에 그리고 달이 황소자리, 사자자리, 천칭자리, 염소자리, 물고기자리에 있을 때 하는 것이다. 하지만 자정에서 정오 사이에 그리고 달이 처녀자리, 물병자리, 게자리, 전갈자리에 있을 때 나오는 재채기는 나쁜 재채기이다. 만일 침대 밖으로 나올 때 혹은 식탁에서 일어날 때 재채기가 났다면 신의 가호를 빌어야 한다[1]. 그리스인과 로마인은 오른쪽에서 재채기 소리를 듣는 것을 좋은 징조로 여겼다. 그리스인들은 큐피드Cupid가 재채기를 할 때 태어난 이는 뛰어난 미모를 가지고 있다고 여겼다. 시암Siam* 주민들은 지옥의 존재를 확신했다. 주민들은 이 끔찍한 거주지에 인간의 모든 죄를 거대한 책에 받아적는 판사들이 있다고 믿었다. 그들의 수장은 이 책을 들여다보며 시간을 보내는데, 그가 죄목을 읽을 때 해당 사람에게서 재채기가 나온다는 것이었다. 이들은 그때부터 재채기하는 사람에게 장수 또는 신의 가호를 빌어주는 풍습이 생겼다고 주장했다. 시날Shinar의 왕이 재채기를 할 때면, 궁인들은 등을 돌리고 손바닥으로 오른쪽 엉덩이를 때렸다.

(1)살그Salgues, 『오류와 편견Des erreurs et des préjugés』엔 다음과 같은 내용이 있다. 일부 학자들, 그중에서도 페르캥Perkains과 보에Voet는 재채기를 할때 축복을 비는 풍습을 비난했다. 이 풍습이 유대인과 이민족으로부터 전파되었기 때문이다. 이는 마치 우리에게 전파된 모든 다른 민족의 풍습을 거부해야 하는 듯한 태도이다. 게다가 두 학자는 교회의 사제들이 이를 금지했기 때문에, 범죄로 인식해야 한다고도 덧붙였다. 반면 세브로Chevreau는 다음과 같이 말했다. "이들은 재채기 미신과 밤, 아침, 자정, 특정 시간, 오른쪽, 왼쪽, 한 번 혹은 두 번, 양자리, 황소자리, 궁수자리, 전갈자리와 얽힌 재채기를 이용한 점술만 금지한 것이다. 상식이 있다면 이 점술이 그 어떤 행운이나 불행도 예고하지 않는다는 것을 알 수 있다. 그러나 부모와 친구들이 먼 여행길에 오르거나 중요한 사업을 앞두고 있어 행운과 건강을 빌어주고 싶다면, 그리고 그때 그들이 재채기를 한다면, '신의 가호가 있기를!'이라고 말하는 것이 대체 무엇이 문제란 말인가? 재채기는 짧은 시간에 이뤄지는 일종의 경련 또는 뇌전증으로, 지나치거나 계속되면 해를 입을 수도 있다. 우리가 역사가와 의사를 통해 배운 것은 재채기라는 것이 어떨 때는 목숨을 앗아가고, 어떨 때는 무언가를 의미한다는 것이다." / * 태국의 옛 이름.

에티엔 [Étienne] 에티엔이라는 남성은 마치 악마 부르듯 하인들을 부르는 못된 습관이 있었다. 그는 항상 악마라는 말을 입에 달고 살았다. 어느 날 여행에서 돌아온 그는 평소 습관대로 시종을 불렀다. "이리 와서 바지를 벗겨라, 이 악마 녀석아." 그가 말을 끝맺기 무섭게, 보이지 않는 발톱이 그의 바지를 풀어 헤치고, 가터를 떨어뜨리고는, 바지를 발목까지 끄집어 내렸다. 겁먹은 에티엔은 소리쳤다. "저리 물러나라 이 사탄아! 나는 너를 부른 것이 아니고 시종을 부른 것이다." 악마는 모습을 드러내지 않고 물러났고, 에티엔은 그 이름을 다시 입에 올리지 않았다[1].

다른 에티엔은 귀도Guide를 참조할 것.

(1)그레고리오 마그니Gregorii Magni 『대화Dialog』, 3권, 20장.

에트나 산 [Etna] 기독교는 에트나 산과 리파리Lipari 섬에서 대장장이 신인 불카누스Vulcan와 외눈박이 거인 사이클롭스Cyclops 그리고 거인들을 쫓아냈다*. 그러나 악마들이 그 자리를 채웠다. 어느 은둔 성인의 말에 따르면, 지옥에서 고통받는 영혼들을 천국으로 보내기 위해 위령의 날을 세웠을 때, 에트나 산과 인근 섬들에서 귀를 찢는 굉음과 비명이 울려 퍼졌다고 한다. 아마 새로운 종교가 지옥에서 데려간 영혼들을 되돌려주길 바라며, 사탄과 그의 추종자 그리고 그의 민족이 절망에 차 울부짖는 소리였을 것이다[1].

(1) 디드론Didron, 『악마의 역사Histoire du Diable』. / * 로마인들은 불카누스가 에트나 산에 거주한다고 믿었다.

에스노프론 [Ethnophrones] 7세기의 이단. 고대 이교도의 미신, 점성술, 점, 속죄 의식, 행운과 불행의 날을 비롯한 여러 점술에 기독교를 접목했다.

별 [Étoiles / Stars] 무함마드Muhammad는 제자리에 머무는 별과 별똥별이 하늘의 파수꾼이라고 보았다. 별들은 악마가 접근해 신의 비밀을 알아내지 못하도록 저지한다. 로마인들은 별 속에서 신성함을 발견했다. 엘리스Elis 주민들은 일 년 중 특별한 날에 시리우스 별자리가 뜨는 것을 올려다보곤 했다. 그리고 별자리가 어두운 경우 흑사병의 전조라고 생각했다.

이스라필 [Étraphill / Israfil] 이슬람의 천사. 그가 여전히 서 있으니, 이는 심판의 날을 알리는 나팔을 불기 위함이다.

새해 선물 [Étrennes / New Year Gift] 과거엔 새해 첫날 가족끼리 그 무엇도 건네지 않으며, 이웃에게 아무것도 빌려주지 않는 암묵적인 약속이 있었다. 단, 집 앞을 지나는 행인들을 위해 고기로 채운 식탁을 문 앞에 두었다. 그리고 유령들을 위한 선물을 두는 미신도 있었다. 로마인들이 새해 첫날 작은 선물을 신께 바치는 의식도 이러한 풍습에서 이어진 것일 수도 있다. 어찌 되었든 샤를마뉴Charlemagne 황제 시절 교회는 이러한 문화를 금지했다. 교회 법령은 이 선물들을 '악마의 새해 선물'이라고 불렀다.

에틸라 [Etteilla] 본명 알리에트Alliette*에서 철자를 재조합한 가명이다. 카드점에 관한 여러 책을 펴냈다.

* 장 밥티스트 알리에트Jean-Baptiste Alliette는 타로카드의 해석 개념을 정립하였고 대중화시킨 인물이다.

유비우스 [Eubius] 『아폴로니오스의 환영 또는 환영의 증명Apparitions of Apollonius, or a Demonstration of Apparitions』(1735년, 암스테르담, 4절판, 라틴어)을 저술했다.

성찬 [Eucharistie / Eucharist] '성찬의 시험은 영성체를 받을 때 이뤄진다. 로타링기아Lotharingia 왕국의 로테르Lothair 왕은 교황 하드리아노 2세Hadrian II로부터 영성체를 받으며 내연녀 발드라다Waldrada를 돌려 보낼 것을 맹세했다. 하지만 맹세는 지켜지지 않았다. 로테르는 그로부터 한 달 뒤인 868년에 사망했다. 그리고 그의 죽음은 불경한 거짓 서약 때문으로 여겨졌다. 이 시험은 교황 알렉산데르 2세Alexander II[1]에 의해 폐지되었다.'

(1) 베지에Nicolas Sylvestre Bergier, 『신학 사전Dictionnaire théologique』.

유키트 [Euchites] 참조. 사타나키Satanaki.

위메스 [Eumèces] 경이로운 조약돌. 직사각형 형태 때문에 이러한 이름으로 불린다. 박트시아Bactcia에서 찾을 수 있다고 전해진다. 머리 위에 이 조약돌을 올려놓고 잠들면 그동안 일어나는 일들을 알려준다고 한다.

에우리노메 [Eurynome] 일부 악마 광신자들 사이에서 고위 악마이자 죽음의 왕자로 통한다.

크고 긴 이빨을 지녔으며, 상처로 가득한 끔찍한 몸과 여우 가죽으로 만든 옷을 입고

있다. 고대 이교도들 역시 그의 존재를 알았다. 파우사니아스Pausanias는 그가 짐승의 썩은 고기와 시체를 먹이로 삼았다고 전한다. 델포이Delphi 신전에는 그를 상징하는 동상이 있었는데, 시커먼 안색과 굶주린 늑대 같은 이빨을 드러내고 독수리 가죽 위에 앉아있는 모습이었다.

요한복음서 [Évangile de Saint Jean / The Gospel According to John] 시골에선 한 해의 첫 번째 일요일, 일출 한 시간 전, 빈 양피지에 『요한복음서』 첫 구절인 '태초에 말씀이 계시니라In Principio erat VerbumIn Principio erat Verbum'라는 문구를 적어 거위 깃털 축에 넣는 미신이 있었다. 이렇게 하면 상처를 입지 않으며 많은 불행을 피해갈 수 있다고 여겼다[1]. **참조.** 열쇠점Cléidomancie.

(1) 티에르Jean-Baptiste Thiers, 『미신 모음집Traité des superstitions』, 1권.

이브 [Ève] 이슬람교와 탈무드 연구 학자들에 따르면, 아담과 마찬가지로 1리유*의 키를 지녔다고 한다[1]. **참조.** 아담Adam, 바구니Paniers 속 짧은 농담.

(1) 『구약성경의 전설Légendes de l'Ancien Testament』에서 이브와 아담의 이야기 참조. / * 과거의 거리 단위. 1리유는 약 4km 정도이다.

바다의 주교 [Évêque Marin / Sea Bishop] 『네덜란드 대연대기Grande Chronique des Pays-Bas』에는 1433년 북해에서 못난 생김새를 한 남자의 형상을 한 물고기가 잡혔다고 기록되어 있다. 이 물고기의 머리엔 비늘로 만들어진 주교관이 있었으며, 지느러미는 주교가 사용하는 장신구와 유사한 생김새를 띄었다. 물고기는 두 발로 설 수 있었으며, 사람들이 만져도 겁을 먹지 않았다. 다만 바다로 돌아가고자 하는 격렬한 열망을 표했을 뿐이다. 『네덜란드 대연대기』에선 이 물고기를 '바다의 주교'라고 기록했다. 물고기를 다룬 알드로반디Aldrovandi의 저서에도 이와 몹시 유사한 물고기가 등장한다. 이는 지어낸 이야기일까, 아니면 어떤 현상일까?

소환 [Évocations / Summons] 악마를 소환하고 싶은 자는 개, 고양이 또는 닭을 제물로 바쳐야 한다. 단, 이 세 동물이 소환하는 사람의 소유여야 한다. 그리고 영원한 충성과 복종을 맹세하면 땅, 바다 그리고 하늘에 깃든 지옥의 절대적인 힘을 사용할 수 있는 표식을 얻는다[1]. 사람들은 마법서에 나오는 일부 주문을 읽으면 악마를 소환할 수 있다는 헛된 환상을 가지고 있다. **참조.** 액막이Conjuration. 몰타Malta의 두 기사에겐 악마 소환의 비밀을 알고 있다고 떠벌리는 노예 하나가 있었다. 보물이 숨겨져 있다고 의심되는 오래된 성에 노예를 데려가자, 그는 지하로 내려가 악마를 소환했다. 그러자 그곳에 있던 바위 하나가 열렸고, 그 안에서 상자가 하나 나왔다. 노예는 상자를 차지하려 여러 번 시도했으나, 다가갈 때마다 상자가 다시 바위로 들어가는 바람에 성공하지 못했다. 노예는 두 기사에게 일어난 일을 말해준 뒤, 힘을 내기 위해 포도주를 조금 마실 수 있겠느냐고 물었다. 기사들은 노예에게 포도주를 주었다. 어느 정도 시간이 흐르고 그가 돌아오지 않자 기사들은 그를 찾아 나섰다. 노예는 죽은 채로 발견되었는데, 그의 몸에는 온통 십자가 모양의 칼자국이 나 있었다. 기사들은 그의 시체를 바닷가로 가져간 다음 목에 돌을 둘러 물속에 던져버렸다[2]. 영혼의 소환에 관해서는 다음을 **참조.** 강신술Nécromancie, 교령 원탁Tables Tournantes.

(1) 다노이우스 포르티아니스Danœus Fortianis. / (2) 칼메D. Calmet와 기요 델라마르Guyot-Delamarre.

에그자엘 [Exael] 최초의 천사 무리 중 10번째 천사. 성서 외경 『에녹서The Books of Enoch』에 따르면 남성에겐 무기와 전쟁용 기계 제작 방법을, 여성에겐 금은 세공법과 보석, 분을 사용하는 방법을 알려주었다고 한다.

과장 [Exagération / Exaggeration] 일반 판사 중 다수는 마법사에 관한 글을 쓰고 단순한 정신착란이나 질병도 범죄로 일반화시키곤 했다. 그러나 일부 시대엔 악마의 해악Malum Dœmoniacum이 광범위하게 퍼져있어 핑계를 찾기 쉬웠다는 문제도 있었다. 이때, 교회 판사는 더욱 관용적인 편이었다. **참조.** 마법사Sorciers. 로마 법정의 시효와 보게Boguet, 마법사 법규를 비교해볼 것.

파문 [Excommunication] 한때 파문이 남용된 시기가 있었다. 이때 파문에 반대하는 목소리가 컸으나, 정작 이 제도는 문명이 없던 시절 사회에 크게 기여한 바 있다. 그러나 모든 역사에서 교황청으로부터 정기적으로 처벌받고 파문당한 자가 마지막까지 윤택한 삶을 누리고 간 경우를 찾는 것은 쉽지 않다.[1] 10월 16일, 『그리스의 음모Menées des Grecs』에는 다음의 글이 실렸다. "셀레우키아Seleucia 사막의 어느 성직자는 불복종을 이유로 상급자로부터 파면을 당했다. 사막을 벗어난 그는 알렉산드리아Alexandria로 갔다가 성의를 내려놓은 채 체포되었다. 그리고 도시 정부로부터 가짜 신에게 제물을 바칠 것을 강요받았다. 이 고독한 인간은 이를 강력하게 저항했다. 그는 여러 방식으로 고문을 받았으며 결국에는 목이 잘렸다. 그의 사체는 도시 밖에 버려졌다. 기독교인들은 밤에 그의 사체를 수거해 수의를 입힌 뒤 순교자처럼 교회에 묻어주었다. 어느 날 미사 봉헌 도중, 부사제가 보통 때처럼 큰 소리로 외쳤다. '예비 신자와 영성체를 하지 않은 자는 자리를 뜰지어다.' 그러자 무덤이 갑자기 저절로 열리며 순교자의 몸이 일어나더니 교회의 입구로 나가버렸다. 미사가 끝나자 그는 다시 스스로 자신의 무덤으로 들어갔다. 나이 든 신부는 3일 동안 기도를 올렸고, 계시를 통해 이 성직자가 자신의 상급자에게 불복종한 이유로 파면당한 사람이라는 것을 알게 되었다. 그리고 해당 상급자가 사면해주기 전까진 이곳에 붙들려 있게 되리라는 것도 알게 되었다. 이들은 그렇게 사막으로 가서 상급자를 데려왔다. 그가 순교자의 관을 열고 사면을 허하자, 그는 자신의 무덤 속에서 명복을 찾게 되었다.[2]" 이는 드물게 일어나는 불가사의한 사건이었다.

1031년 리모주Limoges에서 열린 두 번째 공의회에서, 카오르Cahors의 주교는 최근 겪었던 특별한 모험 이야기를 들려주었다. 성직자는 다음과 같이 말했다. "우리 교구의 한 기사가 파문 중 목숨을 잃은 일이 있었소. 그의 친구들은 사면을 절실히 애원했지만 나는 거절했다오. 그가 다른 사람들의 본보기가 되길 바랐거든. 결국 그는 몇몇 신사의 도움으로 땅에 묻혔는데, 성 베드로St. Peter에게 헌납된 교회에서 예식이나 사제의 참석 없이 진행되었다오. 그런데 다음 날 아침, 사람들은 그의 육신이 무덤으로부터 멀리 떨어진 땅 밖에 버려져 있는 것을 발견하게 되었소. 심지어 무덤은 온전한 모습이었고 아무도 손을 댄 흔적이 없었지. 그를 묻었던 신사들은 시체를 감싸던 천만 발견했을 뿐이었소. 그래서 이번에 다시 매장할 땐 많은 양의 흙과 돌로 무덤의 위를 덮었답니다. 하지만 다음 날 아침 시체는 다시 무덤 밖에서 발견되었고, 이번에도 누군가 건드린 흔적이 없었다오. 이 같은 일은 무려 다섯 번이나 반복되었소. 결국 하는 수 없이 파문당한 자를 세속의 땅에 묻었답니다. 이에 겁먹은 인근 영주들은 모두 모여 평화를 빌어주었지요.[3]"

존 브롬튼John Bromton은 직접 저술한 연대기에서 영국의 사도인 성 아우구스티누스St. Augustine가 전 국민 앞에서 예배를 보기 전 다음과 같이 말했다고 기록했다. "그 어떤 파면당한 자도 미사성제에 참석하지 못한다!" 그러자 오래전에 교회에 묻혔던 망자 하나가 자리를 떠났다. 미사 후, 성 아우구스티누스는 십자가를 들고 망자에게 다가가 왜 무덤에서 나왔느냐고 물었다. 망자는 그가 파면 도중 죽었다고 말했다. 성 아우구스티누스는 망자에게 파면을 선고한 사제가 묻혀 있는 장소를 물은 뒤, 그곳으로 이동했다. 그리고 사제에게 일어날 것을 명했다. 그렇게 일어난 사제는 성 주교의 요청 하에 파면된 자를 사면했고, 두 망자는 각자 무덤으로 돌아갔다." 그리스의 분리주의자Schismatics들은 파면당한 자의 몸이 땅속에서 썩지 않으며 검게 변한 채로 악취만 뿜어낸다고 믿었다.

영국의 '커먼 닥터스Common Doctors' 법원에선 여전히 파면을 선고한다. 1837년, 스터드베리Studberry라는 이름의 생강빵 장수는 영국 성공회 성구실에서 어느 교구민을 모욕한 죄로 이 형을 선고받았다. **참조.** 정직Interdit.

(1) 『신의 계명의 전설Légendes des commandements de dieu』의 리에주Liège 성당 참사회원의 전설을 참조할 것. 그리고 『교회 계명의 전설Légendes des Commandements de l'Église』 속 '교황을 만지지 마시오'라는 제목의 단락을 참조할 것. / *(2)* 칼메D. Calmet, 『망령들에 관한 논문

Dissertation sur les Revenants』, 329페이지. / (3)『공의회 Concil』, 902페이지.

배설물 [Excréments / Feces] 독립된 타르타르Tartars 종교 지도자 달라이 라마Dalai Lama는 신처럼 여겨졌다. 그의 배설물은 거룩한 성물처럼 보관되었다. 심지어 건조 후 가루로 만들어 보석 박힌 황금함에 담겨 가장 높은 귀족들에게 선물되었다. 그의 소변은 모든 종류의 병을 낫게 하는 영약으로 여겨졌다. 부탄Bhutan 왕국에서는 왕의 대변을 말려 작은 통에 보관했다. 이 대변은 고기 위에 뿌리는 용도로 시장에서 판매되었다. **참조.** 배설Déjections, 대변Fiente, 탄첼름Tanchelm, 암소Vache 등.

구마 [Exorcisme / Exorcism] 악마를 빙의자에게서 내쫓기 위해 하는 액막이, (신을 찾는) 기도 그리고 명령. 대체로 위험으로부터 보호하는 것을 목적으로 한다. 구마와 액막이Conjuration를 유의어로 보는 경우도 있다. 하지만 액막이는 악마에게 멀어질 것을 명하는 주문일 뿐이다. 구마는 의식 전체를 의미한다[1]. 마법을 다루는 사람에게도 그들만의 구마 의식이 존재하며 악마를 쫓거나 불러올 수 있다. **참조.** 액막이.

여기 구마 의식과 관련한 기이한 이야기가 하나 있다. 하이스터바흐의 케사리우스Caesarius von Heisterbach[2]는 다음과 같은 기록을 남겼다. "리에주Liege 교구 성 아가트Sainte-Agathe 수도원장인 윌리엄William은 두 수사와 함께 쾰른Köln으로 갔다. 이는 빙의된 여성의 구마를 위해서였다. 그는 악령에게 몇 가지 질문을 던졌고 악령은 제멋대로 대답했다. 악마는 대답만큼이나 많은 거짓말을 했는데, 수도원장은 이를 알아채고 진실을 말할 것을 강제했고 악마는 복종하게 되었다. 악마는 수도원장에게 그가 알고 싶어 하는 몇몇 고인이 어떻게 지내는지 알려주었다. 그와 동행했던 수사 하나는 악마와 대화를 나누고 싶어 했다.

악마가 말했다. '조용히 하거라. 너는 어제 수도원장으로부터 12수Sous*를 훔치지 않았느냐. 그 돈은 지금 네 허리띠에 있고!' 그 말을 들은 수도원장은 수사를 용서해주었다.

이후 그는 악마에게 빙의자를 떠날 것을 명령했다. 악마가 물었다. '내가 어디로 가길 원하는가?' 수도원장이 말했다. '내가 입을 열 테니, 할 수 있다면 내게 들어오거라.' 악마가 답했다. '거긴 너무 뜨겁다. 너는 성체를 받아 모시지 않느냐.' 낙관적인 수도원장은 이번에 자기 엄지손가락을 뻗었다. '그렇다면 여기에 붙거라!', '괜찮다. 그 손가락은 너무 신성하다.', '그렇다면, 네가 가고 싶은 곳으로 가라. 단 그 몸에서는 나와라.' 악마가 답했다. '난 서두르지 않을 것이다. 여기 2년을 더 머무를 권리가 있다….'

수도원장은 다시 악마에게 말했다. '원래의 네 모습을 보여라.', '원하는가?', '그렇다.', '어디 보거라!'

이와 동시에 빙의된 여성은 키가 커지며 끔찍하게 살이 붙기 시작했다. 단 2분 만에 그녀는 300피트 높이의 탑만큼 커졌다. 두 눈은 지옥의 업화처럼 뜨거워졌고, 끔찍한 용모가 만들어졌다. 두 수사는 실신하였고, 유일하게 정신을 잃지 않은 수도원장은 다시 원래 지녔던 키와 모습을 돌려주라고 명했다. 악마는 이 말에 또 복종하며 말했다. '그대가 순수한 것을 다행으로 알거라. 불순한 인간은 죽지 않고서 내 원래 모습을 볼 수 없으니까.'" **참조.** 계약Pactes, 빙의Possessions 등.

(1) 베지에Nicolas Sylvestre Bergier, 『신학 사전Dictionnaire théologique』. / (2) 하이스터바흐의 케사리우스, 『기적의 대화Dialogus Miraculorum』, 5권, 29장. 쉘른Schellen, 『악마De Diabol』, 7권. / * 과거 프랑스의 화폐 단위.

속죄 [Expiation] 고대 아랍인들은 일부 짐승의 귀를 잘라 들판에 던지며 자신들의 죄를 속죄하였다.

생 푸아Saint-Foix는 다음과 같이 말했다. "칼을 든 한 유대인이 수탉을 잡아 머리 주위로 칼을 세 번 돌린 뒤 이렇게 말하며 목을 잘랐다. '네게 내 죄를 주니. 이제 내 죄는 너의 것이다. 너는 죽을 것이고, 나는 영생의 길로 접어들 것이다.'"

황홀경 [Extases / Ecstasies] (육체적 발작으로 여겨지는) 황홀경은 놀랍고 초자연적인 대상에 대한 강력한 관조로 인해 발생하는 정신의 황홀함, 감각의 정지를 의미한다. 우울증 환자는 황홀경을 경험할 수 있다. 성 아우구스티누스St. Augustine는 본인의 의지로 죽은 척을 했지만, (아마 엉겁결에) 정말 죽어버린 어느 사제의 일화를 이야기했다. 만일 그가 죽은 척을 한 것이라면 정말 제대로 한 것이다. 이 사제의 이름은 프레텍스타트Pretextat로, 황홀경에 빠지면 고통을 주어도 아무것도 느끼지 못했다.

악마 광신자들은 황홀경이 정신의 이동만을 의미한다고 보았다. 그들은 악마의 도움을 받으면 근육과 뼈의 이동이 가능하다고 주장했다. 몸에 기름을 바른 한 마녀는 어떤 의식도 없이 기절하게 되었다. 그리고 3시간 뒤, 육신으로 돌아와 알지 못하는 고장의 여러 소식을 전해주었다. 이후 그녀가 전해준 내용들은 사실인 것으로 증명되었다[1]. 최면술도 같은 효과를 낸다.

카르다노Cardan는 자유자재로 의식과 정신을 잃을 수 있는 성직자 한 명을 알았다. 그의 실신 상태는 보통 수 시간 동안 이어졌다. 이때 괴롭히고 때리고 살을 태워도 그는 아무런 고통을 느끼지 않았다. 하지만 그의 청각은 희미하게 깨어있어 주변에서 만드는 소음을 마치 먼 거리에서 아련하게 나는 소리처럼 들을 수 있었다. 카르다노는 자신 역시 의지에 따라 황홀경에 빠질 수 있다고 주장하였다. 그 또한 어렴풋한 소리를 들었으며 어떠한 고통도 느끼지 않았다고 말했다.

프레스탄티우스Prestantius 신부는 저주 받은 치즈를 먹고 침대에 누운 채, 몹시 무거운 짐을 진 말이 되었다고 믿었다. 이는 마법으로 인해 생긴 황홀경으로 추정되었으나, 실상은 소화 불량으로 인한 악몽일 뿐이었다.

'성 아우구스티누스는 황홀경을 두 종류로 구분했다[2]. 하나는 자연적인 황홀경이고, 다른 하나는 초자연적인 황홀경이다. 전자의 예시로는 탈라마Talama 교회의 레스티투트Restitut 사제 이야기를 예로 들 수 있다. 사제는 자신의 앞에서, 누군가가 불평하는 남자의 목소리를 따라 할 때마다 의식을 잃고 죽은 사람처럼 변했다. 이때 찌르고 꼬집고 불로 지져도 그는 아무것도 느끼지 못했다. 심지어 호흡마저 멈추었다. 이때 그에게 큰 목소리로 말을 걸면, 멀리서 나는 목소리처럼 느껴진다고 말했다[3].' 자연적인 황홀경은 보통 정기적으로 나타나거나 특별한 이유를 통해 발생한다. 초자연적인 황홀경에는 두 가지 종류가 있는데, 기독교의 황홀경과 악마의 황홀경이 그것이다. 전자는 많은 성자의 삶에서 나타난다. 후자는 신국을 포기하고 악마의 나라에 들어간 불행한 자들의 재판에서 보고된다. 마녀들은 황홀경 상태에서 마녀 집회에 참석하는 일이 잦았다. 보댕Bodin은 저서『빙의망상Démonomanie』에서 1571년 보르도Bordeaux에 수감되어있던 한 마녀의 이야기를 기록했다. 이 마녀는 매주 마녀 집회에 간다고 자백을 했고, 벨로Bélott 재판관은 자신이 보는 앞에서 마녀 집회로 갈 것을 지시했다. 하지만 그녀는 현재 상태에선 힘들다고 말했다. 이에 재판관은 잠시 그녀를 풀어주었다. 그러자 그녀는 즉시 몸에 향유를 바른 뒤 죽은 사람처럼 쓰러졌다. 재판관은 이동하지 않고 자리를 지켰다. 그녀는 5시간 뒤 돌아와 자신이 방문한 장소에서 일어났던 모든 이야기를 들려주었다. 이 정보를 그 자리에서 수집하고 보니, 마녀가 한 이야기는 모두 진실인 것으로 증명되었다. 최면술에 걸린 사람들의 영혼 또한 황홀경을 경험한다. 이는 육체 외에 영혼이라는 것이 존재함을 증명한다. **참조.** 엘프달Elfdal.

(1) 보댕『빙의 망상』. / *(2)*『신국La Cité de Dieu』, 14권, 24장. / *(3)* 괴레스Johann Joseph Görres,『신비주의Mystique』, 4권, 5장.

에스겔 [Ézéchiel / Ezekiel] 이슬람교도들은 예언자 에스겔이 살려낸 해골들이 다바

르단Davardan에서 흑사병으로 죽은 유해들이었다고 전한다[1].

(1) 「구약성경의 전설Légendes de l'Ancien Testament」에서 해당 이야기 참조.

색인

5	222	경이로운 부대	69	극	288
12	286	고라	242	근육 경련	247
가니자의 엘르아살	300	고래	105	금눈쇠올빼미	215
가브리엘 드 카스테뉴	185	고리	98	금식	11
가브리엘 드 콜랑주	232	고미액의 시련	293	기 드 크루젬부르	251
가시덤불	162	고수머리 친치나투스	222	기독교인	220
가이난	171	고수머리 친친나툴루스	222	기사 디비	279
가증	9	고약한 수도자	153	기상점	15
가현설	283	고양이	211	까마귀	242
갈비뼈	243	곡예사	112	끓는 물의 시련	294
감응술	311	골	198	나락	290
강경증	188	공기점	315	나무	64
개	216	공산주의	235	나탄 도비네	86
개망상증	252	공자	235	낙타	201
개암나무	244	과장	327	납치	309
개요서	306	관	197	내장점	57
개코원숭이	253	광기	263	노래	203
거미	63	광신자	310	노크	244
거울점	190	교수형 밧줄	241	녹색 물	294
거인의 춤	256	교차로	181	녹주석	220
거품	299	교황 보니파시오 8세	145	논설	282
검은 까마귀	241	교회와 마법사들	300	논쟁	282
게	246	구두끈	245	뇌	198
게자리	175	구리	251	뇌전증	312
결혼 화관	245	구마	329	다고베르트 1세	254
경기	238	구마 주문	15	다곤	254
경신	249	국가	223	다나케	255

334

다니스	255	데모노크라시	264	도미티아누스	285
다니엘	255	데모크리토스	263	도밍지나 말레타나	284
다람쥐	299	데바	259	도비	283
다마쿠스	255	데바디	272	도시테우스	286
다망	255	데바롤	268	도자르차발	284
다바이다	254	데버	260	도지스	259
다비드	260	데보르드	268	도페	285
다비드 조지	260	데비뉴	271	도피네	259
다윗	260	데스루	271	독	284
다이아몬드	278	데스퐁텐	269	독수리	19
다이티칸	292	데우모	272	돈	66
다잘	254	데우무스	272	돌고래	259
다프네파지	259	데이비드 존스	260	돌레스	284
다홋	255	데이포브	261	돔프론의 계랑	284
닥틸	254	데줄리에르	270	동냥	204
단테	259	데지알	254	동면자들	235
달력	172	데카라비아	177	동물	52
달무리	198	데카르트	269	돼지	229
달의 가래	247	데키우스	260	두개골점	248
달팽이	318	데트사일	268	두그도바	284
담네투스	255	데필리에	270	두꺼비	248
당나귀	47	델리오	262	두꺼비 숭배	15
당나귀 머리점	195	델포이 신탁	262	두르가	286
대 알베르투스	22	도깨비불	65	두를레(시몬)	286
대기점	203	도끼점	92	두에르가	290
대중적 오류	315	도나투스파	285	두엔데	290
대척지	58	도니	285	두자점	251
대홍수	263	도도나	284	둔카니우스	291
데드샤일	261	도라시리빈	285	뒤랑달	291
데로돈	268	도레	285	뒤러	291
데르사일	268	도모보이	285	뒤몽	291
데모고르곤	263	도미니크	285	뒤베르누아	292

뒤파이	291	디	261	마노	16
뒤포	291	디고네	279	마르게리트 라굼 부셰	151
뒤푸스	291	디드론	279	마르도셰 다캥	63
뒬로	291	디디메	279	마리 다스필쿠에타	77
듀스	292	디디에	279	마리 마르게리트 브랭빌리에 후작 부인	156
듀플렉스	291	디바손	279		
드 랑크르	261	디베	283	마법 설교	201
드니 드 뱅센느	267	디아	274	마법 지팡이	103
드니 앙조랑	267	디아브	278	마법 침	259
드라코나이트	287	디아블렛	278	마법사 법전	230
드라콘티아	287	디암빌리슈	278	마법사의 자백	92
드라크	287	디에마	279	마법의 원	196
드라페	288	디오니시오 달 보르고	282	마법의 허리띠	194
드락	287	디오크레스	282	마술	315
드랑글	262	디오클레티아누스	281	마지막 심판의 종	227
드레파노	288	디오피트	282	말	214
드로우	289	디티	283	말씀점	225
드로우칸시르	288	딕크	279	망자의 춤	256
드롤	289	딘다르트	281	맥각중독	65
드루바	289	딘스콥스	281	머리카락	215
드루서스	290	따개비 거위	127	메아리	295
드루이드 사제	289	라 드루드	289	모로코의 공	151
드루이드 여사제	289	레그바	214	모자 악마	145
드루즈	259	로이터스하우젠의 아폴로니아	59	목	243
드루즈인	289			목동	125
드루트	290	마녀 집회의 서약	308	목재	143
드리덴	290	마녀 집회의 성배	172	못	228
드리프	289	마녀 집회의 수프	151	못 박기	216
드벤디렌	272	마녀 집회의 시련	313	묘지	222
드보	272	마녀 집회의 십자가형	251	무도병	255
드스크램	261	마녀 집회의 춤	258	무스타스입	212
드젤베겐	283	마녀의 버터	131	무인경	269

무저갱	9	바르쉐	109	바엘	97
무지개	64	바르카바스	108	바운드스체스크	152
묵주	203	바르코케바스	108	바이	104
문자	177	바르코크바	108	바이라바	131
물	293	바르코프	108	바이런	164
미래	91	바르텔레미 드 본소바니스	146	바이론	133
미셸 루이 드 부벤오르	150	바르톤	109	바이몬	113
밀가루점	27	바르톨루스	109	바이안	103
밀랍	223	바르톨린	109	바이야르	113
밀랍점	198	바만	103	바이에	103
바고에	98	바메티	106	바이에른	114
바그	98	바바우	96	바이엘	113
바늘	19	바바일라나스	188	바이엘	114
바다의 악마	278	바방	113	바일	114
바다의 주교	327	바벨	96	바즈라	200
바둑크	97	바비네	96	바진	114
바둠나	97	바빌론의 압디아스	7	바코티	97
바드	97	바산틴	112	바쿠스	96
바라바스	109	바스카니	109	바트라카이트	113
바라불레	107	바스크 드 아욜라	93	바티스타 코드론치	231
바람 모자의 에릭	313	바시스	96	바팀	112
바람의 모자	203	바실	110	바포메트	146
바랏	107	바실 발렌타인	110	바하만	103
바레스트	108	바실리데스	111	바히	103
바론	109	바실리스크	110	바히르	103
바르게스트	131	바실리우스	112	박쥐	213
바르기스트	131	바아라스	95	반마법사	238
바르노	109	바알	95	반얀스	106
바르바스	107	바알베리스	95	반주술	238
바르바토스	107	바알제폰	95	반지	53
바르벨로	108	바알테인	95	반지점	254
바르비에리	108	바에틸루스	98	발더	105

발라데바	104	벌	7	베샤르	115
발란	104	범죄	249	베세	115
발람	104	베그만렌	126	베알	115
발리	105	베긴	116	베엘제부스	120
발사모	106	베네딕투스 8세	121	베이컨	96
발코인	105	베네딕투스 9세	122	베주엘	131
발콘	105	베네딕트	121	베커	116
발키스	105	베다르곤	115	베헤리트	116
발타자르	106	베랑드	123	베헤모스	116
발타조	106	베레시스	125	벤소지아	122
발투스	106	베렌저	125	벤타멜레온	122
밧줄	19	베루스	129	벨	117
밧쿰 바사	113	베르나	127	벨라돈나	119
밧쿰 파차	113	베르나디	128	벨람	117
방패점	77	베르나르	127	벨레판트	118
배설	261	베르나르 드 콤	127	벨록	119
배설물	329	베르나르(사무엘)	127	벨루스	120
배우	234	베르놀드	128	벨리눈시아	119
백색 악마	267	베르비귀에	123	벨리아스	119
백스터	113	베르송	128	벨리알	118
밴시	106	베르캥	128	벨리츠	119
뺄랭	119	베르테로	128	벨몬트	119
뱀의 기술	73	베르토메 뒤 리농	129	벨바치	118
뱀장어	51	베르토메 드 라 베두슈	129	벨보그	118
버나드 트레비상	127	베르톨드	128	벨제부스	120
버섯	202	베르트	128	벨제붑	120
버클리	127	베르티에	128	벨키스	105
버킹엄 공작	161	베른의 수도자들	128	벨트람	120
버터	130	베리드	128	벨페고르	120
버튼	163	베리스	126	벼락점	196
번개	296	베발	115	별	326
번기	162	베벨란트	131	별자리	238

보	149	보아이스튀오	144	부리농	152
보가트	139	보에티우스	138	부셔	161
보가하	139	보온 후파스	143	부셰	151
보게	139	보자니	144	부아튀오	144
보고밀파	139	보칼	136	부에르	162
보군스키	140	보트리드	150	부자스	163
보글리아	139	보트리스	150	부적(아뮬렛)	42
보기	139	보티스	150	부중	308
보나	144	보헤미안	140	부처	151
보나스	145	보호	75	부콘	161
보나티	145	보히넘	143	부타듀	163
보네	145	복스혼	154	부프타그	163
보니카	145	복제	286	부플라그	163
보댕	137	본	145	북극광	90
보도	136	본볼(마튀랭)	146	북스토르프	163
보드리	138	본볼(장)	146	분노	232
보딜리스	137	본볼(피에르)	145	분시오	152
보락	147	볼라크레	144	불가결의 셔츠	214
보르델롱	147	볼레건	144	불가사의한 출산	11
보르디	147	볼로투	144	불레	151
보르보리트	147	볼링브룩	144	불렝	152
보르지아	147	볼프리	144	불베즈	152
보르티즘	148	봄바스트	144	불순한 석탄	204
보름스의 일리아스	303	뵈메	138	불점	192
보리	147	부네	162	불타는 물	293
보리빵점	33	부니스	163	붉은 용	288
보미우스	143	부다스	161	붕사	147
보뱅	136	부르고	163	뷔노	162
보보이 드 쇼뱅쿠르	115	부르기퍼	163	뷔르고	152
보부	136	부르노	160	뷔카이	160
보샹	115	부르제	152	뷜레	162
보아예 다르장	65	부리	153	브라 드 페르	155

브라디노	154	블레톤	135	사냥	210
브라그	154	블로에마르딘	135	사랑	40
브라더스	158	블로쿨라	135	사역마	267
브라만	154	비고네의 야수	129	사이클롭스	252
브라우니	159	비고이스	132	사제술	73
브라운	158	비고티스	132	사탄의 징집관	310
브라카스코	154	비구른	132	사형집행인	153
브라흐마	154	비네(벤자민)	133	산호	240
브란덴부르크	155	비네(클로드)	133	상제	175
브레누스	155	비둘기	233	새해 선물	326
브레시아의 아놀드	70	비리스	132	색	244
브로놀리	157	비릭	133	생 미셸의 바바라	108
브로셀리앙드	157	비버	186	생 앙티드	57
브로시에	157	비베시아	131	생매장	310
브로옹	157	비스카얀	133	생명의 나무	143
브론제	157	비스클라바레	133	생명의 묘약	303
브롤릭	157	비에트카	132	생명의 연못	324
브루	163	비카르	133	샤르티에	209
브루드모르	159	비테르보의 아니우스	55	샤를 2세	208
브루르	160	비트	130	샤를 6세	206
브루투스	160	비트루	134	샤를 9세	207
브룰페르	159	비티스	134	샤를 드 보벨	153
브뤼네오	159	비프로스트	132	샤를 드 보빌	153
브뤼농	160	비프론	132	샤를 드 보빌루스	153
브리오슈	156	빌라르	133	샤를 마르텔	205
브리조점	157	빌레스	164	샤를마뉴	205
브리콜라카스	158	빌리스	133	샤먼	201
브리포	155	빗자루	104	샤모스	202
블랑	134	빙의 망상	263	샤무야르	202
블랑샤르	134	뻐꾸기	243	샤셍	210
블랭딕	135	뿔	242	샤스트네	211
블레즈 드 빌프라쿠리아	134	사고	11	샤시	211

샤이	201	소환	327	시노발라니	253
샤푸이	204	속죄	329	시라노 드 베르제락	253
샥스	213	손가락	284	시라쿠사의 디온	282
샴돈	202	솔로몬의 열쇠	225	시메리에스	222
샴피에	202	솔	213	시바도스	216
석면	40	쇼드롱	213	시아코니우스	220
성 바울의 기술	72	쇼슈 풀레	213	시엔가	221
성 브리짓	156	쇼케	219	시오고르	219
성 아우구스티누스	89	수도원장 아담	13	시체	168
성 안셀무스의 기술	72	수사슴	198	시투	223
성 안토니우스	58	수상술	219	시플레	218
성 카라독	178	수수께끼	309	시험	313
성 카이사리우스	199	수염	107	식	296
성 카테린	189	수염 악마	108	식물점	150
성 키프리아누스	253	수염난 악마	263	식인종	57
성 프란치스코회 수도사	176	수정구	151	식탁의 춤	258
성서점	131	수정점	249	신	279
성수	293	수탉	239	신격화	261
성찬	326	수탉의 울음소리	203	신성모독	134
세계의 영혼	39	수탉점	26	신의 수염	107
세람	195	수호신	321	신통력	224
세례	106	술잔점	244	실론 섬	200
세벤느	200	숫양	119	실린더	252
세실리아	194	숫염소	150	심벌즈	252
세자라	200	숫자점	69	심장	231
세자르	200	숭배	251	십자가	251
셰리우르	214	슈다르 데포르주	270	십자가의 막달레나	251
셰반	215	슈발리에	215	십자가의 시험	251
소	138	스코틀랜드인 앤	53	쌍두뱀	41
소금점	33	스콕스	213	아가레스	16
소망상증	153	스타킹	109	아가베르트	16
소환	20	승려	146	아가토데몬	16

341

아가티온	16	아델린	299	아리우스	69
아고바르	17	아도니스	15	아마네	35
아구아레스	18	아드라노스	15	아마데우스	35
아구아파	18	아드라멜렉	15	아마란트	35
아그난	17	아라술라	63	아마시스	36
아그니안	17	아론	6	아마이몬	41
아그라	16	아롯	72	아마제로트	35
아그라오포티스	17	아룬델	74	아마조네스	36
아그라페나 쉬간스카이아	17	아르구쥬	67	아말라리	35
아그리파	17	아르날두스 드 빌라노바	71	아말라릭	35
아나니삽타	44	아르노(안젤리크)	70	아메논	40
아나라젤	45	아르노(폴)	71	아메데 드 보포르 백작	115
아나말렉	44	아르누	71	아메샤 스펜타	42
아나멜렉	44	아르누스	72	아모이몬	41
아나베르크	52	아르누피스	71	아몬	40
아나브리	52	아르망빌	69	아미	43
아나톨리우스	46	아르미드	70	아미로	43
아낙실라스	46	아르젤	74	아밀카르	40
아난시	45	아르테미도루스	73	아바노	7
아난시타이드	44	아르테미시아	74	아바돈	6
아노키아투라	55	아르테피우스	73	아바리스	7
아니란	52	아르팍사트	72	아발람	7
아닌간	55	아리그노트	67	아베나르	91
아다만티우스	14	아리마스피	67	아베로에스	91
아달베르트	12	아리만	67	아베른	91
아담	13	아리스타이오스	68	아벤 라젤	8
아담파	14	아리스토데모스	68	아벤 에즈라	8
아데스	15	아리스토메네스	68	아벨	8
아데프트	14	아리스토텔레스	68	아벨 드 라 뤼	8
아델그레이프	14	아리엘	63	아벨라르	7
아델룽	14	아리옥	67	아부 리한	9
아델리트	14	아리올리스트	68	아분디아	11

아브라카다브라	9	아스타르테	78	아카트리엘	11
아브라카스	9	아스트롤라베	79	아케론	12
아브라함	10	아스티아게스	78	아케루시아	12
아브라헬	10	아스티에	78	아켈라르	63
아브락사스	9	아스틸루스	84	아콩스	12
아비고르	8	아스팜	77	아쿠안	21
아비센나	92	아시마	75	아퀴엘	63
아사 신족	75	아식 파샤	75	아크민	21
아사신	78	아이기판	300	아크바바	21
아사푀티다	77	아이나스	93	아키바	21
아사핀	74	아이들	307	아테	85
아산 듀오라이	12	아이로코노프스	315	아테나고라스	85
아샤 바히슈타	65	아이로코라세스	315	아테나이스	85
아샴	12	아이마르	93	아테노도로스	85
아서왕	74	아이몬의 네 아들	93	아투아스	293
아셀러스	75	아이스킬로스	318	아트레	85
아수라스	77	아이온	311	아트로포스	85
아수르스	77	아이의 두개골	247	아티니우스	85
아수이투스	76	아이페로스	93	아틸라	86
아슈과야 제락	12	아인 소프	310	아팍티언	58
아슈메	12	아임	93	아포마자르	60
아슈몰	75	아자리엘	93	아폴로나리스	59
아스 노토리아	72	아자엘	93	아풀레이우스	62
아스가르드	75	아자젤	93	아프사라스	62
아스모데우스	75	아자파	92	아피스	59
아스무그	77	아제르	94	악마 강박	267
아스문두스	76	아주르셰브	94	악마 광신	264
아스위하드	84	아즈라엘	94	악마 빙의	267
아스카로스	74	아즈라일	94	악마 숭배	264
아스크	75	아지엘	94	악마(데몬)	264
아스클레타리온	75	아카 로렌시아	11	악마(데빌)	274
아스타로스	78	아카모스	12	악마론	264

악마의 고행	75	안테세르	57	알베르 드 생 자크	24
악마의 기둥	233	안티오코스	57	알보락	25
악마의 막대기	112	안피엘	56	알부마자르	25
악마의 사슬	201	알 바르자크	15	알뷔네	25
악마의 성	212	알 보르디	147	알비노	25
악마의 성서	131	알골	31	알비제리우스	24
악마의 솥	213	알돈	26	알비파	24
악마의 시대	312	알라리	22	알카비티우스	25
악마의 연감	32	알라릭	21	알카우타르	192
악마의 자식	307	알라스토르	22	알칼라라이	31
악마의 전염병	312	알란 카르덱	31	알코란	26
악마의 종	227	알랭 드 리슬	21	알킨두스	25
악마점	264	알레산드로 알레산드리	27	알탄가투푼	35
악마학	264	알레스	27	알파데	30
악몽	191	알렉산더 3세	30	알파르	30
악어	250	알렉산더 대왕	27	알폰소 10세	34
안가쿡	51	알렉산더 6세	30	알폰스 드 카스트로	187
안네베르크	54	알렉토리안 스톤	26	알프(Alfs)	31
안드라드	46	알로그리쿠스	33	알프(Alp)	33
안드라스	46	알로로스	33	알프리다리	31
안드레(요하네스 발렌타누스)	46	알로세르	33	알프스	33
안드레(토비)	46	알로페시	33	알피엘	34
안드로알푸스	47	알루네스	34	암두스키아스	36
안드로이드	47	알루이	34	암리타	42
안드로지나	47	알리나치	34	암몬	40
안드리아그	46	알리에트	31	암브로시우스	36
안수페로망	56	알리오룸나스	31	암브로이스	36
안약	233	알릭스	31	암살	77
안제리에리	48	알모가넨스	32	암양	155
안젤리카	49	알무체피	33	암염소	216
안타이오스	56	알물루스	33	암피아라우스	41
안탐탑	56	알베르 달비	23	암피온	41

암필로코스	41	얼릭	314	에온 드 레투알	311
압델 아지즈	7	얼릭 칸	314	에우리노메	326
압딜	7	에그레고르	297	에이크시르니르	318
압살롬	11	에그자엘	327	에제리아	300
앙가다	48	에기트	300	에즈라	318
앙갓	48	에나르쿠스	305	에트나 산	325
앙게르보드	49	에너기먼	307	에티엔	325
앙구르보드	49	에노이아	310	에틸라	326
앙덴	46	에녹	310	에펠레스	311
앙드레 보덴스타인 드 카를로스타드	179	에다	299	에포나	312
앙조랑	52	에델린	299	에프론테	300
앙주베일러 공작	51	에드리스	299	에피알테스	311
앙카	52	에라드	313	에피쿠로스	312
앙티테	58	에레보스	313	엑스칼리버	315
애너그램	43	에로틸로스	315	엔가스트리만드르	308
애도	271	에루스	315	엔가스트리미즘	308
애시턴	78	에르	315	엔가스트리미트	308
액년	55	에르기노스	313	엔도르의 무녀	307
액막이	235	에를킹	314	엔리코	310
앤더슨	46	에리크토	313	엔살마도르	310
야마두타스	305	에메랄드	305	엔셀라두스	306
야행성 맹금류	212	에모데스	305	엔스	310
약지	284	에몰	305	엘라이스	300
양막	231	에베라드	294	엘로사이트	304
양막점	40	에볼리	16	엘르아살	300
양배추	220	에브로인	294	엘리고르	303
양의 어깨	311	에브론	295	엘리나스	303
양초	203	에세네파	323	엘리야	303
양파점	251	에스겔	330	엘링소	303
어깨점	70	에스노프론	326	엘세자이	304
얼리그	314	에스트렐	324	엘스페스 룰	304
		에스파그놀	319	엘우르솔톡	314

엘자시	304	오톱시	90	이투아스	293
엘프	302	옥손	91	이화작용	187
엘프달	302	올덴부르크의 뿔	242	잉크	306
엘프랜드	303	요정의 유괴	307	자동 인형	90
엘프왕	303	요정의 춤	256	자석	19
엘피드	304	요한계시록	59	자수정	40
엠마	305	요한복음서	327	자이나교	200
엠분갈라	305	용	287	자크 도팅	90
엠푸즈	305	용담공 샤를	208	자크 드 크라방송	246
엥겔브레히트	308	운명	271	잠자는 사람들	285
연감	32	웃음의 들판	202	장 다나니	44
연금술	25	원소	300	장 다나니아	44
연기점	176	원소의 정령	321	장 다망	35
연로한 베드	115	월계수점	259	장 데스파네	318
연주창	298	위메스	326	장 뒤 보스크	150
열쇠점	225	유너	246	장 드 샤세농	209
염소자리	176	유니버설 밤	113	장 드 샤틀레 보솔레이 남작	115
영	319	유령	60		
영원	324	유령의 춤	256	장 에메 드 샤비니	213
영의 기술	72	유비우스	326	장난치는 요정	321
영혼	36	유키트	326	재	195
예언가	272	음식점	250	재년	227
오둠라	87	음용 은	67	재세례파	43
오로룬	214	의식용 양초	221	재채기	324
오를레앙의 성 프란치스코회 수도사들	241	의심의 성배	172	샤네뜨 다바디	6
		이발사	108	저주(아나테마)	45
오리니	90	이브	327	저주(헥스)	310
오브리(니콜)	86	이블리스	294	저해	305
오브리(장)	86	이스라필	77	적그리스도	56
오쁘띠	89		326	적도제	107
오제로 다르모르	87	이신론	261	적선	89
오지티프	90	이원론	290	절규 의식	235

346

점	145	지옥에 떨어진 자의 예배당	203	초로피크	219
점복관	87			최후의 만찬	195
점성가	83	지옥의 기사들	215	축제	180
점성술	79	지옥의 백작들	235	출몰	201
점성학	84	지옥의 찬사	304	출산	11
점술	283	질소	94		243
점술 지팡이	98	질투	310	충직한 에카르트	295
점치는 아이들	307	짐승	129	취석	16
접촉	86	짐승의 영혼	39	치나	219
정오의 악마	267	짖는 자들	9	치아	267
정조	211	짭짤한 의장	201	치자	218
정화수	294	차가운 물의 시련	294	치코타	216
제비뽑기점	226	차라드리우스	204	치쿠스 아에쿨라누스	216
조르주 크레티앙 마테르누스 드 킬라노	221	차자	218	침	246
		차콘	200	카고	170
조우점	58	차투민스	209	카나테	175
조점술	90	찰스 2세	208	카니구	175
족제비	118	참새올빼미	220	카니디아	175
종	227	천랑성	175	카니시다	175
종달새	185	천사	49	카두케우스	169
주문(인챈트)	306	천사의 물	294	카둘루스	169
주문(참)	208	천재지변	171	카드	181
주사위점	78	천체	79	카드모스	169
주술사	235	천칭자리	105	카드뮴	169
죽음의 마차	204	체	249	카드점	181
죽음의 수레	158	체레브	214	카디에르	169
죽음의 초	203	체살피노	199	카라	181
쥐방울덩굴속	68	체점	243	카라비아	177
지보전	292	체코 다스콜리	194	카라칼라	177
지옥	307	체크	213	카로	181
지옥 왕국	244	쳇테브	214	카론	180
지옥에 떨어진 영혼	39	초다르	219	카롤루스 대머리왕	206

카르노에	180	카욜	193	카파우타스	176
카르누스	180	카우스	176	카페론	176
카르누스	179	카이드 모르	171	카프	169
카르니보	180	카이사르	199	칵토나이트	168
카르다노	178	카이우마라스	171	칸들리에	175
카르멘테스	180	카인	171	칸월 코르프	175
카르타그라	181	카인파	171	칸타멘	175
카르투시오회의 디오니시오	267	카일라스	171	칸트웰	175
카르티세야	181	카임	192	칼데아인	201
카르판티에	180	카조봉	184	칼라	171
카르포크라테스파	180	카조트	193	칼라케야스	172
카메라리우스	174	카지	184	칼로	172
카멜레온	173	카코데몬	168	칼룬드로니우스	173
카뮤즈	175	카쿠	168	칼리	172
카미자르	174	카쿠스	168	칼리굴라	172
카바	165	카크	177	칼리오스트로	169
카바데스	165	카크리놀라스	165	칼메	172
카반다	168	카타니	191	칼뱅	173
카발라	165	카타니아의 디오도로스	282	칼세랑 로셰즈	171
카베이리	168	카타라모나키아	188	칼카스	172
카산드라	185	카타리파	188	칼케돈	201
카스딘	209	카타이 칸	187	캄누즈의 혼	174
카스만	184	카탈드	187	캄비온	173
카스탈리	185	카탈로노스	188	캄파넬라	174
카스탈리아 샘	185	카테리	191	캄페티	175
카스탈린	185	카테린	189	캄피스	174
카스텔리니	186	카테린 드 메디시	189	캐서린	188
카스토르	186	카토	189	캠벨	175
카에소니아	200	카토블파스	190	케네스 막 알핀	195
카에쿨루스	169	카틀랑	188	케람보스	195
카예	192	카티오	189	케레스	197
		카틸루스	190	케르도	197

케르베로스	196	코호바	231	쿠베라	246
케르코페스	197	콘	220	쿠아리에르	232
케린투스	198	콘스탄티누스 대제	237	쿠틀리에	246
케부스	193	콘스탄틴 코프로니무스	238	쿠파이	252
케이론	219	콘월	242	쿰바카르나	244
케토	249	콘페렌트	235	큐스	252
케푸스	193	콜라르	232	큐피드의 화살	188
켄크로볼	195	콜레티	232	크라카	246
켈수스	194	콜레하이트	232	크라풀레	249
켈시우스	195	콜로신스 해적들	233	크레센티오	249
코끼리	300	콜루멜라	190	크레스페	249
코끼리 신	302	콜리	232	크레틴병	249
코랄바수스	232	콜마 베르크	233	크로메루아크	251
코르넬리우스	242	콜만	233	크로크미텐	251
코리반티아즘	242	콜트레니	233	크로프트	250
코메니우스	234	콤바다수스	233	크리소말론	220
코미에	235	콤부르	234	크리소포에이아	220
코발로스	228	콤피탈리아	235	크리소프라즈	220
코볼리	229	콩데	235	크리스토발 데 가랄데	250
코센	243	쿠니군데	252	크리스토발 데 라 가라드	220
코숑	192	쿠다이스	244	크리스토퍼	220
코스마스	243	쿠 로 드 라 샴브르	252	크리스톨리테스	220
코슨드	242	쿠르 드 제블랭	245	크리에리안	249
코신가스	243	쿠르드족	252	크리조폴	220
코엘리콜	231	쿠르마(Kurma)	245	크샤트라 바이르야	200
코자탄	192	쿠르마(Curma)	252	큰까마귀	240
코코나스	229	쿠르손	252	클라루스	224
코코람포	244	쿠르크	252	클라시알라볼라스	224
코코토	230	쿠르티니에르	245	클레르 조세프 레리스 드 라튀드 클레롱	223
코클레스	230	쿠르티우스	252	클레멘트	226
코키토스 강	230	쿠릴	245	클레브	226
코페르니쿠스	239	쿠버	243		

클레오니스	226	토드스톤	248	할렐루야	31
클레오파트라	226	토마스 데르셀둔	313	함	201
클레이	225	투명 반지	53	향	306
클로넥	224	튀링겐의 버나드	127	혐오	57
클로더	224	트랄레스의 알렉산더	30	협잡꾼	204
클로드	224	트루드	292	혜성	234
클로비스	228	티아나의 아폴로니오스	59	호반새	26
클로제트	225	파르마의 안셀무스	56	호출	223
클로토	228	파르마의 카시우스	185	화살점	119
클로피	228	파문	328	화학	219
클루리콘	228	파플라고니아의 알렉산더	28	황금 열쇠	225
클리스테레	227	폭풍의 주술사들	237	황새	221
키루엘로	223	폴룩스	186	황실 기사	215
키르케	223	폴터가이스트	321	황제 아우구스투스	88
키르쿰켈리온파	223	푸른 수염	107	황홀경	329
키리디렐레스	219	푸른 악마	278	훌륭한 여행자의 지팡이	112
키메라	219	프랑수아 드 시빌	223	희생	273
키몬	222	프랑수아 알렉상드르 오베르 드 라 셰나이 데 부아	214	흰자	134
키오네스	222			히란야크샤	315
키온	219	플라미니오 드 비라그	133	히페알테스	311
키케로	220	플라톤 해	54		
키푸스 베넬리우스	222	피에르 다게르	18		
킬데리쿠스 1세	218	피에르 반 브루헤센	159		
킬데리쿠스 3세	218	필적	297		
킬페리쿠스 1세	218	하늘	221		
킴메르족	222	하데스	15		
타조	90	하드리아누스	15		
탄성	300	하루스펙스	74		
탄알	105	하이스터바흐의 케사리우스	199		
탐욕	91	하품	103		
태양의 춤	259	학사의 단추	153		
텔리유의 알리스	31	한 해	54		

저자. 자크 콜랭 드 플랑시
역자. 장비안
윤문 및 교정. 고성배

초판 1쇄 발행. 2023.02.20
　　　2쇄 발행. 2023.11.20
　　　3쇄 발행. 2024.07.01
편집 디자인. 닷텍스트
인쇄. DOUBLE K

닷텍스트(.TXT)
10113 김포시 유현로 200, 106-1004
이메일. dottext@daum.net
인스타그램. @dot.text

이 책의 판권은 출판사 닷텍스트에게 있습니다. 이 책의 내용의 전부 또는 일부를 재사용하려면 반드시 서면 동의를 받아야 합니다.

ISBN 979-11-956499-9-0(03900)